毛泽东著作版本研究

周一平 主编
湘潭大学毛泽东思想研究中心 编

第四册

中国出版集团有限公司
研究出版社

图书在版编目（CIP）数据

毛泽东著作版本研究.第四册/周一平主编. -- 北京：研究出版社，2025.5（2025.7重印）
ISBN 978-7-5199-1648-0

Ⅰ.①毛… Ⅱ.①周… Ⅲ.①毛泽东著作 – 版本 – 研究 Ⅳ.①A841

中国国家版本馆CIP数据核字（2024）第053961号

出 品 人：陈建军
出版统筹：丁　波
图书策划：寇颖丹
责任编辑：韩　笑

毛泽东著作版本研究　第四册

MAOZEDONG ZHUZUO BANBEN YANJIU DISICE

周一平　主编

研究出版社 出版发行

（100006　北京市东城区灯市口大街100号华腾商务楼）
北京建宏印刷有限公司　新华书店经销
2025年5月第1版　2025年7月第2次印刷
开本：710毫米×1000毫米　1/16　印张：32
字数：541千字
ISBN 978-7-5199-1648-0　定价：138.00元
电话（010）64217619　64217652（发行部）

版权所有·侵权必究
凡购买本社图书，如有印制质量问题，我社负责调换。

序

毛泽东是领导中国人民彻底改变自己命运和国家面貌的一代伟人。无论在国家政治生活，还是在思想理论界、学术界，抑或在民间社会，毛泽东都具有广泛而深远的影响力。毛泽东的影响力，很重要地体现在他的著作影响力上。毛泽东的著作是马克思主义中国化的经典，是毛泽东思想的主要载体，是中国共产党、中华民族的宝贵遗产。

在当代，继承、发展毛泽东思想仍然是必修课。要继承、发展毛泽东思想，就需要学好毛泽东著作；要深入学好毛泽东著作、全面掌握毛泽东思想，就应全面、深入研究毛泽东著作的版本。研究毛泽东著作版本是毛泽东著作学术研究要走的第一步，任何学术研究走好走对第一步都十分重要。

"毛泽东著作版本研究丛书"的推出，旨在满足当前思想理论界对毛泽东著作深入解读的需求，大力推动毛泽东著作版本研究进一步发展。

本丛书组织的每篇毛泽东著作版本研究论文，基本上都以晋察冀日报社1944年版《毛泽东选集》、人民出版社1951年至1960年第1版《毛泽东选集》、人民出版社1991年第2版《毛泽东选集》等各种重要版本为基础，考察文本在政治和文化层面的意蕴，及其文字的各种细微变化、语境的历史变迁等，都分以下几个部分：1．写作背景、成文过程：详细讨论毛泽东论著的历史背景、写作与发表的具体过程。2．主旨、意义：探究毛泽东论著的主旨与历史意义、现实意义。3．版本综述：详述毛泽东论著1949年10月以前和以后的中文版、外文版及少数民族文字版，以及版本信息不详的版本。4．研究综述：详述对毛泽东论著的版本研究、思想内容研究等各方面研究的历史和现状。5．校勘与分析：对毛泽东论著不同版本的文字、标点等差异，分类进行深入的多视角的分析。6．对修改的思考：对校勘与分析中发现的毛泽东论著的重要修改，进行总结和思考。7．附录：校勘记，以表格形式，分栏显示两个或以上版本的文字、标点等的差异。8．参考文献：详列主要的版本文献、研究著作、研究论文等。

相信本丛书将有助于引导读者走好走对毛泽东著作学术研究的第一步，并成为研究毛泽东著作和毛泽东思想的重要工具。期待能够激发更多的讨论、研究。

主编　周一平

2025年5月1日

目 CONTENTS 录

《实践论》版本研究 / 001
　一、写作背景、成文过程 / 001
　二、主旨、意义 / 004
　三、版本综述 / 007
　四、研究综述 / 013
　五、校勘与分析 / 032
　六、对《实践论》修改的思考 / 096
　附录：人民出版社1951年《毛泽东选集》第一卷版、丘引社1946年版、
　　　　淮南日报社1944年版与1937年《辩证法唯物论（讲授提纲）》
　　　　油印本校勘记 / 099
　参考文献 / 129

《反对自由主义》版本研究 / 154
　一、写作背景、成文过程 / 154
　二、主旨、意义 / 160
　三、版本综述 / 163
　四、研究综述 / 168
　五、校勘与分析 / 178

六、对《反对自由主义》修改的思考 / 203

附录：人民出版社1952年《毛泽东选集》第二卷版、《解放日报》1942年4月10日版与《党的工作》1937年第46期版校勘记 / 205

参考文献 / 210

《国共合作成立后的迫切任务》版本研究 / 235

一、写作背景、成文过程 / 235

二、主旨、意义 / 238

三、版本综述 / 240

四、研究综述 / 243

五、校勘与分析 / 249

六、对《国共合作成立后的迫切任务》修改的思考 / 274

附录：人民出版社1952年《毛泽东选集》第二卷版、中共晋冀鲁豫中央局1948年编印《毛泽东选集》（上册）版与《解放》1937年第1卷第18期版校勘记 / 277

参考文献 / 293

《上海太原失陷以后抗日战争的形势和任务》版本研究 / 302

一、写作背景、成文过程 / 302

二、主旨、意义 / 307

三、版本综述 / 312

四、研究综述 / 315

五、校勘与分析 / 321

六、对《上海太原失陷以后抗日战争的形势和任务》修改的思考 / 351

附录：人民出版社1952年《毛泽东选集》第二卷版、中共晋冀鲁豫中央局1948年编印《毛泽东选集》（上册）版与中共中央书记处1941年编印《六大以来选集》（上）版校勘记 / 355

参考文献 / 368

《抗日游击战争的战略问题》版本研究 / 385

一、写作背景、成文过程 / 385

二、主旨、意义 / 402

三、版本综述 / 408

四、研究综述 / 411

五、校勘与分析 / 419

六、对《抗日游击战争的战略问题》修改的思考 / 453

附录：人民出版社1952年《毛泽东选集》第二卷版与《解放》1938年第40期版校勘记 / 458

参考文献 / 479

《实践论》版本研究

一、写作背景、成文过程

《实践论》发表于20世纪30年代绝非偶然,而是有着深刻的历史背景和理论上的准备。《实践论》是中国共产党早期革命实践经验的哲学总结,是中国共产党批判"左"倾冒险主义、教条主义和右倾机会主义错误路线的哲学总结,是马克思主义哲学中国化的必然升华,是毛泽东哲学思想发展的又一重要里程碑。

1921年中国共产党在上海成立后,推动了中国革命的发展。但中国共产党还是稚嫩的,缺乏中国革命的实践斗争经验,对于中国革命的许多重大理论问题缺乏正确的认识。这导致了第一次国内革命战争后期,中国共产党内出现了以陈独秀为代表的右倾机会主义路线,使轰轰烈烈的大革命归于失败。第二次国内革命战争时期,中国共产党内又相继发生了三次"左"倾错误。特别是王明"左"倾路线错误,使中国共产党及其领导的工农红军,遭受了惨重损失,使中国革命处于濒临危亡的境地。

毛泽东等中共党内领导人同党内错误路线进行了坚决斗争。1935年1月召开的遵义会议,结束了王明"左"倾教条主义在党中央的统治,对迫切的军事问题和组织问题作了决议,但没有解决政治路线、思想路线问题,错误路线的影响在党内依旧存在。1935年12月,瓦窑堡会议上毛泽东作了《论反对日本帝国主义的策略》的报告。1936年10月至12月,毛泽东在陕北红军大学作了《中国革命战争的战略问题》的演讲,对中共党内错误的政治路线和军事路线进行了批判,也涉及了错误的思想路线。这一论著充满了唯物辩证法,对"左"倾军事路线进行了深刻的哲学批判,将军事理论与哲学理论融为一体,是一本杰出的军事哲学著作,已具"两论"雏形。①

1937年初,刘少奇向中共中央主要负责人写信,就党内长期存在"左"倾错误,即党内的关门主义、宗派主义和冒险主义错误进行了公开批评。1937年5月17日,刘少奇在中国共产党白区工作会议上,作了《关于白区的党和群众工作》报告,指出:"在我们党内,在各种群众工作中还存在着严重的关门主义、高慢的宗派主义与冒险主义的历史传统。这种恶劣的传统,从'八七'会议以后的盲动主义就开始了,直至六届四中全会以后很长的时期内,还没有肃清。因此,它深入在许多同志的思想中及党与群众的日常工作方式中,以至成为恶劣的传统习惯"②。刘少奇的讲话引起了党内争议,有人认同,有人沉默,有人强烈反对。毛泽东明确表示支持刘少奇,盛赞刘少奇提出的问题"基本上是对的,是勃勃有生气的"③。这也使毛泽东进一步感觉到,从思想上明确机会主义尤其是教条主义的错误,真正弄清楚马克思主义和中国革命相结合的重要性,扫清思想认识障碍,争取全党思想统一,成为刻不容缓的任务。这就是毛泽东写作《实践论》的直接原因之一。④

为了全面清除中共党内错误路线特别是错误思想路线的影响,从马克思主义认识论的高度总结中国革命的历史经验教训,毛泽东开始深入研究马克思主义哲学,中国化的马克思主义哲学经典著作《实践论》《矛盾论》由此产生。毛泽东回顾当时的情况说:"我们在第二次国内战争末期和抗战初期写了《实践论》、《矛盾论》,这些都是适应于当时的需要而不能不写的。"⑤

理论上的准备工作:在江西时期和长征途中,毛泽东充分利用一些比较好的客观条件,阅读了他能够得到的理论著作,研究马克思主义理论,特别是马克思主义哲学。他对这些著作的阅读和批注,有许多就是写作《实践论》等的直接准备。⑥1935年10月中央红军到达陕北后,毛泽东能够进一步寻

---

① 许全兴:《赢得伟大胜利的法宝——纪念〈实践论〉〈矛盾论〉发表80周年》,《中国延安干部学院学报》2017年第2期。
② 《刘少奇选集》上卷,人民出版社1981年版,第56页。
③ 金冲及:《刘少奇与白区工作会议》,《党的文献》1999年第2期。
④ 曹英:《〈实践论〉的写作、内容与时代价值》,《北京党史》2020年第3期。
⑤ 《毛泽东文集》第八卷,人民出版社1999年版,第109页。关于《实践论》写作的背景,还可以参见曹英《〈实践论〉的写作、内容与时代价值》,《北京党史》2020年第3期。
⑥ 龚育之等:《毛泽东的读书生活》,生活·读书·新知三联书店1986年版,第50页。

找他需要的书籍,他多次托人帮他购买和收集书籍,并利用空闲时间阅读了大量的马克思主义哲学著作和其他哲学书籍。毛泽东批阅较多的哲学著作有十几种,除了马恩列斯的哲学著作,还有西洛可夫、爱森堡等合著的《辩证法唯物论教程》,米丁等著、沈志远译的《辩证唯物论与历史唯物论》(上册),李达的《社会学大纲》,艾思奇的《思想方法论》,等等。现在保存下来的毛泽东阅读并作过批注的哲学书籍有许多,如他在西洛可夫、爱森堡等合著的《辩证法唯物论教程》上所写的批注约1.2万字,在米丁等著、沈志远译的《辩证唯物论与历史唯物论》(上册)上所写的批注有2600字。批注的内容大约有四类:原著内容的提要、对原著内容的评论、结合中国实际情况所发的议论、对原著中一些理论观点的发挥。① 毛泽东正因为阅读了大量马克思主义哲学著作,所以才能从马克思主义哲学的高度对中国革命的经验教训进行极为系统和深入的反思,才能对党内长期形成的错误思想路线进行深入的分析、批判。

1937年4月至8月,毛泽东有一段暂时空闲的时间,这时党内外形势开始好转,西安事变和平解决,国共联合抗日已成定局,以延安为中心的根据地相对稳定,在党内基本上确立了毛泽东的领导地位。斯诺对毛泽东写作"两论"的情况进行过采访,他写道:"在卢沟桥事变前后的几个星期里,他在延安有一段暂时空闲的时间。军队开赴前线了,毛腾出时间来收集材料,准备在(延安)抗大作关于哲学基础的讲演。这批青年学生经过三个月的短期训练,准备在今后几年做政治辅导工作,需要为他们写一些简明而基本的讲义。在党的坚持要求下,毛写了《矛盾论》和《实践论》,总结了中国革命的经验,把马克思主义的基本原理与中国的具体日常实例结合起来。毛说,他大都在夜里写,白天睡觉。毛还说,他自己认为《实践论》比《矛盾论》更重要。"② 毛泽东为抗大写的哲学讲义,题为《辩证法唯物论(讲授提纲)》,全书分三章十六节,共6.1万字。第一章"唯心论与唯物论",第二章"辩证法唯物论",第三章"唯物辩证法"。其中的主要内容,就是后来被收入1952年7月人民出版社出版的《毛泽东选集》第一卷中的《实践论》《矛盾论》(以下简称"两论")。

---

① 金冲及:《毛泽东传》,中央文献出版社2003年版,第445页。
② 裘克安:《斯诺在中国》,生活·读书·新知三联书店1982年版,第283页。

毛泽东每周二、四上午给抗大学员讲课，每次讲4小时，下午还参加学员讨论，共讲课110多小时，持续三个多月。毛泽东一边讲课，一边与学员讨论，一边修改讲义，到1937年8月，讲义修改完成。最早的油印本《辩证法唯物论（讲授提纲）》，末行文字为"论矛盾统一律完，一九三七，八月七日"。封面题：一九三七年九月印。

二、主旨、意义

（一）主旨

《实践论》深刻论述了人的认识发展的全过程及其规律：通过实践而发现真理，又通过实践而证实真理和发展真理。从感性认识而能动地发展到理性认识，又从理性认识而能动地指导革命实践，改造主观世界和客观世界。实践、认识，再实践、再认识，这种形式，循环往复以至无穷，而实践和认识之每一循环的内容，都进入了更高一级的程度。这就是辩证唯物论的全部认识论，这就是辩证唯物论的知行统一观。

《实践论》强调了：人的实践活动，是人的认识发展的基本来源。这个实践活动包括生产活动、阶级斗争、政治生活、科学和艺术的活动等，其中，尤以各种形式的阶级斗争，给人的认识发展以深刻的影响。在阶级社会中，每一个人都在一定的阶级地位中生活，各种思想无不打上阶级的烙印。

《实践论》强调了：只有人们的社会实践，才是人们对于外界认识的真理性的标准。判定认识或理论之是否真理，不是依主观上觉得如何而定，而是依客观上社会实践的结果如何而定。真理的标准只能是社会的实践。

《实践论》批判了主观主义：只有那些主观地、片面地和表面地看问题的人，跑到一个地方，不问环境的情况，不看事情的全体，也不触到事情的本质，就自以为是地发号施令起来，这样的人是没有不跌交子的。世上最可笑的是那些"知识里手"，有了道听途说的一知半解，便自封为"天下第一"，适足见其不自量力。

《实践论》批判了经验主义：庸俗的事务主义家不是这样的，他们尊重经验而看轻理论，因而不能通观客观过程的全部，缺乏明确的方针，没有远大的前途，沾沾自喜于一得之功和一孔之见。这种人如果指导革命，就会引导革命走上碰壁的地步。

《实践论》批判了"左"倾冒险主义：我们也反对"左"翼空谈主义。他们的思想超过客观过程的一定发展阶段，有些把幻想看作真理，有些则把仅在将来有实现可能性的理想，勉强地放在现时来做，离开了当前大多数人的实践，离开了当前的现实性，在行动上表现为冒险主义。（《实践论》没有点名批判王明"左"倾机会主义，实际上批判了王明"左"倾机会主义不了解中国革命的实际，脱离中国革命实际的教条主义。）

《实践论》强调了：正确地认识世界和改造世界的责任，已经历史性地落在无产阶级及其政党的肩上。无产阶级和革命人民改造世界的斗争，包括实现下述的任务：改造客观世界，也改造自己的主观世界——改造自己的认识能力，改造主观世界同客观世界的关系。

（二）意义

1. 历史意义

毛泽东的《实践论》既是对中国革命实践基本问题的哲学回答，也是对中国革命基本经验的哲学总结。《实践论》从宏观上系统地、明确地、深刻地揭示了人类认识运动的基本规律，完成了对列宁提出的认识辩证途径的说明任务。这是20世纪30年代苏联和中国任何一本哲学著作都无法与之相比的。[①]《实践论》从哲学的高度，指出教条主义和经验主义的本质，都是主观与客观相分离，认识与实践相分离，都给中国革命带来了危害、损失。

《辩证法唯物论（讲授提纲）》的发表，引起了党内高级干部和理论工作者的注意，他们开始研究"两论"。1943年8月艾思奇曾著文指出，"铁的事实已经证明，只有毛泽东同志根据中国的实际情况发展了和具体化了的辩证法唯物论与历史唯物论，才是能够把中国之命运引到光明前途去的科学的哲学，才是人民的革命哲学"[②]。"两论"是马克思主义哲学中国化的重要基础。"两论"的发表，论证了马克思列宁主义普遍真理同中国革命具体实践相结合的重要性，为以后系统提出并阐释实事求是的思想路线奠定了理论基

---

① 许全兴：《〈实践论〉〈矛盾论〉研究综论》，中共中央党校出版社2013年版，第183页。
② 《艾思奇文集》第一卷，人民出版社1981年版，第698页。

础。"两论"又从思想方法论的高度指出党内发生"左"倾和右倾错误的根本原因,为延安整风,特别是对教条主义的批判作了重要理论准备。① 为全面清除中共党内错误路线特别是错误思想路线的影响,奠定了理论基础。端正了思想路线、政治路线的中国共产党,正确地领导了中国革命战争、中国革命运动,赢得了抗日战争、解放战争的胜利,赢得了中国新民主主义革命的胜利。

"两论"是毛泽东哲学思想体系形成的主要标志,也是毛泽东思想成熟的标志之一,是中国共产党人系统掌握了马克思主义的世界观和方法论的标志。很快,中国化的马克思主义——毛泽东思想便成为中国共产党、中国人民的强大思想武器,指引着中国共产党、中国人民不断走向胜利,不断创造辉煌。

2. 现实意义

习近平强调:"毛泽东同志就是一位伟大的哲学家、思想家、社会科学家,他撰写的《矛盾论》、《实践论》等哲学名篇至今仍具有重要指导意义。"②

《实践论》的核心思想——坚持实践标准、实事求是、一切从实际出发,不仅是中国共产党领导中国人民赢得新民主主义革命胜利的强大思想武器,也是中国共产党领导中国人民赢得社会主义革命、建设和改革胜利的强大思想武器,并且是中国共产党领导中国人民在建设中国特色社会主义新时代不断创造辉煌的强大思想武器。

新时代的革命和建设,是走前人没有走过的道路,是社会主义事业的开拓创新,这需要在实践中不断发展对社会主义的认识,发展社会主义、共产主义的理论,再用发展了的新理论指导发展中的革命和建设实践,在发展了的革命和建设中,发展对社会主义的认识,发展社会主义、共产主义的理论……实践—理论—实践—理论,不断发展、提升,中国的社会主义事业必将在2035年、2050年取得更大的成就,必将在世界人类历史上产生巨大的影响。

---

① 金冲及:《毛泽东传》,中央文献出版社1996年版,第451页。
② 习近平:《在哲学社会科学工作座谈会上的讲话》(2016年5月17日),人民出版社2016年版,第2—3页。

当今中国和世界是复杂的、多变的，《实践论》中强调：人的各种实践活动中，尤以各种形式的阶级斗争，给人的认识发展以深刻的影响。在阶级社会中，每个人都在一定的阶级地位中生活，各种思想无不打上阶级的烙印。这对于奋斗中的中国共产党、中国人民仍有警醒的意义。《实践论》中强调"改造客观世界，也改造自己的主观世界——改造自己的认识能力，改造主观世界同客观世界的关系"，这对于奋斗中的中国共产党、中国人民仍有重要的指导意义，仍是中国共产党、中国人民创造辉煌的基础。

《实践论》中批判了主观主义、教条主义、经验主义等，在当今的新时代，对于这些错误的思想理论仍然需要警惕，仍然需要批判。

三、版本综述

1937年9月油印本的《辩证法唯物论（讲授提纲）》是最早版本，以后又被一些报刊连载，并出版了一些单行本。其中中文版本至少有50种。

（一）1949年10月以前的版本

目前可以看到的1937年油印本《辩证法唯物论（讲授提纲）》有2种，首先是韶山毛泽东图书馆收藏的油印本《辩证法唯物论（讲授提纲）》，平装，竖排本，末行文字为"论矛盾统一律完，一九三七，八月七日"。封面题：一九三七年九月印，有毛泽东署名。此外"延安另有横刻的32开油印本，'两论'部分曾抽出单独加印，毛泽东签名送艾思奇、吴亮平等同志'阅正'"[①]。这是目前发现的《实践论》最早版本，也是判断《实践论》与《矛盾论》写作时间的一个重要依据。此后一直到中华人民共和国成立之初，各地出版的此书的各个版本，都是源于油印本《辩证法唯物论（讲授提纲）》，除翻印过程中发生错漏外，内容完全一样，几乎未做过任何修改。

《辩证法唯物论（讲授提纲）》最早署名公开发表在广州统一出版社出版、由当时的中共广东省委领导的大型月刊[②]——《抗战大学》杂志上，从

---

① 许全兴：《〈实践论〉〈矛盾论〉研究综论》，中共中央党校出版社2013年版，第74页。
② 陈华：《抗战时期的〈抗战大学〉杂志》，《广东党史与文献研究》1998年第3期；李峰：《中共广东省委领导的大型月刊〈抗战大学〉》，《广东党史与文献研究》1994年第4期。

1938年4月8日第1卷第6期起连载，未连载完，此版本没有《实践论》（此版本奚景鹏有收藏）。《实践论》的单行本最早是1937年由解放社出版的。①

此外有：河北完县民众教育馆1938年8月印《辩证法唯物论——毛泽东同志讲授提纲》；战动总会宣传部1938年11月翻印《辩证法唯物论（讲授提纲）》；太行文化教育出版社版1939年版《抗大讲义：辩证法唯物论》；1939年1月15日版《辩证法唯物论》②（出版单位不详）；八路军军政杂志社版1940年版《辩证法唯物论（讲授提纲）》；冀中第四军分区政治部国防出版社1941年版《辩证法唯物论》；西北抗敌书店1941年版《辩证法唯物论》；冀鲁豫日报社1941年7月20日版《辩证法唯物论》；新华书店晋察冀分店1942年版《辩证法唯物论》；拂晓出版社1942年8月版《辩证唯物论》；《拂晓报》1942年8月至9月第320期和第321期刊《实践论》；华北新华书店1942年9月版《辩证法唯物论（讲授提纲）》；华北新华书店1943年2月版《辩证法唯物论》；苏中区党委编，江潮社1944年4月版《整顿三风参考材料》第二集；淮南日报社1944年9月版《辩证唯物论》；渤海日报社1945年11月版《整风参考资料》第六卷；丘引社1946年3月版《辩证法唯物论》③（此版本发行量多，奚景鹏收藏有"丘引社版"的三种版本）；大连大众书店版《辩证唯物论》；张垣印刷局版《辩证法唯物论——毛泽东同志讲授提纲》；新四军第七师政治部1946年8月编印《哲学选集·辩证唯物论》（毛泽东的《辩证唯物论》被编在第75—152页）；新文化出版社1946年版《新哲学之研究与应用》；新四军第一纵队政治部1946年12月印《辩证唯物论》；合江日报社1947年10月版《辩证法唯物论（讲授提纲）》；武昌改造出版社1949年5月版《改造丛书》第一辑《辩证法唯物论与历史唯物论》；中国人民政治协商会议全国委员会学习座谈会1949年印《实践论：论认识和实践的关系——知和行的关系》；华北人民革命大学教务处1949年印《实践论》；等等。

---

① 施金炎主编：《毛泽东著作版本述录与考订》，海南国际新闻出版中心1995年版，第231页。
② 韶山毛泽东同志纪念馆编：《毛泽东遗物事典》，红旗出版社1996年版，第374页。
③ 奚景鹏：《关于毛泽东〈辩证法唯物论（讲授提纲）〉早期版本》，《党的文献》2007年第4期。

（二）1949年10月以后的版本

1. 中文版本

中文版本主要有：上海中国出版社1949年12月版《辩证法唯物论》；苏共中央理论刊物《布尔什维克》1950年第23期全文刊载《实践论》；《人民日报》1950年12月29日刊载《实践论》；《新建设》1950年第3卷第5期刊载《实践论：论认识和实践的关系——知和行的关系》；人民出版社1951年1月版《实践论：论认识和实践的关系——知和行的关系》；解放社1951年1月版《实践论：论认识和实践的关系——知和行的关系》；西北人民出版社1951年1月版《实践论》；西安群众日报社1951年1月版《实践论》；《工作通讯》1951年第55期刊载《实践论：论认识和实践的关系——知和行的关系》；华北军区高级步兵学校1951年2月印《实践论》；中国人民解放军东北军区政治部1951年2月印《实践论》；华东军区第三野战军政治部1951年3月印《实践论》；中南人民出版社1951年3月再版《实践论：论认识和实践的关系——知和行的关系》；甘肃人民出版社1951年4月版《实践论》；解放社编，华东人民出版社1951年4月版《实践论：论认识和实践的关系——知和行的关系》；中南人民出版社1951年5月第4版《实践论》；人民出版社1951年6月版《实践论》；解放社1951年8月版《实践论》；人民出版社1951年10月版《毛泽东选集》第一卷；中国人民解放军第四高级步兵学校政治部1951年印《实践论》；人民出版社1952年第2版《毛泽东选集》第一卷；人民出版社1952年7月第2版《实践论：论认识和实践的关系——知和行的关系》；西南人民出版社1958年8月版《实践论》；文字改革出版社1958年12月版《实践论》（注音本）；山东人民出版社1960年2月版《实践论》；浙江人民出版社1960年3月版《实践论》；吉林人民出版社1960年4月版《实践论》；黑龙江人民出版社1960年4月版《实践论》；人民出版社1964年版《毛泽东著作选读》甲种本；人民出版社1964年8月版《实践论》（根据《毛泽东选集》第一卷1952年7月第1版重排本所载原文重印）；人民出版社1964年版《毛泽东选集》第一卷（线装本）；人民出版社1964年版《毛泽东选集》（一卷本）；人民出版社1965年4月第2版《毛泽东著作选读》甲种本；人民出版社1966年1月版《实践论》［根据《毛泽东著作选读》甲种本1965年4月第2版所载原文重排］；中国人民解放军总政治部1966年1月编印《毛泽东著作选读》（袖珍本）；人民出版社1966年版《毛泽东选集》（一卷本）（竖排）；人民出版社1966年版《毛泽东选集》（一卷本）（横排）；人民出版社1967年版《毛泽东选集》（袖珍一卷本）；人民出版社1968年5月版《实践论》；人民出版社1970年10月版《毛泽东的五篇哲学著作》；云南民族学院政治系哲学教研组1974年编印《马克思、恩格斯、列宁、斯大林、毛主席哲学著作选读》下册；人民出版社1975年12月版《实践论》；中共广东省委宣传部1977年编印《马列著作和毛泽东著作选读》（哲学部分）；中国人民解放军战士出版社1978年版《毛泽东著作选读》（战士读本）；中国人民解放军战士出版社1978年版《马列著作毛泽东著作选读》（院校政治理论课教材）第2分册；中共中央党校1980年3月编印《中共中央党校轮训班马克思主义经典著作选读》1；日本苍苍社1983年版《毛泽东集补卷》第5卷；人民出版社1986年版《毛泽东著作选读》上；中央文献出版社1988年版《建国以来毛泽东文稿》第二册；中国人民解放军国防大学出版社1989年版《马克思主义著作选读》；云南民族出版社1989年版《马克思主义哲学著作选读》；中共中央党校出版社1989年版《马克思主义经典著作选读》；长春出版社1990年版《马克思主义哲学经典著作选读提要》；辽宁人民出版社1990年版《马克思主义哲学著作选读》；河南人民出版社1990年版《马克思主义哲学著作选读与提示》乙种本；上海人民出版社1990年版《干部哲学读本》；华东师范大学出版社1991年3月版《马克思主义原著读本》；人民出版社1991年版《毛泽东选集》第一卷；河南大学出版社1991年版《马克思主义著作选读与简介》；人民出版社1991年9月版《毛泽东邓小平著作青年读本》；湖南出版社1991年版《马克思主义著作选读》；中共辽宁省委党校1992年3月编印《马克思主义原著选读 毛刘周邓著作》；中共中央党校出版社1992年版《马克思主义著作选编 哲学》；高等教育出版社1993年版《马克思主义著作选读》；中共中央党校出版社1994年版《马克思主义著作选编》丙种本；湖南人民出版社1995年版《马克思主义著作选读》；海南出版社1997年版《毛泽东散文作品赏析》；高等教育出版社1999年版《马克思主义原著选读》；浙江人民出版社1999年版《马克思主义导读》；人民日报出版社1999年版《人类思想的精华：马克思主义经典著作导读》；高等教育出版社1999年版《马克思主义经典著作选读》（高教版）；湖南大学出版社2000年版《大学"两课"原著与名篇导读》；青岛海洋大学出版社2000年版《马克思主义原著精选导读》；广西民族出版社2001年版《马克思主义经典著作选读》；西苑出版社2001年版《毛泽东选集手抄本》第一卷；武汉理工大学出版社2001年版《马克思主义经典著作选读》上；光明日报出版社2001年版《2001年—2005年全国干部教育培训全书·毛泽东著作选读卷》；中山大学出版社2002年版《高校政治理论课参考文献》；湖南人民出版社2002年版《马克思主义理论课经典著作选读》；甘肃人民出版社2002年版《马克思主义著作选读》下；中央党校出版社2002年版《毛泽东著作选编》；湖南人民出版社2003年版《马克思主义理论课经典著作导读》（修订本）；四川大学出版社2004年版《马克思主义原著及重要文献选读》；黄河水利出版社2005年版《马克思主义著作选读》；重庆出版社2005年6月版《毛泽东思想基本著作青年读本与导读》；湖南教育出版社2006年版《马克思主义经典著作导读——大学生读本》；湘潭大学出版社2007年版《马克思主义原著选读》；北京师范大学出版社2008年版《马克思主义经典著作导读》；湘潭大学出版社2010年版《毛泽东思想和中国特色社会主义理论体系概论精选原著导读》；中共中央文献研究室、中央档案馆编，中央文献出版社2011年版《建党以来重要文献选编》第十四册；线装书局2011年5月版《毛泽东选集》；哈尔滨工程大学出版社2011年版《马克思主义经典著作选编与导读》；河南大学出版社2011年版《马克思主义经典著作选读》；中央编译出版社2012年版《新编马克思主义原著选读》；润东出版社2013年版《毛泽东全集》第10卷；电子科技大学出版社2013年版《马克思主义哲学经典著作选读与研究》；广西人民出版社2013年版《领导干部读哲学经典》；高等教育出版社2013年版《马克思主义经典著作导读》；中央文献出版社2014年版《延安时期党的重要领导人著作选编》上；苏州大学出版社2014年版《马克思主义原著选读》（第2版）；中央文献出版社2014年版《毛泽东著作三篇实践论》；电子科技大学出版社2016年版《思想政治理论课阅读文献精选与导读》；东北大学出版社2016年版《马克思主义经典著作导读》；中国社会科学出版社2017年版《马克思主义哲学经典著作导读》；西南交通大学出版社2017年版《面向未来的思考——马克思主义经典著作选读》；西南交通大学出版社2018年版《马克思主义经典著作选读》；浙江大学出版社2018年版《马克思主义经典原著选读》；线装大字本《实践论》单行本，绢布封面，出版时间、单位不详；等等。

有的书节选了《实践论》，如：新生出版社1950年1月版《辩证法唯物论与历史唯物论》、中共中央组织部办公厅等编《论党的建设》第九册《党的宣传教育工作》（1957年版）、王维汉等编写《大学生字帖》（江西美术出版社1998年版）、北京大学哲学系等编《中国现代哲学史教学资料选辑》下册（北京大学出版社1988年6月版）、刘平斋等编《马克思恩格斯列宁斯大林毛泽东论宣传》（四川省社会科学院出版社1988年10月版）、国家教委高校社会科学发展研究中心编《毛泽东周恩来刘少奇朱德邓小平陈云江泽民论党的建设》（红旗出版社1991年版）、张培炎等主编《马克思主义著作选读》（广西人民出版社2001年版）、周向军等主编《马克思主义经典著作精选与导读》（山东大学出版社2005年版）、吴珍美主编《高校思想政治理论课教学参考》（上海教育出版社2007年版）、黄蓉生等主编《马克思主义经典著作导读》（西南师范大学出版社2010年版）、许俊达主编《马克思主义经典文本解读新编》（安徽大学出版社2010年版）、刘上洋等主编《读精品 品经典 哲学卷》（江西人民出版社2011年版）、教育部思想政治工作司组编《马克思主义思想政治教育经典著作选读》（高等教育出版社2011年版）、赵丰主编《党员干部必读的哲学经典71篇》（湖北教育出版社2012年版）、李世明《延安时期最管用的"文章"最给力的"事实"》（国家行政学院出版社2013年版）、上官鸿赟编著《强素质 提境界：党员干部必读的100部好书》（东方出版社2016年版）、秦书生主编《马克思主义基本原理概论》（辽宁人民出版社2016年版）等。

2. 其他版本

少数民族文版有维吾尔文版、蒙古文版、哈萨克文版、朝鲜文版、藏文版等20余种，外文版有俄文版、英文版、波斯文版、印尼文版、缅甸文版、越南文版、罗马尼亚文版、波兰文版、捷克文版、德文版、阿拉伯文版、法文版、西班牙文版、葡萄牙文版、意大利文版、希腊文版、日文版等100余种，盲文版有2种。

四、研究综述

对《实践论》的研究，早在20世纪就已有人开始进行。研究主要分为以下几种类型。

（一）版本的概述

《中国季刊》1980年12月发表了澳大利亚学者尼克·纳艾特《对〈矛盾论〉〈实践论〉解放前版本的研究》一文（后由夏镇平译出，载《毛泽东哲学思想动态》1987年第2期），详尽地考订了新中国成立前的文本。龚育之在《〈实践论〉三题》①一文中，就《实践论》的写作、流传和发表进行了论述，谈及新中国成立前的各种翻印的《实践论》文本都是以油印版《实践论》为底稿，新中国成立前未进行正式修改。1996年出版的《说不尽的毛泽东（下）——百位名人学者访谈录》中，《访宋一秀——〈矛盾论〉、〈实践论〉的写作、流传和发表》一文对毛泽东创作《实践论》的事实进行了讲述，也谈及了《辩证法唯物论（讲授提纲）》的不同版本问题。② 施金炎主编《毛泽东著作版本述录与考订》对《实践论》进行了版本介绍，单行本有150余种版本，其中汉文版20余种，少数民族文版20余种，外文版100余种。③ 蒋建农等《毛泽东著作版本编年纪事》对《实践论》做了版本介绍。④ 蒋建农在他的书中介绍的《实践论》单行本一共有150多种，其中汉文版20多种，少数民族文版20多种，外文版100余种，盲文版2种，等等。许全兴《〈实践论〉〈矛盾论〉研究综论》⑤，该书对《实践论》的部分版本进行了研究考证。《〈实践论〉文本源流考证》（2017年华东师范大学硕士毕业论文），作者乌日妮也提及了早期《辩证法唯物论（讲授提纲）》的生成及早期版本流

---

① 龚育之：《〈实践论〉三题》，载《龚育之文存》上，上海人民出版社2000年版，第208—223页。
② 张素华等编著：《说不尽的毛泽东（下）——百位名人学者访谈录》，辽宁人民出版社、中央文献出版社1996年版，第258—268页。
③ 施金炎主编：《毛泽东著作版本述录与考订》，海南国际新闻出版中心1995年版，第230—240页。
④ 蒋建农等：《毛泽东著作版本编年纪事》（一册），湖南人民出版社2013年第2版，第253—255页。
⑤ 许全兴：《〈实践论〉〈矛盾论〉研究综论》，中共中央党校出版社2013年版。

传。杨德勇在首届毛泽东著作及版本研讨会上提交的论文《毛泽东〈辩证法唯物论（讲授提纲）〉版本考信录》，考订了1950年1月以前出版、印行的《辩证法唯物论（讲授提纲）》的中文版43种，其中部分版本收录《实践论》。

奚景鹏作为毛泽东著作的收藏家，收藏有《辩证法唯物论（讲授提纲）》的多种版本。其在发表的《关于毛泽东〈辩证法唯物论（讲授提纲）〉早期版本》（《党的文献》2007年第4期）一文中，列述了自己收藏的12种新中国成立以前的版本，分别是：《抗战大学》1938年第1卷第7期《辩证法唯物论》；八路军军政杂志社1940年出版的《辩证法唯物论（讲授提纲）》；冀中第四军分区政治部国防出版社1941年版《辩证法唯物论》；新华书店晋察冀分店1942年版《辩证法唯物论》；江潮社1944年版《整顿三风参考材料》中刊载的《实践论》；张垣印刷局版《辩证法唯物论》；大连大众书店版《辩证唯物论》；丘引社1946年3月版《辩证法唯物论》（奚景鹏收藏有"丘引社版"的3种版本），上海中国出版社1949年10月印行了丘引社版《毛泽东著：辩证法唯物论》。除自己收藏的早期12种版本外，作者还介绍了另外8种早期版本：《辩证法唯物论（讲授提纲）》1937年油印版；太行文化教育出版社1939年版《抗大讲义：辩证法唯物论》；河北完县民众教育馆1938年印《辩证法唯物论——毛泽东同志讲授提纲》；上海《民主》杂志1940年连载毛泽东讲授提纲；拂晓出版社1942年版《辩证唯物论》；华北新华书店1943年2月版《辩证法唯物论（讲授提纲）》；淮南日报社1944年版《辩证唯物论》；渤海日报社1945年版《整风参考资料》中收录的《实践论》。这些对《实践论》早期版本的研究以及证实《实践论》由毛泽东创作于1937年，有着重要价值。

许全兴《〈辩证法唯物论（讲授提纲）〉研究中的史实纠谬》（《中共中央党校校报》2012年第6期），就毛泽东关于授课所在学校校名、授课时间、"讲授提纲"与讲课的关系、写作"讲授提纲"的主要参考书、"讲授提纲"与"两论"的关系、"讲授提纲"的发表与"两论"的单独印行等一些事实进行了澄清。在考订关于"讲授提纲"的发表与"两论"的单独印行的史实时，作者提到综合收集到的出版、印行信息发现，1950年以前出版或印刷的"讲授提纲"版本有20种之多，还提到"两论"在1937年就单独油印过。

（二）版本校勘、研究

刘跃进在《毛泽东著作版本导论》[①]一书中，不仅介绍了新中国成立以前的版本和成立后修改印行的不同版本，还对1950年后以单篇论著形式发表的《实践论》与《辩证法唯物论》进行了比较研究。澳大利亚学者尼克·纳艾特著、夏镇平译《对〈矛盾论〉〈实践论〉解放前版本的研究》（《毛泽东哲学思想动态》1987年第2期），就新中国成立前"两论"版本的语义、概念、引文及日期进行了比较研究。作者把1950年的版本称为官方本，与大连大众书店出版的《辩证唯物论》进行了比较。1982年日本版《毛泽东集》第6卷收入的《辩证法唯物论（讲授提纲）》，一部分以《抗战大学》（手抄本）第六期、第七期、第八期为底本，另一部分以《毛主席文选》收入的《辩证法唯物论提纲》为底本，参考了《民主》第一卷第一期、第二期发表的《辩证法唯物论》，作了一些校勘，列出了10余条校勘记，但这个文本没有《实践论》的具体内容。1983年《毛泽东集补卷》第5卷收入的《辩证唯物论》，它的底本是大连大众书店出版的《辩证唯物论》，与中国出版社1946年出版的《辩证法唯物论》进行了校勘，列出了10余条校勘记。这个文本收入了《实践论》的内容，但没有对人民出版社1951年版的《毛泽东选集》第一卷中收入的《实践论》进行校勘。

周一平对日版《毛泽东集》《毛泽东集补卷》进行了校勘、研究，其谈道："日《集》第6卷收入的《辩证法唯物论（讲授提纲）》与日《补》第5卷收入的《辩证唯物论》大致相同，日《集》第6卷本没有收入《实践论》《矛盾论》的具体内容，日《补》第5卷本收入了《实践论》、《矛盾论》的具体内容，也应该在日《补》第5卷采取参见做法，只收入《辩证唯物论》中《实践论》、《矛盾论》的具体内容，而不收入《辩证唯物论》的其他内容，并加注说明其他内容可参见日《集》第6卷"[②]。他又谈道：虽然日版《毛泽东集》《毛泽东集补卷》对很多毛泽东著作进行了校勘，但"也不是《毛选》收入的，日《集》、日《补》也收入的文稿，都有校勘。如日《补》第5卷中《辩证唯物论》中有《实践论》、《矛盾论》的内容，但没有

[①] 刘跃进：《毛泽东著作版本导论》，北京燕山出版社1999年版，第440—459页。

[②] 周一平：《日版〈毛泽东集〉〈毛泽东集补卷〉校勘与研究》，中国国际文化出版社2013年版，第76页。

与《毛选》第1卷本校"①。这也是一种版本的校勘、研究。

（三）对《实践论》内容、思想、价值的研究

第一，介绍、研究《实践论》的书籍。如：东北人民出版社编辑《〈实践论〉学习参考资料》（增订本）（东北人民出版社1951年版）；郭大力等《学习"实践论"》（新建设杂志社1951年版）；李达《〈实践论〉解说》（生活·读书·新知三联书店1951年版）；徐懋庸《〈实践论〉——"知己知彼百战百胜"论》（中南人民出版社1951年版）；李凡夫《学习〈实践论〉克服经验主义》（华南人民出版社1951年版）；《"实践论"开辟了我们学术革命的思想道路》（《人民日报》1951年2月16日社论）；人民日报社社论《学习毛泽东同志的〈实践论〉》（《学习》1951年第三卷第10期）；李达《学习"实践论"》（增订本）（新建设杂志社1952年版）；李琪《"实践论"解释》（中国青年出版社1953年版）；关锋《怎样总结工作：学习"实践论"体会》（山东人民出版社1955年版）；李成林《认识和实践（学习实践论的体会）》（辽宁人民出版社1960年版）；赵树诚《实践与理论（学习〈实践论〉的笔记）》（江苏人民出版社1961年版）；湖南人民出版社编辑《活学活用毛泽东哲学思想》第二集（湖南人民出版社1965年版）；《〈实践论〉学习参考纲要》编写小组《〈实践论〉学习参考纲要》（人民出版社1975年版）；《学习〈实践论〉》编写组《学习〈实践论〉》（黑龙江人民出版社1976年版）；《〈实践论〉浅说》编写组《〈实践论〉浅说》（上海人民出版社1976年版）；《学习〈实践论〉讲话》编写组《学习〈实践论〉讲话》（广东人民出版社1976年版）；李达《〈实践论〉〈矛盾论〉解说》（生活·读书·新知三联书店1979年版）；杨超《唯物辩证法的若干理论问题》（四川人民出版社1980年版）；中共中央党校出版社编辑部《学习毛泽东哲学思想》（中共中央党校出版社1982年版）；吴江等《关于研究毛泽东哲学思想的几个问题》（北京出版社1982年版）；韩树英等《学习毛泽东哲学思想——介绍毛泽东同志的八篇著作》（北京出版社1982年版）；解放军报编辑部《毛泽东同志四十三篇著作简介》（长征出版社1982

---

① 周一平：《日版〈毛泽东集〉〈毛泽东集补卷〉校勘与研究》，中国国际文化出版社2013年版，第171页。

年版）；黄育才等《毛泽东同志八篇著作哲学思想简介》（江苏人民出版社1982年版）；中共湖北省委党校哲学教研室等《时代精神的精华——学习毛泽东同志八篇著作的哲学思想》（湖北人民出版社1982年版）；中国人民解放军政治学院哲学教研室《毛主席八篇著作哲学思想辅导》（辽宁人民出版社1982年版）；徐昶晱等编写《哲学指导实践的典范——毛泽东八篇著作学习辅导》（黑龙江人民出版社1982年版）；宋一秀等《毛泽东哲学思想与中国革命》（黑龙江人民出版社1982年版）；郭涤等编著《毛泽东同志八篇著作哲学思想介绍》（陕西人民出版社1982年版）；华焱《学习毛泽东哲学思想讲话》（吉林人民出版社1982年版）；杨超《毛泽东哲学思想研究》（四川人民出版社1982年版）；平勇英编著《毛泽东同志八篇著作哲学问题解答》（甘肃人民出版社1983年版）；雍涛《毛泽东哲学思想概论》（湖北人民出版社1983年版）；甘肃省哲学学会编《学习毛泽东哲学思想文选》（甘肃人民出版社1983年版）；吴玉黎主编《学习毛泽东同志八篇著作的哲学思想》（山东人民出版社1983年版）；中共甘肃省委党校图书资料室编《毛泽东八篇著作词语注释》（甘肃人民出版社1983年版）；林青山《毛泽东哲学思想简论》（山东人民出版社1983年版）；刘梦义等《毛泽东哲学思想的形成和发展》（四川人民出版社1983年版）；艾思奇《毛泽东对马克思主义哲学的贡献》（宁夏人民出版社1983年版）；宋一秀等编著《毛泽东哲学思想史纲》（甘肃人民出版社1984年版）；李琪《〈实践论〉解释、〈矛盾论〉浅说》（山西人民出版社1984年版）；雍涛等《毛泽东哲学思想大纲》（武汉大学出版社1985年版）；《毛泽东思想研究》编辑部等编《学习〈毛泽东著作选读〉》（四川省社会科学院出版社1986年版）；中国社会科学院马列所毛泽东思想研究室编《毛泽东生平著作研究索引》下（国防大学出版社1986年版）；李成蹊《毛泽东哲学思想新论》（重庆出版社1987年版）；许全兴等主编《延安时期的毛泽东哲学思想》（陕西人民教育出版社1988年版）；石仲泉《〈毛泽东哲学批注集〉导论》（中共中央党校出版社1988年版）；雍涛等《毛泽东哲学思想大纲》（修订本）（武汉大学出版社1989年版）；黄楠森等《马克思主义哲学史》第6、7卷（北京出版社1989年版）；杨春贵等主编《毛泽东哲学思想新论》（中共中央党校出版社1989年版）；总政治部宣传部编《〈马克思主义著作选读〉学习提要》（国防大学出版社1989

年版）；王毓等主编《毛泽东哲学著作选讲》（长春出版社1990年版）；毕剑横《毛泽东与中国哲学传统》（四川人民出版社1990年版）；庄福龄主编《毛泽东哲学思想史》（第一卷）（江西人民出版社1990年版）；韩荣璋主编《新版〈毛泽东选集〉学习辅导》（改革出版社1991年版）；金羽等主编《毛泽东〈实践论〉〈矛盾论〉新探》（中国人民大学出版社1991年版）；王学文等主编《毛泽东哲学思想与当代中国现实》（甘肃人民出版社1991年版）；李爱莉主编《马克思主义原理学习手册》（知识出版社1991年版）；李其驹等主编《马克思主义哲学在中国（从清末民初到中华人民共和国成立）》（上海人民出版社1991年版），张惠芝等主编《毛泽东生平著作研究目录大全》（河北教育出版社1993年版）；韩荣璋主编《毛泽东生平思想研究索引》（武汉出版社1994年版）；石仲泉《毛泽东的艰辛开拓》（中共党史出版社1996年版）；张静如主编《毛泽东研究全书》（长春出版社1998年版）；蒋建农主编《毛泽东全书》第五卷（河北人民出版社1998年版）；卢肖文主编《与时俱进的马克思主义——马克思主义经典著作选读》（上海人民出版社2007年版）；李凌云等主编《马克思主义经典著作选读导读》（辽宁大学出版社2008年版）；肖兴燕编著《〈马克思主义哲学经典著作选〉解读》（西南交通大学出版社2011年版）；刘敬东《〈实践论〉〈矛盾论〉导读》（中国民主法制出版社2012年版）；毛胜主编《毛泽东思想研究资料》上（中央文献出版社 2013年版）；许全兴《〈实践论〉〈矛盾论〉研究综论》（中共中央党校出版社2013年版）；金锋主编《马克思主义经典文本导读》（西南交通大学出版社2013年版）；陆剑杰《掌握命运创造历史的哲学——对中国马克思主义哲学范式的研究》（南京出版社2014年版）；杨信礼《重读〈实践论〉〈矛盾论〉》（人民出版社2014年版）；李佑新主编《毛泽东研究》第1辑（湘潭大学出版社2014年版）；李维武《辩证唯物论的知行统一观——重读毛泽东〈实践论〉》（人民出版社2014年版）；吴玉才编著《毛泽东思想文献解读》（安徽师范大学出版社2015年版）；陈富国《马克思主义哲学中国化（1927~1949）：理论的选择、阐释与运用》（江西人民出版社 2015年版）；陶德麟《〈实践论〉浅释》（江苏人民出版社2015年版）；许全兴《百年中国哲学革命》（人民出版社2015年版）；王暮乐《马克思主义哲学原理》（黑龙江人民出版社2015年版）；孙正聿《马克思主义哲学智慧》

（现代出版社2016年版）；刘敬东等编著《〈实践论〉〈矛盾论〉导读》（增订版）（中国民主法制出版社2017年版）；崔丽华《〈实践论〉〈矛盾论〉导读》（中共中央党校出版社2018年版）；张乾元等主编《重读〈实践论〉〈矛盾论〉：新时代下"两论"解读》（长江出版社2018年版）；邓晓芒《实践唯物论新解：开出现象学之维》（增订本）（文津出版社2019年版）；陶德麟《〈实践论〉浅释》（江苏人民出版社2019年版）；李达著、汪信砚编《〈实践论〉〈矛盾论〉解说》（人民出版社2019年版）；陈麟辉《共产党人的看家本领——〈实践论〉〈矛盾论〉及其当代价值》（上海人民出版社2019年版）；王树荫主编《中国马克思主义经典著作导读》（北京师范大学出版社2020年版）；等等。

第二，辞典类条目。如：孟宪鸿主编《简明哲学辞典》（湖北辞书出版社1987年版）；肖灼基《哲学社会科学名人名著辞典》（河北人民出版社1988年版）；中国毛泽东思想理论与实践研究会理事会编《毛泽东思想辞典》（中共中央党校出版社1989年版）；于俊文等主编《马克思主义百科辞典》中（东北师范大学出版社1988年版）；陈先达主编《干部哲学辞典》（上海人民出版社1990年版）；万福义等主编《共产党员学习辞典》（光明日报出版社1990年版）；万福义等主编《干部理论学习辞典》（改革出版社1990年版）；张腾霄等主编《新编简明哲学百科辞典》（中国卓越出版公司1990年版）；李士坤主编《马克思主义哲学辞典》（中国广播电视出版社1990年版）；袁竞主编《毛泽东著作大辞典》（中国国际广播出版社1991年版）；王子彬主编《干部哲学辞典》（天津人民出版社1991年版）；焦根强等主编《毛泽东著作辞典》（中国政法大学出版社1991年版）；高狄主编《毛泽东 周恩来 刘少奇 朱德 邓小平 陈云著作大辞典》（辽宁人民出版社1991年版）；高狄主编《马克思恩格斯列宁斯大林毛泽东著作大辞典》（长春出版社1991年版）；刘秋娴等主编《马克思主义经典著作工具书名目简介》（河南人民出版社1991年版）；何平主编《毛泽东大辞典》（中国国际广播出版社1992年版）；王金凤主编《马克思主义著作辞典》（东北师范大学出版社1992年版）；王国炎等主编《马克思主义哲学大辞典》（中国广播电视出版社1993年版）；巢峰主编《毛泽东思想大辞典》（上海辞书出版社1993年版）；李文林等编《毛泽东研究著作提要》（香港中国和世界出版公司1993年版）；廖盖隆等主编《毛泽东百科全书》（光明日报出版社1993年版，2003年修订版）；罗远鹏主编《毛泽东哲学思想辞典》（天津教育出版社1993年版）；李超杰等主编《20世纪中国哲学著作大辞典》（警官教育出版社1994年版）；万中航编著《哲学小辞典》（上海辞书出版社2003年版）；冯蕙等编著《简明哲学辞典》（上海辞书出版社2005年版）；王紫根编《毛泽东书典》（湖北人民出版社2011年版）；李捷主编《毛泽东著作辞典》（浙江人民出版社2011年版）；余源培主编《邓小平理论辞典》（上海辞书出版社2012年版）；石国亮等主编《领导干部必读的党史国史经典》（国家行政学院出版社2014年版）；夏征农等主编《大辞海：哲学卷》（上海辞书出版社2015年版）；徐光春主编《马克思主义大辞典》（崇文书局2018年版）；等等。

第三，报刊论文。关于历史意义研究：艾思奇《〈实践论〉、〈矛盾论〉在党的历史发展中的作用和意义》（《艾思奇全书》第八卷，人民出版社2006年版，第496—565页）；廖青景《反对主观主义的锐利武器——重读〈实践论〉》（《中州学刊》1982年第5期）；苍南《〈实践论〉是辩证唯物主义认识论的第一个完整的理论形态》（《湘潭大学学报》1987年第1期）；田奎武《实事求是地评价〈实践论〉和〈矛盾论〉》（《理论学刊》1987年第4期）；刘熊祥《〈实践论〉对研究中国近现代史的指导意义》（《西北师大学报》1987年第4期）；杨荣华《〈实践论〉对历史唯物主义的贡献》（《毛泽东邓小平理论研究》1987年第4期）；黎永泰《日本学术界对〈实践论〉的研究》（《四川大学学报》1992年第3期）；王霁《〈实践论〉和当代中国认识论》（《北京社会科学》1993年第1期）；凌厚锋《〈实践论〉与两次历史性飞跃——为〈实践论〉发表六十周年而作》（《理论学习月刊》1997年第7期）；李永华《〈实践论〉与思想解放》（《毛泽东思想研究》1999年第7期）；邱守娟《〈实践论〉〈矛盾论〉与马克思主义》（《马克思主义哲学研究》2001年刊）；刘华初《从〈实践论〉与〈矛盾论〉看我国马克思主义话语体系建构》（《马克思主义研究》2013年第4期）；吕世荣《重温经典：〈实践论〉与〈矛盾论〉的多重价值意蕴》（《学习与探索》2018年第9期）；许全兴《〈实践论〉〈矛盾论〉经联共（布）中央政治局决定在苏联发表及其他》（《毛泽东思想研究》2019年第1期）；李德迎《"两论"

与毛泽东战略思维的成熟》（《中国延安干部学院学报》2019年第1期）；张颖《实践的主体与主体的实践：茱莉亚·克里斯蒂娃论毛泽东的〈实践论〉》（《文艺理论与批评》2019年第2期）；曾秀芹《新时代背景下〈矛盾论〉和〈实践论〉的基本思想、理论贡献及价值新解》（《南方论刊》2020年第2期）；李维武《毛泽东"实践论"的创立与20世纪上半叶中国认识论的开展》（《武汉大学学报》2020年第4期）；等等。

艾思奇《〈实践论〉、〈矛盾论〉在党的历史发展中的作用和意义》指出：《实践论》是我们党经过十几年的工作，取得的经验教训总结，毛泽东从哲学的高度，从世界观的认识水平上来概括这些党内错误的两种根源。两种根源产生了教条主义和经验主义的两种主观主义的表现形式，一种是理性认识脱离感性认识，脱离实践；另一种是只满足于个人的局部经验，上升不到理性认识。《实践论》告诉我们一个规律，就是从实践中逐步取得感性认识，逐步取得经验，然后对感性认识加以总结，使它变成理性认识。这是对马克思主义哲学的一个非常重要的贡献，告诫人们认识规律是一个反复不断的过程。

杨荣华《〈实践论〉对历史唯物主义的贡献》指出：《实践论》不仅对马克思主义认识论有着重要的贡献，而且对于历史唯物主义也有着重大的贡献。毛泽东明确地肯定了社会实践在马克思主义哲学中的作用和地位，把实践性作为马克思主义哲学的一个根本特点；毛泽东从哲学高度，指出了历史唯物主义和历史唯心主义的根本分歧就在于社会实践问题。在社会生活中如何正确处理好社会实践与革命理论的关系，是历史唯物主义的基本问题。毛泽东非常重视革命理论与革命实践相结合，他说，"马克思主义哲学认为十分重要的问题，不在于懂得了客观世界的规律性，因而能够解释世界，而在于拿了这种对于客观规律性的认识，去能动地改造世界"。毛泽东坚持实事求是，运用阶级分析法，开辟农村包围城市，武装夺取政权的道路，根据马克思主义过渡理论，结合中国国情，开辟了适合中国国情的社会主义改造道路。

李永华《〈实践论〉与思想解放》从五个方面论述《实践论》对思想解放的历史意义。实践是认识的基础，思想解放必须立足于社会实践，离开了实践讲思想解放，那就是典型的主观唯心主义，就是空谈。现在有些人不从客观实际出发，随心所欲，拍脑子决策，给社会造成很大的损失，这是典型的主观唯心主义。实践是认识的动力，思想解放要靠实践来推动，提倡解放思想，就必须投身于伟大的实践当中，去做调查研究，创造性地解决困难和问题，激发思维活力，促进思想解放。实践是检验真理的标准，思想解放的成果也要用实践来检验，改革开放势必会遇到阻力，邓小平南方谈话提出了"三个有利于"的判断标准，这为我们解放思想扫清了障碍，党再度摆脱了经济建设中出现的徘徊局面，促进了社会各方面发展。实践是认识的目的，思想解放是为了更好地改造世界，没有十一届三中全会冲破"两个凡是"的思想束缚，重新确立"解放思想，实事求是"的思想路线，就不会有今天改革开放和社会主义现代化建设的辉煌成就。实践和认识是一个无限发展的过程，思想解放永无止境，思想解放就是要跟随客观实际的变化，不断探索，与时俱进，不断解放思想，才能推进社会发展的进程。

关于现实意义研究：王学文《由"实践论"说到经济工作 学习"实践论"笔记》（《人民日报》1951年2月16日）；何幸若《学习〈实践论〉是提高文艺理论思想水平的杠杆》（《解放日报》1951年3月21日）；张庆泰《〈实践论〉和农业科学的改造》（《人民日报》1951年3月28日）；艾思奇《关于〈实践论〉和学习方法的一些问题》（《学习》1951年6月第4卷第4期）；罗克汀《〈实践论〉对研究自然科学的指导意义》（《文史哲》1954年第7期）；冷允清《〈实践论〉与文艺工作》（《山西师范学院学报》1960年第2期）；徐文海《用理论解决实际问题——学习〈实践论〉〈矛盾论〉的几点体会》（《光明日报》1960年2月28日）；刘翠兰《恢复和发扬党的实事求是的优良作风——学习〈实践论〉的一点体会》（《山西大学学报》1978年第2期）；马清福《〈实践论〉与文艺创作》（《吉林大学社会科学学报》1982年第4期）；刘筱等《〈实践论〉学习和研究》（《社会科学研究》1982年第1期）；郑明珍《实事求是思想路线在新时期的运用和发展——纪念〈实践论〉发表五十周年》（《安徽大学学报》1987年第3期）；黎影材等《坚持认识和实践的统一——学习〈实践论〉》（《学术论坛》1982年第4期）；周邦炳《〈实践论〉与领导决策》（《安徽省委党校学报》1987年第4期）；曾德盛《在建设有中国特色的社会主义道路上——纪念〈实践论〉发表50周年》（《学术论坛》1987年第4期）；丘一平《〈实践论〉与决策科学化》

（《中共福建省委党校学报》1987年第5期）；胡锡义《〈实践论〉的现实意义》（《理论探讨》1987年第5期）；李文珍《实践第一的观点在新时期的指导意义——重读〈实践论〉》（《学术界》1988年第3期）；王恩喜《重读〈实践论〉的现实意义》（《河北大学学报》1990年第5期）；卢冀宁《透过现象 把握本质——学习〈实践论〉、〈矛盾论〉的体会》（《青海社会科学》1991年第3期）；袁家都《论文艺与社会实践的辩证关系——学习毛泽东〈实践论〉》（《华中科技大学学报》1993年第4期）；周文彬《毛泽东的〈实践论〉与建设有中国特色社会主义理论》（《上海大学学报》1994年第2期）；贾平《论重新学习〈实践论〉的现实指导意义——纪念毛泽东〈实践论〉问世六十周年》（《中共浙江省委党校学报》1997年第3期）；李君如《实践观点和改革开放——为〈实践论〉发表60周年而作》（《南京社会科学》1997年第13期）；陈鸿宇《坚持马克思主义学风是理论工作者应有的党性修养——学习毛泽东〈实践论〉等著作的一点体会》（《岭南学刊》1999年第S2期）；杨思燕等《〈实践论〉对自然科学研究的指导作用》（《西华大学学报》2004年第5期）；方娟《〈实践论〉的理论贡献与当代价值》（《湖南科技大学学报》2006年第3期）；杨春贵《〈实践论〉、〈矛盾论〉的历史地位、科学价值和当代意义》（《毛泽东邓小平理论研究》2007年第8期）；石仲泉《〈实践论〉、〈矛盾论〉——中国特色社会主义理论的哲学基础》（《毛泽东邓小平理论研究》2007年第9期）；陈世珍《〈实践论〉与〈矛盾论〉的当代价值》（《前线》2010年第5期）；吴琼华《毛泽东〈实践论〉对提高领导干部法治实践能力的启示》（《新疆社科论坛》2018年第4期）；吴毅君等《毛泽东〈实践论〉在新时代的价值诠释》（《湖南科技大学学报》2018年第5期）；陈建洪《〈实践论〉和〈矛盾论〉指导下中医医院的管理》［《河北北方学院学报（自然科学版）》2018年第12期］；施维等《思想政治教育中受教育者的主体性优化路径——基于毛泽东〈实践论〉的思考》（《南京理工大学学报》2019年第2期）；李红等《〈实践论〉及其对思想建党的现实意义》（《理论观察》2019年第4期）；姜亚倩《新时代增强思想政治教育实效性的路径探析——基于〈实践论〉的文本分析与解读》（《广东石油化工学院学报》2019年第5期）；陈红娟《从文本到方法：〈实践论〉话语创新及其当代价值》（《广西社会科学》2020年第1期）；刘书林《毛泽东〈实践论〉的新时代解读》(《党建》2020年第10期);徐奇等《新时代毛泽东〈实践论〉〈矛盾论〉研究评析》(《高校马克思主义理论研究》2020年第3期);等等。

王学文《由"实践论"说到经济工作　学习"实践论"笔记》一文中,作者结合自己的实际经济工作,谈到了学习《实践论》的体会。毛泽东的经济思想有它的哲学理论基础,即辩证唯物论和历史唯物论。在《实践论》中,毛泽东论述道:"生产活动是最基本的实践活动,是决定其他一切活动的东西。"因此,经济工作者和经济理论工作者要认识生产的重要性,要把生产当作经济工作的基本部分,一切经济工作都要以生产为基础、为中心,都要为发展生产的总方针而服务。毛泽东阐明:"一个人的知识,不外直接经验和间接经验的两部分。"因此经济工作者不能以自己的工作经验和书本知识为满足,必须在自己的工作中多积累经验。毛泽东《实践论》中深刻的思想、观点与方法,对经济工作者开展工作、提高工作效率是很有帮助的。

胡锡义《〈实践论〉的现实意义》指出《实践论》的现实意义在于:第一,尊重实践,尊重群众的首创精神,反对个人崇拜和官僚主义。毛泽东把实践的多种形式概括为生产斗争、阶级斗争和科学实验三种基本形式,而且把实践观点、生产观点、劳动观点、阶级观点、群众观点紧密地结合起来,把认识论和历史唯物论结合起来,强调了任何真理性的认识的产生、形成和发展都来自群众的实践。第二,尊重客观规律,充分发挥人的主观能动性,反对盲目性和保守性。《实践论》发展了马克思主义以前的基本观点反映论,毛泽东运用辩证唯物主义的方法把实践论引入认识论,克服了旧唯物主义的根本缺陷和局限性,把唯物主义反映论,发展为能动的认识论。第三,遵循认识运动的总规律,坚持理论与实践相结合的原则,反对主观主义。毛泽东揭示了人类认识的总规律:"实践、认识、再实践、再认识,循环往复以至无穷",发展了马克思主义认识论的辩证法,坚持理论与实际相结合,反对盲目主观主义。

贾平《论重新学习〈实践论〉的现实指导意义——纪念毛泽东〈实践论〉问世六十周年》指出:第一,遵循《实践论》关于认识论的唯物论的基本思想,实践是认识论的基础,在实践中取得经验和知识,要从实际出发进行建设和改革,反对脱离具体的历史的"左"和右的错误。第二,遵循《实践论》关于认识论的辩证法的基本思想，认识必须在社会实践的基础上不断深化，到达于论理的认识。对于社会主义建设和改革要细心研究新情况、新问题，从现象深入本质，积极探索总结出规律性的东西，为社会主义建设和改革提供指导。第三，遵循《实践论》关于通过实践而证实和发展真理的基本思想，认识必须服务于实践并在实践中接受检验，必须使在社会主义建设和改革实践中获得的规律性认识，服务于建设和改革的实践。所以说《实践论》这篇马克思主义认识论论著，对于社会主义初级阶段的建设和改革有着十分重要的指导价值。

石仲泉《〈实践论〉、〈矛盾论〉——中国特色社会主义理论的哲学基础》指出："两论"作为毛泽东哲学思想的代表著作，是毛泽东对马克思主义哲学的创造性发展，使中国共产党有了自己的哲学理论体系。邓小平用实践论来拨乱反正，正本清源，重新确立了"解放思想、实事求是"的思想路线，江泽民在党的十六大提出"坚持党的思想路线，解放思想、实事求是、与时俱进，是我们党坚持先进性和增强创造力的决定性因素"，这些都是毛泽东实践论思想的原则性和灵活性相结合的体现。同样，在政治路线和经济路线方面的拨乱反正，以及后来建立和完善的初级阶段理论都离不开毛泽东实践论的哲学思想的指导。

关于哲学思想研究：陈伯达《关于知行问题之研究》（《解放》1938年第50期）；张如心《论布尔什维克的教育家》（《共产党人》1941年第16期）；张如心《在毛泽东同志的旗帜下前进》（《解放》1941年第127期）；和培元《论新哲学的特性与新哲学的中国化》（《中国文化》第3卷第2—3期，1941年6月28日）；张如心《学习和掌握毛泽东的理论和策略》（《解放日报》1942年2月18、19日）；艾思奇《〈中国之命运〉——极端唯心论的愚民哲学》（《解放日报》1943年11月11日）；冯友兰《〈实践论〉——马列主义的发展与中国传统哲学问题的解决》（《新建设》1951年第3卷第6期）；侯外庐《〈实践论〉——中国思想史（知行关系）的科学总结》（《新建设》1951年第3卷第6期）；北大哲学系《从西方哲学认识论的批判来学习〈实践论〉》（《新建设》1951年第4卷第1期）；艾思奇《〈实践论〉与关于哲学史的研究》（《新建设》1951年第4卷第6期）；胡绳《马克思主义辩证法的科学性和革命性》（《学习》1952年第6期）；周明山《从实践中学习〈实践论〉的一点体会》(《哲学研究》1965年第3期);艾思奇《学习〈实践论〉》(《学术研究》1982年第4期);李淮春《坚持马克思主义的认识论——学习〈实践论〉》(《教学与研究》1981年第5期);陈瑞生《坚持主观和客观的统一——学习〈实践论〉的一点体会》(《学习与研究》1982年第8期);胡义成《〈实践论〉中的科学人性观》(《湖南师范大学社会科学学报》1986年第2期);徐素华《〈实践论〉〈矛盾论〉与三十年代哲学论战》(《毛泽东邓小平理论研究》1987年第3期);汪澍白《〈实践论〉〈矛盾论〉与中国传统哲学》(《毛泽东邓小平理论研究》1987年第4期);吴玉黎《论〈实践论〉在马克思主义哲学发展中的历史地位》(《理论学刊》1987年第4期);石仲泉《"两论"与苏联哲学教科书的关系》(《实事求是》1988年第6期);吴军《毛泽东认识论思想并不囿于〈实践论〉——毛泽东认识论思想体系建构的研究》(《毛泽东邓小平理论研究》1989年第2期);金羽《〈实践论〉、〈矛盾论〉和中国传统哲学的关系》(《学术月刊》1990年第7期);薛广洲《〈实践论〉、〈矛盾论〉与中西哲学融合》(《南京社会科学》1997年第13期);侯树栋《再学〈实践论〉、〈矛盾论〉》(《南京政治学院学报》1997年第5期);许全兴《应重视改造世界规律的研究——纪念〈实践论〉发表七十周年》(《中共中央党校学报》2007年第5期);王楠湜《〈实践论〉的实践哲学阐释——纪念〈实践论〉发表70周年》(《哲学动态》2007年第12期);陈世珍《解读〈实践论〉〈矛盾论〉的三种视域》(《中国人民大学学报》2014年第4期);孙正聿《毛泽东的"实践智慧"的辩证法——重读〈实践论〉〈矛盾论〉》(《哲学研究》2015年第3期);彭洲飞等《〈实践论〉〈矛盾论〉所彰显的哲学魅力》(《陕西行政学院学报》2015年第3期);杨振闻《〈实践论〉〈矛盾论〉:话语权建构的成功典范》(《毛泽东研究》2019年第2期);陈国敏《〈实践论〉对中国古代知行观的继承与发展》(《汉字文化》2019年第7期);曾荣《延安时期毛泽东对列宁哲学思想的运用和发展——以〈实践论〉为中心的考察》(《党的文献》2020年第4期);等等。

吴玉黎《论〈实践论〉在马克思主义哲学发展中的历史地位》指出:《实践论》对丰富和发展马克思主义认识论作出了非常重要的贡献,第一,明确地提出了马克思主义哲学的两个最显著的特点,一个是阶级性,另一个是实践性。第二，系统地论述了实践在认识中的地位和作用，对马克思、列宁关于认识论的论述加以系统化。第三，具体分析了在实践基础上认识发展的辩证过程，提出了"两个飞跃"的理论，即由感性认识向理性认识转化和由理性认识回归到实践。第四，深刻地揭示了认识真理的道路，揭示了真理同错误相比较而存在、相斗争而发展的规律。第五，深刻地揭示了马克思主义认识论的本质特点，主观和客观、理论和实践的统一是具体的、历史的统一。《实践论》不仅为确立党的思想路线和群众路线奠定了牢固的理论基础，而且精辟论述了马克思主义认识论的基本原理。

许全兴《应重视改造世界规律的研究——纪念〈实践论〉发表七十周年》指出：第一，《实践论》发展了马克思主义哲学，苏联哲学历来讲认识论讲到理性认识为止，讲到求得真理为止，毛泽东突破这一认识，认为认识到真理还要回归于实践。第二，《实践论》强调由理性认识到实践的能动飞跃比由实践到理性认识的能动飞跃更重要。但就如何将理性认识转化为实践，即如何更好地致力于改造世界的实践活动，毛泽东没有进行更多的哲学阐释。

王楠湜《〈实践论〉的实践哲学阐释——纪念〈实践论〉发表70周年》指出：人们对于《实践论》的解读主要集中于理论哲学传统，严重忽视了毛泽东哲学之实践哲学的特质。作者分析了毛泽东《实践论》中所论述的认识论的实践哲学实质是将认识活动从属于实践活动。《实践论》将源于西方哲学传统的马克思主义哲学引入中国传统哲学中，结合中国实际，使中西方哲学相融合，形成了一种新的哲学。但就如何整合现代科学理论与实践以构成有效的实践智慧而言，《实践论》并未深入涉及，这也是受实际境况所限制的。

关于马克思主义哲学中国化发展研究：杨家骏《用辩证唯物论的认识论指导思想政治工作——学习〈实践论〉笔记》（《浙江日报》1965年4月2日）；李秀林等《马列主义普遍真理与革命具体实践相结合的哲学概括——谈谈〈实践论〉〈矛盾论〉对辩证唯物主义的重大贡献》（《北京师范大学学报》1977年第6期）；周志华《真理的标准只能是社会实践——学习〈实践论〉的一点体会》（《贵州日报》1978年9月21日）；艾思奇《人类认识的总规律（学习〈实践论〉）》（《探讨》1981年第2期）；贾春峰《坚持马

克思主义实践观点——重读〈实践论〉》(《哲学研究》1981年第7期);毛哲思《马克思主义认识论上的伟大贡献——学习毛泽东〈实践论〉的体会》(《辽宁大学学报》1982年第4期);潘宝卿《调查研究是实事求是的关键——读〈实践论〉的一点体会》(《新湘评论》1982年第12期);郭化民《学习〈实践论〉的一点体会——马克思主义的实践观点和认识论》(《宁夏大学学报》1983年第4期);王首道《认真学习毛泽东同志的〈实践论〉和〈矛盾论〉》(《毛泽东思想研究》1984年第1期);张永昌《浅谈感性材料系统——学习〈实践论〉的一点体会》(《文史哲》1985年第2期);蔡灿津《〈实践论〉之贡献——纪念毛泽东同志逝世十周年》(《新疆大学学报》1986年第4期);方永祥《马克思主义哲学史上的光辉篇章——纪念〈实践论〉〈矛盾论〉问世50周年》(《安徽师范大学学报》1987年第4期);赵廷玉《〈实践论〉对马克思主义认识论的发展》(《宁夏大学学报》1987年第4期);雍涛《坚持和发展马克思主义认识论——纪念〈实践论〉问世五十周年》(《武汉大学学报》1987年第5期);卢兴隆《〈实践论〉对马克思主义认识论的贡献》(《理论教学》1987年第6期);黄凤久《坚持〈实践论〉发展〈实践论〉》(《长白学刊》1987年第6期);李书珍等《"两论"的方法论初探——纪念〈实践论〉、〈矛盾论〉发表五十周年学习札记》(《郑州大学学报》1987年第7期);王霁《〈实践论〉:中国化的马克思主义认识论》(《教学与研究》1993年第6期);冯国瑞《〈实践论〉、〈矛盾论〉对马克思主义认识论和辩证法的理论贡献》(《南京社会科学》1997年第13期);邢贲思《读懂〈实践论〉和〈矛盾论〉——写在"两论"发表70周年之际》(《求是》2007年第17期);雍涛《〈实践论〉、〈矛盾论〉与马克思主义哲学中国化》(《哲学研究》2008年第7期);杨信礼《〈实践论〉、思想路线与马克思主义哲学中国化——重读〈实践论〉》(《中共延安干部学院学报》2011年第4期);许全兴《〈实践论〉和〈矛盾论〉对马克思主义哲学中国化的启示》(《中国社会科学》2013年第12期);任平《论马克思主义中国化的研究范式——为〈实践论〉问世80周年而作》(《武汉大学学报》2017年第4期);徐浩然《从〈反对本本主义〉和〈实践论〉看马克思主义中国化的发生逻辑》(《科学社会主义》2018年第5期);张吉舜《新中国成立初期毛泽东〈实践论〉〈矛盾论〉学习宣传活动研究》(《长春师范大学学报》2019年第3期）；伊文婷《习近平新时代中国特色社会主义思想对毛泽东思想的传承与创新——基于〈实践论〉与〈矛盾论〉的文本分析》（《中共济南市委党校学报》2019年第5期）；尹旭《〈实践论〉对思想政治教育的理论及现实意义》（《党史博采》下2019年第5期）；李晶《〈实践论〉〈矛盾论〉对马克思主义哲学大众化的理论贡献》（《福州党校学报》2019年第6期）；许全兴《有关〈实践论〉〈矛盾论〉文本研究的若干问题》（上、下）（《毛泽东研究》2020年第4、5期）；等等。

王霁《〈实践论〉：中国化的马克思主义认识论》指出：《实践论》对于建立中国化的马克思主义认识论有着十分重要的意义，《实践论》在中国认识论发展中具有特殊的地位。《实践论》体现了对中国传统认识论中以知行关系为中心的致知论传统的继承与创新，有选择地批判吸收、借鉴西方认识论中有益的东西，为建立新的"致知论"服务，为当时中国革命斗争现实服务，从而产生了属于中国无产阶级和人民大众的认识论，解决了当时党内所面临的错误思想倾向问题。

任平《论马克思主义中国化的研究范式——为〈实践论〉问世80周年而作》指出，《实践论》开辟了马克思主义中国化理论自觉道路，同时也成为在方法论自觉意义上的马克思主义中国化研究范式的重要开端。总结《实践论》问世以来的马克思主义中国化的历史经验，将马克思主义中国化的实践路径转化为方法论自觉的研究范式，需要经过思想理论的形塑和文化的形塑。

第四，博硕论文。如：李斌《中国共产党思想路线史研究》（2010年中共中央党校博士论文）；陈龙《毛泽东实践智慧研究》（2012年湘潭大学博士论文）；刘丽红《毛泽东的"实践智慧"的辩证法研究》（2015年吉林大学博士论文）；胡艺华《建国后十七年马克思主义哲学大众化研究》（2014年湖南师范大学博士论文）；张莎莎《毛泽东实践观研究》（2018年武汉理工大学博士论文）；刘静涵《实践哲学视域中的毛泽东"实事求是"思想研究》（2019年东北师范大学博士论文）；等等。

余满晖《论毛泽东的〈实践论〉及其影响》（2006年广西师范大学硕士论文）；王仁永《〈实践论〉与中国传统知行观》（2007年上海交通大学硕士论文）；宋维金《毛泽东〈实践论〉新探》（2009年四川师范大学硕士论

文）；负萍《〈实践论〉、〈矛盾论〉对马克思主义哲学中国化的贡献及启示》（2009年延安大学硕士论文）；余良红《毛泽东认识论思想探析——重读〈实践论〉》（2012年安徽大学硕士论文）；张婷《〈实践论〉对马克思主义哲学的贡献》（2013年延安大学硕士论文）；鹿军《论毛泽东〈实践论〉中认识论思想及当代价值》（2014年广西师范大学硕士论文）；伍柳《马克思主义大众化视域下的〈实践论〉研究》（2015年华中科技大学硕士论文）；王小松《〈实践论〉的历史影响及其当代启示研究》（2016年广西民族大学硕士论文）；高家愔《毛泽东〈实践论〉及其影响研究》（2019年陕西科技大学硕士论文）；黄思捷《毛泽东〈实践论〉对中国传统哲学知行观的超越》（2019年上海师范大学硕士论文）；王颖辉《〈实践论〉〈矛盾论〉的内在关联与时代价值》（2019年武汉大学硕士论文）；金铭《毛泽东〈实践论〉思想特质与时代意义》（2019年东北师范大学硕士论文）；张灯《习近平对毛泽东"两论"思想的继承和发展》（2019年湖南科技大学硕士论文）；等等。

（四）《实践论》研究历史概述①

1937年《辩证法唯物论（讲授提纲）》问世以后，党内外高级干部和理论工作者就开始进行"两论"学习与研究。陈伯达、张如心、和培元、艾思奇等都撰写文章，对"两论"进行了初步研究。如1942年张如心在《解放日报》上发表《学习和掌握毛泽东的理论和策略》一文，认为"思想路线或思想方法论"是毛泽东全部理论和策略的思想基础，并特别指出该书第二章第十一节《实践论》最为重要。其还认为"两论"代表了马克思主义哲学中国化的新方向，"两论"是中国共产党人的思想方法论。

中华人民共和国成立后，毛泽东亲自修改"两论"，1950年12月29日《实践论》被刊登在《人民日报》上，掀起研究学习《实践论》热潮，李达、艾思奇、胡绳等纷纷著文进行研究和宣传。李达的《〈实践论〉解说》用分段解说的形式、通俗的语言、丰富的例证，全面准确地解释《实践论》，既忠实于原著又有创造性发挥，受到广大干部、群众的欢迎和

---

① 雍涛：《〈实践论〉、〈矛盾论〉研究述评》，《毛泽东研究述评会议文集》1992年印。

毛泽东的赞许。中华人民共和国成立初期的《实践论》研究，坚持了理论与实际相结合原则，体现了实事求是的学风，促进了当时的知识分子思想改造运动。这一时期，国外学者也开始研究"两论"，日本学者成绩较大，新岛淳良在其所著的《毛泽东的哲学》一书中，认为《实践论》所提出的三种实践形式，是毛泽东的独创，并提出实践是社会的实践的提法，是把实用主义的认识论和马克思主义的认识论明显区别开来的标志。当然也有一些学者提出质疑，甚至持否定态度。1957年开展工农兵学哲学运动，主要是学习"两论"，联系生活、生产中的实际问题进行讨论。运动持续多年，提升了广大人民群众学习哲学的热情，促进了人民群众的思想解放，起到了很好的作用。但也出现了简单化、教条化、庸俗化的不良倾向，被引导到"大跃进"、阶级斗争扩大化宣传的错误方向上。"文化大革命"期间，《实践论》变成了"唯意志论"，这期间的"两论"学习和研究被推向形式主义和庸俗化的顶峰。

中共十一届三中全会以来，随着中共中央拨乱反正，特别是作出《关于建国以来党的若干历史问题的决议》，《实践论》的研究又一次迎来春天，无论是研究态度、研究视野还是研究方法等，都取得较大进展。每逢《实践论》《矛盾论》刊发整十周年纪念，都会掀起研究《实践论》《矛盾论》热潮。这一时期，对《实践论》《矛盾论》进行了系统的研究，研究成果颇多，龚育之、逄先知、雍涛、许全兴、石仲泉等都发表了论文，许多学者还写了研究《实践论》《矛盾论》的专著。有影响力、具有代表性的著作有：雍涛等《毛泽东哲学思想概论》（湖北人民出版社1983年版）、许全兴等《延安时期的毛泽东哲学思想》（陕西人民教育出版社1988年版）、石仲泉《〈毛泽东哲学批注集〉导论》（中共中央党校出版社1988年版）等。这一时期，国外学者对"两论"的研究也比较多，取得了丰硕的研究成果，如日本著名学者竹内实主持编写的《毛泽东集补卷》第5卷，就对《实践论》进行了简单的版本校勘研究。

党的十八大以来，《实践论》《矛盾论》研究迎来了新的高峰，《实践论》《矛盾论》的创作背景、理论渊源、思想内容、文本考订、版本校勘、语言风格、历史地位等命题的研究以及海外《实践论》《矛盾论》研究的译介与评析成为学界研究的热点。习近平强调："毛泽东同志就是一位伟大的哲学家、思想家、社会科学家，他撰写的《矛盾论》、《实践论》等哲学名篇至今仍具有重要指导意义。"学术界开始聚焦于"两论"与习近平新时代中国特色社会主义思想的关系研究，这为深化"两论"研究拓展了新的学术空间。这一时期，"两论"为进一步推动马克思主义哲学中国化、构建中国化马克思主义话语体系提供了经验借鉴，为加强马克思主义政党建设提供了重要的思想指导，为推动新时代中国特色社会主义事业发展提供了锐利的思想武器，为人民群众具体的生产生活实践提供了有益启示。

综上，研究《实践论》的成果已不少，但对《实践论》进行全面系统的版本研究的成果还没有。

五、校勘与分析

（一）1949年10月以前版本校勘与分析

《实践论》1949年10月以前的各种版本，大多以1937年油印本《辩证法唯物论（讲授提纲）》为底本，各版本之间差别较小。以下引用的1937年油印本《辩证法唯物论（讲授提纲）》（以下简称"1937年版"），是韶山毛泽东图书馆的收藏本。

1. 太行文化教育出版社1939年《辩证法唯物论（抗大讲义）》版与1937年《辩证法唯物论（讲授提纲）》油印本异同

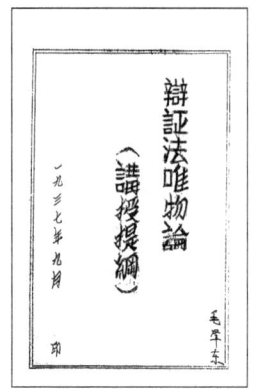
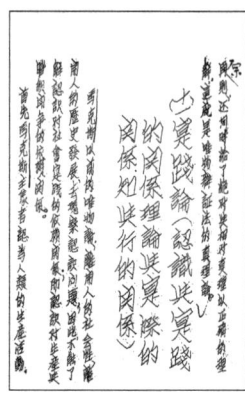

1937年油印本竖排版《辩证法唯物论（讲授提纲）》、1937年油印本横排版《辩证法唯物论（讲授提纲）》书影

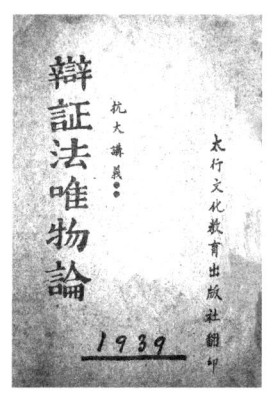

太行文化教育出版社1939年《辩证法唯物论（抗大讲义）》版书影

太行文化教育出版社1939年版《辩证法唯物论（抗大讲义）》（以下简称"1939年太行版"），是抗战早期的一个重要版本，这里的1939年太行版藏于山西省图书馆民国文献阅览室。1939年太行版与1937年版相校，内容基本相同，标点改动较多，文字有不同。

（1）标点不同

标点不同有约220处，如：

1937年版："人的社会实践，不限于生产活动一种形式，还有多种其他的形式，阶级斗争，"①。1939年太行版："人的社会实践，不限于生产活动一种形式还有其他多种的形式阶级斗争，"②。

1937年版："因此，人的认识，在物质生活以外，"③。1939年太行版："因此人的认识在物质生活以外，"④。

1937年版："列宁说过：'物质的抽象，自然的法则，价值的抽象，及其他等等，即一切科学的（正确的，重要的，非瞎说的）抽象，都比较深刻，比较正确，比较完全的反映自然'。"⑤1939年太行版："列宁说过：'物质的抽象，自然的法则，价值的抽象，及其他等等即一切科学的（正确的重要的非瞎说的）抽象都比较深刻，比较正确，比较完全的反映

---

① 《辩证法唯物论（讲授提纲）》，1937年9月油印本。
② 《辩证法唯物论（抗大讲义）》，太行文化教育出版社1939年版，第40页。
③ 《辩证法唯物论（讲授提纲）》，1937年9月油印本。
④ 《辩证法唯物论（抗大讲义）》，太行文化教育出版社1939年版，第40页。
⑤ 《辩证法唯物论（讲授提纲）》，1937年9月油印本。

自然'。"①

1937年版："所以一个人的知识不外直接经验与间接经验的两部分，而在我为间接经验者，在人则仍属直接经验，因此就知识的总体说来，无论何种知识，都是不能离开直接经验的。"② 1939年太行版："所以一个人的知识不外直接经验与间接经验的两部份，而在我为间接经验者，在人则仍属直接经验，因此就知识总体说来无论何种知识，都是不能离开直接经验的，"③。

1937年版："中国商人有一句话：'要赚畜生钱，要跟畜生眠'，这句话对于商人赚钱是真理，"④。1939年太行版："中国商人有一句话'要赚畜生钱要跟畜生眠'这句话对于商人赚钱是真理，"⑤。

1937年版："然而由于这些经验，（胜仗，特别是败仗的经验）使他们能够理解贯串整个战争的内部的东西，即那个具体的战争之规律性，"⑥。1939年太行版："然而由于这些经验（胜仗特别是败仗的经验）使他们能够理解贯串整个战争的内部的东西即那个具体的战争之规律性，"⑦。

1937年版："这里有两个要点须着重指明。"⑧ 1939年太行版："这里有两个要点，须着重指明："⑨。

1937年版："然而马克斯主义看理论，正是，也仅仅是，因为他能够指导行动，如果有了正确的理论只在把他空谈一会，束之高阁，并不实行，那末这种理论再好也是没有用的。"⑩ 1939年太行版："然而马克斯主义看理论，正是也仅仅是因为他能够指导行动。如果有了正确的理论，只在把他空谈一会，束之高阁，并不实行，那末这种理论再好也是没有用的，"⑪。

1937年版："我们的结论是主观与客观，理论与实践，知与行的具体历

---

① 《辩证法唯物论（抗大讲义）》，太行文化教育出版社1939年版，第43—44页。
② 《辩证法唯物论（讲授提纲）》，1937年9月油印本。
③ 《辩证法唯物论（抗大讲义）》，太行文化教育出版社1939年版，第45页。
④ 《辩证法唯物论（讲授提纲）》，1937年9月油印本。
⑤ 《辩证法唯物论（抗大讲义）》，太行文化教育出版社1939年版，第46页。
⑥ 《辩证法唯物论（讲授提纲）》，1937年9月油印本。
⑦ 《辩证法唯物论（抗大讲义）》，太行文化教育出版社1939年版，第47页。
⑧ 《辩证法唯物论（讲授提纲）》，1937年9月油印本。
⑨ 《辩证法唯物论（抗大讲义）》，太行文化教育出版社1939年版，第48页。
⑩ 《辩证法唯物论（讲授提纲）》，1937年9月油印本。
⑪ 《辩证法唯物论（抗大讲义）》，太行文化教育出版社1939年版，第50页。

史的统一，反对一切离开具体历史的'左'的或右的错误思想。"① 1939年太行版："我们的结论是主观与客观，理论与实践，知与行的具体历史的统一，反对一切离开具体历史的'左'的或'右'的错误思想。"②

1937年版："通过实践而产生真理又通过实践而证实真理与发展真理。从感性认识而能动地发展到理性认识，又从理性认识而能动地指导革命实践，改造主观世界与客观世界，实践认识，再实践，再认识的形式循环发展以至无穷，而实践与认识之每一循环的内容都比较的进到高一级的程度——这就是唯物辩证法的全部认识论，这就是唯物辩证法的知行统一观。"③ 1939年太行版："通过实践而产生真理，又通过实践而证实真理与发展真理，从感性认识而能动地发展到理性认识，又从理性认识而能动地指导革命实践，改造主观世界与客观世界。实践、认识、再实践、再认识的形式循环发展，以致无穷。而实践与认识之每一循环的内容，都比较的进到高一级的程度，这就是唯物辩证法的全部认识论。这就是唯物辩证法的知行统一观。"④

以上的标点变动，不改变文义。以下的标点变动则有误：

1937年版："然而思想落后于实际的事是常有的，这是因为人的认识受了许多限制的原故。"⑤ 1939年太行版："然而思想落后。于实际的事实是常有的，这是因为人的认识受了许多限制的原故。"⑥ 这里把"思想落后于实际的事是常有的"点断，成"思想落后。于实际的事是常有的"，是错误的。

（2）文字不同

文字不同总计约45处，有以下几种类型：

①不改变文义的文字改动

1937年版："因为他对这项工作的内容与环境没有规律性的了解，或者他从来就没有接触过这类工作，或者接触的不多，因而无从说到了解这类工作的规律性。"⑦ 1939年太行版："因为他对这项工作的内容与环境没有规

---

① 《辩证法唯物论（讲授提纲）》，1937年9月油印本。
② 《辩证法唯物论（抗大讲义）》，太行文化教育出版社1939年版，第55页。
③ 《辩证法唯物论（讲授提纲）》，1937年9月油印本。
④ 《辩证法唯物论（抗大讲义）》，太行文化教育出版社1939年版，第56页。
⑤ 《辩证法唯物论（讲授提纲）》，1937年9月油印本。
⑥ 《辩证法唯物论（抗大讲义）》，太行文化教育出版社1939年版，第53页。
⑦ 《辩证法唯物论（讲授提纲）》，1937年9月油印本。

律性的了解，或者他从来就没有接触过这类工作，或者接触的不够，因而无从说到了解这样工作的规律性。"① "不多"改"不够"，"这类"改"这样"，基本不改变文义。

1937年版："第一个，在前面已经说过的，这里再重复说一说，就是理性认识依赖于感性认识的问题。"② 1939年太行版："第一个在前面已经说过的这里再重复说就是理性认识依赖于感性认识的问题，"③。"重复说一说"改"重复说"，基本不改变文义。

1937年版："如果以为认识可以停顿在低级的感性阶段，以为只有感性认识可靠，而理性认识是靠不住的，这便重复了历史上'经验论'的理论。"④ 1939年太行版："如果以为认识可以停顿在低的感性阶段，以为只有感性认识可靠，而理性认识是靠不住的，这是重复了历史上'经验论'的理论，"⑤。"低级的"改"低的"，"这便"改"这是"，不改变文义。

②使表述更合理的改动

1937年版："要完全地解决此问题只有把理性的认识再回到社会实践中去，应用理论于实际，看他是否能够达到预想的目的。"⑥ 1939年太行版："要完全解决此问题只有把理性的认识再回到社会实践中去，应用理论于实践，看他是否能够达到预想的目的。"⑦ "理论于实际"改"理论于实践"更合理。

1937年版："认识史的实践告诉我，许多理论的真理性是不完全的，经过实践的检验而纠正了他们的不完全性。"⑧ 1939年太行版："认识史的实践，告诉我们许多理论的真理性，是不完全的，经过实践的检验，而纠正了他们的不完全性。"⑨ "告诉我"改"告诉我们"更合理。

1937年版："依社会运动来说，所贵乎革命的指导者，不但在于当自己

---

① 《辩证法唯物论（抗大讲义）》，太行文化教育出版社1939年版，第47页。
② 《辩证法唯物论（讲授提纲）》，1937年9月油印本。
③ 《辩证法唯物论（抗大讲义）》，太行文化教育出版社1939年版，第48页。
④ 《辩证法唯物论（讲授提纲）》，1937年9月油印本。
⑤ 《辩证法唯物论（抗大讲义）》，太行文化教育出版社1939年版，第48页。
⑥ 《辩证法唯物论（讲授提纲）》，1937年9月油印本。
⑦ 《辩证法唯物论（抗大讲义）》，太行文化教育出版社1939年版，第50—51页。
⑧ 《辩证法唯物论（讲授提纲）》，1937年9月油印本。
⑨ 《辩证法唯物论（抗大讲义）》，太行文化教育出版社1939年版，第51页。

的理论思想计划方案有错误时须得善于加以改正，"①。1939年太行版："依社会运动来说，所贵于革命的指导者，不但在于当自己的理论思想计划方案有错误时，须得善于加以改正。"②"所贵乎革命的指挥者"改"所贵于革命的指导者"更合理。

③补脱字

1937年版："马克斯主义哲学认为十分重要的问题，不在于懂得了客观世界的规律性，因而能够解释宇宙，而在于拿了这种对于客观规性的认识去动地改造宇宙。"③1939年太行版："马克斯主义哲学认为十分重要的问题，不在于懂得了客观世界的规律性因而能够解释宇宙，而在于拿了这种对于客观规律性的认识去动地改造宇宙，"④。"客观规性"，脱"律"，改为"客观规律性"，补了脱字。

④文字改动不妥

1937年版："马克斯以前的唯物论，离开人的社会性，离开人的历史发展，去观察认识问题，因此不能了解认识对社会实践的依赖关系，即认识对生产与阶级斗争的依赖关系。"⑤1939年太行版："马克斯以前的唯物论离开人的历史发展，去观察认识问题，因此不能了解认识对社会实践的依赖关系，即认识对生产与阶级斗争的依赖关系。"⑥删掉了"离开人的社会性"，改动不妥。

1937年版："唯物地而且辩证地指出了认识之深化的运动，指出了社会的人在他们的生产与阶级斗争之复杂的经常反覆的实践中由感性认识到论理认识之推移的运动。"⑦1939年太行版："唯物的而且辩证地指出了认识之深化的运动，指出了社会的人在他们的生产与阶级斗争之复杂的经常反覆的实践中，由感性认识到理论认识之推移的运动"⑧。"唯物地"改"唯物的"，不妥。

---

① 《辩证法唯物论（讲授提纲）》，1937年9月油印本。
② 《辩证法唯物论（抗大讲义）》，太行文化教育出版社1939年版，第52—53页。
③ 《辩证法唯物论（讲授提纲）》，1937年9月油印本。
④ 《辩证法唯物论（抗大讲义）》，太行文化教育出版社1939年版，第50页。
⑤ 《辩证法唯物论（讲授提纲）》，1937年9月油印本。
⑥ 《辩证法唯物论（抗大讲义）》，太行文化教育出版社1939年版，第40页。
⑦ 《辩证法唯物论（讲授提纲）》，1937年9月油印本。
⑧ 《辩证法唯物论（抗大讲义）》，太行文化教育出版社1939年版，第43页。

1937年版："在技术发达的现代虽然可以实现这句话，然而真正亲知的是天下实践着的人，那些人在他们实践中间取得了'知'，经过文字与技术的传达而到达于'秀才'之手，秀才乃能间接地'知天下事'。"① 1939年太行版："在技术发达的现在，虽然可以实现这句话，然而真正亲知的是天下实践着的人，那些人在实践中间取得了'知'经过文字与技术的传达，而到达于'秀才'之手秀才乃能间接地'知天下事'。"② "现代"改"现在"，不改变文义，"那些人在他们实践中间"改"那些人在实践中间"，删掉了"他们"，不妥。

1937年版："你要有知识，你就得参加变革实现的实践。"③ 1939年太行版："你要知识你就得参加变革现实的实践，"④。"你要有知识"改"你要知识"，不妥。

1937年版："无产阶级对于资本主义过程的认识在其实践的初期——破坏机器与自发斗争时期，他们还只在感性认识的阶段，只认识资本主义个个现象的片面及其外的联系，这时他们还是一个所谓'自在的阶级'。"⑤ 1939年太行版："无产阶级对于资本主义过程的认识，在其实践的初期——破坏机器与自发斗争时期，他们还只有感性认识的阶段，只认识资本主义这个现象的片面及其外的联系，这时他们还是一个所谓'自在的阶级'。"⑥ "只在"改"只有"，"个个"改"这个"，均不妥。

1937年版："如果这个人在这项工作中经过了一个时期，（他有了这项工作的经验）而他又是一个肯虚心体察客观情况的人不是一个主观地片面地表面地看问题的人，"⑦。1939年太行版："如果这个人在这项工作中经过了一个时期（他能了解这项工作的经验）而他又是一个肯虚心体察客观情况的人，不是一个主观地片面地表面地看问题的人，"⑧。"有了这项工作的经验"改"能了解这项工作的经验"，不妥。

---

① 《辩证法唯物论（讲授提纲）》，1937年9月油印本。
② 《辩证法唯物论（抗大讲义）》，太行文化教育出版社1939年版，第44—45页。
③ 《辩证法唯物论（讲授提纲）》，1937年9月油印本。
④ 《辩证法唯物论（抗大讲义）》，太行文化教育出版社1939年版，第45页。
⑤ 《辩证法唯物论（讲授提纲）》，1937年9月油印本。
⑥ 《辩证法唯物论（抗大讲义）》，太行文化教育出版社1939年版，第46页。
⑦ 《辩证法唯物论（讲授提纲）》，1937年9月油印本。
⑧ 《辩证法唯物论（抗大讲义）》，太行文化教育出版社1939年版，第47页。

1937年版:"哲学上的唯理论与经验论都不懂得认识的历史性或辩证性虽然各有片面的真理,(对于唯物的唯理论与经验论而言,非指唯心的唯理论与经验论),但在认识论的全体上,则都是错误的。"① 1939年太行版:"哲学上的唯理论与经验论都不懂的认识的历史性或辩证性,虽然各有片面的真理(对于唯物的唯理论与经验论而言,非指唯心论的唯理论与经验论)但在认识论的全体上则都是错误的。"② "懂得"改"懂的","唯心"改"唯心论",均不妥。

1937年版:"如果能够实现预想的目的,即将预定的理论,思想,计划,方案在该同一过程的实践中变为事实,或大体上变为事实,那末,对于这一具体过程的认识运动算是完成了。"③ 1939年太行版:"如果能够实现预想的目的,即将预定的理论思想计划或方案在同一过程的实践中,变为事实,那末对于这一具体过程的认识运动,算是完成了。"④ 删掉了"或大体上变为事实,",不妥。

1937年版:"然而对于过程之推移而言,人的认识运动是没有完成的。任何过程,不论是属于自然界的与属于社会的,由于内部的矛盾与斗争,都是向前推移向前发展的,人的认识运动也应跟着推移与发展。"⑤ 1939年太行版:"然而对于过程之推移而言,人的认识运动是没有完成的,任何过程不论是属于自然界的与属于社会的,由于社会的矛盾与斗争都是向前推移,向前发展的。人的意识运动也应跟着推移与发展,"⑥。"内部的矛盾"改"社会的矛盾",不妥。

1937年版:"他们的思想离开了社会的实践,他们不能站在社会车轮的前头充任响导的工作,他们只知跟在车轮后面怨恨车轮走得太快了,企图把他向后拉,开倒车。"⑦ 1939年太行版:"他们的思想离开了社会的实践,他们不能站在社会车轮的前段充任响导的工作,他们只知跟在车轮后面怨恨

---

① 《辩证法唯物论(讲授提纲)》,1937年9月油印本。
② 《辩证法唯物论(抗大讲义)》,太行文化教育出版社1939年版,第49页。
③ 《辩证法唯物论(讲授提纲)》,1937年9月油印本。
④ 《辩证法唯物论(抗大讲义)》,太行文化教育出版社1939年版,第51页。
⑤ 《辩证法唯物论(讲授提纲)》,1937年9月油印本。
⑥ 《辩证法唯物论(抗大讲义)》,太行文化教育出版社1939年版,第52页。
⑦ 《辩证法唯物论(讲授提纲)》,1937年9月油印本。

车轮走的太快了，企图把他向后拉开倒车。"①"车轮的前头"改"车轮的前段"，不妥。

1937年版："根据于一定的理论，思想，计划，方案以从事于变革客观现实的实践一次又一次的向前，人对客观现实的认识也就一次又一次的深化，客观现实世界的变化运动永远没有完结，人在实践中对真理的认识也永远没有完结，马克斯主义没有没有结束真理，而是在实践中不断地开辟认识真理的道路。"② 1939年太行版："根据于一定的理论思想计划方案，以从事于变革客观现实的实践，一次又一次的向前，人对客观现实的认识，也就一次又一次的深化客观现实的变化，世界运动永远没有完结，人在实践中对真理的认识，也永远没有完结，马克斯主义没有结束真理而是在实践中不断地开辟认识真理的道路，"③。"客观现实世界的变化运动永远没有完结"改"客观现实的变化，世界运动永远没有完结"，不妥。删掉"没有"，合理。

⑤文字改动有误

1937年版："人的认识，主要的依赖物质的生产活动而逐渐了解自然的现象，自然的性质，（自然的规律性），人与自然的关系，而且经过生产活动同时也认识了人与人的相互关系。"④ 1939年太行版："人的认识，主要的依赖物质的生产活动而逐渐了解自然的现象，自然的性质（自然的规律），人与自然的关系，而且经过生产的活动同时也认识了与人的相互关系。"⑤"生产活动"改"生产的活动"，不改变文义。"人与人的相互关系"正确，"与人的相互关系"错误。

1937年版："因此，马克斯主义者认为只有人们的社会实践，是人们对于外界认识之真理性的标准。"⑥ 1939年太行版："因此，马克斯主义者认为只有人们的社会实践提高人们对于外界认识之真理性的标准。"⑦"提高人们对于外界认识之真理性的标准"改动错误。

---

① 《辩证法唯物论（抗大讲义）》，太行文化教育出版社1939年版，第54页。
② 《辩证法唯物论（讲授提纲）》，1937年9月油印本。
③ 《辩证法唯物论（抗大讲义）》，太行文化教育出版社1939年版，第55页。
④ 《辩证法唯物论（讲授提纲）》，1937年9月油印本。
⑤ 《辩证法唯物论（抗大讲义）》，太行文化教育出版社1939年版，第40页。
⑥ 《辩证法唯物论（讲授提纲）》，1937年9月油印本。
⑦ 《辩证法唯物论（抗大讲义）》，太行文化教育出版社1939年版，第41页。

1937年版："如果要直接地认识某种或某些事物，便只有亲身参加于变革现实变革某种或某些事物的实践中才能触到那种或那些事物的现象，也只有在亲身参加变革现实的实践中才能暴露那种或那些事物的本质而理解他，这是任何人实际上走着的认识路程，不过有些人故意歪曲地说些反对的话罢了。"①1939年太行版："如果要直接地认识某种或某些事物，便只有亲身参加与变革现实变革某种或某些事物的实践中，才能触到那种或那些事物的现象，也只有在亲身参加变革现实的实践中才能暴露那种或那些事物本质，而理解他，这是在任何人实际上走着的认识路程，不过有些人故意歪曲地说些反对话罢了，"②。"参加于"正确，"参加与"错误。"那些事物的本质"改"那些事物本质"，不改变文义。"这是任何人实际上走着的认识路程，"改"这是在任何人实际上走着的认识路程，"，不妥。

1937年版："任何知识的来源，在于人的肉体感官对客观外界的感觉，否认了这个感觉，否认了直接经验，"③。1939年太行版："任何知识的来源在于人的肉体感观对客观外界的感觉，否认了直接经验，"④。"感官"正确，"感观"错误。

1937年版："第二阶段才进到理性的认识，看出了帝国主义内部与外部的各种矛盾并看出了帝国主义联合中国封建阶级以压榨中国人民大众的实质，这种认识是从五四运动前后才开始的。"⑤1939年太行版："第二阶段才进到理性的认识看出了帝国主义内部与外部的各种矛盾，并看了帝国主义联合中国封建阶级以压榨中国人民大众的实质，这种认识是从五四运动前。"⑥"看出了"改"看了"，错误。"这种认识是从五四运动前后才开始的"正确，"这种认识是从五四运动前"错误。

1937年版："认识的能动作用，不但表现于从感性的认识到理性的认识之能动的飞跃更重要的还须表现于从理性的认识到革命的实践这一个飞

---

① 《辩证法唯物论（讲授提纲）》，1937年9月油印本。
② 《辩证法唯物论（抗大讲义）》，太行文化教育出版社1939年版，第45页。
③ 《辩证法唯物论（讲授提纲）》，1937年9月油印本。
④ 《辩证法唯物论（抗大讲义）》，太行文化教育出版社1939年版，第45页。
⑤ 《辩证法唯物论（讲授提纲）》，1937年9月油印本。
⑥ 《辩证法唯物论（抗大讲义）》，太行文化教育出版社1939年版，第46页。

跃。"① 1939年太行版："认识的能力作用，不但表现于从感性的认识到理性的认识之能动的飞跃，更重要的还须表现于从理性的认识到革命的实践这一个飞跃。"② "能动作用"正确，"能力作用"错误。

1937年版："然而一般说来，不论在革命自然或变革社会的实践中，人们原定的理论，思想，计划，方案，毫无改变地实现出来之事，是很少的。"③ 1939年太行版："然而一般说来，不论在革变自然或变革社会的实践中，人们原定的理论思想计划方案，毫无改变地实现出来之事，是很少的。"④ "革命自然"正确，"革变自然"错误。

1937年版："许多时候，须反覆失败过多次，才能纠正错误的认识，而到达于能同客观过程的规律性相符合因而能够变主观的东西为客观的东西（即在实践中得到预想结果）之正确的认识。"⑤ 1939年太行版："许多时候须反覆失败过多次，才能纠正过去的认识，而到达于能同客观过程的规律性相符合，因而能够变主观的东西，为客观的东西：（即在实践中得到预想结果）之正确的认识。"⑥ "纠正错误的认识"正确，"纠正过去的认识"错误。

1937年版："如同上面已经说到的，而且在于当某一一定的客观过程已经从某一一定的发展阶段向另一一定的发展阶段推移转变的时候，须得善于使自己及参加革命的人员在主观认识上也跟着推移转变，"⑦。1939年太行版："同时上面已经说到的，而凡在于当某一一定的客观过程，已经从某一一定的发展阶段向另一一定的发展阶段推移转变的时候，须得善于使自己及参加革命的人员，在主观认识上也跟着推移转变，"⑧。"如同"改"同时"，不妥。"而且"正确，"而凡"错误。

1937年版："一切客观世界的辩证法的运动都或先或后的能够反映到认识中来，实践中之发展与消灭的过程是无穷的，人的认识之发生发展与消灭

---

① 《辩证法唯物论（讲授提纲）》，1937年9月油印本。
② 《辩证法唯物论（抗大讲义）》，太行文化教育出版社1939年版，第50页。
③ 《辩证法唯物论（讲授提纲）》，1937年9月油印本。
④ 《辩证法唯物论（抗大讲义）》，太行文化教育出版社1939年版，第52页。
⑤ 《辩证法唯物论（讲授提纲）》，1937年9月油印本。
⑥ 《辩证法唯物论（抗大讲义）》，太行文化教育出版社1939年版，第52页。
⑦ 《辩证法唯物论（讲授提纲）》，1937年9月油印本。
⑧ 《辩证法唯物论（抗大讲义）》，太行文化教育出版社1939年版，第53页。

的过程也是无穷。"① 1939年太行版："一切客观世界的辩证法的运动，都或先或后的能够反映到意识中来，实践中之发展与消灭的过程是无穷的，人的认识之发生发展与消灭的过程也是无穷。"② "认识"正确，"意识"错误。

2. 淮南日报社1944年《辩证唯物论》版与1937年《辩证法唯物论（讲授提纲）》油印本异同

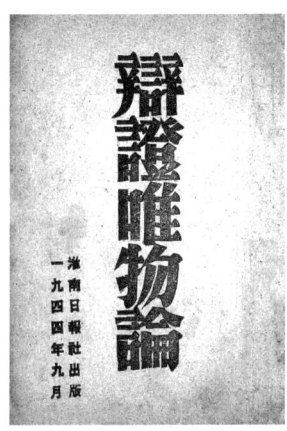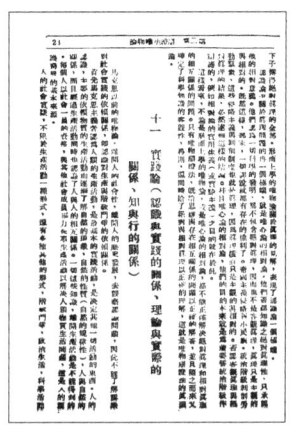

淮南日报社1944年《辩证唯物论》版书影

淮南日报社1944年版《辩证唯物论》（以下简称"1944年淮南版"），是抗战时期的一个重要版本。1944年淮南版与1937年版相校，内容基本相同，标点、文字有不同。

（1）标点不同

标点不同有约175处，如：

1937年版："因此，人的认识，在物质生活以外，"③。1944年淮南版："因此，人的认识在物质生活以外，"④。

1937年版："实际的情形是这样的，只有在社会实践过程中（物质生产过程中，阶级斗争过程中，科学实践过程中），人们达到了思想中所预想的结果时，人们的认识才会发生力量。"⑤ 1944年淮南版："实际的情形是这样的，只有在社会实践过程中（物质生产过程中、阶级斗争过程中、科

---

① 《辩证法唯物论（讲授提纲）》，1937年9月油印本。
② 《辩证法唯物论（抗大讲义）》，太行文化教育出版社1939年版，第55页。
③ 《辩证法唯物论（讲授提纲）》，1937年9月油印本。
④ 《辩证唯物论》，淮南日报社1944年版，第24页。
⑤ 《辩证法唯物论（讲授提纲）》，1937年9月油印本。

学实践过程中），人们达到了思想中所预想的结果时，人们的认识才会发生力量，"①。

1937年版："你要知道梨子的滋味，你就得变革梨子，亲口吃一吃。你要知道原子的组织同性质，你就得实行化学家的实验，变革原子的情况。"② 1944年淮南版："你要知道梨子的滋味，你就得变革梨子，亲口吃一吃；你要知道原子的组织同性质，你就得实行化学家的实验，变革原子的情况；"③。

1937年版："这些问题的解决一点也不能离开实践，"④。1944年淮南版："这些问题的解决，一点也不能离开实践。"⑤

1937年版："这种认识是从五四运动前后才开始的。"⑥ 1944年淮南版："这种认识是从'五四'运动前后开始的。"⑦

1937年版："造成了大体上相应于该客观过程之法则性的理论，思想，计划，或方案，然后再应用这种理论，思想，计划，或方案，于该同一客观过程的实践，"⑧。1944年淮南版："造成了大体上相应于该客观过程之法则性的理论、思想、计划或方案。然后再应用这种理论、思想、计划或方案于该同一客观过程的实践，"⑨。

1937年版："改造主观世界与客观世界，实践认识，再实践，再认识的形式循环发展以至无穷，"⑩。1944年淮南版："改造主观世界与客观世界。实践、认识、再实践、再认识的形式循环发展，以至无穷。"⑪

以上标点的改动，基本上不改变文义。

（2）文字不同

文字不同总计约40处，有以下几种类型：

---

① 《辩证唯物论》，淮南日报社1944年版，第24页。
② 《辩证法唯物论（讲授提纲）》，1937年9月油印本。
③ 《辩证唯物论》，淮南日报社1944年版，第26页。
④ 《辩证法唯物论（讲授提纲）》，1937年9月油印本。
⑤ 《辩证唯物论》，淮南日报社1944年版，第26页。
⑥ 《辩证法唯物论（讲授提纲）》，1937年9月油印本。
⑦ 《辩证唯物论》，淮南日报社1944年版，第27页。
⑧ 《辩证法唯物论（讲授提纲）》，1937年9月油印本。
⑨ 《辩证唯物论》，淮南日报社1944年版，第30页。
⑩ 《辩证法唯物论（讲授提纲）》，1937年9月油印本。
⑪ 《辩证唯物论》，淮南日报社1944年版，第32页。

①不改变文义的文字改动

1937年版："马克斯以前的唯物论，离开人的社会性，"①。1944年淮南版："马克思以前的唯物论，离开人的社会性，"②。"马克斯"改"马克思"，人名译名的变化，不改变文义。

1937年版："因此，马克斯主义者认为只有人们的社会实践，是人们对于外界认识之真理性的标准。"③1944年淮南版："因此，马克思主义者认为只有人们的社会实践，才是人们对于外界认识之真理性的标准。"④"是"改"才是"，不改变文义。

1937年版："'秀才不出门，全知天下事'，在技术不发达的古代只是一句空话，"⑤。1944年淮南版："'秀才不出门，能知天下事'，在技术不发达的古代，只是一句空话。"⑥"全知天下事"改"能知天下事"，基本上不改变文义。

1937年版："在技术发达的现代虽然可以实现这句话，"⑦。1944年淮南版："在技术发达的现在，虽然可以实现这句话，"⑧。"现代"改"现在"，不改变文义。

1937年版："世上最可笑的，是那些'知识里手'，有了道听途说的一知半解，便自封为'天下第一'，多见其不自量而已。"⑨1944年淮南版："世上最可笑的是那些'知识里手'，有了道听途说的一知半解便自命为'天下第一'，多见其不自量而已。"⑩"自封"改"自命"，基本不改变文义。

1937年版："或者接触的不多，因而无从说到了解这类工作的规律性。"⑪1944年淮南版："或者接触的不够，因而无从说到了解这类工作的

---

① 《辩证法唯物论（讲授提纲）》，1937年9月油印本。
② 《辩证唯物论》，淮南日报社1944年版，第23页。
③ 《辩证法唯物论（讲授提纲）》，1937年9月油印本。
④ 《辩证唯物论》，淮南日报社1944年版，第24页。
⑤ 《辩证法唯物论（讲授提纲）》，1937年9月油印本。
⑥ 《辩证唯物论》，淮南日报社1944年版，第26页。
⑦ 《辩证法唯物论（讲授提纲）》，1937年9月油印本。
⑧ 《辩证唯物论》，淮南日报社1944年版，第26页。
⑨ 《辩证法唯物论（讲授提纲）》，1937年9月油印本。
⑩ 《辩证唯物论》，淮南日报社1944年版，第26页。
⑪ 《辩证法唯物论（讲授提纲）》，1937年9月油印本。

规律性。"① "不多"改"不够",基本不改变文义。

1937年版:"只有感觉的材料十分丰富(不是零碎不全)与合于实际(不是错觉)才能根据这样的材料造出正确的概念与理论来。"② 1944年淮南版:"只有感觉的材料十分丰富(不是零碎不全)符合于实际(不是错觉),才能根据这样的材料造出正确的概念与理论来。"③ "与合于实际"改"符合于实际",不改变文义。

1937年版:"认识从实践始,经过实践得到了理论的认识,还须再回到实践去。"④ 1944年淮南版:"认识从实践开始经过实践得到了理论的认识,还须再回到实践去。"⑤ "始"改"开始",不改变文义。

1937年版:"因而不能通观客观过程的全体,缺乏明确的方针,没有远大的前途,沾沾自喜于一得之功与一孔之见。"⑥ 1944年淮南版:"因而不能通晓客观过程的全体,缺乏明确的方针,没有远大的前途,沾沾自喜于一得之功与一孔之见,"⑦。"通观"改"通晓",基本不改变文义。

1937年版:"许多自然科学理论之所以被称为真理,不但在于发现此学说时,而且在于为尔后的科学实践所证实。"⑧ 1944年淮南版:"许多自然科学理论之所以被称为真理,不但在于发现此等学说时,而且在于为尔后的科学实践所证实。"⑨ "发现此学说时"改"发现此等学说时",不改变文义。

1937年版:"然而一般说来,不论在革命自然或变革社会的实践中,人们原定的理论,思想,计划,方案,毫无改变地实现出来之事,是很少的。"⑩ 1944年淮南版:"然而一般说来,不论在革命自然或变革社会的实践中,人们原定的理论、思想、计划、方案,毫无改变地实现出来的事,是很少的。"⑪ "之"改"的",不改变文义。

---

① 《辩证唯物论》,淮南日报社1944年版,第27页。
② 《辩证法唯物论(讲授提纲)》,1937年9月油印本。
③ 《辩证唯物论》,淮南日报社1944年版,第28页。
④ 《辩证法唯物论(讲授提纲)》,1937年9月油印本。
⑤ 《辩证唯物论》,淮南日报社1944年版,第29页。
⑥ 《辩证法唯物论(讲授提纲)》,1937年9月油印本。
⑦ 《辩证唯物论》,淮南日报社1944年版,第29页。
⑧ 《辩证法唯物论(讲授提纲)》,1937年9月油印本。
⑨ 《辩证唯物论》,淮南日报社1944年版,第29页。
⑩ 《辩证法唯物论(讲授提纲)》,1937年9月油印本。
⑪ 《辩证唯物论》,淮南日报社1944年版,第31页。

1937年版:"他们还只在感性认识的阶段,只认识资本主义个个现象的片面及其外的联系,"[①]。1944年淮南版:"他们还只在感性认识的阶段,只认识资本主义各个现象的片面及其外部的联系,"[②]。"个个现象"改"各个现象",不改变文义。

1937年版:"中国人民于帝国主义的认识也是这样。"[③] 1944年淮南版:"中国人民对于帝国主义的认识也是这样。"[④] "于"改"对于",不改变文义。

②使表述更合理的改动

1937年版:"指出了社会的人在他们的生产与阶级斗争之复杂的经常反覆的实践中由感性认识到论理认识之推移的运动。"[⑤] 1944年淮南版:"指出了社会的人在他们的生产与阶级斗争之复杂的经常反覆的实践中,由感性认识到理性认识之推移的运动。"[⑥] "论理认识",不妥,改"理性认识",合理。

1937年版:"一个闭目塞听同客观外界根本绝缘的人,是无所认识的。"[⑦] 1944年淮南版:"一个闭目塞听同客观外界根本绝缘的人,是无所谓认识的。"[⑧] "是无所认识的",不妥,改"是无所谓认识的",合理。

1937年版:"有些则把仅在将来有现实可能性的理想强迫放在现时来做离开了当前大多数人的实践,离开了当前的现实性,行动上表现为冒险主义。"[⑨] 1944年淮南版:"有些则把仅在将来有实现可能性的理想,强迫放在现时来做,离开了当前大多数人的实践,离开了当前的现实性,行动上表现为冒险主义。"[⑩] "将来有现实可能性的理想",不妥,改"将来有实现可能性的理想",合理。

---

① 《辩证法唯物论(讲授提纲)》,1937年9月油印本。
② 《辩证唯物论》,淮南日报社1944年版,第27页。
③ 《辩证法唯物论(讲授提纲)》,1937年9月油印本。
④ 《辩证唯物论》,淮南日报社1944年版,第27页。
⑤ 《辩证法唯物论(讲授提纲)》,1937年9月油印本。
⑥ 《辩证唯物论》,淮南日报社1944年版,第25页。
⑦ 《辩证法唯物论(讲授提纲)》,1937年9月油印本。
⑧ 《辩证唯物论》,淮南日报社1944年版,第28页。
⑨ 《辩证法唯物论(讲授提纲)》,1937年9月油印本。
⑩ 《辩证唯物论》,淮南日报社1944年版,第31页。

③补脱字

1937年版:"而在于拿了这种对于客观规性的认识去动地改造宇宙。"① 1944年淮南版:"而在于拿了这种对于客观规律性的认识去能动地改造宇宙。"②"客观规性",脱"律",改为"客观规律性",补了脱字。

④文字改动不妥

1937年版:"认识发源于经验——这就是认识论的唯物论。"③ 1944年淮南版:"认识发源于经验——这就是认识的唯物论。"④"认识论"改"认识",不妥。

1937年版:"任何过程,不论是属于自然界的与属于社会的,由于内部的矛盾与斗争,都是向前推移向前发展的,人的认识运动也应跟着推移与发展。"⑤ 1944年淮南版:"任何过程不论是属于自然界的与属于社会的,由于社会的矛盾与斗争都是向前推移,向前发展的,人的认识运动也应跟着推移与发展。"⑥"内部的矛盾与斗争"改"社会的矛盾与斗争",缩小了表述的对象范围,不妥。

3. 丘引社1946年《辩证法唯物论》版与1937年《辩证法唯物论(讲授提纲)》油印本异同

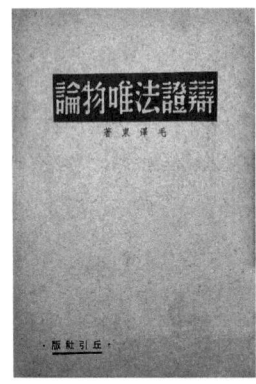
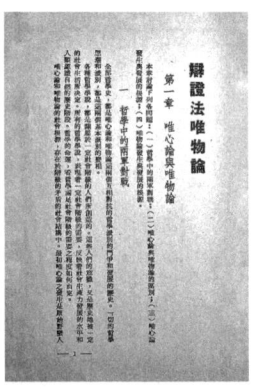

丘引社1946年《辩证法唯物论》版书影

---

① 《辩证法唯物论(讲授提纲)》,1937年9月油印本。
② 《辩证唯物论》,淮南日报社1944年版,第29页。
③ 《辩证法唯物论(讲授提纲)》,1937年9月油印本。
④ 《辩证唯物论》,淮南日报社1944年版,第28页。
⑤ 《辩证法唯物论(讲授提纲)》,1937年9月油印本。
⑥ 《辩证唯物论》,淮南日报社1944年版,第30页。

丘引社1946年版的《辩证法唯物论》（以下简称"1946年丘引社版"）是新中国成立前发行量最大的一个版本，也是解放战争期间的一个重要版本。1946年丘引社版与1937年版相校，内容基本相同，标点、文字有不同。

（1）标点不同

标点不同约有45处，如：

1937年版："人的社会实践，不限于生产活动一种形式，还有多种其他的形式，"①。1946年丘引社版："人的社会实践，不限于生产活动一种形式，还有多种其他的形式。"②

1937年版："'知识里手'之所以可笑，原因就在这个地方。"③1946年丘引社版："'知识手里'之所以可笑原因就在这个地方。"④

1937年版："他们在开始阶段，只是身历了许多作战的经验，"⑤。1946年丘引社版："他们在开始阶段只是身历了许多作战的经验，"⑥。

1937年版："哲学上的唯理论与经验论都不懂得认识的历史性或辩证性虽然各有片面的真理，（对于唯物的唯理论与经验论而言，非指唯心的唯理论与经验论），"⑦。1946年丘引社版："哲学上的唯理论与经验论都不懂得认识的历史性或辩证性，虽然各有片面的真理（对于唯物的唯理论与经验论而言，非指唯心的唯理论与经验论），"⑧。

1937年版："我们的答复是完成了又没有完成。"⑨1946年丘引社版："我们的答复是完成了，又没有完成。"⑩

1937年版："通过实践而产生真理又通过实践而证实真理与发展真理。从感性认识而能动地发展到理性认识，又从理性认识而能动地指导革命实践，改造主观世界与客观世界，实践认识，再实践，再认识的形式循环发展

---

① 《辩证法唯物论（讲授提纲）》，1937年9月油印本。
② 《辩证法唯物论》，丘引社1946年版，第35页。
③ 《辩证法唯物论（讲授提纲）》，1937年9月油印本。
④ 《辩证法唯物论》，丘引社1946年版，第40页。
⑤ 《辩证法唯物论（讲授提纲）》，1937年9月油印本。
⑥ 《辩证法唯物论》，丘引社1946年版，第41页。
⑦ 《辩证法唯物论（讲授提纲）》，1937年9月油印本。
⑧ 《辩证法唯物论》，丘引社1946年版，第43页。
⑨ 《辩证法唯物论（讲授提纲）》，1937年9月油印本。
⑩ 《辩证法唯物论》，丘引社1946年版，第45页。

以至无穷,"①。1946年丘引社版:"通过实践而产生真理又通过实践而证实真理与发展真理;从感性认识而能动地发展到理性认识,又从理性认识而能动地指导革命实践,改造主观世界与客观世界;实践认识,再实践再认识的形式循环发展以至无穷,"②。

以上标点的改动,基本上不改变文义。

(2)文字不同

文字不同总计约有20处,有以下几种类型:

①不改变文义的文字改动

1937年版:"有了道听途说的一知半解,便自封为'天下第一',多见其不自量而已。"③1946年丘引社版:"有了道听途说的一知半解,便自夸为'天下第一'多见其不自量而已。"④"自封"改"自夸",不改变文义。

1937年版:"中国人民于帝国主义的认识也是这样。"⑤1946年丘引社版:"中国人民对于帝国主义的认识也是这样。"⑥"于"改"对于",不改变文义。

②补脱字

1937年版:"知识的问题是一个科学问题,里来不得半点虚伪与骄傲,决定地需要的到是他的反面——诚实与谦逊的态度。"⑦1946年丘引社版:"知识的问题是一个科学问题,这里来不得半点虚伪与骄傲,决定地需要的倒是他的反面——诚实与谦逊的态度。"⑧"里"当为"这里",1946年丘引社版补了脱字。

③使表述更合理的改动

1937年版:"你要有知识,你就得参加变革实现的实践。"⑨1946年丘引社版:"你要有知识,你就得参加变革现实的实践。"⑩"变革实现的实

---

① 《辩证法唯物论(讲授提纲)》,1937年9月油印本。
② 《辩证法唯物论》,丘引社1946年版,第49页。
③ 《辩证法唯物论(讲授提纲)》,1937年9月油印本。
④ 《辩证法唯物论》,丘引社1946年版,第39页。
⑤ 《辩证法唯物论(讲授提纲)》,1937年9月油印本。
⑥ 《辩证法唯物论》,丘引社1946年版,第41页。
⑦ 《辩证法唯物论(讲授提纲)》,1937年9月油印本。
⑧ 《辩证法唯物论》,丘引社1946年版,第39页。
⑨ 《辩证法唯物论(讲授提纲)》,1937年9月油印本。
⑩ 《辩证法唯物论》,丘引社1946年版,第39页。

践"不妥,"变革现实的实践"合理。

1937年版:"认识史的实践告诉我,许多理论的真理性是不完全的,经过实践的检验而纠正了他们的不完全性。"① 1946年丘引社版:"认识史的实践告诉我们,许多理论的真理性是不完全的,经过实践的检验而纠正了他们的不完全性。"② "我"改"我们",更合理。

1937年版:"然而一般说来,不论在革命自然或变革社会的实践中,"③。1946年丘引社版:"然而一般说来,不论在变革自然或变革社会的实践中,"④。"革命自然"不妥,"变革自然"合理。

1937年版:"实践中之发展与消灭的过程是无穷的,人的认识之发生发展与消灭的过程也是无穷。"⑤ 1946年丘引社版:"实践中之发生发展与消灭的过程是无穷的,人的认识之发生发展与消灭的过程也是无穷。"⑥ 增加"发生"一词,与"人的认识之发生发展"相对应,更合理。

④文字改动有误

1937年版:"感性与理性二者的性质不同,但又不是互相分离的,"⑦。1946年丘引社版:"感性与理性二者的认识不同,但又不是互相分离的,"⑧。"性质不同"改"认识不同",有误。

1937年版:"此时如果改换一个无经验的人去指导,又会要在吃了一些败仗之后(有了经验之后)才能理会战争的正确的规律。"⑨ 1946年丘引社版:"此时如果改换一个无经验的人去指导,又会要在吃了一些败仗之后(有了经验之后)才能理会战争的正当的规律。"⑩ "正确"改"正当",有误。

1937年版:"因而不能通观客观过程的全体,"⑪。1946年丘引社版:

---

① 《辩证法唯物论(讲授提纲)》,1937年9月油印本。
② 《辩证法唯物论》,丘引社1946年版,第44—45页。
③ 《辩证法唯物论(讲授提纲)》,1937年9月油印本。
④ 《辩证法唯物论》,丘引社1946年版,第45页。
⑤ 《辩证法唯物论(讲授提纲)》,1937年9月油印本。
⑥ 《辩证法唯物论》,丘引社1946年版,第48页。
⑦ 《辩证法唯物论(讲授提纲)》,1937年9月油印本。
⑧ 《辩证法唯物论》,丘引社1946年版,第38页。
⑨ 《辩证法唯物论(讲授提纲)》,1937年9月油印本。
⑩ 《辩证法唯物论》,丘引社1946年版,第41页。
⑪ 《辩证法唯物论(讲授提纲)》,1937年9月油印本。

"因而不能通过客观过程的全体，"①。"通观"改"通过"，有误。

1937年版："在这种情形之下，由于实践中发现前所未料的情况，因而部分地改变理论，思想，计划，方案的事是常有的，全部地改变的事也是有的。"② 1946年丘引社版："在这种情形之下，由于实践中发现前所未料的情况，因为部分地改变理论，思想，计划，方案的事是常有的，全部地改变的事也是有的。"③"因而"改"因为"，有误。

1937年版："世上最可笑的，是那些'知识里手'，有了道听途说的一知半解，"④。1946年丘引社版："世上最可笑的是那些'知识手里'，有了道听途说的一知半解，"⑤。"知识里手"改"知识手里"，有误。

1937年版："许多时候，须反覆失败过多次，才能纠正错误的认识，"⑥。1946年丘引社版："许多时候，须反覆失败过多次，才能纠止错误的认识，"⑦。"纠正"改"纠止"，有误。

4. 大连大众书店《辩证唯物论》版与1937年《辩证法唯物论（讲授提纲）》油印本异同

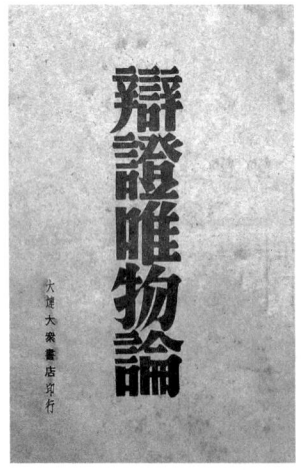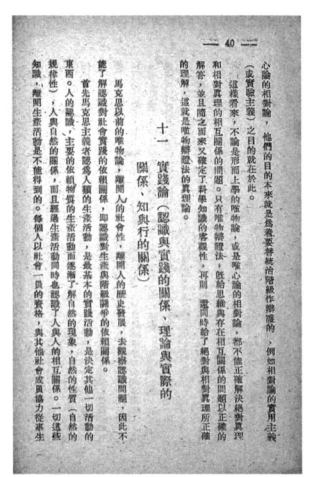

大连大众书店《辩证唯物论》版书影

---

① 《辩证法唯物论》，丘引社1946年版，第43页。
② 《辩证法唯物论（讲授提纲）》，1937年9月油印本。
③ 《辩证法唯物论》，丘引社1946年版，第45—46页。
④ 《辩证法唯物论（讲授提纲）》，1937年9月油印本。
⑤ 《辩证法唯物论》，丘引社1946年版，第39页。
⑥ 《辩证法唯物论（讲授提纲）》，1937年9月油印本。
⑦ 《辩证法唯物论》，丘引社1946年版，第46页。

大连大众书店版《辩证唯物论》（以下简称"大连大众版"），因没有具体的出版时间，目前学界还未确定此版本到底是哪一年印刷的。大连大众书店版，印行年代未注明，龚育之推断可能是抗战胜利后1945年秋冬或1946年的事情。① 更有学者通过仔细的校勘比对，确定大连大众版《辩证唯物论》系由"1944年淮南版"直接翻印而来，预判为1946年出版。② 大连大众版与1937年版相校，内容基本相同，标点、文字有不同。

（1）标点不同

标点不同约有185处。如：

1937年版："（认识与实践的关系理论与实际的关系知与行的关系）"③。大连大众版："（认识与实践的关系、理论与实际的关系、知与行的关系）"④。

1937年版："实际的情形是这样的，只有在社会实践过程中（物质生产过程中，阶级斗争过程中，科学实践过程中），人们达到了思想中所预想的结果时，人们的认识才会发生力量。"⑤ 大连大众版："实际的情形是这样的，只有在社会实践过程中（物质生产过程中、阶级斗争过程中、科学实践过程中），人们达到了思想中所预想的结果时，人们的认识才会发生力量，"⑥。

1937年版："列宁说过：'物质的抽象，自然的法则，价值的抽象，及其他等等，即一切科学的（正确的，重要的，非瞎说的）抽象，都比较深刻，比较正确，比较完全的反映自然'。"⑦ 大连大众版："列宁说过：'物质的抽象，自然的法则，价值的抽象，及其他等等，即一切科学的（正确的重要的非瞎说的）抽象，都比较深刻比较正确，比较完全的反映

---

① 龚育之：《〈实践论〉三题》，载《龚育之文存》上，上海人民出版社2000年版，第147页。
② 杨德勇：《首届毛泽东著作及版本研讨会论文集》，湘潭大学毛泽东思想研究中心等2019年编印，第175页。
③ 《辩证法唯物论（讲授提纲）》，1937年9月油印本。
④ 《辩证唯物论》，大连大众书店版，第40页。
⑤ 《辩证法唯物论（讲授提纲）》，1937年9月油印本。
⑥ 《辩证唯物论》，大连大众书店版，第41页。
⑦ 《辩证法唯物论（讲授提纲）》，1937年9月油印本。

自然。'"①

1937年版："这种认识是从五四运动前后才开始的。"② 大连大众版："这种认识是从'五四'运动前后才开始的。"③

1937年版："由此看来，认识的过程，第一步是开始接触外界事情属于感觉的阶段。"④ 大连大众版："由此看来，认识的过程，第一步是开始接触外界事情，属于感觉的阶段；"⑤。

1937年版："就非经过思考作用，将丰富的感觉材料加以去粗取精去伪存真由此及彼由表及里的改造制作工夫，造成概念及理论的系统不可，非从感性认识，改变到理性认识不可。"⑥ 大连大众版："就非经过思考作用将丰富的感觉材料加以去粗取精，去伪存真，由此及彼，由表及里的改造制作工夫、造成概念及理论的系统不可，非从感性认识改变到理性认识不可。"⑦

以上标点的改动，基本上不改变文义。

（2）文字不同

文字不同总计约35处，有以下几种类型：

①不改变文义的文字改动

如：1937年版："因此，马克斯主义者认为只有人们的社会实践，是人们对于外界认识之真理性的标准。"⑧ 大连大众版："因此，马克思主义者认为只有人们的社会实践，才是人们对于外界认识之真理性的标准。"⑨ "是"改"才是"，不改变文义。

1937年版："在技术发达的现代虽然可以实现这句话，然而真正亲知的是天下实践着的人，"⑩。大连大众版："在技术发达的现在，虽然可以实

---

① 《辩证唯物论》，大连大众书店版，第44页。
② 《辩证法唯物论（讲授提纲）》，1937年9月油印本。
③ 《辩证唯物论》，大连大众书店版，第47页。
④ 《辩证法唯物论（讲授提纲）》，1937年9月油印本。
⑤ 《辩证唯物论》，大连大众书店版，第48页。
⑥ 《辩证法唯物论（讲授提纲）》，1937年9月油印本。
⑦ 《辩证唯物论》，大连大众书店版，第49—50页。
⑧ 《辩证法唯物论（讲授提纲）》，1937年9月油印本。
⑨ 《辩证唯物论》，大连大众书店版，第41页。
⑩ 《辩证法唯物论（讲授提纲）》，1937年9月油印本。

现这句话，然而真正能知的是天下实践着的人，"①。"现代"改"现在"，"亲知"改"能知"，基本不改变文义。

1937年版："只有感觉的材料十分丰富（不是零碎不全）与合于实际（不是错觉）"②。大连大众版："只有感觉的材料十分丰富（不是零碎不全）符合于实际（不是错觉）"③。"与合于实际"改"符合于实际"，不改变文义。

1937年版："否则理性的东西就成了无源之水无本之木，而只是主观自生的靠不住的东西了。"④大连大众版："否则理性的东西就成了无源的水，无本之木，而只是主观自生的靠不住的东西了。"⑤ "无源之水"改"无源的水"，不改变文义。

②补脱字

1937年版："知识的问题是一个科学问题，里来不得半点虚伪与骄傲，决定地需要的到是他的反面——诚实与谦逊的态度。"⑥大连大众版："知识的问题是一个科学问题，这里来不得半点虚伪与骄傲，决定地需要的到是他的反面——诚实与谦逊的态度。"⑦"里"当为"这里"，大连大众版补了脱字。

③使表述更合理的改动

1937年版："指出了社会的人在他们的生产与阶级斗争之复杂的经常反覆的实践中由感性认识到论理认识之推移的运动。"⑧大连大众版："指出了社会的人在他们的生产与阶级斗争之复杂的经常反覆的实践中，由感性认识到理性认识之推移的运动。"⑨"论理认识"改"理性认识"，更合理。

1937年版："一个闭目塞听同客观外界根本绝缘的人，是无所认识的。"⑩大连大众版："一个闭目塞听同客观外界根本绝缘的人，是无所谓

---

① 《辩证唯物论》，大连大众书店版，第45页。
② 《辩证法唯物论（讲授提纲）》，1937年9月油印本。
③ 《辩证唯物论》，大连大众书店版，第48页。
④ 《辩证法唯物论（讲授提纲）》，1937年9月油印本。
⑤ 《辩证唯物论》，大连大众书店版，第49页。
⑥ 《辩证法唯物论（讲授提纲）》，1937年9月油印本。
⑦ 《辩证唯物论》，大连大众书店版，第45—46页。
⑧ 《辩证法唯物论（讲授提纲）》，1937年9月油印本。
⑨ 《辩证唯物论》，大连大众书店版，第44页。
⑩ 《辩证法唯物论（讲授提纲）》，1937年9月油印本。

认识的。"①"无所认识的"改"无所谓认识的",更合理。

1937年版:"认识史的实践告诉我,许多理论的真理性是不完全的,经过实践的检验而纠正了他们的不完全性。"②大连大众版:"认识史的实践告诉我们:许多理论的真理性,是不完全的,经过实践的检验,而纠正了他们的不完全性;"③。"我"改"我们",更合理。

1937年版:"这些人看不出矛盾的斗争已将客观过程推向前进了,而他们的认识仍然停止在旧阶段,一切顽固党的思想都有这样的特征。"④大连大众版:"这些人看不出矛盾的斗争已将客观过程推向前进了,而他们的认识仍然停止在旧阶段。一切顽固派的思想都有这样的特征,"⑤。"顽固党"改"顽固派",更合理。

1937年版:"离开了当前的实现性,行动上表现为冒险主义。"⑥大连大众版:"离开了当前的现实性,行动上表现为冒险主义。"⑦"当前的实现性"改"当前的现实性",较合理。

1937年版:"有些则把仅在将来有现实可能性的理想强迫放在现时来做"⑧。大连大众版:"有些则把仅在将来有实现可能性的理想,强迫放在现时来做,"⑨。"现实可能性"改"实现可能性",较合理。

④文字改动不妥

1937年版:"离开了当前大多数人的实践……"⑩大连大众版:"离开了当前大多数人类的实践……"⑪"人"改"人类",不妥。

1937年版:"农民如果得不到收获,工人如果做不成器物,罢工斗争,军队作战……"⑫大连大众版:"农民如果得不到收获,工人如果做不成器

---

① 《辩证唯物论》,大连大众书店版,第49页。
② 《辩证法唯物论(讲授提纲)》,1937年9月油印本。
③ 《辩证唯物论》,大连大众书店版,第51页。
④ 《辩证法唯物论(讲授提纲)》,1937年9月油印本。
⑤ 《辩证唯物论》,大连大众书店版,第54页。
⑥ 《辩证法唯物论(讲授提纲)》,1937年9月油印本。
⑦ 《辩证唯物论》,大连大众书店版,第55页。
⑧ 《辩证法唯物论(讲授提纲)》,1937年9月油印本。
⑨ 《辩证唯物论》,大连大众书店版,第55页。
⑩ 《辩证法唯物论(讲授提纲)》,1937年9月油印本。
⑪ 《辩证唯物论》,大连大众书店版,第55页。
⑫ 《辩证法唯物论(讲授提纲)》,1937年9月油印本。

物,罢工斗争,兵队作战……"① "军队作战"改"兵队作战",不妥。

1937年版:"大宇宙中自然发展与社会发展到了今日的时代,正确的认识宇宙与改造宇宙的责任已经历史地落在无产阶级及其政党的肩上。"② 大连大众版:"大宇宙由自然发展与社会发展到了今日的时代,正确的认识宇宙与改造宇宙的责任,已经历史地落在无产阶级及其政党的肩上,"③。"大宇宙中"改"大宇宙由",不妥。

1937年版:"世界到了全人类都自觉地改造自己与改造世界的时候,那就是世界的共产主义时代。"④ 大连大众版:"世界到了全人类都自觉地改造自己与改造世界的时候,那就是世界的共产时代。"⑤ "共产主义时代"改"共产时代",不妥。

⑤文字改动有误

1937年版:"为明瞭基于变革现实的实践而产生的唯物辩证法的认识运动——认识之逐渐深化的运动,下面再举出几个具体的例子。"⑥ 大连大众版:"为明瞭基于变革现实的实践而产生的物唯辩证法的认识运动——认识之逐渐深化的运动,下面再举出几个具体的例子。"⑦ "唯物辩证法"正确,"物唯辩证法"错误。

(二)1949年10月以后版本校勘与分析

1950年5月,中共中央毛泽东选集出版委员会成立,毛泽东亲自参与了《毛泽东选集》的编辑工作,亲自修改、审定每一篇论著。1950年12月29日《实践论》作为独立论文在《人民日报》上发表,后经毛泽东亲自校阅,被收入人民出版社1951年10月出版的《毛泽东选集》第一卷(以下简称"1951年《毛选》版")。重新发表的《实践论》,是由毛泽东1937年在延安抗日军政大学讲哲学时编写的《辩证法唯物论(讲授提纲)》中的第二章"辩

---

① 《辩证唯物论》,大连大众书店版,第41页。
② 《辩证法唯物论(讲授提纲)》,1937年9月油印本。
③ 《辩证唯物论》,大连大众书店版,第56页。
④ 《辩证法唯物论(讲授提纲)》,1937年9月油印本。
⑤ 《辩证唯物论》,大连大众书店版,第56页。
⑥ 《辩证法唯物论(讲授提纲)》,1937年9月油印本。
⑦ 《辩证唯物论》,大连大众书店版,第46页。

证法唯物论"里的第十一节"实践论"修改而成的。① 1951年《毛选》版的《实践论》是以1937年油印本《辩证法唯物论（讲授提纲）》为底稿进行修改的，而不是新中国成立前的其他版本。1951年《毛选》版这个版本较1937年油印本有较多修改（下文详论）。但此后的各种版本《实践论》，除繁简字体、横竖版式、页码、个别文字、注释略有不同外，文字基本都与1951年《毛选》版相同。

关于《实践论》为何在1951年版《毛泽东选集》出版之前就在《人民日报》发表，此事与苏联方面有一定联系。1949年12月6日，受斯大林邀请，毛泽东出访苏联，并与斯大林会见。斯大林提议将毛泽东主席自己写的文章、文件等编辑出版，毛泽东提请苏联方面派一位理论上强的同志帮助完成，斯大林就派了尤金来华参与《毛泽东选集》出版工作。

据师哲回忆："尤金极力推崇毛主席的若干篇文章，特别是对《实践论》、《矛盾论》、《在延安文艺座谈会上的讲话》，陈述了自己的认识和想法，要求毛主席把这几篇文章寄送给斯大林阅读。同时还建议他把已定稿的《实践论》发表在苏联某理论刊物上。毛主席同意了尤金的建议。"② 后来斯大林接受了尤金的建议，苏共（布）中央政治局决定在《布尔什维克》杂志上发表《实践论》，1950年12月《实践论》在《布尔什维克》杂志第23期上全文发表，12月18日，苏共（布）中央机关报《真理报》全文转载，还发表了编辑部评论《论毛泽东的著作〈实践论〉》。12月28日毛泽东就发表《实践论》等致信胡乔木："此两文已看过，可以发表。第一天发表《实践论》。第二天发表《真理报》的评论。分两天登报。可先在《人民日报》发表，然后新华社再用文字广播。"③ 所以就有了先于1951年版《毛泽东选集》出版的《人民日报》版《实践论》。

---

① 金羽等：《毛泽东〈实践论〉〈矛盾论〉新探》，中国人民大学出版社1991年版，第37页。
② 师哲回忆、李海文整理：《在历史巨人身边：师哲回忆录》第一卷，中央文献出版社1991年版，第478页。
③ 中共中央文献研究室编：《毛泽东年谱 1893—1949》，中央文献出版社2013年版，第268页。

1. 人民出版社1951年《毛泽东选集》第一卷版与《人民日报》1950年12月29日版异同

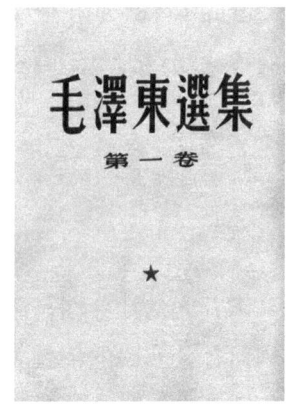
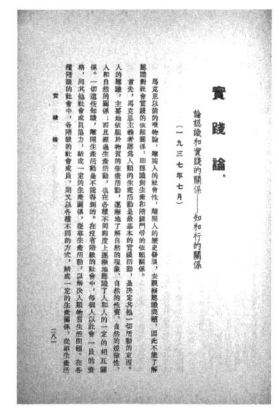

人民出版社1951年《毛泽东选集》第一卷版书影　　　1950年12月29日《人民日报》版图片

人民出版社1951年《毛泽东选集》第一卷版收入的《实践论》与1950年12月29日《人民日报》发表的《实践论》（以下简称"1950年《人民日报》版"）相校，内容基本相同，个别标点、文字有不同。

（1）标点不同

标点不同约有6处。如：

1950年《人民日报》版："一句话，那一切科学的（正确的，郑重的，非瞎说的）抽象，都更深刻，更正确，更完全地反映了自然"①。1951年《毛选》版："一句话，那一切科学的（正确的、郑重的、非瞎说的）抽象，都更深刻、更正确、更完全地反映着自然"②。

1950年《人民日报》版："并看出了帝国主义联合中国买办阶级和封建阶级以压榨中国人民大众的实质，这种认识是从一九一九年'五四'运动前后才开始的。"③1951年《毛选》版："并看出了帝国主义联合中国买办阶级和封建阶级以压榨中国人民大众的实质，这种认识是从一九一九年五四运动前后才开始的。"④

---

① 《人民日报》1950年12月29日第一版。
② 《毛泽东选集》第一卷，人民出版社1951年版，第285页。
③ 《人民日报》1950年12月29日第一版。
④ 《毛泽东选集》第一卷，人民出版社1951年版，第288页。

1950年《人民日报》版："造成了大体上相应于该客观过程的法则性的思想、理论、计划、或方案，然后再应用这种思想、理论、计划、或方案于该同一客观过程的实践，"①。1951年《毛选》版："造成了大体上相应于该客观过程的法则性的思想、理论、计划或方案，然后再应用这种思想、理论、计划或方案于该同一客观过程的实践，"②。

（2）文字不同

文字不同总计约54处，有以下几种类型：

①不改变文义的文字改动

1950年《人民日报》版："马克思以前的唯物论，离开人的社会性，离开人的历史发展，去观察认识问题，因此不能了解认识对社会实践的依赖关系，即认识对生产与阶级斗争的依赖关系。"③1951年《毛选》版："马克思以前的唯物论，离开人的社会性，离开人的历史发展，去观察认识问题，因此不能了解认识对社会实践的依赖关系，即认识对生产和阶级斗争的依赖关系。"④"与"改"和"，不改变文义。

1950年《人民日报》版："他们就能够作出'共产党的抗日民族统一战线的政策是彻底的、诚恳的、与真实的'这样一个判断了。"⑤1951年《毛选》版："他们就能够作出'共产党的抗日民族统一战线的政策是彻底的、诚恳的和真实的'这样一个判断了。"⑥"与"改"和"，不改变文义。

1950年《人民日报》版："在没有阶级的社会中，每个人以社会一员的资格，与其他社会成员协力，结成一定的生产关系，从事生产活动，以解决人类物质生活问题。"⑦1951年《毛选》版："在没有阶级的社会中，每个人以社会一员的资格，同其他社会成员协力，结成一定的生产关系，从事生产活动，以解决人类物质生活问题。"⑧"与"改"同"，不改变文义。

1950年《人民日报》版："这只要看一看认识的发展过程就会明了

---

① 《人民日报》1950年12月29日第一版。
② 《毛泽东选集》第一卷，人民出版社1951年版，第292页。
③ 《人民日报》1950年12月29日第一版。
④ 《毛泽东选集》第一卷，人民出版社1951年版，第281页。
⑤ 《人民日报》1950年12月29日第一版。
⑥ 《毛泽东选集》第一卷，人民出版社1951年版，第284页。
⑦ 《人民日报》1950年12月29日第一版。
⑧ 《毛泽东选集》第一卷，人民出版社1951年版，第281页。

的。"①1951年《毛选》版:"这只要看一看认识的发展过程就会明瞭的。"②"明了"改"明瞭",不改变文义。

1950年《人民日报》版:"将丰富的感觉材料加以去粗取精、去伪存真、由此及彼、由表及里的改造制作工夫,造成概念及理论的系统,就必须从感性认识跃进到理性认识。"③1951年《毛选》版:"将丰富的感觉材料加以去粗取精、去伪存真、由此及彼、由表及里的改造制作工夫,造成概念和理论的系统,就必须从感性认识跃进到理性认识。"④"概念及理论"改"概念和理论",不改变文义。

1950年《人民日报》版:"然而思想落后于实际的事是常有的,这是因为人的认识受了许多社会条件的限制的原故。"⑤1951年《毛选》版:"然而思想落后于实际的事是常有的,这是因为人的认识受了许多社会条件的限制的缘故。"⑥"原故"改"缘故",不改变文义。

②使表述更合理的改动

1950年《人民日报》版:"许多自然科学理论之所以被称为真理,不但在于自然科学家们发现这些学说的时候,而且在于为尔后的科学实践所证实的时候。"⑦1951年《毛选》版:"许多自然科学理论之所以被称为真理,不但在于自然科学家们创立这些学说的时候,而且在于为尔后的科学实践所证实的时候。"⑧"发现"改"创立",更合理。

③使表述更准确的改动

1950年《人民日报》版:"所谓实践是真理的标准,所谓'实践是认识论的第一与基本的观点'〔七〕,理由就在这个地方。"⑨1951年《毛选》版:"所谓实践是真理的标准,所谓'生活、实践底观点,应该是认识论底首先的和基本的观点'〔七〕,理由就在这个地方。"⑩引语"实践是认识论的

---

① 《人民日报》1950年12月29日第一版。
② 《毛泽东选集》第一卷,人民出版社1951年版,第283—284页。
③ 《人民日报》1950年12月29日第一版。
④ 《毛泽东选集》第一卷,人民出版社1951年版,第290页。
⑤ 《人民日报》1950年12月29日第一版。
⑥ 《毛泽东选集》第一卷,人民出版社1951年版,第294页。
⑦ 《人民日报》1950年12月29日第一版。
⑧ 《毛泽东选集》第一卷,人民出版社1951年版,第291—292页。
⑨ 《人民日报》1950年12月29日第一版。
⑩ 《毛泽东选集》第一卷,人民出版社1951年版,第292页。

第一与基本的观点"改"生活、实践底观点,应该是认识论底首先的和基本的观点",更准确。

(3)题解不同

1950年《人民日报》版:"而教条主义者却是披着马列主义的外衣迷惑了广大的同志"[①]。1951年《毛选》版:"而教条主义者却是披着马克思主义的外衣迷惑了广大的同志"[②]。

1950年《人民日报》版题解尾有:"——毛泽东选集出版委员会"。1951年《毛选》版没有。

(4)注释不同

1950年《人民日报》版有9条注释,1951年《毛选》版相同。注释文字亦相同。

1950年《人民日报》版注释,首有标题"文内附注:",尾有"——毛泽东选集出版委员会"。1951年《毛选》版没有。

2. 人民出版社1952年单行本与人民出版社1951年《毛泽东选集》第一卷版异同

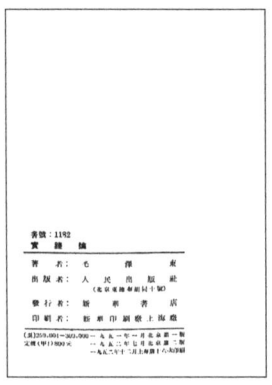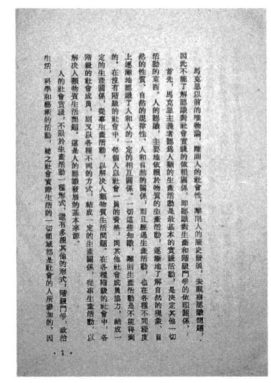

人民出版社1952年第2版单行本书影

这里引用的《实践论》单行本,是人民出版社1952年7月第2版(以下简称"1952年第2版单行本"),这个单行本与1951年《毛选》版相校,内容基本相同,个别标点、文字有不同。

---

① 《人民日报》1950年12月29日第一版。
② 《毛泽东选集》第一卷,人民出版社1951年版,第282页。

（1）标点不同1处

1951年《毛选》版："客观过程的发展是充满着矛盾和斗争的发展。人的认识运动的发展也是充满着矛盾和斗争的发展。"①1952年第2版单行本："客观过程的发展是充满着矛盾和斗争的发展，人的认识运动的发展也是充满着矛盾和斗争的发展。"②

（2）文字不同4处

1951年《毛选》版："社会实践的继续，使人们在实践中引起感觉和印象的东西反复了多次，于是在人们的脑子里生起了一个认识过程中的突变，产生了概念。"③1952年第2版单行本："社会实践的继续，使人们在实践中引起感觉和印象的东西反复了多次，于是在人们的脑子里生起了一个认识过程中的突变（即飞跃），产生了概念。"④1952年第2版单行本增加了"（即飞跃）"。

1951年《毛选》版："列宁说过：'物质的抽象，自然规律的抽象，价值的抽象及其他等等，一句话，那一切科学的（正确的、郑重的、非瞎说的）抽象，都更深刻、更正确、更完全地反映着自然。'"⑤1952年第2版单行本："列宁说过：'物质的抽象，自然规律的抽象，价值的抽象以及其他等等，一句话，一切科学的（正确的、郑重的、非瞎说的）抽象，都更深刻、更正确、更完全地反映着自然。'"⑥引语修改后，更准确。

1951年《毛选》版："但他们仅是片面的和表面的东西，这种反映是不完全的，是没有反映事物本质的。"⑦1952年第2版单行本："但它们仅是片面的和表面的东西，这种反映是不完全的，是没有反映事物本质的。"⑧"他们"改"它们"，不改变文义。

1951年《毛选》版："斯大林说得好：'离开实践的理论是空洞的理

---

① 《毛泽东选集》第一卷，人民出版社1951年版，第294页。
② 《实践论》，人民出版社1952年第2版，第17页。
③ 《毛泽东选集》第一卷，人民出版社1951年版，第284页。
④ 《实践论》，人民出版社1952年第2版，第4页。
⑤ 《毛泽东选集》第一卷，人民出版社1951年版，第285页。
⑥ 《实践论》，人民出版社1952年第2版，第5页。
⑦ 《毛泽东选集》第一卷，人民出版社1951年版，第290页。
⑧ 《实践论》，人民出版社1952年第2版，第11页。

论，离开理论的实践是盲目的实践。'〔八〕"① 1952年第2版单行本："斯大林说得好：'理论若不和革命实践联系起来，就会变成无对象的理论，同样，实践若不以革命理论为指南，就会变成盲目的实践。'〔八〕"② 引语修改后，更准确。

（3）题解不同

1951年《毛选》版："毛泽东同志的『实践论』，是为着用马克思主义的认识论观点去揭露党内的教条主义和经验主义"③。1952年第2版单行本："毛泽东的《实践论》，写于一九三七年七月，是为着用马克思主义的认识论观点去揭露党内的教条主义和经验主义"④。1952年第2版单行本，在题解中增加了写作时间，"写于一九三七年七月"。

1951年《毛选》版："毛泽东同志曾以这篇论文的观点在延安的抗日大学作过讲演"⑤。1952年第2版单行本："毛泽东同志曾以这篇论文的观点在延安的抗日军事政治大学作过讲演"⑥。"抗日大学"改"抗日军事政治大学"，更合理。

1952年第2版单行本题解尾有："中共中央毛泽东选集出版委员会"。1951年《毛选》版没有。

（4）注释不同

1951年《毛选》版："〔八〕引自斯大林『论列宁主义基础』。参看该书第三个部分。"⑦ 1952年第2版单行本："〔八〕引自斯大林『论列宁主义基础』。参看该书第三部分。"⑧ "第三个部分"改"第三部分"，不改变文义。

---

① 《毛泽东选集》第一卷，人民出版社1951年版，第292页。
② 《实践论》，人民出版社1952年第2版，第14页。
③ 《毛泽东选集》第一卷，人民出版社1951年版，第282页。
④ 《实践论》，人民出版社1952年第2版，前言部分。
⑤ 《毛泽东选集》第一卷，人民出版社1951年版，第282页。
⑥ 《实践论》，人民出版社1952年第2版，前言部分。
⑦ 《毛泽东选集》第一卷，人民出版社1951年版，第296页。
⑧ 《实践论》，人民出版社1952年第2版，第19页。

3. 人民出版社1964年《毛泽东著作选读》甲种本版与人民出版社1951年《毛泽东选集》第一卷版异同

人民出版社1964年《毛泽东著作选读》甲种本版书影

人民出版社1964年出版的《毛泽东著作选读》甲种本，收入了《实践论》（以下简称"1964年《选读》甲种本"），与1951年《毛选》版相校，1951年《毛选》版为繁体字竖排版，1964年《选读》甲种本为简体字横排版，内容基本相同，个别标点、文字有不同，增加了新的注释。

（1）标点不同1处

1951年《毛选》版："客观过程的发展是充满着矛盾和斗争的发展。"
1964年《选读》甲种本："客观过程的发展是充满着矛盾和斗争的发展，"①。

（2）文字不同5处

1951年《毛选》版："这只要看一看认识的发展过程就会明瞭的。"②
1964年《选读》甲种本："这只要看一看认识的发展过程就会明了的。"③
"明瞭"改"明了"，不改变文义。

1951年《毛选》版："社会实践的继续，使人们在实践中引起感觉和印象的东西反复了多次，于是在人们的脑子里生起了一个认识过程中的突变，产生了概念。"④ 1964年《选读》甲种本："社会实践的继续，使人们在实践中引起感觉和印象的东西反复了多次，于是在人们的脑子里生起了一个认

---

① 《毛泽东著作选读》甲种本，人民出版社1964年版，第63页。
② 《毛泽东选集》第一卷，人民出版社1951年版，第283—284页。
③ 《毛泽东著作选读》甲种本，人民出版社1964年版，第48页。
④ 《毛泽东选集》第一卷，人民出版社1951年版，第284页。

识过程中的突变（即飞跃），产生了概念。"① 1964年《选读》甲种本增加了"（即飞跃）"。

1951年《毛选》版："列宁说过：'物质的抽象，自然规律的抽象，价值的抽象及其他等等，一句话，那一切科学的（正确的、郑重的、非瞎说的）抽象，都更深刻、更正确、更完全地反映着自然。'"② 1964年《选读》甲种本："列宁说过：'物质的抽象，自然规律的抽象，价值的抽象以及其他等等，一句话，一切科学的（正确的、郑重的、非瞎说的）抽象，都更深刻、更正确、更完全地反映着自然。'"③ 引语修改后，更准确。

1951年《毛选》版："但他们仅是片面的和表面的东西，这种反映是不完全的，是没有反映事物本质的。"④ 1964年《选读》甲种本："但它们仅是片面的和表面的东西，这种反映是不完全的，是没有反映事物本质的。"⑤ "他们"改"它们"，不改变文义。

1951年《毛选》版："斯大林说得好：'离开实践的理论是空洞的理论，离开理论的实践是盲目的实践。'〔八〕"⑥ 1964年《选读》甲种本："斯大林说得好：'理论若不和革命实践联系起来，就会变成无对象的理论，同样，实践若不以革命理论为指南，就会变成盲目的实践。'〔11〕"⑦ 引语修改后，更准确。

（3）题解不同

1951年《毛选》版："毛泽东同志曾以这篇论文的观点在延安的抗日大学作过讲演"⑧。1964年《选读》甲种本："毛泽东同志曾以这篇论文的观点在延安的抗日军事政治大学作过讲演"⑨。"抗日大学"改"抗日军事政治大学"，更合理。

---

① 《毛泽东著作选读》甲种本，人民出版社1964年版，第49页。
② 《毛泽东选集》第一卷，人民出版社1951年版，第285页。
③ 《毛泽东著作选读》甲种本，人民出版社1964年版，第51页。
④ 《毛泽东选集》第一卷，人民出版社1951年版，第290页。
⑤ 《毛泽东著作选读》甲种本，人民出版社1964年版，第57页。
⑥ 《毛泽东选集》第一卷，人民出版社1951年版，第292页。
⑦ 《毛泽东著作选读》甲种本，人民出版社1964年版，第60页。
⑧ 《毛泽东选集》第一卷，人民出版社1951年版，第282页。
⑨ 《毛泽东著作选读》甲种本，人民出版社1964年版，第46页。

（4）注释不同

1964年《选读》甲种本相较于1951年《毛选》版，新增了"太平天国运动"（注释〔5〕）、"义和团运动"（注释〔6〕）、"五四运动"（注释〔7〕）3条注释。其他注释也有修改。

如：1951年《毛选》版关于列宁说过的"实践高于（理论的）认识，因为它不但有普遍性的品格，而且还有直接现实性的品格"注释为："此段引自列宁『黑格尔《逻辑学》一书摘要』。"① 1964年《选读》甲种本此注释修改为："引自列宁对黑格尔《逻辑学》第三册第三篇《观念》的评注，见列宁《黑格尔〈逻辑学〉一书摘要》（一九一四年九—十二月）。"②

1951年《毛选》版关于"实践的观点是辩证唯物论的认识论之第一的和基本的观点"注释为："参看马克思『费尔巴哈论纲』和列宁『唯物论与经验批判论』第二章第六节。"③ 1964年《选读》甲种本此注释修改为："参看马克思《关于费尔巴哈的提纲》（一八四五年春）和列宁《唯物主义和经验批判主义》（一九〇八年下半年）第二章第六节。"④

1951年《毛选》版关于列宁说过的"物质的抽象，自然规律的抽象，价值的抽象及其他等等，一句话，那一切科学的（正确的、郑重的、非瞎说的）抽象，都更深刻、更正确、更完全地反映着自然"注释为："此段引自列宁『黑格尔《逻辑学》一书摘要』。"⑤ 1964年《选读》甲种本此注释修改为："引自列宁对黑格尔《逻辑学》第三册《主观逻辑或概念论》的评注，见列宁《黑格尔〈逻辑学〉一书摘要》。"⑥

1951年《毛选》版关于"第二是认识有待于深化，认识的感性阶段有待于发展到理性阶段——这就是认识论的辩证法"注释为："参看列宁在『黑格尔《逻辑学》一书摘要』所说：『为了理解，必须在经验上开始理解、研究，从经验升高到一般。』"⑦ 1964年《选读》甲种本此注释修改为："参

---

① 《毛泽东选集》第一卷，人民出版社1951年版，第296页。
② 《毛泽东著作选读》甲种本，人民出版社1964年版，第65页。
③ 《毛泽东选集》第一卷，人民出版社1951年版，第296页。
④ 《毛泽东著作选读》甲种本，人民出版社1964年版，第65页。
⑤ 《毛泽东选集》第一卷，人民出版社1951年版，第296页。
⑥ 《毛泽东著作选读》甲种本，人民出版社1964年版，第65页。
⑦ 《毛泽东选集》第一卷，人民出版社1951年版，第296页。

看列宁对黑格尔《逻辑学》第三册第三篇《观念》的评注：'为了理解，必须在经验上开始理解、研究，从经验升高到一般。'见列宁《黑格尔〈逻辑学〉一书摘要》。"①

1951年《毛选》版关于"没有革命的理论，就不会有革命的运动"注释为："引自列宁『作什么？』第一章第四节。"②1964年《选读》甲种本修改为："引自列宁《怎么办？》（一九〇一年秋——一九〇二年二月）第一章第四节。"③

1951年《毛选》版关于"生活、实践底观点，应该是认识论底首先的和基本的观点"注释为："引自列宁『唯物论与经验批判论』。参看该书第二章第六节。"④1964年《选读》甲种本修改为："见列宁《唯物主义和经验批判主义》第二章第六节。"⑤

1951年《毛选》版关于"无数相对的真理之总和，就是绝对的真理"注释为："参看列宁『唯物论与经验批判论』第二章第五节。"⑥1964年《选读》甲种本修改为："参看列宁《唯物主义和经验批判主义》第二章第五节。"⑦

以上关于引文出处的注释，修改后都更准确、更规范。

4. 人民出版社1975年单行本与人民出版社1951年《毛泽东选集》第一卷版异同

人民出版社1975年12月第1版单行本《实践论》（以下简称"1975年单行本"）是根据1965年4月第2版《毛泽东著作选读》甲种本重排的。因此，1975年单行本与1951年《毛选》版的异同，跟1964年《选读》甲种本与1951年《毛选》版的异同，基本相同。1975年单行本与1951年《毛选》版的异同，如标点不同、文字不同、注释不同等，都可以参见1964年《选读》甲种本与1951年《毛选》版的异同（详前）。

---

① 《毛泽东著作选读》甲种本，人民出版社1964年版，第66页。
② 《毛泽东选集》第一卷，人民出版社1951年版，第296页。
③ 《毛泽东著作选读》甲种本，人民出版社1964年版，第66页。
④ 《毛泽东选集》第一卷，人民出版社1951年版，第296页。
⑤ 《毛泽东著作选读》甲种本，人民出版社1964年版，第66页。
⑥ 《毛泽东选集》第一卷，人民出版社1951年版，第296页。
⑦ 《毛泽东著作选读》甲种本，人民出版社1964年版，第66页。

毛泽东
实践论

人民出版社出版 新华书店发行
北京新华印刷厂印刷
880×1230毫米32开本 0.875印张 12,000字
1975年12月第1版 1976年6月北京第1次印刷
书号1001·1066 定价0.08元

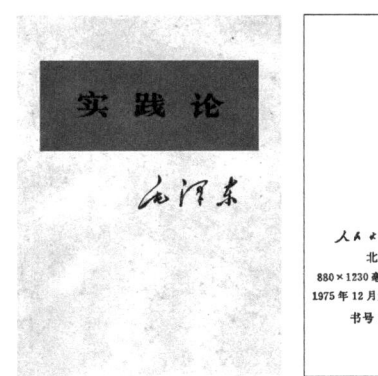

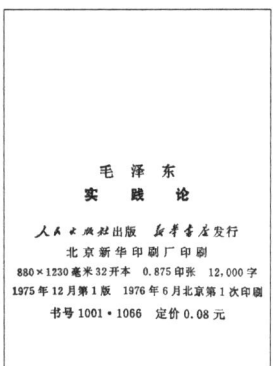

人民出版社1975年版单行本书影

人民出版社1991年版《毛泽东选集》版《实践论》与1951年《毛选》版《实践论》的异同，以下专节详论。

5. 人民出版社1991年《毛泽东选集》第一卷版与1951年《毛泽东选集》第一卷版异同

282

实践论*

论认识和实践的关系——知和行的关系

（一九三七年七月）

马克思以前的唯物论，离开人的社会性，离开人的历史发展，去观察认识问题，因此不能了解认识对社会实践的依赖关系，即认识对生产和阶级斗争的依赖关系。

首先，马克思主义者认为人类的生产活动是最基本的实践活动，是决定其他一切活动的东西。人的认识，主要地依赖于物质的生产活动，逐渐地了解自然的现象、自然的性质、自

* 在中国共产党内，曾经有一部分教条主义的同志长期拒绝中国革命的经验，否认"马克思主义不是教条而是行动的指南"这个真理，而只生吞活剥马克思主义书籍中的只言片语，去吓唬人们。还有另一部分经验主义的同志长期拘守于自身的片断经验，不了解理论对于革命实践的重要性，看不见革命的全局，虽然也是辛苦地——但却是盲目地在工作。这两类同志的错误思想，特别是教条主义思想，曾经在一九三一年至一九三四年使得中国革命受了极大的损失，而教条主义者却是披着马克思主义的外衣迷惑了广大的同志。毛泽东的《实践论》，是为着用马克思主义的认识论观点去揭露党内的教条主义和经验主义——特别是教条主义这些主观主义的错误而写的。因为重点是揭露看轻实践的教条主义这种主观主义，故题为《实践论》。毛泽东曾以这篇论文的观点在延安的抗日军事政治大学作过讲演。

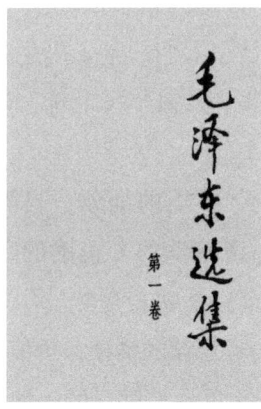

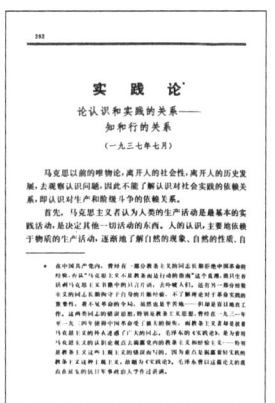

人民出版社1991年《毛泽东选集》第一卷版书影

人民出版社1991年出版了《毛泽东选集》第一卷第2版（以下简称“1991年《毛选》版”），与1951年《毛选》版相校，其中《实践论》篇，基本文字相同，主要不同是：有几处标点的修改，几处题解文字的修改，注释的增加、修改。

（1）标点修改

1951年《毛选》版：“这些知识在古人在外人是直接经验的东西，如果

在古人外人直接经验时是符合于列宁所说的条件：'科学的抽象'，"①。1991年《毛选》版："这些知识在古人在外人是直接经验的东西，如果在古人外人直接经验时是符合于列宁所说的条件'科学的抽象'，"②。1991年《毛选》版删掉了"："。

1951年《毛选》版："客观过程的发展是充满着矛盾和斗争的发展。"③ 1991年《毛选》版："客观过程的发展是充满着矛盾和斗争的发展，"④。

（2）文字修改

第一，不改变文义的文字改动。

1951年《毛选》版："这只要看一看认识的发展过程就会明瞭的。"⑤ 1991年《毛选》版："这只要看一看认识的发展过程就会明了的。"⑥ "明瞭"改"明了"，不改变文义。

1951年《毛选》版："社会实践的继续，使人们在实践中引起感觉和印象的东西反复了多次，于是在人们的脑子里生起了一个认识过程中的突变，产生了概念。"⑦ 1991年《毛选》版："社会实践的继续，使人们在实践中引起感觉和印象的东西反复了多次，于是在人们的脑子里生起了一个认识过程中的突变（即飞跃），产生了概念。"⑧ 1991年《毛选》版增加了"（即飞跃）"，不改变文义。

1951年《毛选》版："列宁说过：'物质的抽象，自然规律的抽象，价值的抽象及其他等等，一句话，那一切科学的（正确的、郑重的、非瞎说的）抽象，都更深刻、更正确、更完全地反映着自然。'"⑨ 1991年《毛选》版："列宁说过：'物质的抽象，自然规律的抽象，价值的抽象以及其他等等，一句话，一切科学的（正确的、郑重的、非瞎说的）抽象，都更深刻、更正确、更完全地反映着自然。'"⑩ "价值的抽象及其他等等"改"价值的

---

① 《毛泽东选集》第一卷，人民出版社1951年版，第287页。
② 《毛泽东选集》第一卷，人民出版社1991年版，第288页。
③ 《毛泽东选集》第一卷，人民出版社1951年版，第294页。
④ 《毛泽东选集》第一卷，人民出版社1991年版，第295页。
⑤ 《毛泽东选集》第一卷，人民出版社1951年版，第283—284页。
⑥ 《毛泽东选集》第一卷，人民出版社1991年版，第284页。
⑦ 《毛泽东选集》第一卷，人民出版社1951年版，第284页。
⑧ 《毛泽东选集》第一卷，人民出版社1991年版，第285页。
⑨ 《毛泽东选集》第一卷，人民出版社1951年版，第285页。
⑩ 《毛泽东选集》第一卷，人民出版社1991年版，第286页。

抽象以及其他等等"，"那一切科学的"改"一切科学的"，不改变文义。

1951年《毛选》版："但他们仅是片面的和表面的东西，这种反映是不完全的，是没有反映事物本质的。"① 1991年《毛选》版："但它们仅是片面的和表面的东西，这种反映是不完全的，是没有反映事物本质的。"② "他们"改"它们"，不改变文义。

第二，引文内容修改。

1951年《毛选》版："斯大林说得好：'离开实践的理论是空洞的理论，离开理论的实践是盲目的实践。'"③ 1991年《毛选》版："斯大林说得好：'理论若不和革命实践联系起来，就会变成无对象的理论，同样，实践若不以革命理论为指南，就会变成盲目的实践。'"④ 修改后的引文，更准确。这一句引文的出处也有修改：1951年《毛选》版注出处为："引自斯大林『论列宁主义基础』。参看该书第三个部分。"⑤ 1991年《毛选》版注出处为："见斯大林《论列宁主义基础》第三部分《理论》。新的译文是：'离开革命实践的理论是空洞的理论，而不以革命理论为指南的实践是盲目的实践。'（《斯大林选集》上卷，人民出版社1979年版，第199—200页）"⑥ 出处更准确、全面。

（3）题解有3处文字修改

1951年《毛选》版："在我们党内，曾经有一部分教条主义的同志长期拒绝中国革命的经验……"⑦ 1991年《毛选》版："在中国共产党内，曾经有一部分教条主义的同志长期拒绝中国革命的经验……"⑧ 修改后，更客观。

1951年《毛选》版："毛泽东同志的《实践论》，是为着用马克思主义的认识论观点去揭露党内的教条主义和经验主义——特别是教条主义这些主观主义的错误而写的。"⑨ 1991年《毛选》版："毛泽东的《实践论》，是

---

① 《毛泽东选集》第一卷，人民出版社1951年版，第290页。
② 《毛泽东选集》第一卷，人民出版社1991年版，第291页。
③ 《毛泽东选集》第一卷，人民出版社1951年版，第292页。
④ 《毛泽东选集》第一卷，人民出版社1991年版，第293页。
⑤ 《毛泽东选集》第一卷，人民出版社1951年版，第296页。
⑥ 《毛泽东选集》第一卷，人民出版社1991年版，第298页。
⑦ 《毛泽东选集》第一卷，人民出版社1951年版，第282页。
⑧ 《毛泽东选集》第一卷，人民出版社1991年版，第282页。
⑨ 《毛泽东选集》第一卷，人民出版社1951年版，第282页。

为着用马克思主义的认识论观点去揭露党内的教条主义和经验主义——特别是教条主义这些主观主义的错误而写的。"① 在当代的学术研究中一般称"毛泽东",不加"同志"。

1951年《毛选》版:"毛泽东同志曾以这篇论文的观点在延安的抗日大学作过讲演。"② 1991年《毛选》版:"毛泽东曾以这篇论文的观点在延安的抗日军事政治大学作过讲演。"③ 修改后,更准确。此处1991年《毛选》版也删掉"同志"一词。

(4)注释的修改

1951年《毛选》版有9条注释,1991年《毛选》版有11条注释。

1991年《毛选》版增加了2条注释:

一条是关于太平天国运动和义和团运动等笼统的排外主义(注〔5〕):"一九五一年三月二十七日,毛泽东在致李达的信中说:'《实践论》中将太平天国放在排外主义一起说不妥,出选集时拟加修改,此处暂仍照原'。"④

另一条是关于一九一九年五四运动(注〔6〕):"五四运动是一九一九年五月四日发生的反帝反封建的爱国运动。当时,第一次世界大战刚刚结束,英、美、法、日、意等战胜国在巴黎召开对德和会,决定由日本继承德国在中国山东的特权。中国是参加对德宣战的战胜国之一,但北洋军阀政府却准备接受这个决定。五月四日,北京学生游行示威,反对帝国主义的这一无理决定和北洋军阀政府的妥协。这次运动迅速地获得了全国人民的响应,到六月三日以后,发展成为有工人阶级、城市小资产阶级和民族资产阶级参加的广大群众性的反帝反封建的爱国运动。五四运动也是反对封建文化的新文化运动。以一九一五年《青年杂志》(后改名《新青年》)创刊为起点的新文化运动,竖起'民主'和'科学'的旗帜,反对旧道德,提倡新道德,反对旧文学,提倡新文学。五四运动中的先进分子接受了马克思主义,使新文化运动发展成为马克思主义思想运动,他们致力于马克思主义同中国工人运动相结合,在思想上和干部上准备了中国共产党的成立。"⑤

---

① 《毛泽东选集》第一卷,人民出版社1991年版,第282页。
② 《毛泽东选集》第一卷,人民出版社1951年版,第282页。
③ 《毛泽东选集》第一卷,人民出版社1991年版,第282页。
④ 《毛泽东选集》第一卷,人民出版社1991年版,第297页。
⑤ 《毛泽东选集》第一卷,人民出版社1991年版,第297页。

1951年《毛选》版的9条注释，1991年《毛选》版大多进行了修改。

1951年《毛选》版关于列宁说过的"实践高于（理论的）认识，因为它不但有普遍性的品格，而且还有直接现实性的品格"注释为："此段引自列宁『黑格尔《逻辑学》一书摘要』。"① 1991年《毛选》版此注释修改为："见列宁《黑格尔〈逻辑学〉一书摘要》。新的译文是：'实践高于（理论的）认识，因为它不仅具有普遍性的品格，而且还具有直接现实性的品格。'（《列宁全集》第55卷，人民出版社1990年版，第183页）"②

1951年《毛选》版关于"实践的观点是辩证唯物论的认识论之第一的和基本的观点"注释为："参看马克思『费尔巴哈论纲』和列宁『唯物论与经验批判论』第二章第六节。"③ 1991年《毛选》版此注释修改为："参见马克思《关于费尔巴哈的提纲》（《马克思恩格斯选集》第1卷，人民出版社1972年版，第16—19页）和列宁《唯物主义和经验批判主义》第二章第六节（《列宁全集》第18卷，人民出版社1988年版，第144页）。"④

1951年《毛选》版关于列宁说过的"物质的抽象，自然规律的抽象，价值的抽象及其他等等，一句话，那一切科学的（正确的、郑重的、非瞎说的）抽象，都更深刻、更正确、更完全地反映着自然"注释为："此段引自列宁『黑格尔《逻辑学》一书摘要』。"⑤ 1991年《毛选》版此注释修改为："见列宁《黑格尔〈逻辑学〉一书摘要》（《列宁全集》第55卷，人民出版社1990年版，第142页）。"⑥

1951年《毛选》版关于"第二是认识有待于深化，认识的感性阶段有待于发展到理性阶段——这就是认识论的辩证法"注释为："参看列宁在『黑格尔《逻辑学》一书摘要』所说：『为了理解，必须在经验上开始理解、研究，从经验升高到一般。』"⑦ 1991年《毛选》版注释修改为："参见列宁《黑格尔〈逻辑学〉一书摘要》：'要理解，就必须从经验开始理

---

① 《毛泽东选集》第一卷，人民出版社1951年版，第296页。
② 《毛泽东选集》第一卷，人民出版社1991年版，第297页。
③ 《毛泽东选集》第一卷，人民出版社1951年版，第296页。
④ 《毛泽东选集》第一卷，人民出版社1991年版，第297页。
⑤ 《毛泽东选集》第一卷，人民出版社1951年版，第296页。
⑥ 《毛泽东选集》第一卷，人民出版社1991年版，第297页。
⑦ 《毛泽东选集》第一卷，人民出版社1951年版，第296页。

解、研究，从经验上升到一般。'（《列宁全集》第55卷，人民出版社1990年版，第175页）"①

1951年《毛选》版关于"没有革命的理论，就不会有革命的运动"注释为："引自列宁『作什么？』第一章第四节。"② 1991年《毛选》版此注释修改为："见列宁《俄国社会民主党人的任务》（《列宁全集》第2卷，人民出版社1984年版，第443页）；并见列宁《怎么办？》第一章第四节（《列宁全集》第6卷，人民出版社1986年版，第23页）。"③

1951年《毛选》版关于"生活、实践底观点，应该是认识论底首先的和基本的观点"注释为："引自列宁『唯物论与经验批判论』。参看该书第二章第六节。"④ 1991年《毛选》版此注释修改为："见列宁《唯物主义和经验批判主义》第二章第六节（《列宁全集》第18卷，人民出版社1988年版，第144页）。"⑤

1951年《毛选》版关于"无数相对的真理之总和，就是绝对的真理"注释为："参看列宁『唯物论与经验批判论』第二章第五节。"⑥ 1991年《毛选》版此注释修改为："参见列宁《唯物主义和经验批判主义》第二章第五节。原文是：'人类思维按其本性是能够给我们提供并且正在提供由相对真理的总和所构成的绝对真理的。'（《列宁全集》第18卷，人民出版社1988年版，第135页）"⑦

1991年《毛选》版的注释修改，弥补、修正了1951年《毛选》版注释的不足和不当，使注释更准确、详尽，更规范。

（三）人民出版社1951年《毛泽东选集》第一卷版与1937年《辩证法唯物论（讲授提纲）》油印本校勘与分析

1937年9月油印本《辩证法唯物论（讲授提纲）》中的《实践论》，全

---

① 《毛泽东选集》第一卷，人民出版社1991年版，第297页。
② 《毛泽东选集》第一卷，人民出版社1951年版，第296页。
③ 《毛泽东选集》第一卷，人民出版社1991年版，第297页。
④ 《毛泽东选集》第一卷，人民出版社1951年版，第296页。
⑤ 《毛泽东选集》第一卷，人民出版社1991年版，第298页。
⑥ 《毛泽东选集》第一卷，人民出版社1951年版，第296页。
⑦ 《毛泽东选集》第一卷，人民出版社1991年版，第298页。

文约9600字，1951年《毛选》版全文约9400字（不包含题解和注释字数）。1951年《毛选》版与1937年版相校，有很多不同，其中删了600余字，新增400余字。

1. 标点不同

标点不同约有150处，主要是标点的增、删或者改换。如：

1937年版："首先马克斯主义者认为人类的生产活动是最基本的实践活动，"①。1951年《毛选》版："首先，马克思主义者认为人类的生产活动是最基本的实践活动，"②。

1937年版："指出了社会的人在他们的生产与阶级斗争之复杂的经常反覆的实践中由感性认识到论理认识之推移的运动。"③1951年《毛选》版："指出了社会的人在他们的生产和阶级斗争的复杂的、经常反复的实践中，由感性认识到论理认识的推移的运动。"④

1937年版："这些问题的解决一点也不能离开实践，"⑤。1951年《毛选》版："这些问题的解决，一点也不能离开实践。"⑥

1937年版："不能在封建社会就预先认识资本主义社会的规律，因为资本主义还未出现，还无这种实践，"⑦。1951年《毛选》版："不能在封建社会就预先认识资本主义社会的规律，因为资本主义还未出现，还无这种实践。"⑧

1937年版："一切真知，都是从直接经验发源来的。"⑨1951年《毛选》版："一切真知都是从直接经验发源的。"⑩

1937年版："所以一个人的知识不外直接经验与间接经验的两部分，"⑪。1951年《毛选》版："所以，一个人的知识，不外直接经验的和间

---

① 《辩证法唯物论（讲授提纲）》，1937年9月油印本。
② 《毛泽东选集》第一卷，人民出版社1951年版，第281页。
③ 《辩证法唯物论（讲授提纲）》，1937年9月油印本。
④ 《毛泽东选集》第一卷，人民出版社1951年版，第285页。
⑤ 《辩证法唯物论（讲授提纲）》，1937年9月油印本。
⑥ 《毛泽东选集》第一卷，人民出版社1951年版，第286页。
⑦ 《辩证法唯物论（讲授提纲）》，1937年9月油印本。
⑧ 《毛泽东选集》第一卷，人民出版社1951年版，第286页。
⑨ 《辩证法唯物论（讲授提纲）》，1937年9月油印本。
⑩ 《毛泽东选集》第一卷，人民出版社1951年版，第287页。
⑪ 《辩证法唯物论（讲授提纲）》，1937年9月油印本。

接经验的两部分。"①

1937年版:"此时如果改换一个无经验的人去指导,又会要在吃了一些败仗之后(有了经验之后)才能理会战争的正确的规律。"② 1951年《毛选》版:"此时,如果改换一个无经验的人去指导,又会要在吃了一些败仗之后(有了经验之后)才能理会战争的正确的规律。"③

1937年版:"如果这个人在这项工作中经过了一个时期,(他有了这项工作的经验)而他又是一个肯虚心体察客观情况的人不是一个主观地片面地表面地看问题的人,"④。1951年《毛选》版:"如果这个人在这项工作中经过了一个时期,他有了这项工作的经验了,而他又是一个肯虚心体察情况的人,不是一个主观地、片面地、表面地看问题的人,"⑤。

1937年版:"就'自以为是'的发号施令起来,这样的人是没有不跌交子的。"⑥ 1951年《毛选》版:"就自以为是地发号施令起来,这样的人是没有不跌交子的。"⑦

1937年版:"将丰富的感觉材料加以去粗取精去伪存真由此及彼由表及里的改造制作工夫,"⑧。1951年《毛选》版:"将丰富的感觉材料加以去粗取精、去伪存真、由此及彼、由表及里的改造制作工夫,"⑨。

1937年版:"哲学上的唯理论与经验论都不懂得认识的历史性或辩证性虽然各有片面的真理"⑩ 1951年《毛选》版:"哲学上的'唯理论'和'经验论'都不懂得认识的历史性或辩证性,虽然各有片面的真理"⑪。

1937年版:"那末还只说到问题的一半,而且对于马克斯主义的哲学说来还只说到非十分重要的那一半。"⑫ 1951年《毛选》版:"那末还只说

---

① 《毛泽东选集》第一卷,人民出版社1951年版,第287页。
② 《辩证法唯物论(讲授提纲)》,1937年9月油印本。
③ 《毛泽东选集》第一卷,人民出版社1951年版,第288页。
④ 《辩证法唯物论(讲授提纲)》,1937年9月油印本。
⑤ 《毛泽东选集》第一卷,人民出版社1951年版,第289页。
⑥ 《辩证法唯物论(讲授提纲)》,1937年9月油印本。
⑦ 《毛泽东选集》第一卷,人民出版社1951年版,第289页。
⑧ 《辩证法唯物论(讲授提纲)》,1937年9月油印本。
⑨ 《毛泽东选集》第一卷,人民出版社1951年版,第290页。
⑩ 《辩证法唯物论(讲授提纲)》,1937年9月油印本。
⑪ 《毛泽东选集》第一卷,人民出版社1951年版,第290页。
⑫ 《辩证法唯物论(讲授提纲)》,1937年9月油印本。

到问题的一半。而且对于马克思主义的哲学说来，还只说到非十分重要的那一半。"①

1937年版："我们的答复是完成了又没有完成。"② 1951年《毛选》版："我们的答复是完成了，又没有完成。"③

1937年版："例如在变革自然的过程中某一工程计划的实现，某一科学假想的证实，某一器物的制成，某一农产的收获，"④。1951年《毛选》版："例如，在变革自然的过程中，某一工程计划的实现，某一科学假想的证实，某一器物的制成，某一农产的收获，"⑤。

1937年版："我们也反对'左'翼清谈主义，"⑥。1951年《毛选》版："我们也反对'左'翼空谈主义。"⑦

1937年版："马克斯主义者承认在绝对的总的宇宙发展过程中，各个具体过程的发展都是相对的，"⑧。1951年《毛选》版："马克思主义者承认，在绝对的总的宇宙发展过程中，各个具体过程的发展都是相对的，"⑨。

1937年版："所谓被改造的客观世界，其中包括了一切反对改造的人们，他们的被改造须通过强迫的阶段。"⑩ 1951年《毛选》版："所谓被改造的客观世界，其中包括了一切反对改造的人们，他们的被改造，须要通过强迫的阶段，"⑪。

1937年版："改造主观世界与客观世界，实践认识，再实践，再认识的形式循环发展以至无穷，而实践与认识之每一循环的内容都比较的进到高一级的程度——这就是唯物辩证法的全部认识论，"⑫。1951年《毛选》版："改造主观世界和客观世界。实践、认识、再实践、再认识，这种形式，循

---

① 《毛泽东选集》第一卷，人民出版社1951年版，第291页。
② 《辩证法唯物论（讲授提纲）》，1937年9月油印本。
③ 《毛泽东选集》第一卷，人民出版社1951年版，第292页。
④ 《辩证法唯物论（讲授提纲）》，1937年9月油印本。
⑤ 《毛泽东选集》第一卷，人民出版社1951年版，第292页。
⑥ 《辩证法唯物论（讲授提纲）》，1937年9月油印本。
⑦ 《毛泽东选集》第一卷，人民出版社1951年版，第294页。
⑧ 《辩证法唯物论（讲授提纲）》，1937年9月油印本。
⑨ 《毛泽东选集》第一卷，人民出版社1951年版，第294页。
⑩ 《辩证法唯物论（讲授提纲）》，1937年9月油印本。
⑪ 《毛泽东选集》第一卷，人民出版社1951年版，第295页。
⑫ 《辩证法唯物论（讲授提纲）》，1937年9月油印本。

环往复以至无穷，而实践和认识之每一循环的内容，都比较地进到了高一级的程度。这就是辩证唯物论的全部认识论，"①。

……

2. 文字修改

有375处左右，主要有以下六种类型：

（1）不改变文义的文字修改

1937年版："马克斯以前的唯物论，离开人的社会性，离开人的历史发展，去观察认识问题，因此不能了解认识对社会实践的依赖关系，即认识对生产与阶级斗争的依赖关系。"② 1951年《毛选》版："马克思以前的唯物论，离开人的社会性，离开人的历史发展，去观察认识问题，因此不能了解认识对社会实践的依赖关系，即认识对生产和阶级斗争的依赖关系。"③ "马克斯"改"马克思"（以下所涉及相同改动，均不再列出），"与"改"和"，不改变文义。

1937年版："人的认识，主要的依赖物质的生产活动而逐渐了解自然的现象，自然的性质，（自然的规律性），人与自然的关系，"④。1951年《毛选》版："人的认识，主要地依赖于物质的生产活动，逐渐地了解自然的现象、自然的性质、自然的规律性、人和自然的关系；"⑤。"主要的依赖"改"主要地依赖于"，"而逐渐了解"改"逐渐地了解"，"人与自然"改"人和自然"，都不改变文义。

1937年版："因此，马克斯主义者认为只有人们的社会实践，是人们对于外界认识之真理性的标准。"⑥ 1951年《毛选》版："马克思主义者认为，只有人们的社会实践，才是人们对于外界认识的真理性的标准。"⑦ 删"因此"，"是"改"才是"，"之"改"的"（以下所涉及相同改动，均不再列出），都不改变文义。

---

① 《毛泽东选集》第一卷，人民出版社1951年版，第295—296页。
② 《辩证法唯物论（讲授提纲）》，1937年9月油印本。
③ 《毛泽东选集》第一卷，人民出版社1951年版，第281页。
④ 《辩证法唯物论（讲授提纲）》，1937年9月油印本。
⑤ 《毛泽东选集》第一卷，人民出版社1951年版，第281页。
⑥ 《辩证法唯物论（讲授提纲）》，1937年9月油印本。
⑦ 《毛泽东选集》第一卷，人民出版社1951年版，第283页。

1937年版:"感性与理性二者的性质不同,但又不是互相分离的,他们在实践的基础上统一起来了。"①1951年《毛选》版:"感性和理性二者的性质不同,但又不是互相分离的,它们在实践的基础上统一起来了。"②"与"改为"和"(1937年版中的"与",1951年《毛选》版基本上都改"和",以下均不再列出),"他们"改"它们",不改变文义。

1937年版:"我们的实践证明:感觉到了的东西,我们不能立刻理解他,只有在理解了的东西才更深刻地感觉他。"③1951年《毛选》版:"我们的实践证明:感觉到了的东西,我们不能立刻理解它,只有理解了的东西才更深刻地感觉它。"④"他"改"它"(以下所涉及相同的改动,均不再列出),"只有在"改"只有",不改变文义。

1937年版:"主要的是他们亲身参加了当时的阶级斗争与科学实验的实践,没有这后一个条件,任何天才也是不能成功的。"⑤1951年《毛选》版:"主要地是他们亲自参加了当时的阶级斗争和科学实验的实践,没有这后一个条件,任何天才也是不能成功的。"⑥"主要的"改"主要地","亲身"改"亲自",都不改变文义。

1937年版:"那些人在他们实践中间取得了'知',经过文字与技术的传达而到达于'秀才'之手,秀才乃能间接地'知天下事'。"1951年《毛选》版:"那些人在他们的实践中间取得了'知',经过文字和技术的传达而到达于'秀才'之手,秀才乃能间接地'知天下事'。""他们"改"他们的",不改变文义。

1937年版:"有了道听途说的一知半解,便自封为'天下第一',多见其不自量而已。"⑦1951年《毛选》版:"有了道听途说的一知半解,便自封为'天下第一',适足见其不自量而已。"⑧"多见其不自量而已"改"适足见其不自量而已",不改变文义。

---

① 《辩证法唯物论(讲授提纲)》,1937年9月油印本。
② 《毛泽东选集》第一卷,人民出版社1951年版,第285页。
③ 《辩证法唯物论(讲授提纲)》,1937年9月油印本。
④ 《毛泽东选集》第一卷,人民出版社1951年版,第285—286页。
⑤ 《辩证法唯物论(讲授提纲)》,1937年9月油印本。
⑥ 《毛泽东选集》第一卷,人民出版社1951年版,第286页。
⑦ 《辩证法唯物论(讲授提纲)》,1937年9月油印本。
⑧ 《毛泽东选集》第一卷,人民出版社1951年版,第286页。

1937年版："而在我为间接经验者，在人则仍属直接经验，"。1951年《毛选》版："而且在我为间接经验者，在人则仍为直接经验。""而"改"而且"，"仍属"改"仍为"，都不改变文义。

1937年版："只认识资本主义个个现象的片面及其外的联系，这时他们还是一个所谓'自在的阶级'。"① 1951年《毛选》版："只认识资本主义各个现象的片面及其外部的联系。这时，他们还是一个所谓'自在的阶级'。"② 把"个个"改"各个"，"外的"改"外部的"，都不改变文义。

1937年版："为什么没有把握呢？因为他对这项工作的内容与环境没有规律性的了解，或者他从来就没有接触过这类工作，或者接触的不多，因而无从说到了解这类工作的规律性。"③ 1951年《毛选》版："为什么没有把握呢？因为他对于这项工作的内容和环境没有规律性的了解，或者他从来就没有接触过这类工作，或者接触得不多，因而无从谈到这类工作的规律性。"④ "对这项工作"改"对于这项工作"，"说到了解"改"谈到"，都不改变文义。

1937年版："认识发源于经验——这就是认识论的唯物论。"⑤ 1951年《毛选》版："认识开始于经验——这就是认识论的唯物论。"⑥ "发源"改"开始"，不改变文义。

1937年版："造成了大体上相应于该客观过程之法则性的理论，思想，计划，或方案，然后再应用这种理论，思想，计划，或方案，于该同一客观过程的实践，"⑦。1951年《毛选》版："造成了大体上相应于该客观过程的法则性的思想、理论、计划或方案，然后再应用这种思想、理论、计划或方案于该同一客观过程的实践，"⑧。"理论"与"思想"位置调换，不改变文义。

1937年版："如果有了正确的理论只在把他空谈一会，束之高阁，并不

---

① 《辩证法唯物论（讲授提纲）》，1937年9月油印本。
② 《毛泽东选集》第一卷，人民出版社1951年版，第287页。
③ 《辩证法唯物论（讲授提纲）》，1937年9月油印本。
④ 《毛泽东选集》第一卷，人民出版社1951年版，第288页。
⑤ 《辩证法唯物论（讲授提纲）》，1937年9月油印本。
⑥ 《毛泽东选集》第一卷，人民出版社1951年版，第290页。
⑦ 《辩证法唯物论（讲授提纲）》，1937年9月油印本。
⑧ 《毛泽东选集》第一卷，人民出版社1951年版，第292页。

实行,那末这种理论再好也是没有用的。"①1951年《毛选》版:"如果有了正确的理论,只是把它空谈一阵,束之高阁,并不实行,那末,这种理论再好也是没有意义的。"②"只在把他空谈一会"改"只是把它空谈一阵","没有用的"改"没有意义的",都不改变文义。

1937年版:"要完全地解决此问题只有把理性的认识再回到社会实践中去,应用理论于实际,"③。1951年《毛选》版:"要完全地解决这个问题,只有把理性的认识再回到社会实践中去,应用理论于实践,"④。"此问题"改"这个问题","理论于实际"改"理论于实践"更合理。

1937年版:"说到这里,认识运动就完成了吗?我们的答复是完成了又没有完成。"⑤1951年《毛选》版:"说到这里,认识运动就算完成了吗?我们的答复是完成了,又没有完成。"⑥"就完成了"改"就算完成了",不改变文义。

1937年版:"然而对于过程之推移而言,人的认识运动是没有完成的。"⑦1951年《毛选》版:"然而对于过程的推移而言,人们的认识运动是没有完成的。"⑧"人"改"人们",不改变文义。

1937年版:"他们只知跟在车轮后面怨恨车轮走得太快了,企图把他向后拉,开倒车。"⑨1951年《毛选》版:"他们只知跟在车子后面怨恨车子走得太快了,企图把它向后拉,开倒车。"⑩"车轮"改"车子",不改变文义。

1937年版:"人对客观现实的认识也就一次又一次的深化,"⑪。1951年《毛选》版:"人们对于客观现实的认识也就一次又一次地深化。"⑫"人

---

① 《辩证法唯物论(讲授提纲)》,1937年9月油印本。
② 《毛泽东选集》第一卷,人民出版社1951年版,第291页。
③ 《辩证法唯物论(讲授提纲)》,1937年9月油印本。
④ 《毛泽东选集》第一卷,人民出版社1951年版,第291页。
⑤ 《辩证法唯物论(讲授提纲)》,1937年9月油印本。
⑥ 《毛泽东选集》第一卷,人民出版社1951年版,第292页。
⑦ 《辩证法唯物论(讲授提纲)》,1937年9月油印本。
⑧ 《毛泽东选集》第一卷,人民出版社1951年版,第293页。
⑨ 《辩证法唯物论(讲授提纲)》,1937年9月油印本。
⑩ 《毛泽东选集》第一卷,人民出版社1951年版,第294页。
⑪ 《辩证法唯物论(讲授提纲)》,1937年9月油印本。
⑫ 《毛泽东选集》第一卷,人民出版社1951年版,第295页。

对客观现实"改"人们对于客观现实","一次又一次的"改"一次又一次地",不改变文义。

1937年版:"我们的结论是主观与客观,理论与实践,知与行的具体历史的统一,反对一切离开具体历史的'左'的或右的错误思想。"① 1951年《毛选》版:"我们的结论是主观和客观、理论和实践、知和行的具体的历史的统一,反对一切离开具体历史的'左'的或右的错误思想。"② "具体历史的统一"改"具体的历史的统一",不改变文义。

……

(2)使文字表述更通俗、明白

1937年版:"这些知识在古人在外人是直接经验的东西,如果在古人外人直接经验时是符合于列宁所说的条件:'科学的(正确的,重要的,非瞎说的)抽象',那末他们是可靠的,否则便是不可靠。"③ 1951年《毛选》版:"这些知识在古人在外人是直接经验的东西,如果在古人外人直接经验时是符合于列宁所说的条件:'科学的抽象',是科学地反映了客观的事物,那末这些知识是可靠的,否则就是不可靠的。"④ 删"(正确的,重要的,非瞎说的)",增"是科学地反映了客观的事物,","他们"改"这些知识","便是"改"就是",更通俗、易懂。

1937年版:"中国商人有一句话:'要赚畜生钱,要跟畜生眠',这句话对于商人赚钱是真理,"⑤。1951年《毛选》版:"中国人有一句老话:'不入虎穴,焉得虎子。'这句话对于人们的实践是真理,"⑥。修改后,更通俗、易懂。

1937年版:"许多自然科学理论之所以被称为真理,不但在于发现此学说时,而且在于为尔后的科学实践所证实。"⑦ 1951年《毛选》版:"许多自然科学理论之所以被称为真理,不但在于自然科学家们创立这些学说的时

---

① 《辩证法唯物论(讲授提纲)》,1937年9月油印本。
② 《毛泽东选集》第一卷,人民出版社1951年版,第295页。
③ 《辩证法唯物论(讲授提纲)》,1937年9月油印本。
④ 《毛泽东选集》第一卷,人民出版社1951年版,第287页。
⑤ 《辩证法唯物论(讲授提纲)》,1937年9月油印本。
⑥ 《毛泽东选集》第一卷,人民出版社1951年版,第287页。
⑦ 《辩证法唯物论(讲授提纲)》,1937年9月油印本。

候,而且在于为尔后的科学实践所证实的时候。"①"发现此学说时"改"自然科学家们创立这些学说的时候","实践所证实"改"实践所证实的时候",更通俗、易懂。

1937年版:"马克斯主义者承认在绝对的总的宇宙发展过程中,各个具体过程的发展都是相对的,因而人的认识也在绝对的真理中对于在各个一定发展阶段上的具体过程之认识只是相对的真理。"②1951年《毛选》版:"马克思主义者承认,在绝对的总的宇宙发展过程中,各个具体过程的发展都是相对的,因而在绝对真理的长河中,人们对于在各个一定发展阶段上的具体过程的认识只具有相对的真理性。"③修改后,更通俗、易懂。

(3)使文字表述更准确、合理、科学

1937年版:"而且经过生产活动同时也认识了人与人的相互关系。"④1951年《毛选》版:"而且经过生产活动,也在各种不同程度上逐渐地认识了人和人的一定的相互关系。"⑤修改后,更准确、科学。

1937年版:"每个人以社会一员的资格与其他社会成员协力从事生产活动以解决人类物质生活问题,这是人的认识发展的基本来源。"⑥1951年《毛选》版:"在没有阶级的社会中,每个人以社会一员的资格,同其他社会成员协力,结成一定的生产关系,从事生产活动,以解决人类物质生活问题。在各种阶级的社会中,各阶级的社会成员,则又以各种不同的方式,结成一定的生产关系,从事生产活动,以解决人类物质生活问题。这是人的认识发展的基本来源。"⑦修改后,更准确、科学。

1937年版:"人的社会实践,不限于生产活动一种形式,还有多种其他的形式,阶级斗争,政治生活,科学活动,"⑧。1951年《毛选》版:"人的社会实践,不限于生产活动一种形式,还有多种其他的形式,阶级斗争,政

---

① 《毛泽东选集》第一卷,人民出版社1951年版,第291—292页。
② 《辩证法唯物论(讲授提纲)》,1937年9月油印本。
③ 《毛泽东选集》第一卷,人民出版社1951年版,第294页。
④ 《辩证法唯物论(讲授提纲)》,1937年9月油印本。
⑤ 《毛泽东选集》第一卷,人民出版社1951年版,第281页。
⑥ 《辩证法唯物论(讲授提纲)》,1937年9月油印本。
⑦ 《毛泽东选集》第一卷,人民出版社1951年版,第281—282页。
⑧ 《辩证法唯物论(讲授提纲)》,1937年9月油印本。

治生活，科学和艺术的活动，"①。增"艺术"活动，更准确、科学。

1937年版："在阶级社会中各种思想无不打上阶级的烙印，就是这个原故。"② 1951年《毛选》版："在阶级社会中，每一个人都在一定的阶级地位中生活，各种思想无不打上阶级的烙印。"③ 增"每一个人都在一定的阶级地位中生活，"，删"就是这个原故"，更准确、科学。

1937年版："还从政治文化生活中（与物质生活密切联系）了解了人与人的各种复杂的关系。"④ 1951年《毛选》版："还从政治生活文化生活中（与物质生活密切联系），在各种不同程度上，知道人和人的各种关系。"⑤ 增"在各种不同程度上"，更准确、科学。

1937年版："列宁说过：'物质的抽象，自然的法则，价值的抽象，及其他等等，即一切科学的（正确的，重要的，非瞎说的）抽象，都比较深刻，比较正确，比较完全的反映自然'。"⑥ 1951年《毛选》版："列宁说过：'物质的抽象，自然规律的抽象，价值的抽象及其他等等，一句话，那一切科学的（正确的、郑重的、非瞎说的）抽象，都更深刻、更正确、更完全地反映着自然。'"⑦ 修改后的引语，更准确。

1937年版："列宁又曾这样指出：认识过程中两个阶段的特性，在低级阶段认识表现为感性的，在高级阶段，认识表现为论理的，但任何阶段，都是统一的认识过程中的阶段。"⑧ 1951年《毛选》版："马克思列宁主义认为：认识过程中两个阶段的特性，在低级阶段，认识表现为感性的，在高级阶段，认识表现为论理的，但任何阶段，都是统一的认识过程中的阶段。"⑨ "列宁又曾这样指出"改"马克思列宁主义认为"，更准确、科学。

1937年版："便只有亲身参加于变革现实变革某种或某些事物的实践中才能触到那种或那些事物的现象，也只有在亲身参加变革现实的实践中才能

---

① 《毛泽东选集》第一卷，人民出版社1951年版，第282页。
② 《辩证法唯物论（讲授提纲）》，1937年9月油印本。
③ 《毛泽东选集》第一卷，人民出版社1951年版，第282页。
④ 《辩证法唯物论（讲授提纲）》，1937年9月油印本。
⑤ 《毛泽东选集》第一卷，人民出版社1951年版，第282页。
⑥ 《辩证法唯物论（讲授提纲）》，1937年9月油印本。
⑦ 《毛泽东选集》第一卷，人民出版社1951年版，第285页。
⑧ 《辩证法唯物论（讲授提纲）》，1937年9月油印本。
⑨ 《毛泽东选集》第一卷，人民出版社1951年版，第285页。

暴露那种或那些事物的本质而理解他，"①。1951年《毛选》版："便只有亲身参加于变革现实、变革某种或某些事物的实践的斗争中，才能触到那种或那些事物的现象，也只有在亲身参加变革现实的实践的斗争中，才能暴露那种或那些事物的本质而理解它们。"②"实践中"改"实践的斗争中"，更合理，准确。

1937年版："你要知道原子的组织同性质，你就得实行化学家的实验，变革原子的情况。"③1951年《毛选》版："你要知道原子的组织同性质，你就得实行物理学和化学的实验，变革原子的情况。"④"化学家的实验"改"物理学和化学的实验"，更准确、科学。

1937年版："无产阶级对于资本主义过程的认识在其实践的初期——破坏机器与自发斗争时期，"⑤。1951年《毛选》版："无产阶级对于资本主义社会的认识，在其实践的初期——破坏机器和自发斗争时期，"⑥。"对于资本主义过程的认识"改"对于资本主义社会的认识"，更准确、合理。

1937年版："但到了他们实践的后期——有意识有组织的经济斗争与政治斗争的时期，"⑦。1951年《毛选》版："但是到了他们实践的第二个时期——有意识有组织的经济斗争和政治斗争的时期，"⑧。"后期"改"第二个时期"，更合理。

1937年版："由于实践，由于长期斗争的经验，教训了他们，他们就理解了资本主义社会的本质，理解了社会阶级的剥削关系，产生了马克斯主义的理论，"⑨。1951年《毛选》版："由于实践，由于长期斗争的经验，经过马克思、恩格斯用科学的方法把这种种经验总结起来，产生了马克思主义的理论，用以教育无产阶级，这样就使无产阶级理解了资本主义社会的本质，理解了社会阶级的剥削关系，理解了无产阶级的历史任务，"⑩。修改后，更

---

① 《辩证法唯物论（讲授提纲）》，1937年9月油印本。
② 《毛泽东选集》第一卷，人民出版社1951年版，第286页。
③ 《辩证法唯物论（讲授提纲）》，1937年9月油印本。
④ 《毛泽东选集》第一卷，人民出版社1951年版，第287页。
⑤ 《辩证法唯物论（讲授提纲）》，1937年9月油印本。
⑥ 《毛泽东选集》第一卷，人民出版社1951年版，第287页。
⑦ 《辩证法唯物论（讲授提纲）》，1937年9月油印本。
⑧ 《毛泽东选集》第一卷，人民出版社1951年版，第287页。
⑨ 《辩证法唯物论（讲授提纲）》，1937年9月油印本。
⑩ 《毛泽东选集》第一卷，人民出版社1951年版，第288页。

准确、科学。

1937年版："对于一个具体的战争（例如我们过去十年的苏维埃战争）的深刻的指导规律，在开始阶段是不了解的。"①1951年《毛选》版："对于一个具体的战争（例如我们过去十年的土地革命战争）的深刻的指导规律，在开始阶段是不了解的。"②"十年的苏维埃战争"改"十年的土地革命战争"，更准确、合理。1927年至1936年是土地革命战争时期是准确的，这十年的主要任务之一就是进行土地革命。1927年至1936年的十年是苏维埃战争时期，不够准确，因为中华苏维埃共和国临时中央政府是1931年成立的，1931年至1936年，只有五年时间。

1937年版："第二步是综合感觉的材料加以改造和整顿，属于概念判断与推理的阶段。"③1951年《毛选》版："第二步，是综合感觉的材料加以整理和改造，属于概念、判断和推理的阶段。"④"改造和整顿"改"整理和改造"，更合理。

1937年版："一个闭目塞听同客观外界根本绝缘的人，是无所认识的。"⑤1951年《毛选》版："一个闭目塞听、同客观外界根本绝缘的人，是无所谓认识的。"⑥"无所认识"改"无所谓认识"，更合理。

1937年版："第二是认识有待于深化，有待于发展到理性阶段——这就是认识论的辩证法。"⑦1951年《毛选》版："第二是认识有待于深化，认识的感性阶段有待于发展到理性阶段——这就是认识论的辩证法。"⑧增"认识的感性阶段"，更准确、合理、科学。

1937年版："要完全地反映整个的事物，反映事物的本质，反映其内部规律性，就非经过思考作用，将丰富的感觉材料加以去粗取精去伪存真由此及彼由表及里的改造制作工夫，造成概念及理论的系统不可，非从感

---

① 《辩证法唯物论（讲授提纲）》，1937年9月油印本。
② 《毛泽东选集》第一卷，人民出版社1951年版，第288页。
③ 《辩证法唯物论（讲授提纲）》，1937年9月油印本。
④ 《毛泽东选集》第一卷，人民出版社1951年版，第289页。
⑤ 《辩证法唯物论（讲授提纲）》，1937年9月油印本。
⑥ 《毛泽东选集》第一卷，人民出版社1951年版，第289—290页。
⑦ 《辩证法唯物论（讲授提纲）》，1937年9月油印本。
⑧ 《毛泽东选集》第一卷，人民出版社1951年版，第290页。

性认识，改变到理性认识不可。"①1951年《毛选》版："要完全地反映整个的事物，反映事物的本质，反映事物的内部规律性，就必须经过思考作用，将丰富的感觉材料加以去粗取精、去伪存真、由此及彼、由表及里的改造制作工夫，造成概念和理论的系统，就必须从感性认识跃进到理性认识。"②"反映其内部规律性"改"反映事物的内部规律性"，"就非经过思考作用"改"就必须经过思考作用"，"非从感性认识，改变到理性认识不可"改"就必须从感性认识跃进到理性认识"，更准确、合理、科学。

1937年版："理性认识依赖于感性认识，感性认识有待于发展到理性认识，这就是唯物辩证法的认识论。"1951年《毛选》版："理性认识依赖于感性认识，感性认识有待于发展到理性认识，这就是辩证唯物论的认识论。"③"唯物辩证法"改"辩证唯物论"，更合理，更科学。

1937年版："对于一个小的认识过程（例如一个事物或一件工作）是如此，对于一个大的认识过程（例如一个社会或一个革命）也是如此。"④1951年《毛选》版："对于一个小的认识过程（例如对于一个事物或一件工作的认识）是如此，对于一个大的认识过程（例如对于一个社会或一个革命的认识）也是如此。"⑤修改后，更合理。

1937年版："然而马克斯主义看理论，正是，也仅仅是，因为他能够指导行动……"⑥1951年《毛选》版："然而马克思主义看重理论，正是，也仅仅是，因为它能够指导行动……"⑦"马克斯主义看理论"改"马克思主义看重理论"，更合理。

1937年版："所谓'实践是真理的标准'，所谓'实践是认识论第一与基本的观点'，理由就在这个地方。"⑧1951年《毛选》版："所谓实践是真理的标准，所谓'生活、实践底观点，应该是认识论底首先的和基本的观

---

① 《辩证法唯物论（讲授提纲）》，1937年9月油印本。
② 《毛泽东选集》第一卷，人民出版社1951年版，第290页。
③ 《毛泽东选集》第一卷，人民出版社1951年版，第290页。
④ 《辩证法唯物论（讲授提纲）》，1937年9月油印本。
⑤ 《毛泽东选集》第一卷，人民出版社1951年版，第291页。
⑥ 《辩证法唯物论（讲授提纲）》，1937年9月油印本。
⑦ 《毛泽东选集》第一卷，人民出版社1951年版，第291页。
⑧ 《辩证法唯物论（讲授提纲）》，1937年9月油印本。

点'〔七〕,理由就在这个地方。"① 引语修改后,更准确。

1937年版:"而且也受着客观过程表现程度的限制(客观过程的方面及本质当未充分暴露)。"② 1951年《毛选》版:"而且也受着客观过程的发展及其表现程度的限制(客观过程的方面及本质尚未充分暴露)。"③ "客观过程表现程度"改"客观过程的发展及其表现程度",更准确、合理。

1937年版:"然而思想落后于实际的事是常有的,这是因为人的认识受了许多限制的原故。"④ 1951年《毛选》版:"然而思想落后于实际的事是常有的,这是因为人的认识受了许多社会条件的限制的缘故。"⑤ "许多限制"改"许多社会条件的限制",更准确、合理。

1937年版:"有些则把仅在将来有现实可能性的理想强迫放在现时来做,离开了当前大多数人的实践,离开了当前的实现性,"⑥。1951年《毛选》版:"有些则把仅在将来有现实可能性的理想,勉强地放在现时来做,离开了当前大多数人的实践,离开了当前的现实性,"⑦。"强迫"改"勉强地","当前的实现性"改"当前的现实性",更准确、合理。

1937年版:"唯心论与机械论,机会主义与冒险主义,都没有唯物辩证的认识论的根据,他们都是以主观同客观相分裂,以认识与实践相舍离为特征的。"⑧ 1951年《毛选》版:"唯心论和机械唯物论,机会主义和冒险主义,都是以主观和客观相分裂,以认识和实践相脱离为特征的。"⑨ 修改后,更合理。

1937年版:"一切客观世界的辩证法的运动都或先或后的能够反映到认识中来,实践中之发展与消灭的过程是无穷的,人的认识之发生发展与消灭的过程也是无穷。"⑩ 1951年《毛选》版:"一切客观世界的辩证法的运动,都或先或后地能够反映到人的认识中来。社会实践中的发生、发展和消

---

① 《毛泽东选集》第一卷,人民出版社1951年版,第292页。
② 《辩证法唯物论(讲授提纲)》,1937年9月油印本。
③ 《毛泽东选集》第一卷,人民出版社1951年版,第293页。
④ 《辩证法唯物论(讲授提纲)》,1937年9月油印本。
⑤ 《毛泽东选集》第一卷,人民出版社1951年版,第294页。
⑥ 《辩证法唯物论(讲授提纲)》,1937年9月油印本。
⑦ 《毛泽东选集》第一卷,人民出版社1951年版,第294页。
⑧ 《辩证法唯物论(讲授提纲)》,1937年9月油印本。
⑨ 《毛泽东选集》第一卷,人民出版社1951年版,第294页。
⑩ 《辩证法唯物论(讲授提纲)》,1937年9月油印本。

灭的过程是无穷的，人的认识的发生、发展和消灭的过程也是无穷的。"①修改后，更合理。

1937年版："通过实践而产生真理又通过实践而证实真理与发展真理。"② 1951年《毛选》版："通过实践而发现真理，又通过实践而证实真理和发展真理。"③ "产生真理"改"发现真理"，更合理。

1937年版："人的一切行动（实践）都是受人的思想指导的，没有思想当然就没有任何的行动。"④ 这句话说得有点绝对，1951年《毛选》版删此句，体现了科学性。

（4）使文字表述更精练

1937年版："你要知道革命的具体理论与方法，你就得参加革命。"⑤ 1951年《毛选》版："你要知道革命的理论和方法，你就得参加革命。"⑥ "具体理论与方法"改"理论和方法"，更精练。

1937年版："常常听到一些同志在不能勇敢接受工作任务时说出来的一句话，就是说：他没有把握。"⑦ 1951年《毛选》版："常常听到一些同志在不能勇敢接受工作任务时说出来的一句话：没有把握。"⑧ 修改后，更精练。

1937年版："理论的东西，或理性的认识之是否符合于客观真理性这个问题，在前面说的由感性到理性之认识运动中是没有完全解决的，也不能完全解决的。"⑨ 1951年《毛选》版："理论的东西之是否符合于客观真理性这个问题，在前面说的由感性到理性之认识运动中是没有完全解决的，也不能完全解决的。"⑩ 删"或理性的认识"，更精练。

1937年版："社会的人投身于变革在某一一定发展阶段内之某一一定客观

---

① 《毛泽东选集》第一卷，人民出版社1951年版，第294页。
② 《辩证法唯物论（讲授提纲）》，1937年9月油印本。
③ 《毛泽东选集》第一卷，人民出版社1951年版，第295页。
④ 《辩证法唯物论（讲授提纲）》，1937年9月油印本。
⑤ 《辩证法唯物论（讲授提纲）》，1937年9月油印本。
⑥ 《毛泽东选集》第一卷，人民出版社1951年版，第287页。
⑦ 《辩证法唯物论（讲授提纲）》，1937年9月油印本。
⑧ 《毛泽东选集》第一卷，人民出版社1951年版，第288页。
⑨ 《辩证法唯物论（讲授提纲）》，1937年9月油印本。
⑩ 《毛泽东选集》第一卷，人民出版社1951年版，第291页。

过程的实践中"①。1951年《毛选》版："社会的人们投身于变革在某一发展阶段内的某一客观过程的实践中"②。"某一一定发展阶段内之某一一定客观过程的实践中"改"某一发展阶段内的某一客观过程的实践中"，更精练。

1937年版："大宇宙中自然发展与社会发展到了今日的时代，正确的认识宇宙与改造宇宙的责任已经历史地落在无产阶级及其政党的肩上。"③ 1951年《毛选》版："社会的发展到了今天的时代，正确地认识世界和改造世界的责任，已经历史地落在无产阶级及其政党的肩上。"④ 修改后，更精练、合理。

1937年版："地球上已经有一部分实行了这种改造，这就是苏联，他们还正在为自己为世界推进这种改造过程。"⑤ 1951年《毛选》版："地球上已经有一部分实行了这种改造，这就是苏联。他们还正在促进这种改造过程。"⑥ "他们还正在为自己为世界推进这种改造过程"改"他们还正在促进这种改造过程"，更精练。

（5）订正错误

1937年版："感觉只解决现象问题，理解才解决本质问题。"⑦ 1951年《毛选》版："感觉只解决现象问题，理论才解决本质问题。"⑧ "理解"错误，"理论"正确。

1937年版："马克斯主义哲学认为十分重要的问题，不在于懂得了客观世界的规律性，因而能够解释宇宙，而在于拿了这种对于客观规性的认识去动地改造宇宙。"⑨ 1951年《毛选》版："马克思主义的哲学认为十分重要的问题，不在于懂得了客观世界的规律性，因而能够解释世界，而在于拿了这种对于客观规律性的认识去能动地改造世界。"⑩ "客观规性"，脱"律"，改"客观规律性"，补了脱字。"宇宙"改"世界"，更合理、准确。

---

① 《辩证法唯物论（讲授提纲）》，1937年9月油印本。
② 《毛泽东选集》第一卷，人民出版社1951年版，第292页。
③ 《辩证法唯物论（讲授提纲）》，1937年9月油印本。
④ 《毛泽东选集》第一卷，人民出版社1951年版，第295页。
⑤ 《辩证法唯物论（讲授提纲）》，1937年9月油印本。
⑥ 《毛泽东选集》第一卷，人民出版社1951年版，第295页。
⑦ 《辩证法唯物论（讲授提纲）》，1937年9月油印本。
⑧ 《毛泽东选集》第一卷，人民出版社1951年版，第286页。
⑨ 《辩证法唯物论（讲授提纲）》，1937年9月油印本。
⑩ 《毛泽东选集》第一卷，人民出版社1951年版，第291页。

1937年版："马克斯主义没有没有结束真理，而是在实践中不断地开辟认识真理的道路。"① 1951年《毛选》版："马克思列宁主义并没有结束真理，而是在实践中不断地开辟认识真理的道路。"② "没有没有"当衍"没有"，删"没有"，正确。

（6）政治性、思想性修改

1951年《毛选》版新增了一段："马克思主义者认为人类社会的生产活动，是一步又一步地由低级向高级发展，因此，人们的认识，不论对于自然界方面，对于社会方面，也都是一步又一步地由低级向高级发展，即由浅入深，由片面到更多的方面。在很长的历史时期内，大家对于社会的历史只能限于片面的了解，这一方面是由于剥削阶级的偏见经常歪曲社会的历史，另一方面，则由于生产规模的狭小，限制了人们的眼界。人们能够对于社会历史的发展作全面的历史的了解，把对于社会的认识变成了科学，这只是到了伴随巨大生产力——大工业而出现近代无产阶级的时候，这就是马克思主义的科学。"③ 增这一段，是增加了对马克思主义认识论及其科学性的阐述，强调了剥削阶级的偏见会歪曲社会的历史、会限制人们的认识，造成人们认识的错误。

1937年版："不能在自由资本主义时代就预先认识帝国主义时代的某些特异的规律，因为帝国主义还未出现，还无这种实践，只有列宁主义才能担当此项任务。马克斯与列宁主义也不能在经济落后的殖民地产生，这是因为虽然同时，但不同地。"④ 1951年《毛选》版："马克思不能在自由资本主义时代就预先具体地认识帝国主义时代的某些特异的规律，因为帝国主义这个资本主义最后阶段还未到来，还无这种实践，只有列宁和斯大林才能担当此项任务。"⑤ 修改后，突出了以下几点：第一，马克思不可能也没有认识帝国主义时代的某些特异的规律。第二，只有列宁和斯大林才认识了帝国主义时代的某些特异的规律。为什么增"斯大林"，详下。第三，"马克斯与列宁主义也不能在经济落后的殖民地产生"，这句话并不科学。经济落后的

---

① 《辩证法唯物论（讲授提纲）》，1937年9月油印本。
② 《毛泽东选集》第一卷，人民出版社1951年版，第295页。
③ 《毛泽东选集》第一卷，人民出版社1951年版，第282—283页。
④ 《辩证法唯物论（讲授提纲）》，1937年9月油印本。
⑤ 《毛泽东选集》第一卷，人民出版社1951年版，第286页。

殖民地国家，只要把马克思列宁主义与本国的实际相结合，也能产生本国的马克思列宁主义。马克思列宁主义与中国革命的实际相结合，产生了中国化的马克思列宁主义——毛泽东思想。删"马克斯与列宁主义也不能在经济落后的殖民地产生"，是总结中国革命经验的反映。

1937年版："马克斯，恩格斯，列宁之所以能够作出他们的理论，除了他们的天才条件之外……"① 1951年《毛选》版："马克思、恩格斯、列宁、斯大林之所以能够作出他们的理论，除了他们的天才条件之外……"② 中华人民共和国成立初期，中国采取了一边倒向以苏联为首的社会主义阵营的外交政策。1949年12月至1950年2月，毛泽东出访苏联，与斯大林进行了多次会谈，1950年2月14日签订了《中苏友好同盟互助条约》。从此，中苏两国在军事、政治、经济、科技、文化和外交等各方面进行了广泛的合作。中国获得了苏联的很多援助，推动了中国各方面的发展。增"斯大林"，是中华人民共和国成立初期中国"一边倒"政策及中苏友好关系的反映。此外，相类似的有：

1937年版："马克斯主义之所以被称为真理，也不但在于马克斯等人科学地构成此学说时，而且在于为尔后革命的阶级斗争与民族斗争的实践所证实。"1951年《毛选》版："马克思列宁主义之所以被称为真理，也不但在于马克思、恩格斯、列宁、斯大林等人科学地构成这些学说的时候，而且在于为尔后革命的阶级斗争和民族斗争的实践所证实的时候。"③ 主要是增加了"列宁、斯大林等人"，意义同上。

1937年版："由于实践，由于长期斗争的经验，教训了他们，他们就理解了资本主义社会的本质，理解了社会阶级的剥削关系，产生了马克斯主义的理论，这时他们就造成了一个'自为的阶级'。"④ 1951年《毛选》版："由于实践，由于长期斗争的经验，经过马克思、恩格斯用科学的方法把这种种经验总结起来，产生了马克思主义的理论，用以教育无产阶级，这样就使无产阶级理解了资本主义社会的本质，理解了社会阶级的剥削关系，理解

---

① 《辩证法唯物论（讲授提纲）》，1937年9月油印本。
② 《毛泽东选集》第一卷，人民出版社1951年版，第286页。
③ 《毛泽东选集》第一卷，人民出版社1951年版，第292页。
④ 《辩证法唯物论（讲授提纲）》，1937年9月油印本。

了无产阶级的历史任务，这时他们就造成了一个'自为的阶级'。"①修改后，强调了革命的理论是不可能在无产阶级中自发产生的，无产阶级需要有革命理论的灌输、指引，无产阶级是用马克思主义理论武装起来以后才成长为"自为的阶级"。而马克思主义理论，是马克思、恩格斯用科学的方法总结无产阶级革命斗争的经验产生的。修改后的论述更科学了。

1937年版："第二阶段才进到理性的认识，看出了帝国主义内部与外部的各种矛盾并看出了帝国主义联合中国封建阶级以压榨中国人民大众的实质，这种认识是从五四运动前后才开始的。"②1951年《毛选》版："第二阶段才进到理性的认识阶段，看出了帝国主义内部和外部的各种矛盾，并看出了帝国主义联合中国买办阶级和封建阶级以压榨中国人民大众的实质，这种认识是从一九一九年五四运动前后才开始的。"③增"阶段"，增"一九一九年"，表述更具体、准确。增"买办阶级"，强调了买办阶级即买办资产阶级，是中国人民大众的敌人，是革命的对象。抗战胜利以后，买办资产阶级、官僚资产阶级、大地主阶级主导的国民党政府，挑起反和平、反人民、反革命的内战，成为人民的敌人、革命的敌人。中国新民主主义革命的任务，就是要打倒帝国主义、买办资产阶级、官僚资产阶级、大地主阶级，就是要没收他们的财产。强调买办阶级即买办资产阶级，是中国人民大众的敌人，是革命的对象，是人民解放战争历史的反映，是中华人民共和国建立初期的社会、历史的反映。

1937年版："如果以为认识可以停顿在低级的感性阶段，以为只有感性认识可靠，而理性认识是靠不住的，这便重复了历史上'经验论'的理论。"④1951年《毛选》版："如果以为认识可以停顿在低级的感性阶段，以为只有感性认识可靠，而理性认识是靠不住的，这便是重复了历史上的'经验论'的错误。"⑤"'经验论'的理论"改"'经验论'的错误"，强调了"经验论"是错误的。

1937年版："辩证唯物论之是否为真理，在于经过无论什么人的实践都

---

① 《毛泽东选集》第一卷，人民出版社1951年版，第288页。
② 《辩证法唯物论（讲授提纲）》，1937年9月油印本。
③ 《毛泽东选集》第一卷，人民出版社1951年版，第288页。
④ 《辩证法唯物论（讲授提纲）》，1937年9月油印本。
⑤ 《毛泽东选集》第一卷，人民出版社1951年版，第290页。

不能逃出他的范围。"① 1951年《毛选》版："辩证唯物论之所以为普遍真理，在于经过无论什么人的实践都不能逃出它的范围。"② 修改后，强调了辩证唯物论是普遍真理。

1937年版："依社会运动来说，所贵乎革命的指挥者，不但在于当自己的理论思想计划方案有错误时须得善于加以改正……"③ 1951年《毛选》版："依社会运动来说，真正的革命的指挥者，不但在于当自己的思想、理论、计划、方案有错误时须得善于改正……"④ "所贵乎革命的指挥者"改"真正的革命的指挥者"，强调"真正的"革命者，是对自封为、自诩为"革命者"的否定，是对教条主义"革命者"的否定。

1937年版："农民如果得不到收获，工人如果做不成器物，罢工斗争，军队作战，民族革命如果也都得不到胜利，那末这是为什么呢？"⑤ 1951年《毛选》版删此句。中华人民共和国成立以后，"……罢工斗争，军队作战，民族革命"，已成为过去，没有必要再提，自然要删除。

1937年版："许多人受了阶级条件的限制（反动的剥削阶级，他们已无认识任何真理的能力，因而也没有改造宇宙的能力，相反他们变成了阻碍认识真理与改造世界的敌人），有些人受了劳动分工的限制，（劳心劳力的分工，各业之间的分工）有些人受了原来错误思想的限制，（唯心论与机械论等多属于剥削分子；但也有被剥削分子，由于剥削分子的教育而来）。而一般的原因则在受限制于技术水平与科学水平的历史条件。无产阶级及其政党应该利用自己天然优胜的阶级条件（这是任何别的阶级所没有的），利用新的技术与科学，利用马克斯主义的世界观与方法论紧密地依靠革命实践的基础，使自己的认识跟着客观情况的变化而变化，使论理的东西随历史的东西，平行并进，达到完满地改造世界的目的。"⑥ 这一段被1951年《毛选》版删掉了，这一段也是举例论证当时人的认识是受到多方面限制的，所以革命未能胜利，新民主主义革命胜利以后，历史条件已经发生了变化，删掉这

---

① 《辩证法唯物论（讲授提纲）》，1937年9月油印本。
② 《毛泽东选集》第一卷，人民出版社1951年版，第292页。
③ 《辩证法唯物论（讲授提纲）》，1937年9月油印本。
④ 《毛泽东选集》第一卷，人民出版社1951年版，第293页。
⑤ 《辩证法唯物论（讲授提纲）》，1937年9月油印本。
⑥ 《辩证法唯物论（讲授提纲）》，1937年9月油印本。

一段举例论据是适宜的，也是毛泽东对认识论的进一步的思考。这一段强调了无产阶级应"利用新的技术与科学，利用马克斯主义的世界观与方法论紧密地依靠革命实践的基础，使自己的认识跟着客观情况的变化而变化，使论理的东西随历史的东西，平行并进，达到完满地改造世界的目的"，即强调了要与时俱进，这是一个闪光的思想，删除了是有点遗憾的。

1937年版："我们也反对'左'翼清谈主义，中国一九三〇年的李立三主义，苏联在尚可作为一个共产主义派别看待时的托洛斯基主义（现在则已成最反动的派别），以及世界各国的超左思想，都属于这一类。"① 1951年《毛选》版："我们也反对'左'翼空谈主义。"② 删掉了"中国一九三〇年的李立三主义，苏联在尚可作为一个共产主义派别看待时的托洛斯基主义（现在则已成最反动的派别），以及世界各国的超左思想，都属于这一类"。另外还删掉了"中国一九二七年的陈独秀主义，苏联的布哈林主义，都属于这一类"③。删掉这些历史上的事例，应该是为了强调要警惕和反对当今的"左"翼空谈主义。

1937年版："中国人民与世界人民也都正在开始或将要通过这样的改造过程。"1951年《毛选》版："中国人民和世界人民也都正在或将要通过这样的改造过程。"④ 修改后强调中国人民已经处于改造过程中，已进入了新的历史阶段。

3. 副标题修改

1937年版："认识与实践的关系理论与实际的关系知与行的关系"⑤。1951年《毛选》版："论认识和实践的关系——知和行的关系"⑥。修改后，更简明、合理。

4. 增加了题解、注释

1951年《毛选》版增加了题解，这有助于更好地理解毛泽东当初创作文章的背景。增加了9条注释，其中有8条注释是引用马克思、列宁、斯大林的

---

① 《辩证法唯物论（讲授提纲）》，1937年9月油印本。
② 《毛泽东选集》第一卷，人民出版社1951年版，第294页。
③ 《辩证法唯物论（讲授提纲）》，1937年9月油印本。
④ 《毛泽东选集》第一卷，人民出版社1951年版，第295页。
⑤ 《辩证法唯物论（讲授提纲）》，1937年9月油印本。
⑥ 《毛泽东选集》第一卷，人民出版社1951年版，第281页。

讲话，并注明了引语的来源，有1条注释是对湖南方言"里手"的解释（以下谈1991年《毛选》版对1951年《毛选》版注释的修改，可以参见）。这有助于更好地理解文义。

六、对《实践论》修改的思考

1951年毛泽东对1937年的文章进行修改，可以从以下几个方面去理解：

（一）修改后的表述更通俗、明白

如："要赚畜生钱，要跟畜生眠"改"不入虎穴，焉得虎子"，通俗易懂的成语比地方俗语更准确、合理、科学。

如："第二是认识有待于深化，有待于发展到理性阶段"改"第二是认识有待于深化，认识的感性阶段有待于发展到理性阶段"等。

从使文章更通俗易懂、更明白的角度来看，修改是完全必要的。

（二）修改后的表述更合理、更准确、更科学

如："人的社会实践，不限于生产活动一种形式，还有多种其他的形式，阶级斗争，政治生活，科学活动，"改"人的社会实践，不限于生产活动一种形式，还有多种其他的形式，阶级斗争，政治生活，科学和艺术的活动，"。

如："在阶级社会中各种思想无不打上阶级的烙印"改"在阶级社会中，每一个人都在一定的阶级地位中生活，各种思想无不打上阶级的烙印"。

如："你就得实行化学家的实验，变革原子的情况"，修改为"你就得实行物理学和化学的实验，变革原子的情况"，物理与化学是明显不同的，把"化学家的实验"改为"物理学和化学的实验"，这样修改后更准确、全面。

如："由于实践，由于长期斗争的经验，教训了他们，他们就理解了资本主义社会的本质，理解了社会阶级的剥削关系，产生了马克斯主义的理论，"改"由于实践，由于长期斗争的经验，经过马克思、恩格斯用科学的方法把这种种经验总结起来，产生了马克思主义的理论，用以教育无产阶

级，这样就使无产阶级理解了资本主义社会的本质，理解了社会阶级的剥削关系，理解了无产阶级的历史任务，"。

如："每个人以社会一员的资格与其他社会成员协力从事生产活动以解决人类物质生活问题，这是人的认识发展的基本来源"改"在没有阶级的社会中，每个人以社会一员的资格，同其他社会成员协力，结成一定的生产关系，从事生产活动，以解决人类物质生活问题。在各种阶级的社会中，各阶级的社会成员，则又以各种不同的方式，结成一定的生产关系，从事生产活动，以解决人类物质生活问题。这是人的认识发展的基本来源"等。

从使文章表述更全面、更科学、更准确的角度来看，修改是完全必要的。

（三）修改后的表述更精练

如："理论的东西，或理性的认识之是否符合于客观真理性这个问题，在前面说的由感性到理性之认识运动中是没有完全解决的，也不能完全解决的"改"理论的东西之是否符合于客观真理性这个问题，在前面说的由感性到理性之认识运动中是没有完全解决的，也不能完全解决的"。

如："社会的人投身于变革在某一一定发展阶段内之某一一定客观过程的实践中"改"社会的人们投身于变革在某一发展阶段内的某一客观过程的实践中"。

如："常常听到一些同志在不能勇敢接受工作任务时说出来的一句话，就是说：他没有把握。"改"常常听到一些同志在不能勇敢接受工作任务时说出来的一句话：没有把握。"等。

（四）有些修改是因为社会、形势发生了变化

1951年修改《实践论》时，中华人民共和国已经成立，社会、形势已经发生了很多变化，根据新的社会、形势的需求，修改以前的著作，是必要的。

如："马克斯，恩格斯，列宁之所以能够作出他们的理论，除了他们的天才条件之外……"修改为"马克思、恩格斯、列宁、斯大林之所以能够作出他们的理论，除了他们的天才条件之外……"增"斯大林"，是中华人民共和国成立初期中国"一边倒"政策及中苏友好关系的反映。

如："不能在自由资本主义时代就预先认识帝国主义时代的某些特异的规律，因为帝国主义还未出现，还无这种实践，只有列宁主义才能担当此项任务。马克斯与列宁主义也不能在经济落后的殖民地产生，这是因为虽然同时，但不同地"改"马克思不能在自由资本主义时代就预先具体地认识帝国主义时代的某些特异的规律，因为帝国主义这个资本主义最后阶段还未到来，还无这种实践，只有列宁和斯大林才能担当此项任务"。突出了以下几点：第一，马克思不可能也没有认识帝国主义时代的某些特异的规律。第二，只有列宁和斯大林才认识了帝国主义时代的某些特异的规律。第三，"马克思与列宁主义也不能在经济落后的殖民地产生"这句话并不科学。经济落后的殖民地国家，只要把马克思列宁主义与本国的实际相结合，也能产生本国的马克思列宁主义。马克思列宁主义与中国革命的实际相结合，产生了中国化的马克思列宁主义——毛泽东思想。

如："农民如果得不到收获，工人如果做不成器物，罢工斗争，军队作战，民族革命如果也都得不到胜利，那末这是为什么呢？"被删除，因为中华人民共和国成立以后，"……罢工斗争，军队作战，民族革命"，已成为过去，没有必要再提，自然要删除。

毛泽东修改自己的著作，使之更合理、更科学，是值得肯定的。根据社会、形势的发展，相应地修改自己的著作，以适应新的社会、形势，更好地为现实服务，是合理的，是应该被肯定的。对毛泽东修改自己的著作，应历史地、全面地看。

（李尚明初稿　周一平修改）

附录：

人民出版社1951年《毛泽东选集》第一卷版、丘引社1946年版、淮南日报社1944年版与1937年《辩证法唯物论（讲授提纲）》油印本校勘记

凡例

1. 《实践论》的各版本简称如下：

1937年9月油印本《辩证法唯物论（讲授提纲）》，简称"1937年版"。

淮南日报社1944年版《辩证唯物论》，简称"1944年淮南版"。

丘引社1946年版《辩证法唯物论》，简称"1946年丘引社版"。

人民出版社1951年《毛泽东选集》第一卷版，简称"1951年《毛选》版"。

2. 凡1944年淮南版、1946年丘引社版、1951年《毛选》版与1937年版标点、文字不同之处，均在每栏（每列）相同的位置写出各自的文字。

3. 各版本中增、删文字的表示：1937年版有的文字，1951年《毛选》版等没有，即删除了，1937年版栏（列）中列出文字，1951年《毛选》版等栏（列）中相应处注"〇"。1951年《毛选》版增加的文字，1937年版等没有，1951年《毛选》版栏（列）中列出文字，1937年版等栏（列）中相应处注"〇"。

4. 空行。每栏（列）中的空行，表示上下文字之间有分段，或略去了相同的文字。

5. 1951年《毛选》版增加的题解、注释。"*"表示增加了题解，题解文字略。数字加"〔〕"，是增加了的注释号，表示增加了注释，注释文字略。例如："'实践高于（理论的）认识，因为它不但有普遍性的品格，而且还有直接现实性的品格。'〔一〕"此处"〔一〕"即是增加的注释号。

1937年版	1944年淮南版	1946年丘引社版	1951年《毛选》版
（认识与实践的关系理论与实际的关系知与行的关系）	（认识与实践的关系、理论与实际的关系、知与行的关系）	（认识与实践的关系理论与实际的关系知与行的关系）	论认识和实践的关系——知和行的关系（一九三七年七月）
马克斯以前的唯物论，离开人的社会性，离开人的历史发展，去观察认识问题，因此不能了解认识对社会实践的依赖关系，即认识对生产与阶级斗争的依赖关系。	马克思以前的唯物论，离开人的社会性，离开人的历史发展，去观察认识问题，因此不能了解认识对社会实践的依赖关系，即认识对生产与阶级斗争的依赖关系。	马克斯以前的唯物论，离开人的社会性，离开人的历史发展，去观察认识问题，因此不能了解认识对社会实践的依赖关系，即认识对生产与阶级斗争的依赖关系。	马克思以前的唯物论，离开人的社会性，离开人的历史发展，去观察认识问题，因此不能了解认识对社会实践的依赖关系，即认识对生产和阶级斗争的依赖关系。
首先马克斯主义者认为人类的生产活动是最基本的实践活动，是决定其他一切活动的东西。	首先马克思主义者认为人类的生产活动，是最基本的实践活动，是决定其他一切活动的东西。	首先马克斯主义者认为人类的生产活动，是最基本的实践活动，是决定其他一切活动的东西。	首先，马克思主义者认为人类的生产活动是最基本的实践活动，是决定其他一切活动的东西。
人的认识，主要的依赖物质的生产活动而逐渐了解自然的现象，自然的性质，（自然的规律性），人与自然的关系，而且经过生产活动同时也认识了人与人的相互关系。	人的认识，主要的依赖物质的生产活动而逐渐了解自然的现象，自然的性质，（自然的规律性），人与自然的关系，而且经过生产活动同时也认识了人与人的相互关系。	人的认识，主要的依赖物质的生产活动而逐渐了解自然的现象，自然的性质（自然的规律性），人与自然的关系，而且经过生产活动同时也认识了人与人的相互关系。	人的认识，主要地依赖于物质的生产活动，逐渐地了解自然的现象、自然的性质、自然的规律性、人和自然的关系；而且经过生产活动，也在各种不同程度上逐渐地认识了人和人的一定的相互关系。
每个人以社会一员的资格与其他社会成员协力从事生产活动以解决人类物质生活问题，这是人的认识发展的基本来源。	每个人以社会一员的资格，与其他社会成员协力从事生产活动以解决人类物质生活问题，这是人的认识发展的基本来源。	每个人以社会一员的资格，与其他社会成员协力从事生产活动以解决人类物质生活问题，这是人的认识发展的基本来源。	在没有阶级的社会中，每个人以社会一员的资格，同其他社会成员协力，结成一定的生产关系，从事生产活动，以解决人类物质生活问题。在各种阶级的社会中，各阶级的社会成员，则又以各种不同的方式，结成一定的生产关系，从事生产活动，以解决人类物质生活问题。这是人的认识发展的基本来源。

(续表)

1937年版	1944年淮南版	1946年丘引社版	1951年《毛选》版
人的社会实践，不限于生产活动一种形式，还有多种其他的形式，阶级斗争，政治生活，科学活动，总之社会实际生活的一切领域，都是社会的人所参加的。	人的社会实践，不限于生产活动一种形式，还有多种其他的形式，阶级斗争，政治生活，科学活动，总之社会实际生活的一切领域，都是社会的人所参加的。	人的社会实践，不限于生产活动一种形式，还有多种其他的形式。阶级斗争，政治生活，科学活动，总之社会实际生活的一切领域，都是社会的人所参加的。	人的社会实践，不限于生产活动一种形式，还有多种其他的形式，阶级斗争，政治生活，科学和艺术的活动，总之社会实际生活的一切领域都是社会的人所参加的。
因此，人的认识，在物质生活以外，还从政治文化生活中（与物质生活密切联系）了解了人与人的各种复杂的关系。	因此，人的认识在物质生活以外，还从政治文化生活中（与物质生活密切联系）了解了人与人的各种复杂的关系。	因此，人的认识，在物质生活以外，还从政治文化生活中（与物质生活密切联系）了解了人与人的各种复杂的关系。	因此，人的认识，在物质生活以外，还从政治生活文化生活中（与物质生活密切联系），在各种不同程度上，知道人和人的各种关系。
其中尤以各种形式的阶级斗争，给予人的认识发展以深刻的影响，在阶级社会中各种思想无不打上阶级的烙印，就是这个原故。	其中尤以各种形式的阶级斗争，给予人的认识发展以深刻的影响，在阶级社会中各种思想无不打上阶级的烙印就是这个原故。	其中尤以各种形式的阶级斗争，给予人的认识发展以深刻的影响，在阶级社会中各种思想无不打上阶级的烙印就是这个原故。	其中，尤以各种形式的阶级斗争，给予人的认识发展以深刻的影响。在阶级社会中，每一个人都在一定的阶级地位中生活，各种思想无不打上阶级的烙印。
○	○	○	马克思主义者认为人类社会的生产活动，是一步又一步地由低级向高级发展，因此，人们的认识，不论对于自然界方面，对于社会方面，也都是一步又一步地由低级向高级发展，即由浅入深，由片面到更多的方面。在很长的历史时期内，大家对于社会的历史只能限于片面的了解，这一方面是由于剥削阶级的偏见经常歪曲社会的历史，另方面，则由于生产规模的狭小，限制了人们的眼界。人们能够对于社会历史的发展作全面的历史的了解，把对于社会的认识变成了科学，这只是到了伴随巨大生产力——大工业而出现近代无产阶级的时候，这就是马克思主义的科学。

（续表）

1937年版	1944年淮南版	1946年丘引社版	1951年《毛选》版
因此，马克斯主义者认为只有人们的社会实践，是人们对于外界认识之真理性的标准。	因此，马克思主义者认为只有人们的社会实践，才是人们对于外界认识之真理性的标准。	因此，马克斯主义者认为只有人们的社会实践，才是人们对于外界认识之真理性的标准。	马克思主义者认为，只有人们的社会实践，才是人们对于外界认识的真理性的标准。
实际的情形是这样的，只有在社会实践过程中（物质生产过程中，阶级斗争过程中，科学实践过程中），人们达到了思想中所预想的结果时，人们的认识才会发生力量。	实际的情形是这样的，只有在社会实践过程中（物质生产过程中、阶级斗争过程中、科学实践过程中），人们达到了思想中所预想的结果时，人们的认识才会发生力量，	实际的情形是这样的，只有在社会实践过程中（物质生产过程中，阶级斗争过程中，科学实践过程中），人们达到了思想中所预想的结果时，人们的认识才会发生力量。	实际的情形是这样的，只有在社会实践过程中（物质生产过程中，阶级斗争过程中，科学实验过程中），人们达到了思想中所预想的结果时，人们的认识才被证实了。
农民如果得不到收获，工人如果做不成器物，罢工斗争，军队作战，民族革命如果也都得不到胜利，那末这是为什么呢？	农民如果得不到收获，工人如果做不成器物，罢工斗争，兵队作战，民族革命如果也都得不到胜利，那末这是为什么呢？	农民们如果得不到收获，工人如果做不成器物，罢工斗争，军队作战，民族革命如果也都得不到胜利，那末这是为什么呢？	〇
（暂缺部分）	这是因为人们的认识没有照着外界的过程的实况去反映这些过程的规律性，因而在他们的实践活动中不能达到预想的结果。	这是因为人们的认识没有照着外界过程的实况去反映这些过程的规律性，因而在他们的实践活动中不能达到预想的结果。	〇
	人们要想得到胜利（即得到预想的结果）一定要自己的思想合于客观外界的规律性，如果不合，就会在实践中失败。	人们要想得到胜利（即得到预想的结果），一定要自己的思想合于客观外界的规律性，如果不合，就会在实践中失败。	人们要想得到工作的胜利即得到预想的结果，一定要使自己的思想合于客观外界的规律性，如果不合，就会在实践中失败。
	人们经过失败之后，也就从失败取得教训，改正自己的思想使之适合于外界的规律性，人们就能变失败为胜利，所谓"失败为成功之母"、"吃一堑长一智"就是这个道理。	人们经过失败之后，也就从失败取得教训，改正自己的思想使之适合于外界的规律性，人们就能变失败为胜利，所谓"失败者成功之母"，"吃一堑长一智"，就是这个道理。	人们经过失败之后，也就从失败取得教训，改正自己的思想使之适合于外界的规律性，人们就能变失败为胜利，所谓"失败者成功之母"，"吃一堑长一智"，就是这个道理。

(续表)

1937年版	1944年淮南版	1946年丘引社版	1951年《毛选》版
	辩证唯物论的认识论把实践提到第一的地位，认为人的认识一点也不能离开实践，排斥一切否认实践重要性使认识离开实践的错误理论。	辩证唯物论的认识论，把实践提到第一的地位，认为人的认识一点也不能离开实践，排斥一切否认实践重要性使认识离开实践的错误理论。	辩证唯物论的认识论把实践提到第一的地位，认为人的认识一点也不能离开实践，排斥一切否认实践重要性、使认识离开实践的错误理论。
	列宁这样说过："实践高于（理论的）认识，因为他不但有一般性的价值，而且还有直接现实性的价值"。	列宁这样说过："实践高于（理论的）认识，因为他不但有一般性的价值，而且还有直接现实性的价值"。	列宁这样说过："实践高于（理论的）认识，因为它不但有普遍性的品格，而且还有直接现实性的品格。"〔一〕
	马克思主义的哲学辩证唯物论的最显著的特点有两个，一个是他的阶级性，公然申明辩证唯物论是为无产阶级服务的；	马克斯主义的哲学辩证唯物论的最显著的特点有两个，一个是他的阶级性，公然申明辩证唯物论是为无产阶级服务的。	马克思主义的哲学辩证唯物论有两个最显著的特点：一个是它的阶级性，公然申明辩证唯物论是为无产阶级服务的；
	再一个是他的实践性，强调理论对于实践的依赖关系，理论来源于实践，又转过来为实践服务。判定认识或理论之是否真理，不是依主观上觉得如何而定，而是依客观上社会实践的结果如何而定，真理的标准只能是社会的实践。	再一个是他的实践性，强调理论对于实践的依赖关系，理论来源于实践，又转过来为实践服务判定认识或理论之是否真理，不是依主观上觉得如何而定，而是依客观上社会实践的结果如何而定，真理的标准只能是社会的实践。	再一个是它的实践性，强调理论对于实践的依赖关系，理论的基础是实践，又转过来为实践服务。判定认识或理论之是否真理，不是依主观上觉得如何而定，而是依客观上社会实践的结果如何而定。真理的标准只能是社会的实践。
	实践的观点是辩证唯物论的认识论之第一的与基本的观点。	实践的观点是辩证唯物论的认识论之第一的与基本的观点。	实践的观点是辩证唯物论的认识论之第一的和基本的观点。〔二〕
	然而人的认识究竟怎样从实践发生，而又服务于实践呢？	然而人的认识究竟怎样从实践发生，而又服务于实践呢？	然而人的认识究竟怎样从实践发生，而又服务于实践呢？

(续表)

1937年版	1944年淮南版	1946年丘引社版	1951年《毛选》版
	这只要看一看认识的发展过程就会明瞭的。	这只要看一看认识的发展过程就会明瞭的。	这只要看一看认识的发展过程就会明瞭的。
	原来人在实践过程中，开始只是看到过程中各个事物的现象方面，看到各个事物的片面，看到各个事物之间的外部联系。例如国民党考察团到延安的头一二天看到了延安的地形街道屋宇，接触了许多人，参加了宴会、晚会与群众大会，听到了各种说话，看到了各种文件，这些就是事物的现象事物的各个片面，以及这些事物的外部联系，这叫做认识的感性阶段，就是感觉与印象的阶段。	原来人在实践过程中，开始只是看到过程中各个事物的现象方面，看到各个事物的片面，看到各个事物之间的外部联系。例如国民党考察团到延安的头一二天看到了延安的地方街道屋宇，接触了许多的人，参加了宴会、晚会与群众大会，听到了各种说话，看到了各种文件，这些就是事物的现象，事物的各个片面，以及这些事物的外部联系，这叫做认识的感性阶段，就是感觉与印象的阶段。	原来人在实践过程中，开始只是看到过程中各个事物的现象方面，看到各个事物的片面，看到各个事物之间的外部联系。例如有些外面的人们到延安来考察，头一二天，他们看到了延安的地形、街道、屋宇，接触了许多的人，参加了宴会、晚会和群众大会，听到了各种说话，看到了各种文件，这些就是事物的现象，事物的各个片面以及这些事物的外部联系。这叫做认识的感性阶段，就是感觉和印象的阶段。
	也就是延安这些各别的事物作用于考察团先生们的感官，引起看他们的感觉，在他们的脑子中生起了许多的印象，以及这些印象间的大概的外部的联系，这是认识的第一个阶段，	也就是延安这些各别的事物作用于考察团先生们的感官，引起先生们的感觉，在他们的脑子中生起了许多的印象，以及这些印象间的大概的外部的联系，这是认识的第一个阶段。	也就是延安这些各别的事物作用于考察团先生们的感官，引起了他们的感觉，在他们的脑子中生起了许多的印象，以及这些印象间的大概的外部的联系，这是认识的第一个阶段。
	在这个阶段中人们还不能造成深刻的概念，作出理论的结论。	在这个阶段中人们还不能造成深刻的概念，作出理论的结论。	在这个阶段中，人们还不能造成深刻的概念，作出合乎论理（即合乎逻辑）的结论。

(续表)

1937年版	1944年淮南版	1946年丘引社版	1951年《毛选》版
	社会实践的继续，使人们在实践中引起感觉与印象的东西反复了多次，于是在人们的脑子中生起了一个认识过程的突变，产生了概念。	社会实践的继续，使人们在实践中引起感觉与印象的东西反复了多次，于是在人们的脑子中生起了一个认识过程中的突变，产生了概念。	社会实践的继续，使人们在实践中引起感觉和印象的东西反复了多次，于是在人们的脑子里生起了一个认识过程中的突变，产生了概念。
	概念这种东西已经不是事物的现象，不是事物的各个片面，不是他们的外部联系，而是抓着了事物的本质，事物的全体，事物的内部联系了。	概念这种东西已经不是事物的现象，不是事物的各个片面，不是他们的外部联系，而是抓着了事物的本质事物的全体，事物的内部联系了。	概念这种东西已经不是事物的现象，不是事物的各个片面，不是它们的外部联系，而是抓着了事物的本质，事物的全体，事物的内部联系了。
	概念同感觉不但是数量上的差别，而且有了性质上的差别。	概念同感觉，不但是数量上的差别，而且有了性质上的差别。	概念同感觉，不但是数量上的差别，而且有了性质上的差别。
	循此继进使用判断与推理的方法，可以生出理论的结果来。	循此继进，使用判断与推理的方法，就可生出理论的结论来。	循此继进，使用判断和推理的方法，就可产生出合乎理论的结论来。
	三国演义上所谓"眉头一皱计上心来"，我们普通说话所谓"让我想一想"，就是人在脑子中运用概念，以作判断与推理的工夫，	三国演义上所谓"眉头一皱计上心来"，我们普通说话所谓"让我想一想"就是人在脑子中运用概念以作判断与推理的工夫。	《三国演义》上所谓"眉头一皱计上心来"，我们普通说话所谓"让我想一想"，就是人在脑子中运用概念以作判断和推理的工夫。
	这是认识的理性阶段，或叫论理阶段，是认识的第二个阶段。	这是认识的理性阶段，或叫论理阶段，是认识的第二个阶段。	这是认识的第二个阶段。
	考察团先生们在他们集合了各种材料，加上他们"想了一想"之后，他们就能够作出"共产党抗日民族统一战线与国共合作的政策是彻底的，诚恳的，与真实的"这样一个判断了。	考察团先生们在他们集合了各种材料，加上他们"想了一想"之后，他们就能够作出："共产党抗日民族统一战线与国共合作的政策是彻底的，诚恳的，与真实的"这样一个判断了。	外来的考察团先生们在他们集合了各种材料，加上他们"想了一想"之后，他们就能够作出"共产党的抗日民族统一战线的政策是彻底的、诚恳的和真实的"这样一个判断了。

(续表)

1937年版	1944年淮南版	1946年丘引社版	1951年《毛选》版
	在他们作出这个判断之后，如果他们对于团结救国也是真实的话，那末他们就能够进一步作出这样的结论："国共合作是能够成功的。"	在他们作出这个判断之后，如果他们对于团结救国也是真实的话，那末他们就能够进一步作出这样的结论："国共合作是能够成功的"。	在他们作出这个判断之后，如果他们对于团结救国也是真实的的话，那末他们就能够进一步作出这样的结论："抗日民族统一战线是能够成功的。"
	这个概念判断与推理的阶段，在人对于一个事物的整个认识过程中是最重要的一个阶段。	这个概念，判断与推理的阶段，在人对于一个事物的整个认识过程中是最重要的一个阶段。	这个概念、判断和推理的阶段，在人们对于一个事物的整个认识过程中是更重要的阶段，也就是理性认识的阶段。
	认识之真正任务不在感性的认识，而在理性的认识。	认识之真正任务不在感性的认识，而在理性的认识。	○
	认识之真正任务在于经过感觉而到达于思维，到达于了解客观事物的内部矛盾，了解他的规律性，了解这一过程与那一过程间的内部联系，了解各个客观过程间的内部联系，即到达于理论的认识。	认识之真正任务在于经过感觉而达到于思维，到达于了解客观事物的内部矛盾，了解他的规律性，了解这一过程与那一过程间的内部联系，了解各个客观过程间的内部联系，即到达于理论的认识。	认识的真正任务在于经过感觉而到达于思维，到达于逐步了解客观事物的内部矛盾，了解它的规律性，了解这一过程和那一过程间的内部联系，即到达于论理的认识。
	再重复的说，论理的认识所以和感性的认识不同，是因为感性的认识是属于事物之片面的，现象的，外部联系的东西，理论的认识则推进了一大步，到达了事物之全体的，本质的，内部联系的东西，到达了暴露周围世界之内的矛盾，因而能在周围世界之总体上，在周围世界一切方面之内的联系上，去把握周围世界的发展。	再重复的说，论理的认识所以和感性的认识不同，是因为感性的认识是属于事物之片面的，现象的，外部联系的东西，理论的认识则推进了一大步，到达了事物之全体的，本质的，内部联系的东西到达了暴露周围世界之内的矛盾，因而能在周围世界之总体上，在周围世界一切方面之内的联系上，去把握周围世界的发展。	重复地说，论理的认识所以和感性的认识不同，是因为感性的认识是属于事物之片面的、现象的、外部联系的东西，论理的认识则推进了一大步，到达了事物的全体的、本质的、内部联系的东西，到达了暴露周围世界的内在的矛盾，因而能在周围世界的总体上，在周围世界一切方面的内部联系上去把握周围世界的发展。

1937年版	1944年淮南版	1946年丘引社版	1951年《毛选》版
	这种基于实践之由浅入深的唯物辩证法的认识发展过程的理论，在马克思主义以前是没有一个人这样解决过的。	这种基于实践之由浅入深的唯物辩证法的认识发展过程的理论，在马克斯主义以前是没有一个人这样解决过的。	这种基于实践的由浅入深的辩证唯物论的关于认识发展过程的理论，在马克思主义以前，是没有一个人这样解决过的。
唯物地而且辩证地指出了认识之深化的运动，指出了社会的人在他们的生产与阶级斗争之复杂的经常反覆的实践中由感性认识到论理认识之推移的运动。	马克思主义的辩证唯物论第一次正确的解决了这个问题，唯物的而且辩证地指出了认识之深化的运动，指出了社会的人在他们的生产与阶级斗争之复杂的经常反覆的实践中，由感性认识到理性认识之推移的运动。	马克斯主义的辩证唯物论，第一次正确的解决了这个问题，唯物地而且辩证地指出了认识之深化的运动，指出了社会的人，在他们的生产与阶级斗争之复杂的经常反覆的实践中由感性认识到论理认识之推移的运动。	马克思主义的唯物论，第一次正确地解决了这个问题，唯物地而且辩证地指出了认识的深化的运动，指出了社会的人在他们的生产和阶级斗争的复杂的、经常反复的实践中，由感性认识到论理认识的推移的运动。
列宁说过："物质的抽象，自然的法则，价值的抽象，及其他等等，即一切科学的（正确的，重要的，非瞎说的）抽象，都比较深刻，比较正确，比较完全的反映自然"。	列宁说过："物质的抽象，自然的法则，价值的抽象，及其他等等，即一切科学的（正确的重要的非瞎说的）抽象，都比较深刻比较正确比较完全的反映自然。"	列宁说过："物质的抽象自然的法则，价值的抽象，及其他等等，即一切科学的（正确的，重要的，非瞎说的）抽象，都比较深刻，比较正确，比较完全的反映自然"。	列宁说过："物质的抽象，自然规律的抽象，价值的抽象及其他等等，一句话，那一切科学的（正确的、郑重的、非瞎说的）抽象，都更深刻、更正确、更完全地反映着自然。"〔三〕
列宁又曾这样指出：认识过程中两个阶段的特性，在低级阶段认识表现为感性的，在高级阶段，认识表现为论理的，但任何阶段，都是统一的认识过程中的阶段。	列宁又会这样指出：认识过程中两个阶段的特性，在低级阶段认识表现为感性的，在高级阶段认识表现为论理的，但任何阶段都是统一的认识过程中的阶段。	列宁又曾这样指出：认识过程中两个阶段的特性，在低级阶段认识表现为感性的，在高级阶段，认识表现为论理的，但任何阶段，都是统一的认识过程中的阶段。	马克思列宁主义认为：认识过程中两个阶段的特性，在低级阶段，认识表现为感性的，在高级阶段，认识表现为论理的，但任何阶段，都是统一的认识过程中的阶段。
感性与理性二者的性质不同，但又不是互相分离的，他们在实践的基础上统一起来了。	感性与理性二者的性质不同，但又不是互相分离的，他们在实践的基础上统一起来了。	感性与理性二者的认识不同，但又不是互相分离的，他们在实践的基础上统一起来了。	感性和理性二者的性质不同，但又不是互相分离的，它们在实践的基础上统一起来了。

（续表）

1937年版	1944年淮南版	1946年丘引社版	1951年《毛选》版
我们的实践证明：感觉到了的东西，我们不能立刻理解他，只有在理解了的东西才更深刻地感觉他。	我们的实践证明：感觉到了的东西我们不能立刻理解他，只有在理解了的东西才更深刻地感觉他。	我们的实践证明：感觉到了的东西我们不能立刻理解他，只有在理解了的东西才更深刻地感觉他。	我们的实践证明：感觉到了的东西，我们不能立刻理解它，只有理解了的东西才更深刻地感觉它。
感觉只解决现象问题，理解才解决本质问题。	感觉只解决现象问题，理解才解决本质问题。	感觉只解决现象问题，理解才解决本质问题。	感觉只解决现象问题，理论才解决本质问题。
这些问题的解决一点也不能离开实践，无论何人要认识什么事物，除了同那个事物接触，即生活于（实践于）那个事物的环境中，是没有法子解决的。	这些问题的解决，一点也不能离开实践。无论何人要认识什么事物，除了同那个事物接触，即生活于（实践于）那个事物的环境中，是没有法子解决的。	这些问题的解决一点也不能离开实践，无论何人要认识什么事物，除了同那个事物接触，即生活于（实践于）那个事物的环境中，是没有法子解决的。	这些问题的解决，一点也不能离开实践。无论何人要认识什么事物，除了同那个事物接触，即（实践于）那个事物的环境中，是没有法子解决的。
不能在封建社会就预先认识资本主义社会的规律，因为资本主义还未出现，还无这种实践，马克斯主义只能是资本主义社会的产物。	不能在封建社会就预先认识资本主义社会的规律，因为资本主义还未出现，还无这种实践，马克思主义只能是资本主义社会的产物。	不能在封建社会就预先认识资本主义社会的规律，因为资本主义还未出现，还无这种实践，马克斯主义只能是资本主义社会的产物。	不能在封建社会就预先认识资本主义社会的规律，因为资本主义还未出现，还无这种实践，马克思主义只能是资本主义社会的产物。
不能在自由资本主义时代就预先认识帝国主义时代的某些特异的规律，因为帝国主义还未出现，还无这种实践，只有列宁主义才能担当此项任务。	不能在自由资本主义时代就预先认识帝国主义时代的某些特异的规律，因为帝国主义还未出现，还无这种实践，只有列宁主义才能担当此项任务。	不能在自由资本主义时代就预先认识帝国主义时代的某些特异的规律，因为帝国主义还未出现，还无这种实践，只有列宁主义才能担当此项任务。	马克思不能在自由资本主义时代就预先具体地认识帝国主义时代的某些特异的规律，因为帝国主义这个资本主义最后阶段还未到来，还无这种实践，只有列宁和斯大林才能担当此项任务。
马克斯与列宁主义也不能在经济落后的殖民地产生，这是因为虽然同时，但不同地。	马克思与列宁主义也不能在经济落后的殖民地产生，这是因为虽然同时但不同地。	马克斯与列宁主义也不能在经济落后的殖民地产生，这是因为虽然同时但不同地。	○

1937年版	1944年淮南版	1946年丘引社版	1951年《毛选》版
马克斯，恩格斯，列宁之所以能够作出他们的理论，除了他们的天才条件之外，主要的是他们亲身参加了当时的阶级斗争与科学实验的实践，没有这后一个条件，任何天才也是不能成功的。	马克思、恩格斯、列宁之所以能够作出他们的理论，除了他们的天才条件之外，主要的是他们亲身参加了当时的阶级斗争与科学实验的实践，没有这后一个条件，任何天才也是不能成功的。	马克斯，恩格斯，列宁之所以能够作出他们的理论，除了他们的天才条件之外，主要的是他们亲身参加了当时的阶级斗争与科学实验的实践，没有这后一个条件任何天才也是不能成功的。	马克思、恩格斯、列宁、斯大林之所以能够作出他们的理论，除了他们的天才条件之外，主要地是他们亲自参加了当时的阶级斗争和科学实验的实践，没有这后一个条件，任何天才也是不能成功的。
"秀才不出门，全知天下事"，在技术不发达的古代只是一句空话，在技术发达的现代虽然可以实现这句话，然而真正亲知的是天下实践着的人，那些人在他们实践中间取得了"知"，经过文字与技术的传达而到达于"秀才"之手，秀才乃能间接地"知天下事"。	"秀才不出门，能知天下事"，在技术不发达的古代，只是一句空话。在技术发达的现在，虽然可以实现这句话，然而真正亲知的是天下实践着的人，那些人在他们实践中间取得了"知"经过文字与技术的传达而到达于"秀才"之手，秀才乃能间接地"知天下事"。	"秀才不出门，全知天下事"，在技术不发达的古代只是一句空话，在技术发达的现代虽然可以实现这句话，然而真正亲知的是天下实践着的人，那些人在他们实践中间取得了"知"，经过文字与技术的传达而到达于"秀才"之手，秀才乃能间接地"知天下事"。	"秀才不出门，全知天下事"，在技术不发达的古代只是一句空话，在技术发达的现代虽然可以实现这句话，然而真正亲知的是天下实践着的人，那些人在他们的实践中间取得了"知"，经过文字和技术的传达而到达于"秀才"之手，秀才乃能间接地"知天下事"。
如果要直接地认识某种或某些事物，便只有亲身参加于变革现实变革某种或某些事物的实践中才能触到那种或那些事物的现象，也只有在亲身参加变革现实的实践中才能暴露那种或那些事物的本质而理解他，这是任何人实际上走着的认识路程，不过有些人故意歪曲地说些反对的话罢了。	如果要直接地认识某种或某些事物，便只有亲身参加于变革现实，变革某种或某些事物的实践中，才能触到那种或那些事物的现象，也只有在亲身参加变革现实的实践中，才能暴露那种或那些事物本质而理解他，这是在任何人实际上走着的认识路程，不过有些人故意歪曲地说些反对的话罢了。	如果要直接地认识某种或某些事物，便只有亲身参加于变革现实变革某种或某些事物的实践中才能触到那种或那些事物的现象，也只有在亲身参加变革现实的实践中才能暴露那种或那些事物的本质而理解他，这是任何人实际上走着的认识路程，不过有些人故意歪曲地说些反对的话罢了。	如果要直接地认识某种或某些事物，便只有亲身参加于变革现实、变革某种或某些事物的实践的斗争中，才能触到那种或那些事物的现象，也只有在亲身参加变革现实的实践的斗争中，才能暴露那种或那些事物的本质而理解它们。这是任何人实际上走着的认识路程，不过有些人故意歪曲地说些反对的话罢了。
世上最可笑的，是那些"知识里手"，有了道听途说的一知半解，便自封为"天下第一"，多见其不自量而已。	世上最可笑的是那些"知识里手"，有了道听途说的一知半解，便自命为"天下第一"，多见其不自量而已。	世上最可笑的是那些"知识手里"，有了道听途说的一知半解，便自夸为"天下第一"多见其不自量而已。	世上最可笑的是那些"知识里手〔四〕"，有了道听途说的一知半解，便自封为"天下第一"，适足见其不自量而已。

（续表）

1937年版	1944年淮南版	1946年丘引社版	1951年《毛选》版
知识的问题是一个科学问题，里来不得半点虚伪与骄傲，决定地需要的到是他的反面——诚实与谦逊的态度。	知识的问题是一个科学问题，这里来不得半点虚伪与骄傲，决定地需要的到是他的反面——诚实与谦逊的态度。	知识的问题是一个科学问题，这里来不得半点虚伪与骄傲，决定地需要的倒是他的反面——诚实与谦逊的态度。	知识的问题是一个科学问题，来不得半点的虚伪和骄傲，决定地需要的倒是其反面——诚实和谦逊的态度。
你要有知识，你就得参加变革实现的实践。	你要有知识，你就得参加变革实现的实践；	你要有知识，你就得参加变革现实的实践。	你要有知识，你就得参加变革现实的实践。
你要知道梨子的滋味，你就得变革梨子，亲口吃一吃。你要知道原子的组织同性质，你就得实行化学家的实验，变革原子的情况。	你要知道梨子的滋味，你就得变革梨子，亲口吃一吃；你要知道原子的组织同性质，你就得实行化学家的实验，变革原子的情况；	你要知道梨子的滋味，你就得变革梨子，亲口吃一吃。你要知道原子的组织同性质，你就得实行化学家的实验，变革原子的情况。	你要知道梨子的滋味，你就得变革梨子，亲口吃一吃。你要知道原子的组织同性质，你就得实行物理学和化学的实验，变革原子的情况。
你要知道革命的具体理论与方法，你就得参加革命。	你要知道革命的具体理论与方法，你就得参加革命。	你要知道革命的具体理论与方法，你就得参加革命。	你要知道革命的理论和方法，你就得参加革命。
一切真知，都是从直接经验发源来的。但人不能事事直接经验，事实上多数的知识都是间接经验的东西，这就是一切古代的与外域的知识。	一切真知都是从直接经验发源来的。但人不能事事直接经验，事实上多数的知识都是间接经验的东西，这就是一切古代的与外域的知识，	一切真知，都是从直接经验发源来的。但人不能事事直接经验，事实上多数的知识都是间接经验的东西，这就是一切古代的与外域的知识。	一切真知都是从直接经验发源的。但人不能事事直接经验，事实上多数的知识都是间接经验的东西，这就是一切古代的和外域的知识。
这些知识在古人在外人是直接经验的东西，如果在古人外人直接经验时是符合于列宁所说的条件："科学的（正确的，重要的，非瞎说的）抽象"，那末他们是可靠的，否则便是不可靠。	这些知识在古人在外人是直接经验的东西，如果在古人、外人直接经验时是符合于列宁所说的条件："科学的（正确的重要的非瞎说的）抽象"，那么他们是可靠的，否则便是不可靠。	这些知识在古人在外人是直接经验的东西，如果在古人外人直接经验时是符合于列宁所说的条件："科学的（正确的，重要的，非瞎说的）抽象"，那末他们是可靠的，否则便是不可靠。	这些知识在古人在外人是直接经验的东西，如果在古人外人直接经验时是符合于列宁所说的条件："科学的抽象"，是科学地反映了客观的事物，那末这些知识是可靠的，否则就是不可靠的。
所以一个人的知识不外直接经验与间接经验的两部分，而在我为间接经验者，在人则仍属直接经验，因此就知识的总体说来，无论何种知识，都是不能离开直接经验的。	所以一个人的知识不外直接经验与间接经验的两部分，而在我为间接经验者，在别人则仍属直接经验，因此，就知识的总体说来，无论何种知识都是不能离开直接经验的。	所以一个人的知识不外直接经验与间接经验的两部分，而在我为间接经验者，在人则仍属直接经验，因此就知识的总体说来，无论何种知识，都是不能离开直接经验的。	所以，一个人的知识，不外直接经验的和间接经验的两部分。而且在我为间接经验者，在人则仍为直接经验。因此，就知识的总体说来，无论何种知识都是不能离开直接经验的。

(续表)

1937年版	1944年淮南版	1946年丘引社版	1951年《毛选》版
任何知识的来源,在于人的肉体感官对客观外界的感觉,否认了这个感觉,否认了直接经验,否认亲身参加变革现实的实践,他就不是唯物论者,"知识里手"之所以可笑,原因就在这个地方。	任何知识的来源在于人的肉体感官对客观外界的感觉,否认了这个感觉,否认了直接经验,否认亲身参加变革现实的实践,他就不是唯物论者。"知识里手"之所以可笑,原因就在这个地方。	任何知识的来源在于人的肉体感官对客观外界的感觉,否认了这个感觉,否认了直接经验,否认亲身参加变革现实的实践,他就不是唯物论者,"知识手里"之所以可笑原因就在这个地方。	任何知识的来源,在于人的肉体感官对客观外界的感觉,否认了这个感觉,否认了直接经验,否认亲自参加变革现实的实践,他就不是唯物论者。"知识里手"之所以可笑,原因就是在这个地方。
中国商人有一句话:"要赚畜生钱,要跟畜生眠",这句话对于商人赚钱是真理,对于认识论也是真理,离开实践的认识是不可能的。	中国商人有一句话:"要赚畜生钱,要跟畜生眠",这句话对于商人赚钱是真理,对于认识论也是真理,离开实践的认识是不可能的。	中国商人有一句话:"要赚畜生钱,要跟畜生眠",这句话对于商人赚钱是真理,对于认识论也是真理,离开实践的认识是不可能的。	中国人有一句老话:"不入虎穴,焉得虎子。"这句话对于人们的实践是真理,对于认识论也是真理。离开实践的认识是不可能的。
为明瞭基于变革现实的实践而产生的唯物辩证法的认识运动——认识之逐渐深化的运动,下面再举出几个具体的例子。	为明瞭基于变革现实的实践而产生的唯物辩证法的认识运动——认识之逐渐深化的运动,下面再举出几个具体的例子。	为明瞭基于变革现实的实践而产生的唯物辩证法的认识运动——认识之逐渐深化的运动,下面再举出几个具体的例子。	为了明了基于变革现实的实践而产生的辩证唯物论的认识运动——认识的逐渐深化的运动,下面再举出几个具体的例子。
无产阶级对于资本主义过程的认识在其实践的初期——破坏机器与自发斗争时期,他们还只在感性认识的阶段,只认识资本主义个个现象的片面及其外的联系,这时他们还是一个所谓"自在的阶级"。	无产阶级对于资本主义过程的认识,在其实践的初期——破坏机器与自发斗争时期,他们还只在感性认识的阶段,只认识资本主义各个现象的片面及其外部的联系,这时他们还是一个所谓"自在的阶级"。	无产阶级对于资本主义过程的认识,在其实践的初期——破坏机器与自发斗争时期,他们还只在感性认识的阶段,只认识资本主义各个现象的片面及其外的联系,这时他们还是一个所谓"自在的阶级"。	无产阶级对于资本主义社会的认识,在其实践的初期——破坏机器和自发斗争时期,他们还只在感性认识的阶段,只认识资本主义各个现象的片面及其外部的联系。这时,他们还是一个所谓"自在的阶级"。

(续表)

1937年版	1944年淮南版	1946年丘引社版	1951年《毛选》版
但到了他们实践的后期——有意识有组织的经济斗争与政治斗争的时期，由于实践，由于长期斗争的经验，教训了他们，他们就理解了资本主义社会的本质，理解了社会阶级的剥削关系，产生了马克斯主义的理论，这时他们就造成了一个"自为的阶级"。	但到了他们实践的后期——有意识，有组织的经济斗争与政治斗争的时期，由于实践，由于长期斗争的经验教训了他们，他们就理解了资本主义社会的本质，理解了社会阶级的剥削关系，产生了马克思主义的理论，这时他们就造成了一个"自为的阶级"。	但到了他们实践的后期——有意识有组织的经济斗争与政治斗争的时期，由于实践，由于长期斗争的经验，教训了他们，他们就理解了资本主义社会的本质，理解了社会阶级的剥削关系，产生了马克斯主义的理论，这时他们就造成了一个"自为的阶级"。	但是到了他们实践的第二个时期——有意识有组织的经济斗争和政治斗争的时期，由于实践，由于长期斗争的经验，经过马克思、恩格斯用科学的方法把这种经验总结起来，产生了马克思主义的理论，用以教育无产阶级，这样就使无产阶级理解了资本主义社会的本质，理解了社会阶级的剥削关系，理解了无产阶级的历史任务，这时他们就造成了一个"自为的阶级"。
中国人民于帝国主义的认识也是这样。	中国人民对于帝国主义的认识也是这样。	中国人民对于帝国主义的认识也是这样。	中国人民对于帝国主义的认识也是这样。
第一阶段是表面的感性的认识，表现在太平天国运动与义和团运动等笼统的排外主义的斗争上。	第一阶段是表面的感性的认识，表现在太平天国运动与义和团运动等笼统的排外主义的斗争上。	第一阶段是表面的感性的认识，表现在太平天国运动与义和团运动等笼统的排外主义的斗争上。	第一阶段是表面的感性的认识阶段，表现在太平天国运动和义和团运动等笼统的排外主义的斗争上。
第二阶段才进到理性的认识，看出了帝国主义内部与外部的各种矛盾并看出了帝国主义联合中国封建阶级以压榨中国人民大众的实质，这种认识是从五四运动前后才开始的。	第二阶段才进到理性的认识，看出了帝国主义内部与外部的各种矛盾，并看出了帝国主义联合中国封建阶级以压榨中国人民大众的实质，这种认识是从"五四"运动前后开始的。	第二阶段才进到理性的认识，看出了帝国主义内部与外部的各种矛盾并看出了帝国主义联合中国封建阶级以压榨中国人民大众的实质，这种认识是从五四运动前后才开始的。	第二阶段才进到理性的认识阶段，看出了帝国主义内部和外部的各种矛盾，并看出了帝国主义联合中国买办阶级和封建阶级以压榨中国人民大众的实质，这种认识是从一九一九年五四运动前后才开始的。

(续表)

1937年版	1944年淮南版	1946年丘引社版	1951年《毛选》版
战争的领导者,如果他们是一些没有战争经验的人,对于一个具体的战争(例如我们过去十年的苏维埃战争)的深刻的指导规律,在开始阶段是不了解的。	战争的领导者,如果他们是一些没有战争经验的人,对于一个具体的战争(例如我们过去十年的苏维埃战争)的深刻的指导规律,在开始阶段是不了解的。	战争的领导者,如果他们是一些没有战争经验的人,对于一个具体的战争(例如我们过去十年的苏维埃战争)的深刻的指导规律,在开始阶段是不了解的。	战争的领导者,如果他们是一些没有战争经验的人,对于一个具体的战争(例如我们过去十年的土地革命战争)的深刻的指导规律,在开始阶段是不了解的。
他们在开始阶段,只是身历了许多作战的经验,而且败仗是很多的。	他们在开始阶段只是身历了许多作战的经验,而且败仗是很多的。	他们在开始阶段只是身历了许多作战的经验,而且败仗是很多的。	他们在开始阶段只是身历了许多作战的经验,而且败仗是打得很多的。
然而由于这些经验,(胜仗,特别是败仗的经验)使他们能够理解贯串整个战争的内部的东西,即那个具体的战争之规律性,懂得了战略与战术,因而能够有把握地去指导战争。	然而由于这些经验,(胜仗,特别是败仗的经验)使他们能够理解贯串整个战争的内部的东西,即那个具体的战争之规律性,懂得了战略与战术,因而能够有把握地去指导战争。	然而由于这些经验,(胜仗,特别是败仗的经验),使他们能够理解贯串整个战争的内部的东西,即那个具体的战争之规律性,懂得了战略与战术,因而能够有把握地去指导战争。	然而由于这些经验(胜仗,特别是败仗的经验),使他们能够理解贯串整个战争的内部的东西,即那个具体战争的规律性,懂得了战略和战术,因而能够有把握地去指导战争。
此时如果改换一个无经验的人去指导,又会要在吃了一些败仗之后(有了经验之后)才能理会战争的正确的规律。	此时如果改换一个无经验的人去指导,又会要在吃了一些败仗之后(有了经验之后)才能理会战争的正确的规律。	此时如果改换一个无经验的人去指导,又会要在吃了一些败仗之后(有了经验之后)才能理会战争的正当的规律。	此时,如果改换一个无经验的人去指导,又会要在吃了一些败仗之后(有了经验之后)才能理会战争的正确的规律。
常常听到一些同志在不能勇敢接受工作任务时说出来的一句话,就是说:他没有把握。	常常听到一些同志在不能勇敢接受工作任务时说出来的一句话,就是说他没有把握。	常常听到一些同志在不能勇敢接受工作任务时说出来的一句话,就是说:他没有把握。	常常听到一些同志在不能勇敢接受工作任务时说出来的一句话:没有把握。
为什么没有把握呢?因为他对这项工作的内容与环境没有规律性的了解,或者他从来就没有接触过这类工作,或者接触的不多,因而无从说到了解这类工作的规律性。	为什么没有把握呢?因为他对这项工作的内容与环境没有规律性的了解,或者他从来就没有接触过这类工作,或者接触的不够,因而无从说到了解这类工作的规律性。	为什么没有把握呢?因为他对这项工作的内容与环境没有规律性的了解,或者他从来就没有接触过这类工作,或者接触的不多,因而无从说到了解这类工作的规律性。	为什么没有把握呢?因为他对于这项工作的内容和环境没有规律性的了解,或者他从来就没有接触过这类工作,或者接触得不多,因而无从谈到这类工作的规律性。

（续表）

1937年版	1944年淮南版	1946年丘引社版	1951年《毛选》版
及至把工作的情况同环境给以详悉分析之后，他就觉得比较有了把握，愿意去做这项工作。	及至把工作的情况同环境给以详悉分析之后，他就觉得比较有了把握，愿意去做这项工作。	及至把工作的情况同环境给以详悉分析之后，他就觉得比较有了把握愿意去做这项工作。	及至把工作的情况和环境给以详细分析之后，他就觉得比较地有了把握，愿意去做这项工作。
如果这个人在这项工作中经过了一个时期，（他有了这项工作的经验）而他又是一个肯虚心体察客观情况的人不是一个主观地片面地表面地看问题的人，他就能够自己做出应该怎样进行工作的结论，他的工作勇气也就可以大大的提高只有那些主观地片面地与表面地看问题的人跑到一个地方，不问环境的情况，不看事情的全体（事情的历史与全部现状），也不触到事情的本质（事情的性质及此一事情与其他事情的内部联系），就"自以为是"的发号施令起来，这样的人是没有不跌交子的。	如果这个人在这项工作中经过了一个时期（他有了这项工作的经验），而他又是一个肯虚心体察客观情况的人，不是一个主观地、片面地与表面地看问题的人，他就能够自己做出应该怎样进行工作的结论，他的工作勇气也就可以大大的提高。只有那些主观地、片面地与表面地看问题的人，跑到一个地方，不问环境的情况，不看事情的全体（事情的历史与全部现状），也不触到事情的本质（事情的性质及此一事情与其他事情的内部联系），就"自以为是"的发号施令起来，这样的人是没有不跌交子的。	如果这个人在这项工作中经过了一个时期（他有了这项工作的经验）而他又是一个肯虚心体察客观情况的人不是一个主观地片面地表面地看问题的人，他就能够自己做出应该怎样进行工作的结论，他的工作勇气也就可以大大的提高。只有那些主观地片面地与表面地看问题的人，跑到一个地方，不问环境的情况，不看事情的全体（事情的历史与全部现状），也不触到事情的本质（事情的性质及此一事情与其他事情的内部联系），就"自以为是"的发号施令起来，这样的人是没有不跌交子的。	如果这个人在这项工作中经过了一个时期，他有了这项工作的经验了，而他又是一个肯虚心体察情况的人，不是一个主观地、片面地、表面地看问题的人，他就能够自己做出应该怎样进行工作的结论，他的工作勇气也就可以大大地提高了。只有那些主观地、片面地和表面地看问题的人，跑到一个地方，不问环境的情况，不看事情的全体（事情的历史和全部现状），也不触到事情的本质（事情的性质及此一事情和其他事情的内部联系），就自以为是地发号施令起来，这样的人是没有不跌交子的。
由此看来，认识的过程，第一步是开始接触外界事情属于感觉的阶段。	由此看来，认识的过程，第一步是开始接触外界事情，属于感觉的阶段；	由此看来，认识的过程，第一步是开始接触外界事情属于感觉的阶段。	由此看来，认识的过程，第一步，是开始接触外界事情，属于感觉的阶段。
第二步是综合感觉的材料加以改造和整顿，属于概念判断与推理的阶段。	第二步是综合感觉的材料加以改造和整顿，属于概念判断与推理的阶段。	第二步是综合感觉的材料加以改造和整顿，属于概念判断与推理的阶段。	第二步，是综合感觉的材料加以整理和改造，属于概念、判断和推理的阶段。

(续表)

1937年版	1944年淮南版	1946年丘引社版	1951年《毛选》版
只有感觉的材料十分丰富（不是零碎不全）与合于实际（不是错觉）才能根据这样的材料造出正确的概念与理论来。	只有感觉的材料十分丰富（不是零碎不全）符合于实际（不是错觉），才能根据这样的材料造出正确的概念与理论来。	只有感觉的材料十分丰富（不是零碎不全）与合于实际（不是错觉），才能根据这样的材料造出正确的概念与理论来。	只有感觉的材料十分丰富（不是零碎不全）和合于实际（不是错觉），才能根据这样的材料造出正确的概念和论理来。
这里有两个要点须着重指明。	这里有两个要点须着重指明。	这里有两个要点须着重指明。	这里有两个要点必须着重指明。
第一个，在前面已经说过的，这里再重复说一说，就是理性认识依赖于感性认识的问题。	第一个，在前面已经说过的，这里再重复说一说，就是理性认识依赖于感性认识的问题，	第一个，在前面已经说过的，这里再重复说一说，就是理性认识依赖于感性认识的问题。	第一个，在前面已经说过的，这里再重复说一说，就是理性认识依赖于感性认识的问题。
哲学史上有所谓"唯理论"一派，就是只承认理性的实在性，不承认经验的实在性，以为只有理性靠得住，而感觉的经验是靠不住的。	哲学史上有所谓"唯理论"一派就是只承认理性的实在性，不承认经验的实在性，以为只有理性靠得住，而感觉的经验是靠不住的。	哲学史上有所谓"唯理论"一派，就是只承认理性的实在性，不承认经验的实在性，以为只有理性靠得住，而感觉的经验是靠不住的。	哲学史上有所谓"唯理论"一派，就是只承认理性的实在性，不承认经验的实在性，以为只有理性靠得住，而感觉的经验是靠不住的，
这一派的错误在于颠倒了事实，理性的东西所以靠得住正由于他来源于感性，否则理性的东西就成了无源之水无本之木，而只是主观自生的靠不住的东西了。	这一派的错误在于颠倒了事实。理性的东西所以靠得住正由于他来源于感性，否则理性的东西就成了无源的水，无本之木，而只是主观自生的靠不住的东西了。	这一派的错误在于颠倒了事实，理性的东西所以靠得住正由于他来源于感性，否则理性的东西就成了无源之水无本之木，而只是主观自生的靠不住的东西了。	这一派的错误在于颠倒了事实。理性的东西所以靠得住，正是由于它来源于感性，否则理性的东西就成了无源之水，无本之木，而只是主观自生的靠不住的东西了。
从认识过程的秩序说来，感觉经验是第一的东西，我们强调社会实践在认识过程中的意义，就在只有社会实践才能使人的认识开始发生，开始从客观外界得到感觉经验。	从认识过程的秩序说来，感觉经验是第一的东西，我们强调社会实践在认识过程中的意义，就在只有社会实践才能使人的认识开始发生，开始从客观外界得到感觉经验。	从认识过程的秩序说来，感觉经验是第一的东西。我们强调社会实践在认识过程中的意义，就在只有社会实践才能使人的认识开始发生，开始从客观外界得到感觉经验。	从认识过程的秩序说来，感觉经验是第一的东西，我们强调社会实践在认识过程中的意义，就在于只有社会实践才能使人的认识开始发生，开始从客观外界得到感觉经验。

(续表)

1937年版	1944年淮南版	1946年丘引社版	1951年《毛选》版
一个闭目塞听同客观外界根本绝缘的人，是无所认识的。	一个闭目塞听同客观外界根本绝缘的人，是无所谓认识的。	一个闭目塞听同客观外界根本绝缘的人，是无所谓认识的。	一个闭目塞听、同客观外界根本绝缘的人，是无所谓认识的。
认识发源于经验——这就是认识论的唯物论。	认识发源于经验——这就是认识的唯物论。	认识发源于经验——这就是认识论的唯物论。	认识开始于经验——这就是认识论的唯物论。
第二是认识有待于深化，有待于发展到理性阶段——这就是认识论的辩证法。	第二是认识有待于深化，有待于发展到理性阶段——这就是认识论的辩证法。	第二是认识有待于深化，有待于发展到理性阶段——这就是认识论的辩证法。	第二是认识有待于深化，认识的感性阶段有待于发展到理性阶段——这就是认识论的辩证法。〔五〕
如果以为认识可以停顿在低级的感性阶段，以为只有感性认识可靠，而理性认识是靠不住的，这便重复了历史上"经验论"的理论。	如果以为认识可以停顿在低级的感性阶段，以为只有感性认识可靠，而理性认识是靠不住的，这便重复了历史上"经验论"的理论，	如果以为认识可以停顿在低级的感性阶段，以为只有感性认识可靠，而理性认识是靠不住的，这便重复了历史上"经验论"的理论。	如果以为认识可以停顿在低级的感性阶段，以为只有感性认识可靠，而理性认识是靠不住的，这便是重复了历史上的"经验论"的错误。
这种理论的错误，在于不知道感觉材料固然是客观外界某些真实性的反映（不去说"经验只是内省体验"的那种唯心的经验论）但他们仅是片面的与表面的东西，这种反映是不完全的，是没有反映到事物本质的。	这种理论的错误在于不知道感觉材料固然是客观外界某些真实性的反映（不去说"经验只是内省体验"的那种唯心的经验论），但他们仅是片面的与表面的东西，这种反映是不完全的，是没有反映到事物本质的。	这种理论的错误，在于不知道感觉材料固然是客观外界某些真实性的反映（不去说"经验只是内省体验"的那种唯心的经验论），但他们仅是片面的与表面的东西，这种反映是不完全的，是没有反映到事物本质的。	这种理论的错误，在于不知道感觉材料固然是客观外界某些真实性的反映（我这里不来说经验只是所谓内省体验的那种唯心的经验论），但他们仅是片面的和表面的东西，这种反映是不完全的，是没有反映事物本质的。
要完全地反映整个的事物，反映事物的本质，反映其内部规律性，就非经过思考作用，将丰富的感觉材料加以去粗取精去伪存真由此及彼由表及里的改造制作工夫，造成概念及理论的系统不可，非从感性认识，改变到理性认识不可。	要完全地反映整个的事物，反映事物的本质，反映其内部规律性，就非经过思考作用将丰富的感觉材料加以去粗取精，去伪存真，由此及彼，由表及里的改造制作工夫、造成概念及理论的系统不可，非从感性认识改变到理性认识不可。	要完全地反映整个的事物，反映事物的本质，反映其内部规律性就非经过思考作用将丰富的感觉材料加以去粗取精去伪存真由此及彼由表及里的改造制作工夫，造成概念及理论的系统不可，非从感性认识改变到理性认识不可。	要完全地反映整个的事物，反映事物的本质，反映事物的内部规律性，就必须经过思考作用，将丰富的感觉材料加以去粗取精、去伪存真、由此及彼、由表及里的改造制作工夫，造成概念和理论的系统，就必须从感性认识跃进到理性认识。

《实践论》版本研究

（续表）

1937年版	1944年淮南版	1946年丘引社版	1951年《毛选》版
这种改造过的认识，不是更空虚了更不可靠了的认识，相反，只要是在认识过程中根据于实践基础而科学地改造过的东西，正如列宁所说乃是更深刻更正确更完全地反映客观事物的东西。	这种改造过的认识，并不是更空虚了更不可靠了的认识，相反，只要是在认识过程中根据于实践基础而科学地改造过的东西，正如列宁所说，乃是更深刻更正确更完全地反映客观事物的东西。	这种改造过的认识，不是更空虚了更不可靠了的认识，相反，只要是在认识过程中根据于实践基础而科学地改造过的东西，正如列宁所说乃是更深刻更正确更完全地反映客观事物的东西。	这种改造过的认识，不是更空虚了更不可靠了的认识，相反，只要是在认识过程中根据于实践基础而科学地改造过的东西，正如列宁所说乃是更深刻、更正确、更完全地反映客观事物的东西。
庸俗的事务主义家不是这样，他们尊重经验而看轻理论，因而不能通观客观过程的全体，缺乏明确的方针，没有远大的前途，沾沾自喜于一得之功与一孔之见。	庸俗的事务主义家不是这样，他们尊重经验而看轻理论，因而不能通晓客观过程的全体，缺乏明确的方针，没有远大的前途，沾沾自喜于一得之功与一孔之见，	庸俗的事务主义家不是这样，他们尊重经验而看轻理论，因而不能通过客观过程的全体，缺乏明确的方针，没有远大的前途，沾沾自喜于一得之功与一孔之见。	庸俗的事务主义家不是这样，他们尊重经验而看轻理论，因而不能通观客观过程的全体，缺乏明确的方针，没有远大的前途，沾沾自喜于一得之功和一孔之见。
这种人如果指导革命，就会引导革命走上碰壁的地步。	这种人如果指导革命就会引导革命走上碰壁的地步。	这种人如果指导革命，就会引导革命走上碰壁的地步。	这种人如果指导革命，就会引导革命走上碰壁的地步。
理性认识依赖于感性认识，感性认识有待于发展到理性认识，这就是唯物辩证法的认识论。	理性认识依赖于感性认识，感性认识有待于发展到理性认识，这就是唯物辩证法的认识论。	理性认识依赖于感性认识，感性认识有待于发展到理性认识，这就是唯物辩证法的认识论。	理性认识依赖于感性认识，感性认识有待于发展到理性认识，这就是辩证唯物论的认识论。
哲学上的唯理论与经验论都不懂得认识的历史性或辩证性虽然各有片面的真理，（对于唯物的唯理论与经验论而言，非指唯心的唯理论与经验论），但在认识论的全体上，则都是错误的。	哲学上的唯理论与经验论都不懂得认识的历史性或辩证性，虽然各有片面的真理，（对于唯物的唯理论与经验论而言，非指唯心的唯理论与经验论），但在认识论的全体上则都是错误的。	哲学上的唯理论与经验论都不懂得认识的历史性或辩证性，虽然各有片面的真理，（对于唯物的唯理论与经验论而言，非指唯心的唯理论与经验论），但在认识论的全体上则都是错误的。	哲学上的"唯理论"和"经验论"都不懂得认识的历史性或辩证性，虽然各有片面的真理（对于唯物的唯理论和经验论而言，非指唯心的唯理论和经验论），但在认识论的全体上则都是错误的。

（续表）

1937年版	1944年淮南版	1946年丘引社版	1951年《毛选》版
由感性到理性之唯物辩证性的认识运动，对于一个小的认识过程（例如一个事物或一件工作）是如此，对于一个大的认识过程（例如一个社会或一个革命）也是如此。	由感性到理性之唯物辩证性的认识运动，对于一个小的认识过程（例如一个事物或一件工作）是如此，对于一个大的认识过程（例如一个社会或一个革命）也是如此。	由感性到理性之唯物辩证性的认识运动，对于一个小的认识过程（例如一个事物或一件工作）是如此，对于一个大的意识过程（例如一个社会或一个革命）也是如此。	由感性到理性之辩证唯物论的认识运动，对于一个小的认识过程（例如对于一个事物或一件工作的认识）是如此，对于一个大的认识过程（例如对于一个社会或一个革命的认识）也是如此。
然而认识运动至此还没有完结。	然而认识运动至此还没有完结，	然而认识运动至此还没有完结。	然而认识运动至此还没有完结。
唯物辩证法性的认识运动如果只到理性认识为止，那末还只说到问题的一半，而且对于马克斯主义的哲学说来还只说到非十分重要的那一半。	唯物辩证法性的认识运动如果只到理性认识为止，那末还只说到问题的一半，而且对于马克思主义的哲学说来还只说到非十分重要的那一半。	唯物辩证法性的认识运动如果只到理性认识为止，那末还只说到问题的一半，而且对于马克斯主义的哲学说来还只说到非十分重要的那一半。	辩证唯物论的认识运动，如果只到理性认识为止，那末还只说到问题的一半。而且对于马克思主义的哲学说来，还只说到非十分重要的那一半。
马克斯主义哲学认为十分重要的问题，不在于懂得了客观世界的规律性，因而能够解释宇宙，而在于拿了这种对于客观规性的认识去能动地改造宇宙。	马克思主义哲学认为十分重要的问题，不在于懂得了客观世界的规律性因而能够解释宇宙，而在于拿了这种对于客观规律性的认识去能动地改造宇宙。	马克斯主义哲学认为十分重要的问题，不在于懂得了客观世界的规律性，因而能够解释宇宙，而在于拿了这种对于客观规律性的认识去能动地改造宇宙。	马克思主义的哲学认为十分重要的问题，不在于懂得了客观世界的规律性，因而能够解释世界，而在于拿了这种对于客观规律性的认识去能动地改造世界。
在马克斯主义看来，理论是重要的，他的重要性充分地表现在列宁说过的一句话："没有革命的理论就没有革命的运动。"	在马克思主义看来，理论是重要的，他的重要性充分地表现在列宁说过的一句话："没有革命的理论，就没有革命的运动。"	在马克斯主义看来，理论是重要的，他的重要性充分地表现在列宁说过的一句话："没有革命的理论就没有革命的运动。"	在马克思主义看来，理论是重要的，它的重要性充分地表现在列宁说过的一句话："没有革命的理论，就不会有革命的运动"。〔六〕
人的一切行动（实践）都是受人的思想指导的，没有思想当然就没有任何的行动。	人的一切行动（实践）都是受人的思想指导的，没有思想当然就没有任何的行动。	人的一切行动（实践）都是受人的思想指导的，没有思想当然就没有任何的行动。	○

(续表)

1937年版	1944年淮南版	1946年丘引社版	1951年《毛选》版
然而马克斯主义看理论，正是，也仅仅是，因为他能够指导行动，如果有了正确的理论只在把他空谈一会，束之高阁，并不实行，那末这种理论再好也是没有用的。	然而马克思主义看理论，正是也仅仅是因为他能够指导行动。如果有了正确的理论，只在把他空谈一会，束之高阁，并不实行，那末这种理论再好也是没有用的。	然而马克斯主义看理论，正是，也仅仅是，因为他能够指导行动，如果有了正确的理论，只在把他空谈一会，束之高阁，并不实行，那末这种理论再好也是没有用的。	然而马克思主义看重理论，正是，也仅仅是，因为它能够指导行动。如果有了正确的理论，只是把它空谈一阵，束之高阁，并不实行，那末，这种理论再好也是没有意义的。
认识从实践始，经过实践得到了理论的认识，还须再回到实践去。	认识从实践开始经过实践得到了理论的认识，还须再回到实践去。	认识从实践始，经过实践得到了理论的认识，还须再回到实践去。	认识从实践始，经过实践得到了理论的认识，还须再回到实践去。
认识的能动作用，不但表现于从感性的认识到理性的认识之能动的飞跃更重要的还须表现于从理性的认识到革命的实践这一个飞跃。	认识的能动作用，不但表现于从感性的认识到理性的认识之能动的飞跃，更重要的还须表现于从理性的认识到革命的实践这一个飞跃。	认识的能动作用，不但表现于从感性的认识到理性的认识之能动的飞跃，更重要的还须表现于从理性的认识到革命的实践这一个飞跃。	认识的能动作用，不但表现于从感性的认识到理性的认识之能动的飞跃，更重要的还须表现于从理性的认识到革命的实践这一个飞跃。
抓住了世界现实规律性的认识，必须把他们再用到改造世界的实践中去，再用到生产的实践，革命的阶级斗争与民族斗争的实践，以及科学实验的实践中去，这就是检验理论与发展理论的过程，是整个认识过程的继续。	抓住了世界现实规律性的认识，必须把他们再用到改造世界的实践中去，再用到生产的实践，革命的阶级斗争与民族斗争的实践，以及科学实验的实践中去，这就是检验理论与发展理论的过程，是整个认识过程的继续。	抓住了世界现实规律性的认识，必须把他们再用到改造世界的实践中去，再用到生产的实践，革命的阶级斗争与民族斗争的实践，以及科学实验的实践中去，这就是检验理论与发展理论的过程，是整个认识过程的继续。	抓着了世界的规律性的认识，必须把它再回到改造世界的实践中去，再用到生产的实践、革命的阶级斗争和民族斗争的实践以及科学实验的实践中去。这就是检验理论和发展理论的过程，是整个认识过程的继续。
理论的东西，或理性的认识之是否符合于客观真理性这个问题，在前面说的由感性到理性之认识运动中是没有完全解决的，也不能完全解决的。	理论的东西，或理性的认识之是否符合于客观真理性这个问题，在前面说的由感性到理性之认识运动中是没有完全解决的，也不能完全解决的。	理论的东西，或理性的认识之是否符合于客观真理性这个问题，在前面说的由感性到理性之认识运动中是没有完全解决的，也不能完全解决的。	理论的东西之是否符合于客观真理性这个问题，在前面说的由感性到理性之认识运动中是没有完全解决的，也不能完全解决的。

（续表）

1937年版	1944年淮南版	1946年丘引社版	1951年《毛选》版
要完全地解决此问题只有把理性的认识再回到社会实践中去，应用理论于实际，看他是否能够达到预想的目的。	要完全地解决此问题，只有把理性的认识再回到社会实践中去，应用理论于实际，看他是否能够达到预想的目的。	要完全地解决此问题只有把理性的认识再回到社会实践中去，应用理论于实际，看他是否能够达到预想的目的。	要完全地解决这个问题，只有把理性的认识再回到社会实践中去，应用理论于实践，看它是否能够达到预想的目的。
许多自然科学理论之所以被称为真理，不但在于发现此学说时，而且在于为尔后的科学实践所证实。	许多自然科学理论之所以被称为真理，不但在于发现此等学说时，而且在于为尔后的科学实践所证实。	许多自然科学理论之所以被称为真理，不但在于发现此学说时，而且在于为尔后的科学的实践所证实。	许多自然科学理论之所以被称为真理，不但在于自然科学家们创立这些学说的时候，而且在于为尔后的科学实践所证实的时候。
马克斯主义之所以被称为真理，也不但在于马克斯等人科学地构成此学说时，而且在于为尔后革命的阶级斗争与民族斗争的实践所证实。	马克思主义之所以被称为真理，也不但在于马克思等人科学地构成此学说时，而且在于为尔后革命的阶级斗争的实践所证实，	马克斯主义之所以被称为真理，也不但在于马克斯等人科学地构成此学说时，而且在于为尔后革命的阶级斗争与民族斗争的实践所证实。	马克思列宁主义之所以被称为真理，也不但在于马克思、恩格斯、列宁、斯大林等人科学地构成这些学说的时候，而且在于为尔后革命的阶级斗争和民族斗争的实践所证实的时候。
辩证唯物论之是否为真理，在于经过无论什么人的实践都不能逃出他的范围。	辩证唯物论之是否为真理，在于经过无论什么人的实践，都不能逃出他的范围。	辩证唯物论之是否为真理，在于经过无论什么人的实践都不能逃出他的范围。	辩证唯物论之所以为普遍真理，在于经过无论什么人的实践都不能逃出它的范围。
认识史的实践告诉我，许多理论的真理性是不完全的，经过实践的检验而纠正了他们的不完全性。	认识史的实践告诉我们，许多理论的真理性，是不完全的，经过实践的检验，而纠正了他们的不完全性；	认识史的实践告诉我们，许多理论的真理性是不完全的，经过实践的检验而纠正了他们的不完全性。	人类认识的历史告诉我们，许多理论的真理性是不完全的，经过实践的检验而纠正了它们的不完全性。
许多理论是错误的，经过实践的检验而纠正其错误。	许多理论是错误的，经过实践的检验，而纠正其错误。	许多理论是错误的，经过实践的检验而纠正其错误。	许多理论是错误的，经过实践的检验而纠正其错误。
所谓"实践是真理的标准"，所谓"实践是认识论第一与基本的观点"，理由就在这个地方。	所谓"实践是真理的标准"，所谓"实践是认识论的第一与基本的观点"，理由就在这个地方。	所谓"实践是真理的标准"，所谓"实践是认识论第一与基本的观点"，理由就在这个地方。	所谓实践是真理的标准，所谓"生活、实践底观点，应该是认识论底首先的和基本的观点"〔七〕，理由就在这个地方。

(续表)

1937年版	1944年淮南版	1946年丘引社版	1951年《毛选》版
斯达林说得好:"离开实践的理论是空洞的理论,离开理论的实践,是盲目的实践。"	斯大林说得好:"离开实践的理论是空洞的理论,离开理论的实践是盲目的实践。"	斯达林说得好:"离开实践的理论是空洞的理论,离开理论的实践,是盲目的实践。"	斯大林说得好:"离开实践的理论是空洞的理论,离开理论的实践是盲目的实践。"〔八〕
说到这里,认识运动就完成了吗?我们的答复是完成了又没有完成。	说到这里,认识运动就完成了吗?我们的答复是完成了,又没有完成。	说到这里,认识运动就完成了吗?我们的答复就完成了,又没有完成。	说到这里,认识运动就算完成了吗?我们的答复是完成了,又没有完成。
社会的人投身于变革在某一一定发展阶段内之某一一定客观过程的实践中(不论是关于变革某一自然过程的实践,或变革某一社会过程的实践),由于客观过程的反映与主观能动性的作用,使得人的认识由感性的推移到了理性的,造成了大体上相应于该客观过程之法则性的理论,思想,计划,或方案,然后再应用这种理论,思想,计划,或方案,于该同一客观过程的实践,如果能够实现预想的目的,即将预定的理论,思想,计划,方案在该同一过程的实践中变为事实,或大体上变为事实,那末,对于这一具体过程的认识运动算是完成了。	社会的人投身于变革在某一一定发展阶段内之某一一定客观过程的实践中(不论是关于变革某一自然过程的实践或变革某一社会过程的实践),由于客观过程的反映与主观的能动性的作用,使得人的认识,由感性的推移到了理性的,造成了大体上相应于该客观过程之法则性的理论、思想、计划或方案。然后再应用这种理论、思想、计划或方案于该同一客观过程的实践,如果能够实现预想的目的,即将预定的理论、思想、计划或方案在同一过程的实践中,变为事实或大体上变为事实,那么对于这一具体过程的认识运动算是完成了。	社会的人投身于革命在某一一定发展阶段内之某一一定客观过程的实践中(不论是关于变革某一自然过程的实践,或变革某一社会过程的实践,由于客观过程的反映与主观能动性的作用,使得人的认识由感性的推移到了理性的,造成了大体上相应于该客观过程之法则性的理论,思想,计划,或方案,然后再应用这种理论,思想,计划,或方案,于该同一客观过程的实践,如果能够实现预想的目的,即将预定的理论,思想,计划,方案在该同一过程的实践中变为事实,或大体上变为事实,那末,对于这一具体过程的认识运动算是完成了。	社会的人们投身于变革在某一发展阶段内的某一客观过程的实践中(不论是关于变革某一自然过程的实践,或变革某一社会过程的实践),由于客观过程的反映和主观能动性的作用,使得人们的认识由感性的推移到了理性的,造成了大体上相应于该客观过程的法则性的思想、理论、计划或方案,然后再应用这种思想、理论、计划或方案于该同一客观过程的实践,如果能够实现预想的目的,即将预定的思想、理论、计划、方案在该同一过程的实践中变为事实,或者大体上变为事实,那末,对于这一具体过程的认识运动算是完成了。
例如在变革自然的过程中某一工程计划的实现,某一科学假想的证实,某一器物的制成,某一农产的收获,在变革社会过程中某一罢工的胜利,某一战争的胜利,某一教育计划的实现,某一救国团体的成立,都算实现了预想的目的。	例如在变革自然的过程中某一工程计划的实现,某一科学假想的证实,某一器物的制成,某一农产的收获;在变革社会过程中某一罢工的胜利,某一战争的胜利,某一教育计划的实现,某一救国团体的成立,都算实现了预想的目的。	例如在变革自然的过程中某一工程计划的实现,某一科学假想的证实,某一器物的制成,某一农产的收获,在变革社会过程中某一罢工的胜利,某一战争的胜利,某一教育计划的实现,某一救国团体的成立,都算实现了预想的目的。	例如,在变革自然的过程中,某一工程计划的实现,某一科学假想的证实,某一器物的制成,某一农产的收获,在变革社会过程中某一罢工的胜利,某一战争的胜利,某一教育计划的实现,都算实现了预想的目的。

（续表）

1937年版	1944年淮南版	1946年丘引社版	1951年《毛选》版
然而一般说来，不论在革命自然或变革社会的实践中，人们原定的理论，思想，计划，方案，毫无改变地实现出来之事，是很少的。	然而一般说来，不论在革命自然或变革社会的实践中，人们原定的理论、思想、计划、方案，毫无改变地实现出来的事，是很少的。	然而一般说来，不论在变革自然或变革社会的实践中，人们原定的理论，思想，计划，方案，毫无改变地实现出来之事，是很少的。	然而一般地说来，不论在变革自然或变革社会的实践中，人们原定的思想、理论、计划、方案，毫无改变地实现出来的事，是很少的。
这是因为从事变革现实的人们常常受着许多的限制，不但常常受着科学条件与技术条件的限制，而且也受着客观过程表现程度的限制（客观过程的方面及本质当未充分暴露）。	这是因为从事变革现实的人们，常常受着许多的限制，不但常常受着科学条件与技术条件的限制，而且也受着客观过程表现程度的限制（客观过程的方面及本质尚未充分暴露）。	这是因为从事变革现实的人们常常受着许多的限制，不但常常受着科学条件与技术条件的限制，而且也受着客观过程表现程度的限制（客观过程的方面及本质尚未充分暴露）。	这是因为从事变革现实的人们，常常受着许多的限制，不但常常受着科学条件和技术条件的限制，而且也受着客观过程的发展及其表现程度的限制（客观过程的方面及本质尚未充分暴露）。
在这种情形之下，由于实践中发现前所未料的情况，因而部分地改变理论，思想，计划，方案的事是常有的，全部地改变的事也是有的。	在这种情形之下，由于实践中发现前所未料的情况，因而部分地改变理论、思想、计划、方案的事是常有的。全部地改变的事也是有的，	在这种情形之下，由于实践中发现前所未料的情况，因为部分地改变理论，思想，计划，方案的事是常有的，全部地改变的事也是有的。	在这种情形之下，由于实践中发现前所未料的情况，因为部分地改变思想、理论、计划、方案的事是常有的，全部地改变的事也是有的。
即是说原定的理论思想计划方案，部分或全部不合于实际，部分错了或全部错了的事，都是有的。	即是说原定的理论、思想、计划、方案部分或全部不合于实际，部分错了或全部错了的事都是有的，	即是说原定的理论思想计划方案部分或全部不合于实际，部分错了或全部错了的事，都是有的。	即是说，原定的思想、理论、计划、方案，部分地或全部地不合于实际，部分错了或全部错了的事，都是有的。
许多时候，须反覆失败过多次，才能纠正错误的认识，而到达于能同客观过程的规律性相符合因而能够变主观的东西为客观的东西（即在实践中得到预想结果）之正确的认识。	许多时候须反覆失败过多次，才能纠正错误的认识而到达于能同客观过程的规律性相符合，因而能够变主观的东西为客观的东西（即在实践中得到预想结果）之正确的认识，	许多时候，须反覆失败过多次，才能止纠错误的认识，而到达于能同客观过程的规律性相符合因而能够变主观的东西为客观的东西（即在实践中得到预想结果）之正确的认识。	许多时候须反复失败过多次，才能纠正错误的认识，才能到达于和客观过程的规律性相符合，因而才能够变主观的东西为客观的东西，即在实践中得到预想的结果。

(续表)

1937年版	1944年淮南版	1946年丘引社版	1951年《毛选》版
但不管怎样，到了这种时候，人们对于在某一一定发展阶段内之某一一定客观过程的认识运动，算是完成了。	但不管怎样，到了这种时候，人们对于在某一一定发展阶段内之某一一定客观过程的认识运动，算是完成了。	但不管怎样，到了这种时候，人们对于在某一一定发展阶段内之某一一定客观过程的认识运动，算是完成了。	但是不管怎样，到了这种时候，人们对于在某一发展阶段内的某一客观过程的认识运动，算是完成了。
然而对于过程之推移而言，人的认识运动是没有完成的。任何过程，不论是属于自然界的与属于社会的，由于内部的矛盾与斗争，都是向前推移向前发展的，人的认识运动也应跟着推移与发展。	然而对于过程之推移而言，人的认识运动是没有完成的。任何过程不论是属于自然界的与属于社会的，由于社会的矛盾与斗争都是向前推移，向前发展的，人的认识运动也应跟着推移与发展。	然而对于过程之推移而言，人的认识运动是没有完成的。任何过程，不论是属于自然界的与属于社会的，由于内部的矛盾与斗争都是向前推移向前发展的，人的认识运动也应跟着推移与发展。	然而对于过程的推移而言，人们的认识运动是没有完成的。任何过程，不论是属于自然界的和属于社会的，由于内部的矛盾和斗争，都是向前推移向前发展的，人们的认识运动也应跟着推移和发展。
依社会运动来说，所贵乎革命的指挥者，不但在于当自己的理论思想计划方案有错误时须得善于加以改正，如同上面已经说到的，而且在于当某一一定的客观过程已经从某一一定的发展阶段向另一一定的发展阶段推移转变的时候，须得善于使自己及参加革命的人员在主观认识上也跟着推移转变，即是要使新的革命任务与新的工作方法的提出，适合于新的情况的变化。	依社会运动来说，所贵乎革命的指挥者，不但在于当自己的理论、思想、计划、方案有错误时，须得善于加以改正，如同上面已经说到的，而且在于当某一一定的客观过程已经从某一一定的发展阶段向另一一定的发展阶段推移转变的时候，须得善于使自己及参加革命的人员在主观认识上也跟着推移转变，即是要使新的革命任务与新的工作方法的提出，适合于新的情况的变化。	依社会运动来说，所贵乎革命的指挥者，不但在于当自己的理论思想计划方案有错误时须得善于加以改正，如同上面已经说到的，而且在于当某一一定的客观过程已经从某一一定的发展阶段向另一一定的发展阶段推移转变的时候，须得善于使自己及参加革命的人员在主观认识上也跟着推移转变，即是要使新的革命任务与新的工作方法的提出，适合于新的情况的变化。	依社会运动来说，真正的革命的指挥者，不但在于当自己的思想、理论、计划、方案有错误时须得善于改正，如同上面已经说到的，而且在于当某一客观过程已经从某一发展阶段向另一发展阶段推移转变的时候，须得善于使自己和参加革命的一切人员在主观认识上也跟着推移转变，即是要使新的革命任务和新的工作方案的提出，适合于新的情况的变化。
革命时期情况的变化是很急速的，如果革命党人的认识不能随之而急速变化，就不能引导革命走向胜利。	革命时期情况的变化，是很急速的，如果革命党人的认识不能随之而急速变化，就不能引导革命走向胜利。	革命时期情况的变化是很急速的，如果革命党人的认识不能随之而急速变化，就不能引导革命走向胜利。	革命时期情况的变化是很急速的，如果革命党人的认识不能随之而急速变化，就不能引导革命走向胜利。

(续表)

1937年版	1944年淮南版	1946年丘引社版	1951年《毛选》版
然而思想落后于实际的事是常有的，这是因为人的认识受了许多限制的原故。	然而思想落后于实际的事是常有的，这是因为人的认识受了许多限制的原故。	然而思想落后于实际的事是常有的，这是因为人的认识受了许多限制的原故。	然而思想落后于实际的事是常有的，这是因为人的认识受了许多社会条件的限制的缘故。
许多人受了阶级条件的限制（反动的剥削阶级，他们已无认识任何真理的能力，因而也没有改造宇宙的能力，相反他们变成了阻碍认识真理与改造世界的敌人），有些人受了劳动分工的限制，（劳心劳力的分工，各业之间的分工）有些人受了原来错误思想的限制，（唯心论与机械论等多属于剥削分子；但也有被剥削分子，由于剥削分子的教育而来）。而一般的原因则在受限制于技术水平与科学水平的历史条件。	许多人受了阶级条件的限制（反动的剥削阶级他们已无认识任何真理的能力，因而也就没有改造宇宙的能力，相反，他们变成了阻碍认识真理与改造世界的敌人），有些人受了劳动分工的限制（劳心劳力的分工，各业之间的分工），有些人受了原来错误思想的限制（唯心论与机械论等，多属于剥削份子，但也有被剥削份子由于剥削份子的教育而来），而一般的原因，则在受限制于技术水平与科学水平的历史条件。	许多人受了阶级条件的限制（反动的剥削阶级，他们已无认识任何真理的能力，因而也没有改造宇宙的能力，相反他们变成了阻碍认识真理与改造世界的敌人），有些人受了劳动分工的限制（劳心劳力之分工，各业之间的分工），有些人受了原来错误思想的限制（唯心论与机械论等，多属于剥削分子；但也有被剥削分子，由于剥削分子的教育而来），而一般的原因则在受限制于技术水平与科学水平的历史条件。	○
无产阶级及其政党应该利用自己天然优胜的阶级条件（这是任何别的阶级所没有的），利用新的技术与科学，利用马克斯主义的世界观与方法论紧密地依靠革命实践的基础，使自己的认识跟着客观情况的变化而变化，使论理的东西随历史的东西，平行并进，达到完满地改造世界的目的。	无产阶级及其政党应该利用自己天然优胜的阶级条件（这是任何别的阶级所没有的），利用新的技术与科学，利用马克思主义的世界观与方法论，紧密的依靠革命实践的基础，使自己的认识跟着客观情况的变化而变化，使论理的东西随历史的东西平行并进，达到完满地改造世界的目的。	无产阶级及其政党应该利用自己天然优胜的阶级条件（这是任何别的阶级所没有的），利用新的技术与科学，利用马克斯主义的世界观与方法论紧密地依靠革命实践的基础，使自己的认识跟着客观情况的变化而变化，使论理的东西随历史的东西，平行并进，达到完满地改造世界的目的。	○

(续表)

1937年版	1944年淮南版	1946年丘引社版	1951年《毛选》版
中国一九二七年的陈独秀主义，苏联的布哈林主义，都属于这一类。	中国一九二七年的陈独秀主义，苏联的布哈林主义，都属于这一类。	中国一九二七年的陈独秀主义，苏联的布哈林主义，都属于这一类。	○
这些人看不出矛盾的斗争已将客观过程推向前进了，而他们的认识仍然停止在旧阶段，一切顽固党的思想都有这样的特征。	这些人看不出矛盾的斗争已将客观过程推向前进了，而他们的认识仍然停止在旧阶段。一切顽固党的思想都有这样的特征，	这些人看不出矛盾的斗争已将客观过程推向前进了，而他们的认识仍然停止在旧阶段，一切顽固党的思想都有这样的特征。	这些人看不出矛盾的斗争已将客观过程推向前进了，而他们的认识仍然停止在旧阶段。一切顽固党的思想都有这样的特征。
他们的思想离开了社会的实践，他们不能站在社会车轮的前头充任响导的工作，他们只知跟在车轮后面怨恨车轮走得太快了，企图把他向后拉，开倒车。	他们的思想离开了社会的实践，他们不能站在社会车轮的前头充任向导的工作，他们只知跟在车轮后面怨恨车轮走的太快了，企图把他向后拉，开倒车。	他们的思想离开了社会的实践，他们不能站在社会车轮的前头充任向导的工作，他们只知跟在车轮后面怨恨车轮走得太快了，企图把他向后拉，开倒车。	他们的思想离开了社会的实践，他们不能站在社会车轮的前头充任向导的工作，他们只知跟在车子后面怨恨车子走得太快了，企图把它向后拉，开倒车。
我们也反对"左"翼清谈主义，中国一九三〇年的李立三主义，苏联在尚可作为一个共产主义派别看待时的托洛斯基主义（现在则已成最反动的派别），以及世界各国的超左思想，都属于这一类。	我们也反对"左"翼清谈主义，中国一九三〇年的李立三主义，苏联在尚可作为一个共产主义派别看待时的托洛斯基主义（现在则已成最反动的派别），以及世界各国的超左思想，都属于这一类。	我们也反对"左"翼清谈主义，中国一九三〇年的李立三主义，苏联在尚可作为一个共产主义派别看待时的托洛斯基主义，（现在则已成最反动的派别）以及世界各国的超左思想，都属于这一类。	我们也反对"左"翼空谈主义。 ○
他们的思想超过客观过程的一定发展阶段，有些把幻想看作真理，有些则把仅在将来有现实可能性的理想强迫放在现时来做离开了当前大多数人的实践，离开了当前的实现性，行动上表现为冒险主义。	他们的思想超过客观过程的一定发展阶段，有些把幻想看作真理，有些则把仅在将来有实现可能性的理想，强迫放在现时来做，离开了当前大多数人的实践，离开了当前的现实性，行动上表现为冒险主义。	他们的思想超过客观过程的一定发展阶段，有些把幻想看作真理，有些则把仅在将来有现实可能性的理想强迫放在现时来做，离开了当前大多数人的实践，离开了当前的现实性，行动上表现为冒险主义。	他们的思想超过客观过程的一定发展阶段，有些把幻想看作真理，有些则把仅在将来有现实可能性的理想，勉强地放在现时来做，离开了当前大多数人的实践，离开了当前的现实性，在行动上表现为冒险主义。

（续表）

1937年版	1944年淮南版	1946年丘引社版	1951年《毛选》版
唯心论与机械论，机会主义与冒险主义，都没有唯物辩证的认识论的根据，他们都是以主观同客观相分裂，以认识与实践相舍离为特征的。	唯心论与机械论，机会主义与冒险主义，都没有唯物辩证的认识论的根据。他们都是以主观同客观相分裂，以认识与实践相舍离为特征的。	唯心论与机械论，机会主义与冒险主义，都没有唯物辩证的认识论的根据，他们都是以主观同客观相分裂，以认识与实践相舍离为特征的。	唯心论和机械唯物论，机会主义和冒险主义，都是以主观和客观相分裂，以认识和实践相脱离为特征的。
以科学的社会实践为特征的马克斯主义的认识论，不能不坚决反对这些错误思想。马克斯主义者承认在绝对的总的宇宙发展过程中，各个具体过程的发展都是相对的，因而人的认识也在绝对的真理中对于在各个一定发展阶段上的具体过程之认识只是相对的真理。	以科学的社会实践为特征的马克思主义的认识论，不能不坚决反对这些错误思想，马克思主义者承认在绝对的总的宇宙发展过程中，各个具体过程的发展都是相对的，因而人的认识也在绝对的真理中对于在各个一定发展阶段上的具体过程之认识，只是相对的真理。	以科学的社会实践为特征的马克斯主义的认识论，不能不坚决反对这些错误思想，马克斯主义者承认绝对的总的宇宙发展过程中各个具体过程的发展都是相对的，因而人的认识也在绝对的真理中对于在各个一定发展阶段上的具体过程之认识只是相对的真理。	以科学的社会实践为特征的马克思列宁主义的认识论，不能不坚决反对这些错误思想。马克思主义者承认，在绝对的总的宇宙发展过程中，各个具体过程的发展都是相对的，因而在绝对真理的长河中，人们对于在各个一定发展阶段上的具体过程的认识只具有相对的真理性。〔九〕
客观过程的发展是充满着矛盾与斗争的发展，人的认识运动也是充满着矛盾与斗争的发展。	客观过程的发展，是充满着矛盾与斗争的发展，人的认识运动也是充满着矛盾与斗争的发展。	客观过程的发展是充满着矛盾与斗争的发展，人的认识运动也是充满着矛盾与斗争的发展。	客观过程的发展是充满着矛盾和斗争的发展。人的认识运动的发展也是充满着矛盾和斗争的发展。
一切客观世界的辩证法的运动都或先或后的能够反映到认识中来，实践中之发展与消灭的过程是无穷的，人的认识之发生发展与消灭的过程也是无穷。	一切客观世界的辩证法的运动，都或先或后的能够反映到认识中来。实践中之发展与消灭的过程是无穷的，人的认识之发生发展与消灭的过程也是无穷的。	一切客观世界的辩证法的运动都或先或后的能够反映到认识中来，实践中之发生发展与消灭的过程是无穷的，人的认识之发生发展与消灭的过程也是无穷。	一切客观世界的辩证法的运动，都或先或后地能够反映到人的认识中来。社会实践中的发生、发展和消灭的过程是无穷的，人的认识的发生、发展和消灭的过程也是无穷的。

（续表）

1937年版	1944年淮南版	1946年丘引社版	1951年《毛选》版
根据于一定的理论，思想，计划，方案以从事于变革客观现实的实践一次又一次的向前，人对客观现实的认识也就一次又一次的深化，客观现实世界的变化运动永远没有完结，人在实践中对真理的认识也永远没有完结，马克斯主义没有没有结束真理，而是在实践中不断地开辟认识真理的道路。	根据于一定的理论、思想、计划、方案以从事于变革客观现实实践，一次又一次的向前，人对客观现实的认识也就一次又一次的深化，客观现实世界的变化运动永远没有完结，人在实践中对真理的认识也永远没有完结。马克思主义没有结束真理而是在实践中不断地开辟认识真理的道路，	根据于一定的理论，思想，计划，方案以从事于变革客观现实的实践一次又一次的向前，人对客观现实的认识也就一次又一次的深化，客观现实世界的变化运动永远没有完结，马克斯主义没有结束真理，而是在实践中不断地开辟认识真理的道路。	根据于一定的思想、理论、计划、方案以从事于变革客观现实的实践，一次又一次地向前，人们对于客观现实的认识也就一次又一次地深化。客观现实世界的变化运动永远没有完结，人们在实践中对于真理的认识也就永远没有完结。马克思列宁主义并没有结束真理，而是在实践中不断地开辟认识真理的道路。
我们的结论是主观与客观，理论与实践，知与行的具体历史的统一，反对一切离开具体历史的"左"的或右的错误思想。	我们的结论是主观与客观，理论与实践，知与行的具体历史的统一，反对一切离开具体历史的"左"的或"右"的错误思想。	我们的结论是主观与客观，理论与实践，知与行的具体历史的统一，反对一切离开具体历史的"左"的或右的错误思想。	我们的结论是主观和客观、理论和实践、知和行的具体的历史的统一，反对一切离开具体历史的"左"的或右的错误思想。
大宇宙中自然发展与社会发展到了今日的时代，正确的认识宇宙与改造宇宙的责任已经历史地落在无产阶级及其政党的肩上。	大宇宙中自然发展与社会发展到了今日的时代，正确的认识宇宙与改造宇宙的责任，已经历史地落在无产阶级及其政党的肩上，	大宇宙中自然发展与社会发展到了今日的时代，正确的认识宇宙与改造宇宙的责任已经历史地落在无产阶级及其政党的肩上。	社会的发展到了今天的时代，正确地认识世界和改造世界的责任，已经历史地落在无产阶级及其政党的肩上。
这种根据科学认识而定下来的改造世界的实践过程，在世界在中国均已到达了一个历史的时节——自有历史以来未曾有过的重大时节，这就是整个儿地推翻世界与中国的黑暗面，把他转变过来成为前所未有的光明世界。无产阶级及革命人民改造世界的斗争，包括实现下述的任务：改造客观世界，也改造自己的主观世界——改造自己的认识能力，改造主观世界同客观世界的关系。	这种根据科学认识而定下来的改造世界的实践过程，在世界在中国均已到达了一个历史的时节——自有历史以来，未曾有过的重大时节，这就是整个儿地推翻世界与中国的黑暗面，把他转变过来，成为前所未有的光明世界。无产阶级及革命人民改造世界的斗争，包括实现下述的任务：改造客观世界，也改造自己的主观世界——改造自己的认识能力，改造主观世界同客观世界的关系。	这种根据科学认识而定下来的改造世界的实践过程，在世界在中国均已到达了一个历史的时节——自有历史以来未曾有过的重大时节，这就是整个儿地推翻世界与中国的黑暗面，把他转变过来成为前所未有的光明世界。无产阶级及革命人民改造世界的斗争包括实现下述的任务：改造客观世界，也改造自己的主观世界——改造自己的认识能力，改造主观世界同客观世界的关系。	这种根据科学认识而定下来的改造世界的实践过程，在世界、在中国均已到达了一个历史的时节，这就是自有历史以来未曾有过的重大时节，这就是整个儿地推翻世界和中国的黑暗面，把它们转变过来成为前所未有的光明世界。无产阶级和革命人民改造世界的斗争，包括实现下述的任务：改造客观世界，也改造自己的主观世界——改造自己的认识能力，改造主观世界同客观世界的关系。

(续表)

1937年版	1944年淮南版	1946年丘引社版	1951年《毛选》版
地球上已经有一部分实行了这种改造，这就是苏联，他们还正在为自己为世界推进这种改造过程。	地球上已经有一部分实行了这种改造，这就是苏联，他们还正在为自己、为世界推进这种改造过程。	地球上已经有一部分实行了这种改造，这就是苏联，他们还正在为自己为世界推进这种改造过程。	地球上已经有一部分实行了这种改造，这就是苏联。他们还正在促进这种改造过程。
中国人民与世界人民也都正在开始或将要通过这样的改造过程。	中国人民与世界人民也都正在开始或将要通过这样的改造过程，	中国人民与世界人民也都正在开始或将要通过这样的改造过程。	中国人民和世界人民也都正在或将要通过这样的改造过程。
所谓被改造的客观世界，其中包括了一切反对改造的人们，他们的被改造须通过强迫的阶段。然后才能进入自觉的阶段。	所谓被改造的客观世界，其中包括了一切反对改造的人们，他们的被改造须通过强迫的阶段，然后才能进入自觉的阶段。	所谓被改造的客观世界，其中包括了一切反对改造的人们，他们的被改造须通过强迫的阶段，然后才能进入自觉的阶段。	所谓被改造的客观世界，其中包括了一切反对改造的人们，他们的被改造，须要通过强迫的阶段，然后才能进入自觉的阶段。
世界到了全人类都自觉地改造自己与改造世界的时候，那就是世界的共产主义时代。	世界到了全人类都自觉地改造自己与改造世界的时候，那就是世界的共产主义时代。	世界到了全人类都自觉地改造自己与改造世界的时候，那就是世界的共产主义的时代。	世界到了全人类都自觉地改造自己和改造世界的时候，那就是世界的共产主义时代。
通过实践而产生真理又通过实践而证实真理与发展真理。从感性认识而能动地发展到理性认识，又从理性认识而能动地指导革命实践，改造主观世界与客观世界，实践认识，再实践，再认识的形式循环发展以至无穷，而实践与认识之每一循环的内容都比较的进到高一级的程度——这就是唯物辩证法的全部认识论，这就是唯物辩证法的知行统一观。（第二章完）	通过实践而产生真理，又通过实践而证实真理与发展真理；从感性认识而能动地发展到理性认识，又从理性认识而能动地指导革命实践，改造主观世界与客观世界。实践、认识、再实践、再认识的形式循环发展，以至无穷。而实践与认识之每一循环的内容，都比较的进到高一级的程度，这就是唯物辩证法的全部认识论，这就是唯物辩证法的知行统一观。	通过实践而产生真理又通过实践而证实真理与发展真理；从感性认识而能动地发展到理性认识，又从理性认识而能动地指导革命实践，改造主观世界与客观世界；实践、认识、再实践再认识的形式循环发展以至无穷，而实践与认识之每一循环的内容都比较的进到高一级的程度——这就是唯物辩证法的全部认识论，这就是唯物辩证法的知行统一观。	通过实践而发现真理，又通过实践而证实真理和发展真理。从感性认识而能动地发展到理性认识，又从理性认识而能动地指导革命实践，改造主观世界和客观世界。实践、认识、再实践、再认识，这种形式，循环往复以至无穷，而实践和认识之每一循环的内容，都比较地进到了高一级的程度。这就是辩证唯物论的全部认识论，这就是辩证唯物论的知行统一观。

参考文献

一、史料

（一）中文版本

1. 《辩证法唯物论（讲授提纲）》，1937年9月油印本。
2. 《实践论》，解放社1937年版。
3. 《辩证法唯物论——毛泽东同志讲授提纲》，河北完县民众教育馆1938年8月印。
4. 《辩证法唯物论（讲授提纲）》，战动总会宣传部1938年11月翻印。
5. 《抗大讲义：辩证法唯物论》（平装32开107页），太行文化教育出版社1939年版。
6. 《辩证法唯物论（讲授提纲）》，八路军军政杂志社1940年版。
7. 《辩证法唯物论》，冀中第四军分区政治部国防出版社1941年版。
8. 《辩证法唯物论》，西北抗敌书店1941年版。
9. 《辩证法唯物论》，冀鲁豫日报社1941年7月版。
10. 《辩证法唯物论》，新华书店晋察冀分店1942年版。
11. 《辩证唯物论》，拂晓出版社1942年版。
12. 《实践论》，《拂晓报》1942年第320期和第321期。
13. 《辩证法唯物论（讲授提纲）》，华北新华书店1942年9月版。
14. 《辩证法唯物论》，华北新华书店1943年2月版。
15. 《实践论》，《整顿三风参考资料》第二集，江潮社1944年版。
16. 《辩证唯物论》，淮南日报社1944年9月版。
17. 《实践论》，《整风参考资料》第六卷，渤海日报社1945年11月版。
18. 《辩证法唯物论》，丘引社版，中国出版社1946年3月版。
19. 《哲学选集·辩证唯物论》，新四军第七师政治部1946年8月编印。
20. 《新哲学之研究与应用》，新文化出版社1946年版。

21．《辩证唯物论》，新四军第一纵队政治部1946年12月印。

22．《辩证法唯物论（讲授提纲）》，合江日报社1947年10月版。

23．《辩证法唯物论与历史唯物论》，《改造丛书》第一辑，武昌改造出版社1949年5月版。

24．《实践论：论认识和实践的关系——知和行的关系》，中国人民政治协商会议全国委员会学习座谈会1949年印。

25．《实践论》，华北人民革命大学教务处1949年印。

26．《辩证法唯物论》，上海中国出版社1949年12月版。

27．《实践论》，苏共中央理论刊物《布尔什维克》1950年第23期。

28．《辩证法唯物论与历史唯物论》，新生出版社1950年1月版。

29．《实践论》，《人民日报》1950年12月29日。

30．《实践论：论认识和实践的关系——知和行的关系》，《新建设》1950年第3卷第5期。

31．《实践论：论认识和实践的关系——知和行的关系》，人民出版社1951年1月第1版。

32．《实践论：论认识和实践的关系——知和行的关系》，解放社1951年1月版。

33．《实践论》，西北人民出版社1951年1月版。

34．《实践论》，西安群众日报社1951年1月版。

35．《实践论》，中国人民解放军东北军区政治部1951年2月印。

36．《实践论》，华北军区高级步兵学校1951年2月印。

37．《实践论》，华东军区第三野战军政治部1951年3月印。

38．《实践论：论认识和实践的关系——知和行的关系》，中南人民出版社1951年3月再版。

39．《实践论》，甘肃人民出版社1951年4月版。

40．《实践论：论认识和实践的关系——知和行的关系》，华东人民出版社1951年4月版。

41．《实践论》，中南人民出版社1951年5月版。

42．《实践论》，人民出版社1951年6月版。

43．《实践论》，解放社1951年8月版。

44．《毛泽东选集》第一卷，人民出版社1951年10月第1版。

45．《实践论》，中国人民解放军第四高级步兵学校政治部1951年印。

46．《实践论：论认识和实践的关系——知和行的关系》，人民出版社1952年7月第2版。

47．《毛泽东选集》第一卷，人民出版社1952年第2版（1952年8月根据第1版重排）。

48．《实践论》，西南人民出版社1958年版。

49．《实践论》（注音本），文字改革出版社1958年版。

50．《实践论》，山东人民出版社1960年版。

51．《实践论》，浙江人民出版1960年版。

52．《实践论》，黑龙江人民出版社1960年版。

53．《实践论》，吉林人民出版社1960年版。

54．《毛泽东著作选读》甲种本，人民出版社1964年版。

55．《毛泽东选集》第一卷（线装本），人民出版社1964年版。

56．《实践论》，人民出版社1964年8月版。

57．《毛泽东选集》（一卷本），人民出版社1964年版。

58．《毛泽东著作选读》甲种本，人民出版社1965年第2版。

59．《毛泽东选集》（一卷本）（竖排），人民出版社1966年版。

60．《毛泽东选集》（一卷本）（横排），人民出版社1966年版。

61．《实践论》，人民出版社1966年版。

62．《毛泽东著作选读》（袖珍本），中国人民解放军总政治部1966年编印。

63．《毛泽东选集》（袖珍一卷本），人民出版社1967年版。

64．《毛泽东选集》（袖珍一卷本），人民出版社1968年版。

65．《毛泽东选集》（袖珍一卷本），中国人民解放军战士出版社1968年版。

66．《实践论》，人民出版社1968年版。

67．《毛泽东的五篇哲学著作》，人民出版社1970年版。

68．《马克思、恩格斯、列宁、斯大林、毛主席哲学著作选读》下册，云南民族学院政治系哲学教研组1974年编印。

69．《实践论》，人民出版社1975年版。

70．《马列著作和毛泽东著作选读》（哲学部分），中共广东省委宣传部1977年印。

71．《毛泽东著作选读》（战士读本），中国人民解放军战士出版社1978年版。

72．中国人民解放军总政治部宣传部编：《马列著作毛泽东著作选读》（院校政治理论课教材）第2分册，中国人民解放军战士出版社1978年版。

73．《中共中央党校轮训班马克思主义经典著作选读》1，中共中央党校1980年编印。

74．《毛泽东集补卷》第5卷，日本苍苍社1983年版。

75．《毛泽东著作选读》上，人民出版社1986年版。

76．《建国以来毛泽东文稿》第二册，中央文献出版社1988年版。

77．中共中央党校编：《马克思主义经典著作选读》，中共中央党校出版社1989年版。

78．中国人民解放军总政治部编：《马克思主义著作选读》，中国人民解放军国防大学出版社1989年版。

79．中共云南省委宣传部编：《马克思主义哲学著作选读》，云南民族出版社1989年版。

80．中共辽宁省委宣传部等编：《马克思主义哲学著作选读》，辽宁人民出版社1990年版。

81．高惠清主编：《马克思主义哲学经典著作选读提要》，长春出版社1990年版。

82．石训主编：《马克思主义哲学著作选读与提示》乙种本，河南人民出版社1990年版。

83．中共上海市委宣传部编：《干部哲学读本》，上海人民出版社1990年版。

84．《毛泽东选集》第一卷，人民出版社1991年版。

85．中共中央宣传部教育局等编：《毛泽东邓小平著作青年读本》，人民出版社1991年版。

86．韩锦生等：《马克思主义著作选读与简介》，河南大学出版社1991

年版。

87．中共湖南省高校工作委员会编：《马克思主义著作选读》，湖南出版社1991年版。

88．华东师范大学出版社编：《马克思主义原著读本》，华东师范大学出版社1991年3月版。

89．《马克思主义著作选编》选编组编：《马克思主义著作选编 哲学》，中共中央党校出版社1992年版。

90．《马克思主义原著选读 毛刘周邓著作》，中共辽宁省委党校1992年3月编印。

91．王松等选编：《马克思主义著作选读》，高等教育出版社1993年版。

92．杨春贵选编：《马克思主义著作选编》丙种本，中共中央党校出版社1994年版。

93．中共湖南省高校工作委员会编：《马克思主义著作选读》，湖南人民出版社1995年版。

94．任傲霜编著：《毛泽东散文作品赏析》，海南出版社1997年1月版。

95．魏继让主编：《马克思主义导读》，浙江人民出版社1999年1月版。

96．许庆朴等选编：《马克思主义原著选读》，高等教育出版社1999年版。

97．柴毅龙主编：《马克思主义经典著作选读》（高教版），高等教育出版社1999年版。

98．吕静编著：《人类思想的精华：马克思主义经典著作导读》，人民日报出版社1999年版。

99．柳礼泉主编：《大学"两课"原著与名篇导读》，湖南大学出版社2000年版。

100．于仁松主编：《马克思主义原著精选导读》，青岛海洋大学出版社2000年版。

101．《毛泽东选集手抄本》第一卷，西苑出版社2001年版。

102．赵云献等总主编：《2001年—2005年全国干部教育培训全书·毛泽东著作选读卷》，光明日报出版社2001年版。

103．硕士研究生公共马克思主义理论课教材编写组编：《马克思主义经典著作选读》，广西民族出版社2001年版。

104．湖北省委党校编：《马克思主义经典著作选读》上，武汉理工大学出版社2001年版。

105．周全华主编：《高校政治理论课参考文献》，中山大学出版社2002年版。

106．何云坤主编：《马克思主义理论课经典著作选读》，湖南人民出版社2002年版。

107．中共中央党校教务部编：《毛泽东著作选编》，中共中央党校出版社2002年2月版。

108．杨大明主编：《马克思主义著作选读》下，甘肃人民出版社2002年版。

109．彭国甫主编：《马克思主义理论课经典著作导读》（修订本），湖南人民出版社2003年版。

110．苏志宏等主编：《马克思主义原著及重要文献选读》，四川大学出版社2004年9月版。

111．华北水利水电学院大学生MMD学习研究会选编：《马克思主义著作选读》，黄河水利出版社2005年版。

112．陈洪等主编：《毛泽东思想基本著作青年读本与导读》，重庆出版社2005年6月版。

113．谭益民等主编：《马克思主义经典著作导读——大学生读本》，湖南教育出版社2006年版。

114．彭国甫主编：《马克思主义原著选读》，湘潭大学出版社2007年版。

115．李爱华主编：《马克思主义经典著作导读》，北京师范大学出版社2008年版。

116．赖平主编：《毛泽东思想和中国特色社会主义理论体系概论精选原著导读》，湘潭大学出版社2010年版。

117．中共中央文献研究室、中央档案馆编：《建党以来重要文献选编》第十四册，中央文献出版社2011年版。

118．赵连文编：《马克思主义经典著作选读》，河南大学出版社2011年版。

119．《毛泽东选集》，线装书局2011年版。

120．李建萍等主编：《马克思主义经典著作选编与导读》，哈尔滨工程大学出版社2011年版。

121．张彦修等主编：《新编马克思主义原著选读》，中央编译出版社2012年版。

122．张迪杰主编：《毛泽东全集》第10卷，润东出版社2013年版。

123．王让新等主编：《马克思主义哲学经典著作选读与研究》，电子科技大学出版社2013年版。

124．李恩来等编著：《领导干部读哲学经典》，广西人民出版社2013年版。

125．陈新夏主编：《马克思主义经典著作导读》，高等教育出版社2013年版。

126．中共中央文献研究室等编：《延安时期党的重要领导人著作选编》上，中央文献出版社2014年版。

127．庄友刚主编：《马克思主义原著选读》（第2版），苏州大学出版社2014年版。

128．曹振乾：《毛泽东著作三篇 实践论》，中央文献出版社2014年版。

129．刘松涛等主编：《思想政治理论课阅读文献精选与导读》，电子科技大学出版社2016年版。

130．吴春岩：《马克思主义经典著作导读》，东北大学出版社2016年版。

131．甄晓英：《马克思主义哲学经典著作导读》，中国社会科学出版社2017年版。

132．杨晓玉等主编：《面向未来的思考——马克思主义经典著作选读》，西南交通大学出版社2017年版。

133．贾玉英等主编：《马克思主义经典著作选读》，西南交通大学出版社2018年版。

134．郑祥福等选编：《马克思主义经典原著选读》，浙江大学出版社

2018年版。

出版项不详版本：

1. 《辩证法唯物论》，1939年1月版，出版单位不详。

2. 《辩证法唯物论——毛泽东同志讲授提纲》，张垣印刷局版，出版时间不详。

3. 《辩证唯物论》，大连大众书店版，年代不详。

4. 《实践论》单行本，线装大字本，绢布封面，出版时间、单位不详。

（二）少数民族文版本

1. 《实践论》（维吾尔文版），新疆人民出版社1951年6月版。

2. 《实践论》（维吾尔文版），新疆人民出版社1952年2月第1版。

3. 《实践论》（蒙古文版），内蒙古出版局1952年版。

4. 《实践论》（哈萨克文版），新疆人民出版社1952年9月版。

5. 《实践论》（朝鲜文版），人民出版社1954年版。

6. 《实践论》（维吾尔文版），民族出版社1957年1月第1版。

7. 《实践论》（维吾尔文版），新疆人民出版社1957年2月版。

8. 《实践论》（蒙古文版），民族出版社1964年第2版。

9. 《实践论》（维吾尔文版），民族出版社1964年9月第3版。

10. 《实践论》（维吾尔文版），民族出版社1966年2月第2版。

11. 《实践论》（维吾尔新文字版），民族出版社1976年11月版。

12. 《实践论》（藏文版），民族出版社1977年2月版。

（三）外文版本

1. 《实践论》（俄文版），苏联国家政治书籍出版社1950年版。

2. 《实践论》（波斯文版），伊朗人民党出版社1950年版。

3. 《实践论》（中俄对照版），中国人民大学出版社1951年版。

4. 《实践论》（日文版），日本京都三一书房1951年版。

5. 《实践论》（英文版），印度人民出版社1951年版。

6. 《实践论》（印尼文版），印尼红星杂志社1951年版。

7. 《实践论》（匈牙利文版），匈牙利火花出版社1951年版。

8. 《实践论》（捷克文版），捷克斯洛伐克斯沃博达出版社1951年版。

9. 《实践论》（波兰文版），波兰图书与知识出版社1951年版。

10. 《实践论》（英文版），外文出版社1952年版。

11. 《实践论》（俄文版），外文出版社1952年版。

12. 《实践论》（格鲁吉亚文版），苏联，格鲁吉亚国家出版社1952年版。

13. 《实践论》（土库曼文版），苏联土库曼国家出版社1952年版。

14. 《实践论》（立陶宛文版），苏联立陶宛国家政治书籍出版社1952年版。

15. 《实践论》（越南文版），越南真理出版社1954年版。

16. 《实践论》（保加利亚文版），保加利亚共产党出版社1954年版。

17. 《实践论》（德文版），德意志民主共和国迪茨出版社1956年版。

18. 《实践论》（法文版），外文出版社1957年第1版。

19. 《实践论》（阿拉伯文版），伊拉克巴格达出版社1958年版。

20. 《实践论》（乌克兰文版），苏联乌克兰政治书籍出版社1958年版。

21. 《实践论》（爱沙尼亚文版），苏联爱沙尼亚国家出版社1958年版。

22. 《实践论》（塔吉克文版），苏联塔吉克国家出版社1958年版。

23. 《实践论》（西班牙文版），外文出版社1959年第1版。

24. 《实践论》（瑞典文版），瑞典共产党出版社1960年版。

25. 《实践论》（荷兰文版），外文出版社1961年版。

26. 《实践论》（印尼文版），外文出版社1961年第1版。

27. 《实践论》（世界语版），世界语协会1961年第1版。

28. 《毛泽东的实践论》（日文版），日本东京理论社1962年版。

29. 《实践论》（西班牙文版），古巴政治出版社1963年版。

30. 《实践论》（波斯文版）（袖珍版），外文出版社1965年版。

31. 《实践论》（英文版）（袖珍版），外文出版社1965年版。

32. 《实践论》（汉英对照版），商务印书馆1965年版。

33. 《实践论》（缅甸文版），外文出版社1965年版。

34. 《实践论》（法文版），外文出版社、科隆坡出版社1966年版。

35. 《实践论》（葡萄牙文版），法国卡利玛出版社1966年版。

36. 《实践论》（印地文版）（袖珍版），外文出版社1967年第1版。

37. 《实践论》（乌尔都文版），巴基斯坦人民出版社1967年版。

38. 《实践论》（世界语版），外文出版社1967年版。

39. 《实践论》（日文版），外文出版社1968年版。

40. 《实践论》（缅甸文版）（袖珍版），外文出版社1968年第1版。

41. 《实践论》（越南文版）（袖珍版），外文出版社1968年版。

42. 《实践论》（阿拉伯文版），外文出版社1968年版。

43. 《实践论》（意大利文版），外文出版社1968年第1版。

44. 《实践论》（乌尔都文版）（袖珍版），外文出版社1968年第1版。

45. 《实践论》（泰文版），外文出版社1968年版。

46. 《实践论》（丹麦文版），哥本哈根1968年版。

47. 《实践论》（葡萄牙文版），外文出版社1969年版。

48. 《实践论》（蒙古文版），外文出版社1970年第1版。

49. 《实践论》（朝鲜文版），外文出版社1970年版。

50. 《实践论》（罗马尼亚文版），外文出版社1972年版。

51. 《实践论》（斯瓦希里文版），外文出版社1976年第1版。

（四）其他版本

1. 《实践论》（盲文版），北京盲文印刷厂1970年译印。

2. 《实践论》（盲文点字版），日本，盲人鹤田登等翻译。

二、著作

1. 东北人民出版社编辑：《〈实践论〉学习参考资料》（增订本），东北人民出版社1951年版。

2. 郭大力等：《学习"实践论"》，新建设杂志社1951年版。

3. 李达：《〈实践论〉解说》，生活·读书·新知三联书店1951年版。

4. 徐懋庸：《〈实践论〉——"知己知彼百战百胜"论》，中南人民出版社1951年版。

5. 李凡夫：《学习〈实践论〉克服经验主义》，华南人民出版社1951年版。

6. 李达：《学习"实践论"》（增订本），新建设杂志社1952年版。

7. 李琪：《"实践论"解释》，中国青年出版社1953年版。

8. 关锋：《怎样总结工作：学习"实践论"体会》，山东人民出版社1955年版。

9. 李成林：《认识和实践（学习实践论的体会）》，辽宁人民出版社1960年版。

10. 赵树诚：《实践与理论（学习〈实践论〉的笔记）》，江苏人民出版社1961年版。

11. 湖南人民出版社编辑：《活学活用毛泽东哲学思想》第二集，湖南人民出版社1965年版。

12. 《〈实践论〉学习参考纲要》编写小组：《〈实践论〉学习参考纲要》，人民出版社1975年版。

13. 《学习〈实践论〉》编写组：《学习〈实践论〉》，黑龙江人民出版社1976年版。

14. 《〈实践论〉浅说》编写组：《〈实践论〉浅说》，上海人民出版社1976年版。

15. 《学习〈实践论〉讲话》编写组：《学习〈实践论〉讲话》，广东人民出版社1976年版。

16. 李达：《〈实践论〉〈矛盾论〉解说》，生活·读书·新知三联书店1979年版。

17. 杨超：《唯物辩证法的若干理论问题》，四川人民出版社1980年版。

18. 中共中央党校出版社编辑部：《学习毛泽东哲学思想》，中共中央党校出版社1982年版。

19. 吴江等：《关于研究毛泽东哲学思想的几个问题》，北京出版社1982年版。

20. 韩树英等：《学习毛泽东哲学思想——介绍毛泽东同志的八篇著作》，北京出版社1982年版。

21. 解放军报编辑部：《毛泽东同志四十三篇著作简介》，长征出版社1982年版。

22. 黄育才等：《毛泽东同志八篇著作哲学思想简介》，江苏人民出版社1982年版。

23. 中共湖北省委党校哲学教研室等：《时代精神的精华——学习毛泽东同志八篇著作的哲学思想》，湖北人民出版社1982年版。

24. 中国人民解放军政治学院哲学教研室：《毛主席八篇著作哲学思想辅导》，辽宁人民出版社1982年版。

25. 徐昶暎等编写：《哲学指导实践的典范——毛泽东八篇著作学习辅导》，黑龙江人民出版社1982年版。

26. 宋一秀等：《毛泽东哲学思想与中国革命》，黑龙江人民出版社1982年版。

27. 郭涤等编著：《毛泽东同志八篇著作哲学思想介绍》，陕西人民出版社1982年版。

28. 华焱：《学习毛泽东哲学思想讲话》，吉林人民出版社1982年版。

29. 杨超：《毛泽东哲学思想研究》，四川人民出版社1982年版。

30. 雍涛：《毛泽东哲学思想概论》，湖北人民出版社1983年版。

31. 平勇英编著：《毛泽东同志八篇著作哲学问题解答》，甘肃人民出版社1983年版。

32. 甘肃省哲学学会编：《学习毛泽东哲学思想文选》，甘肃人民出版社1983年版。

33. 吴玉黎主编：《学习毛泽东同志八篇著作的哲学思想》，山东人民出版社1983年版。

34. 中共甘肃省委党校图书资料室编：《毛泽东八篇著作词语注释》，甘肃人民出版社1983年版。

35. 林青山：《毛泽东哲学思想简论》，山东人民出版社1983年版。

36. 刘梦义等：《毛泽东哲学思想的形成和发展》，四川人民出版社1983年版。

37. 艾思奇：《毛泽东对马克思主义哲学的贡献》，宁夏人民出版社1983年版。

38. 宋一秀等编著：《毛泽东哲学思想史纲》，甘肃人民出版社1984年版。

39．李琪：《〈实践论〉解释、〈矛盾论〉浅说》，山西人民出版社1984年版。

40．雍涛等：《毛泽东哲学思想大纲》，武汉大学出版社1985年版。

41．《毛泽东思想研究》编辑部等编：《学习〈毛泽东著作选读〉》，四川省社会科学院出版社1986年版。

42．中国社会科学院马列所毛泽东思想研究室编：《毛泽东生平著作研究索引》下，国防大学出版社1986年版。

43．石仲泉：《〈毛泽东哲学批注集〉导论》，中共中央党校出版社1988年版。

44．许全兴等主编：《延安时期的毛泽东哲学思想》，陕西人民教育出版社1988年版。

45．雍涛等：《毛泽东哲学思想大纲》（修订本），武汉大学出版社1989年版。

46．杨春贵等主编：《毛泽东哲学思想新论》，中共中央党校出版社1989年版。

47．黄楠森等：《马克思主义哲学史》第6、7卷，北京出版社1989年版。

48．毕剑横：《毛泽东与中国哲学传统》，四川人民出版社1990年版。

49．庄福龄主编：《毛泽东哲学思想史》（第一卷），江西人民出版社1990年版。

50．王毓等主编：《毛泽东哲学著作选讲》，长春出版社1990年版。

51．韩荣璋主编：《新版〈毛泽东选集〉学习辅导》，改革出版社1991年版。

52．金羽等主编：《毛泽东〈实践论〉〈矛盾论〉新探》，中国人民大学出版社1991年版。

53．王学文等主编：《毛泽东哲学思想与当代中国现实》，甘肃人民出版社1991年版。

54．李爱莉主编：《马克思主义原理学习手册》，知识出版社1991年版。

55．逄先知等：《毛泽东选集一至四卷第二版编辑纪实》，中央文献出版社1991年版。

56．中共中央文献研究室编：《〈毛泽东选集〉一至四卷注释校订本》，中央文献出版社1991年版。

57．蔡德麟主编：《毛泽东哲学思想与当代社会主义实践》，安徽人民出版社1991年版。

58．张惠芝等主编：《毛泽东生平著作研究目录大全》，河北教育出版社1993年版。

59．廖盖隆等主编：《毛泽东百科全书》，光明日报出版社1993年版，2003年修订版。

60．中共中央文献研究室等编：《毛泽东重要著作和思想形成始末》，人民出版社1993年版。

61．韩荣璋主编：《毛泽东生平思想研究索引》，武汉出版社1994年版。

62．施金炎主编：《毛泽东著作版本述录与考订》，海南国际新闻出版中心1995年版。

63．石仲泉：《毛泽东的艰辛开拓》，中共党史出版社1996年版。

64．张静如主编：《毛泽东研究全书》，长春出版社1997年版。

65．蒋建农主编：《毛泽东全书》第五卷，河北人民出版社1998年版。

66．刘跃进：《毛泽东著作版本导论》，北京燕山出版社1999年版。

67．中央文献研究室科研部图书馆编：《毛泽东著作是怎样编辑出版的》，中国青年出版社2003年版。

68．金冲及主编：《毛泽东传》（1893—1949），中央文献出版社2003年版。

69．李景春等：《马克思主义经典著作导读》，人民日报出版社2006年版。

70．卢肖文主编：《与时俱进的马克思主义——马克思主义经典著作选读》，上海人民出版社2007年版。

71．柏钦水主编：《毛泽东著作版本鉴赏》，山东人民出版社2009年版。

72．肖兴燕编著：《〈马克思主义哲学经典著作选〉解读》，西南交通大学出版社2011年版。

73．刘敬东：《〈实践论〉〈矛盾论〉导读》，中国民主法制出版社2012年版。

74．刘金田等编：《尘封：毛泽东选集出版的前前后后》，中共党史出版社2012年版。

75．毛胜主编：《毛泽东思想研究资料》上，中央文献出版社2013年版。

76．蒋建农等：《毛泽东著作版本编年纪事》（一册），湖南人民出版社2013年第2版。

77．许全兴：《〈实践论〉〈矛盾论〉研究综论》，中共中央党校出版社2013年版。

78．金锋主编：《马克思主义经典文本导读》，西南交通大学出版社2013年版。

79．中共中央文献研究室编：《毛泽东年谱 1893—1949》中卷，中央文献出版社2013年版。

80．杨信礼：《重读〈实践论〉〈矛盾论〉》，人民出版社2014年版。

81．陆剑杰：《掌握命运创造历史的哲学——对中国马克思主义哲学范式的研究》，南京出版社2014年版。

82．李维武：《辩证唯物论的知行统一观——重读毛泽东〈实践论〉》，人民出版社2014年版。

83．李佑新主编：《毛泽东研究》第1辑，湘潭大学出版社2014年版。

84．吴玉才编著：《毛泽东思想文献解读》，安徽师范大学出版社2015年版。

85．许全兴：《百年中国哲学革命》，人民出版社2015年版。

86．陈富国：《马克思主义哲学中国化（1927~1949）：理论的选择、阐释与运用》，江西人民出版社 2015年版。

87．陶德麟：《〈实践论〉浅释》，江苏人民出版社2015年版。

88．王暮乐：《马克思主义哲学原理》，黑龙江人民出版社2015年版。

89．孙正聿：《马克思主义哲学智慧》，现代出版社2016年版。

90．孙旭编著：《马克思主义的知行观：〈实践论〉解读》，现代出版社2016年版。

91. 刘敬东等编著：《〈实践论〉〈矛盾论〉导读》（增订版），中国民主法制出版社2017年版。

92. 马克思主义经典著作导读丛书：《〈实践论〉〈矛盾论〉导读》，中共中央党校出版社2018年版。

93. 崔丽华：《〈实践论〉〈矛盾论〉导读》，中共中央党校出版社2018年版。

94. 张乾元等主编：《重读〈实践论〉〈矛盾论〉：新时代下"两论"解读》，长江出版社2018年版。

95. 邓晓芒：《实践唯物论新解：开出现象学之维》（增订本），文津出版社2019年版。

96. 李达著、汪信砚编：《〈实践论〉〈矛盾论〉解说》，人民出版社2019年版。

97. 陶德麟：《〈实践论〉浅释》，江苏人民出版社2019年版。

98. 陈麟辉：《共产党人的看家本领——〈实践论〉〈矛盾论〉及其当代价值》，上海人民出版社2019年版。

99. 王树荫主编：《中国马克思主义经典著作导读》，北京师范大学出版社2020年版。

100. 孟宪鸿主编：《简明哲学辞典》，湖北辞书出版社1987年版。

101. 李士坤主编：《马克思主义哲学辞典》，中国广播电视出版社1990年版。

102. 袁竞主编：《毛泽东著作大辞典》，中国国际广播出版社1991年版。

103. 巢峰主编：《毛泽东思想大辞典》，上海辞书出版社1993年版。

104. 冯蕙等编著：《简明哲学辞典》，上海辞书出版社2005年版。

105. 李捷主编：《毛泽东著作辞典》，浙江人民出版社2011年版。

106. 夏征农等主编：《大辞海：哲学卷》，上海辞书出版社2015年版。

107. 徐光春主编：《马克思主义大辞典》，崇文书局2018年版。

三、论文

（一）报刊论文

1. 陈伯达：《关于知行问题之研究》，《解放》1938年第50期。

2. 张如心：《论布尔什维克的教育家》，《共产党人》1941年第16期。

3. 张如心：《在毛泽东同志的旗帜下前进》，《解放》1941年第127期。

4. 和培元：《论新哲学的特性与新哲学的中国化》，《中国文化》第3卷第2—3期，1941年6月28日。

5. 张如心：《学习和掌握毛泽东的理论和策略》，《解放日报》1942年2月18、19日。

6. 艾思奇：《〈中国之命运〉——极端唯心论的愚民哲学》，《解放日报》1943年11月11日。

7. 王学文：《由"实践论"说到经济工作 学习"实践论"笔记》，《人民日报》1951年2月16日。

8. 何幸若：《学习〈实践论〉是提高文艺理论思想水平的杠杆》，《解放日报》1951年3月21日。

9. 张庆泰：《〈实践论〉和农业科学的改造》，《人民日报》1951年3月28日。

10. 艾思奇：《关于〈实践论〉和学习方法的一些问题》，《学习》1951年第4卷第4期。

11. 冯友兰：《〈实践论〉——马列主义的发展与中国传统哲学问题的解决》，《新建设》1951年第3卷第6期。

12. 艾思奇：《〈实践论〉与关于哲学史的研究》，《新建设》1951年第4卷第6期。

13. 胡绳：《马克思主义辩证法的科学性和革命性》，《学习》1952年第6期。

14. 罗克汀：《〈实践论〉对研究自然科学的指导意义》，《文史哲》1954年第7期。

15. 徐文海：《用理论解决实际问题——学习〈实践论〉〈矛盾论〉的几点体会》，《光明日报》1960年2月28日。

16. 周明山：《从实践中学习〈实践论〉的一点体会》，《哲学研究》1965年第3期。

17. 杨家骏：《用辩证唯物论的认识论指导思想政治工作——学习〈实践论〉笔记》，《浙江日报》1965年4月2日。

18. 李秀林等：《马列主义普遍真理与革命具体实践相结合的哲学概括——谈谈〈实践论〉〈矛盾论〉对辩证唯物主义的重大贡献》，《北京师范大学学报》1977年第6期。

19. 刘翠兰：《恢复和发扬党的实事求是的优良作风——学习〈实践论〉的一点体会》，《山西大学学报》1978年第2期。

20. 周志华：《真理的标准只能是社会实践——学习〈实践论〉的一点体会》，《贵州日报》1978年9月21日。

21. 刘筱等：《〈实践论〉学习和研究》，《社会科学研究》1982年第1期。

22. 艾思奇：《人类认识的总规律（学习〈实践论〉）》，《探讨》1981年第2期。

23. 李淮春：《坚持马克思主义的认识论——学习〈实践论〉》，《教学与研究》1981年第5期。

24. 贾春峰：《坚持马克思主义实践观点——重读〈实践论〉》，《哲学研究》1981年第7期。

25. 艾思奇：《学习〈实践论〉》，《学术研究》1982年第4期。

26. 毛哲思：《马克思主义认识论上的伟大贡献——学习毛泽东〈实践论〉的体会》，《辽宁大学学报》1982年第4期。

27. 马清福：《〈实践论〉与文艺创作》，《吉林大学社会科学学报》1982年第4期。

28. 黎影材等：《坚持认识和实践的统一——学习〈实践论〉》，《学术论坛》1982年第4期。

29. 廖青景：《反对主观主义的锐利武器——重读〈实践论〉》，《中州学刊》1982年第5期。

30. 陈瑞生：《坚持主观和客观的统一——学习〈实践论〉的一点体会》，《学习与研究》1982年第8期。

31．潘宝卿：《调查研究是实事求是的关键——读〈实践论〉的一点体会》，《新湘评论》1982年第12期。

32．郭化民：《学习〈实践论〉的一点体会——马克思主义的实践观点和认识论》，《宁夏大学学报》1983年第4期。

33．王首道：《认真学习毛泽东同志的〈实践论〉和〈矛盾论〉》，《毛泽东思想研究》1984年第1期。

34．张永昌：《浅谈感性材料系统——学习〈实践论〉的一点体会》，《文史哲》1985年第2期。

35．蔡灿津：《〈实践论〉之贡献——纪念毛泽东同志逝世十周年》，《新疆大学学报》1986年第4期。

36．胡义成：《〈实践论〉中的科学人性观》，《湖南师范大学社会科学学报》1986年第2期。

37．苍南：《〈实践论〉是辩证唯物主义认识论的第一个完整的理论形态》，《湘潭大学学报》1987年第1期。

38．郑明珍：《实事求是思想路线在新时期的运用和发展——纪念〈实践论〉发表五十周年》，《安徽大学学报》1987年第3期。

39．徐素华：《〈实践论〉〈矛盾论〉与三十年代哲学论战》，《毛泽东邓小平理论研究》1987年第3期。

40．汪澎白：《〈实践论〉〈矛盾论〉与中国传统哲学》，《毛泽东邓小平理论研究》1987年第4期。

41．田奎武：《实事求是地评价〈实践论〉和〈矛盾论〉》，《理论学刊》1987年第4期。

42．刘熊祥：《〈实践论〉对研究中国近现代史的指导意义》，《西北师大学报》1987年第4期。

43．杨荣华：《〈实践论〉对历史唯物主义的贡献》，《毛泽东邓小平理论研究》1987年第4期。

44．周邦炳：《〈实践论〉与领导决策》，《安徽省委党校学报》1987年第4期。

45．吴玉黎：《论〈实践论〉在马克思主义哲学发展中的历史地位》，《理论学刊》1987年第4期。

46．曾德盛：《在建设有中国特色的社会主义道路上——纪念〈实践论〉发表50周年》，《学术论坛》1987年第4期。

47．丘一平：《〈实践论〉与决策科学化》，《中共福建省委党校学报》1987年第5期。

48．雍涛：《坚持和发展马克思主义认识论——纪念〈实践论〉问世五十周年》，《武汉大学学报》1987年第5期。

49．黄凤久：《坚持〈实践论〉发展〈实践论〉》，《长白学刊》1987年第6期。

50．卢兴隆：《〈实践论〉对马克思主义认识论的贡献》，《理论教学》1987年第6期。

51．李书珍等：《"两论"的方法论初探——纪念〈实践论〉、〈矛盾论〉发表五十周年学习札记》，《郑州大学学报》1987年第7期。

52．李文珍：《实践第一的观点在新时期的指导意义——重读〈实践论〉》，《学术界》1988年第3期。

53．石仲泉：《"两论"与苏联哲学教科书的关系》，《实事求是》1988年第6期。

54．吴军：《毛泽东认识论思想并不囿于〈实践论〉——毛泽东认识论思想体系建构的研究》，《毛泽东邓小平理论研究》1989年第2期。

55．王恩喜：《重读〈实践论〉的现实意义》，《河北大学学报》1990年第5期。

56．卢冀宁：《透过现象　把握本质——学习〈实践论〉、〈矛盾论〉的体会》，《青海社会科学》1991年第3期。

57．黎永泰：《日本学术界对〈实践论〉的研究》，《四川大学学报》1992年第3期。

58．袁家都：《论文艺与社会实践的辩证关系——学习毛泽东〈实践论〉》，《华中科技大学学报》1993年第4期。

59．王霁：《〈实践论〉：中国化的马克思主义认识论》，《教学与研究》1993年第6期。

60．王世金等：《理档兴业：尊重实践的必然选择——学习毛泽东〈实践论〉等著作的思考》，《中国档案》1994年第1期。

61．贾平：《论重新学习〈实践论〉的现实指导意义——纪念毛泽东〈实践论〉问世六十周年》，《中共浙江省委党校学报》1997年第3期。

62．侯树栋：《再学〈实践论〉、〈矛盾论〉》，《南京政治学院学报》1997年第5期。

63．凌厚锋：《〈实践论〉与两次历史性飞跃——为〈实践论〉发表六十周年而作》，《理论学习月刊》1997年第7期。

64．李君如：《实践观点和改革开放——为〈实践论〉发表60周年而作》，《南京社会科学》1997年第13期。

65．薛广洲：《〈实践论〉、〈矛盾论〉与中西哲学融合》，《南京社会科学》1997年第13期。

66．冯国瑞：《〈实践论〉、〈矛盾论〉对马克思主义认识论和辩证法的理论贡献》，《南京社会科学》1997年第13期。

67．李永华：《〈实践论〉与思想解放》，《毛泽东思想研究》1999年第7期。

68．陈鸿宇：《坚持马克思主义学风是理论工作者应有的党性修养——学习毛泽东〈实践论〉等著作的一点体会》，《岭南学刊》1999年第S2期。

69．邱守娟：《〈实践论〉〈矛盾论〉与马克思主义》，《马克思主义哲学研究》2001年刊。

70．方娟：《〈实践论〉的理论贡献与当代价值》，《湖南科技大学学报》2006年第3期。

71．许全兴：《应重视改造世界规律的研究——纪念〈实践论〉发表七十周年》，《中共中央党校学报》2007年第5期。

72．雍涛：《〈实践论〉、〈矛盾论〉与马克思主义哲学中国化》，《哲学研究》2008年第7期。

73．杨春贵：《〈实践论〉、〈矛盾论〉的历史地位、科学价值和当代意义》，《毛泽东邓小平理论研究》2007年第8期。

74．石仲泉：《〈实践论〉、〈矛盾论〉——中国特色社会主义理论的哲学基础》，《毛泽东邓小平理论研究》2007年第9期。

75．王楠湜：《〈实践论〉的实践哲学阐释——纪念〈实践论〉发表70周年》，《哲学动态》2007年第12期。

76. 邢贲思：《读懂〈实践论〉和〈矛盾论〉——写在"两论"发表70周年之际》，《求是》2007年第17期。

77. 杨信礼：《〈实践论〉、思想路线与马克思主义哲学中国化——重读〈实践论〉》，《中共延安干部学院学报》2011年第4期。

78. 许全兴：《〈实践论〉和〈矛盾论〉对马克思主义哲学中国化的启示》，《中国社会科学》2013年第12期。

79. 陈世珍：《解读〈实践论〉〈矛盾论〉的三种视域》，《中国人民大学学报》2014年第4期。

80. 孙正聿：《毛泽东的"实践智慧"的辩证法——重读〈实践论〉〈矛盾论〉》，《哲学研究》2015年第3期。

81. 任平：《论马克思主义中国化的研究范式——为〈实践论〉问世80周年而作》，《武汉大学学报》2017年第4期。

82. 彭洲飞等：《〈实践论〉〈矛盾论〉所彰显的哲学魅力》，《陕西行政学院学报》2015年第3期。

83. 刘丹：《中国特色社会主义新时代下〈实践论〉和〈矛盾论〉的继承和发展——以十九大报告为例》，《湖北函授大学学报》2018年第3期。

84. 吴琼华：《毛泽东〈实践论〉对提高领导干部法治实践能力的启示》，《新疆社科论坛》2018年第4期。

85. 徐浩然：《从〈反对本本主义〉和〈实践论〉看马克思主义中国化的发生逻辑》，《科学社会主义》2018年第5期。

86. 吴毅君等：《毛泽东〈实践论〉在新时代的价值诠释》，《湖南科技大学学报》2018年第5期。

87. 陈建洪：《〈实践论〉和〈矛盾论〉指导下中医医院的管理》，《河北北方学院学报（自然科学版）》2018年第12期。

88. 许全兴：《〈实践论〉〈矛盾论〉经联共（布）中央政治局决定在苏联发表及其他》，《毛泽东思想研究》2019年第1期。

89. 李德迎：《"两论"与毛泽东战略思维的成熟》，《中国延安干部学院学报》2019年第1期。

90. 施维等：《思想政治教育中受教育者的主体性优化路径——基于毛泽东〈实践论〉的思考》，《南京理工大学学报》2019年第2期。

91．张颖：《实践的主体与主体的实践：茱莉亚·克里斯蒂娃论毛泽东的〈实践论〉》，《文艺理论与批评》2019年第2期。

92．杨振闻：《〈实践论〉〈矛盾论〉：话语权建构的成功典范》，《毛泽东研究》2019年第2期。

93．张吉舜：《新中国成立初期毛泽东〈实践论〉〈矛盾论〉学习宣传活动研究》，《长春师范大学学报》2019年第3期。

94．李红等：《〈实践论〉及其对思想建党的现实意义》，《理论观察》2019年第4期。

95．姜亚倩：《新时代增强思想政治教育实效性的路径探析——基于〈实践论〉的文本分析与解读》，《广东石油化工学院学报》2019年第5期。

96．伊文婷：《习近平新时代中国特色社会主义思想对毛泽东思想的传承与创新——基于〈实践论〉与〈矛盾论〉的文本分析》，《中共济南市委党校学报》2019年第5期。

97．尹旭：《〈实践论〉对思想政治教育的理论及现实意义》，《党史博采》下2019年第5期。

98．李晶：《〈实践论〉〈矛盾论〉对马克思主义哲学大众化的理论贡献》，《福州党校学报》2019年第6期。

99．陈国敏：《〈实践论〉对中国古代知行观的继承与发展》，《汉字文化》2019年第7期。

100．陈红娟：《从文本到方法：〈实践论〉话语创新及其当代价值》，《广西社会科学》2020年第1期。

101．曾秀芹：《新时代背景下〈矛盾论〉和〈实践论〉的基本思想、理论贡献及价值新解》，《南方论刊》2020年第2期。

102．吴璇：《〈实践论〉〈矛盾论〉：毛泽东实践哲学的光辉篇章》，《文史天地》2020年第2期。

103．奚洁人：《习近平对〈实践论〉〈矛盾论〉理论精髓的丰富和发展》，《党政论坛》2020年第4期。

104．孙咏：《论学习〈实践论〉〈矛盾论〉的当代价值》，《党政论坛》2020年第4期。

105．李维武：《毛泽东"实践论"的创立与20世纪上半叶中国认识论的开展》,《武汉大学学报》2020年第4期。

106．徐奇等：《新时代毛泽东〈实践论〉〈矛盾论〉研究评析》,《高校马克思主义理论研究》2020年第3期。

107．曾荣：《延安时期毛泽东对列宁哲学思想的运用和发展——以〈实践论〉为中心的考察》,《党的文献》2020年第4期。

108．刘书林：《毛泽东〈实践论〉的新时代解读》,《党建》2020年第10期。

109．许全兴：《有关〈实践论〉〈矛盾论〉文本研究的若干问题》（上、下）,《毛泽东研究》2020年第4、5期。

（二）博硕论文

1．余满晖：《论毛泽东的〈实践论〉及其影响》,广西师范大学硕士论文2006年。

2．王仁永：《〈实践论〉与中国传统知行观》,上海交通大学硕士论文2007年。

3．宋维金：《毛泽东〈实践论〉新探》,四川师范大学硕士论文2009年。

4．负萍：《〈实践论〉、〈矛盾论〉对马克思主义哲学中国化的贡献及启示》,延安大学硕士论文2009年。

5．李斌：《中国共产党思想路线史研究》,中共中央党校博士论文2010年。

6．余良红：《毛泽东认识论思想探析——重读〈实践论〉》,安徽大学硕士论文2012年。

7．陈龙：《毛泽东实践智慧研究》,湘潭大学博士论文2012年。

8．张婷：《〈实践论〉对马克思主义哲学的贡献》,延安大学硕士论文2013年。

9．鹿军：《论毛泽东〈实践论〉中认识论思想及当代价值》,广西师范大学硕士论文2014年。

10．胡艺华：《建国后十七年马克思主义哲学大众化研究》,湖南师范大学博士论文2014年。

11．伍柳：《马克思主义大众化视域下的〈实践论〉研究》,华中科技大学硕士论文2015年。

12．刘丽红：《毛泽东的"实践智慧"的辩证法研究》，吉林大学博士论文2015年。

13．王小松：《〈实践论〉的历史影响及其当代启示研究》，广西民族大学硕士论文2016年。

14．乔怀丽：《李达"著译"与毛泽东"两论"的关系研究》，西北大学硕士论文2018年。

15．张莎莎：《毛泽东实践观研究》，武汉理工大学博士论文2018年。

16．高家憎：《毛泽东〈实践论〉及其影响研究》，陕西科技大学硕士论文2019年。

17．黄思捷：《毛泽东〈实践论〉对中国传统哲学知行观的超越》，上海师范大学硕士论文2019年。

18．王颖辉：《〈实践论〉〈矛盾论〉的内在关联与时代价值》，武汉大学硕士论文2019年。

19．金铭：《毛泽东〈实践论〉思想特质与时代意义》，东北师范大学硕士论文2019年。

20．张灯：《习近平对毛泽东"两论"思想的继承和发展》，湖南科技大学硕士论文2019年。

21．刘静涵：《实践哲学视域中的毛泽东"实事求是"思想研究》，东北师范大学博士论文2019年。

《反对自由主义》版本研究

一、写作背景、成文过程

《反对自由主义》写于1937年9月7日，是毛泽东为批判和克服党内和革命队伍中一部分人的自由主义倾向而写的。

在中国共产党的历史上，毛泽东一贯非常注重加强党员思想教育，纠正党内错误的思想观念。早在1929年12月，毛泽东起草的《中国共产党红军第四军第九次代表大会决议案》（史称《古田会议决议》）现存八种决议案，其中第一种《纠正党内非无产阶级意识的不正确倾向问题》（后改题为《关于纠正党内的错误思想》，收入人民出版社1951年出版的《毛泽东选集》第一卷），就细致透彻地分析了红四军党内存在的八种错误思想的表现、来源及其纠正的方法，推动了党员的思想和党内的生活无产阶级化、科学化。

1935年10月19日，中央红军到达陕北苏区吴起镇后，面对抗日战争的严峻形势和任务，中国共产党及其军队急需壮大力量，在发展壮大的同时，既要提高党员干部、军队干部的素质，更要提高新加入革命队伍的青年人的素质。从1937年4月起，毛泽东每个星期有两个上午到抗大讲授哲学基础——辩证法唯物论，他亲自抓干部教育，亲自为抗大制定教育方针。由于抗大学员来自五湖四海，思想基础和觉悟程度差别很大，加上敌对势力的一些歪曲的宣传，以及一些特务分子从中恶意煽动，许多来到抗大的青年，对中国共产党及共产主义缺乏了解，许多学员存在复杂的思想倾向，这些复杂的思想倾向破坏了党的纪律，影响了党的团结和统一。1937年7月25日毛泽东起草的《中共中央军事委员会关于整理抗大问题的指示》中提出教育知识青年的原则有：教育他们掌握马克思列宁主义，克服资产阶级小资产阶级的思想；教

育他们有纪律性、组织性，反对组织上的无政府主义与自由主义……①

1937年7月7日，七七事变发生，抗日战争爆发，中国抗战形势发生了从局部抗战到全面抗战的变化。从此，中国共产党面临的形势、环境变得十分复杂，民族统一战线既要领导全国各族人民抵抗日本帝国主义疯狂侵略，也要同抗日民族统一战线阵营里的国民党顽固派、投降派斗争。中国共产党作为抗日救国的中流砥柱，必须在思想上、政治上、组织上高度统一，纪律严明，坚强有战斗力。而党内和革命队伍内存在的各种不良倾向，如自由主义，对党和革命军队的发展、壮大危害极大，对抗日民族统一战线的巩固、发展危害极大。面对严峻形势和复杂情况，毛泽东认识到中国共产党要肩负起领导人民赢得抗日战争胜利的重任就必须加强党的建设，有效克服党内存在的自由主义，以加强党的集中统一领导，确保在思想上、政治上、组织上的高度一致。于是，1937年9月7日，毛泽东写了《反对自由主义》。

有资料显示，《反对自由主义》的写作，是应胡耀邦之约：

1937年8月1日，抗大举办第三期，学员一千二百七十二人，除部分八路军干部外，大部分是从各地奔来延安参加革命的知识青年……1937年秋，胡耀邦从高级研究班毕业，被留在校内工作，经毛泽东提名，任抗大政治部副主任（主任莫文骅），正式进入了抗大的领导层。

9月的一天，毛泽东把胡耀邦找去谈抗大工作，对他说，这么多学员，你怎么管？我给你出个主意，你办一个校刊。于是胡耀邦积极筹备，很快办起来，取名《思想战线》。胡耀邦拿着第一期刊物去给毛泽东审查。毛泽东看后不满意说，你们刊物办得不好，你们自己为什么不写东西？胡耀邦说，怕写不好。毛泽东说：写不好可以学嘛！也可以让各大队负责人写文章呀！胡耀邦乘势说，那我就先向主席约稿，请你写一篇发刊词吧。毛泽东不禁大笑说：你这个胡耀邦，马上就将军了。他要胡耀邦说说学员中的思想表现。胡耀邦汇报说，学员多数来自国民党统治区，组织纪律观念比较薄弱，自由散漫现象严重，比如有意见当面不提，背后议论，或者意气用事，闹无原则纠纷等等。毛泽东思索着点点头。

---

① 毛泽东：《毛泽东同志论教育工作》，人民教育出版社1992年版，第69—70页。

没几天，文章送来了。毛泽东在文章里针对干部中带有普遍性的倾向倡导"积极的思想斗争"，分析了"取消思想斗争，主张无原则的和平"的种种"自由主义"表现，指出了"自由主义的来源，在于小资产阶级的自私自利性，以个人利益放在第一位，革命利益放在第二位"。这篇文章就是后来编入《毛泽东选集》的《反对自由主义》。

胡耀邦把《反对自由主义》加了按语，郑重地在创刊号上刊登出来，随后他又写了一篇读后感：《关于自由主义与反对自由主义》，发表在下一期的《思想战线》上。他结合学员的思想实际，指出了自由主义的危害和反对自由主义的重要意义。

胡耀邦按毛泽东的指示，精心编辑作为抗大的政治部出版的校刊《思想战线》。像在中央苏区编辑《时刻准备着》一样，他除了组稿、自己写文章之外，还要编排、刻蜡版、校对、印刷，以至发送。他还是那样兢兢业业，精雕细刻，使刊物不但文章质量高，而且形式也清新爽目。①

以上的记述，与《反对自由主义》最初在文尾署了日期"九月七日"是符合的。

有人采访刘澜涛，刘澜涛谈到了看到《反对自由主义》的手稿：

刘老到了延安，党中央分配他担任陕甘宁边区党委宣传部长……刘老说，在这重大的转折面前，我们革命队伍内部有一些同志思想转不过弯来，发牢骚，说怪话。一些人则受国民党的影响，滋长了做官思想。记得有一次，一位军官来见毛主席，忽然递上一张印有官职的名片来。这在我们红军内部是从未有过的。这件小事引起了毛主席的注意，觉得我们有的干部受了国民党的影响。另外，大批涌进延安的同志，思想也很复杂。他们对共产党是拥护的，对抗日是赞成的，但对我党我军的制度、纪律是不习惯的。他们的动机和目的也是各不相同的。他们想讲什么就讲什么。一时间什么议论都有，边区党委的同志接触到各方面的思想情况，特别是种种自由主义的思想，认为这是一种值得严肃注意的倾向，但是怎样认识和解决这些问题，我

---

① 严如平：《胡耀邦（1915—1989）》第1卷（大字版），北京联合出版公司2015年版，第98—99页。

们很没有把握，因此向中央写了报告。这方面的情况，估计其他单位也会向中央反映。不久，毛主席的《反对自由主义》的手稿，经有关领导同志传到刘老手中。

谈起这篇文章发表的经过，刘老有些激动。他说，这个文件当时并不是公开的，而是在党内传阅。虽然已经过去几十年，但多年在白区工作的刘老第一次看到毛主席亲笔写的手稿，所留下的深刻印象至今令人难忘，他记得文中有两个字不好辨认，还专门请主席校正。当时陕甘宁边区党委认为，这篇文章极为重要，是解决边区思想战线问题的锐利武器。于是，刘老就和有关同志商量，最好能够在党内发表。后来，边区党委经请示中央同意，1937年冬季在陕甘宁边区党委的刊物《工作通讯》上首次发表了。

刘老继续介绍说，文章发表以后，在边区党内引起很大反响。陕甘宁边区党委领导成员组成了学习小组，热烈认真地讨论，逐条逐段地研究。特别是对照自由主义的十一种表现，把自己摆进去对照检查。刘老继续兴奋地对我们说："那股自由主义的歪风可厉害了，不好挡呀！主席这篇文章真能治我们的病。后来，我们还将讨论情况向中央写了报告。"①

刘澜涛写的文章中还说道："最危险的一次就是1941年秋的'扫荡'……记得我保存的一个小箱子，里面存放着宝贵的文件资料等物，如毛泽东同志《反对自由主义》的原稿等，历次'扫荡'从未丢失，就在这次'扫荡'中丢失了。"②从刘澜涛的回忆中，可以知道，他看到了《反对自由主义》的手稿，并保存了一段时间，后来丢失了。但刘澜涛没有说清楚《反对自由主义》的手稿是怎么、是何时传到他手中的。他说《反对自由主义》是"1937年冬季在陕甘宁边区党委的刊物《工作通讯》上首次发表"，这个说法是不准确的。陕甘宁边区党委的刊物应该是《党的工作》。《反对自由主义》是在1937年10月20日出版的《党的工作》第46期上发表，10月大概还不能算冬季。刘澜涛说他就自由主义的问题给中央写了报告，同时又说

---

① 罗茂城等：《〈反对自由主义〉问世前后——访中顾委常委、全国政协副主席刘澜涛》，《人民日报》1983年12月24日第5版。
② 刘澜涛：《对聂荣臻同志的永远怀念》，载周均伦等编：《聂荣臻百年诞辰纪念文集》，解放军出版社1999年版，第193页。

"估计其他单位也会向中央反映"，没有说毛泽东是看到他的报告写了《反对自由主义》。刘澜涛说："这个文件当时并不是公开的，而是在党内传阅"。手稿大概是不可能在党内传阅的，在党内传阅的应该是某种印刷本如油印本，也许当时党内传阅的就是油印本《思想战线》（创刊号全本或《反对自由主义》抽印本），而《思想战线》在当时并不是公开的。

但后来有人对刘澜涛的回忆进行了加工，说毛泽东是看到刘澜涛的报告写了《反对自由主义》。如刘益涛就说：

> 由于抗日民族统一战线的建立和许多知识青年纷纷来到延安，一方面壮大了革命队伍，另一方面也使党内和革命队伍内滋生了一些思想问题。自由主义就是一种不良倾向，对党和革命军队妨害极大。当时担任陕甘宁边区党委宣传部长的刘澜涛，将这一情况向中央写了一份报告。毛泽东接到报告后，于9月7日写了《反对自由主义》一文。不久，毛泽东的《反对自由主义》手稿，经有关同志传到刘澜涛手中。当时这篇文章是不公开的，刘澜涛与有关同志商量，最好能够在党内发表。后来，边区党委经请示中央同意，这篇文章于1937年冬季在陕甘宁边区党委的刊物《工作通讯》上全文发表了。（据胡耀邦回忆："1937年的秋天，毛泽东建议我担任党的抗大总支部书记。他教我要做好党的总支部的工作，首先要办一个好的校刊。他看了这个校刊的第一期，批评我们自己没有动手写东西，又自告奋勇写了那篇著名的战斗檄文——《反对自由主义》。"——编者）①

刘益涛认为毛泽东接到了刘澜涛写的报告，然后写了《反对自由主义》。不知有何根据？因为刘澜涛并没有说过这样的话。现在也没有看到有关刘澜涛写报告的具体资料及毛泽东是不是看到了刘澜涛写的报告等的具体资料。刘益涛的说法，大概是没有根据的臆造。刘益涛一方面记述了刘澜涛写报告的事，另一方面又记述了胡耀邦的回忆，即一方面说：毛泽东接到了刘澜涛写的报告，然后写了《反对自由主义》；另一方面也说：毛泽东《反对自由主义》是发表在抗大校刊上的，是为抗大校刊写的。这是两说并存的做法。

---

① 刘益涛：《十年纪事：1937—1947年毛泽东在延安》，中共党史出版社2007年版，第36—37页。

一般来说，毛泽东看到什么报告，会作一些批示，或作指示，而《反对自由主义》是论文。所以，毛泽东接到了刘澜涛写的报告，然后写了《反对自由主义》的说法，是难以成立的。而应理论刊物之约写东西，则一般是论文，《反对自由主义》是应胡耀邦之约给《思想战线》写的，应该是可信的。

综合起来看，事情大概是：胡耀邦向毛泽东约稿，毛泽东写了《反对自由主义》，随后就在抗大《思想战线》上发表了。刘澜涛看到了党内传阅的《反对自由主义》一文，觉得很重要，认为应在《党的工作》上发表，就通过一定的渠道要到了《反对自由主义》的手稿，或者毛泽东或其他人觉得《反对自由主义》也应在《党的工作》上发表，于是就把《反对自由主义》的手稿交给了刘澜涛，随后便在《党的工作》第46期上发表。

关于刊载《反对自由主义》的《思想战线》的出版时间，有不同说法。有说是在1937年9月，也有说是在1937年10月。这个问题也牵涉是先发表在《思想战线》，还是先发表在《党的工作》。

曲青山说："《反对自由主义》于1937年9月发表在中国人民抗日军政大学内部校刊《思想战线》"[①]。

施金炎认为《反对自由主义》"最早发表于陕甘宁边区党委编印的《党的工作》1937年10月20日第46期，以后刊载或收入抗日军政大学政治部编印的《思想战线》1937年10月第1期"[②]。蒋建农也说："最早发表于陕甘宁边区党委1937年10月20日编印的《党的工作》第46期，以后曾刊载或被收入于：抗日军政大学政治部1937年10月编印的《思想战线》第1期"[③]。

《中国人民抗日军事政治大学史》一处说："1937年八九月间，毛泽东指示抗大创办《思想战线》，并亲自在创刊号上撰写文章"[④]。另一处说：1937年10月"抗大校刊《思想战线》第一期出版。该期发表了毛泽东《反对自由主义》一文"[⑤]。

---

① 曲青山：《学习毛泽东同志〈反对自由主义〉》，《求是》2019年第12期。
② 施金炎主编：《毛泽东著作版本述录与考订》，海南国际新闻出版中心1995年版，第254页。
③ 蒋建农等：《毛泽东著作版本编年纪事》（一册），湖南人民出版社2013年第2版，第261页。
④ 中国人民解放军国防大学：《中国人民抗日军事政治大学史》，国防大学出版社2000年版，第381页。
⑤ 中国人民解放军国防大学：《中国人民抗日军事政治大学史》，国防大学出版社2000年版，第510页。

抗大校刊《思想战线》是油印本，现在已很难看到，不知创刊号是何时出版？持10月出版说，较早的是施金炎，不知他是否看到过该刊？曲青山持9月出版说，也不知他是否看到过该刊？但按常理来说，创刊号9月出版可能性大。毛泽东9月7日写成《反对自由主义》，一般来说，第二天甚至当天就会（派人）交给胡耀邦。胡耀邦拿到文稿，应该会很快处理。《思想战线》是油印的，设计、编排、刻写、印刷，应该几天就可以完成，所以《思想战线》创刊号，大概会在1937年9月内出版，快的话，9月中旬就出版了。一般来说不会拖到10月出版，即便拖到10月出版，也应该在10月初就出版了，而不会拖到10月20日以后。总之，《思想战线》创刊号，应该在《党的工作》第46期前出版。①

延安整风开始以后，《反对自由主义》在1942年4月10日《解放日报》"整顿三风讨论资料特辑（一）"栏目中发表，被列为整风必读文献，后被收入各种整风文件集中。

二、主旨、意义

（一）主旨

文章列举了"命令不服从，个人意见第一。只要组织照顾，不要组织纪律"等11种自由主义的表现，指出："革命的集体组织中的自由主义是十分有害的。它是一种腐蚀剂，使团结涣散，关系松懈，工作消极，意见分歧。它使革命队伍失掉严密的组织和纪律，政策不能贯彻到底，党的组织和党所领导的群众发生隔离。这是一种严重的恶劣倾向。"它"使党和革命团体的

---

① 很多文章，如：孙宜芳《诠释毛泽东党员马克思主义教育思想的三重向度——重新解读〈反对自由主义〉》（《思想政治教育研究》2014年第2期）、张磊《论〈反对自由主义〉文本的历史价值与现实启示——基于全面从严治党视角》（《大连干部学刊》2017年第1期）、谢从高《是仿冒还是宣传？——关于数篇同题异文的〈反对自由主义〉》（《中共党史研究》2018年第7期）等，都说《反对自由主义》于1937年9月7日发表。这是没有根据的，是望文生义，将写作时间误认为是发表时间了。有的文章，如：梁伟岸《关于毛泽东〈反对自由主义〉的研究综述》（《河北经贸大学学报（综合版）》2013年第4期）、李凌敏《浅谈毛泽东〈反对自由主义〉的现实意义》[《新西部（理论版）》2015年第18期]等，都说《反对自由主义》最早发表在1942年4月10日的《解放日报》。这样说，也是不准确的。

某些组织和某些个人在政治上腐化起来"。强调："自由主义是机会主义的一种表现，是和马克思主义根本冲突的。它是消极的东西，客观上起着援助敌人的作用，因此敌人是欢迎我们内部保存自由主义的。自由主义的性质如此，革命队伍中不应该保留它的地位。"强调："一个共产党员，应该是襟怀坦白，忠实，积极，以革命利益为第一生命，以个人利益服从革命利益；无论何时何地，坚持正确的原则，同一切不正确的思想和行为作不疲倦的斗争，用以巩固党的集体生活，巩固党和群众的联系；关心党和群众比关心个人为重，关心他人比关心自己为重。"强调："一切忠诚、坦白、积极、正直的共产党员团结起来，反对一部分人的自由主义的倾向，使他们改变到正确的方面来。这是思想战线的任务之一。"

文章的主旨就是强调要加强党的思想建设、政治建设、组织建设，加强思想纪律、政治纪律、组织纪律、工作纪律、群众纪律等的建设，与自由主义等错误思想意识、腐朽庸俗作风，开展积极的思想斗争，从而使党成为思想上、政治上、组织上都坚强有力的马克思主义政党。

（二）意义

1. 历史意义

《反对自由主义》为抗大政治思想教育、党的建设指明了一个重要的方向，也为全党、全军、各抗日根据地的政治思想教育、党的建设指明了一个重要的方向。在毛泽东"反对自由主义"的号召下，抗大掀起了持续的"反对自由主义"的热潮。到1939年6月，抗大还举行了"反自由主义月"，当时的口号有"自由主义是革命过程中的阻力""自由主义是革命阵营中的反动力量""自由主义是小资产阶级意识的反映""保证革命必须反自由主义""自由主义（放任主义）是与社会主义或者马列主义根本不能相容的"等①。陕甘宁边区的党政军群等也掀起了"反对自由主义"的热潮。以后"反对自由主义"又成为整风运动的一个内容，推动了全党、全军、各抗日根据地的"反对自由主义"，也推动了全党、全军、各抗日根据地的整风运动。

---

① 谢从高：《是仿冒还是宣传？——关于数篇同题异文的〈反对自由主义〉》，《中共党史研究》2018年第7期。

"反对自由主义",大大推动了全党、全军、各抗日根据地的思想建设、政治建设、组织建设,推动了全党、全军、各抗日根据地的思想纪律、政治纪律、组织纪律、工作纪律、群众纪律等的建设,全党、全军、各抗日根据地在思想上、政治上、组织上都更加坚强有力了,从而为赢得抗日战争的胜利发挥了巨大的作用,也为赢得人民解放战争的胜利、建立新中国发挥了巨大的作用。如1948年12月20日毛泽东的题词说的:"加强纪律性,革命无不胜。"[①] 实际上就是在说,反对自由主义后,各方面的纪律性加强了,革命无不胜。

2. 现实意义

中华人民共和国成立以来,党内、政府内、军队内及其他部门、团体内的自由主义还时有发生,不时地腐蚀着党和政府、军队等的肌体,反对自由主义仍然不能放松,仍然在路上。反对自由主义仍是党政军群等思想建设、政治建设、组织建设等的重要内容,仍要在《反对自由主义》的指导下,加强思想纪律、政治纪律、组织纪律、工作纪律、群众纪律等的建设,与自由主义等错误思想意识、腐朽庸俗作风,开展积极的思想斗争,从而维护党中央权威和集中统一领导,保障国家的大政方针得到顺利的贯彻、执行,保障党中央绘制的宏伟蓝图、目标能一一实现。

在中国特色社会主义新时代,反对自由主义,最重要的是要反对政治上、思想上的自由主义,要严格遵守政治纪律、思想纪律,要在政治立场、政治方向、政治原则、政治道路上同以习近平同志为核心的党中央保持一致,从而保证中国特色社会主义建设沿着正确的道路不断前进,不断创造辉煌。

在中国特色社会主义新时代,每一个共产党员仍要坚决防止和反对个人主义、自由主义、分散主义、本位主义、好人主义,仍应该如毛泽东倡导的:"襟怀坦白,忠实,积极,以革命利益为第一生命,以个人利益服从革命利益;无论何时何地,坚持正确的原则,同一切不正确的思想和行为作不疲倦的斗争,用以巩固党的集体生活,巩固党和群众的联系;关心党和群众比关心个人为重,关心他人比关心自己为重。"从而在中国特色社会主义建

[①] 1948年12月20日,《中国青年》再次复刊,发表毛泽东为《中国青年》的题词:"军队向前进,生产长一寸,加强纪律性,革命无不胜。"详见:《加强纪律性 革命无不胜》,people.com.cn。

设中发挥先锋模范作用，带领人民群众实干、巧干、拼命干，为中华民族，为子孙后代创造更多的美好幸福。

三、版本综述

（一）1949年10月以前版本

1949年10月以前版本主要有：抗日军政大学政治部1937年9月编印《思想战线》第1期；陕甘宁边区党委1937年10月20日编印《党的工作》第46期；中共陕西省委1937年11月15日编印《党的生活》第19期；中共晋察冀中央局1938年2月20日编印《战线》第1期；《解放日报》1942年4月10日；延安解放社1942年4月版《整顿三风文献》；新华书店1942年4月版《整顿三风》；晋察冀日报社1942年5月版《整顿三风参考文献》；华北地区新华书店1942年5月版《整顿三风文献二十二种》；1942年5月通帘纸油印本《整顿三风》；太岳书店1942年5月版《反对主观主义宗派主义党八股选集》第二集；一一五师政治部1942年7月编印《整顿三风》；胶东联合社1942年8月编印《整风》（工作指导丛书第三集）；胶东联合社1942年编印《三风》；太岳书店1943年7月版《青年修养》；新华书店1943年11月版《整风文件》增订四版；鲁中日报社1944年4月翻印《整顿三风》；晋察冀日报社1944年5月版《毛泽东选集》卷五；山东新华书店1944年5月重版《整顿三风文件》；太岳新华书店1944年7月版《整风文献》（修订本）；冀鲁豫书店1944年增订四版《整风文件》下册；山东新华书店1945年3月版《整风：整风参考材料》；山东新华书店1945年4月再版《整风：整风参考材料》；真理社1945年11月版《三风》；1945年版《反对党内不良倾向》（毛泽东等著，出版者不详）；冀中新华书店1946年版《整顿三风》；新华书店晋察冀分店1946年3月版《整风文献》（订正本）；文风出版社1946年4月版《整顿三风——二十二个文件》；大连大众书店1946年8月版《毛泽东选集》卷五；大连大众书店1946年12月版《整风文献》（增订本）；渤海新华书店1947年3月版《毛泽东选集》卷五；中共晋察冀中央局1947年3月编印《毛泽东选集》卷六；冀中新华书店1947年6月版《整顿三风》；东北民主联军总政治部1947年7月编印《论党的建设》；

大连大众书店1947年7月三版《整风文献》增订本；华东军区政治部1947年11月编印《三查三整运动参考文件》；渤海区党委1947年11月编印《整党问题参考资料》；中共晋冀鲁豫中央局秘书处1947年编印《活页文选》；冀南区党委1948年1月编印《关于中国土地法大纲及有关重要文件》；红棉出版社1948年2月版《加强锻炼》；中国人民解放军东北军区政治部1948年3月编印《整党整军文摘》；中共华东中央局秘书处1948年4月编印《整党参考资料》；东北书店1948年4月版《论思想意识》；大连大众书店1948年4月版《论思想意识》；东北书店1948年5月版《毛泽东选集》卷六；胶东新华书店1948年6月版《三整文献》（第一集）；《察哈尔日报》1948年7月14日；胶东新华书店1948年7月第2版《三整文献》（第一集）；华中新华书店1948年8月版《整党学习材料》；东北书店辽北分店1948年8月印《修养指南》；胶东新华书店1948年8月第3版《三整文献》（第一集）；华东野战军政治部1948年8月印《重印左派幼稚病第二章》；东北书店牡丹江分店1948年9月印《整风文选》；中共冀中区党委宣传部1948年12月编印《加强纪律性》；吉林书店1948年12月版《统一意志统一行动统一纪律》；冀东新华书店1948年12月版《论思想意识》；山东新华书店1948年版《整顿三风》；中共晋冀鲁豫中央局1948年编印《毛泽东选集》（上册）；东北书店1949年3月六版《论思想意识》；新民主出版社1949年3月版《整风文献》（增订本）；新华书店1949年4月第3版《整风文献》（订正本）；新青年出版社1949年6月版《整风文献》（增订本）；浙江新华书店1949年6月翻印《整风文献》（订正本）；新华书店1949年6月版《整风文献》（订正本）；解放社1949年6月版《整风文献》；北方出版社1949年6月版《思想指南》；新华书店1949年6月第2版《整风文献》；华北人民革命大学教务处1949年印《整顿三风》；冀中军区政治部编印《加强组织纪律修养》；《论党的性质》第4期；中共南宁市委宣传部编印《反对贪污反对浪费反对官僚主义》；等等。

单行本有：1937年版《反对自由主义》；冀南新华书店1948年10月版《反对自由主义》；上海市嵩山区接管会翻印的油印本《反对自由主义》，出版年代不详，但系1949年10月以前版本。

（二）1949年10月以后版本

1. 中文版本

中文版本主要有：新华书店1949年10月版的《共产主义人生观》；大连新华书店1949年10月版的《论思想意识》；等等。

《毛泽东选集》版有：人民出版社1952年3月第一版《毛泽东选集》第二卷；人民出版社1952年8月第二版《毛泽东选集》第二卷；人民出版社1964年版《毛泽东选集》（一卷本）；人民出版社1964年版线装本《毛泽东选集》第二卷；人民出版社1965年版线装本（据1964年版线装本缩印）《毛泽东选集》第二卷；人民出版社1966年3月版《毛泽东选集》（一卷本、竖排）；人民出版社1966年7月版《毛泽东选集》（一卷本、横排）；人民出版社1966年9月版《毛泽东选集》（普及本）第二卷；人民出版社1967年版《毛泽东选集》（袖珍一卷本）；中国人民解放军战士出版社1967年版《毛泽东选集》第二卷；中国人民解放军战士出版社1968年版《毛泽东选集》（袖珍一卷本）；人民出版社1968年版《毛泽东选集》（普及本）第二卷；人民出版社1968年版《毛泽东选集》（袖珍一卷本）；中国人民解放军战士出版社1968年版《毛泽东选集》第三卷；人民出版社1969年版《毛泽东选集》（16开大字本）第二卷；人民出版社1969年版《毛泽东选集》（一卷本）；人民出版社1969年版《毛泽东选集》（25开大字本）第二卷；人民出版社1991年版《毛泽东选集》第二卷。

其他收入全文的版本有：新华书店东北总分店1950年7月版《整风学习文件》；广东省文教厅编，新华书店华南总分店1950年8月版《教育工作者学习资料》（上）第2版；华东军政大学政治部教育部资料室编辑，华东军政大学书报服务社1950年版《社会发展史学习参考材料》；中国共产党川南区委员会宣传部1951年12月编印《反贪污、反浪费、反官僚主义是贯彻爱国增产节约运动的主要步骤》；河南大学预科委员会编，河南大学出版社1952年11月版《历史唯物主义与革命人生观》；中国人民解放军高级步兵学校政治工作教授会1955年2月编印《政党工作文选》；北京大学社会主义教育委员会1957年编印《社会主义教育学习文件》；中共哈尔滨市委学习室编，黑龙江人民出版社1958年4月版《社会主义教育课程参考资料（经典著作摘录）》；

中国人民解放军空军学院1960年编印《文章基础知识》；人民出版社1964年6月版《毛泽东著作选读》甲种本；中国青年出版社1964年6月版《毛泽东著作选读》乙种本；中国人民解放军政治学院1964年编印《毛泽东同志论党的建设》；人民出版社1965年3月版《毛泽东著作选读》甲种本；中国人民解放军总政治部1966年3月编印《毛泽东著作选读》；中国人民解放军总政治部编，天津人民出版社1966年版《毛主席论党的建设》；湖南省军区政治部1967年1月印《为人民服务 纪念白求恩 愚公移山 反对自由主义》；广西人民出版社1967年2月版《为人民服务 纪念白求恩 愚公移山 反对自由主义》；北京外国语学院1973年编印《汉语教材》第1册；广西师范学院中文系文选写作教研组1974年编印《文选》；吉林师大中文系文选写作教研室1977年编印《文选》；中国人民解放军战士出版社1978年版《毛泽东著作选读》（战士读本）；中共中央党校党建教研室1981年编印《关于党的学说的基本原理——无产阶级革命导师论述选编》；战士出版社1981年编辑出版《毛泽东 周恩来 刘少奇 朱德论社会主义精神文明》；杨宗佑辑，内蒙古人民出版社1983年11月版《人生·理想·信仰——思想品德修养锦集》；解放军出版社1983年12月第2版《毛泽东 周恩来 刘少奇 朱德 论社会主义精神文明》；中共辽宁省委整党工作领导小组办公室等1983年编印《历次整党整风文献选编》；山东人民出版社1985年版《增强党性 端正党风》；人民出版社1986年8月版《毛泽东著作选读》（上册）；《马克思主义党的学说著作选读》编辑组编，中共中央党校出版社1990年版《马克思主义党的学说著作选读》；中国人民解放军总政治部编，解放军出版社1991年1月版《马克思主义党的建设著作选读》；《马克思主义思想政治教育著作选读》编辑组编，高等教育出版社1991年版《马克思主义思想政治教育著作选读》；宋德慈等主编，吉林人民出版社1991年版《中国思想政治教育百科全书》；《马克思主义著作选编》选编组编，中共中央党校出版社1992年版《马克思主义著作选编：党的学说》；莫川主编，四川教育出版社1992年2月版《老一辈革命家关于青年修养论著选编》；湖南省教育委员会职教处编，湖南出版社1992年7月版《马克思主义原著选读》；海洋出版社1992年版《马克思主义党的建设理论学习阅读文选》；中国人民解放军总政治部编，解放军出版社1993年版《毛泽东邓小平著作选读》（士兵读本）；肖衍庆等主编，同心出版社1995年版《嬉笑怒骂匡时政——优秀杂文选读》；中国人民解放军总政治部编，解放军出版社1995年版《基层军官理论学习读本》；中国人民解放军总政治部编，解放军出版社1997年版《士兵理论学习读本》；本书编委会编，当代中国出版社1999年8月版《新时期领导干部廉政教育读本》；魏继让主编，浙江人民出版社1999年版《马克思主义导读》；长沙市直机关思想作风整顿领导小组办公室编，2000年9月版《思想作风整顿学习资料汇编》；金融系统职业道德教育办公室编，中国金融出版社2000年版《金融系统职业道德教育读本》；王金山主编，吉林人民出版社2000年版《中国共产党优良作风鉴览》3《同心同德 顾全大局》；中共黄石市委组织部编，2000年版《企业党员先进性教育读本》；李欣燕主编，当代中国出版社2000年版《新时期领导干部"三讲"学习读本》（下）；河南省企业"三讲"办公室2001年编印《河南省国有企业"三讲"学习教育活动读本》；中共中央组织部编，党建读物出版社2001年版《国有企业"三讲"学习教育活动必读》；中共云南省委组织部办公室2002年6月编印《团结干事思想教育读本》；中共中央文献研究室、中央档案馆编，中央文献出版社2011年6月版《建党以来重要文献选编》第十四册；中共宁波市直属机关工作委员会2011年编印《机关作风建设学习读本》；中央纪委宣传教育室编，中国方正出版社2013年4月版《党的作风建设学习问答》；《红色档案——延安时期文献档案汇编》编委会编，陕西人民出版社2013年版《红色档案——延安时期文献档案汇编：整风文献》；润东出版社2013年版《毛泽东全集》第11卷；中共河南省委高校工委组干处编印《"三讲两评"活动学习材料选编》；十堰市民主党派政治交接教育活动协调指导小组办公室编《十堰市民主党派政治交接教育活动学习资料》；华北水利水电学院大学生MMD学习研究会选编《大学生MMD学习研究原著选读》；广西师范学院中文系文选写作教研组1978年编印《毛泽东文选》（上）；中共河南省委高校工委等编印《马克思主义党的学说文献选读》；等等。

单行本有：人民出版社1952年4月第1版《反对自由主义》；人民出版社1952年8月第2版《反对自由主义》；人民出版社1952年12月版《反对自由主义》；文字改革出版社1959年6月版《反对自由主义》（注音本）；人民出版社1964年8月版《反对自由主义》；人民出版社1965年9月版《反对自由主

义》；人民出版社1966年1月版《反对自由主义》；贵州人民出版社1968年版《反对自由主义》；人民美术出版社、天津人民美术出版社1971年版《反对自由主义》；人民出版社1975年12月版《反对自由主义》；人民出版社1976年6月版《反对自由主义》；等等。

有一些版本出版时间不详，如：云南人民日报文化部编印《思想指南》（无出版时间，但推测是1949年10月前出版）；华北新华书店版《青年修养》（出版时间不详）；山西公学翻印《中国共产党党章、毛泽东同志在延安文艺座谈会上的讲话、整顿学风党风文风、反对自由主义》（翻印时间不详）；《学习文件》（无出版社、出版时间）；《毛主席的五篇著作》（无出版社、出版时间）；油印本《反对自由主义》（无出版社、出版时间）；《关于纠正党内的错误思想、反对自由主义、中国人民解放军总部关于重新颁布三大纪律八项注意的训令》（无出版社、出版时间）；中共晋西区党委宣传部翻印《整顿三风的二十二个文件》（无翻印时间，但推测是1949年10月前翻印）；华东新华书店版《整风文献》订正本（时间不详）；苏中出版社版《整顿三风》；华北联合大学教务处选印《整顿学风文风党风》；等等。

还有一些节选本。如：范杰主编，河海大学出版社1990年7月版《党的纪委教育资料选编》等。

2. 其他版本

少数民族文版有维吾尔文版、藏文版、蒙古文版、朝鲜文版、哈萨克文版等20多种版本，外文版有英文版、俄文版、法文版、德文版、西班牙文版、波斯文版、葡萄牙文版、意大利文版、阿拉伯文版、希腊文版、泰文版、印尼文版、越南文版、缅甸文版等60种以上，还有盲文版1种。

日本苍苍社1983年第2版《毛泽东集》第5卷收入此文。

四、研究综述

自该文公开发表以来，国内学术界和理论界对此文的学习和研究不在少数。对《反对自由主义》的研究，可以分为三个方面来叙述：

第一，对《反对自由主义》版本的概述。如：施金炎主编《毛泽东著作版本述录与考订》中介绍的《反对自由主义》的单行本共有90多种，其中汉文版有新中国成立前出版的3种版本和新中国成立后出版的10多种版本。少数民族文版有20多种，外文版有60多种，还有盲文版1种。①蒋建农等《毛泽东著作版本编年纪事》中介绍的《反对自由主义》的单行本有90余种，其中汉文版本10多种，少数民族文版20多种，外文版60余种，盲文版本1种。②

第二，对《反对自由主义》版本的校勘研究。如日本竹内实主编《毛泽东集》第5卷（日本北望社1970年初版，日本苍苍社1983年第2版）收入了《反对自由主义》，以晋察冀日报社1944年版《毛泽东选集》卷五为底本，参考中共晋察冀中央局1947年版《毛泽东选集》卷六、东北书店辽北分店1948年版《修养指南》，与人民出版社1952年版《毛泽东选集》第二卷进行校勘，列出了28条校勘记。这是目前见到的最早的《反对自由主义》的版本校勘与研究的成果。

周一平《日版〈毛泽东集〉〈毛泽东集补卷〉校勘与研究》（中国国际文化出版社2013年版）对日本《毛泽东集》第5卷中《反对自由主义》的版本校勘与研究略做探讨，讲道："日《集》第5卷中的《反对自由主义》（《毛选》第2卷本标题相同）有28条校记。"③"《反对自由主义》，日《集》第5卷本与《毛选》第2卷本相校，没有删节。"④这也是一种对《反对自由主义》的版本研究。

第三，对《反对自由主义》思想内容的研究。最早的研究，应该是《思想战线》创刊号刊登《反对自由主义》时胡耀邦写的按语，以及《思想战线》第2期发表的胡耀邦写的读后感：《关于自由主义与反对自由主义》。

中华人民共和国成立以后，研究的论文很多，如：孙士祥《我们主张积极的思想斗争》（《新文萃》1951年第5卷第11期）、李杨《学习毛泽东同

---

① 施金炎主编：《毛泽东著作版本述录与考订》，海南国际新闻出版中心1995年版，第254—261页。
② 蒋建农等：《毛泽东著作版本编年纪事》（一册），湖南人民出版社2013年第2版，第262页。
③ 周一平：《日版〈毛泽东集〉〈毛泽东集补卷〉校勘与研究》，中国国际文化出版社2013年版，第153页。
④ 周一平：《日版〈毛泽东集〉〈毛泽东集补卷〉校勘与研究》，中国国际文化出版社2013年版，第137页。

志的〈反对自由主义〉》(《中国青年报》1952年9月5日)、丁乐《开展思想斗争,反对自由主义——重读〈反对自由主义〉的笔记》(《东北日报》1952年9月13日)、王南《读〈反对自由主义〉》(《新建设》1952年第11期)、信者《何以揭不开盖子——重读毛泽东同志的〈反对自由主义〉》(《解放日报》1957年12月18日)、辛父《学习〈反对自由主义〉》(《语文教学》1958年9月号)、陈雄华《自由主义者的"镜子"——读〈反对自由主义〉》(《读书》1958年第10期)、华东师大地理系一年级第二团小组《学习毛主席著作克服自由主义》(《文汇报》1960年1月24日)、任清川《改造个人主义立场,彻底清除自由主义——读〈反对自由主义〉笔记一则》(《青海日报》1960年2月2日)、袁木林《向群众做宣传——重读毛主席〈反对自由主义〉的一点感想》(《湖北日报》1962年8月17日)、陈原《坚持原则开展积极的思想斗争——重读毛主席的〈反对自由主义〉》(《解放日报》1962年9月7日)、翟升桂《〈反对自由主义〉给我的教育》(《解放日报》1963年10月20日)、王幼樵《积极开展思想斗争——读〈反对自由主义〉的笔记》(《前线》1964年第23期)、金雅彬《五学〈反对自由主义〉》(《天津日报》1964年3月17日)、王琴《自由主义是"腐蚀剂"》(《安徽日报》1964年5月22日)、张效元《五学〈反对自由主义〉》(《山西日报》1964年6月17日)、马丛林《从〈反对自由主义〉中学什么?》(《天津日报》1964年6月20日)、王凤岭《不能跟错误思想"和平共处"——用整风精神学习〈反对自由主义〉》(《中国青年报》1964年7月23日)、惠诚《介绍〈反对自由主义〉》(《实践》1964年第7期)、陈秋雨《锐利的思想武器——〈反对自由主义〉读后》(《羊城晚报》1964年9月9日)、秦云《坚持原则敢于斗争——学习〈反对自由主义〉札记》(《中国青年报》1964年9月12日)、周小兰《学习〈反对自由主义〉有什么现实意义?》(《羊城晚报》1964年9月16日)、彭耀华《开展思想斗争克服自由主义——〈反对自由主义〉一文读后》(《贵州日报》1964年10月24日)、文丁《开展思想斗争的锋利武器——重读〈反对自由主义〉的一些体会》(《内蒙古日报》1964年12月12日)、唐一大《〈反对自由主义〉浅讲》(《宁夏日报》1964年12月15日)、《学习〈反对自由主义〉(学习辅导)》(《江西日报》1964年12月16日)、《学习〈反对自主义〉》(《江汉学报》1965年第14期)、徐寅生《积极展开思想斗争——学习〈反对自由主义〉一得》(《体育报》1965年1月22日)、《坚持党的原则积极开展批评和自我批评——亚站大队党员学习毛主席〈反对自由主义〉座谈纪要》(《黑龙江日报》1965年2月6日)、郭玉运《学习〈反对自由主义〉(学习辅导)》(《工人日报》1965年6月20日)、《学习〈反对自由主义〉》(《内蒙古日报》1965年12月25日)、王文汉等《加强革命性、原则性、组织性、纪律性——学习毛主席〈反对自由主义〉和〈放下包袱，开动机器〉两篇文章笔谈》(《安徽日报》1966年2月17日)、《学习〈反对自由主义〉》(《解放军报》1966年2月21日)、中国共产党河南省委员会写作小组《开展积极的思想斗争，进一步增强党的团结——学习〈反对自由主义〉》(《红旗》1971年第12期)、高惠昌《反对自由主义，增强革命团结——学习〈反对自由主义〉的一点体会》(《新疆日报》1974年12月25日)、舒冰《促进安定团结的锐利武器——学习〈反对自由主义〉的一点体会》(《新华日报》1975年8月6日)、中共复湾盐场委员会《加强领导班子建设的思想武器——学习〈反对自由主义〉的一点体会》(《旅大日报》1975年10月28日)、陈焕珍《个人利益要服从四化这个大局——学习〈反对自由主义〉的一点体会》(1980年2月8日)、林忠《要敢于对错误倾向开展积极的思想斗争——学习〈反对自由主义〉的体会》(《云南日报》1981年9月11日)、黄志坚等《思想战线的一项重要任务——学习〈反对自由主义〉》(《光明日报》1981年9月16日)、康俊卿《纠正涣散软弱的思想武器——重读〈反对自由主义〉》(《甘肃日报》1981年11月14日)、伊诚《建设社会主义精神文明的思想武器——重读〈反对自由主义〉》(《宁夏日报》1982年3月18日)、岳平《重新学习〈反对自由主义〉》(《人民日报》1982年8月17日)、《重新学习〈反对自由主义〉》(《理论动态》1982年第362期)、张赤侠《党的思想建设的一项重要任务——学习〈反对自由主义〉》(《中州学刊》1982年第2期)、李焰平《认真学习〈反对自由主义〉正确开展批评和自我批评》(《甘肃理论学刊》1983年第6期)、闻洁《坚持积极的思想斗争——学习〈反对自由主义〉的体会》(《内蒙古财经学院学报》1983年第4期)、龙吟《要开展积极的思想斗争——重读毛泽东同志著作〈反对自由主义〉的体会》(《浙江日报》1983年10月27日)、陈模《需要批评和自我批评（重读〈反对自由主义〉有感）》（《北京日报》1983年11月5日）、昭平《开展积极思想斗争的锐利武器——重读毛泽东同志的〈反对自由主义〉》（《青海日报》1983年11月16日）、郭继明《党的思想建设的锐利武器（重读〈反对自由主义〉）》（《河南日报》1983年12月7日）、春华《拿起批评与自我批评武器——重读毛泽东同志著作〈反对自由主义〉》（《新华日报》1983年12月18日）、李宗江《要勇于纠正错误——学习〈反对自由主义〉的体会》（《甘肃日报》1983年12月21日）、钟修声《批评的武器不能丢——重读〈反对自由主义〉》（《江西日报》1983年12月23日）、罗茂城等《〈反对自由主义〉问世前后——访中顾委常委、全国政协副主席刘澜涛》（《人民日报》1983年12月24日）、树谦《认真开展批评与自我批评——学习〈反对自由主义〉》（《内蒙古日报》1983年12月30日）、理平《清除精神污染的一面镜子——〈反对自由主义〉学习片得》（《湖南师院学报》1984年第1期）、吴军等《忠诚、坦白、积极、正直——学习〈反对自由主义〉的一点体会》（《天津日报》1984年1月24日）、王福如《防止整党走过场的锐利思想武器——重读〈反对自由主义〉》（《学习与研究》1984年第1期）、李荒《开展积极的思想斗争——学习〈反对自由主义〉笔记》（《理论与实践》1984年第1期）、张世敏《学习〈反对自由主义〉一文的体会——纪念毛泽东同志〈反对自由主义〉发表五十周年》（《山东工业大学学报》1992年第3期）、赵德明《反对自由主义 不怕不识货 只怕货比货》（《中学语文教学参考：教师版》1994年第7期）、廖联奎《〈反对自由主义〉诠释》（《毛泽东思想研究》2005年第1期）、李建勇《毛泽东〈反对自由主义〉思想解读——以"差序格局"理论为视角》（《天中学刊》2008年第4期）、许察金《论毛泽东反对自由主义思想的伟大现实意义》（《克拉玛依学刊》2011年第3期）、梁伟岸《关于毛泽东〈反对自由主义〉的研究综述》（《河北经贸大学学报（综合版）》2013年第4期）、孙宜芳《诠释毛泽东党员马克思主义教育思想的三重向度——重新解读〈反对自由主义〉》（《思想政治教育研究》2014年第2期）、王凤刚和曹希岭《延安整风运动中的反对自由主义》［《鲁东大学学报（哲学社会科学版）》2014年第1期］、欧阳庆芳等《论〈反对自由主义〉的历史价值、现实表现与实践启迪》［《湖北民族学院学报（哲学社会科学版）》2015年第3

期］、李斌《以毛泽东〈反对自由主义〉为理论视角论从严治党》（《世纪桥》2015年第9期）、戴安林《毛泽东为何要写〈反对自由主义〉？》（《红广角》2015年第2期）、李凌敏《浅谈毛泽东〈反对自由主义〉的现实意义》［《新西部（理论版）》2015年第18期］、蒋丽等《〈反对自由主义〉与遵守党的纪律》（《毛泽东思想研究》2016年第3期）、张磊《论〈反对自由主义〉文本的历史价值与现实启示——基于全面从严治党视角》（《大连干部学刊》2017年第1期）、李庆英《中国共产党人为什么必须反对"自由主义"——基于80年前毛泽东一篇经典文献的思考》（《上海党史与党建》2017年第9期）、郝满城《坚决反对当前党内的自由主义》［《共产党员（河北）》2017年第2期］、杜东芳《浅析毛泽东同志〈反对自由主义〉的当代价值》（《法制与社会》2019年第22期）、董杰《〈反对自由主义〉对当代党的纪律建设的启示》［《决策探索》（下）2020年第1期］、陶文昭《〈反对自由主义〉：全党改造思想的有力武器》（《党建》2020年第2期）等。其中孙宜芳的《诠释毛泽东党员马克思主义教育思想的三重向度——重新解读〈反对自由主义〉》，以深刻性、实践性和全面性特征为切入点，在认识向度、策略向度和价值向度上重新解读《反对自由主义》，这对于突破传统解读范式，丰富该文的科学蕴意，进一步厘清毛泽东党员马克思主义教育思想具有重要的意义。欧阳庆芳等的《论〈反对自由主义〉的历史价值、现实表现与实践启迪》，主要内容是从历史的纵剖面审视《反对自由主义》的重要价值，又从横向视角考察自由主义在当前政治、经济和社会生活的表现，进而再汲取毛泽东提出的克服自由主义方法，探索长效治本之策，强调《反对自由主义》对于新形势下加强党的思想政治建设、作风建设具有重要的现实意义。

有一些书也介绍、论述了《反对自由主义》，如：艾寒松《怎样做一个共产党员》（江西人民出版社1959年版）、《辞海试行本》第2分册《哲学》（中华书局辞海编辑所1961年版）、艾寒松编著《怎样做一个共产党员》（上海人民出版社1962年版）、中国人民解放军外国语文学院政治部编《学习毛主席著作的故事》（中国少年儿童出版社1965年版）、天津人民出版社编《学习〈反对自由主义〉》（天津人民出版社1965年版）、中共厦门市委工交政治部《学习毛主席著作参考资料》（1966年编印）、《发扬党的优良传统加强党的思想建设》（辽宁省新华书店1971年版）、《认真学习毛主席著作》（广东人民出版社1971年版）、四川人民出版社编《认真读毛主席的书》（四川人民出版社1972年版）、《做革命团结的模范》（陕西人民出版社1972年版）、洛阳市革命委员会政工组编《深入开展对于修正主义的批判》（1972年编印）、《学习文集》第一册（江苏人民出版社1972年版）、《学习毛主席著作 批判修正主义》第一册（宁夏人民出版社1972年版）、《认真学习毛主席著作 提高路线斗争觉悟——学习毛主席著作的体会》第1集（山东人民出版社1972年版）、《批判修正主义的锐利武器——学习马、列著作和毛主席著作体会》（河南人民出版社1972年版）、镇江地区教材编写组编《科学的预见 革命的真理——学习毛主席著作的体会》（1972年版）、总后勤政治部组织部编《加强党的建设学习材料》第一册（总后勤政治部组织部1973年版）、南充师范学院等编《政论文选讲》上（1975年编印）、江西师范学院中文系函授组1976年编印《马列毛主席论文选读（学习辅导材料）》、天津针织厂工人理论组和南开大学哲学系毛主席哲学思想研究组编《〈毛泽东选集〉学习参考资料》（1976年编印）、湖南邵阳师专中文科编《经典论著学习》（1977年编印）、烟台师范专科学校等编《政论文选读（马列·毛主席著作部分）》（1977年编印）、周思编著《党内政治生活准则讲话》（黑龙江人民出版社1980年版）、解放军报编辑部《毛泽东同志四十三篇著作简介》（长征出版社1982年版）、黄景芳等主编《毛泽东四十三篇科学著作简介》（吉林省毛泽东思想研究会1983年编印）、《马克思主义党的学说经典著作简介》（辽宁共产党员刊授党校1984年编印）、朱同顺编著《学习〈毛泽东同志论党的作风和党的组织〉》（浙江人民出版社1985年版）、孙铁编著《党的组织工作词典》（中国展望出版社1986年版）、张汉清等主编《全日制中学初中语文教材基本篇目导读》（新疆大学出版社1987年版）、黄景芳等主编《〈毛泽东著作选读〉介绍》（吉林大学社会科学丛刊1987年版）、刘德华等主编《思想政治教育重要文献学习提要》（武汉工业大学出版社1988年版）、孙鼎重主编《党务工作手册》（人民日报出版社1989年版）、中国毛泽东思想理论与实践研究会理事会编《毛泽东思想辞典》（中共中央党校出版社1989年版）、敬永和主编《现代思想政治工作辞典》（上海人民出版社1990年版）、孙庆祥主编

《组织人事工作辞典》（山东人民出版社1990年版）、中共浙江省委组织部一处等编著《基层党组织实用手册》（浙江人民出版社1990年版）、共青团河南省委学校部等1990年编印《大学生马克思主义精选读本》、杜亦平等主编《思想政治工作小百科》（天津人民出版社1991年版）、廖盖隆等主编《共产党员修养全书》（大连出版社1991年版）、杨瑞森等主编《新版〈毛泽东选集〉导读》（中国人事出版社1991年版）、翟泰丰主编《新版〈毛泽东选集〉导读》（中国华侨出版公司1991年版）、韩扬主编《学习马克思主义党建理论必读》（经济日报出版社1991年版）、朱贵玉等主编《毛泽东著作研究文集》（中国经济出版社1991年版）、贾若瑜主编《新战士国防知识手册》（中共党史出版社1991年版）、冯纪新主编《政工师手册》（上海人民出版社1991年版）、熊国保主编《学习毛泽东与毛泽东思想》（军事译文出版社1991年版）、中共贵州省委党校党建教研室编《党的建设基本理论250题解》（贵州人民出版社1991年版）、黄德渊等编著《党的基本知识手册》（南京大学出版社1991年版）、袁竞主编《毛泽东著作大辞典》（中国国际广播出版社1991年版）、乔明甫等主编《中国共产党建设大辞典》（四川人民出版社1991年版）、何平主编《毛泽东大辞典》（中国国际广播出版社1992年版）、王进等主编《毛泽东大辞典》（广西人民出版社等1992年版）、徐敏捷主编《党建著作导读手册》（大连理工大学出版社1992年版）、张光宇主编《中国社团党派辞典》（陕西人民出版社1992年版）、罗国杰等主编《中国伦理学百科全书：马克思主义伦理思想史卷》（吉林人民出版社1993年版）、邓光荣等主编《毛泽东军事思想辞典》（国防大学出版社1993年版）、萧少秋主编《延安时期毛泽东著述提要》（陕西人民教育出版社1993年版）、邵华泽主编《中国国情总览》（山西教育出版社1993年版）、廖盖隆等主编《毛泽东百科全书》（光明日报出版社1993年版，2003年修订版）、巢峰主编《毛泽东思想大辞典》（上海辞书出版社1993年版）、李文林等编《毛泽东研究著作提要》（香港中国和世界出版公司1993年版）、翟泰丰主编《党的基本路线知识全书》（辽宁人民出版社1994年版）、韩荣璋主编《新版〈毛泽东选集〉学习辅导》（改革出版社1994年版）、方人等编《新编党员实用手册》（长征出版社1994年版、2001年版）、孟学文主编《中国共青团大典》（红旗出版社1996年版）、张静如主编《毛泽东研究全书》（长春出版社1998年版）、蒋建农主编《毛泽东全书》（河北人民出版社1998年版）、柴宇球主编《毛泽东大智谋》下（中国档案出版社1998年版）、范平等主编《跨世纪党建基本知识手册》（东方出版社1999年版）、徐少锦等主编《伦理百科辞典》（中国广播电视出版社1999年版）、施善玉等主编《中国共产党党史知识集成》（长征出版社2001年版）、赵云献总主编《中国共产党文库——党的理论80年历程》上（光明日报出版社2001年版）、曹茂春等主编《毛泽东思想研析》（群众出版社2001年版）、范耀天《党校研究生党性修养教程》（中共中央党校出版社2001年版）、赵云献等总主编《2001年—2005年全国干部教育培训全书·毛泽东著作选读卷》（光明日报出版社2001年版）、冯契主编《哲学大辞典》（修订本）上（上海辞书出版社2001年版）、郑科扬主编《新时期党的基层组织（党委、党总支、党支部）工作手册》（红旗出版社2002年版）、王守柱等编著《毛泽东的魅力》（说与写卷）（中央文献出版社2003年版）、邢台市交通局主编《反对自由主义大家谈》（社会科学文献出版社2003年版）、郭彦起主编《探索与实践：天津规划建设系统加强党建和思想政治工作文集（2004）》（天津人民出版社2004年版）、范平主编《新世纪新阶段党的建设与党组织工作手册》上（红旗出版社2005年版）、罗晓梅等主编《毛泽东思想与抗日战争研究文集》（中国文史出版社2005年版）、祝德生主编《新时期加强和改进党的建设探索与实践》（人民日报出版社2006年版）、曹培强主编《入党培训案例式教学教师参考书》（新华出版社2010年版）、王永平编《党建实用手册》（广东人民出版社2011年版）、河南省教育厅组织编写《红色经典诗文选编 大学版》（南海出版公司2011年版）、李捷主编《毛泽东著作辞典》（浙江人民出版社2011年版）、吴再《向中国共产党学习（成功策略篇）》（海天出版社2011年版）、金钊和王政堂主编《党支部书记不可不知的常识》修订版（国家行政学院出版社2013年版）、《批评和自我批评党员干部读本》编写组编《批评和自我批评党员干部读本》（国家行政学院出版社2013年版）、王永平主编《新编党建手册》（广东人民出版社2014年版）、石国亮等主编《领导干部必读的党史国史经典》（国家行政学院出版社2014年版）、吴玉才编著《毛泽东思想文献解读》（安徽师范大学出版社2015年版）、杨金卫主编

《构筑精神家园——社会主义核心价值观百问百答》（山东人民出版社2015年版）、中国人民解放军外国语文学院政治部编印的《学习毛主席著作辅导材料》（一）等。

还有一些对《反对自由主义》语言、结构、修辞进行研究的书。如：云南曲靖师范巡回函授组编《政论文分析》上（1977年印）、浙江平湖师范编《中学语文教材教法研究》（1979年印）、贵阳师范学院中文系编全日制十年制学校初中语文课本《教学参考书》第3册修订本（1980年印）、广东、广西、江西、湖北、湖南五省（区）教学参考书编委会编《语文》第5册《教学参考书》（人民教育出版社1982年版）、江西省教育厅工农教育处编《语文》（江西人民出版社1982年版）、《职工初中文化速成补习教材》编写组编《职工初中文化速成补习教材 语文》（冶金工业出版社1982年版）、《教学参考书》编写组编《〈语文〉教学参考书》（冶金工业出版社1984年版）、《教学参考书》编写组编《职工初中文化速成补习教材〈语文〉教学参考书》（冶金工业出版社1984年版）、江西省教育学院中文系《初中语文排难解疑》编写组编写《初中语文排难解疑》（江西教育出版社1986年版）、《初中语文学习手册》编写组编《初中语文学习手册》（江苏人民出版社1987年版）、张寿康主编《初中语文第五册学习手册》（农村读物出版社1987年版）、李峰和金怡弟主编《中学语文疑难词句学用》上（四川少年儿童出版社1988年版）、王继钢等主编《初中语文现代文阅读导引》第5册（北京师范大学出版社1988年版）、陈天敏等编《初中语文读写指导》第5册（北京少年儿童出版社1988年版）、《手册》编写组编《初中语文词语多用手册》第5册（农村读物出版社1988年版）、尚勤等编著《初中语文词语汇释与训练》5（测绘出版社1988年版）、王孝安等编《教与学 初中语文》第五册（天津科学技术出版社1988年版）、张友敏等编写《初中语文基本篇目读练启发指要（三年级）》（广西师范大学出版社1988年版）、肖玛等编写《新编中学语文词语详解手册 初中》第5册（华夏出版社1988年版）、张文艳主编《初中语文词语集释》（北京师范学院出版社1989年版）、张汉清等主编《初中语文导读与图示提要》（东北师范大学出版社1990年版）、陈光陆等主编《初中语文教学目标》第3册（东北师范大学出版社1990年版）、赵恩芳等编著《现代汉语多重复句分析》（天津社会科学院出版社1991年版）、黄岳洲主编《新编中学语文教案》（初中第5册）（语文出版社1993年版）、张德政主编《初中语文200问》（华文出版社1993年版）、张翼健主编《初中教师之友 语文卷》（东北师范大学出版社1995年版）、孙有康《写作语汇新说》（暨南大学出版社2015年版）、金华地区师范专科学校文科编《政论文分析》等。

五、校勘与分析

（一）1949年10月以前版本校勘与分析

《反对自由主义》1949年10月以前的各种版本，大多以陕甘宁边区党委1937年10月20日第46期《党的工作》为底本，各版本之间差别较小。

1. 《解放日报》1942年4月10日版与《党的工作》1937年第46期版异同

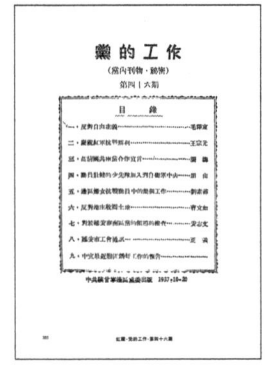 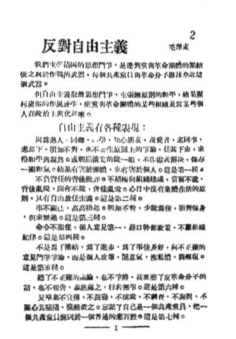 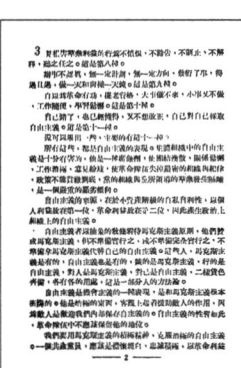

陕甘宁边区党委1937年10月20日编印《党的工作》第46期图片（辑自《红藏》）

《解放日报》1942年4月10日刊登的《反对自由主义》（以下简称"1942年版"）与《党的工作》1937年10月20日第46期刊登的《反对自由主义》（以下简称"1937年版"）相校，略有标点、文字的不同。

1942年4月10日《解放日报》版图片

（1）标点不同

1937年版："事不关己，高高挂起。"① 1942年版："事不关己，高高挂起，"②。

1937年版："同一切不正确的思想行为作不疲倦的斗争用以巩固党的集体生活，"③。1942年版："同一切不正确的思想行为作不疲倦的斗争，用以巩固党的集体生活，"④。

（2）文字不同

第一，不改变文义的文字改动。

1937年版："使党与革命团体的某些组织及其某些个人在政治上腐化起来。"⑤ 1942年版："使党与革命团体的某些组织及某些个人在政治上腐化起来。"⑥ "及其"改"及"，不改变文义。

---

① 《党的工作》1937年第46期，《红藏·党的工作》第4册，湘潭大学出版社2014年版，第356页。
② 《解放日报》1942年4月10日第四版。
③ 《党的工作》1937年第46期，《红藏·党的工作》第4册，湘潭大学出版社2014年版，第358页。
④ 《解放日报》1942年4月10日第四版。
⑤ 《党的工作》1937年第46期，《红藏·党的工作》第4册，湘潭大学出版社2014年版，第356页。
⑥ 《解放日报》1942年4月10日版第四版。

1937年版："每个共产党员与革命分子应该拿起这个武器。"①1942年版："每个共产党员与革命份子,应该拿起这个武器。"②1937年版："甚至听了反革命分子的话,也不报告,泰然处之,行若无事。"③1942年版："甚至听了反革命份子的话,也不报告,泰然处之,行若无事。"④以上"分子"改"份子",不改变文义。

1937年版："自由主义者以抽象的教条看待马克斯主义原则,"⑤。1942年版："自由主义者以抽象的教条看待马克思主义原则,"⑥。1937年版："他们赞成马克斯主义,但不准备实行之,"⑦。1942年版："他们赞成马克思主义,但不准备实行之,"⑧。1937年版："不准备拿马克斯主义代替自己的自由主义。"⑨1942年版："不准备拿马克思主义代替自己的自由主义。"⑩1937年版："这些人,马克斯主义是有的,自由主义也是有的,"⑪。1942年版："这些人,马克思主义是有的,自由主义也是有的,"⑫。1937年版："对人是马克斯主义,对己是自由主义,"⑬。1942年版："对人是马克思主义,对己是自由主义,"⑭。1937年版："是和马克斯主义根本冲突

---

① 《党的工作》1937年第46期,《红藏·党的工作》第4册,湘潭大学出版社2014年版,第356页。
② 《解放日报》1942年4月10日第四版。
③ 《党的工作》1937年第46期,《红藏·党的工作》第4册,湘潭大学出版社2014年版,第356页。
④ 《解放日报》1942年4月10日第四版。
⑤ 《党的工作》1937年第46期,《红藏·党的工作》第4册,湘潭大学出版社2014年版,第357页。
⑥ 《解放日报》1942年4月10日第四版。
⑦ 《党的工作》1937年第46期,《红藏·党的工作》第4册,湘潭大学出版社2014年版,第357页。
⑧ 《解放日报》1942年4月10日第四版。
⑨ 《党的工作》1937年第46期,《红藏·党的工作》第4册,湘潭大学出版社2014年版,第357页。
⑩ 《解放日报》1942年4月10日第四版。
⑪ 《党的工作》1937年第46期,《红藏·党的工作》第4册,湘潭大学出版社2014年版,第357页。
⑫ 《解放日报》1942年4月10日第四版。
⑬ 《党的工作》1937年第46期,《红藏·党的工作》第4册,湘潭大学出版社2014年版,第357页。
⑭ 《解放日报》1942年4月10日第四版。

的。"① 1942年版："是和马克思主义根本冲突的。"② 1937年版："我们要用马克斯主义的积极精神，"③。1942年版："我们要用马克思主义的积极精神，"④。以上"马克斯主义"改"马克思主义"，不改变文义。

1937年版："谈的是马克斯主义，行的是自由主义，"⑤。1942年版："说的是马克思主义，行的是自由主义，"⑥。"谈"改"说"，不改变文义。

1937年版："一个共产党员，应该是襟怀坦白，忠诚积极，"⑦。1942年版："一个共产党员，应该是襟怀坦白，忠实积极，"⑧。"忠诚"改"忠实"，不改变文义。

1937年版："这是一部分人的方法论。"⑨ 1942年版："这是一部份人的方法论。"⑩ 1937年版："反对一部分人的自由主义倾向，"⑪。1942年版："反对一部份的自由主义倾向，"⑫。以上"一部分"改"一部份"，不改变文义。

第二，修改后更合理。

1937年版："我们主张积极的思想斗争，是达到党与革命团体的团结使之利于作战的武器，"⑬。1942年版："我们主张积极的思想斗争，因为它是

---

① 《党的工作》1937年第46期，《红藏·党的工作》第4册，湘潭大学出版社2014年版，第357页。
② 《解放日报》1942年4月10日第四版。
③ 《党的工作》1937年第46期，《红藏·党的工作》第4册，湘潭大学出版社2014年版，第357页。
④ 《解放日报》1942年4月10日第四版。
⑤ 《党的工作》1937年第46期，《红藏·党的工作》第4册，湘潭大学出版社2014年版，第357页。
⑥ 《解放日报》1942年4月10日第四版。
⑦ 《党的工作》1937年第46期，《红藏·党的工作》第4册，湘潭大学出版社2014年版，第357页。
⑧ 《解放日报》1942年4月10日第四版。
⑨ 《党的工作》1937年第46期，《红藏·党的工作》第4册，湘潭大学出版社2014年版，第357页。
⑩ 《解放日报》1942年4月10日第四版。
⑪ 《党的工作》1937年第46期，《红藏·党的工作》第4册，湘潭大学出版社2014年版，第358页。
⑫ 《解放日报》1942年4月10日第四版。
⑬ 《党的工作》1937年第46期，《红藏·党的工作》第4册，湘潭大学出版社2014年版，第356页。

达到党与革命团体的团结使之利于作战的武器，"[1]。增"因为它"，更合理。

1937年版："工作消极，意见纷歧，"[2]。1942年版："工作消极，意见分歧，"[3]。"纷歧"改"分歧"，更合理。

第三，订正错字。

1937年版："听了不正确的议论，也不争辨，"[4]。1942年版："听了不正确的议论，也不争辩，"[5]。"争辨"，"辨"字误，改"辩"，订正了错字。

第四，思想性修改。

1937年版："以个人利益放在第一位，革命利益放在第二位，因此产生政治上组织上的自由主义。"[6] 1942年版："以个人利益放在第一位，革命利益放在第二位，因此产生思想上政治上组织上的自由主义。"[7] 增"思想上"，强调了要反对思想上的自由主义。

第五，改动失误。

1937年版："不是为了团结，为了进步，为了事情弄好，"[8]。1942年版："不是为了团体，为了进步，为了事情弄好，"[9]。"团结"改"团体"，误。

---

[1] 《解放日报》1942年4月10日第四版。
[2] 《党的工作》1937年第46期，《红藏·党的工作》第4册，湘潭大学出版社2014年版，第357页。
[3] 《解放日报》1942年4月10日第四版。
[4] 《党的工作》1937年第46期，《红藏·党的工作》第4册，湘潭大学出版社2014年版，第356页。
[5] 《解放日报》1942年4月10日第四版。
[6] 《党的工作》1937年第46期，《红藏·党的工作》第4册，湘潭大学出版社2014年版，第357页。
[7] 《解放日报》1942年4月10日第四版。
[8] 《党的工作》1937年第46期，《红藏·党的工作》第4册，湘潭大学出版社2014年版，第356页。
[9] 《解放日报》1942年4月10日第四版。

2. 晋察冀日报社1944年《毛泽东选集》卷五版与《党的工作》1937年第46期版异同

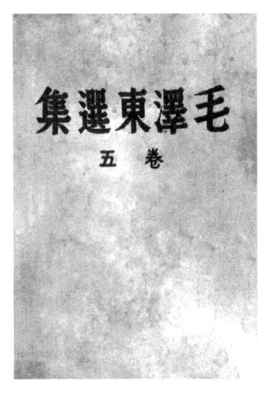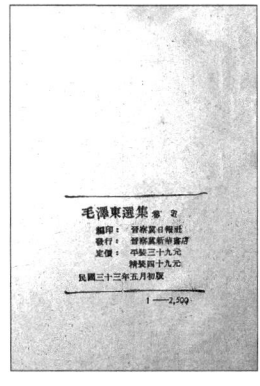

晋察冀日报社1944年《毛泽东选集》卷五版书影

晋察冀日报社1944年5月版《毛泽东选集》卷五收入的《反对自由主义》（以下简称"1944年版"）与1937年版相校，略有标点、文字的不同。

（1）标点不同

1937年版："不负责任的背后批评。"[1] 1944年版："不负责任的背后批评，"[2]。

1937年版："事不关己，高高挂起。"[3] 1944年版："事不关己，高高挂起，"[4]。

1937年版："同一切不正确的思想行为作不疲倦的斗争用以巩固党的集体生活，"[5]。1944年版："同一切不正确的思想行为作不疲倦的斗争，用以巩固党的集体生活，"[6]。

---

[1]《党的工作》1937年第46期，《红藏·党的工作》第4册，湘潭大学出版社2014年版，第356页。

[2]《毛泽东选集》卷五，晋察冀日报社1944年版，第27页。

[3]《党的工作》1937年第46期，《红藏·党的工作》第4册，湘潭大学出版社2014年版，第356页。

[4]《毛泽东选集》卷五，晋察冀日报社1944年版，第27页。

[5]《党的工作》1937年第46期，《红藏·党的工作》第4册，湘潭大学出版社2014年版，第358页。

[6]《毛泽东选集》卷五，晋察冀日报社1944年版，第29页。

（2）文字不同

第一，不改变文义的文字改动。

1937年版："使党与革命团体的某些组织及其某些个人在政治上腐化起来。"① 1944年版："使党与革命团体的某些组织及某些个人在政治上腐化起来。"② "及其"改"及"，不改变文义。

1937年版："忠诚积极，"③。1944年版："忠实积极，"④。"忠诚"改"忠实"，不改变文义。

1937年版："反对一部分人的自由主义倾向，把他们改变到正确的方向，"⑤。1944年版："反对一部分人的自由主义的倾向，把他们改变到正确的方向。"⑥ 增"的"，不改变文义。

1937年版："是一个严重的恶劣倾向。"⑦ 1944年版："是一种严重的恶劣倾向。"⑧ "一个"改"一种"，不改变文义。

1937年版："自由主义者以抽象的教条看待马克斯主义原则，"⑨。1944年版："自由主义者以抽象的教条看待马克思主义原则，"⑩。1937年版："他们赞成马克斯主义，但不准备实行之，"⑪。1944年版："他们赞成马克思主义，但不准备实行之，"⑫。1937年版："这些人，马克斯主义是有

---

① 《党的工作》1937年第46期，《红藏·党的工作》第4册，湘潭大学出版社2014年版，第356页。
② 《毛泽东选集》卷五，晋察冀日报社1944年版，第27页。
③ 《党的工作》1937年第46期，《红藏·党的工作》第4册，湘潭大学出版社2014年版，第357页。
④ 《毛泽东选集》卷五，晋察冀日报社1944年版，第29页。
⑤ 《党的工作》1937年第46期，《红藏·党的工作》第4册，湘潭大学出版社2014年版，第358页。
⑥ 《毛泽东选集》卷五，晋察冀日报社1944年版，第29页。
⑦ 《党的工作》1937年第46期，《红藏·党的工作》第4册，湘潭大学出版社2014年版，第357页。
⑧ 《毛泽东选集》卷五，晋察冀日报社1944年版，第28页。
⑨ 《党的工作》1937年第46期，《红藏·党的工作》第4册，湘潭大学出版社2014年版，第357页。
⑩ 《毛泽东选集》卷五，晋察冀日报社1944年版，第29页。
⑪ 《党的工作》1937年第46期，《红藏·党的工作》第4册，湘潭大学出版社2014年版，第357页。
⑫ 《毛泽东选集》卷五，晋察冀日报社1944年版，第29页。

的，"①。1944年版："这些人，马克思主义是有的，"②。1937年版："对人是马克斯主义，"③。1944年版："对人是马克思主义，"④。1937年版："是和马克斯主义根本冲突的。"⑤ 1944年版："是和马克思主义根本冲突的。"⑥ 1937年版："我们要用马克斯主义的积极精神，"⑦。1944年版："我们要用马克思主义的积极精神，"⑧。以上"马克斯主义"改"马克思主义"，不改变文义。

1937年版："谈的是马克斯主义，"⑨。1944年版："说的是马克思主义，"⑩。"谈"改"说"，不改变文义。

第二，修改后更合理。

1937年版："是达到党与革命团体的团结使之利于作战的武器，"⑪。1944年版："因为它是达到党与革命团体的团结使之利于战斗的武器，"⑫。增"因为它"，更合理。

1937年版："他是消极的东西，"⑬。1944年版："它是消极的东西，"⑭。1937年版："革命队伍中不应该保留他的地位。"⑮ 1944年版：

---

① 《党的工作》1937年第46期，《红藏·党的工作》第4册，湘潭大学出版社2014年版，第357页。
② 《毛泽东选集》卷五，晋察冀日报社1944年版，第29页。
③ 《党的工作》1937年第46期，《红藏·党的工作》第4册，湘潭大学出版社2014年版，第357页。
④ 《毛泽东选集》卷五，晋察冀日报社1944年版，第29页。
⑤ 《党的工作》1937年第46期，《红藏·党的工作》第4册，湘潭大学出版社2014年版，第357页。
⑥ 《毛泽东选集》卷五，晋察冀日报社1944年版，第29页。
⑦ 《党的工作》1937年第46期，《红藏·党的工作》第4册，湘潭大学出版社2014年版，第357页。
⑧ 《毛泽东选集》卷五，晋察冀日报社1944年版，第29页。
⑨ 《党的工作》1937年第46期，《红藏·党的工作》第4册，湘潭大学出版社2014年版，第357页。
⑩ 《毛泽东选集》卷五，晋察冀日报社1944年版，第29页。
⑪ 《党的工作》1937年第46期，《红藏·党的工作》第4册，湘潭大学出版社2014年版，第356页。
⑫ 《毛泽东选集》卷五，晋察冀日报社1944年版，第27页。
⑬ 《党的工作》1937年第46期，《红藏·党的工作》第4册，湘潭大学出版社2014年版，第357页。
⑭ 《毛泽东选集》卷五，晋察冀日报社1944年版，第29页。
⑮ 《党的工作》1937年第46期，《红藏·党的工作》第4册，湘潭大学出版社2014年版，第357页。

"革命队伍中不应该保留它的地位。"①"他"改"它",更合理。

1937年版:"工作消极,意见纷歧,"②。1944年版:"工作消极,意见分歧,"③。"纷歧"改"分歧",更合理。

第三,订正错字。

1937年版:"听了不正确的议论,也不争辨,"④。1944年版:"听了不正确的议论,也不争辩,"⑤。"争辨","辨"字误,改"辩",订正了错字。

第四,补缺字。

1937年版:"因为敌人是欢迎我们内部保存自主义的。"⑥1944年版:"因为敌人是欢迎我们内部保存自由主义的。"⑦增"由",补了缺字。

第五,思想性改动。

1937年版:"因此产生政治上组织上的自由主义。"⑧1944年版:"因此产生思想上、政治上、组织上的自由主义。"⑨增"思想上",强调了要反对思想上的自由主义。

从以上的异同校勘中可以发现,1944年版与1942年版比较接近。

3. 真理社1945年《三风》版与《党的工作》1937年第46期版异同

真理社1945年版《三风》收入的《反对自由主义》(以下简称"1945年版")与1937年版相校,略有标点、文字的不同。

---

① 《毛泽东选集》卷五,晋察冀日报社1944年版,第29页。
② 《党的工作》1937年第46期,《红藏·党的工作》第4册,湘潭大学出版社2014年版,第357页。
③ 《毛泽东选集》卷五,晋察冀日报社1944年版,第28页。
④ 《党的工作》1937年第46期,《红藏·党的工作》第4册,湘潭大学出版社2014年版,第356页。
⑤ 《毛泽东选集》卷五,晋察冀日报社1944年版,第27页。
⑥ 《党的工作》1937年第46期,《红藏·党的工作》第4册,湘潭大学出版社2014年版,第357页。
⑦ 《毛泽东选集》卷五,晋察冀日报社1944年版,第29页。
⑧ 《党的工作》1937年第46期,《红藏·党的工作》第4册,湘潭大学出版社2014年版,第357页。
⑨ 《毛泽东选集》卷五,晋察冀日报社1944年版,第28页。

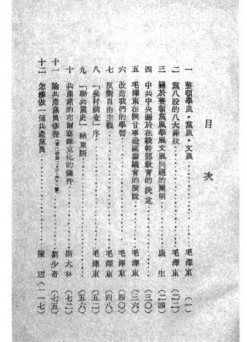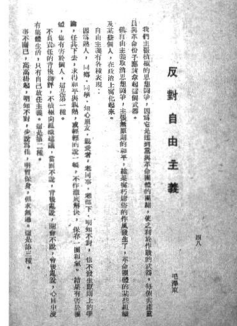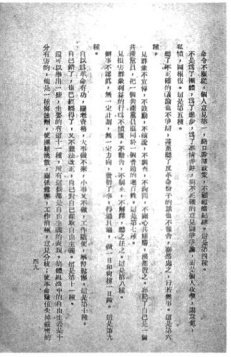

真理社1945年《三风》版书影

（1）标点不同

1937年版："求得和平与亲热。"① 1945年版："求得和平与亲热，"②。

1937年版："结果有害于团体，也有害于个人。"③ 1945年版："结果有害于团体，也有害于个人，"④。

1937年版："不负责任的背后批评。"⑤ 1945年版："不负责任的背后批评，"⑥。

---

① 《党的工作》1937年第46期，《红藏·党的工作》第4册，湘潭大学出版社2014年版，第356页。
② 《三风》，真理社1945年版，第48页。
③ 《党的工作》1937年第46期，《红藏·党的工作》第4册，湘潭大学出版社2014年版，第356页。
④ 《三风》，真理社1945年版，第48页。
⑤ 《党的工作》1937年第46期，《红藏·党的工作》第4册，湘潭大学出版社2014年版，第356页。
⑥ 《三风》，真理社1945年版，第48页。

1937年版："开会不说，会后乱说。"① 1945年版："开会不说，会后乱说，"②。

1937年版："事不关己，高高挂起。"③ 1945年版："事不关己，高高挂起，"④。

1937年版："还可以举出一些，主要的有这十一种。"⑤ 1945年版："还可以举出一些，主要的有这十一种，"⑥。

1937年版："所有这些，都是自由主义的表现。"⑦ 1945年版："所有这些都是自由主义的表现。"⑧

1937年版："工作消极，意见纷歧，"⑨。1945年版："工作消极，意见分歧；"⑩。

1937年版："自由主义的来源，在于小资产阶级的自私自利性，"⑪。1945年版："自由主义的来源在于小资产阶级的自私自利性，"⑫。

1937年版："但不准备实行之，或不准备完全实行之，"⑬。1945年版："但不准备实行之，或不准备完全实行之。"⑭

1937年版："我们要用马克斯主义的积极精神，克服消极的自由主

---

① 《党的工作》1937年第46期，《红藏·党的工作》第4册，湘潭大学出版社2014年版，第356页。
② 《三风》，真理社1945年版，第48页。
③ 《党的工作》1937年第46期，《红藏·党的工作》第4册，湘潭大学出版社2014年版，第356页。
④ 《三风》，真理社1945年版，第48页。
⑤ 《党的工作》1937年第46期，《红藏·党的工作》第4册，湘潭大学出版社2014年版，第357页。
⑥ 《三风》，真理社1945年版，第49页。
⑦ 《党的工作》1937年第46期，《红藏·党的工作》第4册，湘潭大学出版社2014年版，第357页。
⑧ 《三风》，真理社1945年版，第49页。
⑨ 《党的工作》1937年第46期，《红藏·党的工作》第4册，湘潭大学出版社2014年版，第357页。
⑩ 《三风》，真理社1945年版，第49页。
⑪ 《党的工作》1937年第46期，《红藏·党的工作》第4册，湘潭大学出版社2014年版，第357页。
⑫ 《三风》，真理社1945年版，第50页。
⑬ 《党的工作》1937年第46期，《红藏·党的工作》第4册，湘潭大学出版社2014年版，第357页。
⑭ 《三风》，真理社1945年版，第50页。

义。"① 1945年版:"我们要用马克思主义的积极精神克服消极的自由主义。"②

1937年版:"一个共产党员,应该是襟怀坦白,"③。1945年版:"一个共产党员应该是襟怀坦白,"④。

1937年版:"同一切不正确的思想行为作不疲倦的斗争用以巩固党的集体生活,"⑤。1945年版:"同一切不正确的思想行为作不疲倦的斗争,用以巩固党的集体生活,"⑥。

(2) 文字不同

第一,不改变文义的文字改动。

1937年版:"每个共产党员与革命分子应该拿起这个武器。"⑦ 1945年版:"每个共产党员与革命份子应该拿起这个武器。"⑧ 1937年版:"甚至听了反革命分子的话,也不报告,"⑨。1945年版:"甚至听了反革命份子的话也不报告,"⑩。以上"分子"改"份子",不改变文义。

1937年版:"结果腐朽庸俗的作风发生,"⑪。1945年版:"结果腐朽庸俗的作风发生了,"⑫。增"了",不改变文义。

1937年版:"使党与革命团体的某些组织及其某些个人在政治上腐化

---

① 《党的工作》1937年第46期,《红藏·党的工作》第4册,湘潭大学出版社2014年版,第357页。
② 《三风》,真理社1945年版,第50页。
③ 《党的工作》1937年第46期,《红藏·党的工作》第4册,湘潭大学出版社2014年版,第357页。
④ 《三风》,真理社1945年版,第50页。
⑤ 《党的工作》1937年第46期,《红藏·党的工作》第4册,湘潭大学出版社2014年版,第358页。
⑥ 《三风》,真理社1945年版,第50页。
⑦ 《党的工作》1937年第46期,《红藏·党的工作》第4册,湘潭大学出版社2014年版,第356页。
⑧ 《三风》,真理社1945年版,第48页。
⑨ 《党的工作》1937年第46期,《红藏·党的工作》第4册,湘潭大学出版社2014年版,第356页。
⑩ 《三风》,真理社1945年版,第49页。
⑪ 《党的工作》1937年第46期,《红藏·党的工作》第4册,湘潭大学出版社2014年版,第356页。
⑫ 《三风》,真理社1945年版,第48页。

起来。"① 1945年版："革命团体的某些组织及某些个人，在政治上腐化起来。"② "及其"改"及"，不改变文义。

1937年版："或轻描淡写的说一顿，"③。1945年版："或轻轻的说一顿，"④。"轻描淡写"改"轻轻"，不改变文义。

1937年版："做一天和尚撞一天钟。"⑤ 1945年版："做一日和尚撞一日钟。"⑥ "一天"改"一日"，不改变文义。

1937年版："自己错了，也已经懂得，又不想改正"⑦。1945年版："自己错了，也已经晓得了，又不想法改正"⑧。"懂得"改"晓得了"，不改变文义。

1937年版："是一个严重的恶劣倾向。"⑨ 1945年版："是一种严重的恶劣倾向。"⑩ "一个"改"一种"，不改变文义。

1937年版："这些人，马克斯主义是有的，"⑪。1945年版："这些人马克思主义是有的，"⑫ 1937年版："对人是马克斯主义，"⑬。1945年版："对人是马克思主义，"⑭。1937年版："是和马克斯主义根本冲突的。"⑮

---

① 《党的工作》1937年第46期，《红藏·党的工作》第4册，湘潭大学出版社2014年版，第356页。
② 《三风》，真理社1945年版，第48页。
③ 《党的工作》1937年第46期，《红藏·党的工作》第4册，湘潭大学出版社2014年版，第356页。
④ 《三风》，真理社1945年版，第48页。
⑤ 《党的工作》1937年第46期，《红藏·党的工作》第4册，湘潭大学出版社2014年版，第357页。
⑥ 《三风》，真理社1945年版，第49页。
⑦ 《党的工作》1937年第46期，《红藏·党的工作》第4册，湘潭大学出版社2014年版，第357页。
⑧ 《三风》，真理社1945年版，第49页。
⑨ 《党的工作》1937年第46期，《红藏·党的工作》第4册，湘潭大学出版社2014年版，第357页。
⑩ 《三风》，真理社1945年版，第50页。
⑪ 《党的工作》1937年第46期，《红藏·党的工作》第4册，湘潭大学出版社2014年版，第357页。
⑫ 《三风》，真理社1945年版，第50页。
⑬ 《党的工作》1937年第46期，《红藏·党的工作》第4册，湘潭大学出版社2014年版，第357页。
⑭ 《三风》，真理社1945年版，第50页。
⑮ 《党的工作》1937年第46期，《红藏·党的工作》第4册，湘潭大学出版社2014年版，第357页。

1945年版："是和马克思主义根本冲突的，"①。以上"马克斯主义"改"马克思主义"，不改变文义。

1937年版："谈的是马克斯主义，行的是自由主义，"②。1945年版："说的是马克思主义，行的是自由主义；"③。"谈"改"说"，不改变文义。

第二，修改后更合理。

1937年版："是达到党与革命团体的团结使之利于作战的武器，"④。1945年版："因为它是达到党与革命团体的团结，使之利于作战的武器。"⑤增"因为它"，更合理。

第三，订正错字。

1937年版："听了不正确的议论，也不争辨，"⑥。1945年版："听了不正确的议论也不争辩，"⑦。"争辨"，"辨"字误，改"辩"，订正了错字。

第四，思想性改动。

1937年版："革命利益放在第二位，因此产生政治上组织上的自由主义。"⑧1945年版："革命利益放在第二位。因此，产生思想上政治上组织上的自由主义。"⑨增"思想上"，强调了要反对思想上的自由主义。

第五，改动不改变文义。

1937年版："心目中没有集体生活的原则，只有自由放任主义。"⑩ 1945年版："心目中没有集体生活，只有自己放任主义。"⑪ "自由"改"自

---

① 《三风》，真理社1945年版，第50页。
② 《党的工作》1937年第46期，《红藏·党的工作》第4册，湘潭大学出版社2014年版，第357页。
③ 《三风》，真理社1945年版，第50页。
④ 《党的工作》1937年第46期，《红藏·党的工作》第4册，湘潭大学出版社2014年版，第356页。
⑤ 《三风》，真理社1945年版，第48页。
⑥ 《党的工作》1937年第46期，《红藏·党的工作》第4册，湘潭大学出版社2014年版，第356页。
⑦ 《三风》，真理社1945年版，第49页。
⑧ 《党的工作》1937年第46期，《红藏·党的工作》第4册，湘潭大学出版社2014年版，第357页。
⑨ 《三风》，真理社1945年版，第50页。
⑩ 《党的工作》1937年第46期，《红藏·党的工作》第4册，湘潭大学出版社2014年版，第356页。
⑪ 《三风》，真理社1945年版，第48页。

己",不妥。

1937年版:"这是一部分人的方法论。"① 1945年版:"这是一部份人的方法论。"② 1937年版:"一切忠诚坦白积极正直的共产党员团结起来,反对一部分人的自由主义倾向,把他们改变到正确的方向,"③。1945年版:"一切忠实·坦白·积极·真正的共产党员团结起来,反对一部份人的自由主义的倾向,把他们改良到正确地方向,"④。以上"一部分"改"一部份",不改变文义。

4. 东北民主联军总政治部1947年编印《论党的建设》版与《党的工作》1937年第46期版异同

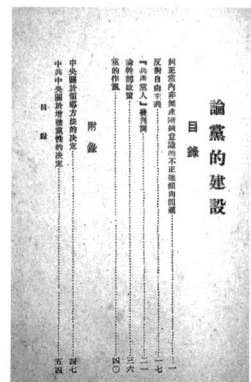
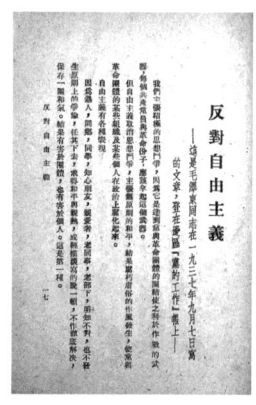

东北民主联军总政治部1947年编印《论党的建设》版书影

东北民主联军总政治部1947年编印《论党的建设》收入的《反对自由主义》(以下简称"1947年版")与1937年版相校,略有标点、文字的不同。

(1)标点不同

1937年版:"每个共产党员与革命分子应该拿起这个武器。"⑤ 1947年

---

① 《党的工作》1937年第46期,《红藏·党的工作》第4册,湘潭大学出版社2014年版,第357页。
② 《三风》,真理社1945年版,第50页。
③ 《党的工作》1937年第46期,《红藏·党的工作》第4册,湘潭大学出版社2014年版,第358页。
④ 《三风》,真理社1945年版,第51页。
⑤ 《党的工作》1937年第46期,《红藏·党的工作》第4册,湘潭大学出版社2014年版,第356页。

版："每个共产党员与革命份子，应该拿起这个武器。"①

1937年版："任其下去，求得和平与亲热。"② 1947年版："任其下去，求得和平与亲热，"③。

1937年版："不负责任的背后批评。"④ 1947年版："不负责任的背后批评，"⑤。

1937年版："事不关己，高高挂起。"⑥ 1947年版："事不关己，高高挂起，"⑦。

1937年版："同一切不正确的思想行为作不疲倦的斗争用以巩固党的集体生活，"⑧。1947年版："同一切不正确的思想行为作不疲倦的斗争，用以巩固党的集体生活，"⑨。

（2）文字不同

第一，不改变文义的文字改动。

1937年版："甚至听了反革命分子的话，也不报告，泰然处之，行若无事。"⑩ 1947年版："甚至听了反革命份子的话，也不报告，泰然处之，行若无事。"⑪ 以上"分子"改"份子"，不改变文义。

1937年版："自以为革命有功，摆老资格，"⑫。1947年版："自以为对革命有功，摆老资格，"⑬。增"对"，不改变文义。

---

① 《论党的建设》，东北民主联军总政治部1947年编印，第17页。
② 《党的工作》1937年第46期，《红藏·党的工作》第4册，湘潭大学出版社2014年版，第356页。
③ 《论党的建设》，东北民主联军总政治部1947年编印，第17页。
④ 《党的工作》1937年第46期，《红藏·党的工作》第4册，湘潭大学出版社2014年版，第356页。
⑤ 《论党的建设》，东北民主联军总政治部1947年编印，第18页。
⑥ 《党的工作》1937年第46期，《红藏·党的工作》第4册，湘潭大学出版社2014年版，第356页。
⑦ 《论党的建设》，东北民主联军总政治部1947年编印，第18页。
⑧ 《党的工作》1937年第46期，《红藏·党的工作》第4册，湘潭大学出版社2014年版，第358页。
⑨ 《论党的建设》，东北民主联军总政治部1947年编印，第20页。
⑩ 《党的工作》1937年第46期，《红藏·党的工作》第4册，湘潭大学出版社2014年版，第356页。
⑪ 《论党的建设》，东北民主联军总政治部1947年编印，第18页。
⑫ 《党的工作》1937年第46期，《红藏·党的工作》第4册，湘潭大学出版社2014年版，第357页。
⑬ 《论党的建设》，东北民主联军总政治部1947年编印，第19页。

1937年版："他是一种腐蚀剂，使团结涣散，关系松懈，工作消极，意见纷歧，"[①]。1947年版："他是一种腐蚀剂，使团结涣散，关系松懈，工作消极，意见分歧，"[②]。"纷歧"改"分歧"，更合理。

1937年版："党的组织与党所领导的群众发生隔离，是一个严重的恶劣倾向。"[③] 1947年版："党的组织与党所领导的群众发生隔离，是一种严格的恶劣倾向。"[④] "一个"改"一种"，不改变文义。

1937年版："一个共产党员，应该是襟怀坦白，忠诚积极，"[⑤]。1947年版："一个共产党员，应该是襟怀坦白，忠实积极，"[⑥]。"忠诚"改"忠实"，不改变文义。

1937年版："自由主义者以抽象的教条看待马克斯主义原则，"[⑦]。1947年版："自由主义者以抽象的教条看待马克思主义原则，"[⑧]。1937年版："他们赞成马克斯主义，但不准备实行之，"[⑨]。1947年版："他们赞成马克思主义，但不准备实行之，"[⑩]。1937年版："不准备拿马克斯主义代替自己的自由主义。"[⑪] 1947年版："不准备拿马克思主义代替自己的自由主义。"[⑫] 1937年版："这些人，马克斯主义是有的，自由主义也是有的，谈的是马克斯主义，行的是自由主义，对人是马克斯主义，对己是自由主

---

① 《党的工作》1937年第46期，《红藏·党的工作》第4册，湘潭大学出版社2014年版，第357页。
② 《论党的建设》，东北民主联军总政治部1947年编印，第19页。
③ 《党的工作》1937年第46期，《红藏·党的工作》第4册，湘潭大学出版社2014年版，第357页。
④ 《论党的建设》，东北民主联军总政治部1947年编印，第19页。
⑤ 《党的工作》1937年第46期，《红藏·党的工作》第4册，湘潭大学出版社2014年版，第357页。
⑥ 《论党的建设》，东北民主联军总政治部1947年编印，第20页。
⑦ 《党的工作》1937年第46期，《红藏·党的工作》第4册，湘潭大学出版社2014年版，第357页。
⑧ 《论党的建设》，东北民主联军总政治部1947年编印，第19页。
⑨ 《党的工作》1937年第46期，《红藏·党的工作》第4册，湘潭大学出版社2014年版，第357页。
⑩ 《论党的建设》，东北民主联军总政治部1947年编印，第19页。
⑪ 《党的工作》1937年第46期，《红藏·党的工作》第4册，湘潭大学出版社2014年版，第357页。
⑫ 《论党的建设》，东北民主联军总政治部1947年编印，第19页。

义，"①。1947年版："这些人，马克思主义是有的，自由主义也是有的，说的是马克思主义，行的是自由主义。对人是马克思主义，对己是自由主义，"②。1937年版："自由主义是机会主义的一种表现，是和马克斯主义根本冲突的。"③ 1947年版："自由主义是机会主义的一种表现，是和马克思主义根本冲突的。"④ 1937年版："我们要用马克斯主义的积极精神，"⑤。1947年版："我们要用马克思主义的积极精神，"⑥。以上"马克斯主义"改"马克思主义"，不改变文义。

第二，修改后更合理。

1937年版："他是消极的东西，客观上起着援助敌人的作用，因为敌人是欢迎我们内部保存自主义的。"⑦ 1947年版："它是消极的东西，客观上起着援助敌人的作用，因为敌人是欢迎我们内部保存自由主义的。"⑧ 1937年版："革命队伍中不应该保留他的地位。"⑨ 1947年版："革命队伍中不应该保留它的地位。"⑩ 以上"他"改"它"，更合理。

1937年版："是达到党与革命团体的团结使之利于作战的武器，"⑪。1947年版："因为它是达到党与革命团体的团结使之利于作战的武器，"⑫。增"因为它"，更合理。

---

① 《党的工作》1937年第46期，《红藏·党的工作》第4册，湘潭大学出版社2014年版，第357页。
② 《论党的建设》，东北民主联军总政治部1947年编印，第19页。
③ 《党的工作》1937年第46期，《红藏·党的工作》第4册，湘潭大学出版社2014年版，第357页。
④ 《论党的建设》，东北民主联军总政治部1947年编印，第20页。
⑤ 《党的工作》1937年第46期，《红藏·党的工作》第4册，湘潭大学出版社2014年版，第357页。
⑥ 《论党的建设》，东北民主联军总政治部1947年编印，第20页。
⑦ 《党的工作》1937年第46期，《红藏·党的工作》第4册，湘潭大学出版社2014年版，第357页。
⑧ 《论党的建设》，东北民主联军总政治部1947年编印，第20页。
⑨ 《党的工作》1937年第46期，《红藏·党的工作》第4册，湘潭大学出版社2014年版，第357页。
⑩ 《论党的建设》，东北民主联军总政治部1947年编印，第20页。
⑪ 《党的工作》1937年第46期，《红藏·党的工作》第4册，湘潭大学出版社2014年版，第356页。
⑫ 《论党的建设》，东北民主联军总政治部1947年编印，第17页。

第三，订正错字。

1937年版："听了不正确的议论，也不争辨，"①。1947年版："听了不正确的议论，也不争辩，"②。"争辨"，"辨"字误，改"辩"，订正了错字。

第四，思想性改动。

1937年版："以个人利益放在第一位，革命利益放在第二位，因此产生政治上组织上的自由主义。"③ 1947年版："以个人利益放在第一位，革命利益放在第二位，因此产生思想上、政治上、组织上的自由主义。"④ 增"思想上"，强调了要反对思想上的自由主义。

第五，改动不妥。

1937年版："这是一部分人的方法论。"⑤ 1947年版："这是一部份人的方法论。"⑥ 1937年版："反对一部分人的自由主义倾向，"⑦。1947年版："反对一部份人的自由主义倾向，"⑧。以上"一部分"改"一部份"，不妥。

（二）1949年10月以后版本校勘与分析

中华人民共和国成立后，1950年5月中共中央毛泽东选集出版委员会成立，毛泽东亲自参与了《毛泽东选集》的编辑与审定。《反对自由主义》，经毛泽东略作修订，收入人民出版社1952年3月出版的第一版《毛泽东选集》第二卷（以下简称"1952年《毛选》版"）。此后出版的各种版本的《毛泽东选集》，凡是收录这篇文章的，均是按照1952年《毛选》版的文本

---

① 《党的工作》1937年第46期，《红藏·党的工作》第4册，湘潭大学出版社2014年版，第356页。
② 《论党的建设》，东北民主联军总政治部1947年编印，第18页。
③ 《党的工作》1937年第46期，《红藏·党的工作》第4册，湘潭大学出版社2014年版，第357页。
④ 《论党的建设》，东北民主联军总政治部1947年编印，第19页。
⑤ 《党的工作》1937年第46期，《红藏·党的工作》第4册，湘潭大学出版社2014年版，第357页。
⑥ 《论党的建设》，东北民主联军总政治部1947年编印，第19页。
⑦ 《党的工作》1937年第46期，《红藏·党的工作》第4册，湘潭大学出版社2014年版，第358页。
⑧ 《论党的建设》，东北民主联军总政治部1947年编印，第20页。

印的，只是繁简字体、横竖版式有不同，文字都无改动。只有中国青年出版社1964年版《毛泽东著作选读》乙种本相比1952年《毛选》版增加了注释。

中国青年出版社1964年版《毛泽东著作选读》乙种本与人民出版社1952年《毛泽东选集》第二卷版的异同：

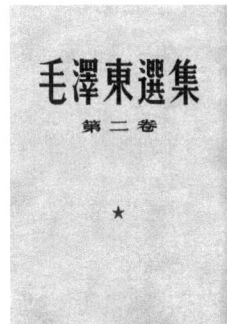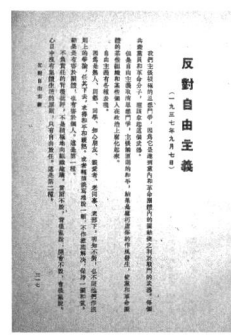

人民出版社1952年《毛泽东选集》第二卷版书影　　　　中国青年出版社1964年版《毛泽东著作选读》乙种本书影

1952年《毛选》版为竖排版，繁体字，无注释。中国青年出版社1964年版《毛泽东著作选读》乙种本为横排版，简体字，增加4条注释："〔1〕明哲保身，是封建社会的一句格言，意思是深明事理的人应该保全自己。这里是指一种个人主义的待人处世态度，计较个人利害，回避原则斗争。〔2〕泰然：毫不在意的样子。若：好像。泰然处之，行若无事：这里是说对原则问题采取无所谓的态度，好像没有事情一样。〔3〕漠然：冷淡、不关心。置之：放在一边。〔4〕襟怀：胸怀。坦白：正直，诚实。"①

《毛泽东著作选读》乙种本是为了适应工农青年及广大工农群众学习毛泽东著作的需要而编辑的，为了帮助读者阅读，增加了注释。

（三）人民出版社1952年《毛泽东选集》第二卷版与《党的工作》1937年第46期版的校勘与分析

人民出版社1952年《毛泽东选集》第二卷版收入的《反对自由主义》与1937年版相校，略有改动。

---

① 《毛泽东著作选读》乙种本，中国青年出版社1964年版，第52页。

1. 标点符号改动

标点符号改动约有37处，主要是标点的增减、改换。

1937年版："每个共产党员与革命分子应该拿起这个武器。"① 1952年《毛选》版："每个共产党员和革命分子，应该拿起这个武器。"②

1937年版："因为熟人，同乡，同学，知心朋友，亲爱者，老同事，老部下，"③。1952年《毛选》版："因为是熟人、同乡、同学、知心朋友、亲爱者、老同事、老部下，"④。

1937年版："自由主义有各种表现："⑤。1952年《毛选》版："自由主义有各种表现。"⑥

2. 文字修改

文字修改约有60处，主要有以下四种类型：

（1）不改变文义的文字修改

1937年版："每个共产党员与革命分子应该拿起这个武器。"⑦ 1952年《毛选》版："每个共产党员和革命分子，应该拿起这个武器。"⑧"与"改"和"，不改变文义。"与"，在1952年《毛选》版中都改为"和"。

1937年版："但自由主义取消思想斗争"⑨。1952年《毛选》版："但是自由主义取消思想斗争"⑩。"但"改"但是"，不改变文义。

1937年版："结果腐朽庸俗的作风发生"⑪。1952年《毛选》版："结果

---

① 《党的工作》1937年第46期，《红藏·党的工作》第4册，湘潭大学出版社2014年版，第356页。
② 《毛泽东选集》第二卷，人民出版社1952年版，第317页。
③ 《党的工作》1937年第46期，《红藏·党的工作》第4册，湘潭大学出版社2014年版，第356页。
④ 《毛泽东选集》第二卷，人民出版社1952年版，第317页。
⑤ 《党的工作》1937年第46期，《红藏·党的工作》第4册，湘潭大学出版社2014年版，第356页。
⑥ 《毛泽东选集》第二卷，人民出版社1952年版，第317页。
⑦ 《党的工作》1937年第46期，《红藏·党的工作》第4册，湘潭大学出版社2014年版，第356页。
⑧ 《毛泽东选集》第二卷，人民出版社1952年版，第317页。
⑨ 《党的工作》1937年第46期，《红藏·党的工作》第4册，湘潭大学出版社2014年版，第356页。
⑩ 《毛泽东选集》第二卷，人民出版社1952年版，第317页。
⑪ 《党的工作》1937年第46期，《红藏·党的工作》第4册，湘潭大学出版社2014年版，第356页。

是腐朽庸俗的作风发生"①。增"是",不改变文义。

1937年版:"使党与革命团体的某些组织及其某些个人在政治上腐化起来。"②1952年《毛选》版:"使党和革命团体的某些组织和某些个人在政治上腐化起来。"③"与"改"和","及其"改"和",不改变文义。

1937年版:"或轻描淡写的说一顿"④。1952年《毛选》版:"或者轻描淡写地说一顿"⑤。"或"改"或者","的"改"地",不改变文义。

1937年版:"结果有害于团体,"⑥。1952年《毛选》版:"结果是有害于团体,"⑦。增"是",不改变文义。

1937年版:"不积极向组织建议"⑧。1952年《毛选》版:"不是积极地向组织建议"⑨。增"是""地",不改变文义。

1937年版:"不是为了团结,为了进步,为了事情弄好"⑩。1952年《毛选》版:"不是为了团结,为了进步,为了把事情弄好"⑪。增"把",不改变文义。

1937年版:"向不正确的意见斗争争论"⑫。1952年《毛选》版:"向不正确的意见斗争和争论"⑬。增"和",不改变文义。

---

① 《毛泽东选集》第二卷,人民出版社1952年版,第317页。
② 《党的工作》1937年第46期,《红藏·党的工作》第4册,湘潭大学出版社2014年版,第356页。
③ 《毛泽东选集》第二卷,人民出版社1952年版,第317页。
④ 《党的工作》1937年第46期,《红藏·党的工作》第4册,湘潭大学出版社2014年版,第356页。
⑤ 《毛泽东选集》第二卷,人民出版社1952年版,第317页。
⑥ 《党的工作》1937年第46期,《红藏·党的工作》第4册,湘潭大学出版社2014年版,第356页。
⑦ 《毛泽东选集》第二卷,人民出版社1952年版,第317页。
⑧ 《党的工作》1937年第46期,《红藏·党的工作》第4册,湘潭大学出版社2014年版,第356页。
⑨ 《毛泽东选集》第二卷,人民出版社1952年版,第317页。
⑩ 《党的工作》1937年第46期,《红藏·党的工作》第4册,湘潭大学出版社2014年版,第356页。
⑪ 《毛泽东选集》第二卷,人民出版社1952年版,第318页。
⑫ 《党的工作》1937年第46期,《红藏·党的工作》第4册,湘潭大学出版社2014年版,第356页。
⑬ 《毛泽东选集》第二卷,人民出版社1952年版,第318页。

1937年版："自以为革命有功，摆老资格"①。1952年《毛选》版："自以为对革命有功，摆老资格"②。增"对"，不改变文义。

1937年版："是一个严重的恶劣倾向。"③ 1952年《毛选》版："这是一种严重的恶劣倾向。"④ 增"这"，"一个"改"一种"，不改变文义。

1937年版："自由主义者以抽象的教条看待马克斯主义原则，"⑤。1952年《毛选》版："自由主义者以抽象的教条看待马克思主义的原则。"⑥ 增"的"，不改变文义。

1937年版："不准备拿马克斯主义代替自己的自由主义。"⑦ 1952年《毛选》版："不准备拿马克思主义代替自己的自由主义。"⑧ "马克斯主义"改"马克思主义"，不改变文义。"马克斯主义"在1952年《毛选》版中都改为"马克思主义"。

1937年版："谈的是马克斯主义，行的是自由主义"⑨。1952年《毛选》版："说的是马克思主义，行的是自由主义"⑩。"谈"改"说"，不改变文义。

1937年版："二样货色齐备，各有各的用处"⑪。1952年《毛选》版："两样货色齐备，各有各的用处"⑫。"二"改"两"，不改变文义。

---

① 《党的工作》1937年第46期，《红藏·党的工作》第4册，湘潭大学出版社2014年版，第357页。
② 《毛泽东选集》第二卷，人民出版社1952年版，第318页。
③ 《党的工作》1937年第46期，《红藏·党的工作》第4册，湘潭大学出版社2014年版，第357页。
④ 《毛泽东选集》第二卷，人民出版社1952年版，第319页。
⑤ 《党的工作》1937年第46期，《红藏·党的工作》第4册，湘潭大学出版社2014年版，第357页。
⑥ 《毛泽东选集》第二卷，人民出版社1952年版，第319页。
⑦ 《党的工作》1937年第46期，《红藏·党的工作》第4册，湘潭大学出版社2014年版，第357页。
⑧ 《毛泽东选集》第二卷，人民出版社1952年版，第319页。
⑨ 《党的工作》1937年第46期，《红藏·党的工作》第4册，湘潭大学出版社2014年版，第357页。
⑩ 《毛泽东选集》第二卷，人民出版社1952年版，第319页。
⑪ 《党的工作》1937年第46期，《红藏·党的工作》第4册，湘潭大学出版社2014年版，第357页。
⑫ 《毛泽东选集》第二卷，人民出版社1952年版，第319页。

1937年版："应该是襟怀坦白，忠诚积极"①。1952年《毛选》版："应该是襟怀坦白，忠实，积极"②。"忠诚"改"忠实"，不改变文义。

1937年版："这样才算一个共产党员。"③ 1952年《毛选》版："这样才算得一个共产党员。"④ 增"得"，不改变文义。

（2）使表述更合理

如：1937年版："明知不对，也不发生原则上的争论"⑤。1952年《毛选》版："明知不对，也不同他们作原则上的争论"⑥。修改后，更合理。

1937年版："或轻描淡写的说一顿，不作澈底解决，保存一团和气。"⑦ 1952年《毛选》版："或者轻描淡写地说一顿，不作澈底解决，保持一团和气。"⑧ "保存"改"保持"，更合理。

1937年版："借口干部政策，不顾组织纪律。这是第四种。"⑨ 1952年《毛选》版："只要组织照顾，不要组织纪律。这是第四种。"⑩ 修改后，更合理。

1937年版："他是一种腐蚀剂，使团结涣散，关系松懈，工作消极，意见纷歧，"⑪。1952年《毛选》版："它是一种腐蚀剂，使团结涣散，关系松懈，工作消极，意见分歧。"⑫ 这里指"自由主义"，"他"改"它"，"纷歧"改"分歧"，更合理。

---

① 《党的工作》1937年第46期，《红藏·党的工作》第4册，湘潭大学出版社2014年版，第357页。
② 《毛泽东选集》第二卷，人民出版社1952年版，第319页。
③ 《党的工作》1937年第46期，《红藏·党的工作》第4册，湘潭大学出版社2014年版，第358页。
④ 《毛泽东选集》第二卷，人民出版社1952年版，第319页。
⑤ 《党的工作》1937年第46期，《红藏·党的工作》第4册，湘潭大学出版社2014年版，第356页。
⑥ 《毛泽东选集》第二卷，人民出版社1952年版，第317页。
⑦ 《党的工作》1937年第46期，《红藏·党的工作》第4册，湘潭大学出版社2014年版，第356页。
⑧ 《毛泽东选集》第二卷，人民出版社1952年版，第317页。
⑨ 《党的工作》1937年第46期，《红藏·党的工作》第4册，湘潭大学出版社2014年版，第356页。
⑩ 《毛泽东选集》第二卷，人民出版社1952年版，第318页。
⑪ 《党的工作》1937年第46期，《红藏·党的工作》第4册，湘潭大学出版社2014年版，第357页。
⑫ 《毛泽东选集》第二卷，人民出版社1952年版，第319页。

1937年版："心目中没有集体生活的原则，只有自由放任主义。"①1952年《毛选》版："心目中没有集体生活的原则，只有自由放任。"②"自由放任主义"改"自由放任"，更合理。

1937年版："我们主张积极的思想斗争，是达到党与革命团体的团结使之利于作战的武器，"③1952年《毛选》版："我们主张积极的思想斗争，因为它是达到党内和革命团体内的团结使之利于战斗的武器。"④增"因为它"，更合理。

1937年版："以革命利益为第一生命，牺牲个人利益"⑤。1952年《毛选》版："以革命利益为第一生命，以个人利益服从革命利益"⑥。修改后，更合理。

1937年版："这是一部分人的方法论。"⑦1952年《毛选》版："这是一部分人的思想方法。"⑧修改后，更合理。

1937年版："他是消极的东西，客观上起着援助敌人的作用，因为敌人是欢迎我们内部保存自主义的。"⑨1952年《毛选》版："它是消极的东西，客观上起着援助敌人的作用，因此敌人是欢迎我们内部保存自由主义的。"⑩"因为"改"因此"，更合理。

1937年版："把他们改变到正确的方向"⑪。1952年《毛选》版："使他

---

① 《党的工作》1937年第46期，《红藏·党的工作》第4册，湘潭大学出版社2014年版，第356页。
② 《毛泽东选集》第二卷，人民出版社1952年版，第317页。
③ 《党的工作》1937年第46期，《红藏·党的工作》第4册，湘潭大学出版社2014年版，第356页。
④ 《毛泽东选集》第二卷，人民出版社1952年版，第317页。
⑤ 《党的工作》1937年第46期，《红藏·党的工作》第4册，湘潭大学出版社2014年版，第357—358页。
⑥ 《毛泽东选集》第二卷，人民出版社1952年版，第319页。
⑦ 《党的工作》1937年第46期，《红藏·党的工作》第4册，湘潭大学出版社2014年版，第357页。
⑧ 《毛泽东选集》第二卷，人民出版社1952年版，第319页。
⑨ 《党的工作》1937年第46期，《红藏·党的工作》第4册，湘潭大学出版社2014年版，第357页。
⑩ 《毛泽东选集》第二卷，人民出版社1952年版，第319页。
⑪ 《党的工作》1937年第46期，《红藏·党的工作》第4册，湘潭大学出版社2014年版，第358页。

们改变到正确的方面来"[①]。修改后，更合理。

（3）订正错字

1937年版："听了不正确的议论也不争辨"[②]。1952年《毛选》版："听了不正确的议论，也不争辩"[③]。"争辨"，"辨"字误，改"辩"，订正了错字。

（4）思想性修改

1937年版："集体组织中的自由主义是十分有害的，"[④]。1952年《毛选》版："革命的集体组织中的自由主义是十分有害的。"[⑤]增"革命的"，强调了在革命的组织中，必须反对自由主义。

1937年版："以个人利益放在第一位，革命利益放在第二位，因此产生政治上组织上的自由主义。"[⑥]1952年《毛选》版："以个人利益放在第一位，革命利益放在第二位，因此产生思想上、政治上、组织上的自由主义。"[⑦]增"思想上"，强调了要反对思想上的自由主义。

六、对《反对自由主义》修改的思考

1952年毛泽东对1937年的文章进行修改，可以从以下几个方面去理解：

（一）修改后的表述更合理、更科学

如"以革命利益为第一生命，牺牲个人利益"改"以革命利益为第一生命，以个人利益服从革命利益"。

如"不作澈底解决，保存一团和气"改"不作澈底解决，保持一团和气"。

---

① 《毛泽东选集》第二卷，人民出版社1952年版，第320页。
② 《党的工作》1937年第46期，《红藏·党的工作》第4册，湘潭大学出版社2014年版，第356页。
③ 《毛泽东选集》第二卷，人民出版社1952年版，第318页。
④ 《党的工作》1937年第46期，《红藏·党的工作》第4册，湘潭大学出版社2014年版，第357页。
⑤ 《毛泽东选集》第二卷，人民出版社1952年版，第319页。
⑥ 《党的工作》1937年第46期，《红藏·党的工作》第4册，湘潭大学出版社2014年版，第357页。
⑦ 《毛泽东选集》第二卷，人民出版社1952年版，第319页。

如"这是一部分人的方法论"改"这是一部分人的思想方法"。

如"把他们改变到正确的方向"改"使他们改变到正确的方面来"。

这些修改，都使表述更合理、更科学。

（二）对反对自由主义有了更深刻的思考

如"集体组织中的自由主义是十分有害的"改"革命的集体组织中的自由主义是十分有害的"。强调了在革命的组织中，必须反对自由主义。

如"以个人利益放在第一位，革命利益放在第二位，因此产生政治上组织上的自由主义"改"以个人利益放在第一位，革命利益放在第二位，因此产生思想上、政治上、组织上的自由主义"。增"思想上"，强调了要反对思想上的自由主义。

毛泽东修改自己的著作，使之更合理、科学，这是值得肯定的。

（刘佩初稿　周一平修改）

附录：

人民出版社1952年《毛泽东选集》第二卷版、《解放日报》1942年4月10日版与《党的工作》1937年第46期版校勘记

凡例

1. 《反对自由主义》的各版本简称如下：

《党的工作》1937年10月20日第46期，简称"1937年版"。

《解放日报》1942年4月10日版，简称"1942年版"。

人民出版社1952年《毛泽东选集》第二卷版，简称"1952年《毛选》版"。

2. 凡1942年版、1952年《毛选》版与1937年版标点、文字不同之处，均在每栏（每列）相同的位置写出各自的文字。

3. 空行。每栏（列）中的空行，表示上下文字之间有分段，或略去了相同的文字。

1937年版	1942年版	1952年《毛选》版
反对自由主义	反对自由主义	反对自由主义
我们主张积极的思想斗争，是达到党与革命团体的团结使之利于作战的武器，	我们主张积极的思想斗争，因为它是达到党与革命团体的团结使之利于作战的武器，	我们主张积极的思想斗争，因为它是达到党内和革命团体内的团结使之利于战斗的武器。
每个共产党员与革命分子应该拿起这个武器。	每个共产党员与革命份子，应该拿起这个武器。	每个共产党员和革命分子，应该拿起这个武器。
但自由主义取消思想斗争，	但自由主义取消思想斗争，	但是自由主义取消思想斗争，
结果腐朽庸俗的作风发生，	结果腐朽庸俗的作风发生，	结果是腐朽庸俗的作风发生，
使党与革命团体的某些组织及其某些个人在政治上腐化起来。	使党与革命团体的某些组织及某些个人在政治上腐化起来。	使党和革命团体的某些组织和某些个人在政治上腐化起来。
自由主义有各种表现：	自由主义有各种表现：	自由主义有各种表现。
因为熟人，同乡，同学，知心朋友，亲爱者，老同事，老部下，	因为熟人，同乡，同学，知心朋友，亲爱者，老同事，老部下，	因为是熟人、同乡、同学、知心朋友、亲爱者、老同事、老部下，
明知不对，也不发生原则上的争论，	明知不对，也不发生原则上的争论，	明知不对，也不同他们作原则上的争论，
任其下去，求得和平与亲热。	任其下去，求得和平与亲热。	任其下去，求得和平和亲热。
或轻描淡写的说一顿，	或轻描淡写的说一顿，	或者轻描淡写地说一顿，
不作澈底解决，保存一团和气。	不作澈底解决，保存一团和气。	不作澈底解决，保持一团和气。
结果有害于团体，也有害于个人。这是第一种。	结果有害于团体，也有害于个人。这是第一种。	结果是有害于团体，也有害于个人。这是第一种。
不负责任的背后批评。	不负责任的背后批评。	不负责任的背后批评，
不积极向组织建议，	不积极向组织建议，	不是积极地向组织建议，
当面不说，背后乱说，开会不说，会后乱说。	当面不说，背后乱说，开会不说，会后乱说。	当面不说，背后乱说；开会不说，会后乱说。

(续表)

1937年版	1942年版	1952年《毛选》版
心目中没有集体生活的原则，只有自由放任主义。这是第二种。	心目中没有集体生活的原则，只有自由放任主义。这是第二种。	心目中没有集体生活的原则，只有自由放任。这是第二种。
事不关己，高高挂起。	事不关己，高高挂起,	事不关己，高高挂起；
明知不对，少说为佳,	明知不对，少说为佳,	明知不对，少说为佳；
命令不服从，个人意见第一,	命令不服从，个人意见第一,	命令不服从，个人意见第一。
借口干部政策，不顾组织纪律。这是第四种。	借口干部政策，不顾组织纪律。这是第四种。	只要组织照顾，不要组织纪律。这是第四种。
不是为了团结，为了进步，为了事情弄好,	不是为了团体，为了进步，为了事情弄好,	不是为了团结，为了进步，为了把事情弄好,
向不正确的意见斗争争论，而是个人攻击，闹意气，泄私愤，图报复。	向不正确的意见斗争争论，而是个人攻击，闹意气，泄私愤，图报复。	向不正确的意见斗争和争论，而是个人攻击，闹意气，泄私愤，图报复。
听了不正确的议论，也不争辨,	听了不正确的议论，也不争辨,	听了不正确的议论也不争辩,
甚至听了反革命分子的话，也不报告，泰然处之，行若无事。	甚至听了反革命份子的话，也不报告，泰然处之，行若无事。	甚至听了反革命分子的话也不报告，泰然处之，行若无事。
见群众不宣传，不鼓动，不演说，不调查，不询问，不关心其痛痒，漠然置之。忘记了自己是一个共产党员,	见群众不宣传，不鼓动，不演说，不调查，不询问，不关心其痛痒，漠然置之。忘记了自己是一个共产党员,	见群众不宣传，不鼓动，不演说，不调查，不询问，不关心其痛痒，漠然置之，忘记了自己是一个共产党员,
自以为革命有功，摆老资格,	自以为革命有功，摆老资格,	自以为对革命有功，摆老资格,
还可以举出一些，主要的有这十一种。	还可以举出一些，主要的有这十一种。	还可以举出一些。主要的有这十一种。
所有这些，都是自由主义的表现。集体组织中的自由主义是十分有害的,	所有这些，都是自由主义的表现。集体组织中的自由主义是十分有害的,	所有这些，都是自由主义的表现。革命的集体组织中的自由主义是十分有害的。

(续表)

1937年版	1942年版	1952年《毛选》版
他是一种腐蚀剂，使团结涣散，关系松懈，工作消极，意见纷歧，	他是一种腐蚀，使团结涣散，关系松懈，工作消极，意见分歧，	它是一种腐蚀剂，使团结涣散，关系松懈，工作消极，意见分歧。
使革命队伍失掉严密的组织与纪律，政策不能贯澈到底，	使革命队伍失掉严密的组织与纪律，政策不能贯澈到底，	它使革命队伍失掉严密的组织和纪律，政策不能贯澈到底，
党的组织与党所领导的群众发生隔离，是一个严重的恶劣倾向。	党的组织与党所领导的群众发生隔离，是一种严重的恶劣倾向。	党的组织和党所领导的群众发生隔离。这是一种严重的恶劣倾向。
以个人利益放在第一位，革命利益放在第二位，因此产生政治上组织上的自由主义。	以个人利益放在第一位，革命利益放在第二位，因此产生思想上政治上组织上的自由主义。	以个人利益放在第一位，革命利益放在第二位，因此产生思想上、政治上、组织上的自由主义。
自由主义者以抽象的教条看待马克斯主义原则，	自由主义者以抽象的教条看待马克思主义原则，	自由主义者以抽象的教条看待马克思主义的原则。
他们赞成马克斯主义，但不准备实行之，	他们赞成马克思主义，但不准备实行之，	他们赞成马克思主义，但是不准备实行之，
不准备拿马克斯主义代替自己的自由主义。	不准备拿马克思主义代替自己的自由主义。	不准备拿马克思主义代替自己的自由主义。
这些人，马克斯主义是有的，自由主义也是有的，谈的是马克斯主义，行的是自由主义，对人是马克斯主义，对己是自由主义，	这些人，马克思主义是有的，自由主义也是有的，说的是马克思主义，行的是自由主义，对人是马克思主义，对己是自由主义，	这些人，马克思主义是有的，自由主义也是有的：说的是马克思主义，行的是自由主义；对人是马克思主义，对己是自由主义。
二样货色齐备，各有各的用处，	二样货色齐备，各有各的用处，	两样货色齐备，各有各的用处。
这是一部分人的方法论。	这是一部份人的方法论。	这是一部分人的思想方法。
是和马克斯主义根本冲突的。	是和马克思主义根本冲突的。	是和马克思主义根本冲突的。
他是消极的东西，客观上起着援助敌人的作用，因为敌人是欢迎我们内部保存自主义的。	他是消极的东西，客观上起着援助敌人的作用，因为敌人是欢迎我们内部保存自主义的。	它是消极的东西，客观上起着援助敌人的作用，因此敌人是欢迎我们内部保存自由主义的。

(续表)

1937年版	1942年版	1952年《毛选》版
革命队伍中不应该保留他的地位。	革命队伍中不应该保留他的地位。	革命队伍中不应该保留它的地位。
我们要用马克斯主义的积极精神，	我们要用马克思主义的积极精神，	我们要用马克思主义的积极精神，
一个共产党员，应该是襟怀坦白，忠诚积极，	一个共产党员，应该是襟怀坦白，忠实积极，	一个共产党员，应该是襟怀坦白，忠实，积极，
以革命利益为第一生命，牺牲个人利益，	以革命利益为第一生命，牺牲个人利益，	以革命利益为第一生命，以个人利益服从革命利益；
同一切不正确的思想行为作不疲倦的斗争用以巩固党的集体生活，巩固党与群众的联系，	同一切不正确的思想行为作不疲倦的斗争，用以巩固党的集体生活，	同一切不正确的思想和行为作不疲倦的斗争，用以巩固党的集体生活，巩固党和群众的联系；
关心党与群众比关心个人为重，关心他人比关心自己为重，	关心党与群众比关心个人为重，关心他人比关心自己为重，	关心党和群众比关心个人为重，关心他人比关心自己为重。
这样才算一个共产党员。	这样才算一个共产党员。	这样才算得一个共产党员。
一切忠诚坦白积极正直的共产党员团结起来，	一切忠诚坦白积极正直的共产党员团结起来，	一切忠诚、坦白、积极、正直的共产党员团结起来，
反对一部分人的自由主义倾向，	反对一部份的自由主义倾向，	反对一部分人的自由主义的倾向，
把他们改变到正确的方向，这是思想战线的任务之一。	把他们改变到正确的方向，这是思想战线的任务之一。	使他们改变到正确的方面来。这是思想战线的任务之一。

参考文献

一、史料

（一）中文版本

1. 《思想战线》第1期，抗日军政大学政治部1937年编印。
2. 《党的工作》第46期，陕甘宁边区党委1937年编印。
3. 《党的生活》第19期，中共陕西省委1937年编印。
4. 《反对自由主义》，1937年版。
5. 《战线》第1期，中共晋察冀中央局1938年编印。
6. 《解放日报》1942年4月10日。
7. 《整顿三风文献》，延安解放社1942年版。
8. 《整顿三风》，新华书店1942年版。
9. 《整顿三风参考文献》，晋察冀日报社1942年版。
10. 《整顿三风文献二十二种》，华北地区新华书店1942年版。
11. 《整顿三风》（通帘纸油印本），1942年版。
12. 《反对主观主义宗派主义党八股选集》第二集，太岳书店1942年版。
13. 《整顿三风》，一一五师政治部1942年编印。
14. 《整风》（工作指导丛书第三集），胶东联合社1942年编印。
15. 《三风》，胶东联合社1942年编印。
16. 《青年修养》，太岳书店1943年版。
17. 《整风文件》，新华书店1943年增订四版。
18. 《整顿三风》，鲁中日报社1944年翻印。
19. 《毛泽东选集》卷五，晋察冀日报社1944年版。
20. 《整顿三风文件》，山东新华书店1944年重版。
21. 《整风文献》（修订本），太岳新华书店1944年版。
22. 《整风文件》（下册），冀鲁豫书店1944年增订四版。

23. 《整风：整风参考材料》，山东新华书店1945年3月版。
24. 《整风：整风参考材料》，山东新华书店1945年4月再版。
25. 《三风》，真理社1945年版。
26. 《反对党内不良倾向》，1945年版。
27. 《整顿三风》，冀中新华书店1946年版。
28. 《整风文献》（订正本），新华书店晋察冀分店1946年版。
29. 《整顿三风——二十二个文件》，文风出版社1946年版。
30. 《毛泽东选集》卷五，大连大众书店1946年版。
31. 《整风文献》（增订本），大连大众书店1946年版。
32. 《毛泽东选集》卷五，渤海新华书店1947年版。
33. 《毛泽东选集》卷六，中共晋察冀中央局1947年编印。
34. 《整顿三风》，冀中新华书店1947年版。
35. 《论党的建设》，东北民主联军总政治部1947年编印。
36. 《整风文献》增订本，大连大众书店1947年三版。
37. 《三查三整运动参考文件》，华东军区政治部1947年编印。
38. 《整党问题参考资料》，渤海区党委1947年编印。
39. 《活页文选》，中共晋冀鲁豫中央局秘书处1947年编印。
40. 《关于中国土地法大纲及有关重要文件》，冀南区党委1948年编印。
41. 《加强锻炼》，红棉出版社1948年版。
42. 《整党整军文摘》，中国人民解放军东北军区政治部1948年编印。
43. 《整党参考资料》，中共华东中央局秘书处1948年编印。
44. 《论思想意识》，东北书店1948年版。
45. 《论思想意识》，大连大众书店1948年版。
46. 《毛泽东选集》卷六，东北书店1948年版。
47. 《三整文献》（第一集），胶东新华书店1948年版。
48. 《察哈尔日报》1948年7月14日。
49. 《三整文献》（第一集），胶东新华书店1948年第2版。
50. 《整党学习材料》，华中新华书店1948年版。
51. 《修养指南》，东北书店辽北分店1948年版。
52. 《三整文献》（第一集），胶东新华书店1948年第3版。

53．《重印左派幼稚病第二章》，华东野战军政治部1948年印。

54．《整风文选》，东北书店牡丹江分店1948年版。

55．《加强纪律性》，中共冀中区党委宣传部1948年编印。

56．《统一意志统一行动统一纪律》，吉林书店1948年版。

57．《论思想意识》，冀东新华书店1948年版。

58．《整顿三风》，山东新华书店1948年版。

59．《毛泽东选集》（上册），中共晋冀鲁豫中央局1948年编印。

60．《反对自由主义》，冀南新华书店1948年版。

61．《论思想意识》，东北书店1949年六版。

62．《整风文献》（增订本），新民主出版社1949年版。

63．《整风文献》（订正本），新华书店1949年4月第3版。

64．《整风文献》（增订本），新青年出版社1949年版。

65．《整风文献》（订正本），浙江新华书店1949年6月翻印。

66．《整风文献》（订正本），新华书店1949年6月版。

67．《整风文献》，解放社1949年版。

68．《思想指南》，北方出版社1949年版。

69．《整风文献》，新华书店1949年6月第2版。

70．《整顿三风》，华北人民革命大学教务处1949年印。

71．《反对自由主义》（油印本），上海市嵩山区接管会翻印。

72．《共产主义人生观》，新华书店1949年版。

73．《论思想意识》，大连新华书店1949年版。

74．《整风学习文件》，新华书店东北总分店1950年版。

75．广东省文教厅：《教育工作者学习资料》（上），新华书店华南总分店1950年第2版。

76．华东军政大学政治部教育部资料室：《社会发展史学习参考材料》，华东军政大学书报服务社1950年印。

77．《反贪污、反浪费、反官僚主义是贯彻爱国增产节约运动的主要步骤》，中国共产党川南区委员会宣传部1951年编印。

78．《毛泽东选集》第二卷，人民出版社1952年3月第一版。

79．《反对自由主义》，人民出版社1952年4月版。

80．《毛泽东选集》第二卷，人民出版社1952年8月第二版。

81．《反对自由主义》，人民出版社1952年12月版。

82．河南大学预科委员会：《历史唯物主义与革命人生观》，河南大学出版社1952年版。

83．《反对自由主义》，人民出版社1952年8月第2版。

84．《政党工作文选》，中国人民解放军高级步兵学校政治工作教授会1955年编印。

85．《社会主义教育学习文件》，北京大学社会主义教育委员会1957年编印。

86．《社会主义教育课程参考资料（经典著作摘录）》，黑龙江人民出版社1958年版。

87．《反对自由主义》（注音本），文字改革出版社1959年版。

88．《毛泽东选集》（一卷本），人民出版社1964年版。

89．《毛泽东选集》（线装本）第二卷，人民出版社1964年版。

90．《毛泽东著作选读》甲种本，人民出版社1964年第2版。

91．《毛泽东著作选读》乙种本，中国青年出版社1964年版。

92．《毛泽东同志论党的建设》，中国人民解放军政治学院1964年编印。

93．《反对自由主义》，人民出版社1964年版。

94．《反对自由主义》，人民出版社1965年版。

95．《毛泽东选集》（线装本）第二卷，人民出版社1965年版。

96．《毛泽东著作选读》甲种本，人民出版社1965年第2版。

97．《毛泽东选集》（一卷本、竖排），人民出版社1966年3月版。

98．《毛泽东选集》（一卷本、横排），人民出版社1966年7月版。

99．《毛泽东选集》（普及本）第二卷，人民出版社1966年9月版。

100．《毛泽东著作选读》，中国人民解放军总政治部1966年编印。

101．《反对自由主义》，人民出版社1966年版。

102．中国人民解放军总政治部：《毛主席论党的建设》，天津人民出版社1966年版。

103．《毛泽东选集》（袖珍一卷本），人民出版社1967年版。

104．《毛泽东选集》第二卷，中国人民解放军战士出版社1967年版。

105．《为人民服务 纪念白求恩 愚公移山 反对自由主义》，湖南省军区政治部1967年印。

106．《为人民服务 纪念白求恩 愚公移山 反对自由主义》，广西壮族自治区人民出版社1967年版。

107．《毛泽东选集》（袖珍一卷本），中国人民解放军战士出版社1968年版。

108．《毛泽东选集》（普及本）第二卷，人民出版社1968年版。

109．《毛泽东选集》（袖珍一卷本），人民出版社1968年版。

110．《毛泽东选集》第三卷，中国人民解放军战士出版社1968年版。

111．《反对自由主义》，贵州人民出版社1968年版。

112．《毛泽东选集》（16开大字本）第二卷，人民出版社1969年版。

113．《毛泽东选集》（一卷本），人民出版社1969年版。

114．《毛泽东选集》（25开大字本）第二卷，人民出版社1969年版。

115．《反对自由主义》，人民美术出版社、天津人民美术出版社1971年版。

116．《汉语教材》（第一册），北京外国语学院1973年编印。

117．《文选》，广西师范学院中文系文选写作教研组1974年编印。

118．《反对自由主义》，人民出版社1975年版。

119．《反对自由主义》，人民出版社1976年版。

120．《文选》，吉林师大中文系文选写作教研室1977年编印。

121．《毛泽东文选》（上），广西师范学院中文系文选写作教研组1978年编印。

122．《毛泽东著作选读》（战士读本），中国人民解放军战士出版社1978年版。

123．《关于党的学说的基本原理——无产阶级革命导师论述选编》，中共中央党校党建教研室1981年编印。

124．《毛泽东 周恩来 刘少奇 朱德论社会主义精神文明》，战士出版社1981年版。

125．杨宗佑辑：《人生·理想·信仰——思想品德修养锦集》，内蒙古人民出版社1983年版。

126. 《毛泽东 周恩来 刘少奇 朱德 论社会主义精神文明》，解放军出版社1983年第2版。

127. 《历次整党整风文献选编》，中共辽宁省委整党工作领导小组办公室等1983年编印。

128. 《增强党性 端正党风》，山东人民出版社1985年版。

129. 中共中央文献编辑委员会：《毛泽东著作选读》（上册），人民出版社1986年版。

130. 《马克思主义党的学说著作选读》，中共中央党校出版社1990年版。

131. 《毛泽东选集》第二卷，人民出版社1991年版。

132. 中国人民解放军总政治部：《马克思主义党的建设著作选读》，解放军出版社1991年版。

133. 《马克思主义思想政治教育著作选读》，高等教育出版社1991年版。

134. 宋德慈等主编：《中国思想政治教育百科全书》，吉林人民出版社1991年版。

135. 《马克思主义著作选编：党的学说》，中共中央党校出版社1992年版。

136. 莫川：《老一辈革命家关于青年修养论著选编》，四川教育出版社1992年版。

137. 《马克思主义党的建设理论学习阅读文选》，海洋出版社1992年编印。

138. 湖南省教育委员会职教处：《马克思主义原著选读》，湖南出版社1992年版。

139. 中国人民解放军总政治部：《毛泽东邓小平著作选读》（士兵读本），解放军出版社1993年版。

140. 肖衍庆等主编：《嬉笑怒骂匡时政——优秀杂文选读》，同心出版社1995年版。

141. 中国人民解放军总政治部：《基层军官理论学习读本》，解放军出版社1995年版。

142．中国人民解放军总政治部：《士兵理论学习读本》，解放军出版社1997年版。

143．中共中央文献研究室：《毛泽东邓小平江泽民论党的建设》，中央文献出版社等1998年版。

144．本书编委会：《新时期领导干部廉政教育读本》，当代中国出版社1999年版。

145．魏继让主编：《马克思主义导读》，浙江人民出版社1999年版。

146．《思想作风整顿学习资料汇编》，长沙市直机关思想作风整顿领导小组办公室2000年编印。

147．李欣燕主编：《新时期领导干部"三讲"学习读本》（下），当代中国出版社2000年版。

148．王金山主编：《中国共产党优良作风鉴览》3《同心同德 顾全大局》，吉林人民出版社2000年版。

149．《企业党员先进性教育读本》，中共黄石市委组织部2000年编印。

150．金融系统职业道德教育办公室：《金融系统职业道德教育读本》，中国金融出版社2000年版。

151．《河南省国有企业"三讲"学习教育活动读本》，河南省企业"三讲"办公室2001年编印。

152．《国有企业"三讲"学习教育活动必读》，党建读物出版社2001年版。

153．《团结干事思想教育读本》，中共云南省委组织部办公室2002年编印。

154．中共中央文献研究室等：《建党以来重要文献选编》第十四册，中央文献出版社2011年版。

155．《机关作风建设学习读本》，中共宁波市直属机关工作委员会2011年编印。

156．中央纪委宣传教育室：《党的作风建设学习问答》，中国方正出版社2013年版。

157．《毛泽东全集》第11卷，润东出版社2013年版。

158．《红色档案——延安时期文献档案汇编：整风文献》，陕西人民出版社2013年版。

159.《加强组织纪律修养》,冀中军区政治部编印。

160.《"三讲两评"活动学习材料选编》,中共河南省委高校工委组干处编印。

161.《十堰市民主党派政治交接教育活动学习资料》,十堰市民主党派政治交接教育活动协调指导小组办公室编印。

162.《大学生MMD学习研究原著选读》,华北水利水电学院大学生MMD学习研究会编印。

163.《马克思主义党的学说文献选读》,中共河南省委高校工委等编印。

(二)少数民族文版本

1.《反对自由主义》(蒙古文),内蒙古人民出版社1951年版。

2.《反对自由主义》(蒙古文),内蒙古人民出版社1958年版。

3.《反对自由主义》(蒙古文),民族出版社1960年版。

4.《反对自由主义》(蒙古文),民族出版社1964年第2版。

5.《反对自由主义》(蒙古文),民族出版社1977年版。

6.《反对自由主义》(托忒蒙古文),新疆人民出版社1951年版。

7.《反对自由主义》(托忒蒙古文),新疆人民出版社1965年版。

8.《反对自由主义》(藏文),民族出版社1955年版。

9.《反对自由主义》(藏文),民族出版社1960年版。

10.《反对自由主义》(藏文),民族出版社1965年版。

11.《反对自由主义》(藏文),民族出版社1966年2月第3版。

12.《反对自由主义》(维吾尔文),新疆人民出版社1952年7月第1版。

13.《反对自由主义》(维吾尔文),民族出版社1960年版。

14.《反对自由主义》(维吾尔文),民族出版社1964年8月第2版。

15.《反对自由主义》(维吾尔文)(修订本),民族出版社1964年版。

16.《反对自由主义》(维吾尔文),民族出版社1966年版。

17.《反对自由主义》(朝鲜文),民族出版社1960年4月北京第1版。

18.《反对自由主义》(朝鲜文),民族出版社1965年9月第2版。

19.《反对自由主义》（朝鲜文），民族出版社1976年12月版。

20.《反对自由主义》（哈萨克文），新疆人民出版社1953年版。

21.《反对自由主义》（哈萨克文），民族出版社1960年版。

22.《反对自由主义》（哈萨克文），民族出版社1964年8月第2版。

23.《反对自由主义》（哈萨克文），民族出版社1966年3月版。

24.《反对自由主义》（哈萨克文），民族出版社1967年1月版。

25.《整顿党风、学风、文风》（蒙古文），内蒙古教育部1950年9月版。

26.《为人民服务 纪念白求恩 愚公移山 关于纠正党内的错误思想 反对自由主义》（蒙古文），民族出版社1968年5月版。

27.《为人民服务 纪念白求恩 愚公移山 关于纠正党内的错误思想 反对自由主义》（藏文），民族出版社1968年4月版。

（三）外文版本

1.《反对自由主义》（印尼文），印尼红星杂志社1951年版。

2.《反对自由主义》（印尼文），外文出版社1954年版。

3.《反对自由主义》（法文），外文出版社1954年版。

4.《反对自由主义》（德文），外文出版社1954年版。

5.《反对自由主义》（英文），外文出版社1954年版。

6.《反对自由主义》（尼泊尔文），尼泊尔1955年版（出版社不详）。

7.《反对自由主义》（西班牙文），墨西哥人民文学社1958年版。

8.《反对自由主义》（西班牙文），外文出版社1959年版。

9.《反对自由主义》（波斯文），伊朗人民党出版社1959年版。

10.《反对自由主义》（西班牙文），外文出版社1960年6月第2版。

11.《反对自由主义》（法文），外文出版社1960年第2版。

12.《反对自由主义》（英文），外文出版社1960年7月第2版。

13.《反对自由主义》（法文），外文出版社1961年版。

14.《反对自由主义》（缅甸文），外文出版社1964年版。

15.《反对自由主义》（泰文），外文出版社1964年第1版。

16.《反对自由主义》（波斯文）（袖珍本），外文出版社1965年第1版。

17.《反对自由主义》（英文），外文出版社1965年第3版。

18.《反对自由主义》（法文），外文出版社1965年第4版。

19.《反对自由主义》（泰米尔文），科伦坡人民出版社1965年版。

20.《反对自由主义》（僧伽罗文），锡兰人民出版社1965年版。

21.《反对自由主义》（印地文）（袖珍本），外文出版社1966年第1版。

22.《反对自由主义》（泰文），外文出版社1966年第2版。

23.《反对自由主义》（德文）（袖珍本），外文出版社1966年版。

24.《反对自由主义》（西班牙文），外文出版社1966年版。

25.《反对自由主义》（希腊文），希腊历史出版社1966年版。

26.《反对自由主义》（葡萄牙文），外文出版社1966年版。

27.《反对自由主义》（波斯文）（袖珍本），外文出版社1967年第2版。

28.《反对自由主义》（印地文），印度新德里思想出版社1967年版。

29.《反对自由主义》（孟加拉文），巴基斯坦卡达出版社1967年版。

30.《反对自由主义》（马拉亚朗文），印度喀拉拉邦马克思主义出版社1967年版。

31.《反对自由主义》（蒙古文），外文出版社1967年版。

32.《反对自由主义》（乌尔都文），巴基斯坦卡拉奇人民出版社1967年版。

33.《反对自由主义》（乌尔都文）（袖珍本），外文出版社1967年第1版。

34.《反对自由主义》（豪萨文），外文出版社1967年版。

35.《反对自由主义》（阿拉伯文），外文出版社1967年版。

36.《反对自由主义》（斯瓦希里文）（袖珍本），外文出版社1967年第1版。

37.《反对自由主义》（意大利文）（袖珍本），外文出版社1967年第1版。

38.《反对自由主义》（挪威文），外文出版社1967年版。

39.《反对自由主义》（荷兰文），比利时国际图书出版公司1967年版。

40.《反对自由主义》（世界语）（袖珍本），外文出版社1967年第1版。

41.《反对自由主义》（印尼文），外文出版社1968年版。

42.《反对自由主义》（缅甸文），外文出版社1968年版。

43.《反对自由主义》（斯瓦希里文）（袖珍本），外文出版社1968年第2版。

44.《反对自由主义》（老挝文），外文出版社1968年版。

45.《反对自由主义》（越南文），外文出版社1968年版。

46.《反对自由主义》（俄文）（袖珍本），外文出版社1968年第1版。

47.《为人民服务、纪念白求恩》（俄文）（袖珍本），外文出版社1968年版。

48.《反对自由主义》（葡萄牙文），外文出版社1969年版。

49.《反对自由主义》（罗马尼亚文），外文出版社1972年版。

50.《关于纠正党内的错误思想 反对自由主义 整顿党的作风 中国人民解放军总部关于重行颁布三大纪律八项注意的训令 党委会的工作方法》（泰文），1972年版。

51.《为人民服务 纪念白求恩 愚公移山 关于纠正党内的错误思想 反对自由主义》（俄文），外文出版社1972年版。

52.《反对自由主义》（德文），德意志民主共和国迪茨出版社（出版年代不详）。

53.《反对自由主义》（西班牙文），智利（出版社不详）（出版年代不详）。

54.《反对自由主义》（缅甸文），缅甸（出版社不详）（出版年代不详）。

55.《反对自由主义》（孟加拉文），印度（出版社不详）（出版年代不详）。

56.《反对自由主义》（阿拉伯文），伊拉克明天书店（出版年代不详）。

57.《反对自由主义》（阿拉伯文），伊拉克巴格达出版社（出版年代不详）。

58.《反对自由主义》（阿拉伯文），叙利亚大马士革出版社（出版年代不详）。

59.《反对自由主义》（越南文），越南（出版社不详）（出版年代不详）。

60．《反对自由主义》（朝鲜文），朝鲜劳动党出版社（出版年代不详）。

61．《反对自由主义》（马拉地文），印度孟买人民出版社（出版年代不详）。

（四）其他版本

《反对自由主义》（盲文），盲人月刊社1960年版。

二、著作

1．艾寒松编著：《怎样做一个共产党员》，江西人民出版社1959年版。

2．《辞海试行本》第2分册《哲学》，中华书局辞海编辑所1961年版。

3．艾寒松编著：《怎样做一个共产党员》，上海人民出版社1962年版。

4．中国人民解放军外国语文学院政治部：《学习毛主席著作的故事》，中国少年儿童出版社1965年版。

5．《学习〈反对自由主义〉》，天津人民出版社1965年版。

6．《学习毛主席著作参考资料》，中共厦门市委工交政治部1966年编印。

7．《毛泽东集》第5卷，日本北望社1970年版。

8．《发扬党的优良传统加强党的思想建设》，辽宁省新华书店1971年版。

9．《认真学习毛主席著作》，广东人民出版社1971年版。

10．《认真读毛主席的书》，四川人民出版社1972年版。

11．《做革命团结的模范》，陕西人民出版社1972年版。

12．《深入开展对于修正主义的批判》，洛阳市革命委员会政工组1972年编印。

13．《学习文集》第一册，江苏人民出版社1972年版。

14．《学习毛主席著作　批判修正主义》第一册，宁夏人民出版社1972年版。

15．《认真学习毛主席著作　提高路线斗争觉悟——学习毛主席著作的体会》第1集，山东人民出版社1972年版。

16．《批判修正主义的锐利武器——学习马、列著作和毛主席著作体会》，河南人民出版社1972年版。

17．《科学的预见 革命的真理——学习毛主席著作的体会》，镇江地区教材编写组1972年编印。

18．《加强党的建设学习材料》第一册，总后勤政治部组织部1973年编印。

19．《政论文选讲》上，南充师范学院等1975年编印。

20．《马列毛主席论文选读（学习辅导材料）》，江西师范学院中文系函授组1976年编印。

21．《〈毛泽东选集〉学习参考资料》，天津针织厂工人理论组、南开大学哲学系毛主席哲学思想研究组1976年编印。

22．《经典论著学习》，湖南邵阳师专中文科1977年编印。

23．《政论文选读（马列·毛主席著作部分）》，烟台师范专科学校等1977年编印。

24．《政论文分析》上，云南曲靖师范巡回函授组1977年编印。

25．《中学语文教材教法研究》，浙江平湖师范1979年编印。

26．周思编：《党内政治生活准则讲话》，黑龙江人民出版社1980年版。

27．全日制十年制学校初中语文课本《教学参考书》（第3册）修订本，贵阳师范学院中文系1980年编印。

28．解放军报编辑部：《毛泽东同志四十三篇著作简介》，长征出版社1982年版。

29．《语文第五册教学参考书》，广东、广西、江西、湖北、湖南五省（区）教学参考书编委会编。

30．江西省教育厅工农教育处：《语文》，江西人民出版社1982年版。

31．《职工初中文化速成补习教材》编写组：《职工初中文化速成补习教材 语文》，冶金工业出版社1982年版。

32．《毛泽东四十三篇科学著作简介》，吉林省毛泽东思想研究会1983年编印。

33．《教学参考书》编写组：《职工初中文化速成补习教材〈语文〉教学参考书》，冶金工业出版社1984年版。

34．《马克思主义党的学说经典著作简介》，辽宁共产党员刊授党校

1984年编印。

35．朱同顺编著：《学习〈毛泽东同志论党的作风和党的组织〉》，浙江人民出版社1985年版。

36．孙铁编著：《党的组织工作词典》，中国展望出版社1986年版。

37．江西省教育学院中文系《初中语文排难解疑》编写组：《初中语文排难解疑》，江西教育出版社1986年版。

38．《初中语文学习手册》编写组：《初中语文学习手册》，江苏人民出版社1987年版。

39．张汉清等主编：《全日制中学初中语文教材基本篇目导读》，新疆大学出版社1987年版。

40．张寿康主编：《初中语文第五册学习手册》，农村读物出版社1987年版。

41．黄景芳等主编：《〈毛泽东著作选读〉介绍》，吉林大学社会科学丛刊1987年版。

42．王继钢等主编：《初中语文现代文阅读导引》第5册，北京师范大学出版社1988年版。

43．肖玛等编写：《新编中学语文词语详解手册 初中》第5册，华夏出版社1988年版。

44．陈天敏等编：《初中语文读写指导》第5册，北京少年儿童出版社1988年版。

45．《手册》编写组：《初中语文词语多用手册》第5册，农村读物出版社1988年版。

46．王孝安等编：《教与学 初中语文》第5册，天津科学技术出版社1988年版。

47．张友敏等编写：《初中语文基本篇目读练启发指要（三年级）》，广西师范大学出版社1988年版。

48．尚勤等编著：《初中语文词语汇释与训练》5，测绘出版社1988年版。

49．李峰等主编：《中学语文疑难词句学用》上，四川少年儿童出版社1988年版。

50. 刘德华等主编：《思想政治教育重要文献学习提要》，武汉工业大学出版社1988年版。

51. 孙鼎重主编：《党务工作手册》，人民日报出版社1989年版。

52. 张文艳主编：《初中语文词语集释》，北京师范学院出版社1989年版。

53. 中国毛泽东思想理论与实践研究会理事会：《毛泽东思想辞典》，中共中央党校出版社1989年版。

54. 敬永和主编：《现代思想政治工作辞典》，上海人民出版社1990年版。

55. 孙庆祥主编：《组织人事工作辞典》，山东人民出版社1990年版。

56. 张汉清等主编：《初中语文导读与图示提要》，东北师范大学出版社1990年版。

57. 陈光陆等主编：《初中语文教学目标》第3册，东北师范大学出版社1990年版。

58. 中共浙江省委组织部一处等：《基层党组织实用手册》，浙江人民出版社1990年版。

59. 《大学生马克思主义精选读本》，共青团河南省委学校部等1990年编印。

60. 杜亦平等主编：《思想政治工作小百科》，天津人民出版社1991年版。

61. 赵恩芳等：《现代汉语多重复句分析》，天津社会科学院出版社1991年版。

62. 人民教育出版社等：《中学语文基本课文导读 初中》，人民教育出版社1991年版。

63. 《学习毛泽东与毛泽东思想》，军事谊文出版社1991年版。

64. 廖盖隆等主编：《共产党员修养全书》，大连出版社1991年版。

65. 杨瑞森等主编：《新版〈毛泽东选集〉导读》，中国人事出版社1991年版。

66. 翟泰丰主编：《新版〈毛泽东选集〉导读》，中国华侨出版公司1991年版。

67．韩扬主编：《学习马克思主义党建理论必读》，经济日报出版社1991年版。

68．朱贵玉等主编：《毛泽东著作研究文集》，中国经济出版社1991年版。

69．贾若瑜主编：《新战士国防知识手册》，中共党史出版社1991年版。

70．冯纪新主编：《政工师手册》，上海人民出版社1991年版。

71．熊国保主编：《学习毛泽东与毛泽东思想》，军事译文出版社1991年版。

72．中共中央文献研究室：《〈毛泽东选集〉一至四卷注释校订本》，中央文献出版社1991年版。

73．逄先知等：《毛泽东选集一至四卷第二版编辑纪实》，中央文献出版社1991年版。

74．袁竞主编：《毛泽东著作大辞典》，中国国际广播出版社1991年版。

75．中共贵州省委党校党建教研室：《党的建设基本理论250题解》，贵州人民出版社1991年版。

76．黄德渊等编著：《党的基本知识手册》，南京大学出版社1991年版。

77．乔明甫等主编：《中国共产党建设大辞典》，四川人民出版社1991年版。

78．何平主编：《毛泽东大辞典》，中国国际广播出版社1992年版。

79．王进等主编：《毛泽东大辞典》，广西人民出版社等1992年版。

80．徐敏捷主编：《党建著作导读手册》，大连理工大学出版社1992年版。

81．张光宇主编：《中国社团党派辞典》，陕西人民出版社1992年版。

82．罗国杰等主编：《中国伦理学百科全书：马克思主义伦理思想史卷》，吉林人民出版社1993年版。

83．中共中央文献研究室等：《毛泽东重要著作和思想形成始末》，人民出版社1993年版。

84．廖盖隆等主编：《毛泽东百科全书》，光明日报出版社1993年版，2003年修订版。

85．张惠芝等：《毛泽东生平著作研究目录大全》，河北教育出版社1993年版。

86．邓光荣等主编：《毛泽东军事思想辞典》，国防大学出版社1993

年版。

7. 黄岳洲主编：《新编中学语文教案》（初中第五册），语文出版社1993年版。

88．萧少秋主编：《延安时期毛泽东著述提要》，陕西人民教育出版社1993年版。

89．邵华泽主编：《中国国情总览》，山西教育出版社1993年版。

90．张德政主编：《初中语文200问》，华文出版社1993年版。

91．巢峰主编：《毛泽东思想大辞典》，上海辞书出版社1993年版。

92．李文林等编：《毛泽东研究著作提要》，香港中国和世界出版公司1993年版。

93．翟泰丰主编：《党的基本路线知识全书》，辽宁人民出版社1994年版。

94．韩荣璋主编：《新版〈毛泽东选集〉学习辅导》，改革出版社1994年版。

95．方人等编：《新编党员实用手册》，长征出版社1994年版。

96．张翼健主编：《初中教师之友 语文卷》，东北师范大学出版社1995年版。

97．施金炎主编：《毛泽东著作版本述录与考订》，海南国际新闻出版中心1995年版。

98．孟学文主编：《中国共青团大典》，红旗出版社1996年版。

99．张静如主编：《毛泽东研究全书》，长春出版社1997年版。

100．张静如等主编：《中国共产党通志》第2卷，中央文献出版社1997年版。

101．蒋建农主编：《毛泽东全书》，河北人民出版社1998年版。

102．柴宇球主编：《毛泽东大智谋》下，中国档案出版社1998年版。

103．范平等主编：《跨世纪党建基本知识手册》，东方出版社1999年版。

104．徐少锦等主编：《伦理百科辞典》，中国广播电视出版社1999年版。

105．刘跃进：《毛泽东著作版本导论》，北京燕山出版社1999年版。

106．施善玉等主编：《中国共产党党史知识集成》，长征出版社2001年版。

107．赵云献总主编：《中国共产党文库——党的理论80年历程》上，光明日报出版社2001年版。

108．曹茂春等主编：《毛泽东思想研析》，群众出版社2001年版。

109．范耀天：《党校研究生党性修养教程》，中共中央党校出版社2001年版。

110．赵云献等总主编：《2001年—2005年全国干部教育培训全书·毛泽东著作选读卷》，光明日报出版社2001年版。

111．冯契主编：《哲学大辞典》（修订本）上，上海辞书出版社2001年版。

112．郑科扬主编：《新时期党的基层组织（党委、党总支、党支部）工作手册》，红旗出版社2002年版。

113．王守柱等编著：《毛泽东的魅力》（说与写卷），中央文献出版社2003年版。

114．中央文献研究室科研部图书馆：《毛泽东著作是怎样编辑出版的》，中国青年出版社2003年版。

115．邢台市交通局主编：《反对自由主义大家谈》，社会科学文献出版社2003年版。

116．郭彦起主编：《探索与实践：天津规划建设系统加强党建和思想政治工作文集（2004）》，天津人民出版社2004年版。

117．范平主编：《新世纪新阶段党的建设与党组织工作手册》上，红旗出版社2005年版。

118．罗晓梅等主编：《毛泽东思想与抗日战争研究文集》，中国文史出版社2005年版。

119．祝德生主编：《新时期加强和改进党的建设探索与实践》，人民日报出版社2006年版。

120．柏钦水主编：《毛泽东著作版本鉴赏》，山东人民出版社2009年版。

121．曹培强主编：《入党培训案例式教学教师参考书》，新华出版社

2010年版。

122．王永平编：《党建实用手册》，广东人民出版社2011年版。

123．河南省教育厅编写：《红色经典诗文选编　大学版》，南海出版公司2011年版。

124．李捷主编：《毛泽东著作辞典》，浙江人民出版社2011年版。

125．吴再：《向中国共产党学习（成功策略篇）》，海天出版社2011年版。

126．刘金田等：《尘封：毛泽东选集出版的前前后后》，中共党史出版社2012年版。

127．金钊等主编：《党支部书记不可不知的常识》修订版，国家行政学院出版社2013年版。

128．《批评和自我批评党员干部读本》编写组：《批评和自我批评党员干部读本》，国家行政学院出版社2013年版。

129．周一平：《日版〈毛泽东集〉〈毛泽东集补卷〉校勘与研究》，中国国际文化出版社2013年版。

130．蒋建农等：《毛泽东著作版本编年纪事》（一册），湖南人民出版社2013年第2版。

131．王永平主编：《新编党建手册》，广东人民出版社2014年版。

132．石国亮等主编：《领导干部必读的党史国史经典》，国家行政学院出版社2014年版。

133．《红色档案——延安时期文献档案汇编》编委会编：《红色档案——延安时期文献档案汇编　整风文献》，陕西人民出版社2014年版。

134．吴玉才编著：《毛泽东思想文献解读》，安徽师范大学出版社2015年版。

135．孙有康：《写作语汇新说》，暨南大学出版社2015年版。

136．杨金卫主编：《构筑精神家园——社会主义核心价值观百问百答》，山东人民出版社2015年版。

137．廉永杰等编：《马克思主义党建理论文献选学与导读》，西安理工大学。

138．中国人民解放军外国语文学院政治部：《学习毛主席著作辅导材料》（一）。

139. 广东等五省（区）教学参考书编委会：《语文》第5册。

140. 金华地区师范专科学校文科：《政论文分析》。

三、报刊论文

1. 孙士祥：《我们主张积极的思想斗争》，《新文萃》1951年第5卷第11期。

2. 李杨：《学习毛泽东同志的〈反对自由主义〉》，《中国青年报》1952年9月5日。

3. 丁乐：《开展思想斗争，反对自由主义——重读〈反对自由主义〉的笔记》，《东北日报》1952年9月13日。

4. 王南：《读〈反对自由主义〉》，《新建设》1952年第11期。

5. 信者：《何以揭不开盖子——重读毛泽东同志的〈反对自由主义〉》，《解放日报》1957年12月18日。

6. 陈雄华：《自由主义者的"镜子"——读〈反对自由主义〉》，《读书》1958年第10期。

7. 华东师大地理系一年级第二团小组：《学习毛主席著作克服自由主义》，《文汇报》1960年1月24日。

8. 任清川：《改造个人主义立场，彻底清除自由主义——读〈反对自由主义〉笔记一则》，《青海日报》1960年2月2日。

9. 袁木林：《向群众做宣传——重读毛主席〈反对自由主义〉的一点感想》，《湖北日报》1962年8月17日。

10. 陈原：《坚持原则开展积极的思想斗争——重读毛主席的〈反对自由主义〉》，《解放日报》1962年9月7日。

11. 翟升桂：《〈反对自由主义〉给我的教育》，《解放日报》1963年10月20日。

12. 王幼樵：《积极开展思想斗争——读〈反对自由主义〉的笔记》，《前线》1964年第23期。

13. 金雅彬：《五学〈反对自由主义〉》，《天津日报》1964年3月17日。

14. 王琴：《自由主义是"腐蚀剂"》，《安徽日报》1964年5月22日。

15. 张效元：《五学〈反对自由主义〉》，《山西日报》1964年6月17日。

16. 马丛林：《从〈反对自由主义〉中学什么？》，《天津日报》1964年6月20日。

17. 王凤岭：《不能跟错误思想"和平共处"——用整风精神学习〈反对自由主义〉》，《中国青年报》1964年7月23日。

18. 惠诚：《介绍〈反对自由主义〉》，《实践》1964年第7期。

19. 陈秋雨：《锐利的思想武器——〈反对自由主义〉读后》，《羊城晚报》1964年9月9日。

20. 秦云：《坚持原则敢于斗争——学习〈反对自由主义〉札记》，《中国青年报》1964年9月12日。

21. 周小兰：《学习〈反对自由主义〉有什么现实意义？》，《羊城晚报》1964年9月16日。

22. 彭耀华：《开展思想斗争克服自由主义——〈反对自由主义〉一文读后》，《贵州日报》1964年10月24日。

23. 文丁：《开展思想斗争的锋利武器——重读〈反对自由主义〉的一些体会》，《内蒙古日报》1964年12月12日。

24. 唐一大：《〈反对自由主义〉浅讲》，《宁夏日报》1964年12月15日。

25. 《学习〈反对自由主义〉（学习辅导）》，《江西日报》1964年12月16日。

26. 《学习〈反对自由主义〉》，《江汉学报》1965年第14期。

27. 徐寅生：《积极展开思想斗争——学习〈反对自由主义〉一得》，《体育报》1965年1月22日。

28. 《坚持党的原则积极开展批评和自我批评——亚站大队党员学习毛主席〈反对自由主义〉座谈纪要》，《黑龙江日报》1965年2月6日。

29. 郭玉运：《学习〈反对自由主义〉（学习辅导）》，《工人日报》1965年6月20日。

30. 《学习〈反对自由主义〉》，《内蒙古日报》1965年12月25日。

31．王文汉等：《加强革命性、原则性、组织性、纪律性——学习毛主席〈反对自由主义〉和〈放下包袱，开动机器〉两篇文章笔谈》，《安徽日报》1966年2月17日。

32．《学习〈反对自由主义〉》，《解放军报》1966年2月21日。

33．中国共产党河南省委员会写作小组：《开展积极的思想斗争，进一步增强党的团结——学习〈反对自由主义〉》，《红旗》1971年第12期。

34．高惠昌：《反对自由主义，增强革命团结——学习〈反对自由主义〉的一点体会》，《新疆日报》1974年12月25日。

35．舒冰：《促进安定团结的锐利武器——学习〈反对自由主义〉的一点体会》，《新华日报》1975年8月6日。

36．中共复湾盐场委员会：《加强领导班子建设的思想武器——学习〈反对自由主义〉的一点体会》，《旅大日报》1975年10月28日。

37．林忠：《要敢于对错误倾向开展积极的思想斗争——学习〈反对自由主义〉的体会》，《云南日报》1981年9月11日。

38．黄志坚等：《思想战线的一项重要任务——学习〈反对自由主义〉》，《光明日报》1981年9月16日。

39．康俊卿：《纠正涣散软弱的思想武器——重读〈反对自由主义〉》，《甘肃日报》1981年11月14日。

40．伊诚：《建设社会主义精神文明的思想武器——重读〈反对自由主义〉》，《宁夏日报》1982年3月18日。

41．岳平：《重新学习〈反对自由主义〉》，《人民日报》1982年8月17日。

42．《重新学习〈反对自由主义〉》，《理论动态》1982年第362期。

43．张赤侠：《党的思想建设的一项重要任务——学习〈反对自由主义〉》，《中州学刊》1982年第2期。

44．李焰平：《认真学习〈反对自由主义〉 正确开展批评和自我批评》，《甘肃理论学刊》1983年第6期。

45．闻洁：《坚持积极的思想斗争——学习〈反对自由主义〉的体会》，《内蒙古财经学院学报》1983年第4期。

46．龙吟：《要开展积极的思想斗争——重读毛泽东同志著作〈反对自由主义〉的体会》,《浙江日报》1983年10月27日。

47．陈模:《需要批评和自我批评(重读〈反对自由主义〉有感)》,《北京日报》1983年11月5日。

48．昭平:《开展积极思想斗争的锐利武器——重读毛泽东同志的〈反对自由主义〉》,《青海日报》1983年11月16日。

49．郭继明:《党的思想建设的锐利武器(重读〈反对自由主义〉)》,《河南日报》1983年12月7日。

50．春华:《拿起批评与自我批评武器——重读毛泽东同志著作〈反对自由主义〉》,《新华日报》1983年12月18日。

51．李宗江:《要勇于纠正错误——学习〈反对自由主义〉的体会》,《甘肃日报》1983年12月21日。

52．钟修声:《批评的武器不能丢——重读〈反对自由主义〉》,《江西日报》1983年12月23日。

53．罗茂城等:《〈反对自由主义〉问世前后——访中顾委常委、全国政协副主席刘澜涛》,《人民日报》1983年12月24日。

54．树谦:《认真开展批评与自我批评——学习〈反对自由主义〉》,《内蒙古日报》1983年12月30日。

55．理平:《清除精神污染的一面镜子——〈反对自由主义〉学习片得》,《湖南师院学报》1984年第1期。

56．吴军等:《忠诚、坦白、积极、正直——学习〈反对自由主义〉的一点体会》,《天津日报》1984年1月24日。

57．王福如:《防止整党走过场的锐利思想武器——重读〈反对自由主义〉》,《学习与研究》1984年第1期。

58．李荒:《开展积极的思想斗争——学习〈反对自由主义〉笔记》,《理论与实践》1984年第1期。

59．张世敏:《学习〈反对自由主义〉一文的体会——纪念毛泽东同志〈反对自由主义〉发表五十周年》,《山东工业大学学报》1992年第3期。

60．赵德明:《反对自由主义 不怕不识货 只怕货比货》,《中学语文教学参考:教师版》1994年第7期。

61．廖联奎:《〈反对自由主义〉诠释》,《毛泽东思想研究》2005年第1期。

62．李建勇：《毛泽东〈反对自由主义〉思想解读——以"差序格局"理论为视角》，《天中学刊》2008年第4期。

63．许察金：《论毛泽东反对自由主义思想的伟大现实意义》，《克拉玛依学刊》2011年第3期。

64．梁伟岸：《关于毛泽东〈反对自由主义〉的研究综述》，《河北经贸大学学报（综合版）》2013年第4期。

65．孙宜芳：《诠释毛泽东党员马克思主义教育思想的三重向度——重新解读〈反对自由主义〉》，《思想政治教育研究》2014年第2期。

66．王凤刚、曹希岭：《延安整风运动中的反对自由主义》，《鲁东大学学报（哲学社会科学版）》2014年第1期。

67．欧阳庆芳等：《论〈反对自由主义〉的历史价值、现实表现与实践启迪》，《湖北民族学院学报（哲学社会科学版）》2015年第3期。

68．李斌：《以毛泽东〈反对自由主义〉为理论视角论从严治党》，《世纪桥》2015年第9期。

69．戴安林：《毛泽东为何要写〈反对自由主义〉？》，《红广角》2015年第2期。

70．李凌敏：《浅谈毛泽东〈反对自由主义〉的现实意义》，《新西部（理论版）》2015年第18期。

71．蒋丽等：《〈反对自由主义〉与遵守党的纪律》，《毛泽东思想研究》2016年第3期。

72．张磊：《论〈反对自由主义〉文本的历史价值与现实启示——基于全面从严治党视角》，《大连干部学刊》2017年第1期。

73．李庆英：《中国共产党人为什么必须反对"自由主义"——基于80年前毛泽东一篇经典文献的思考》，《上海党史与党建》2017年第9期。

74．郝满城：《坚决反对当前党内的自由主义》，《共产党员（河北）》2017年第2期。

75．曲青山：《学习毛泽东同志〈反对自由主义〉》，《求是》2019年第12期。

76．杜东芳：《浅析毛泽东同志〈反对自由主义〉的当代价值》，《法制与社会》2019年第22期。

77．董杰：《〈反对自由主义〉对当代党的纪律建设的启示》，《决策探索》（下）2020年第1期。

78．陶文昭：《〈反对自由主义〉：全党改造思想的有力武器》，《党建》2020年第2期。

《国共合作成立后的迫切任务》版本研究

一、写作背景、成文过程

1937年7月7日，日本侵略军向卢沟桥一带的中国军队发动进攻，并炮轰宛平城。驻守卢沟桥附近的国民党军第二十九军第三十七师第一一〇旅在旅长何基沣指挥下奋起抵抗。卢沟桥事变爆发，全国性抗日战争开始。① 7月8日，中共中央即向全国发出了《中国共产党为日军进攻芦沟桥通电》，号召全国军民立即动员起来，进行全民族的抗战。② 7月15日，中共中央将《为公布国共合作宣言》送交蒋介石。《宣言》重申争取中华民族之独立、自由与解放，准备与发动民族革命抗战；实现民族政治；实现中国人民之幸福与愉快的生活三项总目标，重申中共为实现国共合作的停止武力推翻国民党政府的方针，工农政府改名为中华民国特区政府，红军改名为国民革命军等四项保证。七七事变后，国民党的政策有了一定的改变，7月17日，中共中央派周恩来、秦邦宪、林伯渠为代表，前往庐山与蒋介石、邵力子、张冲等进行谈判。蒋介石在庐山发表谈话，表示了抗战决心。他说："到了无可避免的最后关头，我们当然只有牺牲，只有抗战"，"如果放弃尺寸与主权，便是中华民族的千古罪人，那时候只有拼我们民族的生命，求我们最后的胜利"，"如果战端一开，那就是地无分南北，年无分老幼，无论何人，皆有守土抗战之责任，皆应抱定牺牲一切之决心"。③ 毛泽东对此谈话做了积极

---

① 中共中央文献研究室编：《毛泽东年谱 1893—1949》中卷，中央文献出版社2013年版，第1页。
② 焦根强等主编：《毛泽东著作辞典》，中国政法大学出版社1991年版，第417—418页。
③ 《江西民国日报》1937年7月20日第1版。

的评价:"这个谈话,确定了准备抗战的方针,为国民党多年以来在对外问题上的第一次正确的宣言,因此,受到了我们和全国同胞的欢迎。"① 直到八一三上海事变后,由于日本帝国主义直接侵害了英美帝国主义的在华利益和江浙财阀的利益,威胁到了国民党的中心,南京国民政府发表了《自卫抗战声明书》,宣告"中国为日本无止境之侵略所逼迫,兹已不得不实行自卫,抵抗暴力"②。由于全国人民抗日怒潮的逼迫和中国共产党的批评、推动和督促,蒋介石才不得不接受了中国共产党关于合作抗日的主张。③

8月18日中共中央发出给朱德、周恩来、叶剑英关于与国民党谈判的十项条件的指示,指出:"两党合作须建立在一定原则上,目前最重要问题,须使党与红军放在合法地位。因此要求国民党迅即实现下列各项,以便红军早日开赴前线杀敌。"要求实现的各项是:(一)发表我党宣言,同时蒋介石发表谈话;(二)发表边区组织;(三)发表指挥部;(四)发给平等待遇之经费;(五)发给平等待遇之补充器物;(六)红军充任战略的游击支队;(七)在总的战略方针下,执行独立自主的游击战争,发挥红军特长;(八)为适应游击战原则,须依情况出兵与使用兵力;(九)不分割使用;(十)第一批出动红军的使用区域,在平汉线以西、平绥线以南地区,并受阎百川节制。④

为制定中国共产党在抗战时期的纲领、路线和军事战略等,8月22日至25日中共中央政治局召开了洛川会议,会议议程为:(一)政治任务问题;(二)军事问题;(三)国共两党关系问题。毛泽东在会上作了军事问题和国共两党关系问题的报告,并作结论。他在报告中分析了抗日战争的形势、任务及国共两党关系,指出抗日战争的持久性,提出红军的基本任务和战略方针,强调共产党在统一战线中的独立自主原则。关于政治任务和国共两党关系问题,毛泽东指出,红军的基本任务是:创造根据地;钳制和相机消灭敌人;配合友军作战(战略支援任务);保存和扩大红军;争取民族革命战争领导权。要坚持抗日民族统一战线,要巩固和扩大抗日民族统一战线,共

---

① 《毛泽东选集》第二卷,人民出版社1991年版,第344页。
② 《中国近代对外关系史资料选集》下卷(第2册),上海人民出版社1977年版,第11页。
③ 廖盖隆等主编:《毛泽东百科全书》,光明日报出版社1993年版,第254页。
④ 中共中央文献研究室编:《毛泽东年谱 1893—1949》中卷,中央文献出版社2013年版,第14页。

产党在统一战线中必须坚持独立自主的原则，对国民党要保持高度的阶级警觉性。会议通过了《中央关于目前形势与党的任务的决定》、《中国共产党抗日救国十大纲领》和毛泽东为中共中央宣传部门起草的宣传鼓动提纲《为动员一切力量争取抗战胜利而斗争》。①

9月1日，在中央一级积极分子会议上毛泽东作关于中日战争爆发后的形势和任务的报告。报告指出，全国性抗战已经开始，但还是单纯的政府抗战，压制人民的积极性，必须动员一切力量，实现全面的、全民族的抗战，才能争取胜利。②报告再次强调发动群众进行全民族抗战的重要性，对全党进一步明确当前的形势和任务，掌握斗争策略，做好斗争准备，具有重要的意义。

9月22日，国民党中央通讯社发表了中共7月提交国民党的《中国共产党为公布国共合作宣言》，次日，蒋介石发表谈话，实际上承认中国共产党的合法地位及国共合作抗日。至此，以国共合作为基础的抗日民族统一战线正式形成。

9月25日，毛泽东和张闻天电告周恩来，指出我们宣言及蒋谈话宣布了统一战线的成功，建立了两党团结救国的必要基础。蒋谈话指出了团结救国的深切意义，确定了共产党在全国的合法地位，发出了"与全国人民彻底更始"的诺言。但还表现着自大主义精神，缺乏自我批评，未免遗憾。今后的问题是彻底实现三民主义及与三民主义相符合的中共提出的十大纲领。③

为了正确指导共产党的方针政策的转变，帮助全党认识新形势下的新任务，巩固、发展抗日民族统一战线，推动国民党政府切实抗战，推动全民族抗战，1937年9月29日，毛泽东写了《国共两党统一战线成立后中国革命的迫切任务》，论证了国共两党成立统一战线的重要性。同时又指出，这个统一战线不只限于国共两个党，而是全民族的统一战线，是各党各派各界各军的统一战线。这是蒋介石宣布承认共产党合法地位，国共合作统一战线成立

---

① 中共中央文献研究室编：《毛泽东年谱 1893—1949》中卷，中央文献出版社2013年版，第14—16页。
② 中共中央文献研究室编：《毛泽东年谱 1893—1949》中卷，中央文献出版社2013年版，第19页。
③ 中共中央文献研究室编：《毛泽东年谱 1893—1949》中卷，中央文献出版社2013年版，第26页。

后，毛泽东代表中国共产党做出的重要回应。文章最早刊登在1937年10月2日《解放》第1卷第18期，以后有不少单行本或者被收入不同的集子。此文收入人民出版社1952年版《毛泽东选集》（以下简称"《毛选》"）第二卷时，改题《国共合作成立后的迫切任务》（以下简称"《任务》"）。

二、主旨、意义

文章第一部分具体说明了两党统一战线的成立。毛泽东在文章中首先回顾了中国共产党自1933年公布愿在"三个条件"下同国民党订立抗日协定的宣言以来，为实现第二次国共合作所进行的艰苦曲折的斗争历程。其指出："共产党的这个宣言和蒋介石氏的这个谈话，宣布了两党合作的成立，对于两党联合救国的伟大事业，建立了必要的基础。"[①]

文章第二部分强调了两党统一战线成立的影响。文章首先及时地把中国共产党为第二次国共合作的建立和发展所作的重大贡献告诉人民，使他们了解中国共产党深明大义，有着真诚的合作态度和正确的政治方向，从而鲜明地树立起中国共产党在抗日民族统一战线中的领导地位。其次充分肯定了国共合作的伟大历史意义，说两党合作的形成，"在中国革命史上开辟了一个新纪元。这将给予中国革命以广大的深刻的影响，将对于打倒日本帝国主义发生决定的作用"[②]，"历史的车轮将经过这个统一战线，把中国革命带到一个崭新的阶段上去"[③]。毛泽东还提出了四个证据来论证统一战线的决定性作用。第一个证据是统一战线得到了全国人民的支持；第二个证据是西安事变和平解决以及两党停战，使国内实现了前所未有的团结；第三个证据是发动了全国性的抗战；第四个证据是对国际产生了深刻的影响。他说："根据上述的这些证据，我们可以判断，统一战线的发展，将使中国走向一个光明的伟大的前途，就是日本帝国主义的打倒和中国统一的民主共和国的建立。"[④]毛泽东认为没有统一战线的发展，就没有前途可言，从而进一步呼吁全国人

---

① 《毛泽东选集》第二卷，人民出版社1991年版，第363页。
② 《毛泽东选集》第二卷，人民出版社1991年版，第364页。
③ 《毛泽东选集》第二卷，人民出版社1991年版，第364页。
④ 《毛泽东选集》第二卷，人民出版社1991年版，第365页。

民都加入统一战线中去。毛泽东的统一战线的理论发展对于我国实现祖国统一具有重要的现实意义。在新的历史时期,我国广泛的革命统一战线发展为最广泛的爱国统一战线,邓小平同志为解决台湾问题,高瞻远瞩地提出了"一国两制"、和平统一祖国的科学构想,使爱国统一战线的广度和深度都空前增加,超越了社会制度和意识形态的对立,因而能最大限度地团结一切可以团结的力量,为实现第三次国共合作与和平解决海峡两岸统一问题开辟了新途径。①

文章第三部分主要说明了什么是充实的坚固的统一战线,即论述了两次国共合作实现后的任务。一是要"唤起民众"。毛泽东在文章中强调要把民众动员和组织起来,认为民众的力量是无穷的,抗日战争的失利就是忽视了民众的力量,不把民众的力量聚集起来就是一盘散沙。他指出:"抗日民族统一战线是否只限于两个党的呢?不是的,它是全民族的统一战线,两个党仅是这个统一战线中的一部分。抗日民族统一战线是各党各派各界各军的统一战线,是工农兵学商一切爱国同胞的统一战线。现在的统一战线事实上还停止在两个党的范围之内,广大的工人、农民、兵士、城市小资产阶级及其他许多爱国同胞还没有被唤起,还没有被发动,还没有组织起来和武装起来。这是目前最严重的情形。"②这进一步突出"民众"力量的重要性。毛泽东的这个观点也是对马克思主义关于统一战线理论的创新,为统一战线理论奠定了阶级基础。

二是要"有一个为两党所共同承认和正式公布的政治纲领,去代替国民党的统制政策"③。"共同纲领是这个统一战线的行动方针,同时也就是这个统一战线的一种约束"④,两党以共同纲领建立适应抗战需要的革命新秩序。他指出,共同纲领"就是孙中山先生的三民主义和共产党在八月二十五日提出的抗日救国的十大纲领"⑤,在抗日民族革命战争中,"只有实行了

---

① 马贤伦:《抗日民族统一战线的形成、作用及启示》,《大庆高等专科学校学报》1996年第1期。
② 《毛泽东选集》第二卷,人民出版社1991年版,第365—366页。
③ 《毛泽东选集》第二卷,人民出版社1991年版,第366页。
④ 《毛泽东选集》第二卷,人民出版社1991年版,第367页。
⑤ 《毛泽东选集》第二卷,人民出版社1991年版,第367页。

它，才能挽救中国"①，并论述了三民主义在第一次国共合作中发挥的巨大作用及中国共产党人为其实现所进行的艰苦努力，同时阐明共产主义和三民主义、三民主义与十大纲领的关系，进一步完善了抗日民族统一战线共同纲领的理论基础，从而为党在抗日统一战线内坚持自己思想上和组织上的独立性，同国民党亲日派、顽固派的投降分裂活动进行斗争提供了有力武器。

三是提出了改造政府和改造军队的问题。毛泽东在文章中强调："中心任务是改变军队的政治精神和政治工作。"②他指出："现在的政府还是国民党一党专政的政府，不是民族民主的统一战线的政府。""现在国民党军队的制度还是老制度，要用这种制度的军队去战胜日本帝国主义是不可能的。"③同时提出要恢复"官兵一致，军民一致"的原则。红军的经验"可以供全国友军的借鉴"。这对我们加强军队的思想政治教育，建立一支高素质的人民军队具有极大的指导意义。

文章最后满怀深情与希望地呼吁："我们的民族已处在存亡绝续的关头，国共两党亲密地团结起来啊！全国一切不愿当亡国奴的同胞在国共两党团结的基础之上亲密地团结起来啊！实行一切必要的改革来战胜一切困难，这是今日中国革命的迫切任务。完成了这个任务，就一定能够打倒日本帝国主义，我们的前途是光明的。"④

三、版本综述

《国共合作成立后的迫切任务》最早刊载于1937年10月2日《解放》第1卷第18期，以后被其他报刊转载，或者被收入不同的集子。其中中文版本至少有60多种。

（一）1949年10月以前版本

《解放》1937年第1卷第18期《国共两党统一战线成立后中国革命的迫

---

① 《毛泽东选集》第二卷，人民出版社1991年版，第369页。
② 《毛泽东选集》第二卷，人民出版社1991年版，第370页。
③ 《毛泽东选集》第二卷，人民出版社1991年版，第370页。
④ 《毛泽东选集》第二卷，人民出版社1991年版，第371—372页。

切任务》；《战时大学》1937年第1卷第1期《国共两党统一战线成立后中国革命的迫切任务》；《战时大学》1937年第1卷第2期《国共两党统一战线成立后中国革命的迫切任务》（续）；《抗战半月刊》1937年第1卷第5期《国共统一的历史与任务》；《火线》1937年第84期《国共两党统一战线成立后中国革命的迫切任务》；《激流》1937年第1卷第1期《国共两党统一战线成立后中国革命的迫切任务》；《前驱》1937年第1期《国共两党统一战线成立后中国革命的迫切任务》；上海大众出版社1937年12月初版《毛泽东论文集》；叶波澄主编，汉口现代出版社1937年12月版《抗战言论集》（第3辑）；抗日战术研究社1937年12月版《抗日救国指南》（第1辑）；抗日战术研究社1938年1月10日再版《抗日救国指南》（第1辑）；《大地图文旬刊》1938年第1卷第7期《国共两党统一战线成立后中国革命的迫切任务》；星星出版社1938年1月20日初版《民族革命之路》；汪馥泉编著，战时出版社1938年版《国共统一战线及其前途》；史天行主编，芒种书屋1938年1月版《毛泽东言论集》；史天行主编，汉口华中图书公司1938年版《毛泽东言论集》；汉口民族解放社1938年1月版《毛泽东抗战言论全集》；《共产国际》1938年第1期《国共合作成立后的迫切任务》；解放社1938年4月版《抗日民族统一战线指南》（第2册）；新华日报馆1939年5月版《毛泽东救国言论选集》；新华日报华北分馆1940年12月版《毛泽东论文集》；中共中央书记处1941年12月编印《六大以来》（上）；新华书店晋察冀分店1942年3月版《毛泽东言论选集》；中共中央书记处1943年编印《两条路线》（下）；晋察冀日报社1944年5月版、1945年3月再版《毛泽东选集》卷二；苏中出版社1945年7月版《毛选》第一卷；大连大众书店1946年6月版《毛选》卷二；胶东新华书店1946年7月版《毛选》第一卷；大连大众书店1946年8月重印《毛选》卷二；大连大众书店1947年2月再版、1947年11月三版《毛选》卷二；太岳新华书店1947年10月版《毛选》卷三；渤海新华书店1947年3月版《毛选》卷二；东北书店1948年5月版《毛选》卷三；中共晋冀鲁豫中央局1948年编印《毛选》（上册）[①]；等等。

[①] 与中共晋察冀中央局编的六卷分册本篇目略有不同。

（二）1949年10月以后版本

1. 中文版本

人民出版社1952年3月第1版《毛选》第二卷；人民出版社1952年8月第2版《毛选》第二卷；新疆人民出版社1953年版《国共合作成立后的迫切任务》；民族出版社1959年版《毛选》第二卷；人民出版社1964年版《毛选》（一卷本）；人民出版社1964年版线装本《毛选》第二卷；人民出版社1965年版线装本《毛选》（据1964年版线装本缩印）第二卷；人民出版社1965年版《毛选》第二卷；人民出版社1966年版《毛选》（一卷本）[①]；人民出版社1966年版《毛选》第二卷；人民出版社1967年版《毛选》第二卷（红皮本）；人民出版社1969年版《毛选》（25开大字本）第二卷；北京师范大学中共党史系1975年编印《新民主主义革命时期》3（上）；中央统战部、中央档案馆编，档案出版社1985年版《中共中央抗日民族统一战线文件选编》（下）；上海社会科学院历史研究所编，上海人民出版社1986年版《"八一三"抗战史料选编》；中国社会科学院及经济研究所现代经济史组编，国防大学出版社1988年版《中国的土地改革史料选编》；人民出版社1991年版《毛选》第二卷；孟广涵主编，重庆出版社1992年版《抗战时期国共合作纪实》（上卷）；西苑出版社2001年版《毛泽东选集手抄本》第二卷；人民出版社2003年版《毛选》第二卷；马熙敏编著，陕西人民出版社2005年版《共产国际和中国革命的关系》；重庆市政协学习及文史委员会编，西南师范大学出版社2009年版《重庆文史资料》（第11辑）；中共中央文献研究室、中央档案馆编，中央文献出版社2011年版《建党以来重要文献选编》第十四册；线装书局2011年版《毛选》第二卷；陕西人民出版社2013年版《红色档案——延安时期文献档案汇编》；张迪杰主编，润东出版社2013年版《毛泽东全集》第11卷；等等。

还有一些节录版，如：广东省理论研究室1973年编印《马克思主义经典作家论孙中山》（节录）；杭州大学历史系世界史教研组1975年编印《马克思主义经典作家论世界史》（节录）；西北大学历史系中国现代史教研室等

[①] 与人民出版社1964年4月版《毛泽东选集》一卷本相同。

1978年编印《西安事变资料选辑》（节录）；张宏儒主编，北京出版社1993年版《二十世纪中国大事全书》（节录）；罗正楷主编，红旗出版社1996年版《中国共产党大典》（节录）；《中国共产党指导思想文库》编委会编，中国经济出版社1998年版《中国共产党指导思想文库》（节录）；张树军主编，河北人民出版社2015年版《图文中国共产党抗战纪事》（上）（节录）；等等。

2. 其他版本

少数民族文版有维吾尔文版、藏文版、蒙古文版等6种，外文版有英文版、俄文版、日文版、斯瓦希里文版、泰文版、越南文版、西班牙文版、阿拉伯文版、法文版。还有日本苍苍社1983年第2版《毛泽东集》第5卷等。此外还有盲文版。

四、研究综述

对《任务》的研究，大体有以下几种类型：

第一，对版本的概述。

施金炎主编《毛泽东著作版本述录与考订》对《任务》进行了版本介绍：汉文版单行本1种，少数民族文版2种，外文版10种。[①] 蒋建农等《毛泽东著作版本编年纪事》对《任务》做了版本介绍。[②] 柏钦水主编《毛泽东著作版本鉴赏》收入《任务》汉文单行本1种，少数民族文版1种，外文版1种。[③] 张惠芝等主编《毛泽东生平著作研究目录大全》中收录汉文版单行本1种，外文版单行本7种，少数民族文版2种。[④] 张汝文主编《全国马列哲学政法图书分类总书目》收录外文版1种。[⑤] 张占斌、蒋建农主编《毛泽东选集大辞典》收录汉文版16种。[⑥]

---

① 施金炎主编：《毛泽东著作版本述录与考订》，海南国际新闻出版中心1995年版，第261—262页。
② 蒋建农等：《毛泽东著作版本编年纪事》（一册），湖南人民出版社2013年第2版，第268页。
③ 柏钦水主编：《毛泽东著作版本鉴赏》，山东人民出版社2009年版，第50、325、353页。
④ 张惠芝等：《毛泽东生平著作研究目录大全》，河北教育出版社1993年版，第1299—1490页。
⑤ 张汝文主编：《全国马列哲学政法图书分类总书目》，辽宁大学出版社1990年版，第29页。
⑥ 张占斌、蒋建农主编：《毛泽东选集大辞典》，山西人民出版社1993年版，第79—80页。

还有些书也介绍了《任务》的版本，如：新华书店总店编辑《全国总书目》（1949—1954）（新华书店总店1955年版）、湖南省图书馆编《马克思、恩格斯、列宁、斯大林、毛泽东著作目录》（馆藏中文部分）（湖南省图书馆1975年版）、乔明甫等主编《中国共产党建设大辞典》（四川人民出版社1991年版）、廖盖隆等主编《毛泽东百科全书》（光明日报出版社1993年版，2003年修订版）、中共中央党史研究室科研管理部编《全国党史界纪念毛泽东同志诞辰120周年学术研讨会论文集》（上）（中共党史出版社2014年版）等。

第二，对版本的校勘研究。

日本学者竹内实主编的《毛泽东集》（日本北望社1970年初版，苍苍社1983年第2版）第5卷收入了《国共两党统一战线成立后中国革命的迫切任务》，以1944年版《毛泽东选集》卷二本为底本，参考了1947年版《毛泽东选集》卷三本、《解放》1937年第1卷第18期、解放社1938年4月版《抗日民族统一战线指南》（第2册）等，与人民出版社1952年版《毛泽东选集》第二卷收入的《国共合作成立后的迫切任务》进行了校勘，列出校勘记206条。这是较早的对《国共合作成立后的迫切任务》进行版本校勘、研究的著作。

周一平《日版〈毛泽东集〉〈毛泽东集补卷〉校勘与研究》对日版《毛泽东集》《毛泽东集补卷》进行了校勘、研究，指出："日《集》第5卷本《国共两党统一战线成立后中国革命的迫切任务》与《毛选》第2卷本《国共合作成立后的迫切任务》相校，《毛选》第2卷本略有删节。"[①] 又指出："日《集》第5卷中的《国共两党统一战线成立后中国革命的迫切任务》（即《毛选》第2卷《国共合作成立后的迫切任务》）有206条校记。"[②]

其还指出："《毛选》第2卷收入的《国共合作成立后的迫切任务》，修订版将旧版'抗日战线的战斗序列'校改为'按抗日战线的战斗序列'（第363页）。日《集》第5卷《国共两党统一战线成立后中国革命的迫切任务》对此并没有校语。又此文，修订版将旧版'余以为吾人革命信赞者'校

---

① 周一平：《日版〈毛泽东集〉〈毛泽东集补卷〉校勘与研究》，中国国际文化出版社2013年版，第131页。
② 周一平：《日版〈毛泽东集〉〈毛泽东集补卷〉校勘与研究》，中国国际文化出版社2013年版，第153页。

改为'余以为吾人革命所争者'（第369页）。日《集》第5卷本对'信赞'并没有校语。"①

这也是对《任务》进行的一种版本研究。

此外，乔明甫等主编的《中国共产党建设大辞典》指出：1952年4月收入《毛泽东选集》第二卷时，作者删去了原文中的小标题，文字也作了修改，并改题为《国共合作成立后的迫切任务》。②

间小波在《文本、语境、思想——抗战时期毛泽东有关人民代表大会制度构想之辨析》一文中指出："毛泽东在《国共两党统一战线成立后中国革命的迫切任务》中就使用了这一概念：'人民代表会议的苏维埃制度也不是别的，就是彻底的民权主义。'该文在1952年以后出版的《毛泽东选集》中篇名改为《国共合作成立后的迫切任务》，上述文字改为：'工农民主专政制度也不是别的，就是彻底的民权主义。'原稿还有三处提到'苏维埃'，均被改动：1.'苏维埃中央政府'改为'中国红军'；2.'取消苏维埃停止没收土地'改为'取消工农民主专政和停止没收地主的土地'；3.'苏维埃口号的民主共和国口号'改为'工农民主专政的阶层联合的民主共和国的主张'。"③

第三，对背景、内容、意义的论述。

有一些书对《任务》作了研究、介绍，如：兰州医学院图书馆等1977年编印《毛泽东选集介绍》、黑龙江大学哲学系1977年编印《学习〈毛泽东选集〉第二卷参考材料》、何东等编《中共党史》（中国青年出版社1985年版）、中共汕头市委党史领导小组办公室等编《潮汕党史研究》（第2辑）（中共汕头市委统战部1986年版）、陈荷夫《土地与农民——中国土地革命的法律与政治》（辽宁人民出版社1988年版）、宋春主编《新编中国统一战线大辞典》（东北师范大学出版社1988年版）、焦根强等主编《毛泽东著作辞典》（中国政法大学出版社1991年版）、冯雷主编《新版毛泽东选集学习辞典》（大连出版社1991年版）、袁竞主编《毛泽东著作大辞典》（中国国

---

① 周一平：《日版〈毛泽东集〉〈毛泽东集补卷〉校勘与研究》，中国国际文化出版社2013年版，第64页。
② 乔明甫等主编：《中国共产党建设大辞典》，四川人民出版社1991年版，第1050页。
③ 间小波：《文本、语境、思想——抗战时期毛泽东有关人民代表大会制度构想之辨析》，《思想战线》2018年第3期。

际广播出版社1991年版)、乔明甫等主编《中国共产党建设大辞典》(四川人民出版社1991年版)、张梅玲《干戈化玉帛——第二次国共合作的形成》(中国广播电视出版社1991年版)、何平主编《毛泽东大辞典》(中国国际广播出版社1992年版)、廖盖隆等主编《毛泽东百科全书》(光明日报出版社1993年版,2003年修订版)、萧少秋主编《延安时期毛泽东著述提要》(陕西人民教育出版社1993年版)、任涛主编《中国统一战线全书》(国际文化出版公司1993年版)、张树军等《民族救星：1935—1945年的毛泽东》(中国青年出版社1993年版)、金晓钟等主编《新时期党的建设文库》(第1卷)(东北大学出版社1996年版)、刘建业主编《中国抗日战争大辞典》(北京燕山出版社1997年版)、蒋建农主编《毛泽东全书》第五卷(河北人民出版社1998年版)、蒋建农主编《毛泽东全书》第六卷(河北人民出版社1998年版)、范圣予主编《毛泽东思想概论》(中共中央党校出版社1999年版)、张静如等主编《中国共产党通志》(中央文献出版社2001年版)、李捷主编《毛泽东著作辞典》(浙江人民出版社2011年版)、熊辉等《毛泽东执政思想研究》(湘潭大学出版社2012年版)、中共中央党史研究室科研管理部编《全国党史界纪念毛泽东同志诞辰120周年学术研讨会论文集》(上)(中共党史出版社2014年版)、姬瑞环《向毛泽东学写作：中国离不开毛泽东》(当代中国出版社2014年版)、张树军主编《图文中国共产党抗战纪事》(上)(河北人民出版社2015年版)、夏燕月《毛泽东与中国抗战》(河北人民出版社2015年版)等。

  有一些文章,就《任务》内容进行了分析。有学者认为,《任务》一文,代表共产党向全国人民指出了战胜日本帝国主义的根本方针和正确途径,实际上是对两条不同的抗战路线的进一步论述。其目的在于揭露国民党政府的政治制度和军队制度的腐败,进而要求国民党改革政治和军队,以完成抗日战争的伟大任务,本文的发表,为抗日战争的彻底胜利指明了方向,制定了方针。文章为充实和发展抗日民族统一战线提出了许多意见与建议,并对抗日民族统一战线寄予厚望,本文的发表,在当时产生了深刻的影响,是毛泽东统一战线理论的重要文献。[1]

---

[1] 廖盖隆等主编：《毛泽东百科全书》,光明日报出版社1993年版,第255页。

有学者认为，毛泽东在这篇文章中对第二次国共合作的由来、意义、前途、现状及任务作了系统、深刻的分析和阐述。① 首先，该文章回顾了自"九一八事变"以来，中国共产党为实现国共两党重新合作，建立抗日民族统一战线所作的巨大努力，并对国共两党重新合作建立统一战线给予了高度评价。其次，毛泽东明确指出了现在的统一战线事实上还停留在两个党的范围之内，精辟地阐述了第二次国共合作重大而深远的历史意义，指出了全党全国人民在国共合作后所面临的迫切任务。② 其呼吁国民党的当权者，要把已经建立的抗日民族统一战线发展充实起来，抗战需要新的政府和新的军队。③

有学者认为，该文章对抗日民族统一战线的伟大意义作了精辟阐述④，并且指明了巩固、发展统一战线的方针⑤，说明国民党只有从根本上改变过去的统治政策，恢复孙中山"三民主义"的革命精神，方能适应抗日战争的需要。在随后同国民党的谈判中，中国共产党还继续提出建立固定的统一战线的组织形式，召开临时国民大会以及改造政府，改造军队等种种具体建议，但都没有取得什么结果。⑥

还有学者认为，由于国民革命军中没有政治委员制度，也没有政治部，所以新组编的八路军取消了政治委员，并将政治部改为政训处。但很快，就暴露出一些问题，影响了部队的建设和战斗力。对此，毛泽东有过深入研究，他在文章中尖锐地指出："现在国民党军队的制度还是老制度，要用这种制度的军队去战胜日本帝国主义是不可能的。""中心的任务是改变军队的政治精神和政治工作。""中国共产党领导的红军，在今天，对于整个抗日战争，还只能起先锋队的作用，还不能在全国范围内起决定的作用，但是它的一些政治上、军事上、组织上的优点是足供全国友军采择的。这个军队也不是一开始就像现在的情形，它也曾经过许多的改造工作，主要是肃清了军队内部的封建主义，实行了官兵一致和军民一致的原则。这个经验，可以

---

① 蒋建农主编：《毛泽东全书》第五卷，河北人民出版社1998年版，第243—245页。
② 刘建业主编：《中国抗日战争大辞典》，北京燕山出版社1997年版，第258页。
③ 何平主编：《毛泽东大辞典》，中国国际广播出版社1992年版，第250页。
④ 金晓钟、唐晓清主编：《新时期党的建设文库》（第1卷），东北大学出版社1996年版，第656页。
⑤ 《中国统一战线辞典》编委会：《中国统一战线辞典》，中共党史出版社1992年版，第11页。
⑥ 莲花县史志工作办公室编著：《中共莲花地方史》，中共党史出版社 2006年版，第178页。

供全国友军借鉴。"这表明党中央开始考虑灵活对待改变问题,恢复红军时期一些有效的制度。①

还有学者认为,毛泽东在文中对中共土地政策的论述含义十分明确,它说明了:实行减租减息的土地政策是为了团结尽可能多的人共同抗日;减租减息的土地政策是过渡性的政策,是当前为改良人民生活而采取的必要措施;土地问题是中国革命的基本问题,要彻底解决这一问题,必须实行孙中山的"耕者有其田"的土地制度,即必须彻底消灭封建地主土地所有制,中国共产党有决心领导广大农民群众逐步解决这一问题。②

还有些论文也介绍和论述了《任务》,如:钟思《学习〈毛泽东选集〉第二卷参考材料》(《吉林大学学报》1976年第6期);韦国清《在历史转折时期发挥党的政治工作的威力》(《思想政治教育》1981年第7期);刘风莲《浅论第二次国共合作的历史条件》(《郑州大学学报》1985年第3期);贺秉元、方剑桥《第二次国共合作的形成与历史经验的昭示》(《宁波大学学报》1988年第1期);杨三省《中国共产党在抗日战争中领导权的实现是多方面的》(《理论导刊》1994年第8期);黄克水《试述第二次国共合作建立的历史进程》(《龙岩师专学报》1994年Z1期);马贤伦《抗日民族统一战线的形成、作用及启示》(《大庆高等专科学校学报》1996年第1期);唐正芒《毛泽东论中国大革命胜利考析——兼论对陈独秀的历史评价》(《安徽史学》2005年第6期);孙志明《延安时期党的创新精神初探》(《贵阳市委党校学报》2010年8月第4期);沈郁《延安时期延安高等院校的马克思主义理论教育略论》(《延安大学学报》2011年第5期);苏琴琴《论文艺民族形式论争对古典白话小说价值的阐释与定位》(《浙江师范大学学报》2016年第5期);刘佳、陈丙《方法论视域下延安时期党的思想政治教育研究》(《延安大学学报》2016年第4期);曹子洋《七七抗战的历史启示论析》(《中国延安干部学院学报》2017年第2期);杨子均《试论郭沫若的爱国主义思想》(《郭沫若学刊》2018年第3期);齐卫平、高至利《新时代"四个伟大"历史使命形成的思想基础》(《中国浦东干部学院学报》2018年第5期);

---

① 张亚、杨青芝、王燕群:《扬威平型关——平型关抗战影像全纪录》,长城出版社2015年版,第104—105页。
② 李龙主编:《毛泽东法律思想研究》,武汉大学出版社1993年版,第279页。

刘宗灵《"撑伞"与"扎根":试析抗战时期中共在四川地区的统战活动》(《兰州学刊》2019年第11期);王培利、王若淼《"全面抗战""全国抗战""全民族抗战"概念辨析》[《历史教学》(上半月刊)2020年第11期];夏静《全面抗战初期国民党对"统一战线"的认知与表述——兼论共产党的回应》(《史学月刊》2021年第2期);等等。

有些博硕论文也涉及了《任务》研究,如:贾君亮《新时期统一战线的哲学思考》(2010年延安大学硕士论文);任春峰《抗日战争时期人民军队政治工作研究》(2012年南开大学博士论文);毕媛媛《民国时期党际关系嬗变研究》(2013年哈尔滨师范大学硕士论文);吕永川《抗日战争时期毛泽东思想政治教育理论研究》(2016年聊城大学硕士论文);周德秋《抗日战争时期八路军三五九旅的政治工作研究》(2020年湘潭大学硕士论文);王天丹《陕甘宁边区军事建设问题研究(1937—1945)》(2020年陕西师范大学博士论文);李薇《晋察冀抗日根据地统一战线工作研究》(2020年西安工业大学硕士论文)……

综上,研究《任务》的成果已不少,但对《任务》进行全面系统的版本研究的成果还没有。

五、校勘与分析

(一)1949年10月以前版本校勘与分析

《任务》1949年10月以前的各种版本,大多数文本以1937年10月2日《解放》第1卷第18期为底本,各版本之间差别较小。

1. 《激流》1937年第1卷第1期版与《解放》1937年第1卷第18期版异同

《激流》1937年11月第1卷第1期刊登的《任务》(以下简称"《激流》版"),与《解放》1937年10月第1卷第18期的《任务》(以下简称"《解放》版")相校,标点符号和文字略有不同。

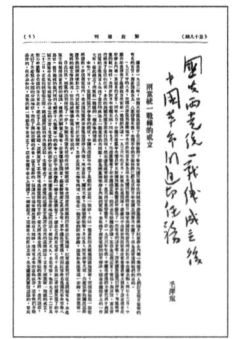  

《解放》1937年第1卷第18期图片　　　《激流》1937年第1卷第1期图片

（1）标点符号不同

标点符号的增删与修改有13处，如：

《解放》版："不但是这些宣言，书信，与决议，而且实行派遣了自己的代表，"①，《激流》版："不但是这些宣言、书信、与决议，而且实行派遣了自己的代表，"②。

《解放》版："要求开放民众运动释放政治犯问题，"③，《激流》版："要求开放民众运动，释放政治犯问题，"④。

《解放》版："就由国共两党的情况，起着决定的作用。"⑤《激流》版："就由国共两党的情况。起着决定的作用。"⑥

……

（2）文字不同

第一，不改变文义的文字修改。

《解放》版："这就要把全国人民都动员起来加入统一战线中去。"⑦《激流》版："这就是把全国人民都动员起来加入统一战线中去"⑧。"要"改"是"，不改变文义。

《解放》版："我们对于所有中国的军队，"⑨，《激流》版："我们对

---

① 《解放》1937年第1卷第18期。
② 《激流》1937年第1卷第1期。
③ 《解放》1937年第1卷第18期。
④ 《激流》1937年第1卷第1期。
⑤ 《解放》1937年第1卷第18期。
⑥ 《激流》1937年第1卷第1期。
⑦ 《解放》1937年第1卷第18期。
⑧ 《激流》1937年第1卷第1期。
⑨ 《解放》1937年第1卷第18期。

于中国所有的军队,"①。修改后,不改变文义。

第二,使表述更准确。

《解放》版:"这就是孙中山先生的三民主义与共产党在八月十五日提出的抗日救国十大纲领。"②《激流》版:"这就是孙中山先生的三民主义与共产党在廿六年八月十五日提出的抗日救国十大纲领。"③ 增"廿六年"。修改后,更准确。

《解放》版:"……就是提出这种疑问的一个(在上海的某种刊物上),"④,《激流》版:"……就是提出这种疑问的一个(编者注:第十二期《新学识》)"⑤。"在上海的某种刊物上"改"编者注:第十二期《新学识》"。修改后,更准确。

第三,改动失误。

《解放》版:"因为今天的统一战线至今还没有一个为两党所公认与正式公布的政治纲领去代替统制政策。"⑥《激流》版:"因为今天的统一战线至今还没有一个为两党所公认与正式公布的政治纲领去代表统制政策"⑦。"代替"改"代表",改动失误。

2. 太岳新华书店1947年《毛泽东选集》卷三版与《解放》1937年第1卷第18期版异同

太岳新华书店1947年《毛选》卷三版所载《任务》(以下简称"1947年

太岳新华书店1947年《毛泽东选集》卷三版书影

---

① 《激流》1937年第1卷第1期。
② 《解放》1937年第1卷第18期。
③ 《激流》1937年第1卷第1期。
④ 《解放》1937年第1卷第18期。
⑤ 《激流》1937年第1卷第1期。
⑥ 《解放》1937年第1卷第18期。
⑦ 《激流》1937年第1卷第1期。

版")与《解放》版相校，标点符号和文字略有不同。

（1）标点符号不同

标点符号的增删与修改有20余处，如：

《解放》版："那是因为在九一八事变发生后……"① 1947年版："那是因为在『九一八』事变发生后……"②

《解放》版："不但是这些宣言，书信，与决议，……"③ 1947年版："不但是这些宣言、书信与决议，……"④

《解放》版："指出了团结救国的必要，这是很好的。但还没有抛弃国民党的自大精神……"⑤ 1947年版："指出了团结救国的必要，这是很好的，但还没有抛弃国民党的自大精神……"⑥

……

（2）文字不同

文字不同有5处，如：

《解放》版："据说日寇每天的战费数目是二千万至二千万五百万元……"⑦ 1947年版："据说日寇每天的战费数目是二千万至二千五百万元……"⑧ 删"万"，不改变文义。

《解放》版："单纯政府与军队抗战。"⑨ 1947年版："单纯政府与军队抗战。"⑩ 增"的"，不改变文义。

《解放》版："现在要用这一套对付日本帝国主义的进攻……"⑪ 1947年版："现在仍用这一套对付日本帝国主义的进攻……"⑫ "要用"改"仍用"，更合理。

《解放》版："并在一九二五至二七年经过每一个忠实的共产党人及

---

① 《解放》1937年第1卷第18期。
② 《毛泽东选集》卷三，太岳新华书店1947年版，第40页。
③ 《解放》1937年第1卷第18期。
④ 《毛泽东选集》卷三，太岳新华书店1947年版，第40页。
⑤ 《解放》1937年第1卷第18期。
⑥ 《毛泽东选集》卷三，太岳新华书店1947年版，第41页。
⑦ 《解放》1937年第1卷第18期。
⑧ 《毛泽东选集》卷三，太岳新华书店1947年版，第43页。
⑨ 《解放》1937年第1卷第18期。
⑩ 《毛泽东选集》卷三，太岳新华书店1947年版，第44页。
⑪ 《解放》1937年第1卷第18期。
⑫ 《毛泽东选集》卷三，太岳新华书店1947年版，第45页。

每一个忠实的国民党人之手,而在全国实行过了"①,1947年版:"而在一九二五至二七年经过每一个忠实的共产党人及每一个忠实的国民党人之手,并在全国实行过了"②。"并"改"而","而"改"并",不改变文义。

《解放》版:"……这是今天唯一的出路。"③ 1947年版:"……这是今天唯一的道路。"④ "出路"改"道路",不改变文义。

3. 中共晋冀鲁豫中央局1948年编印《毛泽东选集》(上册)版与《解放》1937年第1卷第18期版异同

中共晋冀鲁豫中央局1948年编印《毛泽东选集》(上册)版收入的《任务》(以下简称"1948年版")与《解放》版相校,标点符号和文字略有不同。

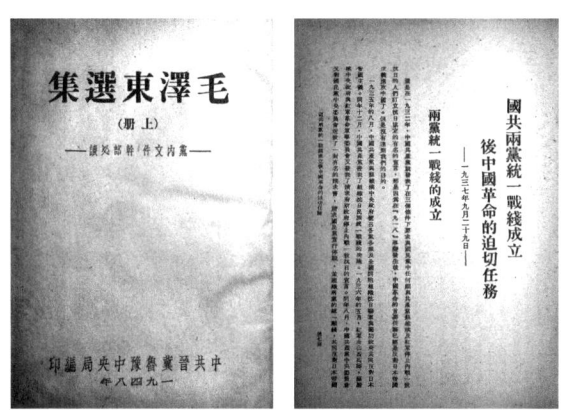

中共晋冀鲁豫中央局1948年编印《毛选》(上册)版书影

(1)标点符号不同

标点符号的增删与修改有37处,如:

《解放》版:"那是因为在九一八事变发生后,"⑤,1948年版:"那是因为在『九一八』事变发生后,"⑥。

《解放》版:"要求国民党向共产党保证停止内战,民主自由,国民大会,迅速准备抗战,及改良人民生活等五项。"⑦ 1948年版:"要求国民党

---

① 《解放》1937年第1卷第18期。
② 《毛泽东选集》卷三,太岳新华书店1947年版,第46页。
③ 《解放》1937年第1卷第18期。
④ 《毛泽东选集》卷三,太岳新华书店1947年版,第48页。
⑤ 《解放》1937年第1卷第18期。
⑥ 《毛泽东选集》(上册),中共晋冀鲁豫中央局1948年编印,第373页。
⑦ 《解放》1937年第1卷第18期。

向共产党保证：停止内战、民主自由、国民大会、迅速准备抗战及改良人民生活等五项；"①。

《解放》版："……至今还没有实现，"②，1948年版："……至今还没有实现；"③。

……

（2）文字不同

文字变动有10处，有如下几种类型：

第一，不改变文义的修改。

《解放》版："据说日寇每天的战费数目是二千万至二千万五百万元……"④ 1948年版："据说日寇每天的战费数目是二千万至二千五百万元……"⑤ 删"万"，不改变文义。

《解放》版："这是今天唯一的出路。"⑥ 1948年版："这是今天唯一的道路。"⑦ "出路"改"道路"，不改变文义。

《解放》版："并在一九二五至二七年经过每一个忠实的共产党人及每一个忠实的国民党人之手，而在全国实行过了。"⑧ 1948年版："而在一九二五至二七年经过每一个忠实的共产党人及每一个忠实的国民党人之手，并在全国实行过了。"⑨ "并"改"而"，"而"改"并"，不改变文义。

第二，使表述更合理。

《解放》版："他的严重性，就是影响到前线不能打胜仗。"⑩ 1948年版："它的严重性，就是影响到前线不能打胜仗。"⑪ "他"改"它"，更合理。

---

① 《毛泽东选集》（上册），中共晋冀鲁豫中央局1948年编印，第374页。
② 《解放》1937年第1卷第18期。
③ 《毛泽东选集》（上册），中共晋冀鲁豫中央局1948年编印，第374页。
④ 《解放》1937年第1卷第18期。
⑤ 《毛泽东选集》（上册），中共晋冀鲁豫中央局1948年编印，第376页。
⑥ 《解放》1937年第1卷第18期。
⑦ 《毛泽东选集》（上册），中共晋冀鲁豫中央局1948年编印，第380页。
⑧ 《解放》1937年第1卷第18期。
⑨ 《毛泽东选集》（上册），中共晋冀鲁豫中央局1948年编印，第378—379页。
⑩ 《解放》1937年第1卷第18期。
⑪ 《毛泽东选集》（上册），中共晋冀鲁豫中央局1948年编印，第377页。

《解放》版："……他像一条绳索，"①，1948年版："……它像一条绳索，"②。"他"改"它"，更合理。

《解放》版："现在要用这一套对付日本帝国主义的进攻，所以处处不合适……"③ 1948年版："现在仍用这一套对付日本帝国主义的进攻，所以处处不合适……""要"改"仍"，更合理。

《解放》版："应该把他巩固起来，实行一个共同纲领。"④ 1948年版："应该把它巩固起来，实行一个共同纲领。"⑤ "他"改"它"，更合理。

第三，改动失误。

《解放》版："就已经经过国民党第一次全国代表大会而共同决定"⑥，1948年版："就已经经过国民第一次党代表大会而共同决定"⑦。"国民党第一次全国代表大会"改"国民第一次党代表大会"，改动失误。

（二）1949年10月以后版本校勘与分析

1950年5月，中共中央毛泽东选集出版委员会成立，毛泽东亲自参与了《毛泽东选集》的编辑，亲自修改、审定每一篇论著。《任务》经过毛泽东修改，改题《国共合作成立后的迫切任务》，收入人民出版社1952年3月出版的《毛泽东选集》第二卷（以下简称"1952年《毛选》版"）。这个版本较《解放》1937年版有较大修改（下节详论）。但此后《任务》各种版本，除繁简字体、横竖版式、个别文字、注释略有不同外，基本文字都与1952年《毛选》版相同。

1. 人民出版社1966年《毛泽东选集》第二卷版与人民出版社1952年《毛泽东选集》第二卷版异同

1966年7月人民出版社出版的《毛选》第二卷收入的《任务》（以下简称"1966年《毛选》版"），是简体字横排版，1952年《毛选》版为繁体字竖

---

① 《解放》1937年第1卷第18期。
② 《毛泽东选集》（上册），中共晋冀鲁豫中央局1948年编印，第378页。
③ 《解放》1937年第1卷第18期。
④ 《解放》1937年第1卷第18期。
⑤ 《毛泽东选集》（上册），中共晋冀鲁豫中央局1948年编印，第381页。
⑥ 《解放》1937年第1卷第18期。
⑦ 《毛泽东选集》（上册），中共晋冀鲁豫中央局1948年编印，第378页。

排版。两个版本相校，正文文字相同，主要的不同，一是旧式标点符号都改为新式标点符号，二是注释略有修改。

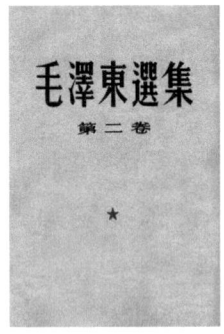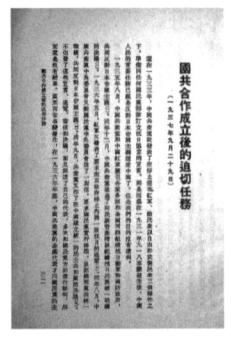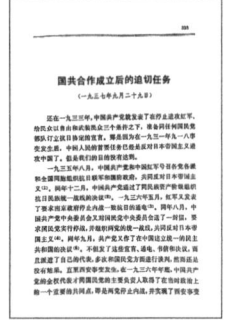

人民出版社1952年《毛选》第二卷版书影　　人民出版社1966年《毛选》第二卷版书影

（1）标点符号的修改

标点符号不同有13处，均是把旧式标点『　』改成新式标点《　》或者"　"，如：

1952年《毛选》版："即『唤起民众』四个字。"[1] 1966年《毛选》版："即'唤起民众'四个字。"[2]

1952年《毛选》版："中国共产党在公布国共合作的宣言上说：『孙中山先生的三民主义为中国今日之必需，本党愿为其彻底实现而奋斗。』"[3] 1966年《毛选》版："中国共产党在公布国共合作的宣言上说：'孙中山先生的三民主义为中国今日之必需，本党愿为其彻底实现而奋斗。'"[4]

1952年《毛选》版："参看本书第一卷『中国共产党在抗日时期的任务』注二。"[5] 1966年《毛选》版："参看本书第一卷《中国共产党在抗日时期的任务》注〔2〕。"[6]

……

---

[1]　《毛泽东选集》第二卷，人民出版社1952年版，第325页。
[2]　《毛泽东选集》第二卷，人民出版社1966年横排版，第337页。
[3]　《毛泽东选集》第二卷，人民出版社1952年版，第326页。
[4]　《毛泽东选集》第二卷，人民出版社1966年横排版，第338页。
[5]　《毛泽东选集》第二卷，人民出版社1952年版，第331页。
[6]　《毛泽东选集》第二卷，人民出版社1966年横排版，第343页。

（2）文字的修改：

1952年《毛选》版：“它像一条绳索，”①，1966年《毛选》版：“它象一条绳索，”②。1952年《毛选》版：“如像上海的诸青来〔九〕，”③，1966年《毛选》版：“如象上海的诸青来，”④。以上“像”改“象”，不改变文义。

2. 人民出版社1991年《毛泽东选集》第二卷版与1952年《毛泽东选集》第二卷版异同

人民出版社 1991年6月出版了第2版《毛选》（横排简体字），其中第二卷的《任务》（以下简称“1991年《毛选》版”）与1952年《毛选》版相校，文字变动有4处，1952年《毛选》版有9条注释，1991年《毛选》版有11条注释。

362

国共合作成立后的迫切任务

（一九三七年九月二十九日）

还在一九三三年，中国共产党就发表了在停止进攻红军、给民众以自由和武装民众三个条件之下，准备同任何国民党部队订立抗日协定的宣言。那是因为在一九三一年九一八事变发生后，中国人民的首要任务已经是反对日本帝国主义进攻中国了。但是我们的目的没有达到。

一九三五年八月，中国共产党和中国红军号召各党各派和全国同胞组织抗日联军和国防政府，共同反对日本帝国主义[1]。同年十二月，中国共产党通过了同民族资产阶级组织抗日民族统一战线的决议[2]。一九三六年五月，红军又发表了要求南京政府停止内战一致抗日的通电[3]。同年八月，中国共产党中央委员会又对国民党中央委员会送了一封信，要求国民党实行停战，并组织两党的统一战线，共同反对日本帝国主义[4]。同年九月，共产党又作了在中国建立统一的民主共和国的决议[5]。不但发了这些宣言、通电、书信和决议，而且派遣了自己的代表，多次和国民党方面进行谈判，然而还是没有结果。直至西安事变[6]发生，在一九三六年年底，中国共产党的全权代表才同国民党的主要负责人取得了在当时政治上的一个重要的共同点，即是两党停止内战，并实现了西安

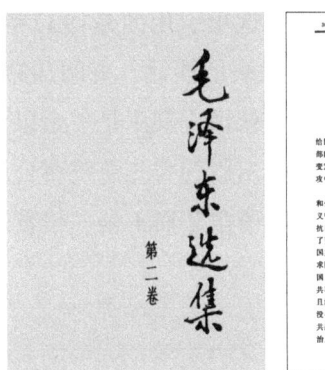

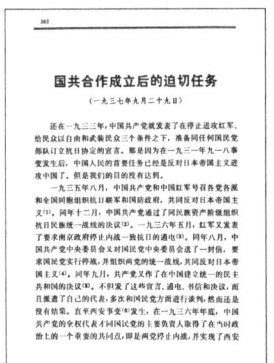

人民出版社1991年《毛选》第二卷版书影

（1）文字的修改，主要包括以下几类：

第一，不改变文义的修改。

1952年《毛选》版：“国共两党亲密地团结起来呵！”⑤ 1991年《毛选》版：“国共两党亲密地团结起来啊！”⑥“呵”改“啊”，不改变文义。

---

① 《毛泽东选集》第二卷，人民出版社1952年版，第326页。

② 《毛泽东选集》第二卷，人民出版社1966年横排版，第338页。

③ 《毛泽东选集》第二卷，人民出版社1952年版，第326页。

④ 《毛泽东选集》第二卷，人民出版社1966年横排版，第338页。

⑤ 《毛泽东选集》第二卷，人民出版社1952年版，第330页。

⑥ 《毛泽东选集》第二卷，人民出版社1991年版，第371页。

第二，使表述更准确、合理。

1952年《毛选》版："然而红军改名为国民革命军第八路军（抗日战线的战斗序列，又称第十八集团军）的命令，已在平津失守约一个月之后颁布了。"①1991年《毛选》版："然而红军改名为国民革命军第八路军（按抗日战线的战斗序列，又称第十八集团军）的命令，已在平津失守约一个月之后颁布了。"②"抗日战线的战斗序列"改"按抗日战线的战斗序列"，增"按"，更准确、合理。抗日战争爆发后，中国工农红军于一九三七年八月二十五日改编为国民革命军第八路军。半个月后，国民党政府军事委员会又于一九三七年九月十一日宣布，按照对日作战各战区的战斗序列，将八路军番号改为第十八集团军。③

1952年《毛选》版："余以为吾人革命信赞者，"④，1991年《毛选》版："余以为吾人革命所争者，"⑤。这里引用的是1937年9月23日蒋介石就《中共中央为公布国共合作宣言》发表的谈话。查阅1937年9月24日《申报》根据中央社电讯刊登的蒋介石这一谈话，其中是"余以为吾人革命所争者"。查阅台湾国民党中央党史委员会出版的《先总统蒋公思想言论总集》和秦孝仪主编的《蒋总统集》，均为"所争"而不是"信赞"。将"信赞"订正为"所争"二字，⑥更准确。

（2）注释修改

第一，增加注释。

1991年《毛选》版增加了"西安事变"（注〔6〕）、东北四省（注〔8〕）2条参见注。这有助于更好地阅读、理解整篇文章。

第二，注释修改。

1952年《毛选》版关于"诸青来"的注释为："诸青来是'国家社会党'（反动的地主官僚和大资产阶级所组织的一个小集团）的首领之一，后

---

① 《毛泽东选集》第二卷，人民出版社1952年版，第322页。
② 《毛泽东选集》第二卷，人民出版社1991年版，第363页。
③ 逄先知等：《毛泽东选集一至四卷第二版编辑纪实》，中央文献出版社1991年版，第52页。
④ 《毛泽东选集》第二卷，人民出版社1952年版，第328页。
⑤ 《毛泽东选集》第二卷，人民出版社1991年版，第369页。
⑥ 逄先知等：《毛泽东选集一至四卷第二版编辑纪实》，中央文献出版社1991年版，第52—53页。

来为汪精卫汉奸政府中的一员。"①1991年《毛选》版此注释修改为:"诸青来,上海人。一九三四年参加中国国家社会党,曾任上海大夏大学、光华大学等校教授。一九三七年七月抗日战争爆发后,他在上海《新学识》杂志上发表文章,反对中国共产党关于建立抗日民族统一战线的政策,反对国共合作。后来,他公开投降日本帝国主义,成为汪精卫汉奸政府中的一员。"②关于诸青来的记述,1991年《毛选》版更加详尽、准确③。

(三)人民出版社1952年《毛泽东选集》第二卷版与《解放》1937年第1卷第18期版校勘与分析

《解放》版全篇约6746个字,1952年《毛选》版全篇约6306个字(不包括注释字数)。两者相校,不同之处主要是330余处文字改动与标点符号改动,以及注释的增加。

1. 标点符号修改

标点符号修改有75处,如:

《解放》版:"不但是这些宣言,书信,与决议,而且实行派遣了自己的代表,"④,1952年《毛选》版:"不但发了这些宣言、通电、书信和决议,而且派遣了自己的代表,"⑤。

《解放》版:"则两党统一战线的建立势将推迟。"⑥1952年《毛选》版:"则两党合作的建立势将推迟,"⑦。

《解放》版:"共产党方面都提出更具体的建议,"⑧,1952年《毛选》版:"共产党方面都提出了更具体的建议。"⑨

《解放》版:"指出了团结救国的必要,这是很好的。"⑩1952年《毛

---

① 《毛泽东选集》第二卷,人民出版社1952年版,第331页。
② 《毛泽东选集》第二卷,人民出版社1991年版,第372页。
③ 详见中共中央文献研究室:《毛泽东选集一至四卷注释校订本》,中央文献出版社1991年版,第195—196页。
④ 《解放》1937年第1卷第18期。
⑤ 《毛泽东选集》第二卷,人民出版社1952年版,第321页。
⑥ 《解放》1937年第1卷第18期。
⑦ 《毛泽东选集》第二卷,人民出版社1952年版,第322页。
⑧ 《解放》1937年第1卷第18期。
⑨ 《毛泽东选集》第二卷,人民出版社1952年版,第322页。
⑩ 《解放》1937年第1卷第18期。

选》版:"指出了团结救国的必要,这是很好的;"①。

《解放》版:"两党的统一战线是宣告成立了,这在中国革命史上开辟了一个新纪元,"②,1952年《毛选》版:"两党的统一战线是宣告成立了。这在中国革命史上开辟了一个新纪元。"③

《解放》版:"中国的革命自从一九二五年开始,就由国共两党的情况,起着决定的作用。"④1952年《毛选》版:"中国的革命,自从一九二四年开始,就由国共两党的情况起着决定的作用。"⑤

《解放》版:"这就是颁布共同纲领,建立革命秩序,"⑥,1952年《毛选》版:"这就是颁布共同纲领,建立革命秩序。"⑦

……

2. 文字修改

文字修改有260余处,主要分为以下几类:

(1)标题修改

《解放》版标题:"国共两党统一战线成立后中国革命的迫切任务"⑧,1952年《毛选》版标题:"国共合作成立后的迫切任务"⑨。

《解放》版第一节标题:"两党统一战线的成立"⑩,第二节标题:"两党统一战线成立的影响"⑪,第三节标题:"什么是充实的坚固的统一战线"⑫,第四节标题:"为实行三民主义与十大纲领而斗争"⑬。1952年《毛选》版均将其删除。

---

① 《毛泽东选集》第二卷,人民出版社1952年版,第323页。
② 《解放》1937年第1卷第18期。
③ 《毛泽东选集》第二卷,人民出版社1952年版,第323页。
④ 《解放》1937年第1卷第18期。
⑤ 《毛泽东选集》第二卷,人民出版社1952年版,第323页。
⑥ 《解放》1937年第1卷第18期。
⑦ 《毛泽东选集》第二卷,人民出版社1952年版,第326页。
⑧ 《解放》1937年第1卷第18期。
⑨ 《毛泽东选集》第二卷,人民出版社1952年版,第321页。
⑩ 《解放》1937年第1卷第18期。
⑪ 《解放》1937年第1卷第18期。
⑫ 《解放》1937年第1卷第18期。
⑬ 《解放》1937年第1卷第18期。

(2) 不改变文义的文字修改

《解放》版："多次的与国民党方面进行谈判，"①，1952年《毛选》版："多次和国民党方面进行谈判，"②。"与"改"和"，删"的"，不改变文义。《解放》版中的"与"，1952年《毛选》版基本上都改为"和"。《解放》版："共产党的这个宣言与蒋介石氏的这个谈话……"③ 1952年《毛选》版："共产党的这个宣言和蒋介石氏的这个谈话……"④《解放》版："却还限制于政府与军队的抗战……"⑤ 1952年《毛选》版："却还限制于政府和军队的抗战……"⑥

《解放》版："于一九三六年年底，"⑦，1952年《毛选》版："在一九三六年年底，"⑧。"于"改"在"，不改变文义。

《解放》版："但还没有抛弃国民党的自大精神，还没有必要的自我批评，这是我们不能满意的。"⑨ 1952年《毛选》版："但是还没有抛弃国民党的自大精神，还没有必要的自我批评，这是我们所不能满意的。"⑩ 增"是""所"，不改变文义。

《解放》版："但是没有达到我们的目的。"⑪ 1952年《毛选》版："但是我们的目的没有达到。"⑫ 修改后，不改变文义。

《解放》版："这是两党破裂了统一战线的结果。"⑬ 1952年《毛选》版："这是两党统一战线破裂了的结果。"⑭ 修改后，不改变文义。

《解放》版："都拥护中国共产党提出的抗日统一战线，"⑮，1952年

---

① 《解放》1937年第1卷第18期。
② 《毛泽东选集》第二卷，人民出版社1952年版，第321页。
③ 《解放》1937年第1卷第18期。
④ 《毛泽东选集》第二卷，人民出版社1952年版，第322页。
⑤ 《解放》1937年第1卷第18期。
⑥ 《毛泽东选集》第二卷，人民出版社1952年版，第324页。
⑦ 《解放》1937年第1卷第18期。
⑧ 《毛泽东选集》第二卷，人民出版社1952年版，第321页。
⑨ 《解放》1937年第1卷第18期。
⑩ 《毛泽东选集》第二卷，人民出版社1952年版，第323页。
⑪ 《解放》1937年第1卷第18期。
⑫ 《毛泽东选集》第二卷，人民出版社1952年版，第321页。
⑬ 《解放》1937年第1卷第18期。
⑭ 《毛泽东选集》第二卷，人民出版社1952年版，第323页。
⑮ 《解放》1937年第1卷第18期。

《毛选》版："都拥护中国共产党提出的抗日统一战线的主张。"① 增"的主张"，不改变文义。

《解放》版："共产主义是革命发展的将来阶段实行的，"②，1952年《毛选》版："共产主义是在革命发展的将来阶段实行的，"③。增"在"，不改变文义。

《解放》版："改变的原则就是官兵一致，军民一致。"④ 1952年《毛选》版："改变的原则就是实行官兵一致、军民一致。"⑤ 增"实行"，不改变文义。

……

（3）使表述更明确

《解放》版："还是在一九三二年，中国共产党就发表了在三个条件下要求与国民党中任何愿与共产党苏维埃及红军停止内战一致抗日的人们订立抗日协定的有名的宣言，"⑥，1952年《毛选》版："还在一九三三年，中国共产党就发表了在停止进攻红军、给民众以自由和武装民众三个条件之下，准备同任何国民党部队订立抗日协定的宣言。"⑦ 宣言于1933年1月17日发表，农历为一九三二年十二月二十二日，"一九三二年"改"一九三三年"，改为公历，时间概念更合理、明确。修改明确了中国共产党提出的三个条件是什么。

《解放》版："因为今天的统一战线至今还没有一个为两党所公认与正式公布的政治纲领去代替统制政策。"⑧ 1952年《毛选》版："今天的抗日统一战线，还没有一个为两党所共同承认和正式公布的政治纲领，去代替国民党的统制政策。"⑨ "统一战线"改"抗日统一战线"，"统制政策"改"国民党的统制政策"。修改后更加明确。

---

① 《毛泽东选集》第二卷，人民出版社1952年版，第324页。
② 《解放》1937年第1卷第18期。
③ 《毛泽东选集》第二卷，人民出版社1952年版，第326页。
④ 《解放》1937年第1卷第18期。
⑤ 《毛泽东选集》第二卷，人民出版社1952年版，第329页。
⑥ 《解放》1937年第1卷第18期。
⑦ 《毛泽东选集》第二卷，人民出版社1952年版，第321页。
⑧ 《解放》1937年第1卷第18期。
⑨ 《毛泽东选集》第二卷，人民出版社1952年版，第325页。

《解放》版："实行民主制度，及停止没收土地等四项。"①1952年《毛选》版："在革命根据地实行新民主制度和停止没收地主的土地等四项。"②"实行民主制度"改为"在革命根据地实行新民主制度"，明确了实行新民主制度的范围，"停止没收土地"改为"停止没收地主的土地"，明确了停止没收土地的对象。

《解放》版："这个宣言，"③，1952年《毛选》版："共产党的宣言，"④。修改后，更明确。

《解放》版："主要是政治上肃清了封建主义，"⑤，1952年《毛选》版："主要地是肃清了军队内部的封建主义，"⑥。修改后，明确了军队内部肃清了封建主义。

《解放》版："因而奠定了上一次大革命的基础，这个责任今天是落在你们的肩上了。"⑦1952年《毛选》版："因而奠定了一九二四年到一九二七年的革命的基础。实行同样改造的责任，今天是落在你们的肩上了。"⑧修改后，更明确。

《解放》版："亡国奴境遇就无可避免。"⑨1952年《毛选》版："中国人民的亡国奴境遇就无可避免。"⑩修改后，更明确。

《解放》版："但确实已经发动了百年以来未曾有过的全国地域的抗战，这不是没有国内和平与两党统一战线所能够做到的。"⑪1952年《毛选》版："但是确实已经发动了百年以来未曾有过的全国范围的对外抗战，没有国内和平和两党合作这是做不到的。"⑫修改后，更明确、明白。

……

---

① 《解放》1937年第1卷第18期。
② 《毛泽东选集》第二卷，人民出版社1952年版，第322页。
③ 《解放》1937年第1卷第18期。
④ 《毛泽东选集》第二卷，人民出版社1952年版，第322页。
⑤ 《解放》1937年第1卷第18期。
⑥ 《毛泽东选集》第二卷，人民出版社1952年版，第329页。
⑦ 《解放》1937年第1卷第18期。
⑧ 《毛泽东选集》第二卷，人民出版社1952年版，第329页。
⑨ 《解放》1937年第1卷第18期。
⑩ 《毛泽东选集》第二卷，人民出版社1952年版，第328页。
⑪ 《解放》1937年第1卷第18期。
⑫ 《毛泽东选集》第二卷，人民出版社1952年版，第324页。

（4）使表述更精练

《解放》版："即是两党两军停止内战的实现，并取得了西安事变的和平解决。"① 1952年《毛选》版："即是两党停止内战，并实现了西安事变的和平解决。"② 修改后，更精练。

《解放》版："使孙中山先生致力国民革命凡四十年还未能完成的民族民权民生革命的事业，在仅仅两三年之内，获得了历史上未曾有过的成就，"③，1952年《毛选》版："孙中山先生致力国民革命凡四十年还未能完成的革命事业，在仅仅两三年之内，获得了巨大的成就，"④。删"民族民权民生"，"历史上未曾有过"改"巨大"，更精练。

《解放》版："还在认为这个统一战线不过是一个不得已的敷衍的应付的极其临时的办法，"⑤，1952年《毛选》版："还在认为结成这个统一战线不过是一个不得已的敷衍的临时的办法，"⑥。删"应付的""极其"，更精练。

《解放》版："一九三六年的五月，红军由山西出师，苏维埃中央政府与红军革命军事委员会又发表了请求南京政府停止内战一致抗日的宣言。"⑦ 1952年《毛选》版："一九三六年五月，红军又发表了要求南京政府停止内战一致抗日的通电〔三〕。"⑧ 修改后，更精练。

《解放》版："因为国民党现在还是中国最大的统治政党，他不同意就无法在全国实行。"⑨ 1952年《毛选》版："因为国民党现在还是中国的最大的握有统治权的政党。"⑩ 修改后，更精练。

《解放》版："本年二月十日，当国民党三中全会的前夜，中国共产党中央为了具体的建立统一战线，乃以一个系统的具体建议通知该会，这个通

---

① 《解放》1937年第1卷第18期。
② 《毛泽东选集》第二卷，人民出版社1952年版，第322页。
③ 《解放》1937年第1卷第18期。
④ 《毛泽东选集》第二卷，人民出版社1952年版，第323页。
⑤ 《解放》1937年第1卷第18期。
⑥ 《毛泽东选集》第二卷，人民出版社1952年版，第323页。
⑦ 《解放》1937年第1卷第18期。
⑧ 《毛泽东选集》第二卷，人民出版社1952年版，第321页。
⑨ 《解放》1937年第1卷第18期。
⑩ 《毛泽东选集》第二卷，人民出版社1952年版，第328页。

知用一个电报发出。"① 1952年《毛选》版："今年二月十日，当国民党三中全会的前夜，中国共产党中央为了具体地建立两党合作，乃以一个系统的建议电告该会〔六〕。"② 修改后，更精练。

《解放》版："但不论如何，两党的统一战线是宣告成立了，这在中国革命史上开辟了一个新纪元，这种伟大的政治意义，是全国国民应该认识的。从此以后，将给予中国革命以广大的深刻的影响，将决定地打倒日本帝国主义。"③ 1952年《毛选》版："但是不论如何，两党的统一战线是宣告成立了。这在中国革命史上开辟了一个新纪元。这将给予中国革命以广大的深刻的影响，将对于打倒日本帝国主义发生决定的作用。"④ 修改后，更精练。

《解放》版："然而由于一部分人对于革命主义之未能坚持，正当革命走到将次完成之际，破裂了两党的统一战线，招致了中国革命的失败。自此以后，政权属于一阶级一党派，不但在国共两党之间，而且在政府与人民之间，造成了深刻的裂痕，外患乃得乘机而入，演成了极端惨痛的屈辱史，这是两党破裂了统一战线的结果。"⑤ 1952年《毛选》版："然而由于一部分人对于革命主义未能坚持，正当革命走到将次完成之际，破裂了两党的统一战线，招致了革命的失败，外患乃得乘机而入。这是两党统一战线破裂了的结果。"⑥ 修改后，更精练。

《解放》版："根据上述的这些证明，我们可以判断，两党统一战线的发展，将使中国走向一个光明伟大的前途，如果拿一句话来说完，那就是民族解放的历史任务，将于今后两党统一战线的发展中完成之，其结果将是日本帝国主义的被打倒与中国统一的民主共和国的建立起来。"⑦ 1952年《毛选》版："根据上述的这些证据，我们可以判断，统一战线的发展，将是中国走向一个光明的伟大的前途，就是日本帝国主义的打倒和中国统一的民主共和国的建立。"⑧ 修改后，更精练。

---

① 《解放》1937年第1卷第18期。
② 《毛泽东选集》第二卷，人民出版社1952年版，第322页。
③ 《解放》1937年第1卷第18期。
④ 《毛泽东选集》第二卷，人民出版社1952年版，第323页。
⑤ 《解放》1937年第1卷第18期。
⑥ 《毛泽东选集》第二卷，人民出版社1952年版，第323页。
⑦ 《解放》1937年第1卷第18期。
⑧ 《毛泽东选集》第二卷，人民出版社1952年版，第324页。

《解放》版:"我们的统一战线应该发展下去,应该把他充实起来,把民众加进去。"① 1952年《毛选》版:"我们应该把统一战线发展充实起来,把民众加进去。"② 修改后,更精练。

……

(5)使表述更准确

《解放》版:"日寇可以不费一弹唾手而得东四省,"③,1952年《毛选》版:"日寇可以不费一弹而得东北四省,"④。"东四省"改"东北四省"。修改后,更准确。

《解放》版:"模范的前例,就是大革命时代的党军,"⑤,1952年《毛选》版:"模范的前例,就是在北伐战争时代的国民革命军,"⑥。"大革命时代"改"北伐战争时代","党军"改"国民革命军",更准确。因为"大革命"一般指1924年至1927年间的革命运动。"北伐战争"是指1926年至1928年间,广东国民政府发动的反对北洋军阀的革命战争。

《解放》版:"说到三民主义的实行,共产党还在十年前两党第一次统一战线时,就已经经过国民党第一次全国代表大会而共同决定,并在一九二五至二七年经过每一个忠实的共产党人及每一个忠实的国民党人之手,而在全国实行过了。"⑦ 1952年《毛选》版:"说到三民主义,还在十年前两党的第一次统一战线时,共产党和国民党就已经经过国民党第一次全国代表大会而共同决定加以实行,并且已经在一九二四至一九二七年,经过每一个忠实的共产党人和每一个忠实的国民党人的手,在全国很大的地区中实行过了。"⑧ "一九二五至二七年"改"一九二四至一九二七年","全国实行"改"全国很大的地区中实行"。修改后,更准确。

《解放》版:"中国的革命自从一九二五年开始,就由国共两党的

---

① 《解放》1937年第1卷第18期。
② 《毛泽东选集》第二卷,人民出版社1952年版,第330页。
③ 《解放》1937年第1卷第18期。
④ 《毛泽东选集》第二卷,人民出版社1952年版,第324页。
⑤ 《解放》1937年第1卷第18期。
⑥ 《毛泽东选集》第二卷,人民出版社1952年版,第329页。
⑦ 《解放》1937年第1卷第18期。
⑧ 《毛泽东选集》第二卷,人民出版社1952年版,第327页。

情况，起着决定的作用。"① 1952年《毛选》版："中国的革命，自从一九二四年开始，就由国共两党的情况起着决定的作用。"② 修改后，更准确。

《解放》版："由于两党在一定纲领上的合作，领导了一九二五至二七年的胜利的大革命，"③，1952年《毛选》版："由于两党在一定纲领上的合作，发动了一九二四年至一九二七年的革命。"④ 修改后，更准确。

《解放》版："共产党发布了在中国建立统一的民主共和国的决议。"⑤ 1952年《毛选》版："共产党又作了在中国建立统一的民主共和国的决议〔五〕。"⑥ 修改后，更加准确。

《解放》版："你们实行了抗战政策，这也是很好的。"⑦ 1952年版："你们实行了对日抗战，这也是很好的。"⑧ "抗战政策"改"对日抗战"。修改后，更加准确。

《解放》版："共同纲领是什么呢？这就是孙中山先生的三民主义与共产党在八月十五日提出的抗日救国十大纲领。"⑨ 1952年《毛选》版："共同纲领是什么呢？这就是孙中山先生的三民主义和共产党在八月二十五日提出的抗日救国十大纲领〔八〕。"⑩《中国共产党抗日救国十大纲领》，是1937年8月22日至25日，在洛川中央政治局扩大会议上通过的。修改后，更准确。

……

（6）使表述更合理

《解放》版："现在的军队都在前线上执行神圣的抗战，我们对于所有中国的军队，特别在前线抗战的军队，都是致其无限钦敬之诚的。"⑪ 1952

---

① 《解放》1937年第1卷第18期。
② 《毛泽东选集》第二卷，人民出版社1952年版，第323页。
③ 《解放》1937年第1卷第18期。
④ 《毛泽东选集》第二卷，人民出版社1952年版，第323页。
⑤ 《解放》1937年第1卷第18期。
⑥ 《毛泽东选集》第二卷，人民出版社1952年版，第321页。
⑦ 《解放》1937年第1卷第18期。
⑧ 《毛泽东选集》第二卷，人民出版社1952年版，第329页。
⑨ 《解放》1937年第1卷第18期。
⑩ 《毛泽东选集》第二卷，人民出版社1952年版，第326页。
⑪ 《解放》1937年第1卷第18期。

年《毛选》版:"现在的军队都在执行抗战的任务,我们对于所有这样的军队,特别是在前线抗战的军队,都是具有钦敬之忱的。"①"中国的军队"改"这样的军队",表明所钦敬的军队不只是中国的军队,而是在前线进行抗战的所有军队。修改后,更合理。

《解放》版:"同时在世界环境内为了反对法西斯危险,也正在建立民主的统一战线。"②1952年《毛选》版:"不但在中国,而且在世界范围内,为了共同反对法西斯,建立反法西斯的统一战线也有了必需和可能。"③修改后,更合理。

《解放》版:"广大的工人农民兵士小资产阶级及其他许多爱国同胞还没有被唤起,还没有发动他们的积极性,"④,1952年《毛选》版:"广大的工人、农民、兵士、城市小资产阶级及其他许多爱国同胞还没有被唤起,还没有被发动,"⑤。农村中也有小资产阶级,"小资产阶级"改为"城市小资产阶级",更合理。

《解放》版:"这是共产党提出抗日民族统一战线与统一的民主共和国口号的根本理由"⑥,1952年《毛选》版:"这是共产党提出抗日民族统一战线和统一的民主共和国的根本理由"⑦。修改后,更合理。

《解放》版:"要求国民党向共产党保证停止内战,民主自由,国民大会,迅速准备抗战,及改良人民生活等五项"⑧,1952年《毛选》版:"要求国民党向共产党保证停止内战,实行民主自由,召开国民大会,迅速准备抗日和改良人民生活等五项"⑨。修改后,更合理。

《解放》版:"那是因为在九一八事变发生后,中国革命的首要任务已经是反对日本帝国主义进攻中国了,"⑩,1952年《毛选》版:"那是因为在

---

① 《毛泽东选集》第二卷,人民出版社1952年版,第329页。
② 《解放》1937年第1卷第18期。
③ 《毛泽东选集》第二卷,人民出版社1952年版,第327页。
④ 《解放》1937年第1卷第18期。
⑤ 《毛泽东选集》第二卷,人民出版社1952年版,第324—325页。
⑥ 《解放》1937年第1卷第18期。
⑦ 《毛泽东选集》第二卷,人民出版社1952年版,第326—327页。
⑧ 《解放》1937年第1卷第18期。
⑨ 《毛泽东选集》第二卷,人民出版社1952年版,第322页。
⑩ 《解放》1937年第1卷第18期。

一九三一年九一八事变发生后，中国人民的首要任务已经是反对帝国主义进攻中国了。"①"中国革命"改"中国人民"，更合理。

《解放》版："中国共产党与苏维埃中央政府号召各党各派及全国同胞组织抗日联军与国防政府共同反对日本帝国主义。"② 1952年《毛选》版："中国共产党和中国红军号召各党各派和全国同胞组织抗日联军和国防政府，共同反对日本帝国主义〔一〕。"③修改后，更合理。

《解放》版："全国国民也决不会眼看着尽当亡国奴。"④ 1952年《毛选》版："全国人民也决不会眼看着尽当亡国奴。"⑤"人民"一般是与"敌人"相对的，"国民"改"人民"，更合理。

《解放》版："中国是否能由如此深重的民族危机与社会危机中解放出来，这个统一战线将起着决定的作用。"⑥ 1952年《毛选》版："中国是否能由如此深重的民族危机和社会危机中解放出来，将决定于这个统一战线的发展状况。"⑦修改后，更合理。

《解放》版："中苏已签订了互不侵犯条约，今后将更进一步，进到两国更具体地反对日寇的阶段。"⑧ 1952年《毛选》版："中苏已签订了互不侵犯条约〔七〕，今后两国关系有更进一步的希望。"⑨修改后，更合理。

……

（7）思想性、政治性修改

《解放》版："红军在今天对整个抗日战线，还只能起一部分的作用，还不能起决定的作用，"⑩，1952年《毛选》版："中国共产党领导的红军，在今天，对于整个抗日战争，还只能起先锋队的作用，还不能在全国范围内起决定的作用，"⑪。修改后，强调了中国共产党领导的红军在抗日战争中起

---

① 《毛泽东选集》第二卷，人民出版社1952年版，第321页。
② 《解放》1937年第1卷第18期。
③ 《毛泽东选集》第二卷，人民出版社1952年版，第321页。
④ 《解放》1937年第1卷第18期。
⑤ 《毛泽东选集》第二卷，人民出版社1952年版，第328页。
⑥ 《解放》1937年第1卷第18期。
⑦ 《毛泽东选集》第二卷，人民出版社1952年版，第323页。
⑧ 《解放》1937年第1卷第18期。
⑨ 《毛泽东选集》第二卷，人民出版社1952年版，第324页。
⑩ 《解放》1937年第1卷第18期。
⑪ 《毛泽东选集》第二卷，人民出版社1952年版，第329页。

了先锋队的作用。

《解放》版:"正因为中国共产党根据于马克斯主义的原则,一贯的坚持了并发展了第一次国共合作统一战线的共同纲领即三民主义的精神,"①,1952年《毛选》版:"正是因为中国共产党根据马克思主义的原则,一贯的坚持了并发展了第一次国共合作统一战线的共同纲领即革命的三民主义,"②。修改后,强调了中国共产党坚持、发展了革命的三民主义。

《解放》版:"是在全国范围内恢复孙中山先生三民主义的精神,并表现之于一定的政纲政策之上,"③,1952年《毛选》版:"是在全国范围内恢复孙中山先生的三民主义的革命精神,据以定出一定的政纲和政策,"④。修改后,强调了要恢复孙中山三民主义中的革命精神。

《解放》版:"新的具体的证据已经表现出来了。"⑤1952年《毛选》版:"新的有利的证据已经表现出来了。"⑥修改后,强调了建立抗日民族统一战线有很多有利的证据。

《解放》版:"如关于两党共同的政治纲领问题,要求开放民众运动释放政治犯问题,红军苏区实行改名问题等等,共产党方面都提出更具体的建议,"⑦,1952年《毛选》版:"关于两党共同的政治纲领问题,要求开放民众运动和释放政治犯问题,红军改名问题等,共产党方面都提出了更具体的建议。"⑧ 删"苏区"。《解放》版:"苏区新制度之承认等等,"⑨,1952年《毛选》版:"革命根据地的新制度的承认等事,"⑩。"苏区"改"革命根据地"。《解放》版:"为什么共产党又申明取消苏维埃停止没收土地呢?"⑪1952年《毛选》版:"为什么共产党现在又申明取消工农民主专政

---

① 《解放》1937年第1卷第18期。
② 《毛泽东选集》第二卷,人民出版社1952年版,第327页。
③ 《解放》1937年第1卷第18期。
④ 《毛泽东选集》第二卷,人民出版社1952年版,第328页。
⑤ 《解放》1937年第1卷第18期。
⑥ 《毛泽东选集》第二卷,人民出版社1952年版,第323页。
⑦ 《解放》1937年第1卷第18期。
⑧ 《毛泽东选集》第二卷,人民出版社1952年版,第322页。
⑨ 《解放》1937年第1卷第18期。
⑩ 《毛泽东选集》第二卷,人民出版社1952年版,第322页。
⑪ 《解放》1937年第1卷第18期。

和停止没收地主的土地呢？"①《解放》版："我们用以代替苏维埃口号的民主共和国口号是在这种基础之上提出的。"② 1952年《毛选》版："我们用以代替工农民主专政的各阶层联合的民主共和国的主张，是在这种基础之上提出的。"③《解放》版："人民代表会议的苏维埃制度也不是别的，就是彻底的民权主义，"④，1952年《毛选》版："工农民主专政制度也不是别的，就是彻底的民权主义；"⑤。"苏维埃"改"工农民主专政"。为什么要删除、改掉"苏维埃"呢？因为中国共产党在建立红色政权的初期曾受到苏联的影响，把建立的红色政权命名为"苏维埃"政府。但实际上，当时中国共产党建立的工农民主政权与苏俄建立的"苏维埃"不完全相同，修改后实际上强调了中国共产党创建的工农民主政权是与苏联的苏维埃政权不同的，有一点去苏维埃化、去苏化的意味。

《解放》版："请求国民党实行停战"⑥，1952年《毛选》版："要求国民党实行停战"⑦。《解放》版："红军由山西出师，苏维埃中央政府与红军革命军事委员会又发表了请求南京政府停止内战一致抗日的宣言"⑧，1952年《毛选》版："红军又发表了要求南京政府停止内战一致抗日的通电"⑨。"请求"改"要求"，有提高中国共产党地位的意味。

《解放》版："中国共产党中央为了具体的建立统一战线，"⑩，1952年《毛选》版："中国共产党中央为了具体地建立两党合作，"⑪。"统一战线"改"两党合作"文中共有4处，之所以这样修改，是为了强调抗日民族统一战线是从国共两党合作开始的，国共两党合作在抗日民族统一战线中有重要地位。

《解放》版："同年十二月，中国共产党发表了组织抗日民族统一战线

---

① 《毛泽东选集》第二卷，人民出版社1952年版，第327页。
② 《解放》1937年第1卷第18期。
③ 《毛泽东选集》第二卷，人民出版社1952年版，第327页。
④ 《解放》1937年第1卷第18期。
⑤ 《毛泽东选集》第二卷，人民出版社1952年版，第327页。
⑥ 《解放》1937年第1卷第18期。
⑦ 《毛泽东选集》第二卷，人民出版社1952年版，第321页。
⑧ 《解放》1937年第1卷第18期。
⑨ 《毛泽东选集》第二卷，人民出版社1952年版，第321页。
⑩ 《解放》1937年第1卷第18期。
⑪ 《毛泽东选集》第二卷，人民出版社1952年版，第322页。

的决议。"① 1952年《毛选》版："同年十二月，中国共产党通过了同民族资产阶级组织抗日民族统一战线的决议〔二〕。"② 修改后，强调了抗日民族统一战线是中国共产党与民族资产阶级的合作。

《解放》版："不幸一九二七年统一战线破裂，产生了十年来停止实行三民主义的局面。"③ 1952年《毛选》版："不幸在一九二七年统一战线破裂，从此产生了国民党方面十年来反对实行三民主义的局面。"④ 修改后，强调了在1927年国共合作破裂后的10年间，国民党是反对实行三民主义的。

《解放》版："这个改造的责任，我们尤其盼望于蒋介石先生。"⑤ 1952年《毛选》版删除了这句话。抗日战争时期，为了巩固、发展国共两党的合作，中国共产党对蒋介石是尊重的。抗日战争胜利以后，蒋介石倒行逆施，挑起反和平、反人民、反共、反革命的内战，成为中国人民、中国共产党的敌人，成为革命的对象。1952年《毛选》版删除这句话是必然的。

《解放》版："我们相信，贤明的国民党员及其领袖，会有一天同意这个纲领的。"⑥ 1952年《毛选》版："我们相信，那些贤明的国民党人会有一天同意这个纲领的。"⑦《解放》版："真正贤明的国民党党员及其领袖是决不能这样干的……"⑧ 1952年《毛选》版："真正贤明的国民党人是决不愿意这样的……"⑨ 以上删除"领袖"，即删除蒋介石。人民解放战争开始后，蒋介石已是中国人民的敌人，1952年《毛选》版删除与蒋介石相关的"领袖"等词，是必然的。

《解放》版："两个党无疑是这个伟大统一战线的领导成分，然而他们始终只是一部分。"⑩ 1952年《毛选》版删除这句话，否定国民党是抗日民族统一战线的领导成分。

《解放》版："当权的国民党同志们，我们同你们在今天一道负着救亡

---

① 《解放》1937年第1卷第18期。
② 《毛泽东选集》第二卷，人民出版社1952年版，第321页。
③ 《解放》1937年第1卷第18期。
④ 《毛泽东选集》第二卷，人民出版社1952年版，第327页。
⑤ 《解放》1937年第1卷第18期。
⑥ 《解放》1937年第1卷第18期。
⑦ 《毛泽东选集》第二卷，人民出版社1952年版，第328页。
⑧ 《解放》1937年第1卷第18期。
⑨ 《毛泽东选集》第二卷，人民出版社1952年版，第328页。
⑩ 《解放》1937年第1卷第18期。

图存的历史责任。"①1952年《毛选》版:"当权的国民党的抗日同志们,我们和你们在今天一道负着救亡图存的责任。"②修改后强调了中国共产党与国民党中抗日的那部分同志,一道负着救亡图存的责任,而不包括不抗日的那部分人。国民党中抗日的是同志,不抗日的不是同志。

《解放》版:"一切忠诚爱国的国民党同志们当不以我们的建议为不切需要,"③,1952年《毛选》版:"一切忠诚爱国的国民党人当不以我们的建议为不切需要。"④同志,是志同道合者互相间的称呼。抗战胜利以后,蒋介石国民党政府倒行逆施,挑起内战,走上了反革命的道路,最终被中国共产党领导中国人民推翻。中华人民共和国成立后,不再称蒋介石国民党人为"同志",是必然的。

《解放》版:"现在军队的制度还是老制度,要用这种制度统治下的军队去彻底战胜日本帝国主义也是不可能的。"⑤1952年《毛选》版:"现在国民党军队的制度还是老制度,要用这种制度的军队去战胜日本帝国主义是不可能的。"⑥《解放》版:"然而军队的制度不适宜于执行彻底战胜日寇的任务,"⑦,1952年《毛选》版:"然而国民党军队的制度不适宜于执行彻底战胜日寇的任务,"⑧。以上,修改后,强调了国民党军队的制度是不行的,是不能用以战胜日本帝国主义的。

……

3. 增加了注释

《解放》版无注释,1952年《毛选》版增加了9条注释:对"中国共产党和中国红军……共同反对日本帝国主义""要求南京政府停止内战一致抗日的通电""互不侵犯条约""诸青来"等做了注释。这有助于更好地阅读、理解整篇文章。

---

① 《解放》1937年第1卷第18期。
② 《毛泽东选集》第二卷,人民出版社1952年版,第330页。
③ 《解放》1937年第1卷第18期。
④ 《毛泽东选集》第二卷,人民出版社1952年版,第330页。
⑤ 《解放》1937年第1卷第18期。
⑥ 《毛泽东选集》第二卷,人民出版社1952年版,第329页。
⑦ 《解放》1937年第1卷第18期。
⑧ 《毛泽东选集》第二卷,人民出版社1952年版,第329页。

六、对《国共合作成立后的迫切任务》修改的思考

（一）修改后的表述更明确

《解放》版："中国共产党就发表了在三个条件下要求与国民党中任何愿与共产党苏维埃及红军停止内战一致抗日的人们订立抗日协定的有名的宣言，"，1952年《毛选》版："中国共产党就发表了在停止进攻红军、给民众以自由和武装民众三个条件之下，准备同任何国民党部队订立抗日协定的宣言。"

《解放》版："实行民主制度，及停止没收土地等四项。"1952年《毛选》版："在革命根据地实行新民主制度和停止没收地主的土地等四项。"

（二）修改后的表述更准确、合理

《解放》版："中国的革命自从一九二五年开始，就由国共两党的情况，起着决定的作用。"1952年《毛选》版："中国的革命，自从一九二四年开始，就由国共两党的情况起着决定的作用。"

《解放》版："由于两党在一定纲领上的合作，领导了一九二五至二七年的胜利的大革命，"，1952年《毛选》版："由于两党在一定纲领上的合作，发动了一九二四年至一九二七年的革命。"

《解放》版："日寇可以不费一弹唾手而得东四省，"，1952年《毛选》版："日寇可以不费一弹而得东北四省，"。

《解放》版："共同纲领是什么呢？这就是孙中山先生的三民主义与共产党在八月十五日提出的抗日救国十大纲领。"1952年《毛选》版："共同纲领是什么呢？这就是孙中山先生的三民主义和共产党在八月二十五日提出的抗日救国十大纲领〔八〕。"

（三）修改体现了实事求是的精神

《解放》版："正因为中国共产党根据于马克斯主义的原则，一贯的坚持了并发展了第一次国共合作统一战线的共同纲领即三民主义的精神，"，

1952年《毛选》版："正是因为中国共产党根据马克思主义的原则，一贯的坚持了并发展了第一次国共合作统一战线的共同纲领即革命的三民主义，"。修改后，强调了中国共产党坚持、发展了革命的三民主义，这是实事求是的。

《解放》版："红军在今天对整个抗日战线，还只能起一部分的作用，还不能起决定的作用"，1952年《毛选》版："中国共产党领导的红军，在今天，对于整个抗日战争，还只能起先锋队的作用，还不能在全国范围内起决定的作用"。修改后，强调了中国共产党领导的红军在抗日战争中起了先锋队的作用，这是实事求是的。

《解放》版"苏区"，1952年《毛选》版改"革命根据地"；《解放》版"苏维埃"，1952年《毛选》版改"工农民主专政"，这是实事求是的，因为当时中国共产党建立的工农民主政权与苏俄建立的"苏维埃"并不完全相同。

（四）有的修改是因为社会历史的发展

《解放》版："这个改造的责任，我们尤其盼望于蒋介石先生。"1952年《毛选》版删除了这句话。

《解放》版："一切忠诚爱国的国民党同志们当不以我们的建议为不切需要，"，1952年《毛选》版："一切忠诚爱国的国民党人当不以我们的建议为不切需要。"不再称蒋介石及国民党人为"同志"。

《解放》版："不幸一九二七年统一战线破裂，产生了十年来停止实行三民主义的局面。"1952年《毛选》版："不幸在一九二七年统一战线破裂，从此产生了国民党方面十年来反对实行三民主义的局面。"修改后，点名批评了在1927年国共合作破裂后的10年中，国民党是反对实行三民主义的。抗日战争时期，从巩固、发展抗日民族统一战线出发，中国共产党对国民党的批评是节制的、和缓的，到解放战争时期中国共产党对国民党的批评就公开化、猛烈起来。1952年《毛选》版加强了对国民党的点名批评是必然的。

《解放》版："同年十二月，中国共产党发表了组织抗日民族统一战线的决议。"1952年《毛选》版："同年十二月，中国共产党通过了同民族资产阶级组织抗日民族统一战线的决议〔二〕。"修改后,强调了抗日民族统一战线是中国共产党与民族资产阶级的合作,而不是与买办资产阶级、官僚资产阶级的合作,因为人民解放战争时期,中华人民共和国成立初期,买办资产阶级、官僚资产阶级都是革命的对象,而不是合作的对象。

毛泽东修改自己的论著,体现了实事求是的精神,体现了科学的精神,体现了与时俱进的精神,是值得肯定的。

(陈乐媛初稿　周一平修改)

附录：

人民出版社1952年《毛泽东选集》第二卷版、中共晋冀鲁豫中央局1948年编印《毛泽东选集》（上册）版与《解放》1937年第1卷第18期版校勘记

凡例

1．《国共合作成立后的迫切任务》各版本简称如下：

《解放》1937年10月2日第1卷第18期版，简称"《解放》版"。

中共晋冀鲁豫中央局1948年编印《毛泽东选集》（上册）版，简称"1948年版"。

人民出版社1952年《毛泽东选集》第二卷版，简称"1952年《毛选》版"。

2．凡1948年版、1952年《毛选》版与《解放》版标点、文字不同之处，均在每栏（每列）相同位置列出各自的文字。

3．空行。每栏（列）中的空行，表示上下文字之间有分段，或略去了相同的文字。

4．各版本中增、删文字的表示：《解放》版有的文字，1952年《毛选》版没有，即删除了，《解放》版栏（列）中列出文字，1952年《毛选》版栏（列）中相应处注"〇"。1952年《毛选》版增加的文字，《解放》版没有，1952年《毛选》版栏（列）中列出文字，《解放》版栏（列）中相应处注"〇"。

5．1952年《毛选》版增加的注释。数字加"〔〕"，是增加了的注释号，表示增加了注释，注释文字略。

《解放》版	1948年版	1952年《毛选》版
国共两党统一战线成立后中国革命的迫切任务	国共两党统一战线成立后中国革命的迫切任务	国共合作成立后的迫切任务
还是在一九三二年，中国共产党就发表了在三个条件下要求与国民党中任何愿与共产党苏维埃及红军停止内战一致抗日的人们订立抗日协定的有名的宣言，那是因为在九一八事变发生后，中国革命的首要任务已经是反对日本帝国主义进攻中国了，但是没有达到我们的目的。	还是在一九三二年，中国共产党就发表了在三个条件下要求与国民党中任何愿与共产党苏维埃及红军停止内战一致抗日的人们订立抗日协定的有名的宣言，那是因为在『九一八』事变发生后，中国革命的首要任务已经是反对帝国主义进攻中国了。但是没有达到我们的目的。	还在一九三三年，中国共产党就发表了在停止进攻红军、给民众以自由和武装民众三个条件之下，准备同任何国民党部队订立抗日协定的宣言。那是因为在一九三一年九一八事变发生后，中国人民的首要任务已经是反对帝国主义进攻中国了。但是我们的目的没有达到。
一九三五年的八月，中国共产党与苏维埃中央政府号召各党各派及全国同胞组织抗日联军和国防政府共同反对日本帝国主义。	一九三五年的八月，中国共产党与苏维埃中央政府号召各党各派及全国同胞组织抗日联军和国防政府共同反对日本帝国主义。	一九三五年八月，中国共产党和中国红军号召各党各派和全国同胞组织抗日联军和国防政府，共同反对日本帝国主义〔一〕。
同年十二月，中国共产党发表了组织抗日民族统一战线的决议。	同年十二月，中国共产党发表了组织抗日民族统一战线的决议。	同年十二月，中国共产党通过了同民族资产阶级组织抗日民族统一战线的决议〔二〕。
一九三六年的五月，红军由山西出师，苏维埃中央政府与红军革命军事委员会又发表了请求南京政府停止内战一致抗日的宣言。	一九三六年的五月，红军由山西出师，苏维埃中央政府与红军革命军事委员会又发表了请求南京政府停止内战一致抗日的宣言。	一九三六年五月，红军又发表了要求南京政府停止内战一致抗日的通电〔三〕。
同年八月，中国共产党中央委员会又对国民党中央委员会送致了一封有名的请求书，请求国民党实行停战，并组织两党的统一战线，共同反对日本帝国主义。	同年八月，中国共产党中央委员会又对国民党中央委员会送致了一封有名的请求书，请求国民党实行停战，并组织两党的统一战线，共同反对日本帝国主义。	同年八月，中国共产党中央委员会又对国民党中央委员会送了一封信，要求国民党实行停战，并组织两党的统一战线，共同反对日本帝国主义〔四〕。
同年九月，共产党发布了在中国建立统一的民主共和国的决议。	同年九月，共产党发布了在中国建立统一的民主共和国的决议。	同年九月，共产党又作了在中国建立统一的民主共和国的决议〔五〕。
不但是这些宣言，书信，与决议，而且实行派遣了自己的代表，多次的与国民党方面进行谈判，然而还是没有结果。	不但是这些宣言、书信与决议，而且实行派遣了自己的代表，多次的与国民党方面进行谈判。然而还是没有结果。	不但发了这些宣言、通电、书信和决议，而且派遣了自己的代表，多次和国民党方面进行谈判，然而还是没有结果。

(续表)

《解放》版	1948年版	1952年《毛选》版
直至西安事变发生，于一九三六年年底，中国共产党的全权代表才同国民党的主要负责人取得了在当时政治上一个重要的共同点，即是两党两军停止内战的实现，并取得了西安事变的和平解决。	直至西安事变发生，于一九三六年年底，中国共产党的全权代表才与国民党的主要负责人取得了在当时政治上一个重要的共同点，即是两党两军停止内战的实现，并取得了西安事变的和平解决。	直至西安事变发生，在一九三六年年底，中国共产党的全权代表才同国民党的主要负责人取得了在当时政治上的一个重要的共同点，即是两党停止内战，并实现了西安事变的和平解决。
这是中国历史上的一件大事，从此建立了两党统一战线的一个必要的前提。	这是中国历史上的一件大事，从此建立了两党统一战线的一个必要的前提。	这是中国历史上的一件大事，从此建立了两党重新合作的一个必要的前提。
本年二月十日，当国民党三中全会的前夜，中国共产党中央为了具体的建立统一战线，乃以一个系统的具体建议通知该会，这个通知用一个电报发出。	本年二月十日，当国民党三中全会的前夜，中国共产党中央为了具体的建立统一战线，乃以一个系统的具体建议通知该会，这个通知用一个电报发出。	今年二月十日，当国民党三中全会的前夜，中国共产党中央为了具体地建立两党合作，乃以一个系统的建议电告该会〔六〕。
在这个电报内，要求国民党向共产党保证停止内战，民主自由，国民大会，迅速准备抗战，及改良人民生活等五项。共产党亦向国民党保证取消两个政权对立，苏区红军改名，实行民主制度，及停止没收土地等四项。	在这个电报内，要求国民党向共产党保证：停止内战、民主自由、国民大会、迅速准备抗战及改良人民生活等五项；共产党亦向国民党保证：取消两个政权对立、苏区红军改名、实行民主制度及停止没收土地等四项。	在这个电报内，要求国民党向共产党保证停止内战，实行民主自由，召开国民大会，迅速准备抗日和改良人民生活等五项；共产党也向国民党保证取消两个政权敌对，红军改变名称，在革命根据地实行新民主制度和停止没收地主的土地等四项。
这也是一个重要的政治步骤，因为如果没有这一步骤，则两党统一战线的建立势将推迟。对于迅速准备抗战是完全不利的。	这也是一个重要的政治步骤，因为如果没有这一步骤，则两党统一战线的建立势将推迟，对于迅速准备抗战是完全不利的。	这也是一个重要的政治步骤，因为如果没有这一步骤，则两党合作的建立势将推迟，而这对于迅速准备抗日是完全不利的。
自此以后，两党的谈判接近了一步，如关于两党共同的政治纲领问题，要求开放民众运动释放政治犯问题，红军苏区实行改名问题等等，共产党方面都提出更具体的建议。	自此以后，两党的谈判接近了一步，如关于两党共同的政治纲领问题，要求开放民众运动释放政治犯问题，红军苏区实行改名问题等等，共产党方面都提出更具体的建议。	自此以后，两党的谈判接近了一步。关于两党共同的政治纲领问题，要求开放民众运动和释放政治犯问题，红军改名问题等，共产党方面都提出了更具体的建议。

(续表)

《解放》版	1948年版	1952年《毛选》版
虽然共同纲领之颁布，民众运动之开放，苏区新制度之承认等等，至今还没有实现，然而红军改名为国民革命军第八路军（抗日战线的斗争序列又称第十八集团军）的命令，已在平津失守约一个月之后颁布了。	虽然共同纲领之颁布，民众运动之开放，苏区新制度之承认等等，至今还没有实现；然而红军改名为国民革命军第八路军（抗日战线的斗争序列，又称第十八集团军）的命令，已在平津失守约一个月之后颁布了。	虽然共同纲领的颁布，民众运动的开放，革命根据地的新制度的承认等事，至今还没有实现；然而红军改名为国民革命军第八路军（抗日战线的斗争序列，又称第十八集团军）的命令，已在平津失守约一个月之后颁布了。
还在七月四日起草七月十五日就已交付国民党了的中国共产党中央为宣布两党合作成立的宣言，及当时约定的蒋介石氏承认中国共产党的合法地位的谈话，虽迟之又久，未免可惜，也于九月二十二日及二十三日，正当前线紧张之际，经过国民党的中央通讯社，先后发表了。	还在七月四日起草七月十五日就已交付国民党了的中国共产党中央为宣布两党合作成立的宣言，及当时约定的蒋介石氏承认中国共产党的合法地位的谈话，虽迟之又久，未免可惜；也于九月二十二日及二十三日，正当前线紧张之际，经过国民党的中央通讯社，先后发表了。	还在七月十五日就已交付了国民党的中国共产党中央为宣布两党合作成立的宣言，以及当时约定随之发表的蒋介石氏承认中国共产党的合法地位的谈话，虽延搁太久，未免可惜，也于九月二十二日和二十三日，正当前线紧张之际，经过国民党的中央通讯社，先后发表了。
共产党的这个宣言与蒋介石氏的这个谈话，宣布了两党统一战线的成立，对于两党联合救国的伟大事业，建立了必要的基础。	共产党的这个宣言与蒋介石氏的这个谈话：宣布了两党统一战线的成立，对于两党联合救国的伟大事业，建立了必要的基础。	共产党的这个宣言和蒋介石氏的这个谈话，宣布了两党合作的成立，对于两党联合救国的伟大事业，建立了必要的基础。
这个宣言，不但将成为两党团结的方针，而且将成为全国人民大团结的根本方针。	这个宣言，不但将成为两党团结的方针，而且将成为全国人民大团结的根本方针。	共产党的宣言，不但将成为两党团结的方针，而且将成为全国人民大团结的根本方针。
蒋氏谈话，承认了共产党在全国的合法地位，指出了团结救国的必要，这是很好的。但还没有抛弃国民党的自大精神，还没有必要的自我批评，这是我们不能满意的。	蒋氏谈话，承认了共产党在全国的合法地位、指出了团结救国的必要，这是很好的；但还没有抛弃国民党的自大精神，还没有必要的自我批评，这是我们不能满意的。	蒋氏的谈话，承认了共产党在全国的合法地位，指出了团结救国的必要，这是很好的；但是还没有抛弃国民党的自大精神，还没有必要的自我批评，这是我们所不能满意的。

《国共合作成立后的迫切任务》版本研究

（续表）

《解放》版	1948年版	1952年《毛选》版
但不论如何，两党的统一战线是宣告成立了，这在中国革命史上开辟了一个新纪元，这种伟大的政治意义，是全国国民应该认识的。从此以后，将给予中国革命以广大的深刻的影响，将决定地打倒日本帝国主义。	但不论如何，两党的统一战线是宣告成立了，这在中国革命史上开辟了一个新纪元，这种伟大的政治意义，是全国国民应该认识的。从此以后，将给予中国革命以广大的深刻的影响，将决定地打倒日本帝国主义。	但是不论如何，两党的统一战线是宣告成立了。这在中国革命史上开辟了一个新纪元。这将给予中国革命以广大的深刻的影响，将对于打倒日本帝国主义发生决定的作用。
中国的革命自从一九二五年开始，就由国共两党的情况，起着决定的作用。	中国的革命自从一九二五年开始，就由国共两党的情况，起着决定的作用。	中国的革命，自从一九二四年开始，就由国共两党的情况起着决定的作用。
由于两党在一定纲领上的合作，领导了一九二五至二七年的胜利的大革命，使孙中山先生致力国民革命凡四十年还未能完成的民族民权民生革命的事业，在仅仅两三年之内，获得了历史上未曾有过的成就，这就是广东革命根据地的创设与北伐战争的胜利。	由于两党在一定纲领上的合作，领导了一九二五至二七年的胜利的大革命，使孙中山先生致力国民革命凡四十年还未能完成的民族民权民生革命的事业，在仅仅两三年之内，获得了历史上未曾有过的成就，这就是广东革命根据地的创设与北伐战争的胜利。	由于两党在一定纲领上的合作，发动了一九二四年至一九二七年的革命。孙中山先生致力国民革命凡四十年还未能完成的革命事业，在仅仅两三年之内，获得了巨大的成就，这就是广东革命根据地的创立和北伐战争的胜利。
然而由于一部分人对于革命主义之未能坚持，正当革命走到将次完成之际，破裂了两党的统一战线，招致了中国革命的失败。自此以后，政权属于一阶级一党派，不但在国共两党之间，而且在政府与人民之间，造成了深刻的裂痕，外患乃得乘机而入，演成了极端惨痛的屈辱史，这是两党破裂了统一战线的结果。	然而由于一部分人对于革命主义之未能坚持，正当革命走到将次完成之际，破裂了两党的统一战线，招致了中国革命的失败。自此以后，政权属于一阶级一党派，不但在国共两党之间，而且在政府与人民之间，造成了深刻的裂痕，外患乃得乘机而入，演成了极端惨痛的屈辱史，这是两党破裂了统一战线的结果。	然而由于一部分人对于革命主义未能坚持，正当革命走到将次完成之际，破裂了两党的统一战线，招致了革命的失败，外患乃得乘机而入。这是两党统一战线破裂了的结果。
现在两党重新结成的统一战线，形成了中国革命的一个新时期，尽管还有某些人还不明了这个统一战线的历史任务及其伟大的前途，还在认为这个统一战线不过是一个不得已的敷衍的应付的极其临时的办法，然而历史的车轮将经过这个统一战线，把中国革命推进到一个崭新的阶段上去。	现在两党重新结成的统一战线，形成了中国革命的一个新时期，尽管还有某些人还不明了这个统一战线的历史任务及其伟大的前途，还在认为这个统一战线不过是一个不得已的敷衍的应付的临时的办法，然而历史的车轮将经过这个统一战线，把中国革命推进到一个崭新的阶段上去。	现在两党重新结成的统一战线，形成了中国革命的一个新时期。尽管还有某些人还不明了这个统一战线的历史任务及其伟大的前途，还在认为结成这个统一战线不过是一个不得已的敷衍的临时的办法，然而历史的车轮将经过这个统一战线，把中国革命带到一个崭新的阶段上去。

(续表)

《解放》版	1948年版	1952年《毛选》版
中国是否能由如此深重的民族危机与社会危机中解放出来，这个统一战线将起着决定的作用。	中国是否能由如此深重的民族危机与社会危机中解放出来，这个统一战线将起着决定的作用。	中国是否能由如此深重的民族危机和社会危机中解放出来，将决定于这个统一战线的发展状况。
新的具体的证据已经表现出来了。第一个证据是还在中国共产党开始提出统一战线政策的时候，就立即得到全国人民的赞同，人心的向背，于此可见。	新的具体的证据已经表现出来了：第一个证据是还在中国共产党开始提出统一战线政策的时候，就立即得到全国人民的赞同，人心的向背，于此可见；	新的有利的证据已经表现出来了。第一个证据，是还在中国共产党开始提出统一战线政策的时候，就立即得到了全国人民的赞同。人心的向背，于此可见。
第二个证据是西安事变和平解决两党两军实行停战以后，立即引起了国内各党各派各界各军进入了前所未有的团结状况。	第二个证据是西安事变和平解决两党两军实行停战以后，立即引起了国内各党各派各界各军进入了前所未有的团结状况。	第二个证据，是西安事变和平解决，两党实行停战以后，立即引起了国内各党各派各界各军进入了前所未有的团结状况。
虽然这个团结在其程度上对于抗战的需要说来还是异常之不够的，特别在政府与人民之间的团结问题至今基本上还没有解决。	虽然这个团结在其程度上对于抗战的需要说来还是异常之不够的，特别在政府与人民之间的团结问题至今基本上还没有解决；	虽然这个团结对于抗日的需要说来还是异常不够的，特别是政府和人民之间的团结问题至今在基本上还没有解决。
然而各省与中央政府之间的深刻的矛盾，在两党停止内战的影响下，就立即缓和了很多。	然而各省与中央政府之间的深刻的矛盾，在两党停止内战的影响下，就立即缓和了很多。	○
第三个证据这是最为显著的，就是全国性抗战的发动。	第三个证据，这是最为显著的，就是全国性抗战的发动。	第三个证据，这是最为显著的，就是全国性抗日战争的发动。
虽然这个抗战就目前的情况说来，我们是不能满意的，因为他虽然是全国性的，却还限制于政府与军队的抗战，我们早已指出，这样的抗战是不能战胜日本帝国主义的。	虽然这个抗战就目前的情况说来，我们是不能满意的，因为他虽然是全国性的，却还限制于政府与军队的抗战，我们早已指出，这样的抗战是不能战胜日本帝国主义的；	这个抗战，就目前的情况说来，我们是不能满意的，因为它虽然是全国性的，却还限制于政府和军队的抗战。我们早已指出，这样的抗战是不能战胜日本帝国主义的。

《国共合作成立后的迫切任务》版本研究

（续表）

《解放》版	1948年版	1952年《毛选》版
虽然如此，但确实已经发动了百年以来未曾有过的全国地域的抗战，这不是没有国内和平与两党统一战线所能够做到的。	虽然如此，但是确实已经发动了百年以来未曾有过的全国地域的抗战，这不是没有国内和平与两党统一战线所能够做到的。	虽然如此，但是确实已经发动了百年以来未曾有过的全国范围的对外抗战，没有国内和平和两党合作这是做不到的。
如果说当两党统一战线破裂的时候，日寇可以不费一弹唾手而得东四省，那么，当两党统一战线重新建立了的今日，日寇就非经过血战的代价不能得到中国的土地。	如果说当两党统一战线破裂的时候，日寇可以不费一弹垂手而得东四省，那么，当两党统一战线重新建立了的今日，日寇就非经过血战的代价不能得到中国的土地。	如果说当两党统一战线破裂的时候，日寇可以不费一弹而得东北四省，那末，当两党统一战线重新建立了的今日，日寇就非经过血战的代价不能得到中国的土地。
据说日寇每天的战费数目是二千万至二千万五百万元，那么，只要中国能坚持战争到一年，日寇的财力就要枯竭了，因为他一年就要用掉七十二万万，而况往后将要极大的增加，不能限于这个数目的。	据说日寇每天的战费数目是二千万至二千五百万元，那么，只要中国能坚持战争到一年，日寇的财力就要枯竭了，因为他一年就要用掉七十二万万，而况往后将要极大的增加，不能限于这个数目的。	○
全世界工农民众及共产党，都拥护中国共产党提出的抗日统一战线，	全世界工农民众及共产党，都拥护中国共产党提出的抗日统一战线，	全世界工农民众和共产党，都拥护中国共产党提出的抗日统一战线的主张。
国共合作成立后，这种影响当更增加，特别将影响苏联及其民众积极地援助中国。	国共合作成立后，这种影响当更增加，特别将影响苏联及其民众积极地援助中国。	国共合作成立后，各国人民，特别是苏联，将更积极地援助中国。
中苏已签订了互不侵犯条约，今后将更进一步，进到两国更具体地反对日寇的阶段。	中苏已签订了互不侵犯条约，今后将更进一步，进到两国更具体地反对日寇的阶段。	中苏已签订了互不侵犯条约〔七〕，今后两国关系有更进一步的希望。
根据上述的这些证明，我们可以判断，两党统一战线的发展，将使中国走向一个光明伟大的前途，如果拿一句话来说完，那就是民族解放的历史任务，将于今后两党统一战线的发展中完成之，其结果将是日本帝国主义的被打倒与中国统一的民主共和国的建立起来。	根据上述的这些证明，我们可以判断，两党统一战线的发展，将使中国走向一个光明伟大的前途，如果拿一句话来说完，那就是民族解放的历史任务，将于今后两党统一战线的发展中完成之，其结果将是日本帝国主义的被打倒与中国统一的民主共和国的建立起来。	根据上述的这些证据，我们可以判断，统一战线的发展，将是中国走向一个光明的伟大的前途，就是日本帝国主义的打倒和中国统一的民主共和国的建立。

（续表）

《解放》版	1948年版	1952年《毛选》版
然而这样伟大的任务，不是停止在现在状况的统一战线所能完成的，两党的统一战线还需要发展，因为现在成立的统一战线，还不是一个充实的坚固的统一战线。	然而这样伟大的任务，不是停止在现在状况的统一战线所能完成的，两党的统一战线还需要发展，因为现在成立的统一战线，还不是一个充实的坚固的统一战线。	然而这样伟大的任务，不是停止在现在状况的统一战线所能完成的。两党的统一战线还需要发展。因为现在成立的统一战线，还不是一个充实的坚固的统一战线。
不是的，他是全民族的统一战线，两个党仅是这个统一战线中的一个小部分。	不是的，他是全民族的统一战线，两个党仅是这个统一战线中的一个小部分。	不是的，它是全民族的统一战线，两个党仅是这个统一战线中的一部分。
两个党无疑是这个伟大统一战线的领导成分，然而他们始终只是一部分。	两个党无疑是这个伟大统一战线的领导成分，然而他们始终只是一部份。	○
抗日民族统一战线是各党各派各界各军的统一战线，是工农商学兵一切爱国同胞们的统一战线。	抗日民族统一战线是各党各派各界各军的统一战线，是工农商学兵一切爱国同胞们的统一战线。	抗日民族统一战线是各党各派各界各军的统一战线，是工农商学兵一切爱国同胞的统一战线。
现在的统一战线事实上还停止在两个党的范围之内，广大的工人农民兵士小资产阶级及其他许多爱国同胞还没有被唤起，还没有发动他们的积极性，还没有组织起来与武装起来，这是目前最严重的情形。	现在的统一战线事实上还停止在两个党的范围之内，广大的工人农民兵士小资产阶级及其他许多爱国同胞还没有被唤起，还没有发动他们的积极性，还没有组织起来与武装起来，这是目前最严重的情形。	现在的统一战线事实上还停止在两个党的范围之内，广大的工人、农民、兵士、城市小资产阶级及其他许多爱国同胞还没有被唤起，还没有被发动，还没有组织起来和武装起来。这是目前最严重的情形。
他的严重性，就是影响到前线不能打胜仗。	它的严重性，就是影响到前线不能打胜仗。	它的严重性，就是影响到前线不能打胜仗。
挽救危机的唯一道路是实行孙中山先生的遗嘱，即唤起民众四个字。	挽救危机的唯一道路是实行孙中山先生的遗嘱，即『唤起民众』四个字。	挽救危机的唯一道路，就是实行孙中山先生的遗嘱，即『唤起民众』四个字。
孙先生临终时的这个遗嘱，说他是积四十年之经验深知必须这样做，才能达到革命的目的。	孙先生临终时的这个遗嘱，说他是积四十年之经验深知必须这样做，才能达到革命的目的。	孙先生临终时的这个遗嘱，说他是积四十年的经验，深知必须这样做，才能达到革命的目的。

（续表）

《解放》版	1948年版	1952年《毛选》版
谁也明白，『统制』『镇压』，是与『唤起民众』的原则相违背的。	谁也明白，『统制』『镇压』，是与『唤起民众』的原则相违背的。	谁也明白，统制、镇压、是和"唤起民众"的原则相违背的。
占领茅坑不拉屎，全国人民急得肚子发胀又没有茅坑，矛盾的事情莫过于此。	占领茅坑不拉屎，全国人民急得肚子发胀又没有茅坑，矛盾的事情莫过于此。	○
我们还在本年四月间对于这个问题就大声疾呼的警告过我们当权的兄弟党了，指出了没有民众起来抗战，就会踏袭亚比西尼亚的覆辙。（『抗日民族统一战线在目前阶段的任务』）	我们还在本年四月间对于这个问题就大声疾呼的警告过我们当权的兄弟党了，指出了没有民众起来抗战，就会踏袭亚比西尼亚的覆辙。（『抗日民族统一战线在目前阶段的任务』）	我们还在今年五月间，就对于这个问题大声疾呼地警告过当权的国民党，指出了没有民众起来抗战，就会蹈袭阿比西尼亚的覆辙。
不但中国共产党人，许多各地的先进同胞，以及国民党许多贤明的党员，都曾指出这一点，	不但中国共产党人，许多各地的先进同胞，以及国民党许多贤明的党员，都曾指出这一点，	不但中国共产党人，各地的许多先进同胞以及国民党的许多贤明的党员，都曾指出了这一点。
其结果就是政府与人民隔离，军队与人民隔离，军队中指挥员与战斗员隔离。	其结果就是政府与人民隔离，军队与人民隔离，军队中指挥员与战斗员隔离。	其结果就是政府和人民隔离，军队和人民隔离，军队中指挥员和战斗员隔离。
统一战线没有民众充实起来，前线危机就无可避免的只会增大不会缩小。	统一战线没有民众充实起来，前线危机就无可避免的只会增大不会缩小。	统一战线没有民众充实起来，前线危机就无可避免的只会增大，不会缩小。
为什么统制政策至今没有改变？因为今天的统一战线至今还没有一个为两党所公认与正式公布的政治纲领去代替统制政策。	为什么统制政策至今没有改变？因为今天的统一战线至今还没有一个为两党所公认与正式公布的政治纲领去代替统制政策。	今天的抗日统一战线，还没有一个为两党所共同承认和正式公布的政治纲领，去代替国民党的统制政策。
现在的一套，还是十年来的一套，从政府机构，军队制度，民众政策，到财政经济教育等等政策，大体上都还是十年来的一套，没有起变化。	现在的一套，还是十年来的一套，从政府机构，军队制度，民众政策，到财政经济教育等等政策，大体上都还是十年来的一套，没有起变化。	现在国民党对待民众的一套，还是十年来的一套，从政府机构，军队制度，民众政策，到财政、经济、教育等项政策，大体上都还是十年来的一套，没有起变化。
起了变化的东西是有的，并且是很大的，这就是停止内战一致抗日。	起了变化的东西是有的，并且是很大的，这就是停止内战一致抗日。	起了变化的东西是有的，并且是很大的，这就是停止内战，一致抗日。

(续表)

《解放》版	1948年版	1952年《毛选》版
两党的内战停止了，全国的抗战起来了，这是从西安事变以来中国政局的极大的变化。	两党的内战停止了，全国的抗战起来了，这是从西安事变以来中国政局的极大的变化。	两党的内战停止了，全国的抗日战争起来了，这是从西安事变以来中国政局的极大的变化。
现在要用这一套对付日本帝国主义的进攻，所以处处不合适，各种弱点都暴露出来。	现在仍用这一套对付日本帝国主义的进攻，所以处处不合适，各种弱点都暴露出来。	现在还是用这一套去对付日本帝国主义的进攻，所以处处不合适，各种弱点都暴露出来。
然而不干抗日战争则已，要干的话，并且已经干起来了，又已经暴露着严重的危机了，还不肯改换一套新的干法，前途的危险是不堪设想的。	然而不干抗日战争则已，要干的话，并且已经干起来了，又已经暴露着严重的危机了，还不肯改换一套新的干法，前途的危险是不堪设想的。	不干抗日战争则已，既然要干了，并且已经干起来了，又已经暴露出严重的危机了，还不肯改换一套新的干法，前途的危险是不堪设想的。
这就要把全国人民都动员起来加入统一战线中去。	这就要把全国人民都动员起来加入统一战线中去。	这就要把全国人民都动员起来加入到统一战线中去。
他像一条绳索，把各党各派各界各军一切加入统一战线的团体与人们都紧紧地约束起来，才能说得上坚固的团结。	它像一条绳索，把各党各派各界各军一切加入统一战线的团体与人们都紧紧地约束起来，才能说得上坚固的团结。	它像一条绳索，把各党各派各界各军一切加入统一战线的团体和个人都紧紧地约束起来。这才说得上坚固的团结。
因为他不适应于民族革命战争。	因为他不适应于民族革命战争。	因为它不适应于民族革命战争。
因为必须如此，才能适应抗战。	因为必须如此，才能适应抗战。	必须如此，才能适应抗日战争。
这就是孙中山先生的三民主义与共产党在八月十五日提出的抗日救国十大纲领。	这就是孙中山先生的三民主义与共产党在八月十五日提出的抗日救国十大纲领。	这就是孙中山先生的三民主义和共产党在八月二十五日提出的抗日救国十大纲领〔八〕。
若干的人对于共产党愿意实行国民党的三民主义觉得奇怪，如像上海的诸青来氏，就是提出这种疑问的一个（在上海的某种刊物上），以为共产党主义与三民主义是不能并存的，这是一种形式主义的观察法。	若干的人对于共产党愿意实行国民党的三民主义觉得奇怪，如像上海的诸青来氏，就是提出这种疑问的一个（在上海的某种刊物上），以为共产党主义与三民主义是不能并存的。这是一种形式主义的观察法。	若干人们对于共产党愿意实行国民党的三民主义觉得奇怪，如像上海的诸青来〔九〕，就是在上海的某种刊物上提出这种疑问的一个。他们以为共产党主义和三民主义是不能并存的。这是一种形式主义的观察。

(续表)

《解放》版	1948年版	1952年《毛选》版
共产主义是革命发展的将来阶段实行的，	共产主义是革命发展的将来阶段实行的，	共产主义是在革命发展的将来阶段实行的，
这是共产党提出抗日民族统一战线与统一的民主共和国口号的根本理由。	这是共产党提出抗日民族统一战线与统一的民主共和国口号的根本理由。	这是共产党提出抗日民族统一战线和统一的民主共和国的根本理由。
说到三民主义的实行，共产党还在十年前两党第一次统一战线时，就已经经过国民党第一次全国代表大会而共同决定，并在一九二五至二七年经过每一个忠实的共产党人及每一个忠实的国民党人之手，而在全国实行过了。	说到三民主义的实行，共产党还在十年前两党第一次统一战线时，就已经经过国民党第一次党代表大会而共同决定，而在一九二五至二七年经过每一个忠实的共产党人及每一个忠实的国民党人之手，并在全国实行过了。	说到三民主义，还在十年前两党的第一次统一战线时，共产党和国民党就已经经过国民党第一次全国代表大会而共同决定加以实行，并且已经在一九二四至一九二七年，经过每一个忠实的共产党人和每一个忠实的国民党人的手，在全国很大的地区中实行过了。
不幸一九二七年统一战线破裂，产生了十年来停止实行三民主义的局面。	不幸一九二七年统一战线破裂，产生了十年来停止实行三民主义的局面。	不幸在一九二七年统一战线破裂，从此产生了国民党方面十年来反对实行三民主义的局面。
然而在共产党一方面，十年来所实行的一切政策，根本上都是符合于孙中山先生的三民主义与三大政策的革命精神的。	然而在共产党一方面，十年来所实行的一切政策，根本上都是符合于孙中山先生的三民主义与三大政策的革命精神的。	然而在共产党方面，十年来所实行的一切政策，根本上仍然是符合于孙中山先生的三民主义和三大政策的革命精神的。
共产党没有一天不在反对帝国主义，这就是彻底的民族主义，人民代表会议的苏维埃制度也不是别的，就是彻底的民权主义，土地革命更无疑是彻底的民生主义。	共产党没有一天不在反对帝国主义，这就是彻底的民族主义；人民代表会议的苏维埃制度也不是别的，就是彻底的民权主义；土地革命更无疑是彻底的民生主义。	共产党没有一天不在反对帝国主义，这就是彻底的民族主义；工农民主专政制度也不是别的，就是彻底的民权主义；土地革命则是彻底的民生主义。
为什么共产党又申明取消苏维埃停止没收土地呢？这个理由我们亦早以说明了。不是这种制度根本要不得，而是日本帝国主义的武装侵略引起了国内阶级关系的变化，联合全民族反对日本帝国主义成了必需，而且有了可能，同时在世界环境内为了反对法西斯危险，也正在建立民主的统一战线。	为什么共产党又申明取消苏维埃停止没收土地呢？这个理由我们亦早以说明了，不是这种制度根本要不得，而是日本帝国主义的武装侵略引起了国内阶级关系的变化，联合全民族反对日本帝国主义成了必需，而且有了可能，同时在世界环境内为了反对法西斯危险，也正在建立民主的统一战线。	为什么共产党现在又申明取消工农民主专政和停止没收地主的土地呢？这个理由我们也早以说明了，不是这种制度和办法根本要不得，而是日本帝国主义的武装侵略引起了国内阶级关系的变化，使联合全民族各阶级反对日本帝国主义成了必需，而且有了可能。不但在中国，而且在世界范围内，为了共同反对法西斯，建立反法西斯的统一战线也有了必需和可能。

(续表)

《解放》版	1948年版	1952年《毛选》版
所以在中国建立民族的与民主的统一战线，实在是中国今日之必需，我们用以代替苏维埃口号的民主共和国口号是在这种基础之上提出的。	所以在中国建立民族的与民主的统一战线，实在是中国今日之必需，我们用以代替苏维埃口号的民主共和国口号，是在这种基础之上提出的。	所以，我们主张在中国建立民族的和民主的统一战线。我们用以代替工农民主专政的各阶层联合的民主共和国的主张，是在这种基础之上提出的。
今天的停止实行这个政策，完全是为了团结更多的人去反对日本帝国主义，而不是说中国不要解决土地问题。	今天的停止实行这个政策，完全是为了团结更多的人去反对日本帝国主义，而不是说中国不要解决土地问题。	我们今天停止实行这个政策，是为了团结更多的人去反对日本帝国主义，而不是说中国不要解决土地问题。
这种政策改变的客观原因与时间性，我们曾经毫不含糊的说明了自己的观点。	这种政策改变的客观原因与时间性，我们曾经毫不含糊的说明了自己的观点。	关于这种政策改变的客观原因和时间性，我们曾经毫不含糊地说明了自己的观点。
正因为中国共产党根据于马克斯主义的原则，一贯的坚持了并发展了第一次国共合作统一战线的共同纲领即三民主义的精神，并没有任何的不忠实于革命，所以共产党能于强寇压境危急存亡之际，及时的提出了民族民主的统一战线这种唯一能够挽救危亡的政策，并且不疲倦地实行之。	正因为中国共产党根据于马克斯主义的原则，一贯的坚持了并发展了第一次国共合作统一战线的共同纲领即三民主义的精神，并没有任何的不忠实于革命，所以共产党能于强寇压境危急存亡之际，及时的提出了民族民主的统一战线这种唯一能够挽救危亡的政策，并且不疲倦地实行之。	正是因为中国共产党根据马克思主义的原则，一贯的坚持了并发展了第一次国共合作统一战线的共同纲领即革命的三民主义，所以共产党能于强寇压境民族危急之际，及时地提出民族民主的统一战线这种唯一能够挽救危亡的政策，并且不疲倦地实行之。
现在的问题不是共产党信仰不信仰实行不实行三民主义的问题，反而是国民党信仰不信仰实行不实行三民主义的问题。现在的问题，是在全国范围内恢复孙中山先生三民主义的精神，并表现之于一定的政纲政策之上，而真正不二心的，切实不敷衍的，迅速不推延的实行起来。	现在的问题，不是共产党信仰不信仰实行不实行三民主义的问题，反而是国民党信仰不信仰实行不实行三民主义的问题。现在的问题，是在全国范围内恢复孙中山先生三民主义的精神，并表现之于一定的政纲政策之上，而真正不二心的、切实不敷衍的、迅速不推延的实行起来。	现在的问题不是共产党信仰不信仰实行不实行革命的三民主义的问题，反而是国民党信仰不信仰实行不实行革命的三民主义的问题。现在的任务，是在全国范围内恢复孙中山先生的三民主义的革命精神，据以定出一定的政纲和政策，并真正而不二心地、切实而不敷衍地、迅速而不推延地实行起来，
为此需要，共产党乃在卢沟桥事变之后，八月十五日的那天，提出了抗日救国的十大纲领。	为此需要，共产党乃在卢沟桥事变之后，八月十五日的那天，提出了抗日救国的十大纲领。	为此，共产党在卢沟桥事变之后，提出了抗日救国的十大纲领。

(续表)

《解放》版	1948年版	1952年《毛选》版
这个十大纲领，符合于马克斯主义，也符合于真正革命的三民主义。	这个十大纲领，符合于马克斯主义，也符合于真正革命的三民主义，	这个十大纲领，符合于马克思主义，也符合于真正革命的三民主义。
这个惩罚的实行就是中华民族的亡国奴境遇。	这个惩罚的实行就是中华民族的亡国奴境遇。	○
这个纲领之实行，不得到国民党同意是不可能的，因为国民党现在还是中国最大的统治政党，他不同意就无法在全国实行。我们相信，贤明的国民党员及其领袖，会有一天同意这个纲领的。	这个纲领之实行，不得到国民党同意是不可能的，因为国民党现在还是中国最大的统治政党，他不同意就无法在全国实行，我们相信，贤明的国民党员及其领袖，会有一天同意这个纲领的。	这个纲领之在全国范围内实行，不得到国民党同意是不可能的，因为国民党现在还是中国的最大的握有统治权的政党。我们相信，那些贤明的国民党人会有一天同意这个纲领的。
亡国奴境遇就无可避免。	亡国奴境遇就无可避免，	中国人民的亡国奴境遇就无可避免。
真正贤明的国民党党员及其领袖是决不能这样干的，全国国民也决不会眼看着尽当亡国奴。	真正贤明的国民党党员及其领袖是决不能这样干的，全国国民也决不会眼看着尽当亡国奴。	真正贤明的国民党人是决不愿意这样的，全国人民也决不会眼看着尽当亡国奴。
现在急务在谋三民主义的实现，放弃个人及小集团的意气与私见，改变过去的老一套，立即实行符合三民主义的革命纲领，彻底与民更始，这是今天唯一的出路。	现在急务在谋三民主义的实现，放弃个人及小集团的意气与私见，改变过去的老一套，立即实行符合三民主义的革命纲领，彻底与民更始，这是今天唯一的道路。	现在的急务在谋三民主义的实现，放弃个人和小集团的私见，改变过去的老一套，立即实行符合于三民主义的革命纲领，彻底地与民更始。这是今天的唯一的道路。
然而要实行三民主义与十大纲领，需要一个实行的工具，这就提出了改造政府与改造军队的问题。	然而要实行三民主义与十大纲领，需要一个实行的工具，这就提出了改造政府与改造军队的问题。	然而要实行三民主义和十大纲领，需要实行的工具，这就提出了改造政府和改造军队的问题。
现在的政府还是国民党一党专政的政府，不是民族民主的统一战线政府，三民主义十大纲领的实行，没有一个民族民主的统一战线政府是不可能的。	现在的政府还是国民党一党专政的政府，不是民族民主的统一战线政府，三民主义、十大纲领的实行，没有一个民族民主的统一战线政府是不可能。	现在的政府还是国民党一党专政的政府，不是民族民主的统一战线的政府。三民主义和十大纲领的实行，没有一个民族民主的统一战线的政府是不可能。

（续表）

《解放》版	1948年版	1952年《毛选》版
现在军队的制度还是老制度，要用这种制度统治下的军队去彻底战胜日本帝国主义也是不可能的。	现在军队的制度还是老制度，要用这种制度统治下的军队去彻底战胜日本帝国主义也是不可能的。	现在国民党军队的制度还是老制度，要用这种制度的军队去战胜日本帝国主义是不可能的。
现在的军队都在前线上执行神圣的抗战，我们对于所有中国的军队，特别在前线抗战的军队，都是致其无限钦敬之诚的。	现在的军队都在前线上执行神圣的抗战，我们对于所有中国的军队，特别在前线抗战的军队，都是致其无限钦敬之诚的。	现在的军队都在执行抗战的任务，我们对于所有这样的军队，特别是在前线抗战的军队，都是具有钦敬之忱的。
然而军队的制度不适宜于执行彻底战胜日寇的任务，不适宜于顺利的执行三民主义与革命纲领，必须加以制度上的改变，然后才能胜任，这在三个月来的抗战教训中已经证明了。	然而军队的制度不适宜于执行彻底战胜日寇的任务，不适宜于顺利的执行三民主义与革命纲领，必须加以制度上的改变，然后才能胜任，这在三个月来的抗战教训中已经证明了。	然而国民党军队的制度不适宜于执行彻底战胜日寇的任务，不适宜于顺利地执行三民主义和革命纲领，必须加以改变，这在三个月来的抗战教训中已经证明了。
改变的原则就是官兵一致，军民一致。	改变的原则就是官兵一致，军民一致。	改变的原则就是实行官兵一致、军民一致。
现在军队的制度是基本上违反这两个原则的，将士虽有忠勇之心，但束缚于旧制度无法发挥其积极性，这是应该迅速开始改造的。	现在军队的制度是基本上违反这两个原则的，将士虽有忠勇之心，但束缚于旧制度无法发挥其积极性，这是应该迅速开始改造的。	现在国民党军队的制度是基本上违反这两个原则的。广大的将士虽有忠勇之心，但束缚于旧制度，无法发挥其积极性，因此旧制度应该迅速地开始改造的。
不是说把仗停下来改造了制度再打，一面打仗一面就可以改变制度，中心任务是改变军队的政治精神与政治工作。	不是说把仗停下来改造了制度再打，一面打仗一面就可以改变制度，中心任务是改变军队的政治精神与政治工作。	不是说把仗停下来改造了制度再打，一面打仗一面就可以改变制度。中心任务是改变军队的政治精神和政治工作。
模范的前例，就是大革命时代的党军，那是大体上官兵一致军民一致的军队，恢复那种精神是完全必要的。	模范的前例，就是大革命时代的党军，那是大体上官兵一致、军民一致的军队，恢复那种精神是完全必要的。	模范的前例，就是在北伐战争时代的国民革命军，那是大体上官兵一致、军民一致的军队，恢复那时的精神是完全必要的。
中国应学习西班牙战争的教训，西班牙的政府军是从极困难的境遇中创造出来的。	中国应学习西班牙战争的教训，西班牙的政府军是从极困难的境遇中创造出来的。	中国应学习西班牙战争的教训，西班牙共和国的军队是从极困难的境遇中创造出来的。

(续表)

《解放》版	1948年版	1952年《毛选》版
中国的条件许多优于西班牙，但缺乏一个充实的坚固的统一战线，缺乏一个能执行全部革命纲领的统一战线政府，又缺乏大量新制度的军队，中国自己应该补充这些缺点。	中国的条件许多优于西班牙，但缺乏一个充实的坚固的统一战线，缺乏一个能执行全部革命纲领的统一战线政府，又缺乏大量新制度的军队，中国自己应该补充这些缺点。	中国的条件优于西班牙，但是缺乏一个充实的坚固的统一战线，缺乏一个能执行全部革命纲领的统一战线的政府，又缺乏大量的新制度的军队。中国应该补救这些缺点。
红军在今天对整个抗日战线，还只能起一部分的作用，还不能起决定的作用，但他的一些政治上军事上组织上的优点是足供全国友军之采择的。	红军在今天对整个抗日战线，还只能起一部分的作用，还不能起决定的作用，但他的一些政治上军事上组织上的优点是足供全国友军之采择的。	中国共产党领导的红军，在今天，对于整个抗日战争，还只能起先锋队的作用，还不能在全国范围内起决定的作用，但是它的一些政治上、军事上、组织上的优点是足供全国友军采择的。
这个军队也不是一开始就有现在的情形，曾经过许多改造工作，主要是政治上肃清了封建主义，实行了官兵一致与军民一致的原则，这一点可以供全国友军的借鉴。	这个军队也不是一开始就有现在的情形，曾经过许多改造工作，主要是政治上肃清了封建主义，实行了官兵一致与军民一致的原则，这一点可以供全国友军的借鉴。	这个军队也不是一开始就像现在的情形，它也曾经过许多的改造工作，主要地是肃清了军队内部的封建主义，实行了官兵一致和军民一致的原则。这个经验，可以供全国友军的借鉴。
当权的国民党同志们，我们同你们在今天一道负着救亡图存的历史责任。	当权的国民党同志们，我们同你们在今天一道负着救亡图存的历史责任。	当权的国民党的抗日同志们，我们和你们在今天一道负着救亡图存的责任。
你们已经同我们建立起抗日统一战线了，这是很好的。你们实行了抗战政策，这也是很好的。	你们已经同我们建立起抗日统一战线了，这是很好的。你们实行了抗战政策，这也是很好的。	你们已经和我们建立起抗日统一战线了，这是很好的。你们实行了对日抗战，这也是很好的。
我们的统一战线应该发展下去，应该把他充实起来，把民众加进去。	我们的统一战线应该发展下去，应该把它充实起来，把民众加进去。	我们应该把统一战线发展充实起来，把民众加进去。
应该把他巩固起来，实行一个共同纲领。	应该把它巩固起来，实行一个共同纲领。	应该把它巩固起来，实行一个共同纲领。
应该决心改变政治的制度与军队的制度。	应该决心改变政治的制度与军队的制度。	应该决心改变政治的制度和军队的制度。

（续表）

《解放》版	1948年版	1952年《毛选》版
有了这样一个政府才能执行革命的纲领，也才能在全国范围内着手改造军队。	有了这样一个政府，才能执行革命的纲领，也才能在全国范围内着手改造军队。	有了这样一个政府，才能执行革命的纲领，也才能在全国范围内着手改造军队。
我们这个建议是时代的要求，你们党中也有许多的人感觉到这一层了，现在是实行的时候了。	我们这个建议是时代的要求，你们党中也有许多的人感觉到这一层了，现在是实行的时候了。	我们的这个建议是时代的要求。这个要求，你们党中也有许多人感觉到，现在是实行的时候了。
孙中山先生曾经下决心改造了政治制度与军事制度，因而奠定了上一次大革命的基础，这个责任今天是落在你们的肩上了。	孙中山先生曾经下决心改造了政治制度与军事制度，因而奠定了上一次大革命的基础，这个责任今天是落在你们的肩上了。	孙中山先生曾经下决心改造了政治制度和军事制度，因而奠定了一九二四年到一九二七年的革命的基础。实行同样改造的责任，今天是落在你们的肩上了。
一切忠诚爱国的国民党同志们当不以我们的建议为不切需要，我们坚决相信，这个建议是符合于客观的需要的。	一切忠诚爱国的国民党同志们当不以我们的建议为不切需要，我们坚决相信，这个建议是符合于客观的需要的。	一切忠诚爱国的国民党人当不以我们的建议为不切需要。我们坚决相信，这个建议是符合于客观的需要的。
这个改造的责任，我们尤其盼望于蒋介石先生。	这个改造的责任，我们尤其盼望于蒋介石先生。	○
民族国家已处在存亡绝续的关头，国共两党亲密地团结起来呵！全国一切不愿当亡国奴的同胞在国共两党团结的基础之上亲密地团结起来呵！	民族国家已处在存亡绝续的关头，国共两党亲密地团结起来呵！全国一切不愿当亡国奴的同胞在国共两党团结的基础之上亲密地团结起来呵！	我们民族已处在存亡绝续的关头，国共两党亲密地团结起来呵！全国一切不愿当亡国奴的同胞在国共两党团结的基础之上亲密地团结起来呵！
实行一切必要的改革来战胜一切困难，这是今日中国革命的迫切任务，完成了这个任务就一定能打倒日本帝国主义。	实行一切必要的改革来战胜一切困难，这是今日中国革命的迫切任务，完成了这个任务就一定能够打倒日本帝国主义。	实行一切必要的改革来战胜一切困难，这是今日中国革命的迫切任务。完成了这个任务，就一定能够打倒日本帝国主义。

参考文献

一、史料

（一）中文版

1. 《国共两党统一战线成立后中国革命的迫切任务》，《解放》1937年第1卷第18期。

2. 《国共两党统一战线成立后中国革命的迫切任务》，《战时大学》1937年第1卷第1期。

3. 《国共两党统一战线成立后中国革命的迫切任务》（续），《战时大学》1937年第1卷第2期。

4. 《国共统一的历史与任务》，《抗战半月刊》1937年第1卷第5期。

5. 《国共两党统一战线成立后中国革命的迫切任务》，《火线》1937年第84期。

6. 《国共两党统一战线成立后中国革命的迫切任务》，《激流》1937年第1卷第1期。

7. 《国共两党统一战线成立后中国革命的迫切任务》，《前驱》1937年第1期。

8. 《毛泽东论文集》，上海大众出版社1937年12月初版。

9. 叶波澄主编：《抗战言论集》（第3辑），汉口现代出版社1937年12月版。

10. 《抗日救国指南》（第1辑），抗日战术研究社1937年12月版。

11. 《国共两党统一战线成立后中国革命的迫切任务》，《大地图文旬刊》1938年第1卷第7期。

12. 《民族革命之路》，星星出版社1938年1月20日初版。

13. 汪馥泉编著：《国共统一战线及其前途》，战时出版社1938年版。

14. 史天行主编：《毛泽东言论集》，芒种书屋1938年1月版。

15. 史天行主编：《毛泽东言论集》，汉口华中图书公司1938年版。

16. 《毛泽东抗战言论全集》，汉口民族解放社1938年1月版。

17. 《国共合作成立后的迫切任务》，《共产国际》1938年第1期。

18. 《抗日民族统一战线指南》第2册，解放社1938年4月版。

19. 《毛泽东救国言论选集》，新华日报馆1939年5月版。

20. 《毛泽东论文集》，新华日报华北分馆1940年12月版。

21. 《六大以来——党内秘密文件》（上），中共中央书记处1941年12月编印。

22. 《毛泽东言论选集》，新华书店晋察冀分店1942年3月版。

23. 《两条路线》（下），中共中央书记处1943年编印。

24. 《毛泽东选集》卷二，晋察冀日报社1944年5月版、1945年3月再版。

25. 《毛泽东选集》第一卷，苏中出版社1945年7月版。

26. 《毛泽东选集》卷二，大连大众书店1946年6月版。

27. 《毛泽东选集》第一卷，胶东新华书店1946年7月版。

28. 《毛泽东选集》卷二，大连大众书店1946年8月重印。

29. 《毛泽东选集》卷二，大连大众书店1947年2月再版、1947年11月三版。

30. 《毛泽东选集》卷三，太岳新华书店1947年10月版。

31. 《毛泽东选集》卷二，渤海新华书店1947年3月版。

32. 《毛泽东选集》卷三，东北书店1948年5月版。

33. 《毛泽东选集》（上册），中共晋冀鲁豫中央局1948年编印。

34. 《毛泽东选集》第二卷，人民出版社1952年3月第1版。

35. 《毛泽东选集》第二卷，人民出版社1952年8月第2版。

36. 《国共合作成立后的迫切任务》，新疆人民出版社1953年版。

37. 《毛泽东选集》第二卷，民族出版社1959年版。

38. 《毛泽东选集》（一卷本），人民出版社1964年版。

39. 《毛泽东选集》第二卷，人民出版社1964年版线装本。

40. 《毛泽东选集》（据1964年版线装本缩印）第二卷，人民出版社1965年版线装本。

41. 《毛泽东选集》第二卷（线装本），人民出版社1965年版。

42. 《毛泽东选集》（一卷本），人民出版社1966年版。

43．《毛泽东选集》第二卷，人民出版社1966年版。

44．《毛泽东选集》（袖珍一卷本），人民出版社1967年版。

45．《毛泽东选集》（袖珍一卷本），人民出版社1968年版。

46．《毛泽东选集》（袖珍一卷本），中国人民解放军战士出版社1968年版。

47．《毛泽东选集》（25开大字本）第二卷，人民出版社1969年版。

48．《马克思主义经典作家论孙中山》，广东省理论研究室1973年编印。

49．《马克思主义经典作家论世界史》，杭州大学历史系世界史教研组1975年编印。

50．《新民主主义革命时期》3（上），北京师范大学中共党史系1975年编印。

51．《西安事变资料选辑》，西北大学历史系中国现代史教研室等1978年编印。

52．中共中央书记处编：《中共中央关于目前形势与党的任务的决议》，人民出版社1980年版。

53．中共中央统战部等编：《中共中央抗日民族统一战线文件选编》（下），档案出版社1985年版。

54．上海社会科学院历史研究所编：《"八一三"抗战史料选编》，上海人民出版社1986年版。

55．中国社会科学院及经济研究所现代经济史组编：《中国的土地改革史料选编》，国防大学出版社1988年版。

56．《毛泽东选集》第二卷，人民出版社1991年版。

57．孟广涵主编：《抗战时期国共合作纪实》（上卷），重庆出版社1992年版。

58．张宏儒主编：《二十世纪中国大事全书》，北京出版社1993年版。

59．罗正楷主编：《中国共产党大典》，红旗出版社1996年版。

60．《中国共产党指导思想文库》编委会编：《中国共产党指导思想文库》，中国经济出版社1998年版。

61．《毛泽东选集手抄本》第二卷，西苑出版社2001年版。

62．《毛泽东选集》第二卷，人民出版社2003年版。

63．马熙敏编著：《共产国际和中国革命的关系》，陕西人民出版社2005年版。

64．重庆市政协学习及文史委员会编：《重庆文史资料》（第11辑），西南师范大学出版社2009年版。

65．中共中央文献研究室等编：《建党以来重要文献选编》第十四册，中央文献出版社2011年版。

66．《毛泽东选集》第二卷，线装书局2011年版。

67．《红色档案——延安时期文献档案汇编》，陕西人民出版社2013年版。

68．张迪杰主编：《毛泽东全集》第11卷，润东出版社2013年版。

（二）外文版

1．《毛泽东主要言论集》（日文版），日本外务省调查局第五课1948年11月。

2．《国共合作成立后的迫切任务》（越南文版），外文出版社1968年版。

3．《国共合作成立后的迫切任务》（缅甸文版），外文出版社1968年版。

4．《国共合作成立后的迫切任务》（英文版），外文出版社1968年版。

5．《国共合作成立后的迫切任务》（俄文版），外文出版社1968年版。

6．《国共合作成立后的迫切任务》（日文版），外文出版社1969年版。

7．《国共合作成立后的迫切任务》（泰文版），外文出版社1969年版。

8．《国共合作成立后的迫切任务》（法文版），外文出版社1969年版。

9．《国共合作成立后的迫切任务》（斯瓦希里文版），外文出版社1969年版。

10．《国共合作成立后的迫切任务》（西班牙文版），外文出版社1969年版。

11．《国共合作成立后的迫切任务》（阿拉伯文版），外文出版社1969年版。

（三）少数民族文版

1．《国共合作成立后的迫切任务》（哈萨克文版），新疆人民出版社1953年版。

2．《毛泽东选集》第二卷（朝鲜文版），民族出版社1956年版。

3．《毛泽东选集》第二卷（蒙古文版），民族出版社1956年版。

4．《毛泽东选集》第二卷（维吾尔文版），民族出版社1959年版。

5．《毛泽东选集》第二卷（藏文版），民族出版社1960年版。

6．《毛泽东选集》第二卷（维吾尔文版），民族出版社1965年版。

7．《毛泽东选集》第二卷（蒙古文版），民族出版社1965年版。

8．《毛泽东选集》第二卷（朝鲜文版），民族出版社1965年版。

9．《毛泽东选集》第二卷（哈萨克文版），民族出版社1965年版。

10．《毛泽东选集》第二卷（哈萨克文版），民族出版社1966年版。

11．《毛泽东选集》第二卷（藏文版），民族出版社1967年版。

12．《毛泽东选集》第二卷（维吾尔文版）（普及本），民族出版社1967年版。

13．《毛泽东选集》第二卷（维吾尔文版）（新文字本），民族出版社1969年版。

14．《毛泽东选集》第二卷（哈萨克文版）（新文字本），民族出版社1969年版。

15．《毛泽东选集》第二卷（维吾尔文版），民族出版社1971年版。

16．《毛泽东选集》第二卷（哈萨克文版），民族出版社1977年版。

17．《毛泽东选集》第二卷（藏文版），民族出版社1992年版。

二、著作

1．新华书店总店编辑：《全国总书目》（1949—1954），新华书店总店1955年版。

2．《马克思、恩格斯、列宁、斯大林、毛泽东著作目录》（馆藏中文部分），湖南省图书馆1975年编印。

3．《学习〈毛泽东选集〉第二卷参考材料》，黑龙江大学哲学系1977年编印。

4．陶愚川：《中国教育史比较研究（现代部分）》，山东教育出版社1988年版。

5．陈荷夫：《土地与农民——中国土地革命的法律与政治》，辽宁人民出版社1988年版。

6．张汝文主编：《全国马列哲学政法图书分类总书目》，辽宁大学出版社1990年版。

7．乔明甫等主编：《中国共产党建设大辞典》，四川人民出版社1991年版。

8．中共中央文献研究室编：《〈毛泽东选集〉一至四卷注释校订本》，中央文献出版社1991年版。

9．张梅玲：《干戈化玉帛——第二次国共合作的形成》，中国广播电视出版社1991年版。

10．焦根强等主编：《毛泽东著作辞典》，中国政法大学出版社1991年版。

11．袁竞主编：《毛泽东著作大辞典》，中国国际广播出版社1991年版。

12．冯雷主编：《新版毛泽东选集学习辞典》，大连出版社1991年版。

13．《中国统一战线辞典》编委会：《中国统一战线辞典》，中共党史出版社1992年版。

14．何平主编：《毛泽东大辞典》，中国国际广播出版社1992年版。

15．任涛主编：《中国统一战线全书》，国际文化出版公司1993年版。

16．萧少秋主编：《延安时期毛泽东著述提要》，陕西人民教育出版社1993年版。

17．张惠芝等主编：《毛泽东生平著作研究目录大全》，河北教育出版社1993年版。

18．蒋建农等主编：《毛泽东选集大辞典》，山西人民出版社1993年版。

19．廖盖隆等主编：《毛泽东百科全书》，光明日报出版社1993年版，2003年修订版。

20．李龙主编：《毛泽东法律思想研究》，武汉大学出版社1993年版。

21．施金炎主编：《毛泽东著作版本述录与考订》，海南国际新闻出版中心1995年版。

22．金晓钟等主编：《新时期党的建设文库》（第1卷），东北大学出版社1996年版。

23．刘建业主编：《中国抗日战争大辞典》，北京燕山出版社1997年版。

24．蒋建农主编：《毛泽东全书》第五卷，河北人民出版社1998年版。

25．蒋建农主编：《毛泽东全书》第六卷，河北人民出版社1998年版。

26．范圣予主编：《毛泽东思想概论》，中共中央党校出版社1999年版。

27．李蓉：《走向辉煌——毛泽东统战理论的形成和发展》，华文出版社2000年版。

28．张静如等主编：《中国共产党通志》，中央文献出版社2001年版。

29．蒋建农等：《毛泽东著作版本编年纪事》（一册），湖南人民出版社2013年第2版。

30．莲花县史志工作办公室：《中共莲花地方史》，中共党史出版社2006年版。

31．柏钦水主编：《毛泽东著作版本鉴赏》，山东人民出版社2009年版。

32．李捷主编：《毛泽东著作辞典》，浙江人民出版社2011年版。

33．熊辉等：《毛泽东执政思想研究》，湘潭大学出版社2012年版。

34．冯长松：《中国人民解放军管理史》，国防大学出版社2013年版。

35．周一平：《日版〈毛泽东集〉〈毛泽东集补卷〉校勘与研究》，中国国际文化出版社2013年版。

36．中共中央文献研究室编：《毛泽东年谱 1893—1949》中卷，中央文献出版社2013年版。

37．中共中央党史研究室科研管理部编：《全国党史界纪念毛泽东同志诞辰120周年学术研讨会论文集》（上），中共党史出版社2014年版。

38．姬瑞环：《向毛泽东学写作：中国离不开毛泽东》，当代中国出版社2014年版。

39．张树军主编：《图文中国共产党抗战纪事》（上），河北人民出版社2015年版。

三、论文

（一）报刊论文

1．《江西民国日报》1937年7月20日第1版。

2．锺思：《学习〈毛泽东选集〉第二卷参考材料》，《吉林大学学报》1976年第6期。

3．韦国清：《在历史转折时期发挥党的政治工作的威力》，《思想政治教育》1981年第7期。

4．刘凤莲：《浅论第二次国共合作的历史条件》，《郑州大学学报》1985年第3期。

5．贺秉元、方剑桥：《第二次国共合作的形成与历史经验的昭示》，《宁波大学学报》1988年第1期。

6．黄克水：《试述第二次国共合作建立的历史进程》，《龙岩师专学报》1994年Z1期。

7．杨三省：《中国共产党在抗日战争中领导权的实现是多方面的》，《理论导刊》1994年第8期。

8．马贤伦：《抗日民族统一战线的形成、作用及启示》，《大庆高等专科学校学报》1996年第1期。

9．唐正芒：《毛泽东论中国大革命胜利考析——兼论对陈独秀的历史评价》，《安徽史学》2005年第6期。

10．孙志明：《延安时期党的创新精神初探》，《贵阳市委党校学报》2010年8月第4期。

11．沈郁：《延安时期延安高等院校的马克思主义理论教育略论》，《延安大学学报》2011年第5期。

12．苏琴琴：《论文艺民族形式论争对古典白话小说价值的阐释与定位》，《浙江师范大学学报》2016年第5期。

13．刘佳等：《方法论视域下延安时期党的思想政治教育研究》，《延安大学学报》2016年第4期。

14．曹子洋：《七七抗战的历史启示论析》，《中国延安干部学院学报》2017年第2期。

15. 杨子均：《试论郭沫若的爱国主义思想》，《郭沫若学刊》2018年第3期。

16. 齐卫平等：《新时代"四个伟大"历史使命形成的思想基础》，《中国浦东干部学院学报》2018年第5期。

17. 刘宗灵：《"撑伞"与"扎根"：试析抗战时期中共在四川地区的统战活动》，《兰州学刊》2019年第11期。

18. 王培利、王若淼：《"全面抗战""全国抗战""全民族抗战"概念辨析》，《历史教学》（上半月刊）2020年第11期。

19. 夏静：《全面抗战初期国民党对"统一战线"的认知与表述——兼论共产党的回应》，《史学月刊》2021年第2期。

（二）博硕论文

1. 贾君亮：《新时期统一战线的哲学思考》，延安大学硕士论文2010年。

2. 毕媛媛：《民国时期党际关系嬗变研究》，哈尔滨师范大学硕士论文2013年。

3. 吕永川：《抗日战争时期毛泽东思想政治教育理论研究》，聊城大学硕士论文2016年。

4. 周德秋：《抗日战争时期八路军三五九旅的政治工作研究》，湘潭大学硕士论文2020年。

5. 王天丹：《陕甘宁边区军事建设问题研究（1937—1945）》，陕西师范大学博士论文2020年。

6. 李薇：《晋察冀抗日根据地统一战线工作研究》，西安工业大学硕士论文2020年。

《上海太原失陷以后抗日战争的形势和任务》版本研究

《上海太原失陷以后抗日战争的形势和任务》是毛泽东于1937年11月12日,在延安党的活动分子会议上作的报告。

一、写作背景、成文过程

1. 写作背景

1937年7月7日,日本帝国主义开始向中国发动全面武装侵略,中华民族到了生死存亡的危急关头。7月8日中共中央向全国发出通电,呼吁全国同胞、政府和军队团结起来,筑成民族统一战线的坚固长城,抵抗日本的侵略,国共两党合作抵抗日本的新进攻。① 为了促进抗日民族统一战线的建立,中国共产党于7月15日向国民党提出了《中国共产党为公布国共合作宣言》。同日,毛泽东致电中国工农红军前敌总指挥部总指挥彭德怀,总政治委员任弼时,政治部主任杨尚昆、副主任邓小平:红军政治工作决定依目前情况须加修改,为着直接对日抗战的政治工作,望迅即重新起草。②

根据毛泽东的指示,中共中央革命军事委员会总政治部于8月1日作出《关于新阶段的部队政治工作的决定》。决定指出:由于国内和平的实现,更由于华北事件加速了对日抗战的爆发,红军进入了一个新的阶段。在这一新阶段中,部队政治工作的基本任务是:第一,一切工作为着积蓄与加强抗战的力量,保证抗战的胜利;第二,保证党在红军中的绝对领导,依靠于党

---

① 中共中央文献研究室编:《毛泽东年谱 1893—1949》中卷,中央文献出版社2013年版,第1页。
② 中共中央文献研究室编:《毛泽东年谱 1893—1949》中卷,中央文献出版社2013年版,第4页。

的领导的加强，保持红军的光荣传统，巩固与提高部队的战斗力；第三，提高部队的军事技术和战术，提高指战员的政治文化水平，迅速走上正规化的道路，并造就大批新的干部，使之适应于对日作战的需要。在南方红军各游击队改编问题上，同日发出的《中共中央关于南方各游击区域工作的指示》指出，红军游击队在保存和巩固革命武装，保证党的绝对领导的原则下，可与国民党的附近驻军，或地方政权进行谈判，改变番号与编制以取得合法地位。①

在中国人民与日本帝国主义之间的民族矛盾上升为主要矛盾后，由于中国共产党的努力，国共合作很快形成。8月18日，国共双方就陕甘宁边区人事和红军改编等问题达成了协议。8月22日，南京国民政府军事委员会发布将西北红军改编为国民革命军第八路军的命令。8月25日，中共中央革命军事委员会主席毛泽东与副主席朱德、周恩来发出了关于将红军改编为国民革命军第八路军的命令。

为应对国共合作后的新形势以及红军的改编等问题，1937年8月22日—25日，中共中央政治局在洛川召开了会议。毛泽东在会上作了军事问题和国共两党关系问题的报告，并作结论。他在报告中分析了抗日战争的形势、任务及国共两党关系，指出抗日战争的持久性，提出红军的基本任务和战略方针，强调共产党在统一战线中的独立自主原则。②洛川会议通过了《关于目前形势与党的任务的决定》《抗日救国十大纲领》以及毛泽东为此起草的宣传动员提纲《为动员一切力量争取抗战胜利而斗争》。在洛川会议精神的指导下，8月25日发出的关于将红军改编为国民革命军第八路军的命令，强调了"必须加强党的领导，保持和发扬十年斗争的光荣传统，坚决执行党中央与军委会的命令，保证红军在改编后，成为共产党的党军，为党的路线及政策而斗争，完成中国革命之伟大使命"③。

9月22日，国民党中央通讯社发表了《中国共产党为公布国共合作宣言》。9月23日，蒋介石发表了承认中国共产党合法地位的谈话。至此，抗日

---

① 中共中央文献研究室等：《建党以来重要文献选编》第十四册，中央文献出版社2011年版，第416页。
② 中共中央文献研究室编：《毛泽东年谱 1893—1949》中卷，中央文献出版社2013年版，第15页。
③ 中共中央文献研究室编：《毛泽东年谱 1893—1949》中卷，中央文献出版社2013年版，第17页。

民族统一战线正式形成。

国共合作形成后，国共之间的各种斗争并没有停息，有时甚至很激烈。蒋介石仍时时想并吞、统制、削弱中国共产党及其领导的军队，计划"在抗日战争中削弱共产党力量五分之二"①。中共中央时时提醒各地党的组织及军队，务必保持独立性，必须反对右倾机会主义。

9月25日《中共中央书记处关于共产党参加政府问题的决定草案》中又指出："在原有红军中苏区中及一切游击区中，共产党绝对独立领导之保持，是完全必要的，共产党员不许可在这个问题上发生任何原则上的动摇。"②

11月8日，山西太原失陷，敌人占领了华北大部，正面战场逐步南移。11月9日，毛泽东致电朱德、彭德怀和八路军各师领导人，更为明确地强调：八路军当前的任务是"发挥进一步的独立自主原则，坚持华北游击战争"③。

11月12日，上海失守，日军继续向南京进逼。

国共合作形成以后，以王明为代表的右倾机会主义，片面强调"一切通过统一战线"，"一切服从统一战线"，不赞成国民党和共产党谁吸引谁的提法，不同意公开批评国民党执行的片面抗战路线，认为不应空喊领导权，不应说谁领导谁④，反对统一战线中独立自主的方针，实际上对国民党实行迁就主义或投降主义。为了揭露国民党片面抗战路线及其实质，为了批判以王明为代表的右倾机会主义，为坚持中国共产党在抗日战争中的领导地位，坚持中国共产党的独立自主原则，1937年11月12日，毛泽东在延安党的活动分子会议上作了题为《上海太原失陷以后抗日民族革命战争的形势和任务》的报告。

2. 成文过程

毛泽东在全面抗战爆发前后，就一直反对国民党的片面抗战路线，反对党内外的投降主义。

1937年7月23日，毛泽东在《反对日本进攻的方针、方法和前途》中指出："动摇坚决抗战的方针，主张妥协退让。这是非常危险的现象。这种妥

---

① 《毛泽东选集》第二卷，人民出版社1991年版，第392页。
② 中共中央文献研究室等：《建党以来重要文献选编》第十四册，中央文献出版社2011年版，第529页。
③ 张树军：《中国抗日战争全景录 山西卷》，山西人民出版社2015年版，第112页。
④ 菅琳：《王明的右倾错误》，中国军网。

协退让的方针，和坚决抗战的方针是根本矛盾的。这种妥协退让的方针如不迅速改变，将使平津和华北尽丧于敌人之手，而使全民族受到绝大的威胁，这是每个人都应十分注意的。"①

1937年8月1日，毛泽东在《中共中央关于南方各游击区域工作的指示》中指出："在改善群众的日常生活，争取人民的权利，动员人民参加抗日的民族革命等群众运动与群众斗争中，党必须及时注意防止与纠正'左'倾关门主义与盲动主义以及右倾的尾巴主义与失掉阶级立场的投降主义的错误。"②同日，毛泽东给正在云阳镇出席红军高级干部会议的周恩来、博古等发电报，指出：共产党领导的军队改编后，在抗日作战中也必须坚持独立自主的原则，"在整个战略方针下执行独立自主的分散作战的游击战争……只有如此才能发挥红军特长，给日寇以相当打击"③。

在洛川会议上，毛泽东指出红军的战略方针是：独立自主的山地游击战。强调在抗日民族统一战线中，要坚持独立自主，保持高度的警觉性。红军的活动，只能由我们自己决定。毛泽东提出了"谁领导谁"的问题，强调：抗日战争只有在我党的领导之下，经过持久战，才能取得最后胜利。因此，在抗日统一战线中必须坚持独立自主原则，不受蒋介石的限制。国民党有计划地从各方面影响和吸引共产党及红军，我们要提高政治警觉性。国民党内有些人动摇于国共两党之间，这对我们吸引国民党是有利的，共产党吸引国民党的条件是存在的。两党之间互相吸引的问题，要在斗争中解决。④

8月27日，毛泽东在中央政治局常委的座谈会上强调：统一战线建立后，主要危险是右倾机会主义，要注意在党内加强教育。⑤

9月1日，毛泽东在中央一级积极分子会议上作了《中日战争爆发后的形势与任务》的报告。提醒全党，是资产阶级追随无产阶级，还是无产阶级追随资产阶级，国民党吸引共产党，还是共产党吸引国民党，是抗日民族统一

---

① 《毛泽东选集》第二卷，人民出版社1991年版，第345页。
② 中共中央文献研究室等：《建党以来重要文献选编》第十四册，中央文献出版社2011年版，第417页。
③ 《毛泽东文集》第二卷，人民出版社1993年版，第1页。
④ 中共中央文献研究室编：《毛泽东年谱 1893—1949》中卷，中央文献出版社2013年版，第17—18页。
⑤ 中共中央文献研究室编：《毛泽东年谱 1893—1949》中卷，中央文献出版社2013年版，第18页。

战线中的重要问题。强调必须反对即将成为全党主要危险的右倾机会主义即投降主义。①

9月14日，鉴于湘鄂赣边区游击队负责人在谈判改编时接受国民党提出的由武汉行营派副职人员的要求等错误，毛泽东同张闻天致电秦邦宪、叶剑英、周恩来等，提出在"统一战线中，地方党容易陷入右倾机会主义，这已成为党的主要危险，请严密注意"②。

9月21日，毛泽东再次致电彭德怀指出："红军必须执行独立自主的山地游击战的战略方针"③，"今日红军在决战问题上不起任何决定作用，而有一种真正的拿手好戏，在这种拿手戏中一定能起决定作用，这就是真正独立自主的山地游击战（不是运动战）。"④

10月19日，毛泽东在《论鲁迅》中指出："目前的战局只是单纯政府与军队的抗战，没有广大的人民参与，这是绝对没有最后胜利的保障的，我们现在需要造就一大批为民族解放而斗争到底的先锋队，要他们去领导群众，组织群众，来完成这历史的任务。"⑤

11月11日，毛泽东针对国民党的统制政策指出，国民党自大主义依然十足，国危至此，还是统制政策不变，我们唯有坚持原则立场，逐步前进，最后冲破国民党的统制。⑥

毛泽东以上这些经验教训的总结、思考以及理论研究，为《上海太原失陷以后抗日民族革命战争的形势和任务》的报告奠定了基础。

---

① 中共中央文献研究室编：《毛泽东年谱 1893—1949》中卷，中央文献出版社2013年版，第19页。
② 中共中央文献研究室编：《毛泽东年谱 1893—1949》中卷，中央文献出版社2013年版，第22页。
③ 《中国共产党历史大事记（1919.5—1987.12）》，人民出版社1991年版，第111页。
④ 中共中央文献研究室等：《建党以来重要文献选编》第十四册，中央文献出版社2011年版，第523页。
⑤ 中共中央文献研究室等：《建党以来重要文献选编》第十四册，中央文献出版社2011年版，第591页。
⑥ 中共中央文献研究室编：《毛泽东年谱 1893—1949》中卷，中央文献出版社2013年版，第38页。

二、主旨、意义

1. 主旨

第一，强调只有全面抗战才能赢得抗日战争的胜利。

毛泽东在报告中说："我们主张全国人民总动员的完全的民族革命战争，或者叫作全面抗战。因为只有这种抗战，才是群众战争，才能达到保卫祖国的目的。"而"不要人民群众参加的单纯政府的片面抗战，是一定要失败的。因为它不是完全的民族革命战争，因为它不是群众战争"。"国民党主张的片面抗战，虽然也是民族战争，虽然也带着革命性，但其革命性很不完全。片面抗战是一定要引导战争趋于失败的，是决然不能保卫祖国的。"① 毛泽东希望国民党结束片面抗战，代以全面抗战，并指出这是国内大多数人的要求，且批评了国民党还没有下决心转变到全面抗战。② 毛泽东呼吁："从片面抗战转变到全面抗战的前途是存在的。争取这个前途，是一切中国共产党员、一切中国国民党的进步分子和一切中国人民的共同的迫切的任务"③。

第二，强调在共产党内在全国均须反对投降主义。

毛泽东在报告中比较多地谈了要反对共产党内的投降主义，指出："在卢沟桥事变以后，党内的主要危险倾向，已经不是'左'倾关门主义，而转变到右倾机会主义，即投降主义方面了。"④ 毛泽东指出：一方面是国民党宣传并希望"共产党投降"，"另一方面，共产党内理论水平的不平衡，许多党员的缺乏北伐战争时期两党合作的经验，党内小资产阶级成分的大量存在，一部分党员对过去艰苦斗争的生活不愿意继续的情绪，统一战线中迁就国民党的无原则倾向的存在，八路军中的新军阀主义倾向的发生，共产党参加国民党政权问题的发生，抗日民主根据地中的迁就倾向的发生，等等情况。由于上述两方面的严重的情况，必须尖锐地提出谁领导谁的问题，必须坚决地反对投降主义"⑤。毛泽东实际上指出了，在谁领导谁的问题上，必须

---

① 《毛泽东选集》第二卷，人民出版社1991年版，第387—388页。
② 《毛泽东选集》第二卷，人民出版社1991年版，第389页。
③ 《毛泽东选集》第二卷，人民出版社1991年版，第390页。
④ 《毛泽东选集》第二卷，人民出版社1991年版，第391页。
⑤ 《毛泽东选集》第二卷，人民出版社1991年版，第392页。

坚决地反对投降主义。即放弃无产阶级领导权，任由资产阶级来领导无产阶级，就是投降主义，必须坚决地反对。

毛泽东指出：共产党内的迁就倾向、投降主义，是阶级对阶级的投降主义，"它引导无产阶级去适合资产阶级的改良主义和不彻底性。不克服这个倾向，就不能进行胜利的抗日民族革命战争，就不能变片面抗战为全面抗战，就不能保卫祖国"[①]。指出："在抗日民族革命战争中，阶级投降主义实际上是民族投降主义的后备军，是援助右翼营垒而使战争失败的最恶劣的倾向。为了争取中华民族和劳动群众的解放，为了使反对民族投降主义的斗争坚决有力，必须反对共产党内部和无产阶级内部的阶级的投降倾向，要使这一斗争开展于各方面的工作中"[②]。

毛泽东指出：国内的投降主义，就是"民族对民族的投降主义，它引导中国去适合日本帝国主义的利益，使中国变为日本帝国主义的殖民地，使所有的中国人变为亡国奴。这个倾向在现时是发生于抗日民族统一战线的右翼集团中"。"我们的任务是坚决地反对民族投降主义，并且在这个斗争中，扩大和巩固左翼集团，争取中间集团的进步和转变"[③]。

第三，强调了共产党在抗日民族统一战线中，必须坚持独立自主的原则。

毛泽东指出：为了坚持抗战和争取最后胜利，必须坚持、扩大和巩固抗日民族统一战线，但同时，"在一切统一战线工作中必须密切地联系到独立自主的原则。我们和国民党及其他任何派别的统一战线，是在实行一定纲领这个基础上面的统一战线。离开了这个基础，就没有任何的统一战线，这样的合作就变成无原则的行动，就是投降主义的表现了。因此，'统一战线中的独立自主'这个原则的说明、实践和坚持，是把抗日民族革命战争引向胜利之途的中心一环"[④]。

毛泽东分析了抗战初期中国共产党的情况，指出：共产党及其领导的军队，在全国，一般地说来还是微弱的，全国工农基本群众还没有组织起来，这是我党在现时抗日民族革命战争中的最基本的弱点。不克服这个弱点，是

---

① 《毛泽东选集》第二卷，人民出版社1991年版，第395页。
② 《毛泽东选集》第二卷，人民出版社1991年版，第396页。
③ 《毛泽东选集》第二卷，人民出版社1991年版，第395—396页。
④ 《毛泽东选集》第二卷，人民出版社1991年版，第394页。

不能战胜日本帝国主义的。要达到这个目的，一定要实行"统一战线中的独立自主"这个原则，一定要克服投降主义或迁就主义。① 共产党如果不坚持独立自主，共产党及其领导的军队就不可能发展壮大，也不可能把群众组织、发动起来，中国也就不可能赢得抗日战争的胜利。

第四，提出改造国民党、改造政府和军队。

毛泽东强调："在完全的民族革命战争或全面抗战中，必须执行共产党提出的抗日救国十大纲领，必须有一个完全执行这个纲领的政府和军队。"这就需要改造政府和军队。怎么改造政府？毛泽东提出了应召集临时国民大会。怎么改造军队？毛泽东提出"建立新军和改造旧军。如能在半年到一年内建立二十五万到三十万具有新的政治精神的军队，则抗日战场上必能开始看到转机。这种新军将影响并团结一切旧军。这是抗日战争转入战略反攻的军事基础"。而改造政府和军队都需得到国民党的同意。怎样才能使国民党同意改造政府和军队？毛泽东提出"国民党有在其政治上组织上加以改造的必要"，"我们的任务是争取它实现这一改造，以便作为改造政府和改造军队的基础"。毛泽东指出，改造国民党，无疑须得到国民党中央的同意，我们只能提出建议。但建议是应该提的，同时，要用一切努力去扩大和巩固抗日民族统一战线的左翼集团，即共产党率领的群众，包括无产阶级、农民和城市小资产阶级群众。"这一任务的完成，是改造国民党、改造政府、改造军队的基本条件，是统一的民主共和国建立起来的基本条件，是变片面抗战为全面抗战的基本条件，是打倒日本帝国主义的基本条件。"② 毛泽东强调关键还是要把人民群众充分发动起来、组织起来。

2. 意义

（1）历史意义

《上海太原失陷以后抗日民族革命战争的形势和任务》是中国共产党建党以来，中国革命经验教训的总结，是全面抗战爆发后四个月的经验总结，初步阐述了国共合作的抗日民族统一战线建立后，如何打赢抗日战争的基本方针、原则，初步提出了中国共产党及其领导的军队在抗日战争中的基本任务。为纠正中共党内的右倾投降主义或迁就主义的错误，为中国共产党坚持

---

① 《毛泽东选集》第二卷，人民出版社1991年版，第394—395页。
② 《毛泽东选集》第二卷，人民出版社1991年版，第390—395页。

独立自主的原则，发挥了重大作用；为克服中国国内的民族投降主义，把片面抗战引导到全面抗战，发挥了重大作用。不仅为抗战时期中国共产党及其领导的军队的建设、发展指明了方向，也为抗战时期国民党的改造、政府改造、军队改造指明了方向，同时也就为抗日战争的胜利发展指明了方向。《上海太原失陷以后抗日民族革命战争的形势和任务》阐述了中国共产党正确处理统一战线中的各种关系的基本原则，为巩固和发展抗日民族统一战线奠定了理论基础，推动了抗日民族统一战线向正确的方向发展。这一切都为中国人民打赢抗日战争奠定了多方面的基础。

《上海太原失陷以后抗日民族革命战争的形势和任务》是马克思列宁主义统一战线思想理论与中国抗日战争实际相结合的产物，不仅有助于纠正中国抗日民族统一战线中的错误倾向、错误思想，也有助于纠正当时共产国际中关于统一战线的一些错误思想观点，并为其他国家发展统一战线提供了有益的借鉴。《上海太原失陷以后抗日民族革命战争的形势和任务》的影响是深远的。

《上海太原失陷以后抗日民族革命战争的形势和任务》中强调的"独立自主"，是中国共产党建党以来经验教训的结晶，成为中国化的马克思主义——毛泽东思想的活的灵魂的重要组成部分，这一原则和毛泽东思想的其他组成部分一起，不仅指引中国共产党领导中国人民取得了抗日战争的胜利，也指引中国共产党领导中国人民取得了解放战争的胜利，成功建立了中华人民共和国。

（2）现实意义

统一战线，是中国共产党领导中国人民取得新民主主义革命胜利的三大法宝之一；"独立自主"，是中国化的马克思主义——毛泽东思想的活的灵魂的重要组成部分，这些思想理论，不仅指引中国共产党领导中国人民取得了抗日战争的胜利，也指引中国共产党领导中国人民赢得了新民主主义革命的胜利，并且在社会主义革命、建设和改革的各个时期，在经济、政治、外交、科技、文化等各个领域，发挥着巨大的指导作用，推动着中国共产党领导的各项事业、各方面工作不断取得新成就，同时，这些思想理论又在不断发展。

2021年11月，中共十九届六中全会通过的《中共中央关于党的百年奋斗重大成就和历史经验的决议》（以下简称《决议》），把中国共产党百年奋斗的历史经验总结为十条，其中一条就是："坚持统一战线"。指出："建立最广泛的统一战线，是党克敌制胜的重要法宝，也是党执政兴国的重要法宝。党始终坚持大团结大联合，团结一切可以团结的力量，调动一切可以调动的积极因素，促进政党关系、民族关系、宗教关系、阶层关系、海内外同胞关系和谐，最大限度凝聚起共同奋斗的力量。只要我们不断巩固和发展各民族大团结、全国人民大团结、全体中华儿女大团结，铸牢中华民族共同体意识，形成海内外全体中华儿女心往一处想、劲往一处使的生动局面，就一定能够汇聚起实现中华民族伟大复兴的磅礴伟力"①。这是中国特色社会主义新时代，中国共产党统一战线思想的新发展，抗日战争时期、民主革命时期的革命统一战线，已发展成海内外全体中华儿女的统一战线。《决议》强调了，只要建立最广泛的统一战线，就一定能够汇聚起实现中华民族伟大复兴的磅礴伟力，中华民族一定能够以崭新的强大的面貌屹立于世界。统一战线这个法宝，已在中国共产党百年奋斗的历史中发挥了巨大作用，在中国共产党新的奋斗中，仍将发挥巨大作用。

《决议》总结的中国共产党百年奋斗的十条历史经验中，"坚持独立自主"，也是其中一条。指出："独立自主是中华民族精神之魂，是我们立党立国的重要原则。走自己的路，是党百年奋斗得出的历史结论。党历来坚持独立自主开拓前进道路，坚持把国家和民族发展放在自己力量的基点上，坚持中国的事情必须由中国人民自己作主张、自己来处理。人类历史上没有一个民族、一个国家可以通过依赖外部力量、照搬外国模式、跟在他人后面亦步亦趋实现强大和振兴。那样做的结果，不是必然遭遇失败，就是必然成为他人的附庸。只要我们坚持独立自主、自力更生，既虚心学习借鉴国外的有益经验，又坚定民族自尊心和自信心，不信邪、不怕压，就一定能够把中国发展进步的命运始终牢牢掌握在自己手中。"② 这是中国特色社会主义新时代，中国共产党独立自主思想的新发展，独立自主思想已由抗日战争时期的无产阶级的独立自主、中国共产党的独立自主发展到了国家、民族的独立自主。独立自主已成为立党立国的重要原则。《决议》强调了，只要坚持独立自主，中国发展进步的命运就会始终牢牢掌握在中国人民手中，中国、中华

---

① 《中共中央关于党的百年奋斗重大成就和历史经验的决议》，《人民日报》2021年11月17日。
② 《中共中央关于党的百年奋斗重大成就和历史经验的决议》，《人民日报》2021年11月17日。

民族就能不断发展进步，不断创造新的辉煌。独立自主，已在中国共产党百年奋斗的历史中发挥了巨大作用，在中国共产党新的奋斗中，仍将发挥巨大作用。

三、版本综述

《上海太原失陷以后抗日民族革命战争的形势与任务》最早收入1941年中共中央书记处编印的《六大以来》（上），后各大报纸、期刊纷纷转载，或者被收入不同的集子。中华人民共和国成立后，改题为《上海太原失陷以后抗日战争的形势和任务》，收入人民出版社1952年3月出版的《毛泽东选集》第二卷。人民出版社还出版发行了该文的单行本。其中中文版本至少有60多种。

（一）1949年10月以前版本

中共中央书记处1941年编印《六大以来》（上）；中共中央书记处1941年编印《六大以来选集》（上）；中共中央书记处1943年编印《两条路线》（下）；中共中央晋察冀分局1944年编印《抗战以来党的路线研究参考资料》；中共中央山东分局1944年编印《党的路线问题选集》第一册；中共中央北方局1944年编印《抗战以来选集》[①]第1辑；光明出版社1945年4月翻印《党的政策选集》；中共中央党校教务处1945年印《党的政策选集》；中共冀晋区党委1945年编印《边区统一战线问题参考资料》；中共晋察区党委1945年编印《关于统一战线学习文件》；东北书店1948年版《毛泽东选集》卷三；中共晋冀鲁豫中央局1948年编印《毛泽东选集》（上册）；等等。

（二）1949年10月以后版本

1. 中文版本

人民出版社1952年3月《毛泽东选集》第二卷第一版；人民出版社1952年版《上海太原失陷以后抗日战争的形势和任务》；人民出版社1952年8

[①] 蒋建农等：《毛泽东著作版本编年纪事》（一册）（湖南人民出版社2013年第2版）第281页提到："中共中央北方局1944年编印的《抗战以前选集》"，书名误，应为《抗战以来选集》。

月《毛泽东选集》第二卷第二版；人民出版社1953年版《上海太原失陷以后抗日战争的形势和任务》；中国人民志愿军参谋学校1955年印《毛泽东选集》第二卷；人民出版社1955年版《上海太原失陷以后抗日战争的形势和任务》；人民出版社1960年版《上海太原失陷以后抗日战争的形势和任务》；吉林人民出版社1960年版《上海太原失陷以后抗日战争的形势和任务》；上海人民出版社1964年版《毛泽东选集》（一卷本）；人民出版社1964年版《毛泽东选集》第二卷（线装本）；人民出版社1964年版《毛泽东选集》（一卷本）；人民出版社1964年版《毛泽东选集》第二卷；人民出版社1965年版《毛泽东选集》第二卷（线装本缩小版）；人民出版社1966年3月版《毛泽东选集》（一卷本、竖排本）；人民出版社1966年7月版《毛泽东选集》（一卷本、横排本）；中国人民解放军战士出版社1966年版《毛泽东选集》第二卷（横排本）；中国人民解放军战士出版社1966年版《毛泽东选集》（一卷本、横排本）；人民出版社1967年版《毛泽东选集》第二卷；人民出版社1967年版《毛泽东选集》（一卷本、横排本）；人民出版社1967年版《毛泽东选集》（袖珍一卷本）；中国人民解放军战士出版社1967年版《毛泽东选集》（袖珍一卷本）；中国人民解放军战士出版社1967年版《毛泽东选集》（一卷本）；中国人民解放军战士出版社1968年版《毛泽东选集》（一卷本）；中国人民解放军战士出版社1968年版《毛泽东选集》（袖珍一卷本）；香港三联书店1968年版《毛泽东选集》（一卷本）；中国人民解放军通信兵政治部1968年印《毛泽东选集》（一卷本）（根据人民出版社纸型翻印）；中国科学院革命委员会1968年印《毛泽东选集》（一卷本）（根据人民出版社纸型翻印）；人民出版社1969年版《毛泽东选集》（袖珍一卷本）；人民出版社1969年版《毛泽东选集》第二卷（16开横排大字本）；人民出版社1969年版《毛泽东选集》第二卷（25开横排大字本）；国防工业出版社1969年版《毛泽东选集》（袖珍一卷本）；人民出版社1975年版《上海太原失陷以后抗日战争的形势和任务》；江苏人民出版社1975年版《上海太原失陷以后抗日战争的形势和任务》（根据人民出版社1975年版重印）；中国人民解放军测绘学院政治部政教室1980年编印《中共党史学习资料》；人民出版社1991年版《毛泽东选集》第二卷（平装本）；人民出版社1991年版《毛泽东选集》第二卷（精装本）；人民出版社1991年版《毛泽东选集》第二卷（16开精装本）；中共中央党校出版社1992年版《中共党史文献选编 新民主主义革命时期》；中国档案出版社1995年版《中国共产党抗日文件选编》；人民出版社1998年版《毛泽东选集》第二卷（典藏本）；线装书局1998年版《毛泽东选集》第二卷（16开线装本）；西苑出版社2001年版《毛泽东选集手抄本》第二卷（16开精装本）；线装书局2011年版《毛泽东选集》第二卷（线装本）；润东出版社2013年版《毛泽东全集》第11卷。

还有一些节录版，如：南开大学历史系1958年编印《毛泽东论历史科学》（节录）；中国人民大学新闻系1958年编印《毛泽东论宣传》（节录）；世界知识出版社1959年版《毛泽东同志国际问题言论选录》（节录）；群众出版社1960年版《毛泽东同志论无产阶级专政和肃反工作》（节录）；首都红代会中央民族学院东方红公社宣传部等1967年编印《毛主席论民族问题》（节录）；《近代中国史稿》编写组1974年编印《马克思主义经典作家论中国近代史》（节录）；华中师范学院历史系中国近代史教研室编印《毛主席论中国近代史》（节录）；郑州大学政治历史系等1974年编印《马克思 恩格斯 列宁 斯大林 毛主席关于反对修正主义反对投降主义的部分论述》（节录）；福建师范大学图书馆等1975年编印《使人民都知道投降派（〈水浒〉评论资料汇编）》（节录）；广西师院中文系资料室1975年编印《〈水浒〉评论资料选辑》（节录）；上海师大教育革命组1975年编印《〈水浒〉评论专辑》（节录）；南京大学历史系1976年编印《马克思主义经典作家关于中国史的论述》（节录）；山东大学中文系1976年编印《鲁迅〈故事新编〉学习参考资料汇编》（节录）；浙江大学政工组资料室1976年编印《重视反对投降派的斗争》（节录）；中共湘西土家族苗族自治州委宣传部1976年编印《学习文选：把反击右倾翻案风的斗争进行到底》（节录）；任涛等主编，中国文史出版社1988年版《毛泽东论统一战线》（节录）；冯文彬等主编，山西人民出版社1991年版《中国共产党建设全书（1921—1991）》第1卷《党的光辉历程》（节录）；何竹康主编，吉林教育出版社1993年版《毛泽东思想集粹》（节录）；巢峰主编，上海辞书出版社1993年版《毛泽东思想大辞典》（节录）；袁永松主编，红旗出版社1997年版《伟人毛泽东》下（节录）；《中国共产党指导思想文库》编委会编，中国经济出版社1998年版《中国共产党指导思想文库》（节录）；高敬增等主编，华文出版社2002年版《经典作家统一战线理论》（节录）；中共中央文献研究室编，中央文献出版社2003年版《毛泽东著作专题摘编》上（节录）；汲广运等著，山东人民出版社2014年版《马克思主义群众观研究》（节录）；等等。

2. 其他版本

少数民族文版有维吾尔文、朝鲜文、蒙古文等6种，外文版有阿拉伯文、日文、英文、法文、印尼文、俄文、德文、越南文、西班牙文、乌尔都文、斯瓦希里文、世界语等。此外还有盲文版1种。

3. 版本项不详的版本

中共中央直属机关修建办事处印《中国革命问题学习材料》；太行区党委党校印《历史文献》；《中共中央及其负责同志有关抗日战争之重要文件汇集》等。

四、研究综述

（一）版本的介绍

如：施金炎主编《毛泽东著作版本述录与考订》（海南国际新闻出版中心1995年版）指出：《上海太原失陷以后抗日民族革命战争的形势与任务》曾收入中共中央书记处编印的《六大以来》（上）和《两条路线》（下）、中共中央晋察冀分局编印的《抗战以来党的路线研究参考材料》、中共中央党校编印的《党的政策》、中共中央山东分局编印的《党的路线问题选集》、中共中央北方局编印的《抗战以来选集》、中共冀晋区党委编印的《边区统一战线问题参考资料》，东北书店、中共晋冀鲁豫中央局出版的《毛泽东选集》等10余种书籍资料中。以上版本的题目均为《上海太原失陷以后抗日民族革命战争的形势与任务》。中华人民共和国成立后，收入人民出版社1952年3月版的《毛泽东选集》第二卷时，题目改为《上海太原失陷以后抗日战争的形势和任务》，文内的小标题有所变动。1991年《毛泽东选集》再版时未作改动。该文的单行本有30多种版本。其中有汉文版7种，少数民族文版6种，外文版20多种，盲文版1种。

柏钦水主编《毛泽东著作版本鉴赏》（山东人民出版社2009年版）收录1种汉文单行本、1种少数民族文字单行本（维吾尔文）、1种外文单行本（法文）图录。

蒋建农等《毛泽东著作版本编年纪事》（一册）（湖南人民出版社2013年第2版）对《上海太原失陷以后抗日民族革命战争的形势和任务》做了部分版本介绍，也对内容做了基本介绍；书中指出《上海太原失陷以后抗日民族革命战争的形势和任务》单行本有30余种，其中有汉文版7种，少数民族文版6种，外文版20多种，另有盲文版1种。

部分关于毛泽东著作的辞典、书典、目录书也提到了一些《上海太原失陷以后抗日民族革命战争的形势与任务》的版本。如乔明甫等主编《中国共产党建设大辞典》（四川人民出版社1991年版），何平主编《毛泽东大辞典》（中国国际广播出版社1992年版），袁竞主编《毛泽东著作大辞典》（中国国际广播出版社1991年版），王进等主编《毛泽东大辞典》（广西人民出版社等1992年版），张惠芝等主编《毛泽东生平著作研究目录大全》（河北教育出版社1993年版），廖盖隆等主编《毛泽东百科全书》（光明日报出报社1993年版，2003年修订版），方舟等主编《毛泽东图书辞典》（华文出版社1993年12月版），刘跃进《毛泽东著作版本导论》（北京燕山出版社1999年版），何明星编《中华人民共和国外文图书出版发行编年史（1949—1979）》下（学习出版社2013年版），等等。

（二）版本的校勘、研究

中央文献研究室科研部图书馆编《毛泽东著作是怎样编辑出版的》（中国青年出版社2003年12月版）对《上海太原失陷以后抗日战争的形势和任务》一文进行校订，文中指出："《上海太原失陷以后抗日战争的形势和任务》的题解中说直到一九三八年十月党的六届六中全会才在基本上克服了这种右的偏向。"将中共六届六中全会召开的时间写为"一九三八年十月"是不够准确的。中共六届六中全会召开的时间是1938年9月29日至11月6日。因此，将题解中的"一九三八年十月"修订为"一九三八年九月至十一月召开的"。

中共中央文献研究室注释组《〈上海太原失陷以后抗日战争的形势和任务〉注释校订——〈毛泽东选集〉1—4卷注释校订初稿连载（十六）》

（《党的文献》1988年第4期），在文中对《上海太原失陷以后抗日民族革命战争的形势和任务》的注释校订进行详细阐述。这部分注释校订的内容后收入中共中央文献研究室《毛泽东选集一至四卷注释校订本》（中央文献出版社1991年版），这是一本关于毛泽东著作版本校勘、研究的著作。

日本《毛泽东集》《毛泽东集补卷》没有收入《上海太原失陷以后抗日战争的形势和任务》。

（三）背景、内容、意义等研究

1. 论文

严奉阳《胜利的形势下要警惕投降派——学习〈上海太原失陷以后抗日战争的形势和任务〉》［《湖南师院学报》（社会科学版）1976年第1期］指出《上海太原失陷以后抗日民族革命战争的形势与任务》一文精辟分析了抗日战争爆发以后的形势，从政治上、思想上、组织上和军事上为我们党指明了正确的方向。它是我们党坚持无产阶级领导权，坚持马克思列宁主义的正确路线，反对修正主义、反对投降主义的锐利武器。

王瑞清等《浅谈抗战初期我军政治委员制度的取消与恢复》（《党史研究资料》1981年第3期）指出：取消政治委员制度，是党坚持原则性和灵活性相结合的正确运用，而不是右倾机会主义倾向的表现；八路军中出现的新军阀主义现象，是国共合作新的历史条件下的产物，它和取消政治委员制度并无因果关系；政治委员制度的恢复，是斗争形势发展和新的历史条件下党的决策，而不是对右倾机会主义倾向斗争的结果。

马玉《既要反对左倾关门主义，又要反对右倾投降主义——学习〈上海太原失陷以后抗日战争的形势和任务〉的体会》（《学理论》1982年第5期）对毛主席反对阶级投降主义和民族投降主义的思想进行概述，指出《上海太原失陷以后抗日民族革命战争的形势和任务》给我们的3点启示：（1）坚持反对阶级投降主义，永远保持工人阶级及其政党的先进性。（2）坚持反对民族投降主义，永远保持社会主义国家的独立性。（3）反对民族投降主义，必须反对阶级投降主义。

郑福林《坚持斗争，纯洁党性——读毛泽东同志的〈上海太原失陷以后抗日战争的形势和任务〉》（《新长征》1982年第6期）认为毛泽东同志针对当时的历史情况强调的基本立场、观点，在今天仍然是适用的，应当很好地坚持。如在政治上，必须坚持国家的独立自主原则；在经济上，既要照顾同盟者的利益，又必须保证国家得到最大的经济效益；在思想上，要进行反腐防变的斗争。

杨祖培《抗战初期反对右倾投降主义的斗争——简介〈上海太原失陷以后抗日战争的形势和任务〉一文》（《实践》1982年第5期）指出，《上海太原失陷以后抗日战争的形势和任务》一文虽然是反对那时党内右倾投降主义倾向的，但在今天开展反对资本主义思想腐蚀的斗争中重读它，对于吸取历史教训，保持党的纯洁性，警惕被糖弹击中，还是十分必要和有益的。

此外，还有一些文章论述了《上海太原失陷以后抗日战争的形势和任务》的背景、内容及意义，如：明学《中国共产党是中国革命的中流砥柱》（《江西日报》1972年9月12日）、程贤敏《必须坚持反对投降主义——学习〈上海太原失陷以后抗日战争的形势和任务〉的体会》[《四川大学学报》（哲学社会科学版）1975年第4期]、向前研《学习革命理论批判投降主义》（《光明日报》1975年11月7日第2版）、武夷鹰《把反对投降派的斗争进行到底》（《江西日报》1975年11月24日）、南阳齿轮厂工人理论组《必须坚决地反对投降主义》（《河南日报》1975年11月29日第3版）、丁柏铨《必须坚决地反对投降主义——学习〈上海太原失陷以后抗日战争的形势和任务〉的一点体会》（《工农兵评论》1975年第11期）、吴耀《弄清宋江投降主义的实质——学习〈上海太原失陷以后抗日战争的形势和任务〉的一点体会》（《济南日报》1976年2月4日）、李鸿烈《学习反对投降主义的历史经验——读〈上海太原失陷以后抗日战争的形势和任务〉》（《湖北日报》1982年4月22日）、王益和《要开展反对腐化变质的斗争——重温〈上海太原失陷以后抗日战争的形势和任务〉》（《宁夏日报》1982年5月7日）、杨柯《保持共产党员共产主义的纯洁性——重读〈上海太原失陷以后抗日战争的形势和任务〉》（《河北日报》1982年5月26日）、郑福林《做坚定的马克思主义者——学习〈上海太原失陷以后抗日战争的形势和任务〉》（《吉林日报》1982年7月21日）、毛健人《抗日民族统一战线中独立自主原则的提出、运用和发展》（《南京理工大学学报》1985年第2期）、贺秉元和方剑桥《第二次国共合作的形成与历史经验的昭示》（《宁波大学学报》1988年第

1期）、李彦宏《论中国共产党关于坚持抗日民族统一战线中的独立自主思想》[《湘潭师范学院学报》（社会科学版）1998年第5期]、卢永明《试论抗日民族统一战线中的独立自主原则》（《内蒙古统战理论研究》1999年第3期）、阴燕云《浅论毛泽东关于统一战线领导权的理论》（《佳木斯大学社会科学学报》2000年第3期）、金伯文《〈论持久战〉在中共抗日根据地的阅读与接受》（《抗日战争研究》2019年第3期）、张喜德《延安时期毛泽东抗日民族统一战线独立自主原则的确立及其历史意义》（《湖南第一师范学院学报》2019年第3期）、巩青春《抗日战争时期毛泽东独立自主思想及其当代意义》（《中学政治教学参考》2020年第41期）、郑丽茹《抗日民族统一战线中的独立自主原则研究》（《大经贸》2020年第3期）、孔宪峰等《毛泽东独立自主思想的话语体系与精神实质》（《学术探索》2021年第6期）、宋玉蓉等《毛泽东把握全局的艺术——以推动建立抗日民族统一战线为例》（《探求》2021年第6期）、万秀丽等《新时代视域下毛泽东统一战线思想的实践经验及现实启示》（《攀登》2022年第41期），等等。

2. 图书

张喜德《中共对国民党政策的三次转变与共产国际》（中共中央党校出版社2000年版）总结出毛泽东的这篇报告着重从4个方面阐述了在抗日民族统一战线中坚持独立自主原则的必要性：一是反对阶级投降主义和民族投降主义的需要；二是成功的经验证明；三是维护统一战线的需要；四是壮大中共力量的需要。

江苏省中共党史学会编《江苏省中共党史论丛》（中共党史出版社2006年版）收入贾振宇等《浅析中共在抗战中的思想政治工作》，分析了毛泽东为什么在这个时候提出谁领导谁的关键问题。一方面，是由于国民党实力上的优势和对共产党斗争策略的变化；另一方面，关键在于中共自身。由于中共内理论水平不平衡，许多党员缺乏第一次国共合作的经验，加上党内大量小资产阶级成分的存在，在红军改编为八路军后，出现了某些人不愿意完全接受共产党的领导，以受国民党委任为荣耀等新军阀主义倾向；有的部队一度取消了政治委员制度，把政治部改为政训处，甚至接受国民党派来的干部，对共产党员参加国民党政权的问题也出现右倾主张；红军游击队闽粤边负责人何鸣，在同国民党谈成协议后，却没有对蒋介石的阴谋给予高度警惕，导致所率千余名游击队员被国民党包围缴械；在抗日根据地，有的产生了议会倾向，有些人主张把革命根据地内代表会议的政权制度改变为资产阶级国家的议会制度；在国民党统治区，在统一战线工作中产生了迁就国民党的无原则倾向等。以上种种思想和倾向不克服，就不能进行胜利的抗日民族革命战争，打败日本帝国主义。

此外还有，史锋编《反对王明投降主义的斗争》（上海人民出版社1976年第4版）、滕锡尧等《基层思想政治工作概论》（山东人民出版社1986年版）、寿孝鹤等主编《中华人民共和国资料手册》（社会科学文献出版社1986年版）、冯雷等《新版毛泽东选集学习辞典》（大连出版社1991年版）、尚海等《民国史大辞典》（中国广播电视出版社1991年版）、袁竞《毛泽东著作大辞典》（中国国际广播出版社1991年版）、焦根强等主编《毛泽东著作辞典》（中国政法大学出版社1991年版）、《中国统一战线辞典》编委会《中国统一战线辞典》（中共党史出版社1992年版）、何平主编《毛泽东大辞典》（中国国际广播出版社1992年版）、李文林等《毛泽东研究著作提要》（中国和世界出版公司1993年版）、张惠芝等《毛泽东生平著作研究目录大全》（河北教育出版社1993年版）、廖盖隆等主编《毛泽东百科全书》（光明日报出报社1993年版，2003年修订版）、萧少秋《延安时期毛泽东著述提要》（陕西人民教育出版社1993年版）、任涛《中国统一战线全书》（国际文化出版公司1993年版）、张跃铭《第二次世界大战通鉴》（天津人民出版社1995年版）、张静如主编《毛泽东研究全书》卷二（长春出版社1998年版）、柴宇球《毛泽东大智谋》下（中国档案出版社1998年版）、丁文等《中国通史》第8卷（天津古籍出版社2000年版）、齐豫生《中国全史》第5卷（吉林摄影出版社2002年版）、刘益涛《中流砥柱——抗战中的毛泽东》（中央文献出版社2005年版）、陶郎《上下五千年》第3卷（吉林大学出版社2009年版）、中共中央党史研究室《中国共产党历史》第1卷下（中共党史出版社2010年版）、冯世斌《1928—1949河北省大事记》（河北人民出版社2012年版）、何明星《中华人民共和国外文图书出版发行编年史（1949—1979）》下（学习出版社2013年版）、张万禄《毛泽东的道路（1893—1949）》下（陕西人民出版社2017年版）、杨茂林《山西抗战纪事》一卷（商务印书馆2017年版）、毛泽东思想生平研究会编《毛泽东与抗日战争研究文集》下（中央文献出版社2017年版）、杨建中《山西抗日战争史》（三晋出版社2017年版）、中共中央统战部《中国共产党统一战线史》（华文出版社2017年版）、马春玲《中国共产党独立自主思想研究》（中央编译出版社2019年版），等等。

综上所述，关于《上海太原失陷以后抗日战争的形势和任务》的研究成果不少，但关于其版本研究的成果很少，特别是关于毛泽东修改此文的深入研究、分析的成果还没有。《上海太原失陷以后抗日战争的形势和任务》版本研究的空间还很大。

本文将对毛泽东《上海太原失陷以后抗日战争的形势和任务》一文的版本情况进行全面考察研究，并实事求是地深入研究毛泽东修改此文的情况及原因。

五、校勘与分析

（一）1949年10月以前版本校勘与分析

《上海太原失陷以后抗日战争的形势和任务》1949年10月以前的各种版本，大多数文本以中共中央书记处1941年编印的《六大以来选集》（上）版（以下简称"1941年版"）为底本，各版本之间差别较小。

1. 晋察冀日报社1946年《党的政策选集》版与中共中央书记处1941年编印《六大以来选集》（上）版异同

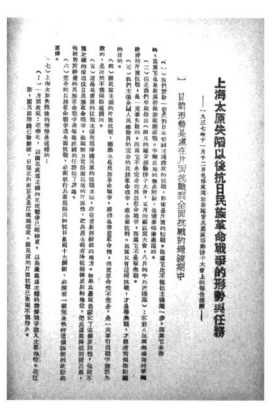

中共中央书记处1941年编印《六大以来选集》（上）版书影

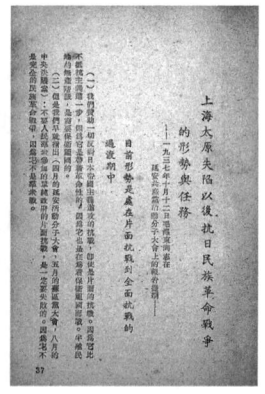

晋察冀日报社1946年《党的政策选集》版书影

晋察冀日报社1946年版《党的政策选集》收入了《上海太原失陷以后抗日民族革命战争的形势与任务》（以下简称"1946年版"），与1941年版相校，标点符号和文字略有不同。

（1）标点符号变动

标点符号的增删与修改有7处，如：

1941年版："国民党有在其政治上组织上加以改造的必要，"①，1946年版："国民党有在其政治上、组织上加以改造的必要，"②。

1941年版："我们的任务是争取其实现这一改造以便作为改造，政府与改造军队的基础。"③这里的断句有误。1946年版："我们的任务是争取其实现这一改造以便作为改造政府与改造军队的基础。"④这里不断句，没有错误。

1941年版："党内主要的危险倾向是左倾机会主义，"⑤，1946年版："党内主要的危险倾向是『左』倾机会主义，"⑥。

1941年版："党内主要的危险倾向，已经不是左倾关门主义，"⑦，1946年版："党内主要的危险倾向，已经不是『左』倾关门主义，"⑧。

---

① 《六大以来选集》（上），中共中央书记处1941年编印，第390页。
② 《党的政策选集》，晋察冀日报社1946年版，第40页。
③ 《六大以来选集》（上），中共中央书记处1941年编印，第390页。
④ 《党的政策选集》，晋察冀日报社1946年版，第40页。
⑤ 《六大以来选集》（上），中共中央书记处1941年编印，第390页。
⑥ 《党的政策选集》，晋察冀日报社1946年版，第41页。
⑦ 《六大以来选集》（上），中共中央书记处1941年编印，第390页。
⑧ 《党的政策选集》，晋察冀日报社1946年版，第42页。

1941年版："左倾关门主义仍然要防止。"① 1946年版："『左』倾关门主义仍然要防止。"②

1941年版："抗日民族统一战线的中央集团是民族资产阶级及上层小资产阶级。"③ 1946年版："抗日民族统一战线的中央集团，是民族资产阶级及上层小资产阶级。"④

1941年版："抗日民族统一战线的右翼集团是大地主与大资产阶级，这是民族投降主义的大本营。"⑤ 1946年版："抗日民族统一战线的右翼集团是大地主与大资产阶级，这是民族投降主义的大本营，"⑥。

（2）不改变文义的文字变动

1941年版："存在着原则纷歧的地方。"⑦ 1946年版："存在着原则分歧的地方，"⑧。"纷"改"分"，不改变文义。

1941年版："如果把这些因素好好地组织起来，不但将克服投降与分裂的因素，"⑨，1946年版："如果把这些因素好好的组织起来，不但将克服投降与分裂的因素，"⑩。"地"改"的"，不改变文义。

1941年版："某些革命小资产份子政治上的投降举动（章乃器为代表），等等情况。"⑪ 1946年版："某些革命小资产分子政治上的投降举动（章乃器为代表），等等情况。"⑫ "份"改"分"，不改变文义。1941年版中的"份"，1946年版中大部分改为了"分"。再如，1941年版："党内小资产阶级成份的大量存在，"⑬，1946年版："党内小资产阶级成分的大量存在，"⑭。1941年版："这种倾向表现在红军改编后某些个别份子不愿意严格

---

① 《六大以来选集》（上），中共中央书记处1941年编印，第392页。
② 《党的政策选集》，晋察冀日报社1946年版，第44页。
③ 《六大以来选集》（上），中共中央书记处1941年编印，第392页。
④ 《党的政策选集》，晋察冀日报社1946年版，第46页。
⑤ 《六大以来选集》（上），中共中央书记处1941年编印，第393页。
⑥ 《党的政策选集》，晋察冀日报社1946年版，第46页。
⑦ 《六大以来选集》（上），中共中央书记处1941年编印，第388页。
⑧ 《党的政策选集》，晋察冀日报社1946年版，第38页。
⑨ 《六大以来选集》（上），中共中央书记处1941年编印，第389页。
⑩ 《党的政策选集》，晋察冀日报社1946年版，第40页。
⑪ 《六大以来选集》（上），中共中央书记处1941年编印，第391页。
⑫ 《党的政策选集》，晋察冀日报社1946年版，第42页。
⑬ 《六大以来选集》（上），中共中央书记处1941年编印，第391页。
⑭ 《党的政策选集》，晋察冀日报社1946年版，第42页。

受共产党的领导，"①，1946年版："这种倾向表现在红军改编后某些个别分子不愿意严格受共产党的领导，"②。1941年版："由上海各大报所代表的成份是左倾了，"③，1946年版："由上海各大报所代表的成分是左倾了，"④。1941年版："仅仅个别有特殊情况的份子是坚决的。"⑤ 1946年版："仅仅个别有特殊情况的分子是坚决的。"⑥ 1941年版："目前大地主与大资产阶级中的许多最坏的份子，"⑦，1946年版："目前大地主与大资产阶级中的许多最坏的分子，"⑧。等等。

（3）补缺字

1941年版："因为它比不抵抗主义进一步，因为它是带□□□□的，因为它也是在为着保卫祖国而战。"⑨ 缺了四个字。1946年版："因为它比不抵抗主义进一步，因为它是带着革命性的，因为它也是在为着保卫祖国而战。"⑩ 补了缺字。

2. 东北书店1948年《毛泽东选集》卷三版与中共中央书记处1941年编印《六大以来选集》（上）版异同

 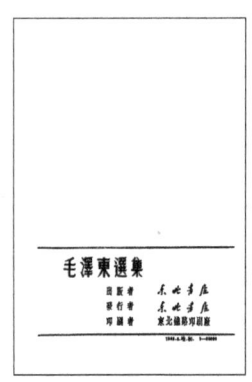 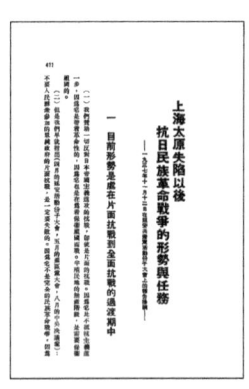

东北书店1948年《毛泽东选集》卷三版书影

---

① 《六大以来选集》（上），中共中央书记处1941年编印，第391页。
② 《党的政策选集》，晋察冀日报社1946年版，第43页。
③ 《六大以来选集》（上），中共中央书记处1941年编印，第392页。
④ 《党的政策选集》，晋察冀日报社1946年版，第46页。
⑤ 《六大以来选集》（上），中共中央书记处1941年编印，第393页。
⑥ 《党的政策选集》，晋察冀日报社1946年版，第46页。
⑦ 《六大以来选集》（上），中共中央书记处1941年编印，第393页。
⑧ 《党的政策选集》，晋察冀日报社1946年版，第46页。
⑨ 《六大以来选集》（上），中共中央书记处1941年编印，第388页。
⑩ 《党的政策选集》，晋察冀日报社1946年版，第37页。

东北书店1948年5月版《毛泽东选集》卷三收入了《上海太原失陷以后抗日民族革命战争的形势与任务》（以下简称"东北书店1948年版"），与1941年版相校，标点和文字略有不同。

（1）标点符号变动

1941年版："我们的任务是争取其实现这一改造以便作为改造，政府与改造军队的基础。"①这里的断句有误。东北书店1948年版："我们的任务是争取其实现这一改造以便作为改造政府与改造军队的基础。"②这里不断句，没有错误。

1941年版："我们提出了召集临时国民大会的方针，这也是必要与可能的。"③东北书店1948年版："我们提出了召集临时国民大会的方针，这也是必要与可能的，"④。

（2）不改变文义的文字变动

1941年版："存在着原则纷歧的地方。"⑤东北书店1948年版："存在着原则分歧的地方，"⑥。"纷"改"分"，不改变文义。

1941年版："英美法等国政府站在它们自己帝国主义利益上的援助中国，"⑦，东北书店1948年版："英美法等国政府站在他们自己帝国主义利益上的援助中国，"⑧。"它们"改"他们"，不改变文义。

（3）补缺字

1941年版："因为它比不抵抗主义进一步，因为它是带□□□□的，因为它也是在为着保卫祖国而战。"⑨缺了四个字。东北书店1948年版："因为它比不抵抗主义进一步，因为它是带着革命性的，因为它也是在为着保卫祖国而战。"⑩补了缺字。

---

① 《六大以来选集》（上），中共中央书记处1941年编印，第390页。
② 《毛泽东选集》卷三，东北书店1948年版，第414页。
③ 《六大以来选集》（上），中共中央书记处1941年编印，第390页。
④ 《毛泽东选集》卷三，东北书店1948年版，第414页。
⑤ 《六大以来选集》（上），中共中央书记处1941年编印，第388页。
⑥ 《毛泽东选集》卷三，东北书店1948年版，第412页。
⑦ 《六大以来选集》（上），中共中央书记处1941年编印，第389页。
⑧ 《毛泽东选集》卷三，东北书店1948年版，第412页。
⑨ 《六大以来选集》（上），中共中央书记处1941年编印，第388页。
⑩ 《毛泽东选集》卷三，东北书店1948年版，第411页。

3. 中共晋冀鲁豫中央局1948年编印《毛泽东选集》（上册）版与中共中央书记处1941年编印《六大以来选集》（上）版异同

 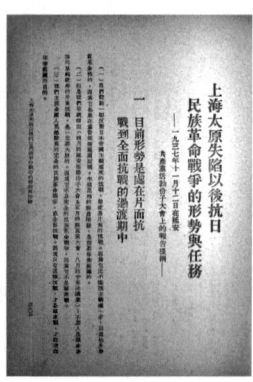

中共晋冀鲁豫中央局1948年编印《毛泽东选集》（上册）版书影

中共晋冀鲁豫中央局1948年5月编印《毛泽东选集》（上册）收入了《上海太原失陷以后抗日民族革命战争的形势与任务》（以下简称"1948年版"），与1941年版相校，标点、文字略有不同。

（1）标点符号变动

1941年版："我们的任务是争取其实现这一改造以便作为改造，政府与改造军队的基础。"① 这里的断句有误。晋冀鲁豫1948年版："我们的任务是争取其实现这一改造以便作为改造政府与改造军队的基础。"② 这里不断句，没有错误。

1941年版："在这斗争中扩大与巩固左翼集团，争取中央集团的进步与转变。"③ 晋冀鲁豫1948年版："在这斗争中扩大与巩固左翼集团争取中央集团的进步与转变。"④

1941年版："在抗日民族革命战争中，"⑤，晋冀鲁豫1948年版："在抗日民族革命战争中。"⑥

---

① 《六大以来选集》（上），中共中央书记处1941年编印，第390页。
② 《毛泽东选集》（上册），中共晋冀鲁豫中央局1948年编印，第398页。
③ 《六大以来选集》（上），中共中央书记处1941年编印，第393页。
④ 《毛泽东选集》（上册），中共晋冀鲁豫中央局1948年编印，第403页。
⑤ 《六大以来选集》（上），中共中央书记处1941年编印，第393页。
⑥ 《毛泽东选集》（上册），中共晋冀鲁豫中央局1948年编印，第403页。

（2）不改变文义的文字变动

1941年版："存在着原则纷歧的地方"①，晋冀鲁豫1948年版："存在着原则分歧的地方"②。"纷"改"分"，不改变文义。

1941年版："已经不是左倾关门主义，而转变到右倾机会主义，"③，晋冀鲁豫1948年版："已经不是左倾关门主义，而是转变到右倾机会主义，"④。增"是"，不改变文义。

1941年版："在当前具体的政治任务中，"⑤，晋冀鲁豫1948年版："在当前具体政治任务中，"⑥。删"的"，不改变文义。

（3）副标题修改

1941年版："一九三七年十一月十二日毛泽东同志在延安共产党活动份子大会上的报告提纲"⑦，晋冀鲁豫1948年版："一九三七年十一月十二日在延安共产党活动份子大会上的报告提纲"⑧。删"毛泽东同志"。

（4）补缺字

1941年版："因为它比不抵抗主义进一步，因为它是带□□□□的，因为它也是在为着保卫祖国而战。"⑨ 缺了四个字。晋冀鲁豫1948年版："因为它比不抵抗主义进一步，因为它是带着革命性的，因为它也是在为着保卫祖国而战。"⑩ 补了缺字。

（二）1949年10月以后版本校勘与分析

1950年5月，中共中央毛泽东选集出版委员会成立，毛泽东亲自参与了《毛泽东选集》的编辑，亲自修改、审定每一篇论著。《上海太原失陷以后抗日民族革命战争的形势与任务》经过毛泽东修改，改题《上海太原失陷

---

① 《六大以来选集》（上），中共中央书记处1941年编印，第388页。
② 《毛泽东选集》（上册），中共晋冀鲁豫中央局1948年编印，第396页。
③ 《六大以来选集》（上），中共中央书记处1941年编印，第390页。
④ 《毛泽东选集》（上册），中共晋冀鲁豫中央局1948年编印，第399页。
⑤ 《六大以来选集》（上），中共中央书记处1941年编印，第390页。
⑥ 《毛泽东选集》（上册），中共晋冀鲁豫中央局1948年编印，第399页。
⑦ 《六大以来选集》（上），中共中央书记处1941年编印，第388页。
⑧ 《毛泽东选集》（上册），中共晋冀鲁豫中央局1948年编印，第395页。
⑨ 《六大以来选集》（上），中共中央书记处1941年编印，第388页。
⑩ 《毛泽东选集》（上册），中共晋冀鲁豫中央局1948年编印，第395页。

以后抗日战争的形势和任务》，收入人民出版社 1952 年3月出版的第一版《毛泽东选集》第二卷（以下简称"1952年《毛选》版"）。这个版本较1941年12月中共中央书记处编印的《六大以来选集》（上）版有较大修改（详下）。但此后本著作各种版本，除繁简字体、横竖版式、个别文字、注释略有不同外，基本文字都与1952年《毛选》版相同。

1. 人民出版社1966年7月《毛泽东选集》第二卷版和人民出版社1952年《毛泽东选集》第二卷版异同

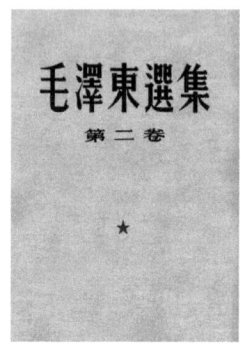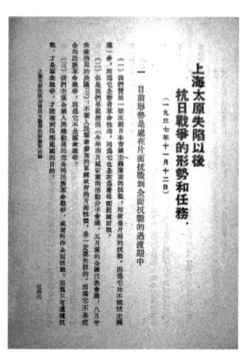

人民出版社1952年《毛泽东选集》第二卷版书影

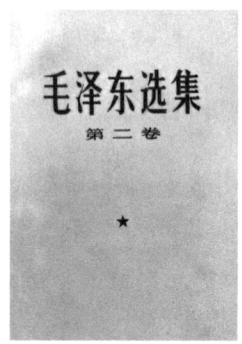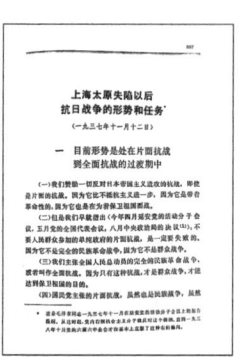

人民出版社1966年7月《毛泽东选集》第二卷版书影

人民出版社1966年7月出版的《毛泽东选集》第二卷收入的《上海太原失陷以后抗日战争的形势和任务》（以下简称"1966年《毛选》版"），是简体字横排版，1952年《毛选》版为繁体字竖排版。两个版本相校，正文文字相差不大，主要的不同，一是旧式标点符号都改为新式标点符号，二是注释略有修改。

（1）标点符号变动

标点符号不同有12处，其中有10处均是把旧式标点"『』"改成新式标点"《》"或者""""。

如：

1952年《毛选》版："『民族救星』的声浪在全国传布着。"① 1966年《毛选》版："'民族救星'的声浪在全国传布着。"②

1952年《毛选》版："党内的主要危险倾向是『左』倾机会主义，"③，1966年《毛选》版："党内的主要危险倾向是'左'倾机会主义，"④。

1952年《毛选》版："国民党三中全会的宣言和决议对于共产党的污蔑和侮辱以及所谓『停止阶级斗争』的叫嚣，国民党关于『共产党投降』的衷心愿望和广泛宣传，"⑤，1966年《毛选》版："国民党三中全会的宣言和决议对于共产党的污蔑和侮辱以及所谓'停止阶级斗争'的叫嚣，国民党关于'共产党投降'的衷心愿望和广泛宣传，"⑥。

1952年《毛选》版："在『解放周刊』，坚持了严正的批评态度。"⑦ 1966年《毛选》版："在《解放周刊》，坚持了严正的批评态度。"⑧

1952年《毛选》版："『左』倾关门主义仍然要防止。"⑨ 1966年《毛选》版："'左'倾关门主义仍然要防止。"⑩

1952年《毛选》版："他们中间，许多人已经是汉奸；许多人已经是亲日派；许多人是准备做亲日派；许多人在动摇中；仅仅个别有特殊情况的分子是坚决的。"⑪ 1966年《毛选》版："他们中间，许多人已经是汉奸，许多人已经是亲日派，许多人是准备做亲日派，许多人在动摇中，仅仅个别有

---

① 《毛泽东选集》第二卷，人民出版社1952年版，第349页。
② 《毛泽东选集》第二卷，人民出版社1966年7月版，第358页。
③ 《毛泽东选集》第二卷，人民出版社1952年版，第352页。
④ 《毛泽东选集》第二卷，人民出版社1966年7月版，第361页。
⑤ 《毛泽东选集》第二卷，人民出版社1952年版，第352页。
⑥ 《毛泽东选集》第二卷，人民出版社1966年7月版，第362页。
⑦ 《毛泽东选集》第二卷，人民出版社1952年版，第354页。
⑧ 《毛泽东选集》第二卷，人民出版社1966年7月版，第363页。
⑨ 《毛泽东选集》第二卷，人民出版社1952年版，第354页。
⑩ 《毛泽东选集》第二卷，人民出版社1966年7月版，第364页。
⑪ 《毛泽东选集》第二卷，人民出版社1952年版，第357页。

特殊情况的分子是坚决的。"① ";"改","。

1952年《毛选》版："可能发生许多挫败、退却，内部的分化叛变，"②，1966年《毛选》版："可能发生许多挫败、退却，内部的分化、叛变，"③。增"、"。

（2）注释的变动

1952年《毛选》版："可是，这个希望是失败了。"④ 1966年《毛选》版："可是，这个希望是落空了。"⑤ "失败"改"落空"，"失败"含有被打败之意，"落空"表示没有达到目的或者目标。修改后，更合理。

1952年《毛选》版："何鸣同志对蒋介石的阴谋没有警惕，因此他所率领的千余游击队员集中起来后，竟被国民党包围缴械。"⑥ 1966年《毛选》版："何鸣同志对蒋介石的阴谋没有警惕，以致他所率领的千余游击队员集中起来后，竟被国民党包围缴械。"⑦ "因此"改"以致"，两者都表示因果关系，但"以致"多指一种不好的结果，更能体现出千余游击队员被国民党包围缴械是由何鸣缺乏警惕造成的。修改后，更合理。

1952年《毛选》版："南京政府在日寇进攻和人心愤激的压迫下，已经开始定下了抗战的决心。"⑧1966年《毛选》版："南京政府在日寇进攻和人心愤激的压迫下，已经开始下定了抗战的决心。"⑨ "定下了"改"下定了"，更合理。

---

① 《毛泽东选集》第二卷，人民出版社1966年7月版，第366页。
② 《毛泽东选集》第二卷，人民出版社1952年版，第358页。
③ 《毛泽东选集》第二卷，人民出版社1966年7月版，第367页。
④ 《毛泽东选集》第二卷，人民出版社1952年版，第359页。
⑤ 《毛泽东选集》第二卷，人民出版社1966年7月版，第367页。
⑥ 《毛泽东选集》第二卷，人民出版社1952年版，第360页。
⑦ 《毛泽东选集》第二卷，人民出版社1966年7月版，第369页。
⑧ 《毛泽东选集》第二卷，人民出版社1952年版，第358页。
⑨ 《毛泽东选集》第二卷，人民出版社1966年7月版，第367页。

2. 人民出版社1991年《毛泽东选集》第二卷版和人民出版社1952年《毛泽东选集》第二卷版异同

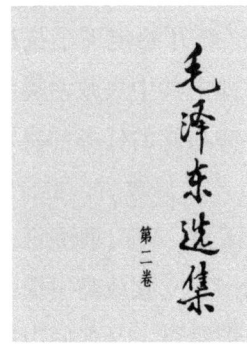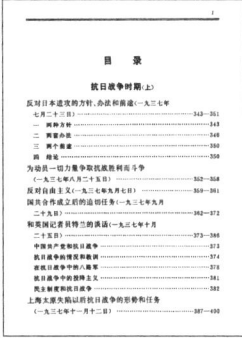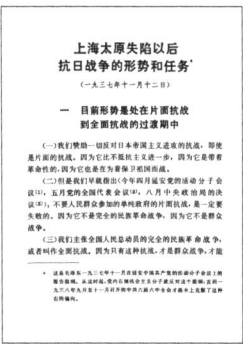

人民出版社1991年《毛泽东选集》第二卷版书影

《上海太原失陷以后抗日战争的形势和任务》，人民出版社1991年版《毛泽东选集》第二卷版（以下简称"1991年《毛选》版"）和人民出版社1952年《毛泽东选集》第二卷版相校，个别标点有改动，注释有较大修改。

（1）标点符号变动

1952年《毛选》版："他们中间，许多人已经是汉奸；许多人已经是亲日派；许多人是准备做亲日派；许多人在动摇中；仅仅个别有特殊情况的分子是坚决的。"① 1991年《毛选》版："他们中间，许多人已经是汉奸，许多人已经是亲日派，许多人是准备做亲日派，许多人在动摇中，仅仅个别有特殊情况的分子是坚决的。"② "；"改"，"。

（2）注释的修改

第一，增加注释。

1991年《毛选》版增加了关于"今年四月延安党的活动分子会议"（注〔1〕），"五月党的全国代表大会"（注〔2〕），"抗日救国十大纲领"（注〔4〕），"陈独秀的投降主义"（注〔6〕），"无原则倾向"（注〔11〕），"陇东"（注〔12〕）的注释。这有助于更好地阅读、理解整篇文章。

---

① 《毛泽东选集》第二卷，人民出版社1952年版，第357页。
② 《毛泽东选集》第二卷，人民出版社1991年版，第396页。

第二，注释修改。

1952年《毛选》版关于"八月中央政治局的决议"的注释为："即一九三七年八月二十五日中共中央政治局在陕北洛川会议所通过的『关于目前形势与党的任务的决定』，全文如下：'……已经开始定下了抗战的决心……'"① 1991年《毛选》版此注释修改为："即中共中央政治局洛川会议在一九三七年八月二十五日通过的《关于目前形势与党的任务的决定》，内容如下：'……已经开始下定了抗战的决心……'"② 修改后，更合理。

1952年《毛选》版关于"庐山训练班"的注释为：庐山训练班，是蒋介石为培养反动统治的骨干而在江西省庐山举办的国民党党政高中级人员的训练班。③ 1991年《毛选》版此注释修改为：庐山训练班，又名庐山暑期训练团，是一九三七年七八月间蒋介石在江西省庐山举办的。受训的有国民党党、政、军、警、教育等部门的高中级人员。④ 修改后，更准确、客观。

1952年《毛选》版关于"'议会主义'倾向"的注释为：指当时党内有些同志主张把革命根据地内人民代表会议的政权制度改变为资产阶级国家中的议会制度的意见。⑤ 1991年《毛选》版此注释修改为：这里所说的"议会主义"倾向，指当时共产党内有些同志主张把抗日根据地内人民代表会议的政权制度改变为资产阶级国家中的议会制度的一种意见。⑥ 修改后，更合理。

1952年《毛选》版注释〔七〕为："一九三四年十月中央红军北上后，留在南方江西、福建、广东、湖南、湖北、河南、浙江、安徽八省十四个地区的红军游击队，在极端困苦的情况下，坚持着游击战争。抗日战争爆发，他们遵照中共中央的指示，和国民党进行谈判，停止内战，合编为一个军（就是后来在大江南北坚持抗日的新四军），开赴前线抗日。但是蒋介石却阴谋利用谈判来消灭这些游击队，闽粤边区域是当时十四个游击区之一，何鸣同志是该区游击队的负责人之一。何鸣同志对蒋介石的阴谋没有警惕，因

---

① 《毛泽东选集》第二卷，人民出版社1952年版，第358页。
② 《毛泽东选集》第二卷，人民出版社1991年版，第397页。
③ 《毛泽东选集》第二卷，人民出版社1952年版，第359页。
④ 《毛泽东选集》第二卷，人民出版社1991年版，第398页。
⑤ 《毛泽东选集》第二卷，人民出版社1952年版，第360页。
⑥ 《毛泽东选集》第二卷，人民出版社1991年版，第399页。

此他所率领的千余游击队员集中起来后，竟被国民党包围缴械。"① 这条注释兼注"南方各游击区"和"何鸣危险"。1991年《毛选》版，将这一条注释分为〔13〕"南方各游击区"和〔14〕"何鸣危险"两条注释。〔13〕"南方各游击区"注释为："一九三四年十月中央红军主力长征后，留在南方江西、福建、广东、湖南、湖北、河南、浙江、安徽八省十五个游击区的红军和游击队，在极端困苦的情况下，坚持游击战争。抗日战争爆发前后，他们遵照中共中央的指示同国民党进行谈判，要求停止内战，开赴前线抗日。根据国共两党谈判达成的协议，除琼崖游击区外的大部分红军和游击队，合编为国民革命军新编第四军（简称新四军）。一九三七年十二月，新四军军部成立。一九三八年春，新四军挺进华中敌后，开展抗日游击战争，先后创立、发展和巩固了苏南、苏中、苏北、淮南、淮北、鄂豫皖、皖中、浙东等敌后抗日根据地。"②〔14〕"何鸣危险"注释为："何鸣（一九一〇——一九三九），广东万宁人。一九三七年曾任中共闽粤边特委代理书记、闽粤边红军独立第三团团长等职。同年六月，他作为中共闽粤边特委的谈判代表，同国民党军第一五七师就合作抗日问题达成协议。这一协议的签订，标志着闽南抗日民族统一战线的基本形成。七月，他率领红军游击队进驻国民党军第一五七师指定的防地漳浦城接受改编。由于他丧失警惕，存在严重的右倾思想，致使闽粤边红军游击队近千人被国民党军队包围缴械。"③ 修改成两条注释后，更详尽、客观、准确。

1952年《毛选》版关于"解放周刊"的注释为：『解放周刊』是中国共产党中央的机关报，一九三七年创刊于延安。一九四一年『解放日报』出刊，该周刊因而停刊。④ 1991年《毛选》版此注释修改为：《解放》周刊是中共中央的机关报，一九三七年四月创刊于延安，在一九四一年《解放日报》创办后不久停刊。⑤ 修改后，更准确。

1952年《毛选》版关于"复兴社中有一部分人是开始动摇了，CC团中也有一部分人在动摇中"的注释为：复兴社和CC团是国民党内以蒋介石陈立夫

---

① 《毛泽东选集》第二卷，人民出版社1952年版，第360页。
② 《毛泽东选集》第二卷，人民出版社1991年版，第400页。
③ 《毛泽东选集》第二卷，人民出版社1991年版，第400页。
④ 《毛泽东选集》第二卷，人民出版社1952年版，第360页。
⑤ 《毛泽东选集》第二卷，人民出版社1991年版，第400页。

为首的两个法西斯组织，代表大地主大资产阶级的寡头统治的利益。但是其中有许多小资产阶级分子是被迫或被骗加入的，这里所说的复兴社中的一大部分人，主要地是指当时国民党军队中的一部分中下级军官，所说的CC团中的一部分人，主要地也是指当时其中非当权的一部分。① 1991年《毛选》版此注释修改为：复兴社和CC团是国民党内的两个法西斯组织，是蒋介石用以维护统治的反革命工具。复兴社的主要骨干是贺衷寒、戴笠等，CC团的首领是陈果夫、陈立夫。但是，这两个组织中有许多小资产阶级分子是被迫或者被骗加入的。这里所说的复兴社中的一部分人，主要是指当时国民党军队中的一部分中下级军官；所说的CC团中的一部分人，主要也是指当时其中非当权的一部分。② 修改后，更准确。

关于1991年《毛选》版注释修改的详情和依据，详见中共中央文献研究室《〈毛泽东选集〉一至四卷注释校订本》（中央文献出版社1991年版）第197—203页。

（三）人民出版社1952年《毛泽东选集》第二卷版与中共中央书记处1941年编印《六大以来选集》（上）版校勘与分析

本篇著作1941年版有5158字（含标点、标题），1952年《毛选》版有8014字（含标点、标题、注释），其中注释有2730字。两个版本相校，主要不同如下：

1. 标点符号变动

1941年版："因此，目前是处在从片面抗战到全面抗战的过渡期中，"③，1952年《毛选》版："因此，目前是处在从片面抗战到全面抗战的过渡期中。"④

1941年版："这是日寇汉奸亲日派的要求，但遭到了中国大多数人的反对。"⑤ 1952年《毛选》版："这是日寇、汉奸和亲日派的要求，但是遭到

---

① 《毛泽东选集》第二卷，人民出版社1952年版，第360页。
② 《毛泽东选集》第二卷，人民出版社1991年版，第400页。
③ 《六大以来选集》（上），中共中央书记处1941年编印，第389页。
④ 《毛泽东选集》第二卷，人民出版社1952年版，第349页。
⑤ 《六大以来选集》（上），中共中央书记处1941年编印，第389页。

了中国大多数人的反对。"①

1941年版："中国抗日民族革命战争，现在是处在严重的危机中。"② 1952年《毛选》版："中国抗日民族革命战争现在是处在严重的危机中。"③

1941年版："这种新军队影响并团结一切旧军队，这是抗日战争转入战略反攻的基础。这一改造同样没有疑义须得到国民党的同意并以它的军队为主干，八路军应在这一改造过程中起着模范作用。八路军本身也应该扩大。"④ 1952年《毛选》版："这种新军将影响并团结一切旧军。这是抗日战争转入战略反攻的基础。这一改造，同样须得到国民党的同意。八路军应在这一改造过程中起模范作用。八路军本身应该扩大。"⑤

1941年版："这是我们的『战略出发地』，"⑥，1952年《毛选》版："这是我们的战略出发地，"⑦。

1941年版："为了实现『动员千百万群众进入抗日民族统一战线打倒日本帝国主义』这个积极的目的。"⑧ 1952年《毛选》版："为了实现『动员千百万群众进入抗日民族统一战线，打倒日本帝国主义』这个积极的目的。"⑨

1941年版："我们的任务是争取其实现这一改造以便作为改造，政府与改造军队的基础。"⑩ 这里的断句有误。1952年《毛选》版："我们的任务是争取它实现这一改造，以便作为改造政府和改造军队的基础。"⑪ 断句正确。

1941年版："在卢沟桥事变以前，党内主要的危险倾向是左倾机会主义，即关门主义……"⑫ 1952年《毛选》版："在卢沟桥事变以前，党内的

---

① 《毛泽东选集》第二卷，人民出版社1952年版，第350页。
② 《六大以来选集》（上），中共中央书记处1941年编印，第389页。
③ 《毛泽东选集》第二卷，人民出版社1952年版，第350页。
④ 《六大以来选集》（上），中共中央书记处1941年编印，第390页。
⑤ 《毛泽东选集》第二卷，人民出版社1952年版，第351页。
⑥ 《六大以来选集》（上），中共中央书记处1941年编印，第392页。
⑦ 《毛泽东选集》第二卷，人民出版社1952年版，第355页。
⑧ 《六大以来选集》（上），中共中央书记处1941年编印，第392页。
⑨ 《毛泽东选集》第二卷，人民出版社1952年版，第355页。
⑩ 《六大以来选集》（上），中共中央书记处1941年编印，第390页。
⑪ 《毛泽东选集》第二卷，人民出版社1952年版，第351页。
⑫ 《六大以来选集》（上），中共中央书记处1941年编印，第390页。

主要危险倾向是『左』倾机会主义,即关门主义……"①1941年版:"在卢沟桥事变以后,党内主要的危险倾向,已经不是左倾关门主义……"②1952年《毛选》版:"在卢沟桥事变以后,党内的主要危险倾向,已经不是『左』倾关门主义……"③1941年版:"任何破裂国共两党的统一战线的主张,是不许可的,左倾关门主义仍然要防止。"④1952年《毛选》版:"任何破裂国共两党的统一战线的主张是不许可的。『左』倾关门主义仍然要防止。"⑤"左倾机会主义"改"『左』倾机会主义",左加了引号。左和左倾,在中国革命中出现了两种不同的情况:一种是革命的、革命方向正确的;另一种是貌似革命,行为非常激进,其实是超越客观可能,是盲动、冒险,给革命带来严重损失,实际不是革命的,是错误的。为了区别正确和错误的左和左倾,在20世纪50年代,就给错误的左和左倾加上了引号。即"左"和"左"倾表示是错误的左和左倾,是贬义的。⑥

2. 标题修改

1941年版标题:"上海太原失陷以后抗日民族革命战争的形势与任务"⑦,1952年《毛选》版标题:"上海太原失陷以后抗日战争的形势和任务"⑧。

1941年版有副标题:"一九三七年十一月十二日毛泽东同志在延安共产党活动份子大会上的报告提纲"⑨,1952年《毛选》版删副标题,改为增加题解。

1941年版第二节标题:"在党内在全国均须反对投降主义,在党内是阶级对阶级的投降主义,在全国是民族对民族的投降主义"⑩,1952年《毛选》版第二节标题:"在党内在全国均须反对投降主义"⑪。

---

① 《毛泽东选集》第二卷,人民出版社1952年版,第352页。
② 《六大以来选集》(上),中共中央书记处1941年编印,第390页。
③ 《毛泽东选集》第二卷,人民出版社1952年版,第352页。
④ 《六大以来选集》(上),中共中央书记处1941年编印,第392页。
⑤ 《毛泽东选集》第二卷,人民出版社1952年版,第354页。
⑥ 关于贬义的"左"和"左"倾加引号这个问题,中共中央文献研究室曾于1982年2月4日给胡乔木写请示报告,强调了20世纪50年代以来的通行用法,褒义的左和左倾不打引号,贬义的左和左倾都打引号。胡乔木批示:"同意。"详见《党史资料通讯》1982年第8期第12—13页。
⑦ 《六大以来选集》(上),中共中央书记处1941年编印,第388页。
⑧ 《毛泽东选集》第二卷,人民出版社1952年版,第347页。
⑨ 《六大以来选集》(上),中共中央书记处1941年编印,第388页。
⑩ 《六大以来选集》(上),中共中央书记处1941年编印,第390页。
⑪ 《毛泽东选集》第二卷,人民出版社1952年版,第351页。

1941年版第二节第一部分标题："关于反对阶级对阶级的投降主义"①，1952年《毛选》版："在党内，反对阶级对阶级的投降主义"②。1941年版第二节第二部分标题："关于反对民族对民族的投降主义"③，1952年《毛选》版："在全国，反对民族对民族的投降主义"④。

3. 文字修改

（1）不改变文义的文字修改

1941年版："因为它不是群众战。"⑤ 1952年《毛选》版："因为它不是群众战争。"⑥ "群众战"改"群众战争"，不改变文义。

1941年版："我们主张全国人民总动员的完全的民族革命战争，或全面抗战。因为只有这种抗战，才是群众战，才能达到保卫祖国的目的。"⑦ 1952年《毛选》版："我们主张全国人民总动员的完全的民族革命战争，或者叫作全面抗战。因为只有这种抗战，才是群众战争，才能达到保卫祖国的目的。"⑧ "或"改"或者叫作"，"群众战"改"群众战争"，不改变文义。

1941年版："这是共产党的抗战主张与现时国民党的抗战主张，存在着原则纷歧的地方。"⑨ 1952年《毛选》版："这是共产党的抗战主张和现时国民党的抗战主张的原则分歧。"⑩ "与"改"和"，不改变文义。1941年版中的"与"，1952年《毛选》版基本上都改为"和"。再如，1941年版："必须有一个完全执行这个纲领的政府与军队。"⑪ 1952年《毛选》版："必须有一个完全执行这个纲领的政府和军队。"⑫ 1941年版："共产党与八路军的政治影响极大与极快的扩大，『民族救星』的声浪在全国传布着。共

---

① 《六大以来选集》（上），中共中央书记处1941年编印，第390页。
② 《毛泽东选集》第二卷，人民出版社1952年版，第351页。
③ 《六大以来选集》（上），中共中央书记处1941年编印，第392页。
④ 《毛泽东选集》第二卷，人民出版社1952年版，第356页。
⑤ 《六大以来选集》（上），中共中央书记处1941年编印，第388页。
⑥ 《毛泽东选集》第二卷，人民出版社1952年版，第347页。
⑦ 《六大以来选集》（上），中共中央书记处1941年编印，第388页。
⑧ 《毛泽东选集》第二卷，人民出版社1952年版，第347页。
⑨ 《六大以来选集》（上），中共中央书记处1941年编印，第388页。
⑩ 《毛泽东选集》第二卷，人民出版社1952年版，第348页。
⑪ 《六大以来选集》（上），中共中央书记处1941年编印，第388页。
⑫ 《毛泽东选集》第二卷，人民出版社1952年版，第348页。

产党与八路军决心坚持华北的游击战争，用以捍卫全国，钳制日寇向中原与西北的进攻。"①1952年《毛选》版："共产党和八路军的政治影响极大地极快地扩大，『民族救星』的声浪在全国传布着。共产党和八路军决心坚持华北的游击战争，用以捍卫全国，钳制日寇向中原和西北的进攻。"②1941年版："不但将克服投降与分裂的因素，"③，1952年《毛选》版："不但将克服投降和分裂的因素，"④。1941年版："这也是必要与可能的。这一改造也无疑须得到国民党的同意，并以它为主干。"⑤1952年《毛选》版："这也是必要的和可能的。这一改造也无疑须得到国民党的同意。"⑥1941年版："在陇东情况与西安大体相同。"⑦1952年《毛选》版："在陇东，情况和西安大体相同。"⑧1941年版："必须扩大与巩固统一战线，"⑨，1952年《毛选》版："必须扩大和巩固统一战线。"⑩

1941年版："世界人民反日及援助中国的运动正在发展。"⑪1952年《毛选》版："世界人民反对日本和援助中国的运动正在发展。"⑫"反日"改"反对日本"，"及"改"和"，不改变文义。1941年版中的"及"，1952年《毛选》版基本上都改为"和"。再如，1941年版："在中国内部是国共两党的合作及基于此合作之国民党政策的转变，"⑬，1952年《毛选》版："在中国内部是国共两党的合作和在这一合作的基础上的国民党政策的转变，"⑭。1941年版："为了坚持抗战及争取最后胜利，"⑮，1952年《毛选》版："为了坚持抗战和争取最后胜利，"⑯。

---

① 《六大以来选集》（上），中共中央书记处1941年编印，第389页。
② 《毛泽东选集》第二卷，人民出版社1952年版，第349页。
③ 《六大以来选集》（上），中共中央书记处1941年编印，第389页。
④ 《毛泽东选集》第二卷，人民出版社1952年版，第350页。
⑤ 《六大以来选集》（上），中共中央书记处1941年编印，第390页。
⑥ 《毛泽东选集》第二卷，人民出版社1952年版，第351页。
⑦ 《六大以来选集》（上），中共中央书记处1941年编印，第391页。
⑧ 《毛泽东选集》第二卷，人民出版社1952年版，第354页。
⑨ 《六大以来选集》（上），中共中央书记处1941年编印，第392页。
⑩ 《毛泽东选集》第二卷，人民出版社1952年版，第354页。
⑪ 《六大以来选集》（上），中共中央书记处1941年编印，第389页。
⑫ 《毛泽东选集》第二卷，人民出版社1952年版，第349页。
⑬ 《六大以来选集》（上），中共中央书记处1941年编印，第390页。
⑭ 《毛泽东选集》第二卷，人民出版社1952年版，第350页。
⑮ 《六大以来选集》（上），中共中央书记处1941年编印，第392页。
⑯ 《毛泽东选集》第二卷，人民出版社1952年版，第356页。

1941年版："完全的民族革命战争或全面抗战，"①，1952年《毛选》版："在完全的民族革命战争或全面抗战中，"②。增"在""中"，不改变文义。

1941年版："国民党用以支持片面抗战的一党专政及其对民众的统制政策，"③，1952年《毛选》版："国民党对于它的用以进行片面抗战的一党专政及其对民众的统制政策，"④。增"对于它的"，不改变文义。

1941年版："一个青黄不接危机严重的过渡期。"⑤1952年《毛选》版："这是一个青黄不接的危机严重的过渡期。"⑥增"这是""的"，不改变文义。

1941年版："但国民党还没有下决心。"⑦1952年《毛选》版："但是国民党还没有下决心。"⑧增"是"，不改变文义。

1941年版："但遭到了中国大多数人的反对。"⑨1952年《毛选》版："但是遭到了中国大多数人的反对。"增"是"，不改变文义。

1941年版："对于我们党的抗日民族统一战线路线……"⑩1952年《毛选》版："关于党的抗日民族统一战线的路线……"⑪"对于"改"关于"，删"我们"，"路线"改"的路线"，不改变文义。

1941年版："这主要的是因为国民党已经抗日了的缘故。"⑫1952年《毛选》版："这主要是因为国民党已经抗日了的缘故。"⑬删"的"，不改变文义。

1941年版："但同时，在一切统一战线工作中必须密切联系到独立自主的原则。"⑭1952年《毛选》版："但是在同时，在一切统一战线工

---

① 《六大以来选集》（上），中共中央书记处1941年编印，第388页。
② 《毛泽东选集》第二卷，人民出版社1952年版，第348页。
③ 《六大以来选集》（上），中共中央书记处1941年编印，第389页。
④ 《毛泽东选集》第二卷，人民出版社1952年版，第349页。
⑤ 《六大以来选集》（上），中共中央书记处1941年编印，第389页。
⑥ 《毛泽东选集》第二卷，人民出版社1952年版，第349页。
⑦ 《六大以来选集》（上），中共中央书记处1941年编印，第389页。
⑧ 《毛泽东选集》第二卷，人民出版社1952年版，第350页。
⑨ 《六大以来选集》（上），中共中央书记处1941年编印，第389页。
⑩ 《六大以来选集》（上），中共中央书记处1941年编印，第390页。
⑪ 《毛泽东选集》第二卷，人民出版社1952年版，第352页。
⑫ 《六大以来选集》（上），中共中央书记处1941年编印，第390页。
⑬ 《毛泽东选集》第二卷，人民出版社1952年版，第352页。
⑭ 《六大以来选集》（上），中共中央书记处1941年编印，第392页。

作中必须密切地联系到独立自主的原则。"①增"是""在""地",不改变文义。

1941年版:"丧失了这种阵地就一切无从说起了。但主要的目的还在于另一方面,"②,1952年《毛选》版:"丧失了这个阵地就一切无从说起了。但是主要的目的还在另一方面,"③。"这种"改"这个",增"是",删"于",不改变文义。

1941年版:"所有这些,一方面由于国民党的控制与压迫政策,一方面则是由于我们自己的没有工作或工作不足,这是我党在现时抗日民族革命战争中的最基本的弱点。不克服这个弱点,是不能战胜日本帝国主义的。但要达到此目的,一定要实行『统一战线中的独立自主』这个原则,"④,1952年《毛选》版:"所有这些,一方面由于国民党的控制和压迫的政策,另一方面则是由于我们自己的没有工作或工作不足。这是我党在现时抗日民族革命战争中的最基本的弱点。不克服这个弱点,是不能战胜日本帝国主义的。要达到这个目的,一定要实行『统一战线中的独立自主』这个原则,"⑤。"与"改"和","此"改"这个",增"的""另",删"但",不改变文义。

1941年版:"但是必须清楚的懂得,党在全国的组织力量,一般说起来还在微弱的状态中,全国的群众力量也还很薄弱,主要的是全国工农基本群众还没有组织起来。"⑥1952年《毛选》版:"但是必须清楚地懂得,党的组织力量,在全国,一般地说来还是微弱的。全国的群众力量也还是很薄弱,全国工农基本群众还没有组织起来。"⑦"的"改"地",删"主要的是",不改变文义。

(2)使表述更准确

1941年版:"在江浙,国民党阵线已被击破,日寇正向南京及长江流域进攻。"⑧1952年《毛选》版:"在江浙,国民党的战线已被击破,日寇正

---

① 《毛泽东选集》第二卷,人民出版社1952年版,第354页。
② 《六大以来选集》(上),中共中央书记处1941年编印,第392页。
③ 《毛泽东选集》第二卷,人民出版社1952年版,第355页。
④ 《六大以来选集》(上),中共中央书记处1941年编印,第392页。
⑤ 《毛泽东选集》第二卷,人民出版社1952年版,第355页。
⑥ 《六大以来选集》(上),中共中央书记处1941年编印,第392页。
⑦ 《毛泽东选集》第二卷,人民出版社1952年版,第355页。
⑧ 《六大以来选集》(上),中共中央书记处1941年编印,第388页。

向南京和长江流域进攻。"①"阵线"改"战线",更准确。

1941年版:"在南方各游击区,这是我们同国民党十年血战的结果,"②,1952年《毛选》版:"在南方各游击区——这是我们和国民党十年血战的结果的一部分,"。③增"的一部分"。修改后,更准确。

1941年版:"在这个问题上,我们的注意力是集中在:(1)无条件集中倾向(适应国民党拔去这些支点的要求)的防止;(2)国民党派人的拒绝;(3)何鸣危险(闽粤边游击队千余被缴械)的警戒。"④1952年《毛选》版:"我们的注意力集中在:(1)无条件集中倾向(适应国民党拔去这些支点的要求)的防止;(2)国民党派人的拒绝;(3)何鸣危险(被国民党包围缴械的危险)的警戒。"⑤"闽粤边游击队千余被缴械"改"被国民党包围缴械的危险"。修改后,更准确。

1941年版:"因受国民党干涉而取消的政治委员制度及下级政治部改名为政训处,现在也提出把它恢复了。"⑥1952年《毛选》版:"因受国民党干涉而取消的政治委员制度,因受国民党干涉而改为政训处的政治部的名称,现在已经恢复了。"⑦增"因受国民党干涉","现在也提出把它恢复了"改"现在已经恢复了"。修改后,更准确。

1941年版:"在解放报,严正批评态度的坚持。"⑧1952年《毛选》版:"在『解放周刊』,坚持了严正的批评态度。"⑨修改后,更准确。

1941年版:"红军中的新军阀主义倾向,"⑩,1952年《毛选》版:"八路军中的新军阀主义倾向的发生,"⑪。1941年版:"在红军中,开始向新军阀主义作斗争,"⑫,1952年《毛选》版:"在八路军中,开始向新军阀主义

---

① 《毛泽东选集》第二卷,人民出版社1952年版,第348页。
② 《六大以来选集》(上),中共中央书记处1941年编印,第391页。
③ 《毛泽东选集》第二卷,人民出版社1952年版,第354页。
④ 《六大以来选集》(上),中共中央书记处1941年编印,第391页。
⑤ 《毛泽东选集》第二卷,人民出版社1952年版,第354页。
⑥ 《六大以来选集》(上),中共中央书记处1941年编印,第391页。
⑦ 《毛泽东选集》第二卷,人民出版社1952年版,第354页。
⑧ 《六大以来选集》(上),中共中央书记处1941年编印,第392页。
⑨ 《毛泽东选集》第二卷,人民出版社1952年版,第354页。
⑩ 《六大以来选集》(上),中共中央书记处1941年编印,第391页。
⑪ 《毛泽东选集》第二卷,人民出版社1952年版,第353页。
⑫ 《六大以来选集》(上),中共中央书记处1941年编印,第391页。

倾向作斗争。"①1941年版:"基本上保证了红军作战上与工作上的胜利。拒绝了国民党派遣他们的党员来当红军的干部,坚持了共产党绝对领导红军的原则。"②1952年《毛选》版:"因而基本上保证了八路军作战上和工作上的胜利。拒绝了国民党派遣他们的党员来当八路军干部的要求,坚持了共产党绝对领导八路军的原则。"③"红军"改"八路军",更准确,符合历史实际。因为1937年8月22日,南京国民政府军事委员会发布了将西北红军改编为国民革命军第八路军的命令。8月25日,中共中央革命军事委员会主席毛泽东等发出了关于将红军改编为国民革命军第八路军的命令。至此,理论上红军已改编为八路军。当然,从上至下,红军完全完成改编,还需要一定的时间,或者很长时间的习惯称呼难以很快改掉,这大概是1937年8月以后,仍出现"红军"称呼的原因。

(3)使表述更合理

1941年版:"如果共产党员忘记了这个原则性,他就不能正确的指导抗日民族革命战争,他就无力克服国民党的片面性,把共产主义者降低到无原则的地位,把共产党降低到国民党,他就对于神圣的民族革命战争与保卫祖国的任务犯了罪过。"④1952年《毛选》版:"如果共产党员忘记了这个原则性,他们就不能正确地指导抗日战争,他们就将无力克服国民党的片面性,就把共产主义者降低到无原则的地位,把共产党降低到国民党。他们就是对于神圣的民族革命战争和保卫祖国的任务犯了罪过。"⑤"他"改"他们",更合理。

1941年版:"改造军队的方向是建立新军队与改造旧军队。"⑥1952年《毛选》版:"改造军队的任务是建立新军和改造旧军。"⑦"方向"改"任务",删"队",更合理。

1941年版:"另一方面:共产党内理论水平的不平均,许多党员缺乏大

---

① 《毛泽东选集》第二卷,人民出版社1952年版,第353页。
② 《六大以来选集》(上),中共中央书记处1941年编印,第391页。
③ 《毛泽东选集》第二卷,人民出版社1952年版,第354页。
④ 《六大以来选集》(上),中共中央书记处1941年编印,第388页。
⑤ 《毛泽东选集》第二卷,人民出版社1952年版,第348页。
⑥ 《六大以来选集》(上),中共中央书记处1941年编印,第390页。
⑦ 《毛泽东选集》第二卷,人民出版社1952年版,第351页。

革命时期两党合作的经验，"①，1952年《毛选》版："另一方面；共产党内理论水平的不平衡，许多党员的缺乏北伐战争时期两党合作的经验，"②。"平均"改"平衡"，"大革命时期"改"北伐战争时期"，修改后，更合理。

1941年版："一部分党员对十年艰苦生活不愿意继续的情绪，统一战线中迁就国民党的无原则倾向，"③，1952年《毛选》版："一部分党员对过去艰苦斗争的生活不愿意继续的情绪，统一战线中迁就国民党的无原则倾向的存在，"④。"十年"改"过去"，增"的存在"，更合理。

1941年版："几个月以来，主要的是抗战以来，共产党中央及其各级组织，同这种已经发生的及可能发生的投降主义倾向作了明确而坚决的斗争及必要的防止，并且收到了成绩。"⑤1952年《毛选》版："几个月以来，主要是抗战以来，共产党中央及其各级组织，对这种已经发生的和可能发生的投降主义倾向作了明确而坚决的斗争和必要的预防，并且收到了成效。"⑥"成绩"改"成效"，更合理。

1941年版："这种倾向表现在红军改编后某些个别份子不愿意严格受共产党的领导，个人英雄主义，以受国民党委任为荣耀（以做官为荣耀）等等问题上面。"⑦1952年《毛选》版："这种倾向，表现在红军改编后某些个别分子不愿意严格地接受共产党的领导、发展个人英雄主义、以受国民党委任为荣耀（以做官为荣耀）等等现象上面。"⑧增"发展"，更合理。

1941年版："几个月来，小资产阶级的左翼群众是在我们的影响下更扩大地团结起来了，"⑨，1952年《毛选》版："几个月来，更扩大的小资产阶级的左翼群众是在我们的影响下团结起来了，"⑩。修改后，更合理。

---

① 《六大以来选集》（上），中共中央书记处1941年编印，第391页。
② 《毛泽东选集》第二卷，人民出版社1952年版，第353页。
③ 《六大以来选集》（上），中共中央书记处1941年编印，第391页。
④ 《毛泽东选集》第二卷，人民出版社1952年版，第353页。
⑤ 《六大以来选集》（上），中共中央书记处1941年编印，第391页。
⑥ 《毛泽东选集》第二卷，人民出版社1952年版，第353页。
⑦ 《六大以来选集》（上），中共中央书记处1941年编印，第391页。
⑧ 《毛泽东选集》第二卷，人民出版社1952年版，第354页。
⑨ 《六大以来选集》（上），中共中央书记处1941年编印，第392页。
⑩ 《毛泽东选集》第二卷，人民出版社1952年版，第355页。

1941年版："使中华民族变为亡国奴。"①1952年《毛选》版："使所有的中国人变为亡国奴。"②"中华民族"改"所有的中国人"，更合理。

1941年版："不克服此倾向，就不能执行胜利的抗日民族革命战争，"③，1952年《毛选》版："不克服这个倾向，就不能进行胜利的抗日民族革命战争，"④。"执行"改"进行"，更合理。

1941年版："抗日民族统一战线的中央集团是民族资产阶级及上层小资产阶级。由上海各大报所代表的成份是左倾了，"⑤，1952年《毛选》版："抗日民族统一战线的中间集团是民族资产阶级和上层小资产阶级。上海各大报所代表的成份是左倾了；"⑥。1941年版："在这斗争中扩大与巩固左翼集团，争取中央集团的进步与转变。"⑦1952年《毛选》版："在这个斗争中，扩大和巩固左翼集团，争取中间集团的进步和转变。"⑧"中央集团"改"中间集团"，更合理。

1941年版："这将是日寇汉奸亲日派无法达到第二个方向，"⑨，1952年《毛选》版："这将是日寇、汉奸和亲日派无法达到第二个方向的目的，"⑩。增"的目的"，更合理。

1941年版："包括无产阶级农民及小资产阶级。"⑪1952年《毛选》版："包括无产阶级、农民和城市小资产阶级群众。"⑫农村中也有小资产阶级，"小资产阶级"改为"城市小资产阶级"，更合理。

1941年版："一九二七年陈独秀的投降主义，引导大革命归于失败了，"⑬，1952年《毛选》版："一九二七年陈独秀的投降主义，引导了那时

---

① 《六大以来选集》（上），中共中央书记处1941年编印，第392页。
② 《毛泽东选集》第二卷，人民出版社1952年版，第356页。
③ 《六大以来选集》（上），中共中央书记处1941年编印，第392页。
④ 《毛泽东选集》第二卷，人民出版社1952年版，第356页。
⑤ 《六大以来选集》（上），中共中央书记处1941年编印，第392—393页。
⑥ 《毛泽东选集》第二卷，人民出版社1952年版，第356—357页。
⑦ 《六大以来选集》（上），中共中央书记处1941年编印，第393页。
⑧ 《毛泽东选集》第二卷，人民出版社1952年版，第357页。
⑨ 《六大以来选集》（上），中共中央书记处1941年编印，第389页。
⑩ 《毛泽东选集》第二卷，人民出版社1952年版，第350页。
⑪ 《六大以来选集》（上），中共中央书记处1941年编印，第392页。
⑫ 《毛泽东选集》第二卷，人民出版社1952年版，第356页。
⑬ 《六大以来选集》（上），中共中央书记处1941年编印，第390页。

的革命归于失败。"①"大革命"改"那时的革命",更合理。

1941年版:"为什么要这样尖锐的提出问题呢?这是因为:一方面:中国资产阶级的妥协性,国民党实力上的优势,国民党三中全会宣言及决议上面污蔑及侮辱共产党的决议与所谓『停止阶级斗争』的『理论』,国民党关于共产党投降的衷心企图与到处宣传,"②,1952年《毛选》版:"为什么要这样尖锐地提出问题呢?这是因为:一方面,中国资产阶级的妥协性,国民党实力上的优势,国民党三中全会的宣言和决议对于共产党的污蔑和侮辱以及所谓『停止阶级斗争』的叫嚣,国民党关于『共产党投降』的衷心愿望和广泛宣传,"③。"理论"改"叫嚣","企图"改"愿望",更合理。

1941年版:"这个新军阀主义倾向虽然和表现在打人骂人破坏纪律等现象上面的老的军阀主义同其根源:把无产阶级降低到农民,把共产党降低到国民党;同其结果:脱离群众。"④1952年《毛选》版:"这个新军阀主义倾向虽然和表现在打人、骂人、破坏纪律等等现象上面的老的军阀主义倾向同其根源(把共产党降低到国民党),同其结果(脱离群众);"⑤。删"把无产阶级降低到农民",更合理。

1941年版:"复兴社的一部分是开始左倾了,CC团也有一部分在动摇中……"⑥1952年《毛选》版:"复兴社中有一部分人是开始动摇了,CC团中也有一部分人在动摇中……"⑦"左倾"改"动摇","一部分"改"一部分人",更合理。

(4)使表述更通俗、明白

1941年版:"投降对于英美法的损失,苏联的存在及其准备援助中国的方针,"⑧,1952年《毛选》版:"英、美、法顾虑到国民党投降对于它们利益的损失,苏联的存在及其援助中国的方针,"⑨。增"国民党""利益",

---

① 《毛泽东选集》第二卷,人民出版社1952年版,第351页。
② 《六大以来选集》(上),中共中央书记处1941年编印,第391页。
③ 《毛泽东选集》第二卷,人民出版社1952年版,第353页。
④ 《六大以来选集》(上),中共中央书记处1941年编印,第391页。
⑤ 《毛泽东选集》第二卷,人民出版社1952年版,第354页。
⑥ 《六大以来选集》(上),中共中央书记处1941年编印,第392页。
⑦ 《毛泽东选集》第二卷,人民出版社1952年版,第356页。
⑧ 《六大以来选集》(上),中共中央书记处1941年编印,第389页。
⑨ 《毛泽东选集》第二卷,人民出版社1952年版,第350页。

明确指出投降的对象是国民党，英美法顾虑到损失的是其利益，删"准备"。修改后，更通俗、明白。

1941年版："共产党参加政权问题的发生，"①，1952年《毛选》版："共产党参加国民党政权问题的发生，"②。增"国民党"，更通俗、明白。

1941年版："由于上述两方面的严重的情况，必须尖锐的提出这个问题，必须坚决的反对投降主义。"③1952年《毛选》版："由于上述两方面的严重的情况，必须尖锐地提出谁领导谁的问题，必须坚决地反对投降主义。"④"这个问题"改"谁领导谁的问题"。修改后，更通俗、明白。

1941年版："一方面战争对于他们的破坏，一方面民众对于他们的威胁，他们的投降倾向是必然的。"⑤1952年《毛选》版："一方面害怕战争对于他们的财产的破坏，另一方面害怕民众的起来，他们的投降倾向是必然的。"⑥修改后，更通俗、明白。

1941年版："因此，争取从片面抗战转变到全面抗战的前途是存在的，这是一切中国共产党员，一切中国国民党先进党员，与一切中国人民的共同的迫切任务。"⑦1952年《毛选》版："因此，从片面抗战转变到全面抗战的前途是存在的。争取这个前途，是一切中国共产党员、一切中国国民党的进步分子和一切中国人民的共同的迫切任务。"⑧修改后，更通俗、明白。

1941年版："他们中间有些人之暂时加入民族统一战线是被迫着勉强做的。一般说来，他们之从抗日民族统一战线分裂出去是不远的前途。"⑨1952年《毛选》版："他们中间有些人之所以暂时加入民族统一战线，是被迫的和勉强的。一般地说来，他们之从抗日民族统一战线分裂出去是为期不远的。"⑩修改后，更通俗、明白。

---

① 《六大以来选集》（上），中共中央书记处1941年编印，第391页。
② 《毛泽东选集》第二卷，人民出版社1952年版，第353页。
③ 《六大以来选集》（上），中共中央书记处1941年编印，第391页。
④ 《毛泽东选集》第二卷，人民出版社1952年版，第353页。
⑤ 《六大以来选集》（上），中共中央书记处1941年编印，第393页。
⑥ 《毛泽东选集》第二卷，人民出版社1952年版，第357页。
⑦ 《六大以来选集》（上），中共中央书记处1941年编印，第389页。
⑧ 《毛泽东选集》第二卷，人民出版社1952年版，第350页。
⑨ 《六大以来选集》（上），中共中央书记处1941年编印，第393页。
⑩ 《毛泽东选集》第二卷，人民出版社1952年版，第357页。

1941年版："这些因素是：日本灭亡中国的总方针，共产党与八路军的存在……"①1952年《毛选》版："这些因素是：日本坚决灭亡中国的方针使中国处于非战不可的地位，共产党和八路军的存在……"②增"坚决""使中国处于非战不可的地位"，修改后，更通俗、明白。

1941年版："英美法等国政府站在它们自己帝国主义利益上的援助中国，还限制在口头上的同情，还没有什么实力的援助。"③1952年《毛选》版："英、美、法等国政府为它们自己的帝国主义的利益表示援助中国，还限于口头上的同情，而没有什么实力的援助。"④修改后，更通俗、明白。

（5）使表述更精练

1941年版："危机存在的时间，也许将延长，但也许将较快的被克服。"⑤1952年《毛选》版："危机也许将延长，也许将较快地被克服。"⑥删"存在的时间"，更精练。

1941年版："我们同国民党及其他任何派别的统一战线，是在实行一定纲领上面的统一战线，离开一定纲领的实行就没有任何的统一战线，就变成无原则的举动了，这就是投降主义的倾向。"⑦1952年《毛选》版："我们和国民党及其他任何派别的统一战线，是在实行一定纲领这个基础上面的统一战线。离开了这个基础，就没有任何的统一战线，这样的合作就变成无原则的行动，就是投降主义的表现了。"⑧修改后，更精练。

1941年版："这一任务的进步、发展与完成，是改造国民党改造政府改造军队的基本条件，"⑨，1952年《毛选》版："这一任务的完成，是改造国民党、改造政府、改造军队的基本条件，"⑩。删"进步、发展"，更精练。

1941年版："为了使反对民族投降主义的斗争表现得坚决有力，"⑪，

---

① 《六大以来选集》（上），中共中央书记处1941年编印，第389页。
② 《毛泽东选集》第二卷，人民出版社1952年版，第350页。
③ 《六大以来选集》（上），中共中央书记处1941年编印，第389页。
④ 《毛泽东选集》第二卷，人民出版社1952年版，第348页。
⑤ 《六大以来选集》（上），中共中央书记处1941年编印，第389页。
⑥ 《毛泽东选集》第二卷，人民出版社1952年版，第350页。
⑦ 《六大以来选集》（上），中共中央书记处1941年编印，第392页。
⑧ 《毛泽东选集》第二卷，人民出版社1952年版，第354—355页。
⑨ 《六大以来选集》（上），中共中央书记处1941年编印，第392页。
⑩ 《毛泽东选集》第二卷，人民出版社1952年版，第356页。
⑪ 《六大以来选集》（上），中共中央书记处1941年编印，第393页。

1952年《毛选》版："为了使反对民族投降主义的斗争坚决有力，"①。删"表现得"，更精练。

1941年版："一方面表现：在华北……"② 1952年《毛选》版："在华北……"③ 删"一方面表现"，更精练。

（6）政治性、思想性修改

1941年版："国民党主张的片面抗战，虽然也是民族革命战争，虽然也带着革命性，但其革命性不完全，是一定要引导战争趋于失败的，是决然不能保卫祖国的。"④ 1952年《毛选》版："国民党主张的片面抗战，虽然也是民族战争，虽然也带着革命性，但其革命性很不完全。片面抗战是一定要引导战争趋于失败的，是决然不能保卫祖国的。"⑤ 删"革命"，即否定国民党的片面抗战是民族革命战争。增"很"，更强调了国民党的片面抗战的革命性是根本不完全的。

1941年版："国民党的报纸也有了某些进步现象"⑥。此句，1952年《毛选》版删。即不再认为国民党的报纸也有了某些进步现象。

1941年版："因而实行其破裂抗日阵线政策的结果，他们正在策动这一着，这个危险严重地存在。"⑦ 1952年《毛选》版："因而实行其破裂中国抗日阵线的阴谋诡计的结果。他们正在策动这一着。这个危险严重地存在着。"⑧ "政策"是中性的，"阴谋诡计"为贬义的，"政策"改"阴谋诡计"，进一步提醒，对日寇、汉奸、亲日派在暗地里策划企图破裂中国抗日阵线，必须高度警惕。

1941年版："但是我们早就指出（四月的延安活动份子大会，五月的苏区党大会，八月的中央决议案）："⑨ 1952年《毛选》版："但是我们早就指出（今年四月延安党的活动分子会议，五月党的全国代表会议，八月中央

---

① 《毛泽东选集》第二卷，人民出版社1952年版，第357页。
② 《六大以来选集》（上），中共中央书记处1941年编印，第388页。
③ 《毛泽东选集》第二卷，人民出版社1952年版，第348页。
④ 《六大以来选集》（上），中共中央书记处1941年编印，第388页。
⑤ 《毛泽东选集》第二卷，人民出版社1952年版，第348页。
⑥ 《六大以来选集》（上），中共中央书记处1941年编印，第392—393页。
⑦ 《六大以来选集》（上），中共中央书记处1941年编印，第389页。
⑧ 《毛泽东选集》第二卷，人民出版社1952年版，第350页。
⑨ 《六大以来选集》（上），中共中央书记处1941年编印，第388页。

政治局的决议）："①。1941年版："还在四月延安活动份子会，又在五月苏区党大会，"②，1952年《毛选》版："还在四月延安党的活动分子会议时，又在五月党的全国代表会议时，"③。"苏区党大会"改"党的全国代表会议"。文章多次删"苏区"或将"苏区"改为"抗日根据地"。1941年版："苏区中的迁就倾向，等等情况。"④1952年《毛选》版："抗日民主根据地中的迁就倾向的发生，等等情况。"⑤1941年版："国民党对于苏区的限制与削弱政策，"⑥，1952年《毛选》版："国民党对于抗日民主根据地的限制和削弱的政策，"⑦。1941年版："在苏区，同样提出了『统一战线中的独立自主』这个原则，"⑧，1952年《毛选》版："在各革命的抗日根据地，同样提出了『统一战线中的独立自主』这个原则。"⑨"苏区"改"抗日民主根据地"。为什么改掉"苏区"呢？1931年11月，江西瑞金成立了中华苏维埃共和国临时中央政府，各革命根据地也都普遍建立了苏维埃政权，于是有了"苏区"的提法。抗日民族统一战线建立后，1937年9月，中共中央正式宣布取消中华苏维埃共和国的称号，并将中华苏维埃共和国临时中央政府西北办事处改为陕甘宁边区政府。此后，陕甘宁边区政府及中国共产党领导的各抗日根据地，政权形式已与苏维埃的模式不同。这样"苏区"的提法就过时了。中华人民共和国成立后，行政机构等组织形式更与苏维埃的模式不同，不再提"苏区"是从现实出发的，同时也有一些去苏维埃化的意味。

　　1941年版："要克服无原则的投降主义或迁就主义。"⑩1952年《毛选》版："一定要克服投降主义或迁就主义。"⑪增"一定"，更加强调了必须克服投降主义、迁就主义。删"无原则的"，强调了必须反对一切投降主义、迁就主义。

---

① 《毛泽东选集》第二卷，人民出版社1952年版，第347页。
② 《六大以来选集》（上），中共中央书记处1941年编印，第390页。
③ 《毛泽东选集》第二卷，人民出版社1952年版，第352页。
④ 《六大以来选集》（上），中共中央书记处1941年编印，第391页。
⑤ 《毛泽东选集》第二卷，人民出版社1952年版，第353页。
⑥ 《六大以来选集》（上），中共中央书记处1941年编印，第391页。
⑦ 《毛泽东选集》第二卷，人民出版社1952年版，第352页。
⑧ 《六大以来选集》（上），中共中央书记处1941年编印，第391页。
⑨ 《毛泽东选集》第二卷，人民出版社1952年版，第354页。
⑩ 《六大以来选集》（上），中共中央书记处1941年编印，第392页。
⑪ 《毛泽东选集》第二卷，人民出版社1952年版，第355页。

1941年版："这种新军队影响并团结一切旧军队，这是抗日战争转入战略反攻的基础。这一改造同样没有疑义须得到国民党的同意并以它的军队为主干，八路军应在这一改造过程中起着模范作用。八路军本身也应该扩大。"① 1952年《毛选》版："这种新军将影响并团结一切旧军。这是抗日战争转入战略反攻的军事基础。这一改造，同样须得到国民党的同意。八路军应在这一改造过程中起模范作用。八路军本身应该扩大。"② 删"并以它的军队为主干"，即否定国民党军队在抗日战争中的"主干"作用。

1941年版："然而它是在国共两党统一战线时期发生的，它特别带着危险性，所以特别值得注意。"③ 1952年《毛选》版："然而它是在国共两党统一战线时期发生的，它带着特别大的危险性，所以特别值得注意，需要坚定地加以反对。"④ 增"需要坚定地加以反对"，强调了八路军中的新军阀主义，必须坚决清除。

1941年版："半殖民地的无产阶级，是需要保卫祖国的。"⑤ 不只是无产阶级需要保卫祖国，全国人民都需要保卫祖国，这句话说得不全面，1952年《毛选》版将其删除。

1941年版："我们的任务，是争取中央集团的进步与转变，这一步骤如果不做到，转变时局是不可能的。"⑥ 1952年《毛选》版："我们的任务，是争取中间集团的进步和转变。"⑦ 删"这一步骤如果不做到，转变时局是不可能的"，大概这句话说得不全面，所以将其删除。

（7）补缺字

1941年版："因为它比不抵抗主义进一步，因为它是带□□□□的，因为它也是在为着保卫祖国而战。"⑧ 缺了四个字。1952年《毛选》版："因为它比不抵抗主义进一步，因为它是带着革命性的，因为它也是在为着保卫

---

① 《六大以来选集》（上），中共中央书记处1941年编印，第390页。
② 《毛泽东选集》第二卷，人民出版社1952年版，第351页。
③ 《六大以来选集》（上），中共中央书记处1941年编印，第391页。
④ 《毛泽东选集》第二卷，人民出版社1952年版，第353页。
⑤ 《六大以来选集》（上），中共中央书记处1941年编印，第388页。
⑥ 《六大以来选集》（上），中共中央书记处1941年编印，第393页。
⑦ 《毛泽东选集》第二卷，人民出版社1952年版，第356—357页。
⑧ 《六大以来选集》（上），中共中央书记处1941年编印，第388页。

祖国而战。"[①] 补了缺字。

4. 增加题解、注释

1952年《毛选》版增加题解："这是毛泽东同志一九三七年十一月在延安党的活动分子会议上的报告提纲。从这时起，党内右倾机会主义分子就反对这个提纲，直到一九三八年十月党的六届六中全会才在基本上克服了这种右的偏向。"[②]

1952年《毛选》版在"八月中央政治局的决议"、"国民党有在其政治上组织上加以改造的必要，也有这种可能"、"国民党七月庐山训练班"、"以章乃器为代表"、"中央发出了一个决议案的草案"、"『议会主义』倾向"、"何鸣危险"、"『解放周刊』"、"上海各大报所代表的成份是左倾了"、"复兴社中有一部分人是开始动摇了，CC团中也有一部分人在动摇中"10处增加注释。增加这些注释，有助于更好理解文义。

六、对《上海太原失陷以后抗日战争的形势和任务》修改的思考

毛泽东对《上海太原失陷以后抗日战争的形势和任务》进行的修改，可以从以下几个方面来理解：

（一）修改后的表述更通俗、明白

如：1941年版："投降对于英美法的损失……"1952年《毛选》版："英、美、法顾虑到国民党投降对于它们利益的损失……"修改后，更通俗、明白。

1941年版："共产党参加政权问题的发生，"，1952年《毛选》版："共产党参加国民党政权问题的发生，"。增"国民党"，更通俗、明白。

1941年版："一方面战争对于他们的破坏，一方面民众对于他们的威胁，他们的投降倾向是必然的。"1952年《毛选》版："一方面害怕战争对于他们的财产的破坏，另一方面害怕民众的起来，他们的投降倾向是必然

---

① 《毛泽东选集》第二卷，人民出版社1952年版，第347页。
② 《毛泽东选集》第二卷，人民出版社1952年版，第348页。

的。"修改后，更通俗、明白。

（二）修改后的表述更合理

如：1941年版："在南方各游击区，这是我们同国民党十年血战的结果"，1952年《毛选》版："在南方各游击区——这是我们和国民党十年血战的结果的一部分"。增"的一部分"，更准确。

1941年版："一部分党员对十年艰苦生活不愿意继续的情绪……"1952年《毛选》版："一部分党员对过去艰苦斗争的生活不愿意继续的情绪……""十年"改"过去"，更合理。

1941年版："不克服此倾向，就不能执行胜利的抗日民族革命战争，"，1952年《毛选》版："不克服这个倾向，就不能进行胜利的抗日民族革命战争，"。"执行"改"进行"，更合理。

1941年版："抗日民族统一战线的中央集团是民族资产阶级及上层小资产阶级。"1952年《毛选》版："抗日民族统一战线的中间集团是民族资产阶级和上层小资产阶级。""中央集团"改"中间集团"，更合理。

（三）修改后的表述更准确

如：1941年版："何鸣危险（闽粤边游击队千余被缴械）的警戒。"1952年《毛选》版："何鸣危险（被国民党包围缴械的危险）的警戒。""闽粤边游击队千余被缴械"改"被国民党包围缴械的危险"。修改后，更准确。

1941年版："在解放报，严正批评态度的坚持。"1952年《毛选》版："在『解放周刊』，坚持了严正的批评态度。"修改后，更准确。

1941年版："基本上保证了红军作战上与工作上的胜利。拒绝了国民党派遣他们的党员来当红军的干部，坚持了共产党绝对领导红军的原则。"1952年《毛选》版："因而基本上保证了八路军作战上和工作上的胜利。拒绝了国民党派遣他们的党员来当八路军干部的要求，坚持了共产党绝对领导八路军的原则。""红军"改"八路军"，修改后，更准确。

（四）体现实事求是的精神

如：1941年版："复兴社的一部分是开始左倾了……"1952年《毛选》

版："复兴社中有一部分人是开始动摇了……""左倾"改"动摇"，是更合理的。

（五）有的修改是因为社会历史的发展

如：1941年版"苏区"，1952年《毛选》版改"抗日根据地"；1941年版"苏区党大会"，1952年《毛选》版改"党的全国代表会议"。1937年9月，中共中央正式宣布取消中华苏维埃共和国的称号。此后，陕甘宁边区政府及中国共产党领导的各抗日根据地，政权形式已与苏维埃的模式不同。这样"苏区"的提法就过时了，不再提"苏区"是自然的。

（六）关于《上海太原失陷以后抗日战争的形势和任务》中对陈独秀路线的提法

关于陈独秀路线，毛泽东在1936年12月写的《中国革命战争的战略问题》（八路军军政杂志社1941年版）一文中提法是："陈独秀主义"[①]（人民出版社1951年版《毛泽东选集》第一卷《中国革命战争的战略问题》中的提法修改为"陈独秀右倾机会主义"[②]）。至《上海太原失陷以后抗日战争的形势和任务》，毛泽东明确提出了在谁领导谁的问题中，必须坚决地反对投降主义（详前）。即放弃无产阶级领导权，任由资产阶级来领导无产阶级，就是投降主义，必须坚决地反对。而坚持无产阶级的领导权，坚持独立自主，是抗日战争胜利的中心一环（详前）。为了反对抗日战争中的投降主义，把抗日战争引向胜利，毛泽东强调了要吸取历史教训，指出："一九二七年陈独秀的投降主义，引导大革命归于失败了，每个共产党员都不应忘记这个历史上的血的教训。"[③]（1952年《毛选》版修改为："一九二七年陈独秀的投降主义，引导了那时的革命归于失败……"[④]）此后，使用了很长一段时间"陈独秀投降主义""陈独秀右倾投降主义"这两种提法。1945年《关于若干历史问题的决议》提法为："陈独秀为代表的右倾思想，发展为投降主义

[①] 《中国革命战争的战略问题》，八路军军政杂志社1941年版，第12页。
[②] 《毛泽东选集》第一卷，人民出版社1951年10月第1版，第183页。
[③] 《六大以来选集》（上），中共中央书记处1941年编印，第390页。
[④] 《毛泽东选集》第二卷，人民出版社1952年版，第351页。

路线"①。1981年《关于建国以来党的若干历史问题的决议》的提法为："党当时还比较幼稚，又处在陈独秀右倾投降主义的领导下"②。直到2021年，《中共中央关于党的百年奋斗重大成就和历史经验的决议》对陈独秀路线的表述修改为："陈独秀为代表的右倾思想发展为右倾机会主义错误"③。不再说陈独秀路线是"右倾投降主义"④。因为改革开放以来，随着共产国际与中国革命关系的历史资料陆续公布，对陈独秀的研究，学术界已有很多新成果，2021年第三个《决议》吸取了学术界研究的新成果⑤。

毛泽东修改过去的文章，使之更明白、更合理、更准确，即更科学，这是值得肯定的。

（陈乐媛初稿　周一平修改）

---

① 《关于若干历史问题的决议》，《毛泽东选集》第三卷，人民出版社1991年版，第954页。
② 《关于建国以来党的若干历史问题的决议》，《人民日报》1981年10月7日。
③ 《中共中央关于党的百年奋斗重大成就和历史经验的决议》，《人民日报》2021年11月17日。
④ 周龙燕等：《〈关于党的百年奋斗重大成就和历史经验的决议〉的党史学意义》，《思想政治课研究》2022年第4期。
⑤ 李良玉：《关于大革命史的一项政治文献学研究——"陈独秀右倾机会主义"再讨论》，《广东党史与文献研究》2020年第6期。

附录：

人民出版社1952年《毛泽东选集》第二卷版、中共晋冀鲁豫中央局1948年编印《毛泽东选集》（上册）版与中共中央书记处1941年编印《六大以来选集》（上）版校勘记

凡例

1. 《上海太原失陷以后抗日战争的形势和任务》各版本简称如下：

中共中央书记处1941年编印《六大以来选集》（上）版，简称"1941年版"。

中共晋冀鲁豫中央局1948年编印《毛泽东选集》（上册）版，简称"1948年版"。

人民出版社1952年《毛泽东选集》第二卷版，简称"1952年《毛选》版"。

2. 凡1948年版、1952年《毛选》版与1941年版标点、文字不同之处，均在每栏（每列）相同位置列出各自的文字。

3. 空行。每栏（列）中的空行，表示上下文字之间有分段，或略去了相同的文字。

4. 各版本中增、删文字的表示：1941年版有的文字，1952年《毛选》版没有，即删除了，1941年版栏（列）中列出文字，1952年《毛选》版栏（列）中相应处注"○"。1952年《毛选》版增加的文字，1941年版没有，1952年《毛选》版栏（列）中列出文字，1941年版栏（列）中相应处注"○"。

5. 1952年《毛选》版增加的题解、注释。"*"表示增加了题解，题解文字略。数字加"〔〕"，是增加了的注释号，表示增加了注释，注释文字略。

1941年版	1948年版	1952年《毛选》版
上海太原失陷以后抗日民族革命战争的形势与任务 ——一九三七年十一月十二日毛泽东同志在延安共产党活动份子大会上的报告提纲——	上海太原失陷以后抗日民族革命战争的形势与任务 ——一九三七年十一月十二日在延安共产党活动份子大会上的报告提纲——	上海太原失陷以后抗日战争的形势和任务* （一九三七年十一月十二日）
（一）我们赞助一切反对日本帝国主义进攻的抗战，即使是片面的抗战。因为它比不抵抗主义进一步，因为它是带□□□□的，因为它也是在为着保卫祖国而战。半殖民地的无产阶级，是需要保卫祖国的。	（一）我们赞助一切反对日本帝国主义进攻的抗战，即使是片面的抗战。因为它比不抵抗主义进一步，因为它是带着革命性的，因为它也是在为着保卫祖国而战。半殖民地的无产阶级，是需要保卫祖国的。	（一）我们赞助一切反对日本帝国主义进攻的抗战，即使是片面的抗战。因为它比不抵抗主义进一步，因为它是带着革命性的，因为它也是在为着保卫祖国而战。
（二）但是我们早就指出（四月的延安活动份子大会，五月的苏区党大会，八月的中央决议案）：不要人民群众参加的单纯政府的片面抗战，是一定要失败的。因为它不是完全的民族革命战争，因为它不是群众战。	（二）但是我们早就指出（四月的延安活动份子大会，五月的苏区党大会，八月的中央决议案）：不要人民群众参加的单纯政府的片面抗战，是一定要失败的。因为它不是完全的民族革命战争，因为它不是群众战。	（二）但是我们早就指出（今年四月延安党的活动分子会议，五月党的全国代表会议，八月中央政治局的决议〔一〕）：不要人民群众参加的单纯政府的片面抗战，是一定要失败的。因为它不是完全的民族革命战争，因为它不是群众战争。
（三）我们主张全国人民总动员的完全的民族革命战争，或全面抗战。因为只有这种抗战，才是群众战，才能达到保卫祖国的目的。	（三）我们主张全国人民总动员的完全的民族革命战争，或全面抗战。因为只有这种抗战，才是群众战，才能达到保卫祖国的目的。	（三）我们主张全国人民总动员的完全的民族革命战争，或者叫作全面抗战。因为只有这种抗战，才是群众战争，才能达到保卫祖国的目的。
（四）国民党主张的片面抗战，虽然也是民族革命战争，虽然也带着革命性，但其革命性不完全，是一定要引导战争趋于失败的，是决然不能保卫祖国的。	（四）国民党主张的片面抗战，虽然也是民族革命战争，虽然也带着革命性，但其革命性不完全，是一定要引导战争趋于失败的，是决然不能保卫祖国的。	（四）国民党主张的片面抗战，虽然也是民族战争，虽然也带着革命性，但其革命性很不完全。片面抗战是一定要引导战争趋于失败的，是决然不能保卫祖国的。

(续表)

1941年版	1948年版	1952年《毛选》版
（五）这是共产党的抗战主张与现时国民党的抗战主张，存在着原则纷歧的地方。如果共产党员忘记了这个原则性，他就不能正确的指导抗日民族革命战争，他就无力克服国民党的片面性，把共产党主义者降低到无原则的地位，把共产党降低到国民党，他就对于神圣的民族革命战争与保卫祖国的任务犯了罪过。	（五）这是共产党的抗战主张与现时国民党的抗战主张，存在着原则分歧的地方。如果共产党员忘记了这个原则性，他就不能正确的指导抗日民族革命战争，他就无力克服国民党的片面性，把共产主义者降低到无原则的地位，把共产党降低到国民党，他就对于神圣的民族革命战争与保卫祖国的任务犯罪过。	（五）这是共产党的抗战主张和现时国民党的抗战主张的原则分歧。如果共产党员忘记了这个原则性，他们就不能正确地指导抗日战争，他们就将无力克服国民党的片面性，就把共产主义者降低到无原则的地位，把共产党降低到国民党。他们就是对于神圣的民族革命战争和保卫祖国的任务犯了罪过。
（六）完全的民族革命战争或全面抗战，必须执行共产党提出的抗日救国十大纲领，必须有一个完全执行这个纲领的政府与军队。	（六）完全的民族革命战争或全面抗战，必须执行共产党提出的抗日救国十大纲领，必须有一个完全执行这个纲领的政府与军队。	（六）在完全的民族革命战争或全面抗战中，必须执行共产党提出的抗日救国十大纲领，必须有一个完全执行这个纲领的政府和军队。
（七）上海太原失陷后的形势是这样的：（1）一方面表现：在华北，以国民党为主体的正规战争已经结束，以共产党为主体的游击战争进入主要地位。在江浙，国民党阵线已被击破，日寇正向南京及长江流域进攻。国民党的片面抗战已表现不能持久。	（七）上海太原失陷后的形势是这样的：（1）一方面表现：在华北，以国民党为主体的正规战争已经结束，以共产党为主体的游击战争进入主要地位。在江浙，国民党阵线已被击破，日寇正向南京及长江流域进攻。国民党的片面抗战已表现不能持久。	（七）上海太原失陷后的形势是这样的：1、在华北，以国民党为主体的正规战争已经结束，以共产党为主体的游击战争进入主要地位。在江浙，国民党的战线已被击破，日寇正向南京和长江流域进攻。国民党的片面抗战已表现不能持久。
（2）英美法等国政府站在它们自己帝国主义利益上的援助中国，还限制在口头上的同情，还没有什么实力的援助。	（2）英美法等国政府站在它们自己帝国主义利益上的援助中国，还限制在口头上的同情，还没有什么实力的援助。	2、英、美、法等国政府为它们自己的帝国主义的利益表示援助中国，还限于口头上的同情，而没有什么实力的援助。
（3）德意法西斯竭力援助日本帝国主义。	（3）德意法西斯竭力援助日本帝国主义。	3、德意法西斯竭力援助日本帝国主义。
（4）国民党用以支持片面抗战的一党专政及其对民众的统制政策，还不愿意作原则上的改变。	（4）国民党用以支持片面抗战的一党专政及其对民众的统制政策，还不愿意作原则上的改变。	4、国民党对于它的用以进行片面抗战的一党专政及其对民众的统制政策，还不愿意作原则上的改变。

(续表)

1941年版	1948年版	1952年《毛选》版
这些是一方面的情形。另一方面则表现： （1）共产党与八路军的政治影响极大与极快的扩大，『民族救星』的声浪在全国传布着。共产党与八路军决心坚持华北的游击战争，用以捍卫全国，钳制日寇向中原与西北的进攻。 （2）民众运动开展了一步。 （3）民族资产阶级的左倾。 （4）国民党中主张改革现状的势力正在增长。 （5）世界人民反日及援助中国的运动正在发展。 （6）苏联正在准备用实力援助中国。 这些是又一方面的情形。 （八）因此，目前是处在从片面抗战到全面抗战的过渡期中，片面抗战已经无力持久，全面抗战还没有来到，一个青黄不接危机严重的过渡期。 （九）在此期间，中国的片面抗战可能向三个方向发展： 第一个方向，结束片面抗战，代以全面抗战。这是国内大多数人的要求，但国民党还没有下决心。 第二个方向，结束抗战，代以投降。这是日寇汉奸亲日派的要求，但遭到了中国大多数人的反对。 第三个方向，抗战与投降并存于中国。这将是日寇汉奸亲日派无法达到第二个方向，因而实行其破裂抗日阵线政策的结果，他们正在策动这一着，这个危险严重地存在。	这些是一方面的情形。另一方面则表现： （1）共产党与八路军的政治影响极大与极快的扩大，『民族救星』的声浪在全国传布着。共产党与八路军决心坚持华北的游击战争，用以捍卫全国，钳制日寇向中原与西北的进攻。 （2）民众运动开展了一步。 （3）民族资产阶级的左倾。 （4）国民党中主张改革现状的势力正在增长。 （5）世界人民反日及援助中国的运动正在发展。 （6）苏联正在准备用实力援助中国。 这些是又一方面的情形。 （八）因此，目前是处在从片面抗战到全面抗战的过渡期中，片面抗战已经无力持久，全面抗战还没有来到，一个青黄不接危机严重的过渡期。 （九）在此期间，中国的片面抗战可能向三个方向发展： 第一个方向，结束片面抗战，代以全面抗战。这是国内大多数人的要求，但国民党还没有下决心。 第二个方向，结束抗战，代以投降。这是日寇汉奸亲日派的要求，但遭到了中国大多数人的反对。 第三个方向，抗战与投降并存于中国。这将是日寇汉奸亲日派无法达到第二个方向，因而实行其破裂抗日阵线政策的结果，他们正在策动这一着，这个危险严重地存在。	这些是一方面的情形。另一方面则表现： 1、共产党和八路军的政治影响极大地极快地扩大，『民族救星』的声浪在全国传布着。共产党和八路军决心坚持华北的游击战争，用以捍卫全国，钳制日寇向中原和西北的进攻。 2、民众运动开展了一步。 3、民族资产阶级的左倾。 4、国民党中主张改革现状的势力正在增长。 5、世界人民反对日本和援助中国的运动正在发展。 6、苏联正在准备用实力援助中国。 这些是又一方面的情形。 （八）因此，目前是处在从片面抗战到全面抗战的过渡期中，片面抗战已经无力持久，全面抗战还没有来到。这是一个青黄不接的危机严重的过渡期。 （九）在此期间，中国的片面抗战可能向三个方向发展： 第一个方向，结束片面抗战，代以全面抗战。这是国内大多数人的要求，但是国民党还没有下决心。 第二个方向，结束抗战，代以投降。这是日寇、汉奸和亲日派的要求，但是遭到了中国大多数人的反对。 第三个方向，抗战和投降并存于中国。这将是日寇、汉奸和亲日派无法达到第二个方向的目的，因而实行其破裂中国抗日阵线的阴谋诡计的结果。他们正在策动这一着。这个危险严重地存在着。

(续表)

1941年版	1948年版	1952年《毛选》版
（十）依目前形势看来，国内国际不许可投降主义得势的因素，是占着优势。这些因素是：日本灭亡中国的总方针，共产党与八路军的存在，中国人民的要求，国民党内多数党员的要求，投降对于英美法的损失，苏联的存在及其准备援助中国的方针，中国人民对于苏联的深切希望（这种希望不是空的）等等。如果把这些因素好好地组织起来，不但将克服投降与分裂的因素，也将克服停顿于片面抗战的因素。	（十）依目前形势看来，国内国际不许可投降主义得势的因素，是占着优势。这些因素是：日本灭亡中国的总方针，共产党与八路军的存在，中国人民的要求，国民党内多数党员的要求，投降对于英美法的损失，苏联的存在及其准备援助中国的方针，中国人民对于苏联的深切希望（这种希望不是空的）等等。如果把这些因素好好地组织起来，不但将克服投降与分裂的因素，也将克服停顿于片面抗战的因素。	（十）依目前形势看来，国内国际不许可投降主义得势的因素，占着优势。这些因素是：日本坚决灭亡中国的方针使中国处于非战不可的地位，共产党和八路军的存在，中国人民的要求，国民党内多数党员的要求，英、美、法顾虑到国民党投降对于它们利益的损失，苏联的存在及其援助中国的方针，中国人民对于苏联的深切希望（这种希望不是空的）等等。如果把这些因素好好地组织起来，不但将克服投降和分裂的因素，也将克服停顿于片面抗战的因素。
（十一）因此，争取从片面抗战转变到全面抗战的前途是存在的，这是一切中国共产党员，一切中国国民党先进党员，与一切中国人民的共同的迫切任务。	（十一）因此，争取从片面抗战转变到全面抗战的前途是存在的，这是一切中国共产党员，一切中国国民党先进党员，与一切中国人民的共同的迫切任务。	（十一）因此，从片面抗战转变到全面抗战的前途是存在的。争取这个前途，是一切中国共产党员、一切中国国民党的进步分子和一切中国人民的共同的迫切任务。
（十二）中国抗日民族革命战争，现在是处在严重的危机中。危机存在的时间，也许将延长，但也许将较快的被克服。决定的因素，在中国内部是国共两党的合作及基于此合作之国民党政策的转变，是工农群众的力量，在中国外部是苏联的援助。	（十二）中国抗日民族革命战争，现在是处在严重的危机中。危机存在的时间，也许将延长，但也许将较快的被克服。决定的因素，在中国内部是国共两党合作及基于此合作之国民党政策的转变，是工农群众的力量，在中国外部是苏联的援助。	（十二）中国抗日民族革命战争现在是处在严重的危机中。危机也许将延长，也许将较快地被克服。决定的因素，在中国内部是国共两党的合作和在这一合作的基础上的国民党政策的转变，是工农群众的力量；在中国外部是苏联的援助。
（十三）国民党有在其政治上组织上加以改造的必要，也有这种可能，这主要的是因为日本的压迫，中国共产党的统一战线政策，中国人民的要求，国民党内部新生力量增长。我们的任务是争取其实现这一改造以便作为改造，政府与改造军队的基础。	（十三）国民党有在其政治上组织上加以改造的必要，也有这种可能，这主要的是因为日本的压迫，中国共产党的统一战线政策，中国人民的要求，国民党内部新生力量的增长。我们的任务是争取其实现这一改造以便作为改造政府与改造军队的基础。	（十三）国民党有在其政治上组织上加以改造的必要，也有这种可能〔二〕。这主要地是因为日本的压迫，中国共产党的统一战线政策，中国人民的要求，国民党内部新生力量的增长。我们的任务是争取它实现这一改造，以便作为改造政府和改造军队的基础。

（续表）

1941年版	1948年版	1952年《毛选》版
（十四）改造政府。我们提出了召集临时国民大会的方针，这也是必要与可能的。这一改造也无疑须得到国民党的同意，并以它为主干。	（十四）改造政府。我们提出了召集临时国民大会的方针，这也是必要与可能的。这一改造也无疑须得到国民党的同意，并以它为主干。	（十四）改造政府。我们提出了召集临时国民大会的方针，这也是必要的和可能的。这一改造也无疑须得到国民党的同意。
（十五）改造军队的方向是建立新军队与改造旧军队。如能在半年到一年内建立二十五万到三十万具有新的政治精神的军队，则抗日战场上必能开始看到转机。这种新军队影响并团结一切旧军队，这是抗日战争转入战略反攻的基础。这一改造同样没有疑义须得到国民党的同意并以它的军队为主干，八路军应在这一改造过程中起着模范作用。八路军本身也应该扩大。	（十五）改造军队的方向是建立新军队与改造旧军队。如能在半年到一年内建立二十五万到三十万具有新的政治精神的军队，则抗日战场上必能开始看到转机。这种新军队影响并团结一切旧军队，这是抗日战争转入战略反攻的基础。这一改造同样没有疑义须得到国民党的同意并以它的军队为主干，八路军应在这一改造过程中起着模范作用。八路军本身也应该扩大。	（十五）改造军队的任务是建立新军和改造旧军。如能在半年到一年内建立二十五万到三十万具有新的政治精神的军队，则抗日战场上必能开始看到转机。这种新军将影响并团结一切旧军。这是抗日战争转入战略反攻的军事基础。这一改造，同样须得到国民党的同意。八路军应在这一改造过程中起模范作用。八路军本身应该扩大。
二 在党内在全国均须反对投降主义，在党内是阶级对阶级的投降主义，在全国是民族对民族的投降主义 1 关于反对阶级对阶级的投降主义	二 在党内在全国军均须反对投降主义，在党内是阶级对阶级的投降主义，在全国是民族对民族的投降主义 一 关于反对阶级对阶级的投降主义	二 在党内在全国军均须反对投降主义 在党内，反对阶级对阶级的投降主义
（十六）一九二七年陈独秀的投降主义，引导大革命归于失败了，每个共产党员都不应忘记这个历史上的血的教训。	（十六）一九二七年陈独秀的投降主义，引导大革命归于失败了，每个共产党员都不应忘记这个历史上的血的教训。	（十六）一九二七年陈独秀的投降主义，引导了那时的革命归于失败。每个共产党员都不应忘记这个历史上的血的教训。
（十七）对于我们党的抗日民族统一战线路线，在卢沟桥事变以前，党内主要的危险倾向是左倾机会主义，即关门主义，这主要的是因为国民党还没有抗日的缘故。	（十七）对于我们党的抗日民族统一战线路线，在卢沟桥事变以前，党内主要的危险倾向是左倾机会主义，即关门主义，这主要的是因为国民党还没有抗日的缘故。	（十七）关于党的抗日民族统一战线的路线，在卢沟桥事变以前，党内的主要危险倾向是『左』倾机会主义，即关门主义。这主要是因为国民党还没有抗日的缘故。

(续表)

1941年版	1948年版	1952年《毛选》版
（十八）在卢沟桥事变以后，党内主要的危险倾向，已经不是左倾关门主义，而转变到右倾机会主义，即投降主义方面了，这主要的是因为国民党已经抗日了的缘故。	（十八）在卢沟桥事变以后，党内主要的危险倾向，已经不是左倾关门主义，而是转变到右倾机会主义，即投降主义方面了，这主要的是因为国民党已经抗日了的缘故。	（十八）在卢沟桥事变以后，党内的主要危险倾向，已经不是『左』倾关门主义，而转变到右倾机会主义，即投降主义方面了。这主要是因为国民党已经抗日了的缘故。
（十九）还在四月延安活动份子会，又在五月苏区党大会，特别在八月中央政治局会议（洛川会议）时，我们就提出了这样的问题：在统一战线中，是无产阶级领导资产阶级呢？还是资产阶级领导无产阶级？是国民党吸引共产党呢？还是共产党吸引国民党？在当前具体的政治任务中，这个问题即是说：把国民党提高到共产党主张的抗日救国十大纲领及全面抗战呢？还是把共产党降低到国民党主张的并实行它的地主资产阶级专政及片面抗战？	（十九）还在四月延安活动份子会，又在五月苏区党大会，特别在八月中央政治局会议（洛川会议）时，我们就提出了这样的问题：在统一战线中，是无产阶级领导资产阶级呢？还是资产阶级领导无产阶级？是国民党吸引共产党呢？还是共产党吸引国民党？在当前具体政治任务中，这个问题即是说：把国民党提高到共产党主张的抗日救国十大纲领及全面抗战呢？还是把共产党降低到国民党主张的并实行它的地主资产阶级专政及片面抗战？	（十九）还在四月延安党的活动分子会议时，又在五月党的全国代表会议时，特别是在八月中央政治局会议（洛川会议）时，我们就提出了这样的问题：在统一战线中，是无产阶级领导资产阶级呢，还是资产阶级领导无产阶级？是国民党吸引共产党呢，还是共产党吸引国民党？在当前的具体的政治任务中，这个问题即是说：把国民党提高到共产党所主张的抗日救国十大纲领和全面抗战呢，还是把共产党降低到国民党的地主资产阶级专政和片面抗战？
（二十）为什么要这样尖锐的提出问题呢？这是因为：一方面：中国资产阶级的妥协性，国民党实力上的优势，国民党三中全会宣言及决议上面污蔑及侮辱共产党的决议与所谓『停止阶级斗争』的『理论』，国民党关于共产党投降的衷心企图与到处宣传，蒋介石企图统制共产党，国民党对于红军的限制与削弱政策，国民党对于苏区的限制与削弱政策，国民党七月庐山训练班提出『在抗日战争中削弱共产党力量五分之二』的阴谋，升官发财酒色逸乐的引诱，某些革命小资产份子政治上的投降举动（章乃器为代表），等等情况。	（二十）为什么要这样尖锐的提出问题呢？这是因为：一方面：中国资产阶级的妥协性，国民党实力上的优势，国民党三中全会宣言及决议上面诬蔑及侮辱共产党的决议与所谓『停止阶级斗争』的『理论』，国民党关于共产党投降的衷心企图与到处宣传，蒋介石企图统制共产党，国民党对于红军的限制与削弱政策，国民党对于苏区的限制与削弱政策，国民党七月庐山训练班提出『在抗日战争中削弱共产党力量五分之二』的阴谋，升官发财酒色逸乐的引诱，某些革命小资产份子政治上的投降举动（章乃器为代表）等等情况。	（二十）为什么要这样尖锐地提出问题呢？这是因为：一方面，中国资产阶级的妥协性，国民党实力上的优势，国民党三中全会的宣言和决议对于共产党的诬蔑和侮辱以及所谓『停止阶级斗争』的叫嚣，国民党关于『共产党投降』的衷心愿望和广泛宣传，蒋介石关于统制共产党的企图，国民党对于红军的限制和削弱的政策，国民党对于抗日民主根据地的限制和削弱的政策，国民党七月庐山训练班〔三〕提出的『在抗日战争中削弱共产党力量五分之二』的阴谋计划，国民党对共产党干部所施行的升官发财酒色逸乐的引诱，某些小资产阶级急进分子在政治上的投降举动（以章乃器为代表〔四〕）等等情况。

(续表)

1941年版	1948年版	1952年《毛选》版
另一方面：共产党内理论水平的不平均，许多党员缺乏大革命时期两党合作的经验，党内小资产阶级成份的大量存在，一部分党员对十年艰苦生活不愿意继续的情绪，统一战线中迁就国民党的无原则倾向，红军中的新军阀主义倾向，共产党参加政权问题的发生，苏区中的迁就倾向，等等情况。 由于上述两方面的严重的情况，必须尖锐的提出这个问题，必须坚决的反对投降主义。	另一方面：共产党内理论水平的不平均，许多党员缺乏大革命时期两党合作的经验，党内小资产阶级成份的大量存在，一部分党员对十年艰苦生活不愿意继续的情绪，统一战线中迁就国民党的无原则倾向，红军中的新军阀主义倾向，共产党参加政权问题的发生，苏区中的迁就倾向，等等情况。 由于上述两方面的严重的情况，必须尖锐的提出这个问题，必须坚决的反对投降主义。	另一方面：共产党内理论水平的不平衡，许多党员的缺乏北伐战争时期两党合作的经验，党内小资产阶级成份的大量存在，一部分党员对过去艰苦斗争的生活不愿意继续的情绪，统一战线中迁就国民党的无原则倾向的存在，八路军中的新军阀主义倾向的发生，共产党参加国民党政权问题的发生，抗日民主根据地中的迁就倾向的发生，等等情况。 由于上述两方面的严重的情况，必须尖锐地提出谁领导谁的问题，必须坚决地反对投降主义。
（二十一）几个月以来，主要的是抗战以来，共产党中央及其各级组织，同这种已经发生的及可能发生的投降主义倾向作了明确而坚决的斗争及必要的防止，并且收到了成绩。	（二十一）几个月以来，主要的是抗战以来，共产党中央及其各级组织，同这种已经发生的及可能发生的投降主义倾向作了明确而坚决的斗争及必要的防止，并且收到了成绩。	（二十一）几个月以来，主要是抗战以来，共产党中央及其各级组织，对这种已经发生的和可能发生的投降主义倾向作了明确而坚决的斗争和必要的预防，并且收到了成效。
在参加政权问题上，中央发出了一个决议案的草案。	在参加政权问题上，中央发出了一个决议案的草案。	在参加政权问题上，中央发出了一个决议案的草案。〔五〕
在红军中，开始向新军阀主义作斗争，这种倾向表现在红军改编后某些个别份子不愿意严格受共产党的领导，个人英雄主义，以受国民党委任为荣耀（以做官为荣耀）等等问题上面。	在红军中，开始向新军阀主义作斗争，这种倾向表现在红军改编后某些个别份子不愿意严格受共产党的领导，个人英雄主义，以受国民党委任为荣耀（以做官为荣耀）等等问题上面。	在八路军中，开始向新军阀主义倾向作斗争。这种倾向，表现在红军改编后某些个别分子不愿意严格地接受共产党的领导、发展个人英雄主义、以受国民党委任为荣耀（以做官为荣耀）等等现象上面。

(续表)

1941年版	1948年版	1952年《毛选》版
这个新军阀主义倾向虽然和表现在打人骂人破坏纪律等现象上面的老的军阀主义同其根源：把无产阶级降低到农民，把共产党降低到国民党；同其结果：脱离群众。然而它是在国共两党统一战线时期发生的，它特别带着危险性，所以特别值得注意。因受国民党干涉而取消的政治委员制度及下级政治部改名为政训处，现在也提出把它恢复了。提出了独立自主的山地游击战这个新的战略原则并坚持地执行之，基本上保证了红军作战上与工作上的胜利。拒绝了国民党派遣他们的党员来当红军的干部，坚持了共产党绝对领导红军的原则。在苏区，同样提出了『统一战线中的独立自主』这个原则，纠正了『议会主义』倾向（当然并不是第二国际的议会主义，这种议会主义在中国党内是没有的），坚持了反对土匪敌探及破坏者的斗争。	这个新军阀主义倾向虽然和表现在打人骂人破坏纪律等现象上面的老的军阀主义同其根源：把无产阶级降低到农民，把共产党降低到国民党；同其结果：脱离群众。然而它是在国共两党统一战线时期发生的，它特别带着危险性，所以特别值得注意。因受国民党干涉而取消的政治委员制度及下级政治部改名为政训处，现在也提出把它恢复了。提出了独立自主的山地游击战这个新的战略原则，并坚持地执行之，基本上保证了红军作战上与工作上的胜利。拒绝了国民党派遣他们的党员来当红军的干部，坚持了共产党绝对领导红军的原则。在苏区，同样提出了『统一战线中的独立自主』这个原则，纠正了『议会主义』倾向（当然并不是第二国际的议会主义，这种议会主义在中国党内是没有的），坚持了反对土匪敌探及破坏者的斗争。	这个新军阀主义倾向虽然和表现在打人、骂人、破坏纪律等等现象上面的老的军阀主义倾向同其根源（把共产党降低到国民党），同其结果（脱离群众）；然而它是在国共两党统一战线时期发生的，它带着特别大的危险性，所以特别值得注意，需要坚定地加以反对。因受国民党干涉而取消的政治委员制度，因受国民党干涉而改为政训处的政治部的名称，现在已经恢复了。提出了『独立自主的山地游击战』这个新的战略原则，并坚持地执行之，因而基本上保证了八路军作战上和工作上的胜利。拒绝了国民党派遣他们的党员来当八路军干部的要求，坚持了共产党绝对领导八路军的原则。在各革命的抗日根据地，同样提出了『统一战线中的独立自主』这个原则。纠正了『议会主义』倾向（当然并不是第二国际的议会主义，这种议会主义在中国党内是没有的）〔六〕，坚持了反对土匪、敌探和破坏者的斗争。
在西安，纠正了两党关系上的无原则倾向（迁就倾向），重新开展了群众斗争。	在西安，纠正了两党关系上的无原则倾向（迁就倾向），重新开展了群众斗争。	在西安，纠正了两党关系上的无原则倾向（迁就倾向），重新开展了群众斗争。
在陇东情况与西安大体相同。	在陇东情况与西安大体相同。	在陇东，情况和西安大体相同。
在上海，对『少号召多建议』的章乃器主义给了批评，开始纠正了救亡工作中的迁就倾向。	在上海，对『少号召多建议』的章乃器主义给了批评，开始纠正了救亡工作中的迁就倾向	在上海，对『少号召，多建议』的章乃器主义给了批评，开始纠正了救亡工作中的迁就倾向。

（续表）

1941年版	1948年版	1952年《毛选》版
在南方各游击区，这是我们同国民党十年血战的结果，是抗日民族革命战争在南方各省的战略支点，是国民党在西安事变后还用围剿政策企图消灭在卢沟桥事变后则改用调虎离山政策企图削弱的力量。在这个问题上，我们的注意力是集中在：（1）无条件集中倾向（适应国民党拔去这些支点的要求）的防止；（2）国民党派人的拒绝；（3）何鸣危险（闽粤边游击队千余被缴械）的警戒。 在解放报，严正批评态度的坚持。 （二十二）为了坚持抗战及争取最后胜利，为了变片面抗战为全面抗战，必须坚持抗日民族统一战线的路线，必须扩大与巩固统一战线，任何破裂国共两党的统一战线的主张，是不许可的，左倾关门主义仍然要防止。但同时，在一切统一战线工作中必须密切联系到独立自主的原则。我们同国民党及其他任何派别的统一战线，是在实行一定纲领上面的统一战线，离开一定纲领的实行就没有任何的统一战线，就变成无原则的举动了，这就是投降主义的倾向。因此，『统一战线中的独立自主』这个原则的说明、实践与坚持，是把抗日民族革命战争引向胜利之途的中心一环。	在南方各游击区，这是我们同国民党十年血战的结果，是抗日民族革命战争在南方各省的战略支点，是国民党在西安事变后还用围剿政策企图消灭在卢沟桥事变后则改用调虎离山政策企图削弱的力量。在这个问题上，我们的注意力是集中在：（1）无条件集中倾向（适应国民党拔去这些支点的要求）的防止；（2）国民党派人的拒绝；（3）何鸣危险（闽粤边游击队千余被缴械）的警戒。 在解放报，严正批评态度的坚持。 （二十二）为了坚持抗战及争取最后胜利，为了变片面抗战为全面抗战，必须坚持抗日民族统一战线的路线，必须扩大与巩固统一战线，任何破裂国共两党的统一战线的主张，是不许可的，左倾关门主义仍然要防止。但同时，在一切统一战线工作中必须密切联系到独立自主的原则。我们同国民党及其他任何派别的统一战线，是在实行一定纲领上面的统一战线，离开一定纲领的实行就没有任何的统一战线，就变成无原则的举动了，这就是投降主义的倾向。因此，『统一战线中的独立自主』这个原则的说明、实践与坚持，是把抗日民族革命战争引向胜利之途的中心一环。	在南方各游击区——这是我们和国民党十年血战的结果的一部分，是抗日民族革命战争在南方各省的战略支点，是国民党在西安事变后还用『围剿』政策企图消灭、在卢沟桥事变后又改用调虎离山政策企图削弱的力量——我们的注意力集中在：（1）无条件集中倾向（适应国民党拔去这些支点的要求）的防止；（2）国民党派人的拒绝；（3）何鸣危险（被国民党包围缴械的危险）〔七〕的警戒。 在『解放周刊』〔八〕，坚持了严正的批评态度。 （二十二）为了坚持抗战和争取最后胜利，为了变片面抗战为全面抗战，必须坚持抗日民族统一战线的路线，必须扩大和巩固统一战线。任何破裂国共两党的统一战线的主张是不许可的。『左』倾关门主义仍然要防止。但是在同时，在一切统一战线工作中必须密切地联系到独立自主的原则。我们和国民党及其他任何派别的统一战线，是在实行一定纲领这个基础上面的统一战线。离开了这个基础，就没有任何的统一战线，这样的合作就变成无原则的行动，就是投降主义的表现了。因此，『统一战线中的独立自主』这个原则的说明、实践和坚持，是把抗日民族革命战争引向胜利之途的中心一环。

364

（续表）

1941年版	1948年版	1952年《毛选》版
（二十三）我们这样做的目的何在呢？一方面在于保持自己已经取得的阵地。这是我们的『战略出发地』，丧失了这种阵地就一切无从说起了。但主要的目的还在于另一方面，这就是为了发展阵地，为了实现『动员千百万群众进入抗日民族统一战线打倒日本帝国主义』这个积极的目的。保持阵地与发展阵地是不可分离的。几个月来，小资产阶级的左翼群众是在我们的影响下更扩大地团结起来了，国民党营垒中的新生力量是在增长中，山西的群众斗争是发展了，党的组织在许多地方也发展了。	（二十三）我们这样做的目的何在呢？一方面在于保持自己已经取得的阵地。这是我们的『战略出发地』，丧失了这种阵地就一切无从说起了。但主要的目的还在于另一方面，这就是为了发展阵地，为了实现『动员千百万群众进入抗日民族统一战线打倒日本帝国主义』这个积极的目的。保持阵地与发展阵地是不可分离的。几个月来，小资产阶级的左翼群众是在我们的影响下更扩大地团结起来了，国民党营垒中的新生力量是在增长中，山西的群众斗争是发展了，党的组织在许多地方也发展了。	（二十三）我们这样做的目的何在呢？一方面是在于保持自己已经取得的阵地。这是我们的战略出发地，丧失了这个阵地就一切无从说起了。但是主要的目的还在另一方面，这就是为了发展阵地，为了实现『动员千百万群众进入抗日民族统一战线，打倒日本帝国主义』这个积极的目的。保持阵地和发展阵地是不可分离的。几个月来，更扩大的小资产阶级的左翼群众是在我们的影响下团结起来了，国民党营垒中的新生力量是在增长中，山西的群众斗争是发展了，党的组织在许多地方也发展了。
（二十四）但是必须清楚的懂得，党在全国的组织力量，一般说起来还是微弱的状态中，全国的群众力量也还很薄弱，主要的是全国工农基本群众还没有组织起来。所有这些，一方面由于国民党的控制与压迫政策，一方面则是由于我们自己的没有工作或工作不足，这是我党在现时抗日民族革命战争中的最基本的弱点。不克服这个弱点，是不能战胜日本帝国主义的。但要达到此目的，一定要实行『统一战线中的独立自主』这个原则，要克服无原则的投降主义或迁就主义。	（二十四）但是必须清楚的懂得，党在全国的组织力量，一般说起来还是微弱的状态中，全国的群众力量也还很薄弱，主要的是因为全国工农基本群众还没有组织起来。所有这些，一方面由于国民党的控制与压迫的政策，一方面则是由于我们自己的没有工作或工作不足，这是我党在现时抗日民族革命战争中的最基本的弱点。不克服这个弱点，是不能战胜日本帝国主义的。但要达到此目的，一定要实行『统一战线中的独立自主』这个原则，要克服无原则的投降主义或迁就主义。	（二十四）但是必须清楚地懂得，党的组织力量，在全国，一般地说来还是微弱的，全国的群众力量也还是很薄弱，全国工农基本群众还没有组织起来。所有这些，一方面由于国民党的控制和压迫的政策，另一方面则是由于我们自己的没有工作或工作不足。这是我党在现时抗日民族革命战争中的最基本的弱点。不克服这个弱点，是不能战胜日本帝国主义的。要达到这个目的，一定要实行『统一战线中的独立自主』这个原则，一定要克服投降主义或迁就主义。
1 关于反对民族对民族的投降主义。	一 关于反对民族对民族的投降主义	在全国，反对民族对民族的投降主义

(续表)

1941年版	1948年版	1952年《毛选》版
（二十五）上面说的是阶级对阶级的投降主义，它引导无产阶级去适合资产阶级的改良主义与不彻底性，不克服此倾向，就不能执行胜利的抗日民族革命战争，就不能变片面抗战为全面抗战，就不能保卫祖国。 但是还有一种投降主义，这就是民族对民族的投降主义，它引导中国去适合日本帝国主义的利益，使中国变为日本帝国主义的殖民地，使中华民族变为亡国奴。这个倾向在现时是发生于抗日民族统一战线的右翼集团中。	（二十五）上面说的是阶级对阶级的投降主义，它引导无产阶级去适合资产阶级的改良主义与不彻底性，不克服此倾向，就不能执行胜利的抗日民族革命战争，就不能变片面抗战为全面抗战，就不能保卫祖国。 但是还有一种投降主义，这就是民族对民族投降主义，它引导中国去适合日本帝国主义的利益，使中国变为日本帝国主义的殖民地，使中华民族变为亡国奴。这个倾向在现时是发生于抗日民族统一战线的右翼集团中。	（二十五）上面说的是阶级对阶级的投降主义。它引导无产阶级去适合资产阶级的改良主义和不彻底性。不克服这个倾向，就不能进行胜利的抗日民族革命战争，就不能变片面抗战为全面抗战，就不能保卫祖国。 但是还有一种投降主义，这就是民族对民族投降主义，它引导中国去适合日本帝国主义的利益，使中国变为日本帝国主义的殖民地，使所有的中国人变为亡国奴。这个倾向在现时是发生于抗日民族统一战线的右翼集团中。
（二十六）抗日民族统一战线的左翼集团是共产党率领的群众，包括无产阶级农民及小资产阶级。我们的任务，是用一切努力去扩大与巩固这个集团。这一任务的进步、发展与完成，是改造国民党改造政府改造军队的基本条件，是统一的民主共和国建立起来的基本条件，是变片面抗战为全面抗战的基本条件，是打倒日本帝国主义的基本条件。	（二十六）抗日民族统一战线的左翼集团是共产党率领的群众，包括无产阶级农民及小资产阶级。我们的任务，是用一切努力去扩大与巩固这个集团。这一任务的进步、发展与完成，是改造国民党改造政府改造军队的基本条件，是统一的民主共和国建立起来的基本条件，是变片面抗战为全面抗战的基本条件，是打倒日本帝国主义的基本条件。	（二十六）抗日民族统一战线的左翼集团是共产党率领的群众，包括无产阶级、农民和城市小资产阶级群众。我们的任务，是用一切努力去扩大和巩固这个集团。这一任务的完成，是改造国民党、改造政府、改造军队的基本条件，是统一的民主共和国建立起来的基本条件，是变片面抗战为全面抗战的基本条件，是打倒日本帝国主义的基本条件。
（二十七）抗日民族统一战线的中央集团是民族资产阶级及上层小资产阶级。由上海各大报所代表的成份是左倾了，复兴社的一部分是开始左倾了，CC团也有一部分在动摇中，抗战的军队是得到了严重的教训，其中某些成份是开始了或准备着改造军队，国民党的报纸也有了某些进步现象，我们的任务，是争取中央集团的进步与转变，这一步骤如果不做到，转变时局是不可能的。	（二十七）抗日民族统一战线中的中央集团是民族资产阶级及上层小资产阶级。由上海各大报所代表的成份是左倾了，复兴社的一部份是开始左倾了，CC团也有一部份在动摇中，抗战的军队是得到了严重的教训，其中某些成份是开始了或准备着改造军队，国民党的报纸也有了某些进步现象，我们的任务，是争取中央集团的进步与转变，这一步骤如果不做到，转变时局是不可能的。	（二十七）上海各大报所代表的成份是左倾了〔九〕；抗日民族统一战线中的中间集团是民族资产阶级和上层小资产阶级。复兴社中有一部分人是开始动摇了，CC团中也有一部分人在动摇中〔十〕。抗战的军队是得到了严重的教训，其中某些成份是开始了或准备着改造。我们的任务，是争取中间集团的进步和转变。

(续表)

1941年版	1948年版	1952年《毛选》版
（二十八）抗日民族统一战线的右翼集团是大地主与大资产阶级，这是民族投降主义的大本营。一方面战争对于他们的破坏，一方面民众对于他们的威胁，他们的投降倾向是必然的。他们中间许多人已经是汉奸，许多人已经是亲日派，许多人是准备作亲日派，许多人正在动摇中，仅仅个别有特殊情况的份子是坚决的。他们中间有些人之暂时加入民族统一战线是被迫着勉强做的。一般说来，他们之从抗日民族统一战线分裂出去是不远的前途。目前大地主与大资产阶级中的许多最坏的份子，正在策动分裂抗日民族统一战线。他们是谣言的制造厂，『共产党暴动』『八路军退却』一类的谣言，今后将要与日俱增。我们的任务是坚决反对民族投降主义。在这斗争中扩大与巩固左翼集团，争取中央集团的进步与转变。	（二十八）抗日民族统一战线的右翼集团是大地主与大资产阶级，这是民族投降主义的大本营。一方面战争对于他们的破坏，一方面民众对于他们的威胁，他们的投降倾向是必然的。他们中间许多人已经是汉奸，许多人已经是亲日派，许多人是准备作亲日派，许多人在动摇中，仅仅个别有特殊情况的份子是坚决的。他们中间有些人之暂时加入民族统一战线是被迫着勉强做的。一般说来，他们之从抗日民族统一战线分裂出去是不远的前途。目前大地主与大资产阶级中的许多最坏的份子，正在策动分裂抗日民族统一战线。他们是谣言的制造厂，『共产党暴动』『八路军退却』一类的谣言，今后将要与日俱增。我们的任务是坚决反对民族投降主义。在这斗争中扩大与巩固左翼集团，争取中央集团的进步与转变。	（二十八）抗日民族统一战线的右翼集团是大地主和大资产阶级，这是民族投降主义的大本营。一方面害怕战争对于他们的财产的破坏，另一方面害怕民众的起来，他们的投降倾向是必然的。他们中间，许多人已经是汉奸；许多人已经是亲日派；许多人是准备做亲日派；许多人在动摇中；仅仅个别有特殊情况的分子是坚决的。他们中间有些人之所以暂时加入民族统一战线，是被迫的和勉强的。一般地说来，他们之从抗日民族统一战线中分裂出去是为期不远的。目前大地主和大资产阶级中的许多最坏的分子，正在策动分裂抗日民族统一战线。他们是谣言的制造厂，『共产党暴动』、『八路军退却』一类的谣言，今后将要与日俱增。我们的任务是坚决地反对民族投降主义，并且在这个斗争中，扩大和巩固左翼集团，争取中间集团的进步和转变。
3 阶级投降主义与民族投降主义的关系。	三 阶级投降主义与民族投降主义的关系	阶级投降主义和民族投降主义的关系
（二十九）在抗日民族革命战争中，阶级投降主义实际上是民族投降主义的后备军，是援助右翼营垒而使战争失败的最恶劣的倾向。为了争取中华民族与劳动群众的解放，为了使反对民族投降主义的斗争表现得坚决有力，必须反对共产党内部与无产阶级内部的阶级投降倾向，要使这一斗争开展于各方面的工作中。	（二十九）在抗日民族革命战争中。阶级投降主义实际上是民族投降主义的后备军，是援助右翼营垒而使战争失败的最恶劣的倾向。为了争取中华民族与劳动群众的解放，为了使反对民族投降主义的斗争表现得坚决有力，必须反对共产党内部与无产阶级内部的阶级投降倾向，要使这一斗争开展于各方面的工作中。	（二十九）在抗日民族革命战争中，阶级投降主义实际上是民族投降主义的后备军，是援助右翼营垒而使战争失败的最恶劣的倾向。为了争取中华民族和劳动群众的解放，为了使反对民族投降主义的斗争坚决有力，必须反对共产党内部和无产阶级内部的阶级投降倾向，要使这一斗争开展于各方面的工作中。

参考文献

一、史料

（一）中文版本

1. 中共中央书记处1941年编印《六大以来——党内秘密文件》（上）。
2. 中共中央书记处1941年编印《六大以来选集——党内秘密文件》（上）。
3. 中共中央书记处1943年编印《两条路线》（下）。
4. 中共中央晋察冀分局1944年编印《抗战以来党的路线研究参考资料》。
5. 中共中央山东分局1944年编印《党的路线问题选集》第一册。
6. 中共中央北方局1944年编印《抗战以来选集》第1辑。
7. 中共中央党校教务处1945年编印《党的政策选集》。
8. 中共冀晋区党委1945年编印《边区统一战线问题参考资料》。
9. 《党的政策选集》，光明出版社1945年4月翻印。
10. 中共晋察冀区党委1945年编印《关于统一战线学习文件》。
11. 晋察冀日报社1946年编印《党的政策选集》。
12. 中共晋冀鲁豫中央局1948年编印《毛泽东选集》（上册）。
13. 《毛泽东选集》卷三，东北书店1948年5月版。
14. 《毛泽东选集》第二卷，人民出版社1952年3月版。
15. 《上海太原失陷以后抗日战争的形势和任务》，人民出版社1952年版。
16. 《毛泽东选集》第二卷，人民出版社1952年8月版。
17. 《上海太原失陷以后抗日战争的形势和任务》，人民出版社1953年版。
18. 中国人民志愿军参谋学校1955年印《毛泽东选集》第二卷。
19. 《上海太原失陷以后抗日战争的形势和任务》，人民出版社1955

年版。

20．《上海太原失陷以后抗日战争的形势和任务》，人民出版社1960年版。

21．《上海太原失陷以后抗日战争的形势和任务》，吉林人民出版社1960年版。

22．《毛泽东选集》第二卷，上海人民出版社1964年版。

23．《毛泽东选集》第二卷（线装本），人民出版社1964年版。

24．《毛泽东选集》（一卷本），人民出版社1964年版。

25．《毛泽东选集》第二卷（线装本缩小版），人民出版社1965年版。（据1964年版线装本缩印）

26．《毛泽东选集》第二卷，人民出版社1965年版。

27．《毛泽东选集》第二卷，人民出版社1966年版。

28．《毛泽东选集》（一卷本），人民出版社1966年版。

29．《毛泽东选集》第二卷，中国人民解放军战士出版社1966年版。

30．《毛泽东选集》（一卷本），中国人民解放军战士出版社1966年版。

31．《毛泽东选集》（袖珍一卷本），人民出版社1967年版。

32．《上海太原失陷以后抗日战争的形势和任务》，人民出版社1967年版。

33．《毛泽东选集》（一卷本），中国人民解放军战士出版社1967年版。

34．《毛泽东选集》第二卷，人民出版社1967年版。

35．《毛泽东选集》第二卷，中国人民解放军战士出版社1967年版。

36．《毛主席论民族问题》，首都红代会中央民族学院东方红公社宣传部1967年编印。

37．《毛泽东选集》（袖珍一卷本），中国人民解放军战士出版社1968年版。

38．《毛泽东选集》（一卷本），香港三联书店1968年版。

39．《毛泽东选集》（一卷本），中国人民解放军通信兵政治部1968年印。

40．《毛泽东选集》（一卷本），中国科学院革命委员会1968年印。

41．《上海太原失陷以后抗日战争的形势和任务》（重排版），人民出版社1968年版。

42．《毛泽东选集》（一卷本），人民出版社1969年版。

43．《毛泽东选集》（一卷本），国防工业出版社1969年版。

44．《毛泽东选集》第二卷，人民出版社1969年版。

45．《毛泽东选集》第二卷（25开大字本），人民出版社1969年版。

46．《近代中国史稿》编写组1974年编印《马克思主义经典作家论中国近代史》。

47．华中师范学院历史系中国近现代史教研室编：《毛主席论中国近代史》，华中师范学院1974年印。

48．《上海太原失陷以后抗日战争的形势和任务》，人民出版社1975年版。

49．《上海太原失陷以后抗日战争的形势和任务》，江苏人民出版社1975年版。

50．上海师大教育革命组1975年编印《〈水浒〉评论专辑》。

51．浙江大学政工组资料室1976年编印《重视反对投降派的斗争》。

52．中共湘西土家族苗族自治州委宣传部1976年编印《学习文选：把反击右倾翻案风的斗争进行到底》。

53．山东大学中文系1976年编印《鲁迅〈故事新编〉学习参考资料汇编》。

54．南京大学历史系1976年编印《马克思主义经典作家关于中国史的论述》。

55．《上海太原失陷以后抗日战争的形势和任务》，人民出版社1976年版。

56．中国人民解放军测绘学院政治部政教室1980年编印《中共党史学习资料》。

57．中央统战部编：《中共中央抗日民族统一战线文件选编》上，档案出版社1985年版。

58．上海社会科学院历史研究所编：《"八一三"抗战史料选编》，上海人民出版社1986年版。

59．任涛等主编：《毛泽东论统一战线》，中国文史出版社1988年版。

60．冯文彬等主编：《中国共产党建设全书（1921—1991）》第1卷《党的光辉历程》，山西人民出版社1991年版。

61．《毛泽东选集》第二卷，人民出版社1991年版。

62．中央档案馆编：《中共中央文献选集》第11册，中共中央党校出版社1991年版。

63．中共中央党校等编：《中共党史文献选编 新民主主义革命时期》，中共中央党校出版社1992年版。

64．何竹康主编：《毛泽东思想集粹》，吉林教育出版社1993年版。

65．《毛泽东文集》第二卷，人民出版社1993年版。

66．《毛泽东军事文集》第二卷，军事科学出版社、中央文献出版社1993年版。

67．中央档案馆编：《中国共产党抗日文件选编》，中国档案出版社1995年版。

68．袁永松主编：《伟人毛泽东》下，红旗出版社1997年版。

69．《中国共产党指导思想文库》编委会编：《中国共产党指导思想文库》，中国经济出版社1998年版。

70．《毛泽东选集》第二卷（典藏本），人民出版社1998年版。

71．《毛泽东选集》第二卷（16开线装本），线装书局1998年版。

72．《毛泽东选集手抄本》第二卷，西苑出版社2001年版。

73．高敬增等主编：《经典作家统一战线理论》，华文出版社2002年版。

74．中共中央文献研究室编：《毛泽东著作专题摘编》上，中央文献出版社2003年版。

75．中共中央文献研究室、中央档案馆编：《建党以来重要文献选编》第十四册，中央文献出版社2011年版。

76．《毛泽东选集》第二卷（线装本），线装书局2011年版。

77．《毛泽东全集》第11卷，润东出版社2013年版。

（二）少数民族文版

1．《上海太原失陷以后抗日战争的形势和任务》（蒙古文），民族出版社1966年版。

2．《上海太原失陷以后抗日战争的形势和任务》（维吾尔文），民族出版社1966年版。

3.《上海太原失陷以后抗日战争的形势和任务》（朝鲜文），民族出版社1966年版。

4.《上海太原失陷以后抗日战争的形势和任务》（哈萨克文），民族出版社1966年版。

5.《上海太原失陷以后抗日战争的形势和任务》（朝鲜文），民族出版社1977年版。

6.《上海太原失陷以后抗日战争的形势和任务》（蒙古文），民族出版社1977年版。

（三）外文版

1.《上海太原失陷以后抗日战争的形势和任务》（印尼文），外文出版社1954年版。

2.《上海太原失陷以后抗日战争的形势和任务》（英文），外文出版社1956年版。

3.《上海太原失陷以后抗日战争的形势和任务》（英文），外文出版社1960年版。

4.《上海太原失陷以后抗日战争的形势和任务》（英文），外文出版社1966年版。

5.《上海太原失陷以后抗日战争的形势和任务》（尼泊尔文），外文出版社1967年版。

6.《上海太原失陷以后抗日战争的形势和任务》（俄文），外文出版社1968年版。

7.《上海太原失陷以后抗日战争的形势和任务》（法文），外文出版社1968年版。

8.《上海太原失陷以后抗日战争的形势和任务》（世界语），外文出版社1968年版。

9.《上海太原失陷以后抗日战争的形势和任务》（乌尔都文），外文出版社1968年版。

10.《上海太原失陷以后抗日战争的形势和任务》（越南文），外文出版社1968年版。

11.《上海太原失陷以后抗日战争的形势和任务》（缅甸文），外文出版社1968年版。

12.《上海太原失陷以后抗日战争的形势和任务》（泰文），外文出版社1969年版。

13.《上海太原失陷以后抗日战争的形势和任务》（日文），外文出版社1969年版。

14.《上海太原失陷以后抗日战争的形势和任务》（德文），外文出版社1969年版。

15.《上海太原失陷以后抗日战争的形势和任务》（印尼文），外文出版社1969年版。

16.《上海太原失陷以后抗日战争的形势和任务》（西班牙文），外文出版社1969年版。

17.《上海太原失陷以后抗日战争的形势和任务》（阿拉伯文），外文出版社1969年版。

18.《上海太原失陷以后抗日战争的形势和任务》（意大利文），外文出版社1971年版。

19.《上海太原失陷以后抗日战争的形势和任务》（斯瓦希里文），外文出版社1973年版。

（四）盲文版

《上海太原失陷以后抗日战争的形势和任务》，北京盲文印刷厂1974年版。

二、著作

1. 辽一师院政教系1976年编印《学习毛主席著作体会》。

2. 史锋主编：《反对王明投降主义的斗争》，上海人民出版社1976年版。

3. 北京师大政治教育系1976年编印《毛主席著作学习参考材料》。

4. 中国人民解放军炮兵军政干部学校政治部政治教研室1977年编印《学

习毛主席著作参考材料讨论稿》。

5．黑龙江大学哲学系1977年编印《学习〈毛泽东选集〉第二卷参考材料》。

6．《毛主席著作介绍》第1集，甘肃人民出版社1978年版。

7．《刘少奇选集》上卷，人民出版社1981年版。

8．《八路军事件人物录》，上海人民出版社1988年版。

9．张铁男等主编：《中国统一战线大事纪事本末》，吉林大学出版社1990年版。

10．《中国共产党历史大事记（1919.5—1987.12）》，人民出版社1991年版。

11．苏庸碧主编：《中共统战史简明教程》，成都出版社1991年版。

12．中共中央文献研究室编：《〈毛泽东选集〉一至四卷注释校订本》，中央文献出版社1991年版。

13．蔡长水等主编：《中国共产党的建设道路》，天津人民出版社1991年版。

14．尚海等主编：《民国史大辞典》，中国广播电视出版社1991年版。

15．袁竞主编：《毛泽东著作大辞典》，中国国际广播出版社1991年版。

16．焦根强等主编：《毛泽东著作辞典》，中国政法大学出版社1991年版。

17．冯雷等主编：《新版毛泽东选集学习辞典》，大连出版社1991年版。

18．桑金科主编：《中共党史中的第一》，河南大学出版社1991年版。

19．姚龙井等主编：《中国共产党统一战线史·新民主主义革命时期》，山西人民出版社1991年版。

20．程敏主编：《毛泽东选集导读》，中国国际广播出版社1991年版。

21．高狄主编：《毛泽东 周恩来 刘少奇 朱德 邓小平 陈云著作大辞典》上，辽宁人民出版社1991年版。

22．《田家英谈毛泽东思想》，四川人民出版社1991年版。

23．严风等主编：《〈毛泽东选集〉第2版导读》，新华出版社1991年版。

24．王金凤主编：《马克思主义著作辞典》，东北师范大学出版社1992年版。

25．何平主编：《毛泽东大辞典》，中国国际广播出版社1992年版。

26．沈郑荣主编：《毛泽东思想史纲》，黄河出版社1992年版。

27．《中国统一战线辞典》编委会：《中国统一战线辞典》，中共党史出版社1992年版。

28．方舟等主编：《毛泽东图书辞典》，华文出版社1993年版。

29．廖盖隆等主编：《毛泽东百科全书》，光明日报出版社1993年版，2003年修订版。

30．张宏儒主编：《二十世纪中国大事全书》，北京出版社1993年版。

31．周文琪主编：《谁主沉浮·毛泽东与共产国际》，中原农民出版社1993年版。

32．萧少秋主编：《延安时期毛泽东著述提要》，陕西人民教育出版社1993年版。

33．任涛主编：《中国统一战线全书》，国际文化出版公司1993年版。

34．张惠芝等主编：《毛泽东生平著作研究目录大全》，河北教育出版社1993年版。

35．李文林等主编：《毛泽东研究著作提要》，中国和世界出版公司1993年版。

36．蔡翔等主编：《二十世纪中国通鉴》，改革出版社1994年版。

37．杜明聪等主编：《厦门市毛泽东生平和思想研究论文集》，鹭江出版社1994年版。

38．张跃铭等主编：《第二次世界大战通鉴》，天津人民出版社1995年版。

39．刘益涛主编：《八载干戈仗延安》，广西师范大学出版社1995年版。

40．蒋建农主编：《世纪伟人毛泽东》，红旗出版社1996年版。

41．张静如主编：《毛泽东研究全书》卷二，长春出版社1998年版。

42．贾宗荣主编：《中国现代史（修订版）》，华东师范大学出版社1997年版。

43．柴宇球主编：《毛泽东大智谋》下，中国档案出版社1998年版。

44．张伟民等主编：《黑龙江省志》第77卷《出版图书期刊总目》下，黑龙江人民出版社1998年版。

45．《北京出版史志》编辑部编：《北京出版史志》第12辑，北京出版社1998年版。

46．牛兴华等主编：《毛泽东在延安》，中央文献出版社1999年版。

47．张喜德主编：《中共对国民党政策的三次转变与共产国际》，中共中央党校出版社2000年版。

48．罗湘民主编：《中国共产党统一战线简史》，华文出版社2000年版。

49．李玉荣主编：《统战史研究》，山东教育出版社2001年版。

50．何明主编：《伟人毛泽东（上）》，中央文献出版社2003年版。

51．杨永良主编：《中国共产党重要会议决策历程》，湖北辞书出版社2003年版。

52．柯延主编：《毛泽东生平全纪录 上》，中央文献出版社2004年版。

53．刘益涛：《中流砥柱——抗战中的毛泽东》，中央文献出版社2005年版。

54．江苏省中共党史学会编：《江苏省中共党史论丛》，中共党史出版社2006年版。

55．陈再道：《陈再道回忆录》，中国人民解放军出版社2009年版。

56．《建党以来重要文献选编》第十四册，中央文献出版社2011年版。

57．李捷主编：《毛泽东著作辞典》，浙江人民出版社2011年版。

58．冯世斌主编：《1928—1949河北省大事记》，河北人民出版社2012年版。

59．中共中央文献研究室编：《毛泽东年谱 1893—1949》中卷，中央文献出版社2013年版。

60．李茂盛等主编：《华北抗战史 上》，山西人民出版社2013年版。

61．卢权主编：《卢权集》，花城出版社2013年版。

62．朱有志等主编：《毛泽东时代》上，团结出版社2014年版。

63．李勇等主编：《统一战线大事记 抗日战争时期卷》，群言出版社2014年版。

64．张树军主编：《图文中国共产党抗战纪事》（上），河北人民出版社2015年版。

65．张树军等主编：《中国抗日战争全景录 山西卷》，山西人民出版社

2015年版。

66．刘思平主编：《纪念抗日战争胜利70周年文集》，湖南师范大学出版社2016年版。

67．李维汉主编：《统一战线问题与民族问题》，中共党史出版社2016年版。

68．杨茂林主编：《山西抗战纪事》一卷，商务印书馆2017年版。

69．毛泽东思想生平研究会编：《毛泽东与抗日战争研究文集》下，中央文献出版社2017年版。

70．曾成贵主编：《锤头镰刀旗下——中共建党之路与共产国际》，福建人民出版社2017年版。

71．张万禄：《毛泽东的道路（1893—1949）》下，陕西人民出版社2017年版。

72．杨建中主编：《山西抗日战争史》，三晋出版社2017年版。

73．中共中央统战部主编：《中国共产党统一战线史》，华文出版社2017年版。

74．李玮主编：《鲁迅与20世纪中国政治文化》，百花洲文艺出版社2018年版。

75．马春玲主编：《中国共产党独立自主思想研究》，中央编译出版社2019年版。

77．逄先知主编：《关键在党：党的建设与党的历史》，生活·读书·新知三联书店2019年版。

三、论文

（一）报刊论文

1．金春明：《抗日战争时期中国共产党和国民党两条抗战路线的斗争》，《历史教学》1963年第6期。

2．黄曼君等：《鲁迅论〈水浒〉和反投降派的斗争》，《华中师院学报》1975年第3期。

3．程贤敏：《必须坚持反对投降主义——学习〈上海太原失陷以后抗日战争的形势和任务〉的体会》，《四川大学学报》（哲学社会科学版）1975年第4期。

4. 杨祖培：《抗战初期反对右倾投降主义的斗争——简介〈上海太原失陷以后抗日战争的形势和任务〉一文》，《实践》1982年第5期。

5. 马玉：《既要反对左倾关门主义，又要反对右倾投降主义——学习〈上海太原失陷以后抗日战争的形势和任务〉的体会》，《学理论》1982年第5期。

6. 郑福林：《坚持斗争，纯洁党性——读毛泽东同志的〈上海太原失陷以后抗日战争的形势和任务〉》，《新长征》1982年第6期。

7. 严奉阳：《胜利的形势下要警惕投降派——学习〈上海太原失陷以后抗日战争的形势和任务〉》，《湖南师院学报》（社会科学版）1976年第1期。

8. 王瑞清等：《浅谈抗战初期我军政治委员制度的取消与恢复》，《党史研究资料》1981年第3期。

9. 丁柏铨：《必须坚决地反对投降主义——学习〈上海太原失陷以后抗日战争的形势和任务〉的一点体会》，《工农兵评论》1975年第11期。

10. 田志松：《反对投降主义的重要文献——学习〈上海太原失陷以后抗日战争的形势和任务〉》，《红旗》1975年第11期。

11. 徐理明：《民族问题和阶级问题不容混淆》，《中国民族》1980年第9期。

12. 何理：《抗日战争时期的国共两党关系》，《近代史研究》1983年第3期。

13. 黄庆璋：《毛泽东关于无产阶级在民主革命中领导权理论的历史发展》，《武汉大学学报》（社会科学版）1983年第6期。

14. 向青：《党和毛泽东同志在国际共运中坚持抗日统一战线的独立自主》，《世界政治资料》1983年第4期。

15. 张日新：《王明右倾投降主义是何时形成的？》，《江西大学学报》（社会科学版）1983年第4期。

16. 郑志廷：《试论民主革命时期党的独立自主思想的形成》，《河北大学学报》1984年第3期。

17．马功成：《抗战初期我党由正规战向游击战的战略转变》，《四川师院学报》（社会科学版）1985年第3期。

18．赛吉拉夫：《独立自主是统一战线的根本原则》，《内蒙古师大学报》1985年第3期。

19．洪万辰等：《试论抗日民族统一战线中的独立自主原则》，《宁波师院学报》（社会科学版）1985年第4期。

20．陆文培：《毛泽东论抗日战争时期民族斗争和阶级斗争的一致性》，《江淮论坛》1985年第4期。

21．王继春：《抗日民族统一战线中独立自主问题的再认识》，《山东师大学报》（社会科学版）1985年第4期。

22．毛健人：《抗日民族统一战线中独立自主原则的提出、运用和发展》，《南京理工大学学报》1985年第2期。

23．杨家宝：《略谈抗日民族统一战线中的独立自主原则》，《理论建设》1985年第12期。

24．尹成：《抗日民族统一战线中独立自主原则的提出及其在党内争论的历史考察》，《昆明师范高等专科学校学报》1986年第2期。

25．郭增寿：《简述晋察冀边区抗日根据地的创建》，《河北师范大学学报》（社会科学版）1988年第4期。

26．叶健君：《王明从"左"倾关门主义转向右倾投降主义的原因》，《求索》1989年第4期。

27．王开良：《略论党在抗战初期的战略转变》，《黄淮学刊》（社会科学版）1991年第2期。

28．严志才：《抗日民族统一战线中的独立自主原则论析》，《东北师大学报》1992年第6期。

29．李世钦：《浅论毛泽东抗日民族统一战线中的独立自主原则》，《贵州师范大学学报》（社会科学版）1993年第4期。

30．李光正：《论中国共产党对抗日民族统一战线领导权的实现》，《河池师专学报》（文科版）1993年第4期。

31．杨家宝：《毛泽东独立自主思想在抗日民族统一战线中的运用》，《理论建设》1993年第5期。

32．何毛堂：《抗战时期右江地区的党建工作述评》，《广西右江民族师专学报》1994年第3期。

33．曲庆彪等：《毛泽东抗日民族统一战线独立自主原则的思想》，《辽宁师范大学学报》（社会科学版）1995年第4期。

34．郭奎霞等：《抗战初期国民党正面战场及作用》，《齐齐哈尔师范学院学报》1995年第5期。

35．齐锡生等：《抗战时期国民党内各军事集团之间的关系》下，《军事历史研究》1995年第1期。

36．王若渊：《抗战烽火中党的舆论导向——纪念抗战胜利50周年 学习新闻工作历史经验笔记》，《视听界》1995年第6期。

37．张树昌：《抗日战争中太原究竟是何时失陷的？》，《教学与研究》1995年第2期。

38．孔凡岭：《论独立自主原则在抗战中的坚持及运用》，《济宁师专学报》1995年第2期。

39．蔡丽华：《论抗日民族统一战线中的独立自主原则》，《牡丹江师范学院学报》1995年第3期。

40．张喜德：《毛泽东抗日民族统一战线中独立自主原则的形成与共产国际》，《中共党史研究》1995年第3期。

41．宋东侠：《试论毛泽东的抗日民族统一战线思想》，《青海社会科学》1995年S1期。

42．陶用舒：《两次国共合作形式比较新论》，《益阳师专学报》1995年第3期。

43．朱全岭：《中国共产党在抗日战争中的地位》，《周口师专学报》1995年S4期。

44．季云飞：《毛泽东军队质量建设思想的基本特征》，《军事历史研究》1997年第3期。

45．李耀萍：《略谈毛泽东同志的反腐败思想》，《渭南师专学报》1997年第3期。

46．马志强：《略谈中国共产党在抗日民族统一战线中的领导作用》，《大同高等专科学校学报》1997年第1期。

47．李彦宏：《论中国共产党关于坚持抗日民族统一战线中的独立自主思想》，《湘潭师范学院学报》（社会科学版）1998年第5期。

48．黄诗玉：《论国共两党对敌后抗日游击战时机的把握》，《四川师范大学学报》1999年第2期。

49．卢永明：《试论抗日民族统一战线中的独立自主原则》，《内蒙古统战理论研究》1999年第3期。

50．李端祥：《王明右倾投降主义产生的国际背景》，《零陵师范高等专科学校学报》2000年第2期。

51．阴燕云：《浅论毛泽东关于统一战线领导权的理论》，《佳木斯大学社会科学学报》2000年第3期。

52．刘宝军：《也谈抗日战争领导权问题》，《世纪桥》2002年第1期。

53．朱敏彦：《抗日民族统一战线的历史经验》，《上海市社会主义学院学报》2005年第4期。

54．兰丽影：《毛泽东抗日民族统一战线的独立自主原则形成与共产国际》，《牡丹江师范学院学报》2006年第5期。

55．曾景忠：《太原失陷后的山西战局——八路军进入太行山建立敌后抗日根据地的背景》，《晋阳学刊》2007年第2期。

56．兰毅辉：《战略统一下的独立自主军事战略战术——独立自主、自力更生思想在军事战略战术理论中的应用和体现》，《北京理工大学学报》（社会科学版）2008年第4期。

57．刘守华：《抗日战争时期中国共产党的战略选择与党的建设》，《学理论》2011年第21期。

58．曾景忠：《有关毛泽东对国民政府抗战态度评价的研讨》，《抗日战争研究》2011年第1期。

59．毕世佳：《毛泽东在抗日民族统一战线中的独立自主原则》，《学理论》2014年第8期。

60．张皓：《七七事变对于中日两国、国共两党各自的性质与意义》，《党史研究与教学》2015年第3期。

61．汪效驷：《"国民党片面抗战"说的溯源及辨正》，《安徽师范大学学报》（人文社会科学版）2015年第43期。

62．薛雨：《论抗战时期毛泽东的反投降斗争》，《学理论》2016年第11期。

63．李尚达：《东北抗日民族统一战线与全国抗日民族统一战线的差异性比较》，《吉林省社会主义学院学报》2017年第3期。

64．韩志宏：《毛泽东"又联合又斗争"思想的历史生成及当下意义》，《信阳师范学院学报》2017年第2期。

65．张喜德：《延安时期毛泽东抗日民族统一战线独立自主原则的确立及其历史意义》，《湖南第一师范学院学报》2019年第3期。

66．金伯文：《〈论持久战〉在中共抗日根据地的阅读与接受》，《抗日战争研究》2019年第3期。

67．郑丽茹：《抗日民族统一战线中的独立自主原则研究》，《大经贸》2020年第3期。

68．林松：《关于全面抗战初期毛泽东军事思想评价的三个问题》，《抗战文化研究》2020年第1期。

69．巩青春：《抗日战争时期毛泽东独立自主思想及其当代意义》，《中学政治教学参考》2020年第41期。

70．孔宪峰等：《毛泽东独立自主思想的话语体系与精神实质》，《学术探索》2021年第6期。

71．宋玉蓉等：《毛泽东把握全局的艺术——以推动建立抗日民族统一战线为例》，《探求》2021年第6期。

72．万秀丽等：《新时代视域下毛泽东统一战线思想的实践经验及现实启示》，《攀登》2022年第41期。

73．周龙燕等：《〈关于党的百年奋斗重大成就和历史经验的决议〉的党史学意义》，《思想政治课研究》2022年第4期。

74．明学：《中国共产党是中国革命的中流砥柱》，《江西日报》1972年9月12日。

75．武夷鹰：《把反对投降派的斗争进行到底》，《江西日报》1975年11月24日。

76．向前研：《学习革命理论批判投降主义》，《光明日报》1975年11月7日。

77. 南阳齿轮厂工人理论组：《必须坚决地反对投降主义》，《河南日报》1975年11月29日。

78. 吴耀：《弄清宋江投降主义的实质——学习〈上海太原失陷以后抗日战争的形势和任务〉的一点体会》，《济南日报》1976年2月4日。

79. 《关于建国以来党的若干历史问题的决议》，《人民日报》1981年10月7日。

80. 李鸿烈：《学习反对投降主义的历史经验——读〈上海太原失陷以后抗日战争的形势和任务〉》，《湖北日报》1982年4月22日。

81. 王益和：《要开展反对腐化变质的斗争——重温〈上海太原失陷以后抗日战争的形势和任务〉》，《宁夏日报》1982年5月7日。

82. 杨柯：《保持共产党员共产主义的纯洁性——重读〈上海太原失陷以后抗日战争的形势和任务〉》，《河北日报》1982年5月26日。

83. 郑福林：《做坚定的马克思主义者——学习〈上海太原失陷以后抗日战争的形势和任务〉》，《吉林日报》1982年7月21日。

84. 刘煜：《以民族大义求生存，以独立自主谋发展》，《解放日报》2015年7月7日。

85. 叶介甫：《抗日民族统一战线是取得抗战胜利的重要源泉》，《中国民族报》2015年9月4日。

86. 金民卿：《从党的实践中汲取宝贵经验》，《北京日报》2020年11月9日。

87. 《中共中央关于党的百年奋斗重大成就和历史经验的决议》，《人民日报》2021年11月17日。

（二）博硕论文

1. 张晗：《毛泽东抗日民族统一战线思想的方法论探析》，2006年河北师范大学硕士论文。

2. 陈红照：《共产国际与中共抗日民族统一战线策略的形成和发展》，2006年西南交通大学硕士论文。

3. 袁洪权：《"统一战线"政策下的"整合"》，2010年华东师范大学博士论文。

4．李艳：《抗战初期正面战场上三次战役之比较》，2011年南京师范大学硕士论文。

5．黄涛：《毛泽东抗日民族统一战线思想及其对新时期统战工作的启示》，2014年成都理工大学硕士论文。

6．姜峰：《中国共产党政党外交国际身份演变研究》，2015年外交学院博士论文。

7．周玉文：《抗战时期毛泽东反投降斗争理论与实践研究》，2018年湘潭大学博士论文。

8．易关武：《〈党的工作〉与党的建设》，2019年湘潭大学硕士论文。

9．徐金梅：《毛泽东革命观研究》，2020年中国矿业大学硕士论文。

（三）会议论文

1．张长江：《毛泽东独立自主思想的形成及启示》，《中共中央文献研究室个人课题成果集2011年》（上），2012年11月。

2．叶菲：《论抗日民族统一战线中的独立自主原则》，《"决策论坛——地方公共决策镜鉴学术研讨会"论文集》（上），2016年1月。

《抗日游击战争的战略问题》版本研究

一、写作背景、成文过程

（一）写作背景

《抗日游击战争的战略问题》是毛泽东在抗战初期所写，是将马克思主义军事理论与中国抗日战争实际相结合的重要理论成果，提出了与抗日战争相契合的重要军事战略思想，以指引抗日战争朝着胜利的方向前进。

1937年7月7日，日本侵略军蓄意制造卢沟桥事变，抗日战争全面爆发。7月底，日本侵略军占领平津地区；8月中旬，又对华北的平绥铁路东段以及华中的上海地区，展开新一轮进攻。中国人民与日本帝国主义之间的民族矛盾自此上升为主要矛盾，战争的性质、对象以及与此相关的国内外因素都发生了根本性的变化。国共合作的抗日民族统一战线很快形成。8月18日，国共双方就陕甘宁边区人事和红军改编等问题，达成了协议。8月22日，南京国民政府军事委员会发布将西北红军改编为国民革命军第八路军的命令，同时任命朱德、彭德怀为正、副总指挥。8月25日，中共中央革命军事委员会主席毛泽东与副主席朱德、周恩来发出了关于将红军改编为国民革命军第八路军的命令（9月11日，按全国统一的战斗序列，改称为第十八集团军。稍后南方湘、赣、粤、浙、闽、鄂、豫、皖八省红军、游击队改编为新四军）。中国人民怎么打赢这场关系民族存亡的抗日战争，中国政府、中国共产党及其军队，应采取什么样的政治战略、军事战略等，都是迫在眉睫、亟待解决的问题。

在红军改编为八路军的同时，为了确定中国共产党及其军队在抗战时期的纲领、路线、军事战略等，1937年8月22日至25日，中共中央政治局在陕北洛川县冯家村召开了扩大会议，史称洛川会议。会议的议程如下：（1）政治任务问题；（2）军事问题；（3）国共两党关系问题。会上，毛泽东作了关于抗战中军事问题以及国共两党关系问题的报告，并作出结论。关于军事问题，毛泽东指出：红军在国内革命战争中已经发展为能够进行运动战的正规军。但是随着抗战形势的发展变化，必须把过去的正规军队和运动战争转变成为分散使用的游击军队和游击战争。在抗战过程中，红军的基本任务是：创建根据地；钳制和相机消灭敌人；配合友军作战（主要是战略配合）；保存与扩大红军；争取民族革命战争领导权。红军的战略方针是：独立自主的山地游击战，包括在有利条件下集中兵力消灭敌人兵团，以及向平原发展游击战争。游击战争的作战原则是：分散以发动群众，集中以消灭敌人，打得赢就打，打不赢就走；山地战要达到建立根据地和发展游击战争的目的，小游击队可到平原地区发展。关于国共关系的问题，毛泽东始终强调在抗日民族统一战线中，要坚持独立自主，保持高度的警觉性。

会议上，与会者对毛泽东的报告进行了认真的讨论。大多数人认同毛泽东报告的精神，拥护中共中央的政治路线。但在一些具体问题上，少数人还是持有不同意见。比如，有人在独立自主的山地游击战方针这一方面认识不足，认为红军应该积极配合国民党军队，多打大仗。也有人过高估计国民党在抗日战争过程中的作用，忽视了其反共反人民的本质。

洛川会议上通过了《关于目前形势与党的任务的决定》《抗日救国十大纲领》，以及毛泽东为此起草的宣传动员提纲《为动员一切力量争取抗战胜利而斗争》。会议上决定要在敌人后方放手发动独立自主的游击战争，建立敌后抗日根据地。同时，强调党的工作重心是在战区以及敌后；决定以减租减息的政策作为抗战时期解决农民问题的基本政策；在国民党统治区，放手发动抗日的群众运动，争取人民应有的政治经济权利。

会议上明确红军必须实行军事战略转变的政策，将国内革命战争集中使用的正规军，转变为抗日战争分散使用的游击军；把国内革命战争的运动战，转变为抗日战争的游击战。这样才能同敌情、友情、我情以及任务相符合。这一军事战略转变不仅关系着中国共产党和红军的前途，而且关系着整个抗日战争的发展和胜利以及中华民族解放的命运。

这次会议指出了国共两党两条不同的抗战路线原则的区别，确立了共产党的战略任务：在敌后放手发动独立自主的游击战争，利用游击战争配合正面战场，开辟敌后战场、建立敌后抗日根据地，正确地指导了中国共产党及其军队实行由国内战争向民族战争、由正规战向游击战的战略转变，为实现共产党对抗日战争的领导权，争取抗日战争的胜利，奠定了政治思想和军事思想的基础，也为推动中国共产党及其军队的发展、壮大，为抗日战争的发展，指明了方向。

会议决定，由毛泽东、朱德、周恩来、彭德怀等11人组成新的中共中央革命军事委员会，毛泽东为书记，朱德、周恩来为副书记（对外称主席、副主席）。毛泽东成为进入抗日战争新时期的中国共产党的最高军事领导人。

洛川会议后，八路军各部队相继开赴抗战前线。根据敌后战场形势的发展和八路军在前线作战的实际情况，作为中共最高军事领导人的毛泽东，一方面加紧研究、思考抗日战争的军事战略，进行理论研究，另一方面吸取抗日战争的实践经验教训，对各部队、各地务必坚持游击战争的战略方针不断发出指示。1937年9月至1938年5月，毛泽东发出的给各部队、各地的指示收入中共中央文献研究室编《毛泽东军事文集》第二卷（军事科学出版社等1993年版）的就有70多件。

1937年9月1日，毛泽东在中央一级积极分子会议上作了报告，主要阐述了中日战争爆发后的形势和任务。报告中指出：全国性抗战已经开始，但还是单纯的政府抗战，压制人民的积极性，必须动员一切力量，实现全面的、全民族的抗战，才能争取胜利。抗日战争是持久战。八路军的主要任务是：开展独立自主的山地游击战争，组织义勇军，建立抗日根据地，由"壮气军"地位到实力领导地位。[①]

9月12日，就独立自主的山地游击战争的基本原则，毛泽东致电彭德怀："甲、同意你偕恩来去南京一行。乙、在晋、在冀、在京，均着重解释我军'独立自主的山地游击战争'这个基本原则，取得他们的彻底了解与同意。丙、此原则中包含：（一）依照情况使用兵力的自由……（二）红军有发动群众、创造根据地、组织义勇军之自由，地方政权与邻近友军不得干涉。如不弄清这一点，必将发生无穷纠葛，而红军之伟大作用决不能发挥。

---

① 中共中央文献研究室编：《毛泽东年谱 1893—1949》中卷，中央文献出版社2013年版，第19页。

（三）南京只作战略规定，红军有执行此战略之一切自由。（四）坚持依傍山地与不打硬仗的原则……"①

9月17日，就山西开展山地游击战的问题，毛泽东致电朱德、彭德怀等，指出：应展开于敌之侧翼，钳制敌之进攻太原与继续南下，援助晋绥军使之不过于损失力量，真正执行独立自主的山地游击战，广泛发动群众，组织义勇军，创造根据地，支援华北游击战争和扩大自己本身。他还指出：八路军此时是支队性质，不起决战的决定作用，但如果部署得当，能在华北，主要在山西，起支持游击战争的决定作用。②

9月21日，毛泽东又致电彭德怀，进一步阐明八路军的游击战战略方针，指出："今日红军在决战问题上不起任何决定作用，而有一种自己的拿手好戏，在这种拿手戏中一定能起决定作用，这就是真正独立自主的山地游击战（不是运动战）。要实行这样的方针，就要战略上有有力部队处于敌之翼侧，就要以创造根据地发动群众为主，就要分散兵力，而不是以集中打仗为主。集中打仗则不能做群众工作，做群众工作则不能集中打仗，二者不能并举。然而，只有分散做群众工作，才是决定地制胜敌人、援助友军的唯一无二的办法，集中打仗在目前是毫无结果可言的……我完全同意你十八日电中'使敌虽深入山西，还处在我们游击战争的四面包围中'这个观点。请你坚持这个观点，从远处大处着想，对于个别同志不妥当的观点给与深刻的解释，使战略方针归于一致。"③

9月23日，毛泽东复电彭雪枫等，进一步具体提出在山西进行游击战争的意见："游击战争主要应处于敌之翼侧及后方，在山西应分为晋西北、晋东北、晋东南、晋西南四区，向着进入中心城市及要道之敌人，取四面包围袭击之姿势，不宜集中于五台山脉一区，集中一区是难以立足的。"五台山脉应使之成为重要的游击区域之一，现在就应加紧准备，不宜迟缓。同时应该充分注意晋西北管涔山脉地区的部署与准备。太行、太岳山脉之晋东南

---

① 中共中央文献研究室：《毛泽东军事文集》第二卷，军事科学出版社等1993年版，第44页；中共中央文献研究室编：《毛泽东年谱 1893—1949》中卷，中央文献出版社2013年版，第21页。
② 中共中央文献研究室：《毛泽东军事文集》第二卷，军事科学出版社等1993年版，第46—49页；中共中央文献研究室编：《毛泽东年谱 1893—1949》中卷，中央文献出版社2013年版，第23页。
③ 中共中央文献研究室：《毛泽东军事文集》第二卷，军事科学出版社等1993年版，第53—54页；中共中央文献研究室编：《毛泽东年谱 1893—1949》中卷，中央文献出版社2013年版，第23页。

与吕梁山脉之晋西南，亦不可不于此时作适当之部署。"游击战争除军事部署以外，最主要的是紧密依靠乡村广大人民群众，只有如此，才能取得最后胜利。"①

9月24日，毛泽东致电周恩来等，进一步提出：五台山脉之游击战争，应着重发展地方党的布置。山西地方党目前应全力布置恒山五台管涔三大山脉之游击战争，而重点于五台山脉……将来可向北恒山山脉发展。②

9月25日，就华北工作应以游击战争为唯一方向，毛泽东致电周恩来等，指出："整个华北工作，应以游击战争为唯一方向。一切工作，例如民运、统一战线等等，应环绕于游击战争。华北正规战如失败，我们不负责任。但游击战争如失败，我们需负严重的责任。"应"发动全华北党（包括山东在内）动员群众，收编散兵散枪，普遍地但是有计划地组成游击队"。"为此目的，应着重于高级干部之分配及独立领导的党政军集体机关之组织。要设想在敌整个占领华北后，我们能坚持广泛有力的游击战争。要告诉全党，今后没有别的工作，唯一的就是游击战争。"③

9月25日，八路军第一一五师主力在平型关东北公路两侧山地，伏击日军板垣师团第二十一旅团一部，歼灭日军一千多人，取得了全国抗战以来第一个山地歼灭战的胜利，也是八路军开赴抗日前线后首战告捷。稍后，毛泽东通报各地：我们的游击战正在发挥威力，但日军"还不知道红军游击战法"④。

11月8日，太原失陷。当天，毛泽东致电周恩来等，指出："太原失后，华北正规战争阶段基本结束，游击战争阶段开始。这一阶段，游击战争将以八路军为主体，其他则附于八路军，这是华北总的形势。"国民党在华北各军残部将大量溃散，"八路军将成为全山西游击战争之主体。应该在统一战线之原则下，放手发动群众，扩大自己，征集给养，收编散兵，应照每师扩大三个团之方针，不靠国民党发饷，而自己筹集供给之"。要准备坚持长期

---

① 中共中央文献研究室编：《毛泽东年谱 1893—1949》中卷，中央文献出版社2013年版，第24页。
② 中共中央文献研究室编：《毛泽东军事文集》第二卷，军事科学出版社等1993年版，第55页。
③ 中共中央文献研究室编：《毛泽东军事文集》第二卷，军事科学出版社等1993年版，第57页；中共中央文献研究室编：《毛泽东年谱 1893—1949》中卷，中央文献出版社2013年版，第25页。
④ 中共中央文献研究室编：《毛泽东年谱 1893—1949》中卷，中央文献出版社2013年版，第26页。

游击战争。①

11月13日，毛泽东再致电周恩来等，强调了中国共产党军队坚持游击战争的重要作用、意义：山西国民党各军大溃，"正规战争结束，剩下的只是红军为主的游击战争了"。"红军任务在于发挥进一步的独立自主原则，坚持华北游击战争，同日寇力争山西全省的大多数乡村，使之化为游击根据地，发动民众，收编溃军，扩大自己，自给自足，不靠别人，多打小胜仗，兴奋士气，用以影响全国，促成改造国民党，改造政府，改造军队，克服危机，实现全面抗战之新局面。"②

1938年1月13日，毛泽东在陕北公学作关于时局中几个问题的讲话，其中谈道：中国抵抗日本侵略的办法，应以运动战为主，游击战、阵地战为辅。应该普遍地发展游击战，游击战使敌人灭亡不了中国。③

新四军组建以后，毛泽东也多次指示新四军，应坚持开展游击战。1938年2月15日，就新四军的行动原则问题，毛泽东致电项英、陈毅，指出："力争集中苏浙皖边发展游击战，但在目前最有利于发展地区还在江苏境内的茅山山脉……"④ 5月4日，就新四军如何开展游击战争问题，毛泽东致电项英，指出：在敌后进行游击战争虽有困难，但只要有广大群众活动地区，充分注意指挥的机动灵活，就能够克服这种困难。这是河北及山东方面的游击战争已经证明了的。新四军主力部队在广德、苏州、镇江、南京、芜湖之间广大地区组织民众武装，发展新的游击队，创造根据地是完全有希望的。在茅山根据地大体建立起来之后，还应准备分兵一部进入苏州、镇江、吴淞三角地区去，再分一部渡江进入江北地区。在一定条件下，平原也是能发展游击战争的，现在条件与内战时候有很大不同。当然无论何时都应有谨慎的态度，具体的作战行动应在具体情况许可之下进行。⑤

---

① 中共中央文献研究室：《毛泽东军事文集》第二卷，军事科学出版社等1993年版，第111页；中共中央文献研究室编：《毛泽东年谱 1893—1949》中卷，中央文献出版社2013年版，第37页。
② 中共中央文献研究室：《毛泽东军事文集》第二卷，军事科学出版社等1993年版，第116页；中共中央文献研究室编：《毛泽东年谱 1893—1949》中卷，中央文献出版社2013年版，第39页。
③ 中共中央文献研究室：《毛泽东年谱 1893—1949》中卷，中央文献出版社2013年版，第47页。
④ 中共中央文献研究室：《毛泽东军事文集》第二卷，军事科学出版社等1993年版，第155页；中共中央文献研究室编：《毛泽东年谱 1893—1949》中卷，中央文献出版社2013年版，第51页。
⑤ 中共中央文献研究室：《毛泽东军事文集》第二卷，军事科学出版社等1993年版，第220页；中共中央文献研究室编：《毛泽东年谱 1893—1949》中卷，中央文献出版社2013年版，第68页。

毛泽东会见记者时，也反复强调游击战的重要。1937年10月25日，毛泽东会见英国记者贝特兰，在谈话时就强调："军事上的第一要义是保存自己消灭敌人，而要达到此目的，必须采用独立自主的游击战和运动战，避免一切被动呆板的战法。"①

1938年2月，毛泽东会见美国合众社记者王公达，毛泽东谈道：我们从来都主张运动战、阵地战、游击战三者的配合。游击战对于战斗方式来说，始终是辅助的。但在半殖民地的民族解放战争中，特别是地域广大的国家，游击战无疑在战略上占有重大地位。八路军现在四个区域进行着广大的游击战争，这是将来举行反攻收复失地的有力基础之一。②

对于轻视、反对游击战战略方针的，毛泽东不断进行批评、进行斗争。1937年11月23日，就务必坚持山西游击战争的方针问题，毛泽东和张闻天致电刘少奇等，强调："（甲）坚持山西游击战争的方针，是中央已定下的方针，谁也不应该对此方针发生动摇。（乙）坚决执行这一方针，决不能束缚红军主力的适当的使用与适当的转移，这两者不能混为一谈……"③ 12月9日至14日，在中共中央政治局会议上，刚刚回国的陈绍禹（王明）作了题为《如何继续全国抗战与争取抗战胜利呢？》的报告，提出右倾投降主义的主张，批评洛川会议以来中央采取的正确方针和政策。毛泽东11日、12日在会上作了两次发言，重申并坚持洛川会议确定的方针和政策。他强调：我们所谓独立自主是对日本作战的独立自主。战役战术是独立自主的。抗日战争总的战略方针是持久战。红军的战略方针是独立自主的山地游击战，在有利条件下打运动战，集中优势兵力消灭敌人一部。独立自主，对敌军来说我是主动而不是被动的，对友军来说我是相对的集中指挥，对自己来说是给下级以机动。总的一句话：相对集中指挥独立自主的山地游击战。毛泽东强调：洛川会议决定的战略方针是对的。由于毛泽东等的抵制，陈绍禹的错误意见没有形成会议决议。④

1938年，随着抗日战争形势的发展，毛泽东不断提出一些发展游击战争

---

① 中共中央文献研究室编：《毛泽东年谱 1893—1949》中卷，中央文献出版社2013年版，第35页。
② 中共中央文献研究室编：《毛泽东年谱 1893—1949》中卷，中央文献出版社2013年版，第54页。
③ 中共中央文献研究室编：《毛泽东年谱 1893—1949》中卷，中央文献出版社2013年版，第40页。
④ 中共中央文献研究室编：《毛泽东年谱 1893—1949》中卷，中央文献出版社2013年版，第42页。

的新想法。

3月24日，毛泽东和刘少奇致电八路军总部等，提出组织游击兵团的任务，指出：由于战争形势的发展，八路军主力或许在不久的将来有转移地区作战的必要。为了在八路军主力转移至其他地区后，我党仍能在统一战线中有力地坚持与领导华北抗战，必须立即组织以八路军名义出现的下列游击兵团。在晋西北，除宋时轮支队外，再组织四个支队；在晋西南，组织三个支队；在晋东南，组织七个支队；在平汉路以东，组织若干支队。上述各支队至少各有一千人左右，各以八路军有战斗经验的主力一二个连作基础，由地方游击队及新兵编成。①

2月15日，毛泽东和滕代远致电朱德等，提出在河北、山东、江苏北部日军力量空虚，山西、察哈尔、绥远的日军一时无力南进的情况下，第一一五师第一步进入河北、第二步进入山东、第三步进入安徽境内，开展游击战争的战略行动的设想。电报征询朱德等对这一战略行动是否可行的意见。②

4月21日，就在河北、山东平原地区大力发展游击战争问题，毛泽东和张闻天、刘少奇致电朱德、彭德怀等，提出：在目前全国坚持抗战和群众工作正在深入这两个条件下，河北、山东平原地区广大地发展与坚持游击战争是可能的。党和八路军在河北、山东平原地区，应坚决采取尽量广大发展游击战争的方针，尽量发动最广大的群众走上公开的武装抗日斗争。因此，应即在河北、山东平原划分若干游击军区，并在各区域成立游击司令部，有计划地、系统地普遍发展游击战争，并广泛组织不脱离生产的自卫军。要发展党员，建立党的各级组织。在收复的地区应即建立政府。③

5月26日，毛泽东致电八路军总部及各师、晋察冀边区、新四军军部、山东省委，指出："甲、徐州失守后，判断敌将以进攻武汉为作战计划之中心。……丁、我们的口号是：保卫武汉，保卫广州，保卫西北，坚持华北游击战争。戊、在上述情况下，华北游击战争还是广泛开展的有利时机，目前

---

① 中共中央文献研究室：《毛泽东军事文集》第二卷，军事科学出版社等1993年版，第207—208页；中共中央文献研究室编：《毛泽东年谱 1893—1949》中卷，中央文献出版社2013年版，第60页。
② 中共中央文献研究室：《毛泽东军事文集》第二卷，军事科学出版社等1993年版，第157—158页；中共中央文献研究室编：《毛泽东年谱 1893—1949》中卷，中央文献出版社2013年版，第51页。
③ 中共中央文献研究室：《毛泽东军事文集》第二卷，军事科学出版社等1993年版，第217—218页；中共中央文献研究室编：《毛泽东年谱 1893—1949》中卷，中央文献出版社2013年版，第67页。

应加重注意山东、热河及大青山脉"①。

3月6日，就晋豫边的游击战争，毛泽东致电朱瑞等，提出："晋豫边甚重要，望有计划地部署沁水、翼城、曲沃、垣曲、济源、博爱、晋城地区的游击战争，配合主力在西北两面之行动。"②

3月24日，毛泽东又和张闻天、刘少奇致电朱瑞等，就冀晋豫抗日根据地、游击战的发展提出："摆在冀晋豫全区面前的中心任务，是以最快的速度创造冀晋豫边区成为坚持抗战的巩固根据地。"因此，该区共产党与八路军的任务是：建立完全在党领导下的有战斗力的若干游击兵团及地方游击队；广泛组织不脱离生产的自卫军；争取使友军，特别是准备永久留华北打游击的友军，成为坚强进步的抗日军；逐渐改造政权机关，使之成为广泛人民阶层的抗日民主政权；逐渐求得军事、政治的统一指挥与领导，采取必要过渡办法，以准备将来召集冀晋豫边区政府代表大会，成立边区临时政府……③

4月20日，就巩固与发展晋察冀根据地问题，毛泽东和张闻天、刘少奇致电聂荣臻、彭真等，指出晋察冀根据地已大体建立，目前中心任务是巩固和继续发展。电报并对巩固和发展根据地应当进行的工作和采取的政策，提出六方面的意见。其中提到：成立路东军区司令部，整合吕正操、孟庆山两部队，然后分出一部分兵力随邓华部队向冀东热边发展。④

4月18日，毛泽东和滕代远致电贺龙、关向应、萧克：平绥线以北广大地区，能否建立游击根据地，请你们调查见告，并请转告宋时轮调查见告。⑤

5月14日，毛泽东致电朱德、彭德怀，贺龙、萧克、关向应："在平绥路以北沿大青山脉建立游击根据地甚关重要，请你们迅即考虑此事。"⑥

在不断总结抗日战争爆发以来中国军队抗战的经验教训的基础上，也在

---

① 中共中央文献研究室：《毛泽东军事文集》第二卷，军事科学出版社等1993年版，第227页；中共中央文献研究室编：《毛泽东年谱 1893—1949》中卷，中央文献出版社2013年版，第75页。
② 中共中央文献研究室：《毛泽东军事文集》第二卷，军事科学出版社等1993年版，第183页。
③ 中共中央文献研究室：《毛泽东军事文集》第二卷，军事科学出版社等1993年版，第203—204页；中共中央文献研究室编：《毛泽东年谱 1893—1949》中卷，中央文献出版社2013年版，第60—61页。
④ 中共中央文献研究室：《毛泽东军事文集》第二卷，军事科学出版社等1993年版，第214—215页；中共中央文献研究室编：《毛泽东年谱 1893—1949》中卷，中央文献出版社2013年版，第66页。
⑤ 中共中央文献研究室编：《毛泽东年谱 1893—1949》中卷，中央文献出版社2013年版，第66页。
⑥ 中共中央文献研究室编：《毛泽东年谱 1893—1949》中卷，中央文献出版社2013年版，第72页。

借鉴以往红军作战经验教训的基础上,为了纠正中共党内及党外轻视游击战争、寄希望于正规战争的倾向,毛泽东在写作《论持久战》(《论持久战》中也论述了"游击战")的同时写了《抗日游击战争的战略问题》。

……

(二)文章成文、发表过程

战争的胜负,首先取决于其正义与否以及战略的正确与否。红军在陕北站稳脚跟以后,毛泽东便抓紧时间研究中国革命战争的战略问题,一方面深入研究、总结中国革命战争的经验教训,另一方面大量研究古今中外的军事著作。

1936年9月26日,毛泽东就买军事书事宜再次致电刘鼎:不要买普通战术书,只要买战略学书、大兵团作战的战役学书,中国古时的兵法书如《孙子》等也买一点。张学良处如有借用一点。[①] 10月22日,毛泽东给叶剑英和刘鼎写信再次就买军事书做出交代:"买来的军事书多不合用,多是战术技术的,我们要的是战役指挥与战略的,请按此标准选买若干。买一部《孙子兵法》来。"[②] 这反映了毛泽东已在研究中国革命战争战略问题。这方面研究的成果,首先体现在1936年10月27日,毛泽东开始为红军大学(即抗大)讲"中国革命战争的战略问题"[③],一直持续到1936年12月12日西安事变的发生。西安事变发生时,毛泽东只完成了《中国革命战争的战略问题》的前五章,没有时间继续写作了。1937年5月,未完成的《中国革命战争的战略问题》讲演稿(讲义)油印成册,小范围流传。

抗战全面爆发后,国共合作统一战线很快建立,在初步决定政治路线方针之后,毛泽东立即开始研究中国抗日战争的战略问题,这是抗战要取得军事上的胜利必须首先解决的重大理论问题、方针问题。这方面的最重要的研究成果就是经典性的论著《论持久战》《抗日游击战争的战略问题》。

洛川会议上,毛泽东提出了中国共产党军队的战略方针是独立自主的山

[①] 中共中央文献研究室编:《毛泽东年谱 1893—1949》(修订本)上卷,中央文献出版社2013年版,第601页。

[②] 《毛泽东文集》第一卷,人民出版社1993年版,第453页。

[③] 中共中央文献研究室编:《毛泽东年谱 1893—1949》(修订本)上卷,中央文献出版社2013年版,第603页。

地游击战，会议以后，毛泽东在指挥各地游击战的同时，加紧研究游击战争的战略等重大理论问题。

1937年9月10日，毛泽东出席中共中央政治局常委会议，会议讨论宣传教育工作。毛泽东强调教学要理论联系实际，军事理论应讲授战略思想、战略原则。他指出：有的高级军事干部，对战略问题毫无兴趣，上不联系战略，下不联系红军实际，变成外国教条主义……[1] 毛泽东不仅自己研究抗日游击战争的战略等重大理论问题，也希望中国共产党的高级军事干部都能联系实际研究抗日战争的战略问题。

毛泽东在繁重的党政军工作之余撰写《抗日游击战争的战略问题》，是组织了一些在延安的中共军事理论家一起进行研究、讨论的，是得到很多人的帮助的，其中一个重要的帮手是郭化若。

郭化若1925年秋入黄埔军校第四期炮兵科学习，11月加入中国共产党。1927年11月，受中共委派赴苏联莫斯科炮兵学校留学，一年后回国，任红四军第二纵队代纵队长等职。当时他对游击战的理论研究的深度，得到毛泽东的赞许。

1937年7月，任抗大步兵学校教育长的郭化若致信毛泽东，提出了《关于部队军事教育的一点意见》，指出应重视军事教材的编写和军事教员的选拔，强调军事教材的编写要适应抗战的形势。9月5日，毛泽东回信说：

化若同志：

你暂一星期内勿去党校，帮助把红大教育工作改进一番。尔后你虽去党校学习，仍请你对军事教育作我的顾问（先生），因为你懂得这项，而我是不懂得的。你暂时去党校学习，不是解除军事，那天我已对你说了，军事需要你的地方是很多的。你的意见书我已交红大罗、周、莫、刘、杨五人阅看，阅后讨论请你参加。

毛泽东五号早[2]

---

[1] 中共中央文献研究室编：《毛泽东年谱 1893—1949》中卷，中央文献出版社2013年版，第20页。
[2] 郭化若：《郭化若回忆录》，军事科学出版社1995年版，第125页；樊昊：《毛泽东和他的军事谋士》，中央文献出版社2013年版，第188页。

9月至12月初，在毛泽东亲自安排下，郭化若进入中共中央党校第五班学习。郭化若既是学员，又当教员：他和罗炳辉两人讲授"游击战争"课程。12月初，党校学习结束后，郭化若被毛泽东安排在自己身边工作。郭化若到毛泽东身边工作的第一件事，就是研究抗日游击战争的理论问题。毛泽东告诉郭化若："抗战全面展开后，全国各阶层思想很活跃，除了失败主义者散布的'亡国论'和性急的朋友议论的'速胜论'外，在中国共产党内和一部分群众中，还有轻视游击战争的倾向，只把希望寄托在正规战争上，或者寄托在国民党军的作战上，我想写一篇文章批驳这种观点，你可以把罗瑞卿、萧劲光、刘亚楼他们请来，开个座谈会，听听大家的意见。"很快，郭化若就约了罗瑞卿等到毛泽东办公室来座谈。人一到，毛泽东就说："请各位来，是想讨论一下抗日游击战争的问题，比如为什么要把游击战争提到战略地位，我们该怎样指导抗日游击战争等的问题，请大家发表意见。"毛泽东认真听大家发言，有时也插话。萧劲光谈到要善于集中兵力打歼灭战时，毛泽东说："在战略上我们不能强调集中兵力，而是实行分散的游击战，在战役战斗上可以相对集中兵力。"郭化若在会上也提了一个问题："抗日战争有没有战略进攻的问题？"毛泽东说："不宜提战略进攻，在敌强我弱时是不可能有战略上的进攻的。只能说战役上的反攻或战役上的进攻，或是带有战略性的反攻和进攻。这是整个战略防御战中的积极部分，靠此部分战胜日本，通俗地说，反攻谓之进攻当然也是可以的。"毛泽东让大家将在会上谈的问题写成文章交给他。罗瑞卿等走了后，毛泽东对座谈会上作记录的郭化若说："请你将大家的发言整理一下，就抗日游击战的战略问题拟一个写作提纲，另外要想办法多收集一些资料。过些时候组织点力量出抗日战争丛书，由你担任编辑。"

　　郭化若深知毛泽东非常重视战略问题的研究，现在要他搞抗日游击战争战略问题研究，自然是从当时新的国际国内形势发展需要考虑的。抗日战争的战略，主要是游击战争的战略，必须很好地阐述游击战争在抗日战争中的地位、作用，如何组织领导，以及游击战争的定义、游击战与正规战的关系、游击战的攻防、内外线作战等问题。这是一个难度很大的课题。12月28日深夜毛泽东又派人送信给郭化若，叮嘱他要多看一些书，专心研究：

化若同志：

你写战略，应找些必要的参考书看看，如黄埔的战略讲义，日本人的论内外线作战，德国克劳塞维茨的战争论，鲁登道夫的全体性战争论，蒋百里的国防论，苏联的野战条令等，其他可能找到的战略书，报纸上发表的抗战以来论战争的文章通讯亦须搜集研究。先就延安城有的搜集（商借）来看。

你不担任任何别的事，专注于战略问题的研究及编辑部事务，务把军事理论问题弄出个头绪来。

毛泽东
十二月二十八日

郭化若一方面收集、研究各种资料，另一方面总结红军时期游击战的经验教训，开始写《抗日游击战争一般战略问题》的提纲。1938年1月4日，郭化若写出一部分后，就连同已收集到的资料一并送毛泽东审阅，同时提出：虽然以前已买到了一些资料，但资料还太少，想去西安购买资料。第二天毛泽东回信说：

化若同志：

（一）你不必去西安，用我的名义写封信，一致伯渠，一致剑英，说明编辑部工作需要买书，各附一书单请其代买。

（二）译俄文书，由你组织，报酬可照你拟办法。

（三）战略问题头几章，阅后付你。

毛泽东
一月五日

1938年1月29日，毛泽东还致电邓发转在苏联的王稼祥：红军大学缺战略教本，请收集战略书，并找人翻印，先后寄回。[①]

在郭化若初步完成《抗日游击战争一般战略问题》提纲后，1938年2月间毛泽东写信给郭化若：

[①] 中共中央文献研究室编：《毛泽东年谱 1893—1949》中卷，中央文献出版社2013年版，第48页。

化若同志：

　　择一个更好的提纲，收集所有的材料（包括解放发表的），用你一人的编写体裁，整理编写一部《抗日游击战争》。亚楼对此实际无暇写，应由你来担负，战略问题暂放后面。

　　《政治工作》须亦如游击战争一样，收集集体写作，并由谭政负责，恐他事忙，亦须由你负责催收并整编。务期在短时把两书先弄出。

毛泽东
二十二日

　　这封信是叮嘱郭化若，再写一个《抗日游击战争》的提纲，然后把其他人写的文章，整编成一本《抗日游击战争》，并把关于战略问题的文章放在书的后面，另外再整编一本《政治工作》。[①]

　　毛泽东写作《抗日游击战争的战略问题》的详细过程，现在还没有看到较多的确实资料，从以上的叙述中可以知道，郭化若大概1937年12月中旬到毛泽东身边协助其写《抗日游击战争的战略问题》，12月中旬毛泽东召开了关于抗日游击战争的战略问题的座谈会，几天以后，参加座谈会的人应该整理出文章交给了毛泽东，郭化若也把座谈会的记录整理好交给毛泽东，然后郭化若开始写《抗日游击战争一般战略问题》的提纲，1938年1月初写出了一部分提纲交给了毛泽东，到2月，应该完成了《抗日游击战争一般战略问题》的提纲并交给了毛泽东，然后遵毛泽东嘱，开始编写《抗日游击战争》的提纲，并编纂此书。

　　毛泽东在1937年12月中旬召开关于抗日游击战争的战略问题的座谈会以前，对这个问题已有很多思考、研究，召开这个座谈会是为了进行更全面、更深入的思考、研究。思考、研究这个问题较早，但写作《抗日游击战争的战略问题》，应该从12月中旬召开关于这个问题的座谈会开始。此后，毛泽东开始看多人的文章并查阅大量的资料。1938年2月，郭化若完成了《抗日游击战争一般战略问题》的提纲并交给了毛泽东，毛泽东继续研究资料、研究各

[①] 郭化若：《郭化若回忆录》，军事科学出版社1995年版，第132—138页；樊昊：《毛泽东和他的军事谋士》，中央文献出版社2013年版，第185—205页。

种相关问题。毛泽东党政军的工作繁重，研究、写作《抗日游击战争的战略问题》只能在工作之余进行。以下《毛泽东年谱》中这段记述，正是毛泽东断断续续进行研究、写作的情况写照：

1938年3月18日，毛泽东"开始读克劳塞维茨《战争论》①。二十日、二十一日、二十三日、二十八日、三十一日和四月一日，继续阅读"②。

1938年3月30日，毛泽东在抗大干部会上说：以后抗大要上战略课，讲大局大兵团的战略。只有了解大局的人才能合理而恰当地安置小的问题。即使是排长，也应该有全局观念，这样才有大的发展。政治上我们学习马克思主义，便是总的战略，所以军事上我们也应当不只学学战术而已。现在，我请了个教员来了！（指何思敬）他是文的，然而却有研究，我也愿意来研究一下，因为过去只学了一半。③《毛泽东年谱》记：1938年5月21日，毛泽东"出席抗大对第三期教学进行总结的干部会议，并讲话，讲安心当教员、编教材和军队的民主等问题……他强调要编游击战、战略、战术、政治工作等教材，并说游击战争教材由他负责，战略教材他负担一部分。他说：十年来的战争经验我们在军事上形成了路线，但见之于文字的却不多。过去对战略比较忽略，现在我们提倡写书，提高战略空气，中央组织部因此也发起抗日战争研究会"④。这些都说明，毛泽东当时正在研究、写作《抗日游击战争的战略问题》。

1938年5月12日，毛泽东写信给郭化若：

化若同志：

第一节最后修改毕，可即付印。校对须注意，你自己至少校一次。二、

---

① 克劳塞维茨《战争论》被西方军事学界誉为"战略学的《圣经》"，全书共3卷8篇124章，分别论述战争的性质、战争理论、战略、战斗、军队、防御、进攻和战争计划。其中第1卷为4篇：第1篇《论战争的性质》，第2篇《论战争理论》，第3篇《战略概论》，第4篇《战斗》。书中揭示了战争从属于政治的根本性质，指明了人的因素尤其是精神力量对于战争胜负的作用，阐述了战争的性质有向民众战争转变的历史趋势，对民众战争的地位和作用作了充分的肯定；提出了集中优势兵力歼灭敌人等理论。

② 中共中央文献研究室编：《毛泽东年谱 1893—1949》中卷，中央文献出版社2013年版，第58页。

③ 刘益涛：《激流勇进——毛泽东抗战理论与实践》，中共党史出版社2005年版，第172页；中共中央文献研究室：《毛泽东年谱：1893—1949》中卷，中央文献出版社2013年版，第62页。

④ 中共中央文献研究室编：《毛泽东年谱 1893—1949》中卷，中央文献出版社2013年版，第73页；刘益涛：《激流勇进——毛泽东抗战理论与实践》，中共党史出版社2005年版，第172—173页。

三、四节抄好后送我再看。

毛泽东
十二日

注意标点符号，不使弄错一个。①

这封信可以说明，1938年5月12日《抗日游击战争的战略问题》十节中的第一节已修改定稿，二、三、四节还未定稿。而五、六、七、八、九、十节没有提及。

《抗日游击战争的战略问题》全文的定稿，应该在1938年5月下旬。5月30日，《抗日游击战争的战略问题》在《解放》第40期发表。《新华日报》1938年6月21日、《群众》1938年6月25日第2卷第3期相继转载。6月，作为《抗日战争丛书》的第一种，《抗日游击战争的战略问题》由解放社出版，6月25日，作为《新群丛书》的第十一种，又由汉口新华日报馆出版。以后各地也出了一些单行本（详下）。

毛泽东请郭化若编的《抗日游击战争》，即1938年7月解放社出版的《抗日游击战争的一般问题》。此书的卷首有《编者弁言》说："这本书不但总结了国内战争中游击战争的经验，而且总结了抗战十个月中游击战争的经验，解决了许多抗日游击战争的基本问题。这本书是集体写的，由毛泽东、陈昌浩、刘亚楼、萧劲光、郭化若诸同志执笔。 编者 二十七年（按：即民国二十七年，即1938年），七月七日。"② 此书分七章：第一章 什么是游击战争；第二章 游击战争与正规战争的关系；第三章 历史上的游击战争；第四章 抗日游击战争能否胜利；第五章 抗日游击战争的组织问题；第六章 抗日游击战争的政治关系；第七章 抗日游击战争的战略问题。从此书的《编者弁言》可以知道，此书即是12月中旬毛泽东召开的座谈会的成果。作者中有陈昌浩，大概陈昌浩也参加了座谈会，只是郭化若的回忆录中没有提及。

关于《抗日战争丛书》的编纂，毛泽东在1937年12月中旬就告诉郭化若请他负责编辑。据郭化若说，《抗日战争丛书》出版了五种：第一种毛泽东等《抗日游击战争的一般问题》（解放社1938年7月出版）；第二种毛泽东

---

① 中共中央文献研究室：《毛泽东书信选集》，中央文献出版社2003年版，第115页。
② 《抗日游击战争的一般问题》，东北书店1947年10月版，卷首。

《论持久战》（解放社1938年7月出版）；第三种郭化若等《抗日游击战争的战术问题》（郭化若、周纯全、陈伯钧、李振远等编写，解放社1938年9月出版）；第四种朱德《论抗日游击战争》（解放社1938年10月出版）；第五种罗瑞卿《抗日军队中的政治工作》（解放社1938年11月出版）。①但现在可以看到解放社1938年6月出版的《抗日游击战争的战略问题》的内封上标了"抗日战争丛书：第一种"，而且《抗日游击战争的战略问题》比《抗日游击战争的一般问题》早出版一个月，自然应该是《抗日战争丛书》第一种。不过，《抗日游击战争的一般问题》的内封上也标了"抗日战争丛书1""抗日战争丛书·第一种"②。这就产生了两个问题：一是怎么两本不同的书都标了《抗日战争丛书》"第一种"？不知是不是因为《抗日游击战争的战略问题》标了《抗日战争丛书》"第一种"，而《抗日游击战争的一般问题》收入了《抗日游击战争的战略问题》，所以也算《抗日战争丛书》"第一种"？二是郭化若说《抗日战争丛书》出版了五种，没有算上《抗日游击战争的战略问题》。那么，如果算上《抗日游击战争的战略问题》，《抗日战争丛书》应该出版了六种。

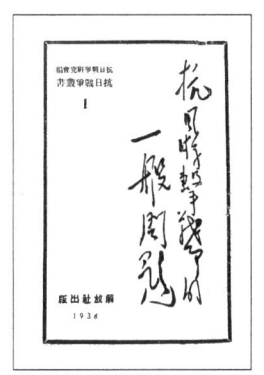

《抗日游击战争的战略问题》解放社　　　　　　《抗日游击战争的一般问题》解放社
　　　　1938年6月版书影　　　　　　　　　　　　　　1938年7月版书影

---

① 郭化若：《郭化若回忆录》，军事科学出版社1995年版，第137页；樊昊：《毛泽东和他的军事谋士》，中央文献出版社2013年版，第204—205页。

② 解放社1938年7月版《抗日游击战争的一般问题》，内封上标了"抗日战争丛书 1"。新华书店1939年2月版《抗日游击战争的一般问题》，东北书店1947年10月版《抗日游击战争的一般问题》，内封上标了"抗日战争丛书·第一种"。

二、主旨、意义

（一）主旨

《解放》1938年5月30日第40期发表的《抗日游击战争的战略问题》分为十节：

第一节　为什么提起游击战争的战略问题

第二节　那末为什么不将抗日战争的一般战略问题中的东西用之于游击战争呢？

第三节　战争的基本原则是保存自己消灭敌人

第四节　抗日游击战争的具体战略问题共有六个

第五节　第一个问题——主动地灵活地有计划地执行防御战中的进攻战，持久战中的速决战，内线作战中的外线作战

第六节　第二个问题——与正规战争相配合

第七节　第三个问题——建立根据地

第八节　第四个问题——游击战争的战略防御与战略进攻

第九节　第五个问题——向运动战发展

第十节　第六个问题——指挥关系

其后收入人民出版社1952年3月出版的《毛泽东选集》第二卷时，将原十节中的一、二两节合并，分为九章（详后）。

在文章中，毛泽东运用马克思主义唯物辩证法，以战略家的眼光，站在抗日战争战略全局的高度，分析、阐述了抗日战争中正规战争与游击战争的辩证关系，以及游击战争中防御与进攻、持久战与速决战、内线作战与外线作战等多方面的辩证关系，全面深入地论述了抗日游击战争的战略问题。

首先，文章强调了抗日游击战争的战略意义，指出：抗日战争中，虽然正规战争是主要的，游击战争是辅助的，但因为中国抗日战争的特性是一个大而弱的国家被一个小而强的国家所攻击，战争地域的广大性、时间的持久性，又因为战争的基本原则是保存自己消灭敌人，这决定了中国军队的分散的游击战，对于抗日战争的胜利有重要的作用。特别是有中国共产党领导的

坚强的军队和广大的人民群众存在，所以抗日游击战争，不是小规模的而是大规模的，这就更使抗日游击战争具有战略意义，这就必须把抗日游击战争放在战略观点上加以考察。文章指出：抗日游击战争的战略意义还在于游击战争在战略、战役和战斗上都可以配合正规战争。游击队和正规军的领导者们，都应明确地认识其作用。

其次，文章阐述了抗日游击战争的六个具体战略问题以及其中涉及的多种问题。

文章指出：由于敌强我弱，敌是进攻的，我是防御的，因而决定了我们是战略上的防御战和持久战。拿作战线来说，敌是外线作战，我是内线作战。敌军虽强但是数量不多，我军虽弱但是数量甚多，这就决定了下列的战略方针：能够而且必须在战略的防御战之中采取战役和战斗的进攻战，在战略的持久战之中采取战役和战斗的速决战，在战略的内线作战之中采取战役和战斗的外线作战。正规战争是如此，游击战争也是如此。

文章指出：只有每战集中优势兵力，不论在战略防御时期也好，在战略反攻时期也好，一律采取战役和战斗中的外线作战，包围敌人而消灭之，不能包围其全部，也包围其一部，不能消灭所包围之全部，也消灭所包围之一部，集合很多这样的歼灭战，才能转变敌我形势，将敌之战略包围，即将敌之外线作战方针根本击破，最后一举消灭之。集合许多小胜化为大胜，则是正规战、游击战所共同的。游击战争在抗日过程中起着伟大的战略作用，就是说的这一点。

文章强调：进攻是消灭敌人的唯一手段，也是保存自己的主要手段，单纯的防御和退却，对于保存自己只有暂时的部分的作用，对于消灭敌人则完全无用。

文章指出：战争既是长期的和残酷的，就能够使游击队受到必要的锻炼，逐渐地变成正规的部队，逐渐在游击战争根据地中形成主力兵团，因而其作战方式也将逐渐地正规化，游击战就变成能更有效力地打击敌人的运动战了。游击战争的领导者们必须明确地认识这种发展的必要性和可能性，并有计划地执行之。

文章还详尽阐述了抗日游击战争中掌握主动权，用兵的灵活性和有计划性，指挥的集中与分散等的关系，还论述了建立、发展抗日根据地与发展抗日游击战争的关系等。①

《抗日游击战争的战略问题》是马克思主义与中国抗日战争实际相结合的重要的、经典性的军事理论著作，不仅阐明了游击战争在抗日战争中的战略意义，也指明了开展抗日游击战争的基本原则和方法，不仅有助于抗日战争的领导者、指挥者们提高对抗日游击战争的战略意义的认识，也可以提高其对抗日游击战争的组织、指挥能力。

（二）意义

1. 历史意义

第一，发展了中国共产党的军事思想、理论，发展了毛泽东军事思想、理论。从第二次国内革命战争到抗日战争初期，中国共产党党内已有一些研究游击战的军事论著，但研究游击战争战略问题的论著几乎没有，如毛泽东说的"过去对战略比较忽略，现在我们提倡写书，提高战略空气"（详前）。毛泽东集中全党全军的智慧，在已有成果的基础上，从抗日战争的实际出发，运用马克思主义唯物辩证法，全面深入研究、阐述了抗日战争中游击战争的各种战略问题，形成了抗日游击战争战略的系统、完整的理论，发展了中国共产党抗日游击战争思想、理论，发展了毛泽东军事思想、理论，也发展了马克思主义军事思想。

中国共产党军事思想理论、毛泽东军事思想理论在抗日战争初期的发展完善，有助于统一进入抗日战争新时期后中共党内、军队内的思想，有助于培养中国共产党的军事人才，有助于中国共产党更有效地领导抗日战争。在科学的毛泽东军事思想的指导下，中国共产党领导的军队的抗日游击战争迅猛发展，不断开辟、建立敌后抗日根据地，粉碎敌人的进攻与封锁，削弱与限制敌人，积极地配合正面战场的作战，取得了一个又一个的胜利，在中国抗日战争中发挥了重要作用。在毛泽东科学的军事思想的指导下，中国共产党及其领导的军队、抗日根据地，在抗日战争中不断发展、壮大，不仅为赢得抗日战争的胜利奠定了基础，也为之后赢得解放战争的胜利打下了坚实基础。

第二，为马克思主义唯物辩证法与中国抗日战争的实际结合创造了又一

---

① 详见《抗日游击战争的战略问题》，1938年5月30日《解放》周刊第40期，《毛泽东选集》第二卷，人民出版社1991年版。

个范例。

《抗日游击战争的战略问题》，全篇充满马克思主义唯物辩证法，又一次证明了马克思主义可以指导中国革命，可以指导中国的革命战争，还可以指导中国的抗日战争。

《抗日游击战争的战略问题》全面深入研究、分析了正规战争与游击战争、进攻与防御、持久战与速决战、外线作战与内线作战、指挥的集中与分散、抗日根据地与抗日游击战争等抗日战争中的各种军事问题关系，指出各种矛盾关系都是辩证的关系，都会在一定的条件下转化，强调对各种矛盾的辩证关系及其转化，必须有清醒的认识并主动、灵活、有计划地驾驭之。

毛泽东运用马克思主义唯物辩证法实事求是地研究抗日战争的成功示范，推动了马克思主义的大众化、普及化，推动了中共党内、军队内的马克思主义哲学的学习，推动了中共党内、军队内的军事辩证法的研究。郭化若就是在毛泽东军事哲学思想的影响下，努力学习马克思主义哲学，并运用于军事实践、军事理论的研究。郭化若回忆说：

由于毛主席的谆谆教导，艾思奇同志的真诚帮助，我初步掌握了马列主义哲学基本原理，并逐步运用这些基本观点去说明中国革命的一些实际问题。1938年1月我写的《抗日游击战争战术的基本方针》和1939年7月写的《日本的速胜论为什么必将失败》等文章，都是运用唯物辩证法分析抗日战争中敌我双方的情况，对一些新情况、新问题，提出了一些新的看法，得到了毛主席的肯定。1940年8月，我在延安新哲学会第一届年会上又作了"军事辩证法"的讲演，把唯物辩证法引入军事领域，对战争的本质，战争与经济、战争与政治的关系，战争发展的规律，对战略战术之差别性与同一性，战略的全局性与战术的局部性，战略战术之斗争形式与军队之物质内容的关系，战斗力中的多样矛盾及其利用，时间与空间，攻防之相互作用、相互渗透与相互推移，以及由战略防御到战略反攻是战力量变到战略质变的斗争过程，在判断情况中辩证方法的应用等问题作了初步探讨，得到了毛主席的鼓励，他说："用唯物辩证法来说明军事问题，大有文章可做。"

这次讲演，我作了些整理，写成《军事辩证法之一斑》一文，1941年发表在《八路军军政杂志》上（以后又出版了单行本）。有的同志看后说我

"是军队里第一个研究毛泽东军事辩证法的人",这当然是过奖了,我当时仅仅是对毛泽东同志有关军事辩证法的一些基本观点进行了收集和注释,现在看来还是属于皮毛之谈。①

《军事辩证法浅说》是中共党内、军队内最早的一部军事辩证法专题著作,这是毛泽东军事哲学思想的产物,同时又对全党全军用唯物辩证法去研究军事实践、军事理论,产生了积极的、重大的影响。

第三,为毛泽东军事思想的进一步发展、传播创造了条件。

1938年,毛泽东发表了三部军事论著:《抗日游击战争的战略问题》《论持久战》《战争和战略问题》,连同抗战前夕发表的《中国革命战争的战略问题》,奠定了毛泽东伟大的军事思想家的地位,这些军事经典著作,不仅指引中国的抗日战争取得了胜利,而且还指引中国共产党领导的人民解放战争取得了胜利。毛泽东的这些军事著作中影响最大最深远的是《抗日游击战争的战略问题》,即毛泽东军事思想中影响最大最深远的是游击战的思想理论。

1947年12月,在人民解放战争进入反攻阶段时,毛泽东提出了十大军事原则,其中有:"先打分散和孤立之敌,后打集中和强大之敌"。"以歼灭敌人有生力量为主要目标,不以保守或夺取城市和地方为主要目标"。"每战集中绝对优势兵力(两倍、三倍、四倍、有时甚至是五倍或六倍于敌之兵力),四面包围敌人,力求全歼,不使漏网。在特殊情况下,则采用给敌以歼灭性打击的方法,即集中全力打敌正面及其一翼或两翼,求达歼灭其一部、击溃其另一部的目的,以便我军能够迅速转移兵力歼击他部敌军。力求避免打那种得不偿失的、或得失相当的消耗战。这样,在全体上,我们是劣势(就数量来说),但在每一个局部上,在每一个具体战役上,我们是绝对的优势,这就保证了战役的胜利。随着时间的推移,我们就将在全体上转变为优势,直到歼灭一切敌人"。"不打无准备之仗,不打无把握之仗,每战都应力求有准备,力求在敌我条件对比下有胜利的把握"。"力求在运动中歼灭敌人"……② 这些军事原则,正是《抗日游击战争的战略问题》中提出

---

① 郭化若:《郭化若回忆录》,军事科学出版社1995年版,第130—132页。
② 毛泽东:《目前形势和我们的任务》,《毛泽东选集》第四卷,人民出版社1991年版,第1247—1248页。

的一些军事原则的发展、完善。中华人民共和国成立以后进行的抗美援朝战争的胜利，几次边境自卫反击战的胜利，十大军事原则也发挥了重要作用。

第二次世界大战之后，毛泽东的游击战思想理论，为亚、非、拉等殖民地与半殖民地国家争取独立与解放的战争提供了理论指导与经验借鉴。例如，阿尔及利亚民族解放军指挥官，在解放战争中，运用毛泽东的军事思想，在武器装备低劣的条件下，集中优势兵力，各个击破敌人的进攻，歼灭敌人。[1] 在越南，人民军运用毛泽东人民战争的战略战术，采取破袭战、伏击战、地道战等多种游击战战法，战胜了拥有优势装备技术的美国侵略军。[2]

毛泽东的军事思想，特别是游击战争的思想理论，在世界不断产生广泛、深远的影响。

2. 现实意义

《抗日游击战争的战略问题》是20世纪30年代中国抗日战争的产物，对于当前的现代战争来说，有些方面可能要做一些修正，如毛泽东1958年6月23日在中央军委扩大会议小组长座谈会上谈到十大军事原则时说的：十大原则目前还可以用，今后有许多地方还可以用。但马克思列宁主义不是停止的，是向前发展的，十大原则也要根据今后战争的实际情况，加以补充和发展，有的可能要修正。[3] 这实际上就是说，结合现代战争的新特点和现代军事技术的新发展，探讨新的战略战术、新的作战原则、新的作战方式，仍是必须的。

但《抗日游击战争的战略问题》中充满的马克思主义唯物辩证法，是当今社会的各个领域、各项工作都可以运用的。《抗日游击战争的战略问题》中指出各种矛盾关系都是辩证的关系，都会在一定的条件下转化，要主动、灵活、有计划地驾驭各种矛盾的辩证关系及其转化，这是当今社会的各个领域、各项工作都值得借鉴的。《抗日游击战争的战略问题》中指出的指挥员的主动权来自对客观情况的正确了解以及对具体问题的妥善处理，也是当今社会的各个领域、各项工作都值得借鉴的。《抗日游击战争的战略问题》中提出的辩证地、正确地处理集中指挥与分散指挥的关系，更是当今社会的各个领域、各项工作都值得借鉴的。

---

[1] 张树德：《国外毛泽东军事思想研究》，军事科学出版社1998年版，第140页。
[2] 张树德：《国外毛泽东军事思想研究》，军事科学出版社1998年版，第142页。
[3] 《毛泽东选集》第四卷，人民出版社1991年版，第1261页。

三、版本综述

（一）1949年10月以前版本

1949年10月以前的版本主要有：《解放》1938年5月30日第40期《抗日游击战争的战略问题》；《新华日报》1938年6月21日《抗日游击战争的战略问题》；《群众》1938年6月25日第2卷第3期《抗日游击战争的战略问题》；《华美》1938年7月23日第1卷第14期《抗日游击战争的战略问题》（上）；《华美》1938年7月30日第1卷第15期《抗日游击战争的战略问题》（下）；汉口新华日报馆1938年6月25日版《抗日游击战争的战略问题》（新群丛书之十一）；解放社1938年6月版《抗日游击战争的战略问题》；东北书店1938年6月印《抗日游击战争的战略问题》；解放社1938年7月初版《抗日游击战争的一般问题》；新华日报馆1938年9月版《抗日游击战争的战略问题》；太行山文化教育社1938年9月版《抗日游击战争的战略问题》；上海美商远东画报社1938年11月版《抗日游击战争的一般问题》；《河南省第十区行政周刊》1938年第13—15期《抗日游击战争的战略问题》；解放社1938年11月版《抗日游击战争的一般问题》；抗战学社1938年12月版《抗日游击战争的一般问题》；解放社1939年2月再版《抗日游击战争的一般问题》；新华日报馆1939年3月版《抗日游击战争的一般问题》；中国文化社1939年4月版《抗日游击战争的一般问题》；延安解放社1939年4月版《抗日民族统一战线指南》；新华日报馆1939年5月版《毛泽东救国言论选集》；延安解放社1939年版《抗日游击战争的一般问题》；新华书店晋察冀分店1942年3月版《毛泽东言论选集》；晋察冀日报社1944年5月版《毛泽东选集》卷三；解放社1944年6月版《论持久战》（与《抗日游击战争的战略问题》合印）；中央党校教务处1945年2月编印《党的政策选集》；晋察冀日报社1945年3月再版《毛泽东选集》卷三；解放社1945年5月订正再版《党的政策选集》；苏中出版社1945年7月版《毛泽东选集》第一卷；晋察冀日报社1946年3月20日翻印《党的政策选集》；大连大众出版社1946年4月版、1946年6月再版《毛泽东选集》卷三；光明出版社1946年4月翻印《党的政策选集》；胶东新华书店1946年7月版《毛泽东选集》第一卷；大连大众书店1946年8月重印《毛泽东选集》卷三；东北书店1946年11月版《论持久战》（与《抗日游击战争的战略问题》合印）；冀南书店1946年版《党的政策选集》；中共晋察冀中央局1947年3月编印《毛泽东选集》卷四；1947年4月翻印《抗日游击战争的战略问题 中国革命战争的战略问题 红四军第九次代表大会决议案》（合印本）；东北书店1947年6月版《抗日游击战争的战术问题》；东北书店（东安）1947年6月再版《论持久战》（与《抗日游击战争的战略问题》合印）；东北书店1947年10月版《抗日游击战争的一般问题》；东北民主联军总政治部1947年编印《论革命战争》；新民主出版社1947年版《毛泽东选集·游击战争的战略问题》；香港新民主出版社1948年1月版《毛泽东选集·游击战争的战略问题》；滇桂黔边区纵队政治部宣传部1948年10月印《抗日游击战争的战略问题》；东北书店1948年版《毛泽东选集》卷四；中共晋冀鲁豫中央局1948年编印《毛泽东选集》（上册）；香港新民主出版社1949年7月再版《游击战争的战略问题》；等等。

（二）1949年10月以后版本

1. 中文版本

1949年10月以后的中文版本有：

人民出版社1952年3月版《毛泽东选集》第二卷；人民出版社1952年3月版《抗日游击战争的战略问题》；全国民兵代表会议1960年印《中国革命战争的战略问题》；中国人民解放军军事科学院编，中国人民解放军总参谋部出版局1961年版《毛泽东军事文选》；《红旗》1965年第9期《抗日游击战争的战略问题》；中国人民解放军总参谋部出版局1965年版《毛泽东军事文选》（线装本）；人民出版社1965年版《毛泽东选集》第二卷（线装本）；人民出版社1966年3月版《抗日游击战争的战略问题》；中国人民解放军总参谋部编，中国人民解放军战士出版社1966年版《毛主席的六篇军事著作》；中国人民解放军总政治部1966年编印《毛泽东著作选读》；人民出版社1966年版《毛泽东选集》第二卷（横排本）；人民出版社1967年版《抗日游击战争的战略问题》；人民出版社1967年版《毛泽东选集》（袖珍一卷本）；人民出版社1968年版《毛泽东选集》（袖珍一卷本）；中国人民解放军战士出

版社1968年版《毛泽东选集》（袖珍一卷本）；中国人民解放军战士出版社1969年版《毛主席的六篇军事著作》（100开塑套装）；人民出版社1969年版《毛泽东选集》（一卷本）；人民出版社1969年版《毛泽东选集》（大字本）第二卷；人民出版社1975年12月版《抗日游击战争的战略问题》（横排本）；人民出版社1991年版《毛泽东选集》第二卷；中共中央党校出版社1991年版《中共中央文件选集》第十一册；军事科学出版社、中央文献出版社1993年版《毛泽东军事文集》第二卷；罗正楷编，光明日报出版社1997年版《中国人民解放军大典》；李智道编，中国人民解放军国防大学出版社2001年版《中国人民解放军传统教育与现代素质教育》（第1册）；西苑出版社2001年版《毛泽东选集手抄本》第二卷；人民出版社2007年版《毛泽东选集》第二卷；线装书局2011年版《毛泽东选集》第二卷；中共中央文献研究室等编，中央文献出版社2011年版《建党以来重要文献选编》第十五册；润东出版社2013年版《毛泽东全集》第12卷；常连霆等编，山东人民出版社2015年版《山东党史资料文库》第14卷；等等。

还有一些节选本、摘录本，《抗战知识》1938年第1卷第2期"摘粹"：《抗日游击战争的战略问题》最早的节选本，选录了《解放》第40期发表的《抗日游击战争的战略问题》中的第六、七、八、九、十诸节；中共中国人民大学委员会整风办公室1958年编印《革命领袖关于反右倾保守和发挥革命主动性的言论摘录》（节选）；中国人民解放军军事科学院编，中国人民解放军战士出版社1977年版《毛主席关于人民军队人民战争及其战略战术论述的摘录》（摘录）；中国人民解放军战士出版社1978年版《毛泽东著作选读》（战士读本）（摘录）；哈特（Hart，B.L.）（英）等编，军事科学院外国军事研究部译，军事科学出版社1990年5月版《剑与笔》（摘录）；徐辰编著，中央编译出版社2017年版《宪制道路与中国命运：中国近代宪法文献选编》（1840—1949）下（摘录）；等等。

2. 其他版本

外文版主要有：日文、英文、越南文、乌尔都文、缅甸文、法文、阿拉伯文、西班牙文、印尼文、波斯文、泰文、希腊文、俄文、世界语、德文、豪萨文、印地文、蒙古文、意大利文、斯瓦希里文、孟加拉文21种。此外还有：塞巴斯蒂安·哈夫纳（德国）编，德国罗沃尔特纸皮书出版社1966年版《毛泽东的游击战争理论或第三世界战略》；小野川秀美（日本）编，日本中央公论社1969年初版《孙文·毛泽东》（《世界的名著》第64卷）；小野川秀美（日本）编，日本中央公论社1982年第8版《孙文·毛泽东》（《世界的名著》第64卷）；日本苍苍社1983年第2版《毛泽东集》第6卷；等等。

少数民族文版主要有：维吾尔文、蒙古文、哈萨克文、朝鲜文、托忒蒙古文5种。

盲文版有：北京盲文印刷厂1975年2月印《抗日游击战争的战略问题》。

四、研究综述

迄今为止，人们对于《抗日游击战争的战略问题》（以下简称"《战略问题》"）的研究，主要分为以下几种情况：

（一）对《战略问题》版本种类的概述、介绍

施金炎主编《毛泽东著作版本述录与考订》（海南国际新闻出版中心1995年版，第269—275页）介绍了《战略问题》版本：《战略问题》的单行本有70多种，其中中文版本有18种，少数民族文版本有8种，外文版本有40多种。外文版中较早的是1938年日本军参谋本部北支军司令部编印的日文版。盲文版1种。

蒋建农等《毛泽东著作版本编年纪事》（一册）（湖南人民出版社2013年第2版，第305—306页）介绍了《战略问题》部分版本：单行本有70多种，并列举了部分版本。其中中文版18种，少数民族文版8种，外文单行本40余种，盲文本1种，又谈道：早在1938年，日本军参谋本部北支军司令部就编印了此书的日文版。

柏钦水主编《毛泽东著作版本鉴赏》（山东人民出版社2009年版，第57页）收录4个《战略问题》的中文单行本图录，3本收入《战略问题》的书（抗日战争研究会编、解放社1938年7月版《抗日游击战争的一般问题》，抗日战争研究会编、东北书店1947年6月版《抗日游击战争的战术问题》，抗日战争研究会编、东北书店1947年10月版《抗日游击战争的一般问题》），每一版本都附有版本封面照片。

《抗日游击战争的战略问题》新华日报馆1938年版　　《游击战争的战略问题》新民主出版社1949年版　　《抗日游击战争的战略问题》人民出版社1952年版　　《抗日游击战争的战略问题》人民出版社1975年版

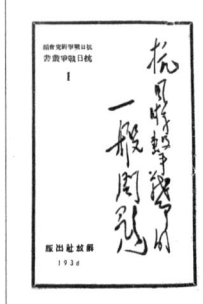 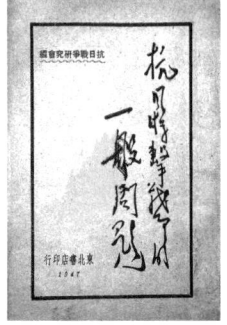 

《抗日游击战争的一般问题》解放出版社1938年版　　《抗日游击战争的一般问题》东北书店1947年版　　《抗日游击战争的战术问题》东北书店1947年版

《毛泽东著作版本鉴赏》部分图片

张曼玲《毛泽东早期著作版本精品图录》（湖南人民出版社2011年版第134—137页）对《战略问题》也作了介绍，并列举了2种版本，每种版本都有封面图片。

《毛泽东早期著作版本精品图录》部分书影

部分关于毛泽东著作的辞典、书典、目录书也提到了一些关于《战略问题》的版本。例如，乔明甫等主编《中国共产党建设大辞典》（四川人民出版社1991年版）；袁竞主编《毛泽东著作大辞典》（中国国际广播出版社1991年版）；王进等主编《毛泽东大辞典》（广西人民出版社等1992年版）；张惠芝等主编《毛泽东生平著作研究目录大全》（河北教育出版社1993年版）；廖盖隆等主编《毛泽东百科全书》（光明日报出版社1993年版，2003年修订版）；张静如主编《毛泽东研究全书》卷二（长春出版社1998年版）；刘跃进《毛泽东著作版本导论》（北京燕山出版社1999年版）；李捷主编《毛泽东著作辞典》（浙江人民出版社2011年版）等。

（二）对《战略问题》版本的校勘、研究

最早的是日本学者竹内实主编《毛泽东集》（日本苍苍社1983年第2版）第6卷第7—47页收入了《战略问题》，并进行了不同版本的校勘。以晋察冀日报社1944年5月《毛泽东选集》卷三为底本，参考了《解放》1938年第40期版、香港新民主出版社1948年版《游击战争的战略问题》、上海美商远东画报社1938年版《抗日游击战争的一般问题》第七章等，与人民出版社1952年《毛泽东选集》第二卷版《战略问题》进行了逐字逐句的校勘，列出校勘记350多条，包括7条补注，其学术价值很高。

周一平《日版〈毛泽东集〉〈毛泽东集补卷〉校勘与研究》（中国国际文化出版社2013年6月版）对日本版的《毛泽东集》进行了校勘与研究，指出《毛泽东集》收入《战略问题》的一些优点和不足。优点是《毛泽东集》的《战略问题》有350余条校记（包括后注）[①]，并指出："日《集》第6卷中的《抗日游击战争的战略问题》，文尾列出六种版本，底本是四四年版《毛选》第3卷，参考本是1938年5月30日《解放》第四〇期、香港新民主出版社1948年1月版《游击战争的战略问题》、美商远东画报社1938年11月版《抗日游击战争的一般问题》第七章等。日《集》第6卷本先以四四年版《毛选》第3卷本与1952年《毛选》版第二卷本相校，这第一次校勘的校记排列于每页的上方。然后又以四四年版《毛选》第3卷本与《解放》第四〇期本

[①] 周一平：《日版〈毛泽东集〉〈毛泽东集补卷〉校勘与研究》，中国国际文化出版社2013年版，第153页。

校，这第二次校勘的校记，以'后注'形式排列于文尾。"① 不同的是，1991年版《毛泽东选集》对《战略问题》正文部分文字进行了修改，《毛泽东集》此部分没有校语，书中并指出："《毛选》第2卷收入的《抗日游击战争的战略问题》，修订版将旧版'杨方口汽车路'校改为'阳方口汽车路'（第417页）。日《集》第6卷此文对'杨方口'并没有校语。"② 书中还指出："为了避免重复，可采用参见法。如日《补》第5卷《抗日游击战争的一般问题》其中第七章是'抗日游击战争的战略问题'，列出标题后没有收入具体内容，而是加了一条注'这章跟毛泽东集第六卷所收的《抗日游击战争的战略问题》内容相同，这里省略本文，避免重复'（第329页）……这种加注避免重复的做法，可称参见法或互见法，是正确的，应该作为编辑原则、体例，但编者并未规定这样的编辑原则、体例，所以有些文稿就没有这样处理。"③ 周一平的著作是目前中国出版的唯一涉及1949年以前毛泽东著作版本校勘的校勘型著作。

中共中央文献研究室编《〈毛泽东选集〉一至四卷注释校订本》（中央文献出版社1991年版，第208—214页），中共中央文献研究室注释组《〈抗日游击战争的战略问题〉注释校订：〈毛泽东选集〉1—4卷注释校订初稿连载（十八）》（《党的文献》1989年第2期），对《战略问题》的注释进行了校订。

（三）对《战略问题》思想内容的各方面研究

在1949年之前，对于《战略问题》的研究在当时也是极具现实意义的。如：《抗战大学》1938年第1卷第10期"大学讲座"：《抗日游击战争的战略问题讨论提纲》是最早的带有研究性的文章。文章列出："问题是怎样提起来的？""抗日游击战争的具体战略问题是什么？""游击战争战略原则的最中心问题""游击战争与正规战争配合有几种？""怎样建立根据地？"

---

① 周一平：《日版〈毛泽东集〉〈毛泽东集补卷〉校勘与研究》，中国国际文化出版社2013年版，第168页。

② 周一平：《日版〈毛泽东集〉〈毛泽东集补卷〉校勘与研究》，中国国际文化出版社2013年版，第65页。

③ 周一平：《日版〈毛泽东集〉〈毛泽东集补卷〉校勘与研究》，中国国际文化出版社2013年版，第76页。

等多个标题，提纲挈领地介绍了《战略问题》的主要思想内容。

1949年以后，研究《战略问题》的书、文章很多。例如，研究《战略问题》哲学思想的相关成果有：

《教学研究》（中共辽宁省委党校理论研究室1982年编印），书中有一篇文章《〈抗日游击战争的战略问题〉哲学思想简介》，对《战略问题》中所涉及的哲学思想加以分析。其主要包括：坚持一切从实际出发，根据客观情况变化，适时实行战略转变；指挥员的主动权来自对客观情况的正确了解以及对具体问题的妥善处理；敌我双方的强弱优势在一定条件下相互转化；正确处理集中与分散的关系，实行战略统一下的自主权。

还有，中共湖北省委党校哲学研究室等《时代精神的精华——学习毛泽东同志八篇著作的哲学思想》（湖北人民出版社1982年版）、中共中央党校出版社编辑部《学习毛泽东哲学思想》（中共中央党校出版社1982年版）、韩树英等《学习毛泽东哲学思想——介绍毛泽东同志的八篇著作》（北京出版社1982年版）、中国人民解放军信阳陆军学校等《军事辩证法的光辉范例——读毛泽东四篇军事著作》（河南人民出版社1982年版）、黄育才等《毛泽东同志八篇著作哲学思想简介》（江苏人民出版社1982年版）、张文儒等《毛泽东几篇著作的哲学思想》（河北人民出版社1982年版）、中共云南省委宣传部《毛泽东同志八篇著作哲学问题解答》（云南人民出版社1982年版）、重庆市哲学学会《学习哲学 做好工作——毛泽东八篇著作辅导材料》（重庆出版社1982年版）、中国人民解放军政治学院哲学教研室《毛主席八篇著作哲学思想辅导》（辽宁人民出版社1982年版）、林伯野《学习毛泽东军事著作中的哲学思想》（天津人民出版社1982年版）、徐昶晖等《哲学指导实践的典范——毛泽东八篇著作学习辅导》（黑龙江人民出版社1982年版）等。

陈元晖《读〈抗日游击战争的战略问题〉》（《新建设》1952年第9期）对毛泽东把抗日游击战争上升为战略问题的观点加以阐述，并从根据地及游击战向运动战发展的条件两个方面加以论证。第一，战略问题是把战争或作战的一切重要问题，提到较高的地位上去解决的全局性的战争指导规律。游击战争是局部的，但毛泽东通过具体问题具体分析，从中国抗日战争的特殊性入手，即它是带全局性的，对中国抗战有决定意义，从而提出把它提高到战略地位，从局部性中发现其全局性，从全局性中规定全套的战略计划，使中国抗日游击战争起到对全局有决定意义的作用，这是毛泽东的英明卓见，而抗日游击战争的全局性又取决于长期性和广泛性，归根到底是由于中共和毛泽东的领导及红军的存在。抗日游击战争带有局部性，这是其普遍性；带有全局性，乃是其特殊性。毛泽东正是辩证地运用了它们之间的关系，提出了抗日游击战争乃是战略问题的伟大创见。第二，抗日游击战争之所以能成为战略问题，条件有二：一是赖以执行自己的战略任务，达到保存和发展自己、消灭和驱逐敌人之目的的战略基地——根据地，这是游击战争的母亲，她哺育着游击战争，并使之发展壮大，发挥战略作用。作者认为根据地思想是毛泽东思想体系中放着异彩的部分，是抗日游击战争战略的中心思想。二是保证游击战向运动战发展。运动战和根据地貌似相反，实质相成。后来的历史证明了毛泽东所说的"只有在现在的流动生活中努力，才能争取将来的比较地不流动，才能争取最后的稳定的真理"。他还说过游击战的战略作用有两方面：辅助正规战和使自己变为正规战。而要变为正规战就要使游击战提高到运动战，其基本条件是根据地的建立和巩固。

中国共产党工程兵委员会写作小组《运用辩证唯物论，掌握革命主动权——学习〈抗日游击战争的战略问题〉》（《红旗》1971年第9期）谈道：第一，掌握主动权是取得革命胜利的重要保证。历史经验证明：能否掌握革命主动权的问题是关系到能否贯彻执行毛泽东革命路线的重大问题，是关系到革命成败的重大问题。要坚持辩证唯物论和历史唯物论，不断提高贯彻执行毛泽东革命路线，争取革命主动权的自觉性。第二，主动权不是任何天才家所固有的，对客观现实的虚心研究以及正确估量，正确处置军事政治行动，才能掌握革命主动权。第三，发挥主观能动性，争取革命主动权。坚持用马列主义、毛泽东思想武装头脑，正确发挥主观能动性，才能掌握社会主义建设和革命的主动权。

纪博涛《具有历史意义的战略转变——学习〈抗日游击战争的战略问题〉的一点体会》（《红旗》1973年第8期）指出：抗日战争初期，党内外人士轻视游击战争在抗日战争中的重要作用，在此重要关头毛泽东写下《战略问题》，运用马克思主义的立场、观点和方法批判党内错误思想，阐释游击战争的重要战略地位，强调必须把游击战争提高到战略的地位加以考察，为抗战胜利指明方向。在《战略问题》一文中详细阐述游击战争的战略方针，提出"主动地、灵活地、有计划地执行防御战中的进攻战，持久战中的速决战和内线作战中的外线作战"，同时重视根据地的建立与发展，在山地、平原、湖泊不同地势条件下建立革命根据地，以夺取抗战的胜利。历史实践证明，在每一个历史转变的重要时刻，毛泽东总是站在马克思主义的立场，制定出正确的政治路线和军事战略与方法。

王昌远《研究新情况解决新问题的光辉典范——读〈抗日游击战争的战略问题〉》（《学习与研究》1982年第7期）认为，针对在第二次国内革命战争向抗日战争过渡时期要不要实行军事战略转移而使党内出现的两种不同的见解，以毛泽东为代表的中国共产党人的见解是完全正确的，是符合抗战客观发展规律的，因为他运用了唯物论和辩证法思想，深刻地分析了抗日游击战争的具体情况和特殊条件，指明了它胜利发展的道路。文章指出，从实际出发，从特定的条件出发，是毛泽东同志坚持辩证唯物主义，认识和解决抗日游击战争战略问题的出发点，也是我们从事任何工作都应该遵循的出发点。不同的战争指导规律是由不同的战争情况决定的，而战争指导规律又随客观情况的变化而发展，并非一成不变。毛泽东的这种思想对各项工作都有普遍的指导意义。对于一个大事物，我们不仅要研究其根本矛盾及其本质，而且还要从各个方面和各个层次上分析其中的特殊性，这样才能找到解决问题的具体办法。毛泽东正是这样以辩证法的思想指挥战争，取得了辉煌战绩。而他运用的矛盾分析方法，为当前解决新情况下出现的新问题，提供了一种科学的工作方法的典范。

赵林森《毛泽东卓越的军事指挥才能是从哪里来的？——纪念〈抗日游击战争的战略问题〉等文章发表六十周年》（《党史文汇》1998年第5期）具体论述了毛泽东卓越的军事指挥才能的来源：第一，从书本中来，但不唯书。他强调学以致用，运用学到的知识针对具体情况加以发挥，避免教条主义。第二，从群众中来，但有创见。坚持虚心请教他人，广泛听取各方意见，最大限度地发挥领导干部以及人民群众的智慧和力量。第三，从实践中来，但有提高。要从战争中学习战争，善于运用辩证唯物主义的观点指导实践，同时也要善于总结战争中的经验，将其上升到理论高度，再来指导实践，如此循环往复。在指挥战役的同时，丰富自身的军事理论知识。

胡淼《以游击的方式营销旅游淡季》（《旅游时代》2008年第1期）提出

将《战略问题》中的游击作战的方法运用于旅游淡季的营销策划中,来指导旅游营销实践,拓展了文章研究领域。

此外,还有康海《毛主席伟大的游击战争战略思想必胜——读〈抗日游击战争的战略问题〉笔记》(《大众日报》1965年8月26日)、刘象贤《对敌三欺——学习〈抗日游击战争的战略问题〉的体会》(《文汇报》1965年9月1日)、周善立《既要敢于打,又要善于打——学习〈抗日游击战争的战略问题〉的一点体会》(《广西日报》1974年10月17日)、唐伟和邱荣其《再坚持一下》(《文汇报》1974年11月7日)、市第二粮谷加工厂工人理论小组《战斗的伟力存在于民众之中——学习〈抗日游击战争的战略问题〉》(《沈阳日报》1974年12月14日)、华民《毛主席的游击战争思想永放光辉——学习〈抗日游击战争的战略问题〉的体会》(《解放军报》1978年5月17日)、展力《革命游击战争的光辉指南:学习毛主席的〈抗日游击战争的战略问题〉》(《军事学术》1978年第6期)、王中兴《主动、灵活、计划——读〈抗日游击战争的战略问题〉札记》(《光明日报》1981年8月8日)、肖坤石《具有历史意义的战略转变——学习〈抗日游击战争的战略问题〉的一点体会》(《云南日报》1981年10月16日)、哲学专修班一支部三组学员《学习〈抗日游击战争的战略问题〉中的哲学思想》[《唯实》(江苏)1982年增刊1期]、江波《分析特殊矛盾制定战略方针(学习〈抗日游击战争的战略问题〉中的哲学思想)》[《复印报刊资料(毛泽东著作、生平、事业研究)》1982年第4期]、郭寿航《从毛泽东军事思想著作中学习毛泽东哲学思想——阅读〈抗日游击战争的战略问题〉札记》(《南政校刊》1982年第4期)、贺礼堂《〈抗日游击战争的战略问题〉一书中的哲学思想介绍》[《学术动态》(湖北)1982年第5期]、军事文摘编辑部《为什么提起游击战争的战略问题》(《军事文摘》2011年第7期)、曹应旺《毛泽东关于抗日战争战略问题的思考》(《毛泽东研究》2015年第4期)、李洪峰《毛泽东关于抗日战争的战略思想》(《毛泽东研究》2015年第5期)、梁柱《毛泽东与党在抗战初期的军事战略转变》(《中国高校社会科学》2015年第5期)、张从田《对中国抗日游击战争的再认识》(《中国社会科学报》2017年9月19日)、汤春松《抗战时期军事教育如何走群众路线》(《学习时报》2020年1月20日)、秦迪《浅析中国共产党在抗日民族统一战线中的斗争策略》(《南方论刊》2020年第3期)等。

通过对现有研究成果的整理总结，发现关于《战略问题》的研究成果甚多，但研究其版本的较少。例如，日本学者竹内实主编的《毛泽东集》对《战略问题》版本的文字变动有一点校勘、研究，但是仅限于文字的变动，对其变动的原因并未深究。所以说，对于《战略问题》版本的研究，尚未形成一个全面系统的理论成果，其研究空间很大。

五、校勘与分析

(一) 1949年10月以前版本校勘与分析

《抗日游击战争的战略问题》在1949年10月之前出现各种版本，大多数文本是以《解放》1938年5月30日第40期为底本。

1. 《群众》1938年第2卷第3期版与《解放》1938年第40期版异同

《群众》1938年第2卷第3期图片　　《解放》1938年第40期图片

《群众》1938年6月25日第2卷第3期版《战略问题》(以下简称"《群众》版")与《解放》1938年5月30日第40期版(以下简称"《解放》版")相校，不同之处主要是：删除编者前言，47处标点符号改动、16处文字改动以及1处补夺字，其余相同。

（1）删除编者前言

《解放》版有编者前言：

延安抗日战争研究会，正在写作一部抗日战争丛书，由解放社出版。其第一本『抗日游击战争』已经集稿，开始付印，是集体写的，全部均经过毛泽东先生校阅。其第二章『论抗日游击战争的一般问题』也是毛先生自己写的，现将这一章里面的一节『抗日游击战争的战略问题』，得毛先生同意，提前在本报发表，以快先睹。

——编者[①]

这个编者前言，《群众》版删除。这个编者前言已与以后的实际不符，1938年6月《抗日游击战争的战略问题》出版，1938年7月《抗日游击战争的一般问题》出版，编者前言说："《抗日游击战争的一般问题》是《抗日游击战争》的第二章"，显然不对了，应该删除。

（2）标点符号的变动

《解放》版："……战略的观点上加以考察。……"[②]《群众》版："……战略的观点上加以考察，……"[③]

《解放》版："……保卫祖国驱逐日寇。……"[④]《群众》版："……保卫祖国驱逐日寇，……"[⑤]

《解放》版："……战役的、战略的原则，……"[⑥]《群众》版："……战役的战略的原则，……"[⑦]

《解放》版："……所以问题是：……"[⑧]《群众》版："……所以问题是，……"[⑨]

[①] 《解放》1938年第40期。
[②] 《解放》1938年第40期。
[③] 《群众》1938年第2卷第3期。
[④] 《解放》1938年第40期。
[⑤] 《群众》1938年第2卷第3期。
[⑥] 《解放》1938年第40期。
[⑦] 《群众》1938年第2卷第3期。
[⑧] 《解放》1938年第40期。
[⑨] 《群众》1938年第2卷第3期。

《解放》版:"……主要的方针有下列各项:(一)……"①《群众》版:"……主要的方针有下列各项(一)……"②

《解放》版:"……某些素质某些条件),……"③《群众》版:"……某些素质某些条件,)……"④

《解放》版:"……用游击的形式表现其进攻的……"⑤《群众》版:"……用游击的形式,表现其进攻的……"⑥

《解放》版:"……当然,游击战争中不但战略上有防御,……"⑦《群众》版:"……当然游击战争中不但战略上有防御,……"⑧

《解放》版:"……是较之正规战更加不能许可的。……"⑨《群众》版:"……是较之正规战更加不能许可的,……"⑩

……

这些标点符号的变动基本上不影响文义。

(3)文字变动

大致分以下几类:

第一,不改变文义的文字修改。

《解放》版:"……不合客观情况的悲观的估计……"⑪《群众》版:"……不合客观情况、悲观的估计……"⑫将"的"改为"、",不改变文义。

《解放》版:"……伟大的配合作用……"⑬《群众》版:"……伟大配合作用……"⑭去掉"的",不改变文义。

---

① 《解放》1938年第40期。
② 《群众》1938年第2卷第3期。
③ 《解放》1938年第40期。
④ 《群众》1938年第2卷第3期。
⑤ 《解放》1938年第40期。
⑥ 《群众》1938年第2卷第3期。
⑦ 《解放》1938年第40期。
⑧ 《群众》1938年第2卷第3期。
⑨ 《解放》1938年第40期。
⑩ 《群众》1938年第2卷第3期。
⑪ 《解放》1938年第40期。
⑫ 《群众》1938年第2卷第3期。
⑬ 《解放》1938年第40期。
⑭ 《群众》1938年第2卷第3期。

《解放》版："……钳制部分的敌人……"①《群众》版："……钳制部份的敌人……"②将"分"改为"份"，不改变文义。

《解放》版："……以至从主力中分出一部分……"③《群众》版："……以至从主力中分出一部份……"④将"分"改为"份"，不改变文义。

《解放》版："……更有效力地打击敌人……"⑤《群众》版："……更有效力的打击敌人……"⑥将"地"改为"的"，不改变文义。

《解放》版："……是一个大而弱的国家。"⑦《群众》版："……而是一个大而弱的国家。"⑧增"而"字，不改变文义。

第二，使表述更准确。

《解放》版："……拉丁占中南美等等的好梦……"⑨《群众》版："……拉丁系国家占中南美等等的好梦……"⑩将"拉丁"改为"拉丁系国家"，表述更加准确、明确。"拉丁系国家"主要是指西班牙和葡萄牙，西班牙、葡萄牙以及法国意大利等国家均属于拉丁语系，所以被称为拉丁系国家。中南美的广大地区在历史上曾经是西班牙和葡萄牙的殖民地，西班牙语和葡萄牙语已成为中南美各国的语言，所以中南美洲（包括墨西哥）又被称为拉丁美洲。

第三，补缺字。

《解放》版："……游击　到时属于游击队……"⑪《群众》版："……游击队到时属于游击队……"⑫补夺字"队"，使文章语句完整，表达意思更加完整。

---

① 《解放》1938年第40期。
② 《群众》1938年第2卷第3期。
③ 《解放》1938年第40期。
④ 《群众》1938年第2卷第3期。
⑤ 《解放》1938年第40期。
⑥ 《群众》1938年第2卷第3期。
⑦ 《解放》1938年第40期。
⑧ 《群众》1938年第2卷第3期。
⑨ 《解放》1938年第40期。
⑩ 《群众》1938年第2卷第3期。
⑪ 《解放》1938年第40期。
⑫ 《群众》1938年第2卷第3期。

第四，文字变动有误。

《解放》版："……游击战只有向运动战发展……"①《群众》版："……游击只有向运动战发展……"②"游击战"改为"游击"，夺"战"字。

《解放》版："……乃主力部队里头的人们……"③《群众》版："……乃主力队里头的人们……"④"主力部队"改为"主力队"，夺"部"字。

《解放》版："……是与正规战争相配合的问题。……"⑤《群众》版："……是正规战争相配合的问题。……"⑥删"与"，不妥。

《解放》版："……如果各游击区或游击队只是各干各的……"⑦《群众》版："……如果各游击区的或游击队只是各干各的……"⑧"各游击区的"，衍"的"字。

《解放》版："……实有完全的必要。"⑨《群众》版："……实有宜全的必要。"⑩"宜全"当为"完全"之误。

2. 晋察冀日报社1944年《毛泽东选集》卷三版与《解放》1938年第40期版异同

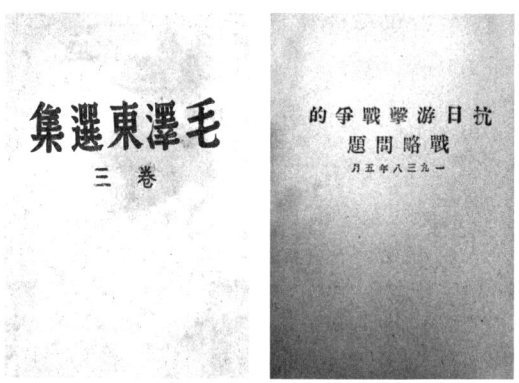

晋察冀日报社1944年《毛泽东选集》卷三版书影

---

① 《解放》1938年第40期。
② 《群众》1938年第2卷第3期。
③ 《解放》1938年第40期。
④ 《群众》1938年第2卷第3期。
⑤ 《解放》1938年第40期。
⑥ 《群众》1938年第2卷第3期。
⑦ 《解放》1938年第40期。
⑧ 《群众》1938年第2卷第3期。
⑨ 《解放》1938年第40期。
⑩ 《群众》1938年第2卷第3期。

《战略问题》晋察冀日报社1944年5月《毛泽东选集》卷三版（以下简称"1944年版"）与《解放》1938年第40期版相校，主要不同是删除编者前言，25处标点符号变动、17处文字变动及1处补夺字，其余相同。除此之外，因文章被收录于《毛泽东选集》卷三之中，卷首增添了文章目录，正文前有标题页。

（1）标点符号的变动

《解放》版："……这个原则在革命战争中……"① 1944年版："……这个原则，在革命战争中……"②

《解放》版："……防御战中的进攻战，持久战中的速决战，内线作战中的外线作战……"③ 1944年版："……防御战中的进攻战、持久战中的速决战、内线作战中的外线作战……"④

《解放》版："……游击战只有次一等的成绩，……"⑤ 1944年版："……游击战只有次一等的成绩；……"⑥

《解放》版："……按照情况，灵活的分散兵力……"⑦ 1944年版："……按照情况灵活的分散兵力……"⑧

《解放》版："……也是保存自己的主要手段。……"⑨ 1944年版："……也是保存自己的主要手段，……"⑩

《解放》版："……在这种场合，游击队应该……"⑪ 1944年版："……在这种场合的游击队应该……"⑫

《解放》版："一，几种根据地"⑬，1944年版："（一）几种根据地"⑭。

---

① 《解放》1938年第40期。
② 《毛泽东选集》卷三，晋察冀日报社1944年版，第97页。
③ 《解放》1938年第40期。
④ 《毛泽东选集》卷三，晋察冀日报社1944年版，第99页。
⑤ 《解放》1938年第40期。
⑥ 《毛泽东选集》卷三，晋察冀日报社1944年版，第102页。
⑦ 《解放》1938年第40期。
⑧ 《毛泽东选集》卷三，晋察冀日报社1944年版，第106页。
⑨ 《解放》1938年第40期。
⑩ 《毛泽东选集》卷三，晋察冀日报社1944年版，第108页。
⑪ 《解放》1938年第40期。
⑫ 《毛泽东选集》卷三，晋察冀日报社1944年版，第111页。
⑬ 《解放》1938年第40期。
⑭ 《毛泽东选集》卷三，晋察冀日报社1944年版，第113页。

《解放》版："……又执行着前无古人的野蛮政策；……"① 1944年版："……又执行着前无古人的野蛮政策，……"②

《解放》版："……又有众多的抗日人民；……"③ 1944年版："……又有众多的抗日人民，……"④

……

这些标点符号的变动基本上不影响文义。

（2）文字变动

文字变动大致分为以下几类：

第一，不改变文义的文字修改。

《解放》版："……游击战争虽在整个抗日战争中……"⑤ 1944年版："……游击战争在整个抗日战争中……"⑥ 删"虽"，不改变文义。

《解放》版："……尽可能地消灭敌人……"⑦ 1944年版："……尽可能的消灭敌人……"⑧ "地"改"的"，不改变文义。

《解放》版："……大吹大擂的暴露自己……"⑨ 1944年版："……大吹大擂暴露自己……"⑩ 删"的"，不改变文义。

《解放》版："……是与正规战争相配合的问题。……"⑪ 1944年版："……是和正规战争相配合的问题。……"⑫ "与"改"和"，不改变文义。

《解放》版："……敌人举行战略进攻时……"⑬ 1944年版："……敌人战略进攻时……"⑭ 删"举行"，不改变文义。

---

① 《解放》1938年第40期。
② 《毛泽东选集》卷三，晋察冀日报社1944年版，第113页。
③ 《解放》1938年第40期。
④ 《毛泽东选集》卷三，晋察冀日报社1944年版，第113页。
⑤ 《解放》1938年第40期。
⑥ 《毛泽东选集》卷三，晋察冀日报社1944年版，第96页。
⑦ 《解放》1938年第40期。
⑧ 《毛泽东选集》卷三，晋察冀日报社1944年版，第98页。
⑨ 《解放》1938年第40期。
⑩ 《毛泽东选集》卷三，晋察冀日报社1944年版，第100页。
⑪ 《解放》1938年第40期。
⑫ 《毛泽东选集》卷三，晋察冀日报社1944年版，第109页。
⑬ 《解放》1938年第40期。
⑭ 《毛泽东选集》卷三，晋察冀日报社1944年版，第109页。

《解放》版："……在这种场合，游击队应该……"① 1944年版："……在这种场合的游击队应该……"② 将"，"改为"的"，不改变文义。

《解放》版："……是一个大而弱的国家。"③ 1944年版："……而是一个大而弱的国家。"④ 增"而"字，不改变文义。

……

第二，使表述更准确、合理。

《解放》版："……拉丁占中南美等等的好梦……"⑤ 1944年版："……拉丁系国家占中南美等等的好梦……"⑥ "拉丁"改为"拉丁系国家"，表达更加准确、合理，详前。

《解放》版："……一般不能采取用……"⑦ 1944年版："……一般不能采用……"⑧ "采取用"改为"采用"，更合理。

第三，补缺字。

《解放》版："……游击 到时属于游击队……"⑨ 1944年版："……游击队到时属于游击队……"⑩ 补夺字"队"。

3. 东北书店1947年《抗日游击战争的一般问题》版与《解放》1938年第40期版异同

东北书店1947年版《抗日游击战争的一般问题》中的《战略问题》（以下简称"1947年版"）与《解放》1938年第40期版相校，主要不同是删除编者前言，包括21处标点符号变动、9处文字变动及1处补夺字，其余相同。除此之外，因文章作为1947年版之第七章，卷首增添了文章目录。

---

① 《解放》1938年第40期。
② 《毛泽东选集》卷三，晋察冀日报社1944年版，第111页。
③ 《解放》1938年第40期。
④ 《毛泽东选集》卷三，晋察冀日报社1944年版，第95页。
⑤ 《解放》1938年第40期。
⑥ 《毛泽东选集》卷三，晋察冀日报社1944年版，第96页。
⑦ 《解放》1938年第40期。
⑧ 《毛泽东选集》卷三，晋察冀日报社1944年版，第125页。
⑨ 《解放》1938年第40期。
⑩ 《毛泽东选集》卷三，晋察冀日报社1944年版，第115页。

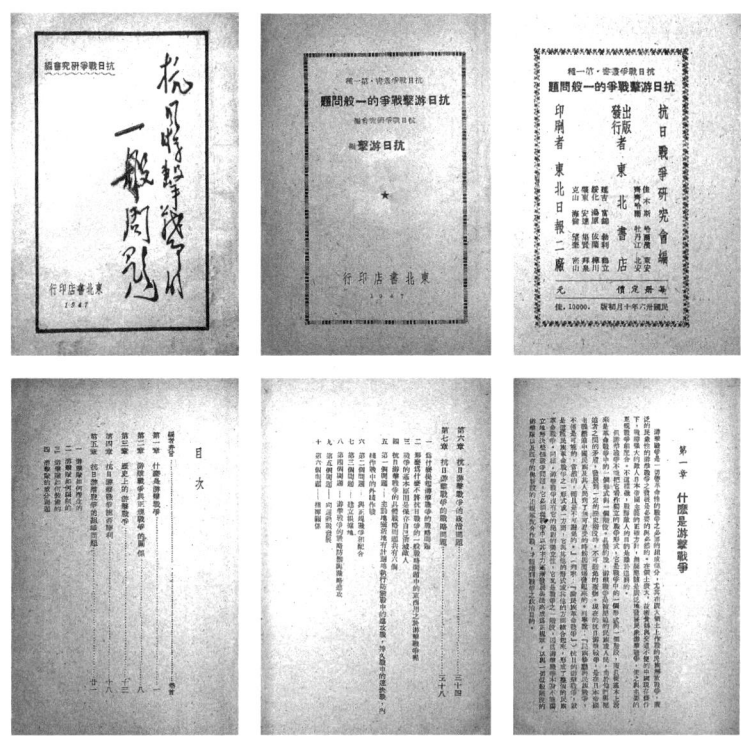

东北书店1947年《抗日游击战争的一般问题》版书影

（1）标点符号变动

《解放》版："……为什么提起游击战争的战略问题"①，1947年版："……为什么提起游击战争的战略问题？"②

《解放》版："……然而游击战争又区别于……"③ 1947年版："……然而游击战争，又区别于……"④

《解放》版："……还要说一说，战争的基本问题。"⑤ 1947年版："……还要说一说战争的基本问题。"⑥

《解放》版："……在革命战争中是直接与基本的政治原则联系

---

① 《解放》1938年第40期。
② 《抗日游击战争的一般问题》，东北书店1947年版，第38页。
③ 《解放》1938年第40期。
④ 《抗日游击战争的一般问题》，东北书店1947年版，第39页。
⑤ 《解放》1938年第40期。
⑥ 《抗日游击战争的一般问题》，东北书店1947年版，第40页。

的。"① 1947年版："……在革命战争中，是直接与基本的政治原则联系的。"②

《解放》版："……欺它是异民族，且执行极端的野蛮政策……"③ 1947年版："……欺它是异民族且执行极端的野蛮政策……"④

《解放》版："……举行数路围攻的场合是难于掌握与容易丧失的……"⑤ 1947年版："……举行数路围攻的场合，是难于掌握与容易丧失的……"⑥

《解放》版："……游击队的会走正是其特点……"⑦ 1947年版："……游击队的会走，正是其特点……"⑧

《解放》版："……破坏同蒲铁路，平型关汽车路，杨方口汽车路……"⑨ 1947年版："……破坏同蒲铁路、平型关汽车路、杨方口汽车路……"⑩

《解放》版："……战争目的就失掉了执行的依托。"⑪ 1947年版："……战争目的，就失掉了执行的依托。"⑫

《解放》版："一，几种根据地"⑬，1947年版："（一）几种根据地"⑭。

《解放》版："二，游击区与根据地"⑮，1947年版："（二）游击区与根据地"⑯。

《解放》版："三，建立根据地的条件"⑰，1947年版："（三）建立根

---

① 《解放》1938年第40期。
② 《抗日游击战争的一般问题》，东北书店1947年版，第40页。
③ 《解放》1938年第40期。
④ 《抗日游击战争的一般问题》，东北书店1947年版，第44页。
⑤ 《解放》1938年第40期。
⑥ 《抗日游击战争的一般问题》，东北书店1947年版，第45页。
⑦ 《解放》1938年第40期。
⑧ 《抗日游击战争的一般问题》，东北书店1947年版，第45页。
⑨ 《解放》1938年第40期。
⑩ 《抗日游击战争的一般问题》，东北书店1947年版，第50页。
⑪ 《解放》1938年第40期。
⑫ 《抗日游击战争的一般问题》，东北书店1947年版，第51页。
⑬ 《解放》1938年第40期。
⑭ 《抗日游击战争的一般问题》，东北书店1947年版，第52页。
⑮ 《解放》1938年第40期。
⑯ 《抗日游击战争的一般问题》，东北书店1947年版，第54页。
⑰ 《解放》1938年第40期。

据地的条件"①。

《解放》版:"……工人的,农民的,青年的,妇女的,儿童的,商人的,……"② 1947年版:"……工人的、农民的、青年的、妇女的、儿童的、商人的、……"③

……

这些标点符号的变动基本上不影响文义。

（2）文字变动

大致分为以下几类：

第一,不改变文义的文字修改。

《解放》版:"那末为什么不将……"④ 1947年版:"那么为什么不将……"⑤ "那末"改为"那么",不改变文义。

《解放》版:"……保存所必须的。"⑥ 1947年版:"……保存所必需的。"⑦ "必须"改为"必需",不改变文义。

《解放》版:"……拿作战线说来,"⑧, 1947年版:"……拿作战线来说,"⑨。"说来"改为"来说",不影响文义。

《解放》版:"……且在许多任务,……"⑩ 1947年版:"……这在许多任务,……"⑪ "且在"改为"这在",不改变文义。

《解放》版:"……往往将所踞城市中的房屋……"⑫ 1947年版:"……往往将所踞城市的房屋……"⑬ 删"中",不改变文义。

《解放》版:"……要求集中可能多的兵力,"⑭, 1947年版:"……要

---

① 《抗日游击战争的一般问题》,东北书店1947年版,第55页。
② 《解放》1938年第40期。
③ 《抗日游击战争的一般问题》,东北书店1947年版,第56页。
④ 《解放》1938年第40期。
⑤ 《抗日游击战争的一般问题》,东北书店1947年版,第39页。
⑥ 《解放》1938年第40期。
⑦ 《抗日游击战争的一般问题》,东北书店1947年版,第40页。
⑧ 《解放》1938年第40期。
⑨ 《抗日游击战争的一般问题》,东北书店1947年版,第42页。
⑩ 《解放》1938年第40期。
⑪ 《抗日游击战争的一般问题》,东北书店1947年版,第43页。
⑫ 《解放》1938年第40期。
⑬ 《抗日游击战争的一般问题》,东北书店1947年版,第62页。
⑭ 《解放》1938年第40期。

求集中尽可能多的兵力，"①。增"尽"，不改变文义。

《解放》版："……及有包围无歼灭等等……"② 1947年版："……及包围多歼灭少等等……"③ 这里两个版本的文字虽不同，但文义基本相同。

第二，使表述更准确、合理。

《解放》版："……反映到游击战争的领导者们……"④ 1947年版："……反映到游击战争的领导者们的头脑中……"⑤ "反映到……头脑中"，更加准确、合理。

第三，补缺字。

《解放》版："……游击 到时属于游击队……"⑥ 1947年版："……游击队到时属于游击队……"⑦ 补夺字"队"。

第四，文字变动有误。

《解放》版："……每一战争都须支付代价……"⑧ 1947年版："……每一战争都须支附代价……"⑨ "支附"，当误。

（二）1949年10月以后版本校勘与分析

1950年5月中共中央毛泽东选集出版委员会成立，此后《毛泽东选集》一至四卷，是在毛泽东亲自主持下编辑出版的。《抗日游击战争的战略问题》由毛泽东修改，删去了1938年《解放》版中第二个标题"那末为什么不将抗日战争的一般战略问题中的东西用之于游击战争呢？"，并对其他标题及正文的文字做了修改，收入人民出版社1952年出版的《毛泽东选集》第二卷。此后的各种版本，除繁简体字、横竖版式、页码、个别文字、注释略有不同外，文字基本与1952年出版的《毛泽东选集》第二卷相同。

---

① 《抗日游击战争的一般问题》，东北书店1947年版，第42页。
② 《解放》1938年第40期。
③ 《抗日游击战争的一般问题》，东北书店1947年版，第44页。
④ 《解放》1938年第40期。
⑤ 《抗日游击战争的一般问题》，东北书店1947年版，第51—52页。
⑥ 《解放》1938年第40期。
⑦ 《抗日游击战争的一般问题》，东北书店1947年版，第52页。
⑧ 《解放》1938年第40期。
⑨ 《抗日游击战争的一般问题》，东北书店1947年版，第40页。

1. 全国民兵代表会议1960年印《中国革命战争的战略问题》与人民出版社1952年《毛泽东选集》第二卷版异同

全国民兵代表会议1960年印《中国革命战争的战略问题》书影

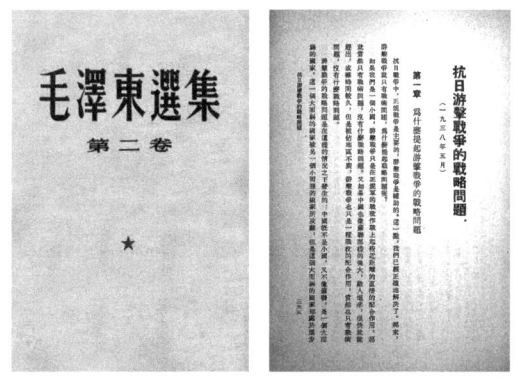

人民出版社1952年《毛泽东选集》第二卷版书影

全国民兵代表会议1960年印《中国革命战争的战略问题》（这个版本的平装本封面题"全国民兵代表会议赠"，内封题"一九六〇·五·一 北京"；精装本题"全国民兵代表会议奖"），收入了毛泽东的3篇论著：《中国革命战争的战略问题》《抗日游击战争的战略问题》《论持久战》。其中的《抗日游击战争的战略问题》（以下简称"1960年版"）与人民出版社1952年《毛泽东选集》第二卷版（以下简称"1952年版"）相校，1952年版为竖排繁体字，1960年版为横排简体字，此外主要的不同是5处文字改动，5处符号改动。其余相同。

（1）标点符号变动

1952年版："……战术上也是有防御的，……"① 1960年版："……战术上也是有防御的；……"②

1952年版："……例如：扰乱、钳制、破坏……"③ 1960年版："……例如扰乱、钳制、破坏……"④

1952年版："……都以分散兵力为原则。……"⑤ 1960年版："……都以分散兵力为原则；……"⑥

这些标点符号的变动基本上不影响文义。

（2）文字变动

第一，不改变文义的文字修改。

1952年版："……因为情况是明瞭的……"⑦ 1960年版："……因为情况是明了的……"⑧ "明瞭"改"明了"，不改变文义。

1952年版："……因为具体的情况无从明瞭。"⑨ 1960年版："……因为具体的情况无从明了。"⑩ "明瞭"改"明了"，不改变文义。

1952年版："……却使其主动权日益减弱下去。"⑪ 1960年版："……但其主动权却日益减弱下去。"⑫ "却使"改"但……却"，不改变文义。

---

① 《毛泽东选集》第二卷，人民出版社1952年版，第370页。
② 《中国革命战争的战略问题》，全国民兵代表会议1960年印，第75页。
③ 《毛泽东选集》第二卷，人民出版社1952年版，第370页。
④ 《中国革命战争的战略问题》，全国民兵代表会议1960年印，第75页。
⑤ 《毛泽东选集》第二卷，人民出版社1952年版，第370页。
⑥ 《中国革命战争的战略问题》，全国民兵代表会议1960年印，第75页。
⑦ 《毛泽东选集》第二卷，人民出版社1952年版，第399页。
⑧ 《中国革命战争的战略问题》，全国民兵代表会议1960年印，第100页。
⑨ 《毛泽东选集》第二卷，人民出版社1952年版，第399页。
⑩ 《中国革命战争的战略问题》，全国民兵代表会议1960年印，第100页。
⑪ 《毛泽东选集》第二卷，人民出版社1952年版，第372页。
⑫ 《中国革命战争的战略问题》，全国民兵代表会议1960年印，第77页。

第二，使表述更准确。

1952年版："……某种时期没有主力方向……"① 1960年版："……某种时期没有主攻方向……"② "主力方向"改"主攻方向"，更准确。

（3）题解变动

1952年版有题解："抗日战争初期，党内外都有许多人轻视游击战争的重大战略作用，而只把自己的希望寄托于正规战争，特别是国民党军队的作战。毛泽东同志批驳了这种观点，同时写了这篇文章，指出抗日游击战争发展的正确道路。其结果，在抗日时期内，在一九三七年只有四万余人的八路军和新四军，到一九四五年日本投降时就发展成为一百万人的大军，并创建了许多革命根据地，在抗日战争中起了伟大的作用，使蒋介石在抗日时期内，既不敢投降日本，又不敢发动全国规模的内战，而到一九四六年发动全国规模的内战时，由八路军新四军编成的人民解放军就有力量对付蒋介石的进攻了。"③

1960年版没有题解的形式，但在正文前加了这段文字，作为一个说明，即第69页为标题，第70页为这段说明文字，第71页为正文第1页。1952年版标题左标注了年月"（一九三八年五月）"④。1960年版第69页标题下没有标注年月，所以第70页这段说明文字，把1952年版题解"毛泽东同志批驳了这种观点，同时写了这篇文章……"改为"毛泽东同志批驳了这种观点，并在一九三八年五月写了这篇文章……"把文章的写作时间点明了。

2. 人民出版社1967年《毛泽东选集》（袖珍一卷本）版与人民出版社1952年《毛泽东选集》第二卷版异同

人民出版社1967年《毛泽东选集》（袖珍一卷本）中的《战略问题》（以下简称"1967年版"）与1952年版相校，1952年版为竖排繁体字，1967年版为横排简体字。文章内容的变动主要包括4处文字改动，3处标点符号改动，其余相同。

---

① 《毛泽东选集》第二卷，人民出版社1952年版，第372页。
② 《中国革命战争的战略问题》，全国民兵代表会议1960年印，第77页。
③ 《毛泽东选集》第二卷，人民出版社1952年版，第366页。
④ 《毛泽东选集》第二卷，人民出版社1952年版，第365页。

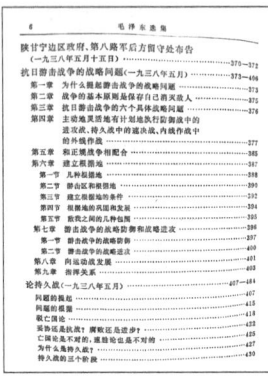
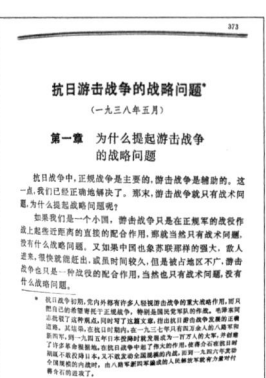

人民出版社1967年《毛泽东选集》（袖珍一卷本）版书影

（1）标点符号改动

1952年版："……战术上也是有防御的，"①，1967年版："……战术上也是有防御的；"②。

1952年版："……都以分散兵力为原则。"③ 1967年版："……都以分散兵力为原则；"④。

1952年版："……它们的战略配合的意义，"⑤，1967年版："……它们的战略配合的意义。"⑥

---

① 《毛泽东选集》第二卷，人民出版社1952年版，第370页。
② 《毛泽东选集》（袖珍一卷本），人民出版社1967年版，第378页。
③ 《毛泽东选集》第二卷，人民出版社1952年版，第370页。
④ 《毛泽东选集》（袖珍一卷本），人民出版社1967年版，第378页。
⑤ 《毛泽东选集》第二卷，人民出版社1952年版，第378页。
⑥ 《毛泽东选集》（袖珍一卷本），人民出版社1967年版，第386页。

（2）文字改动

第一，不改变文义的文字修改。

1952年版："……却使其主动权……"①　1967年版："……但其主动权却……"②　"却使"改为"但……却"，不改变文义。

1952年版："……除了真凭实据的汉奸之外，"③，1967年版："……除了有真凭实据的汉奸之外，"④。添加"有"，不改变文义。

1952年版："……情况是明瞭的；……无从明瞭。"⑤　1967年版："……情况是明了的；……无从明了。"⑥　"明瞭"改为"明了"，不改变文义。

第二，使表述更准确。

1952年版："……某种时期没有主力方向，"⑦，1967年版："……某种时期没有主攻方向，"⑧。"主力方向"改为"主攻方向"，表述更准确。

3. 人民出版社1991年《毛泽东选集》第二卷版与人民出版社1952年《毛泽东选集》第二卷版异同

《战略问题》，人民出版社1991年《毛泽东选集》第二卷（以下简称"1991年版"）与1952年版相校，1952年版为竖排繁体字，1991年版为横排

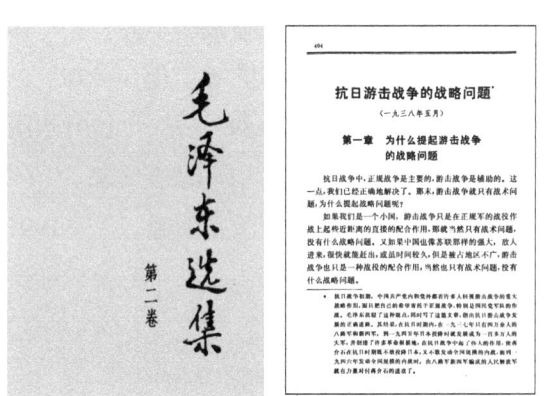

人民出版社1991年《毛泽东选集》第二卷版书影

---

① 《毛泽东选集》第二卷，人民出版社1952年版，第372页。
② 《毛泽东选集》（袖珍一卷本），人民出版社1967年版，第380页。
③ 《毛泽东选集》第二卷，人民出版社1952年版，第387页。
④ 《毛泽东选集》（袖珍一卷本），人民出版社1967年版，第394页。
⑤ 《毛泽东选集》第二卷，人民出版社1952年版，第399页。
⑥ 《毛泽东选集》（袖珍一卷本），人民出版社1967年版，第405页。
⑦ 《毛泽东选集》第二卷，人民出版社1952年版，第372页。
⑧ 《毛泽东选集》（袖珍一卷本），人民出版社1967年版，第379页。

简体字。文章文字的变动有6处，还有4处标点符号改动及注释改动，其余相同。

（1）标点符号改动

1952年版："……战术上也是有防御的，"①，1991年版："……战术上也是有防御的；"②。

1952年版："……例如：扰乱、钳制、破坏……"③ 1991年版："……例如扰乱、钳制、破坏……"④

1952年版："……都以分散兵力为原则。"⑤ 1991年版："……都以分散兵力为原则；"⑥。

1952年版："……但无法达到建立抗日政权的目的；"⑦，1991年版："……但无法达到建立抗日政权的目的，"⑧。

这些标点符号的改动基本上不影响文义。

（2）文字改动

大致分为以下几类：

第一，不改变文义的文字修改。

1952年版："……却使其主动权日益减弱下去。"⑨ 1991年版："……但其主动权却日益减弱下去。"⑩ "却使"改"但……却"，不改变文义。

1952年版："……因为情况是明瞭的……"⑪ 1991年版："……因为情况是明了的……"⑫ "明瞭"改"明了"，不改变文义。

1952年版："……因为具体的情况无从明瞭。"⑬ 1991年版："……因

---

① 《毛泽东选集》第二卷，人民出版社1952年版，第370页。
② 《毛泽东选集》第二卷，人民出版社1991年版，第409页。
③ 《毛泽东选集》第二卷，人民出版社1952年版，第370页。
④ 《毛泽东选集》第二卷，人民出版社1991年版，第409页。
⑤ 《毛泽东选集》第二卷，人民出版社1952年版，第370页。
⑥ 《毛泽东选集》第二卷，人民出版社1991年版，第409页。
⑦ 《毛泽东选集》第二卷，人民出版社1952年版，第384页。
⑧ 《毛泽东选集》第二卷，人民出版社1991年版，第422页。
⑨ 《毛泽东选集》第二卷，人民出版社1952年版，第372页。
⑩ 《毛泽东选集》第二卷，人民出版社1991年版，第411页。
⑪ 《毛泽东选集》第二卷，人民出版社1952年版，第399页。
⑫ 《毛泽东选集》第二卷，人民出版社1991年版，第436页。
⑬ 《毛泽东选集》第二卷，人民出版社1952年版，第399页。

为具体的情况无从明了。"①"明瞭"改"明了",不改变文义。

第二,使表述更准确。

1952年版:"……某种时期没有主力方向……"② 1991年版:"……某种时期没有主攻方向……"③"主力方向"改"主攻方向",更准确。

1952年版:"太原北部忻口战役时,雁门关南北的游击战争破坏同蒲铁路、平型关汽车路、杨方口汽车路,所起的战役配合作用,是很大的。"④ 1991年版:"……阳方口汽车路……"⑤"阳方口"位于山西省北部,历史文献中有"阳方口"或"杨方口"的不同表述。中共中央原文献研究室的同志向山西省测绘局地名办公室查询,他们答复是"阳方口"。为了万无一失,又请他们再向阳方口所在的宁武县的县志办公室和党史办公室了解,毛泽东写作《抗日游击战争的战略问题》的1938年前后,"阳方口"是否有写作"杨方口"的?宁武县县志办公室和党史办公室的答复是:阳方口从来都是用"阳"字,没有用过"杨"字。"杨方口"有误,"阳方口"正确。⑥

(3)题解改动

1952年版题解:"……党内外都有许多人轻视游击战争的重大战略作用……"⑦ 1991年版题解:"……中国共产党内和党外都有许多人轻视游击战争的重大战略作用……"⑧ "党内外"改为"中国共产党内和党外",更明了。

(4)注释改动

1952年版有9条注释,1991年版还是原来的9条注释,但每一条注释的文字进行了或多或少的修改。修改后的注释,一是转换了昔今地名,二是叙述更准确、更客观、更具体,三是更合理、明白。

---

① 《毛泽东选集》第二卷,人民出版社1991年版,第436页。
② 《毛泽东选集》第二卷,人民出版社1952年版,第372页。
③ 《毛泽东选集》第二卷,人民出版社1991年版,第410页。
④ 《毛泽东选集》第二卷,人民出版社1952年版,第378页。
⑤ 《毛泽东选集》第二卷,人民出版社1991年版,第417页。
⑥ 逄先知等:《毛泽东选集一至四卷第二版编辑纪实》,中央文献出版社1991年7月版,第54—55页。
⑦ 《毛泽东选集》第二卷,人民出版社1952年版,第366页。
⑧ 《毛泽东选集》第二卷,人民出版社1991年版,第404页。

1952年版:"〔二〕五台山是山西、察哈尔、河北三省边境的山脉。一九三七年十月,中国共产党领导下的八路军,开始以五台山区为中心,建立晋察冀抗日根据地。"① 1991年版:"〔2〕五台山是山西东北部延至河北边界的山脉。一九三七年十月,以八路军——五师一部为主以五台山为依托,开展抗日游击战争,建立晋察冀抗日根据地。一九三八年一月,成立晋察冀边区临时行政委员会。后来晋察冀边区扩大到同蒲路以东,正太路、德石路以北,张家口、多伦、宁城、锦州以南,渤海以西的绝大部分地区。"② 察哈尔省,于1928年9月设立,简称察,省会为张家口市。1952年11月撤销察哈尔省,原辖区分别划归河北、山西两省。这样五台山的主脉便位于山西省东北部,支脉一直延伸至河北省西部。以五台山为依托建立晋察冀抗日根据地的主要是八路军——五师一部,不是整个八路军。修改后的注文更准确、更具体、更丰富,也符合中华人民共和国成立以后的省级行政区划。③

1952年版:"〔三〕太行山是山西、河北、平原边境的山脉。一九三七年十一月,八路军以太行山区为中心,开创晋东南抗日根据地。"④ 1991年版:"〔3〕太行山是山西、河北、河南三省交界的山脉。一九三七年十月,八路军一二九师向太行山区挺进;十一月开始创立以太行山为依托的晋东南抗日根据地,同时分兵向晋南、豫北的边界和冀西发展。一九三八年四月成立晋冀豫军区,后又相继开辟冀南、冀鲁豫抗日根据地,一九四一年建立了晋冀鲁豫边区政府。后来边区发展到东起津浦路,西至同蒲路,北起正太路、德石路,南至黄河的绝大部分地区。"⑤ 平原省于1952年撤销,所辖地区的菏泽、湖西、聊城划归山东省,其余划归河南省,所以从现在的地理位置来看,太行山位于山西、河北、河南三省交界处。开创晋东南抗日根据地的是八路军一二九师,不是整个八路军。修改后的注文更准确、更具体、更丰富,也符合中华人民共和国成立以后的省级行政区划。⑥

---

① 《毛泽东选集》第二卷,人民出版社1952年版,第399页。
② 《毛泽东选集》第二卷,人民出版社1991年版,第437页。
③ 参见中共中央文献研究室:《〈毛泽东选集〉一至四卷注释校订本》,中央文献出版社1991年版,第209页;曲青山:《抗日战争回忆录》2,党建读物出版社2015年版,第123页。
④ 《毛泽东选集》第二卷,人民出版社1952年版,第399页。
⑤ 《毛泽东选集》第二卷,人民出版社1991年版,第437页。
⑥ 参见中共中央文献研究室:《〈毛泽东选集〉一至四卷注释校订本》,中央文献出版社1991年版,第210页。

1952年版："〔五〕燕山是河北、热河边境的山脉。一九三八年夏，八路军以燕山为中心，开创冀东抗日根据地。"① 1991年版："〔5〕燕山是河北省东北部的山脉。一九三八年夏，八路军第四纵队进入冀东的燕山地区。中共冀热边特委在八路军第四纵队的配合下，发动和领导了冀东二十一县和唐山矿区的工人农民抗日武装大起义。一九三九年后逐步建立冀东抗日根据地，后来发展成为冀热辽抗日根据地。"② 1955年撤销热河省，所辖区域分别划归河北省、辽宁省和内蒙古自治区。从现在的地理位置来看，燕山位于河北省的东北部。1938年6月，宋时轮、邓华率领的八路军第四纵队挺进冀东。7月，中共冀热边特委在八路军第四纵队的配合下，发动和领导了冀东二十一县和唐山矿区的工人农民武装大起义。到10月，起义武装一度发展到十万人，并攻克数座县城，控制冀东的广大村镇。但这次起义很快被日本侵略军镇压下去，没有建立起巩固的抗日根据地。冀东抗日根据地的建立是一九三九年以后的事。修改后的注文更准确、更具体、更客观，也符合中华人民共和国成立以后的省级行政区划。③

1952年版："〔九〕公元前三五三年，魏国围攻赵国都城邯郸。齐国王命令田忌、孙膑率军救赵。孙膑认为魏国的精锐部队在赵，内部空虚，乃引兵攻魏，魏军回救本国，齐军趁其疲惫，在桂陵（今平原省菏泽县东北）一战，大败魏军，赵国之围遂解。以后中国的军事家就用'围魏救赵'来说明一切类似的战法。"④ 1991年版："〔9〕公元前三五四年，魏军围攻赵国都城邯郸（今河北省邯郸市西南）。第二年，齐国国君命田忌、孙膑率兵救赵。孙膑认为魏军精锐在赵，内部空虚，主张引兵迅速攻击魏都，迫使魏军弃赵自救。田忌采纳了孙膑的意见。魏军果然回救本国。齐军乘魏军疲惫，在桂陵（今河南省长垣县西北）设伏袭击，大败魏军，赵国之围也随之解除。后来中国的军事家就用'围魏救赵'来说明类似的战法。"⑤ 据《资治通鉴》记载，魏国围攻赵国都城邯郸是在公元前三五四年，齐威王派田忌、

---

① 《毛泽东选集》第二卷，人民出版社1952年版，第399页。
② 《毛泽东选集》第二卷，人民出版社1991年版，第437页。
③ 参见中共中央文献研究室：《〈毛泽东选集〉一至四卷注释校订本》，中央文献出版社1991年版，第211—212页。
④ 《毛泽东选集》第二卷，人民出版社1952年版，第400页。
⑤ 《毛泽东选集》第二卷，人民出版社1991年版，第438页。

孙膑率军救赵是公元前三五三年。"桂陵",平原省撤销后,位于河南长垣县的西北。修改后的注文更准确,也符合中华人民共和国成立以后的省级行政区划。①

1952年版:"〔一〕长白山是中国东北边境的山脉。九一八事变后,长白山区成为中国共产党领导下的抗日游击根据地。"② 1991年版:"〔1〕长白山是中国东北边境的山脉。一九三一年九一八事变后,中国共产党领导的抗日游击队,与其他自发的抗日武装以及活动在东北地区的朝鲜共产主义者一道,曾一度在长白山区开展和坚持游击战争。"③ 1931年九一八事变之后,在长白山区进行抗日游击战争的,除了中国共产党领导的抗日游击武装,还有一些自发的抗日武装,如东北民众救国军、反满抗日救国军、义勇军以及绿林抗日武装等各路抗日队伍,还有在东北地区活动的朝鲜共产主义者的抗日武装。东北的抗日游击武装在长白山区虽曾一度建立过抗日游击根据地,但很不巩固,很快遭到破坏。修改后的注文更准确、客观。④

1952年版:"〔四〕泰山在山东中部,是泰沂山脉的主峰之一。一九三七年冬,中国共产党所领导的游击队开始以泰沂山区为中心,建立鲁中根据地。"⑤ 1991年版:"〔4〕泰山在山东中部,是泰沂山脉的主峰之一。一九三七年冬至一九三八年春,中国共产党领导的游击队依托泰沂山区,发动抗日武装起义,开展游击战争,为创建鲁中抗日根据地奠定了基础。"⑥ 从1937年冬至1938年春,中国共产党领导的游击队在鲁中地区虽然发动了抗日武装起义,但是并没有建立起巩固的抗日根据地。修改后的注文更准确、客观。⑦

1952年版:"〔六〕茅山在江苏南部。一九三八年六月,中国共产党领

---

① 参见中共中央文献研究室:《〈毛泽东选集〉一至四卷注释校订本》,中央文献出版社1991年版,第213—214页。
② 《毛泽东选集》第二卷,人民出版社1952年版,第399页。
③ 《毛泽东选集》第二卷,人民出版社1991年版,第437页。
④ 参见中共中央文献研究室:《〈毛泽东选集〉一至四卷注释校订本》,中央文献出版社1991年版,第208页;中国抗日战争军事史料丛书编审委员会:《东北抗日联军综述》,解放军出版社2015年版,第246页。
⑤ 《毛泽东选集》第二卷,人民出版社1952年版,第399页。
⑥ 《毛泽东选集》第二卷,人民出版社1991年版,第437页。
⑦ 参见中共中央文献研究室:《〈毛泽东选集〉一至四卷注释校订本》,中央文献出版社1991年版,第211页。

导的新四军，以茅山山区为中心，开创苏南抗日根据地。"① 1991年版："〔6〕茅山在江苏省南部，一九三八年四月，新四军先遣支队开始向苏南敌后出动，实行战略侦查。六月和七月，新四军第一、第二支队先后从安徽南部进入苏南，发动抗日游击战争，开创以茅山山区为中心的苏南抗日根据地。"② 修改后的注文更准确、更具体。③

1952年版："〔七〕抗日战争发展的经验，证明了平原地区能够建立长期的而且在许多地方能够成为固定的根据地，这是由于地区的广大，人口的众多，共产党政策的正确，人民动员的普遍和敌人兵力的不足等等条件而得到的。毛泽东同随后在具体的指示中即把这点加以明确地肯定了。"④ 1991年版："〔7〕抗日战争发展的经验，证明了……人民动员的普遍和敌人兵力的不足等等条件所决定的。毛泽东随后在具体的指示中即把这点加以明确地肯定了。"⑤ "等等条件而得到的"改为"等等条件所决定的"，更合理、明白。

1952年版："〔八〕围棋是中国的一种很古老的棋。双方的棋子互相包围，此方的一个或一群子被对方所包围，就被'吃'掉。但如果在被包围的一群子中仍保有必要的空格（'眼'），那末这群子就可不被'吃'掉，仍是'活'的。"⑥ 1991年版："〔8〕围棋是中国的一种很古老的棋……但如果在被包围的一群子中保有必要的空格（'眼'），这群子就是'活'的，不被'吃'掉。"⑦ 修改后，更合理、明白。

（三）人民出版社1952年《毛泽东选集》第二卷版与《解放》1938年第40期版校勘与分析

《战略问题》，人民出版社1952年《毛泽东选集》第二卷版与《解放》1938年第40期版相校，不同之处主要是节、章的调整及520余处文字改动与标

---

① 《毛泽东选集》第二卷，人民出版社1952年版，第399页。
② 《毛泽东选集》第二卷，人民出版社1991年版，第437页。
③ 参见中共中央文献研究室：《〈毛泽东选集〉一至四卷注释校订本》，中央文献出版社1991年版，第212—213页。
④ 《毛泽东选集》第二卷，人民出版社1952年版，第399—400页。
⑤ 《毛泽东选集》第二卷，人民出版社1991年版，第438页。
⑥ 《毛泽东选集》第二卷，人民出版社1952年版，第400页。
⑦ 《毛泽东选集》第二卷，人民出版社1991年版，第438页。

点符号改动，以及题解与注释的增加。

1. 节、章调整

《解放》版分为10节：

第一节 为什么提起游击战争的战略问题

第二节 那末为什么不将抗日战争的一般战略问题中的东西用之于游击战争呢？

第三节 战争的基本原则是保存自己消灭敌人

第四节 抗日游击战争的具体战略问题共有六个

第五节 第一个问题——主动地灵活地有计划地执行防御战中的进攻战，持久战中的速决战，内线作战中的外线作战

第六节 第二个问题——与正规战争相配合

第七节 第三个问题——建立根据地

第八节 第四个问题——游击战争的战略防御与战略进攻

第九节 第五个问题——向运动战发展

第十节 第六个问题——指挥关系

1952年版，将原十节中的一、二两节合并，分为9章：

第一章 为什么提起游击战争的战略问题

第二章 战争的基本原则是保存自己消灭敌人

第三章 抗日游击战争的六个具体战略问题

第四章 主动地灵活地有计划地执行防御战中的进攻战、持久战中的速决战、内线作战中的外线作战

第五章 和正规战争相配合

第六章 建立根据地

第七章 游击战争的战略防御和战略进攻

第八章 向运动战发展

第九章 指挥关系

2. 标点符号改动

《解放》版："……游击战争是辅助的，"[①]，1952年版："……游击战

---

① 《解放》1938年第40期。

争是辅助的。"①

《解放》版:"……又不像苏联;"②,1952年版:"……又不像苏联,"③。

《解放》版:"……战争的长期性(随之也是残酷性)"④,1952年版:"……战争的长期性,随之也是残酷性"⑤。

《解放》版:"……颇为新鲜的游击战争就是其中的一点,"⑥,1952年版:"……颇为新鲜的游击战争就是其中的一点。"⑦

《解放》版:"……还要说一说,战争的基本问题。"⑧1952年版:"……还要说一说战争的基本问题。"⑨

《解放》版:"四面包围了太原城,在河北山东等省,亦有许多这样的包围,"⑩,1952年版:"四面包围了太原城;在河北、山东等省,亦有许多这样的包围。"⑪

《解放》版:"正确的方针是『巩固地向前发展』,这是『进可以攻退可以守』的好办法。"⑫1952年版:"正确的方针是巩固地向前发展,这是进可以攻退可以守的好办法。"⑬

《解放》版:"经过多次的袭击也就削弱下来,"⑭,1952年版:"经过多次的袭击,也就削弱下来,"⑮。

……

这些标点符号的变动基本上不影响文义。

---

① 《毛泽东选集》第二卷,人民出版社1952年版,第365页。
② 《解放》1938年第40期。
③ 《毛泽东选集》第二卷,人民出版社1952年版,第365页。
④ 《解放》1938年第40期。
⑤ 《毛泽东选集》第二卷,人民出版社1952年版,第366页。
⑥ 《解放》1938年第40期。
⑦ 《毛泽东选集》第二卷,人民出版社1952年版,第367页。
⑧ 《解放》1938年第40期。
⑨ 《毛泽东选集》第二卷,人民出版社1952年版,第367页。
⑩ 《解放》1938年第40期。
⑪ 《毛泽东选集》第二卷,人民出版社1952年版,第389页。
⑫ 《解放》1938年第40期。
⑬ 《毛泽东选集》第二卷,人民出版社1952年版,第388页。
⑭ 《解放》1938年第40期。
⑮ 《毛泽东选集》第二卷,人民出版社1952年版,第391页。

3. 文字改动

文字改动主要分为以下几类：

（1）不改变文义的文字修改

不改变文义的文字修改大概可以概括为："与""及"改为"和"，"但"改为"但是"，"的"改为"地"，"之"改为"的"以及其他文字修改。如：

《解放》版："……游击战争只在正规军……"① 1952年版："……游击战争只是在正规军……"② "只"改为"只是"，不改变文义。

《解放》版："……那当然只有战术问题……"③ 1952年版："……那就当然只有战术问题……"④ 增"就"，不改变文义。

《解放》版："……但被占地区不广……"⑤ 1952年版："……但是被占地区不广……"⑥《解放》版："……但这个大而弱的国家却处于进步的时代……"⑦ 1952年版："……但是这个大而弱的国家却处于进步的时代……"⑧ "但"改为"但是"，不改变文义。

《解放》版："在具体的说到游击战争……"⑨ 1952年版："在具体地说到游击战争……"⑩ "的"改"地"，不改变文义。

《解放》版："……抗日游击战争就主要的不是在内线……"⑪ 1952年版："……因此抗日游击战争就主要地不是在内线……"⑫ 增"因此"，"的"改"地"，不改变文义。

《解放》版："尽可能的保存自己的力量，消灭敌人力量。"⑬ 1952年

---

① 《解放》1938年第40期。
② 《毛泽东选集》第二卷，人民出版社1952年版，第365页。
③ 《解放》1938年第40期。
④ 《毛泽东选集》第二卷，人民出版社1952年版，第365页。
⑤ 《解放》1938年第40期。
⑥ 《毛泽东选集》第二卷，人民出版社1952年版，第365页。
⑦ 《解放》1938年第40期。
⑧ 《毛泽东选集》第二卷，人民出版社1952年版，第365—366页。
⑨ 《解放》1938年第40期。
⑩ 《毛泽东选集》第二卷，人民出版社1952年版，第367页。
⑪ 《解放》1938年第40期。
⑫ 《毛泽东选集》第二卷，人民出版社1952年版，第366页。
⑬ 《解放》1938年第40期。

版："尽可能地保存自己的力量，消灭敌人的力量。"①"的"改"地"，增"的"，不改变文义。

《解放》版："……本来是密切联系于整个抗日战争的战略问题的……"② 1952年版："……本来是密切地联系于整个抗日战争的战略问题的……"③ 增"地"，不改变文义。

《解放》版："游击队应该依正规军首长之指示，担负其所指定之任务"④。1952年版："游击队应该依正规军首长的指示，担负其所指定的任务"⑤。《解放》版："作为发展全国游击战争之一个方面。"⑥ 1952年版："作为发展全国游击战争的一个方面。"⑦ "之"改"的"，不改变文义。

《解放》版："这个原则在革命战争中是直接与基本的政治原则联系的。"⑧ 1952年版："这个原则，在革命战争中是直接地和基本的政治原则联系着的。"⑨ 增"地""着"，"与"改"和"，不改变文义。

《解放》版："岂非与'保存自己'相矛盾？"⑩ 1952年版："岂非和'保存自己'相矛盾？"⑪《解放》版："……是达到保存与发展自己，消灭与驱逐敌人……"⑫ 1952年版："……是达到保存和发展自己，消灭和驱逐敌人……"⑬《解放》版："防御与进攻，持久与速决，内线与外线的关系"⑭，1952年版："防御和进攻，持久和速决，内线和外线的关系"⑮。"与"改"和"，不改变文义。

《解放》版："某些作战失去时机，及有包围无歼灭等等"⑯，1952年

---

① 《毛泽东选集》第二卷，人民出版社1952年版，第367页。
② 《解放》1938年第40期。
③ 《毛泽东选集》第二卷，人民出版社1952年版，第367页。
④ 《解放》1938年第40期。
⑤ 《毛泽东选集》第二卷，人民出版社1952年版，第379页。
⑥ 《解放》1938年第40期。
⑦ 《毛泽东选集》第二卷，人民出版社1952年版，第382页。
⑧ 《解放》1938年第40期。
⑨ 《毛泽东选集》第二卷，人民出版社1952年版，第367页。
⑩ 《解放》1938年第40期。
⑪ 《毛泽东选集》第二卷，人民出版社1952年版，第368页。
⑫ 《解放》1938年第40期。
⑬ 《毛泽东选集》第二卷，人民出版社1952年版，第369页。
⑭ 《解放》1938年第40期。
⑮ 《毛泽东选集》第二卷，人民出版社1952年版，第369页。
⑯ 《解放》1938年第40期。

版："某些作战失去时机和有包围无歼灭等等"①。《解放》版："分散、集中及变换，是游击战争灵活使用兵力的三个方法。"② 1952年版："分散、集中和变换，是游击战争灵活使用兵力的三个方法。"③ "及"改"和"，不改变文义。

《解放》版："是为了全体的永久的保存所必须的。"④ 1952年版："是为了全体的永久的保存所必需的。"⑤ "必须"改"必需"，基本不改变文义。

（2）使表述更简明

《解放》版："只有保存自己消灭敌人的原则，才是一切军事原则的根据。"⑥ 1952年版："保存自己消灭敌人的原则，是一切军事原则的根据。"⑦ 修改后更简明。

《解放》版："总括上面所说的各点……"⑧ 1952年版："上面所说的各点……"⑨ 修改后更简明。

《解放》版："……无论何时都是要不得的。"⑩ 1952年版："……是要不得的。"⑪ 修改后更简明。

《解放》版："这个条件已自然具备，它不是……"⑫ 1952年版："这个条件已不是……"⑬ 修改后更简明。

《解放》版："……可以实行围剿法西斯日本。"⑭ 1952年版："……可以围剿法西斯日本。"⑮ 修改后更简明。

---

① 《毛泽东选集》第二卷，人民出版社1952年版，第372页。
② 《解放》1938年第40期。
③ 《毛泽东选集》第二卷，人民出版社1952年版，第374页。
④ 《解放》1938年第40期。
⑤ 《毛泽东选集》第二卷，人民出版社1952年版，第368页。
⑥ 《解放》1938年第40期。
⑦ 《毛泽东选集》第二卷，人民出版社1952年版，第368页。
⑧ 《解放》1938年第40期。
⑨ 《毛泽东选集》第二卷，人民出版社1952年版，第376页。
⑩ 《解放》1938年第40期。
⑪ 《毛泽东选集》第二卷，人民出版社1952年版，第379页。
⑫ 《解放》1938年第40期。
⑬ 《毛泽东选集》第二卷，人民出版社1952年版，第386页。
⑭ 《解放》1938年第40期。
⑮ 《毛泽东选集》第二卷，人民出版社1952年版，第389页。

《解放》版:"下级必须报告于上级"①,1952年版:"下级必须报告上级"②。修改后更简明。

《解放》版:"则一方面发展着恐慌情绪,生长着分化作用……"③ 1952年版:"则一方面发展着恐慌情绪和分化作用……"④修改后更简明。

《解放》版:"……就把游击队的指挥客观上显得聪明了许多。"⑤ 1952年版:"……游击队就可以放手发挥自己的聪明。"⑥修改后更简明、通俗易懂。

《解放》版:"就是游击战争控制的地方,如果有敌人进攻的话(无论如何也应该说敌人是要进攻的),不战胜敌人,自己控制的地方就要变成敌人控制的地方,也无从建立根据地。"⑦1952年版:"就是游击战争控制的地方,如果不粉碎敌人的进攻,不战胜敌人,自己控制的地方就要变成敌人控制的地方,也无从建立根据地。"⑧修改后更简明、通俗易懂。

(3)使表述更明确

《解放》版:"……并使敌人得不到粮食(清野)。"⑨ 1952年版:"……并使敌人得不到粮食(清野)。这里所说的清野,是指粮食成熟时早日收割的意思。"⑩对"清野"作了补充说明,表述更明确。

《解放》版:"例如五台山地区之某些县……"⑪ 1952年版:"例如五台山地区(即晋察冀边区)的某些县……"⑫对"五台山地区"作了补充说明,表述更明确。

《解放》版:"……留了很多空虚的地方,……"⑬ 1952年版:"……

---

① 《解放》1938年第40期。
② 《毛泽东选集》第二卷,人民出版社1952年版,第398页。
③ 《解放》1938年第40期。
④ 《毛泽东选集》第二卷,人民出版社1952年版,第394页。
⑤ 《解放》1938年第40期。
⑥ 《毛泽东选集》第二卷,人民出版社1952年版,第372—373页。
⑦ 《解放》1938年第40期。
⑧ 《毛泽东选集》第二卷,人民出版社1952年版,第385页。
⑨ 《解放》1938年第40期。
⑩ 《毛泽东选集》第二卷,人民出版社1952年版,第392页。
⑪ 《解放》1938年第40期。
⑫ 《毛泽东选集》第二卷,人民出版社1952年版,第383页。
⑬ 《解放》1938年第40期。

在占领区留了很多空虚的地方，……"①增"在占领区"，更明确。

《解放》版："采取逐渐与部分集中的办法，使地方能够继续地发展游击战争"②，1952年版："采取逐渐地和部分地集中的办法，使地方保有余力能够继续地发展游击战争"③。修改后的表述更明确。

《解放》版："因此一切正规军均有扶助游击队进步的责任。"④1952年版："因此，一切正规军均有扶助游击队向着正规部队发展的责任。"⑤修改后的表述更明确。

《解放》版："这也是任何上下级关系特别游击战争不许可的。"⑥1952年版："这也是在任何上下级关系上特别是在游击战争的指挥关系上所不许可的。"⑦修改后的表述更明确。

（4）使表述更合理、准确

《解放》版："假如我们的敌人少估计了这一点，它就一定要在这一点上面触一个很大的霉头。"⑧1952年版："假如我们的敌人少估计了这一点，他们就一定要在这一点上面触一个很大的霉头。"⑨《解放》版："将敌人的后方也变成它的前线……"⑩1952年版："将敌人的后方也变成他们的前线……"⑪《解放》版："敌人在我们这个大国中占地甚广，但它是小国……"⑫1952年版："敌人在我们这个大国中占地甚广，但他们的国家是小国……"⑬敌人是人，"它"改"他们"，更合理。

《解放》版："（主要由于正规军进行的）"⑭，1952年版："（主要是

---

① 《毛泽东选集》第二卷，人民出版社1952年版，第366页。
② 《解放》1938年第40期。
③ 《毛泽东选集》第二卷，人民出版社1952年版，第395页。
④ 《解放》1938年第40期。
⑤ 《毛泽东选集》第二卷，人民出版社1952年版，第396页。
⑥ 《解放》1938年第40期。
⑦ 《毛泽东选集》第二卷，人民出版社1952年版，第399页。
⑧ 《解放》1938年第40期。
⑨ 《毛泽东选集》第二卷，人民出版社1952年版，第367页。
⑩ 《解放》1938年第40期。
⑪ 《毛泽东选集》第二卷，人民出版社1952年版，第379页。
⑫ 《解放》1938年第40期。
⑬ 《毛泽东选集》第二卷，人民出版社1952年版，第366页。
⑭ 《解放》1938年第40期。

由正规军执行的）"①。"由于"改"是由"，更合理。

《解放》版："每次配置三路、四路至于六、七路的兵力……"② 1952年版："每次配置三路、四路以至六、七路的兵力……"③ "至于"改"以至"，更合理。

《解放》版："……或由于对敌人力量过分估计而发生的，均将给与抗日战争以损失……"④ 1952年版："……或由于对敌人力量的过高估计而发生的，均将给予抗日战争以损失……"⑤ "过分估计"改"过高估计"，"给与"改"给予"，修改后的表述更准确、合理。

《解放》版："且有危及根据地本身之虑。"⑥ 1952年版："且有危及根据地本身之虞。"⑦ "虑"改"虞"，更准确、合理。

《解放》版："在游击战，速决性的要求是很大的……这些都是和正规军不同的地方。"⑧ 1952年版："在游击战，速决性的要求是很大的……这些都是和正规战不同的地方。"⑨ 这里分析的是游击战争与正规战争的同异，"正规军"改为"正规战"，更准确、合理。

《解放》版："但日本帝国主义有两个基本的弱点，即是兵力不足与异民族战争；"⑩，1952年版："但是日本帝国主义有两个基本的弱点，即是兵力不足和异国作战。"⑪《解放》版："……我是同民族反抗异民族这个条件……"⑫ 1952年版："……我们是在本国反抗异民族侵入这个条件……"⑬ "民族"与"国"的概念不同，一个国家中可以有不同的民族。修改后的表述更准确、合理。

---

① 《毛泽东选集》第二卷，人民出版社1952年版，第378页。
② 《解放》1938年第40期。
③ 《毛泽东选集》第二卷，人民出版社1952年版，第390页。
④ 《解放》1938年第40期。
⑤ 《毛泽东选集》第二卷，人民出版社1952年版，第387页。
⑥ 《解放》1938年第40期。
⑦ 《毛泽东选集》第二卷，人民出版社1952年版，第388页。
⑧ 《解放》1938年第40期。
⑨ 《毛泽东选集》第二卷，人民出版社1952年版，第370页。
⑩ 《解放》1938年第40期。
⑪ 《毛泽东选集》第二卷，人民出版社1952年版，第372页。
⑫ 《解放》1938年第40期。
⑬ 《毛泽东选集》第二卷，人民出版社1952年版，第369页。

《解放》版："……第一期战争颇处于被动……"① 1952年版："……开始时战争颇处于被动……"②《解放》版："……第二期因有了经验，改取了新的运动战……"③ 1952年版："……现在因有了经验，正在改取新的运动战的方针……"④ "第一期"与"第二期"改"开始时"与"现在"，时间概念更明确，更合理。

《解放》版："……就给了游击队以广大的活动地区……"⑤ 1952年版："……游击队就可以放手争取广大的活动地区……"⑥《解放》版："……就给了游击队以千百万人民的拥护……"⑦ 1952年版："……游击队就可以放手争取千百万人民的拥护……"⑧ 修改后的表述更合理、准确。

《解放》版："……在抗战未起以前……"⑨ 1952年版："……在全国抗战未起以前……"⑩ 在全国抗战未起以前，有东三省的局部抗战，修改后的表述更准确、合理。

《解放》版："……第一种是被游击战争与中国政权掌握着的抗日根据地……"⑪ 1952年版："……第一种是被我方游击部队和我方政权掌握着的抗日根据地……"⑫ "游击战争"改为"我方游击部队"，修改后的表述更合理、准确。

《解放》版："……日本人民的革命战争……"⑬ 1952年版："……日本人民的革命斗争……"⑭ 日本发动侵华战争后，日本国内人民反战运动不断发生，主要进行的是反战宣传活动等。修改后的表述更准确、合理。

---

① 《解放》1938年第40期。
② 《毛泽东选集》第二卷，人民出版社1952年版，第372页。
③ 《解放》1938年第40期。
④ 《毛泽东选集》第二卷，人民出版社1952年版，第372页。
⑤ 《解放》1938年第40期。
⑥ 《毛泽东选集》第二卷，人民出版社1952年版，第372页。
⑦ 《解放》1938年第40期。
⑧ 《毛泽东选集》第二卷，人民出版社1952年版，第372页。
⑨ 《解放》1938年第40期。
⑩ 《毛泽东选集》第二卷，人民出版社1952年版，第377页。
⑪ 《解放》1938年第40期。
⑫ 《毛泽东选集》第二卷，人民出版社1952年版，第384页。
⑬ 《解放》1938年第40期。
⑭ 《毛泽东选集》第二卷，人民出版社1952年版，第371页。

《解放》版:"……英占北美与东印度,拉丁占中南美……"①1952年版:"……英占北美和印度、拉丁系国家占中南美……"②"拉丁"改"拉丁系国家",更准确。详前。

(5)政治性、思想性修改

《解放》版:"并且由于中国的进步,它不是小规模的,而是大规模的……"③1952年版:"并且由于中国的进步,就是说有共产党领导的坚强的军队和广大的人民群众存在,因此抗日游击战争就不是小规模的,而是大规模的……"④修改后指出了中国进步的所在是"有共产党领导的坚强的军队和广大的人民群众存在",点明了抗日游击战争不是小规模而是大规模的主要原因,强调了中国共产党及其领导的军队、人民群众在抗日战争中的重要作用。

《解放》版:"这样又广大又持久的游击战争……是与时代进步到二十世纪的三四十年代一事分不开的,这乃是问题的焦点所在。"⑤1952年版:"这样又广大又持久的游击战争……是同时代进步到二十世纪的三四十年代一事分不开的,是同共产党和红军的存在分不开的,这乃是问题的焦点所在。"⑥修改后指出了中国二十世纪三四十年代进步的所在是"共产党和红军的存在",强调了中国共产党和红军在中国二十世纪三四十年代进步中的重要作用。

《解放》版:"……最后驱逐日本帝国主义。"⑦1952年版:"……最后战胜日本帝国主义。"⑧"驱逐"只是指将日本侵略军赶出中国,"战胜"则指中国在抗日战争中全面战胜日本帝国主义。1945年8月,日本天皇宣布无条件投降,接着日本战犯受国际军事法庭、中国军事法庭审判,中国的抗日战争取得了全面胜利。历史已表明,中国不只是驱逐了日本帝国主义,而且是全面战胜了日本帝国主义。修改之后更加体现出中国人民战胜日本帝国主

---

① 《解放》1938年第40期。
② 《毛泽东选集》第二卷,人民出版社1952年版,第366页。
③ 《解放》1938年第40期。
④ 《毛泽东选集》第二卷,人民出版社1952年版,第366页。
⑤ 《解放》1938年第40期。
⑥ 《毛泽东选集》第二卷,人民出版社1952年版,第366页。
⑦ 《解放》1938年第40期。
⑧ 《毛泽东选集》第二卷,人民出版社1952年版,第371页。

义的必胜信心。

《解放》版："……共同围剿日本帝国主义而一举推翻之。"① 1952年版："……共同围剿日本帝国主义而一举消灭之。"② 修改后，强调了必须把日本帝国主义、日本军国主义彻底消灭，而不仅仅是推翻。

《解放》版："……游击兵团的领袖们，必须在各个战区司令官的统一指挥之下，好好配置自己的力量……"③ 1952年版："……游击兵团的领导者们，必须好好地配置自己的力量……"④ "各个战区司令官"，是指共产党的司令官，还是指国民党的司令官，没有说清楚，删除"在各个战区司令官的统一指挥之下"，是妥当的，强调了八路军、新四军的领导者，要独立自主地领导好、指挥好自己的部队。

《解放》版："原来有中国政权未被敌人破坏的，则在广大民众拥护的基础之上去巩固它"⑤。1952年版："原来有中国政权未被敌人破坏的，则在广大民众拥护的基础之上去改造它和巩固它"⑥。"原来有中国政权"，大多是国民党政府的政权。1938年只说"巩固它"，是从发展和巩固抗日民族统一战线出发的。1952年版增"改造它"，强调了要对旧政权进行改造。

《解放》版："这个政权是实行抗日民族统一战线政策的，它应该团结一切力量，向唯一的敌人日本帝国主义作斗争。"⑦ 1952年版："这个政权是实行抗日民族统一战线政策的，它应该团结一切人民的力量，向唯一的敌人日本帝国主义及其走狗汉奸反动派作斗争。"⑧ 这里有两个重要的修改，一是强调"团结一切人民的力量"而不是"团结一切力量"，反人民的力量，日本帝国主义的走狗汉奸反动派是不能团结而要进行斗争的。二是强调，不仅要和日本帝国主义作坚决斗争，也要和其走狗汉奸反动派作坚决斗争。日本帝国主义的走狗汉奸反动派，包括了国民党政府中的走狗汉奸反动派，修改后的表述，实际上强调了要与国民党政府中的走狗汉奸反动派作坚

---

① 《解放》1938年第40期。
② 《毛泽东选集》第二卷，人民出版社1952年版，第371页。
③ 《解放》1938年第40期。
④ 《毛泽东选集》第二卷，人民出版社1952年版，第378页。
⑤ 《解放》1938年第40期。
⑥ 《毛泽东选集》第二卷，人民出版社1952年版，第386页。
⑦ 《解放》1938年第40期。
⑧ 《毛泽东选集》第二卷，人民出版社1952年版，第386页。

决斗争。

《解放》版:"……下级有独立自主(或曰独断专行)之权。"[1] 1952年版:"……下级有独立自主之权。"[2] 删掉"(或曰独断专行)",强调了下级的独立自主之权,绝不是独断专行。

六、对《抗日游击战争的战略问题》修改的思考

(一)修改后的表述更简明

《解放》版:"则一方面发展着恐慌情绪,生长着分化作用……"[3] 1952年版改为:"则一方面发展着恐慌情绪和分化作用……"[4]

《解放》版:"……就把游击队的指挥客观上显得聪明了许多。"[5] 1952年版改为:"……游击队就可以放手发挥自己的聪明。"[6]

《解放》版:"就是游击战争控制的地方,如果有敌人进攻的话(无论如何也应该说敌人是要进攻的),不战胜敌人,自己控制的地方就要变成敌人控制的地方,也无从建立根据地。"[7] 1952年版改为:"就是游击战争控制的地方,如果不粉碎敌人的进攻,不战胜敌人,自己控制的地方就要变成敌人控制的地方,也无从建立根据地。"[8]

这些修改都使表述更简明、通俗易懂。

(二)修改后的表述更明确

《解放》版:"……并使敌人得不到粮食(清野)。"[9] 1952年版改为:"……并使敌人得不到粮食(清野)。这里所说的清野,是指粮食成熟

---

[1] 《解放》1938年第40期。
[2] 《毛泽东选集》第二卷,人民出版社1952年版,第398—399页。
[3] 《解放》1938年第40期。
[4] 《毛泽东选集》第二卷,人民出版社1952年版,第394页。
[5] 《解放》1938年第40期。
[6] 《毛泽东选集》第二卷,人民出版社1952年版,第372—373页。
[7] 《解放》1938年第40期。
[8] 《毛泽东选集》第二卷,人民出版社1952年版,第385页。
[9] 《解放》1938年第40期。

时早日收割的意思。"①对"清野"作了补充说明。

《解放》版："例如五台山地区之某些县……"②1952年版改为："例如五台山地区（即晋察冀边区）的某些县……"③对"五台山地区"作了补充说明。

《解放》版："因此一切正规军均有扶助游击队进步的责任。"④1952年版改为："因此，一切正规军均有扶助游击队向着正规部队发展的责任。"⑤

这些修改都使表述更明确、明白。

（三）修改后的表述更合理

《解放》版："（主要由于正规军执行的）"⑥，1952年版："（主要是由正规军进行的）"⑦。"由于"改"是由"。

《解放》版："每次配置三路、四路至于六、七路的兵力……"⑧1952年版："每次配置三路、四路以至六、七路的兵力……"⑨"至于"改"以至"。

《解放》版："且有危及根据地本身之虑。"⑩1952年版："且有危及根据地本身之虞。"⑪"虑"改"虞"。

这些修改都使表述更合理。

（四）修改后的表述更准确

《解放》版："但日本帝国主义有两个基本的弱点，即是兵力不足与异民族战争；"⑫，1952年版："但是日本帝国主义有两个基本的弱点，即是兵

---

① 《毛泽东选集》第二卷，人民出版社1952年版，第392页。
② 《解放》1938年第40期。
③ 《毛泽东选集》第二卷，人民出版社1952年版，第383页。
④ 《解放》1938年第40期。
⑤ 《毛泽东选集》第二卷，人民出版社1952年版，第396页。
⑥ 《解放》1938年第40期。
⑦ 《毛泽东选集》第二卷，人民出版社1952年版，第378页。
⑧ 《解放》1938年第40期。
⑨ 《毛泽东选集》第二卷，人民出版社1952年版，第390页。
⑩ 《解放》1938年第40期。
⑪ 《毛泽东选集》第二卷，人民出版社1952年版，第388页。
⑫ 《解放》1938年第40期。

力不足和异国作战。"①"异民族"改"异国"。

《解放》版:"……在抗战未起以前……"② 1952年版:"……在全国抗战未起以前……"③ 增"全国"。

《解放》版:"……拉丁占中南美……"④ 1952年版:"……拉丁系国家占中南美……"⑤ "拉丁"改"拉丁系国家"。

这些修改都使表述更准确。

(五)有的修改强调了中国共产党及其领导的军队在中国进步发展中的重要历史作用

《解放》版:"……它不是小规模的,而是大规模的……"⑥ 1952年版:"……就是说有共产党领导的坚强的军队和广大的人民群众存在,因此抗日游击战争就不是小规模的,而是大规模的……"⑦ 修改后更加强调中国共产党及其领导的军队和人民群众的重要性。

《解放》版:"……是与时代进步到二十世纪的三四十年代一事分不开的,……"⑧ 1952年版:"……是同时代进步到二十世纪的三四十年代一事分不开的,是同共产党和红军的存在分不开的,……"⑨ 增加了"是同共产党和红军的存在分不开的"。

这些修改强调了中国共产党及其领导的军队在中国进步发展中的作用,也肯定了中国共产党及其领导的军队在抗日战争中的重要作用。

(六)有的修改顺应了中国社会、形势发生的变化

《解放》版:"……游击兵团的领袖们,必须在各个战区司令官的统一

---

① 《毛泽东选集》第二卷,人民出版社1952年版,第372页。
② 《解放》1938年第40期。
③ 《毛泽东选集》第二卷,人民出版社1952年版,第377页。
④ 《解放》1938年第40期。
⑤ 《毛泽东选集》第二卷,人民出版社1952年版,第366页。
⑥ 《解放》1938年第40期。
⑦ 《毛泽东选集》第二卷,人民出版社1952年版,第366页。
⑧ 《解放》1938年第40期。
⑨ 《毛泽东选集》第二卷,人民出版社1952年版,第366页。

指挥之下，好好配置自己的力量……"①1952年版："……游击兵团的领导者们，必须好好地配置自己的力量……"②1938年强调"必须在各个战区司令官的统一指挥之下"，这是从巩固和发展国共两党的抗日民族统一战线出发的。在抗日战争时期，"各个战区司令官"，有共产党的司令官，也有国民党的司令官。"必须在各个战区司令官的统一指挥之下"，这在一定程度上是肯定也要服从国民党的司令官的指挥。抗日战争胜利以后，国民党政府逆历史潮流而动，妄图继续维护大地主大资产阶级的独裁统治，挑起了反共反人民的内战，走向反动，1952年版删除"在各个战区司令官的统一指挥之下"，是必然的。

《解放》版："原来有中国政权未被敌人破坏的，则在广大民众拥护的基础之上去巩固它"③。1952年版："原来有中国政权未被敌人破坏的，则在广大民众拥护的基础之上去改造它和巩固它"④。"原来有中国政权"，大多是国民党政府的政权，1938年只说"巩固它"，是从国家抗日战争的大局出发，是从发展和巩固抗日民族统一战线出发。1952年版增"改造它"，强调了必须对旧政权进行改造，这与新中国成立之后，全面改造旧政权的形势是一致的。

（七）有的修改使表述增加了现实意义

《解放》版："一方面须防止妨碍集中的地方主义，另一方面也须防止不顾地方的单纯军事主义。"⑤1952年版："一方面，须防止只顾地方利益因而妨碍集中的地方主义；另一方面，也须防止不顾地方利益的单纯军事主义。"⑥修改后强调"须防止只顾地方利益因而妨碍集中的地方主义"，这有现实意义。

《解放》版："……下级有独立自主（或曰独断专行）之权。"⑦1952

---

① 《解放》1938年第40期。
② 《毛泽东选集》第二卷，人民出版社1952年版，第378页。
③ 《解放》1938年第40期。
④ 《毛泽东选集》第二卷，人民出版社1952年版，第386页。
⑤ 《解放》1938年第40期。
⑥ 《毛泽东选集》第二卷，人民出版社1952年版，第395页。
⑦ 《解放》1938年第40期。

年版:"……下级有独立自主之权。"① 删掉"(或曰独断专行)",强调了下级的独立自主之权,绝不是独断专行,这有现实意义。

毛泽东修改自己的著作,使其更合理、科学,更有现实意义,体现了实事求是的精神,这是应该肯定的。对毛泽东修改自己的著作,应历史地、全面地看。

1991年《毛泽东选集》第二卷版对1952年《毛泽东选集》第二卷版中的个别文字及注释等进行修正,是实事求是的,应该给予肯定。

(樊凡初稿　周一平修改)

---

① 《毛泽东选集》第二卷,人民出版社1952年版,第398—399页。

附录：

人民出版社1952年《毛泽东选集》第二卷版与《解放》1938年第40期版校勘记

凡例

1. 《抗日游击战争的战略问题》各版本简称如下：

《解放》1938年5月30日第40期版，简称"1938年《解放》版"。

人民出版社1952年3月《毛泽东选集》第二卷版，简称"1952年《毛选》版"。

2. 凡1952年《毛选》版与1938年《解放》版的不同之处，均在每栏（每列）相同位置写出各自的文字。

3. 空行。每栏（列）中的空行，表示上下文字之间有分段，或略去了相同的文字。

4. 各版本中增、删文字的表示：若1938年《解放》版有的文字，1952年《毛选》版没有，则在1938年《解放》版栏（列）中列出文字，1952年《毛选》版栏（列）中相应处注"○"。若1952年《毛选》版增加的文字，1938年《解放》版没有，则在1952年《毛选》版栏（列）中列出文字，1938年《解放》版栏（列）中相应处注"○"。

5. 1952年《毛选》版增加的题解、注释。"*"表示增加题解，题解文字略。数字加"〔〕"，表示增加注释，注释文字略。

1938年《解放》版	1952年《毛选》版
抗日游击战争的战略问题 毛泽东 ○ （延安抗日战争研究会，正在写作一部抗日战争丛书，由解放社出版。其第一本『抗日游击战争』已经集稿，开始付印，是集体写的，全部均经过毛泽东先生校阅。其第二章『论抗日游击战争的一般问题』也是毛先生自己写的，现将这一章里面的一节『抗日游击战争的战略问题』，得毛先生同意，提前在本报发表，以快先睹。 ——编者）	抗日游击战争的战略问题* ○ （一九三八年五月） ○
一 为什么提起游击战争的战略问题	第一章 为什么提起游击战争的战略问题
游击战争是辅助的，	游击战争是辅助的。
游击战争只在正规军的战役作战上起些近距离的直接的配合作用，那当然只有战术问题，	游击战争只是在正规军的战役作战上起些近距离的直接的配合作用，那就当然只有战术问题，
很快就能被赶出，或虽时间较久，但被占地区不广，	很快就能赶出，或虽时间较久，但是被占地区不广，
中国既不是小国，又不像苏联；	中国既不是小国，又不像苏联，
但这个大而弱的国家却处于进步的时代，	但是这个大而弱的国家却处于进步的时代，
但它是小国，兵力不足，留了很多空虚的地方，抗日游击战争就主要的不是在内线配合正规军的战役作战，	但他们的国家是小国，兵力不足，在占领区留了很多空虚的地方，因此抗日游击战争就主要地不是在内线配合正规军的战役作战，
它不是小规模的，而是大规模的；于是战略防御与战略进攻等等一全套的东西都发生了。战争的长期性（随之也是残酷性），	就是说有共产党领导的坚强的军队和广大的人民群众存在，因此抗日游击战争就不是小规模的，而是大规模的；于是战略防御和战略进攻等等一全套的东西都发生了。战争的长期性，随之也是残酷性，
这件事是与时代进步到二十世纪的三四十年代一事分不开的，这乃是问题的焦点所在。	这件事是同时代进步到二十世纪的三四十年代一事分不开的，是同共产党和红军的存在分不开的，这乃是问题的焦点所在。
我们的敌人大概还在那里做元朝灭宋，清朝灭明，英占北美与东印度，拉丁占中南美等等的好梦，	我们的敌人大概还在那里做元朝灭宋、清朝灭明、英占北美和印度、拉丁系国家占中南美等等的好梦。

（续表）

1938年《解放》版	1952年《毛选》版
它就一定要在这一点上面触一个很大的霉头。	他们就一定要在这一点上面触一个很大的霉头。
这就是抗日游击战争虽在整个抗日战争中仍处于辅助的地位，但必须放在战略观点上加以考察的理由。	这就是抗日游击战争虽然在整个抗日战争中仍然处于辅助的地位，但是必须放在战略观点上加以考察的理由。
二 那末为什么不将抗日战争的一般战略问题中的东西用之于游击战争呢？	那末，为什么不将抗日战争的一般战略问题中的东西用之于游击战争呢？
抗日游击战争的战略问题，本来是密切联系于整个抗日战争的战略问题的，	抗日游击战争的战略问题，本来是密切地联系于整个抗日战争的战略问题的，
因而游击战争的战略问题颇有许多特殊的东西，	因而游击战争的战略问题颇有许多特殊的东西；
三 战争的基本原则是保存自己消灭敌人 在具体的说到游击战争的战略问题之先，还要说一说，战争的基本问题。	第二章 战争的基本原则是保存自己消灭敌人 在具体地说到游击战争的战略问题之先，还要说一说战争的基本问题。
尽可能的保存自己的力量，消灭敌人力量。这个原则在革命战争中是直接与基本的政治原则联系的。例如中国抗日战争的基本政治原则（即政治目的），	尽可能地保存自己的力量，消灭敌人的力量。这个原则，在革命战争中是直接地和基本的政治原则联系着的。例如中国抗日战争的基本政治原则即政治目的，
就是以军事力量保卫祖国驱逐日寇。	就是以军事力量保卫祖国，驱逐日寇。
一方面尽可能地保存自己力量；另一方面尽可能地消灭敌人力量。	一方面，尽可能地保存自己的力量；另一方面，尽可能地消灭敌人的力量。
是为了全体的永久的保存所必须的。	是为了全体的永久的保存所必需的。
从射击原则（隐蔽身体，发扬火力，前者为了保存自己，后者为了消灭敌人）起，	从射击原则（荫蔽身体，发扬火力，前者为了保存自己，后者为了消灭敌人）起，
只有保存自己消灭敌人的原则，才是一切军事原则的根据。	保存自己消灭敌人的原则，是一切军事原则的根据。
四 抗日游击战争的具体战略问题共有六个 现在我们来看抗日游击战争的军事行动，应该采取些什么方针或原则才能达到保存自己消灭敌人的目的呢？因为抗日战争（乃至一切革命战争）的游击队一般是从无到有从小到大的，	第三章 抗日游击战争的六个具体战略问题 现在我们来看，抗日游击战争的军事行动，应该采取些什么方针或原则才能达到保存自己消灭敌人的目的呢？因为抗日战争中（乃至一切革命战争中）的游击队一般是从无到有、从小到大的，
应该采取些什么方针或原则才能达到保存或发展自己与消灭敌人的目的呢？	应该采取些什么方针或原则才能达到保存或发展自己和消灭敌人的目的呢？

(续表)

1938年《解放》版	1952年《毛选》版
持久战中的速决战与内线作战中的外线作战；（二）与正规战争相配合；	持久战中的速决战和内线作战中的外线作战；（二）和正规战争相配合；
（四）战略防御与战略进攻；	（四）战略防御和战略进攻；
是达到保存与发展自己，消灭与驱逐敌人，	是达到保存和发展自己，消灭和驱逐敌人，
五 第一个问题——主动地灵活地有计划地执行防御战中的进攻战，持久战中的速决战，内线作战中的外线作战 这里又可分为四点来说：（一）防御与进攻，持久与速决，内线与外线的关系；	第四章 主动地灵活地有计划地执行防御战中的进攻战、持久战中的速决战、内线作战中的外线作战 这里又可以分为四点来说：（一）防御和进攻，持久和速决，内线和外线的关系；
（三）灵活的使用兵力；（四）一切行动的计划性。先说第一点。	（三）灵活地使用兵力；（四）一切行动的计划性。 先说第一点。
因而决定了我们是战略上的防御战与持久战，拿作战线说来，敌人是外线作战，我们是内线作战，这是一方面的情形。	因而决定了我们是战略上的防御战和持久战。拿作战线来说，敌人是外线作战，我们是内线作战。这是一方面的情形。
敌军虽强（武器与人员的某些素质某些条件），但数量不多，我军虽弱（同样，仅是武器与人员的某些素质某些条件），但数量甚多，加上敌人是异民族侵入我国，我是同民族反抗异民族这个条件，	敌军虽强（武器和人员的某些素质，某些条件），但是数量不多，我军虽弱（同样，仅是武器和人员的某些素质，某些条件），但是数量甚多，加上敌人是异民族侵入我国，我们是在本国反抗异民族侵入这个条件，
能够而且必须在战略的防御战之中采取战役与战斗的进攻战，在战略的持久战之中采取战役与战斗的速决战，在战略的内线作战之中采取战役与战斗的外线作战。	能够而且必须在战略的防御战之中采取战役和战斗的进攻战，在战略的持久战之中采取战役和战斗的速决战，在战略的内线作战之中采取战役和战斗的外线作战。
正规战争如此，	正规战争是如此，
但其出敌不意的程度比较小一些。	但是其出敌不意的程度比较小一些。
战役与战斗中包围敌人的外线圈则很小，这些都是和正规军不同的地方。	战役和战斗中包围敌人的外线圈则很小。这些都是和正规战不同的地方。
采取秘密与神速的行动，	采取秘密和神速的行动，
战斗时的钳制与警戒方面，隘路、险地、河川或村落等处为着消耗敌人与疲惫敌人的抵抗配置，	战斗时的钳制和警戒方面，隘路、险地、河川或村落等处为着消耗敌人和疲惫敌人的抵抗配置，

(续表)

1938年《解放》版	1952年《毛选》版
大摇大摆大吹大擂的暴露自己，	大摇大摆大吹大擂地暴露自己，
游击战争虽也有坚持数天的战斗场合，	游击战争虽然也有坚持数天的战斗场合，
例如：扰乱、钳制、破坏及做群众工作等，	例如：扰乱、钳制、破坏和做群众工作等，
『集中大力打敌小部』，	『集中大力，打敌小部』，
只有将正规战与游击战的战役与战斗的进攻战集合了很多，	只有将正规战和游击战的战役和战斗的进攻战集合了很多，
最后驱逐日本帝国主义。只有战役与战斗的速决战集合了很多，即是使得很多战役与战斗的进攻战都能因迅速解决战斗之故而取得了胜利，	最后战胜日本帝国主义。只有战役和战斗的速决战集合了很多，即是使得很多战役和战斗的进攻战都能因迅速解决战斗之故而取得了胜利，
同时促进与等候国际形势的变动与敌人的内溃，	同时促进和等候国际形势的变动和敌人的内溃，
一律采取战役与战斗中的外线作战，	一律采取战役和战斗中的外线作战，
不能包围其全部也包围其一部，	不能包围其全部，也包围其一部，
也大量杀伤所包围之敌，	也大量杀伤所包围之敌。
最后配合国际的力量和日本人民的革命战争，共同围剿日本帝国主义而一举推翻之。这些结果，主要的依靠正规战取得，游击战只有次一等的成绩，但集合许多小胜化为大胜，则是正规战游击战相同的，	最后配合国际的力量和日本人民的革命斗争，共同围剿日本帝国主义而一举消灭之。这些结果，主要地依靠正规战取得，游击战只有次一等的成绩。但是集合许多小胜化为大胜，则是正规战游击战所共同的。
因为这种主动权即是军队的自由权。	这种主动权即是军队的自由权。
本来战略的防御战与内线作战，	本来战略的防御战和内线作战，
但日本帝国主义有两个基本的弱点，即是兵力不足与异民族战争；并且由其对中国力量的估计不足与日本军阀的内部矛盾，	但是日本帝国主义有两个基本的弱点，即是兵力不足和异国作战。并且因其对中国力量的估计不足和日本军阀的内部矛盾，
某些作战失去时机，及有包围无歼灭等等，可以说是它的第三个弱点。这样，兵力不足（包括小国、寡民、资源不足及它是封建的帝国主义等等），异民族战争（包括战争的帝国主义性及其野蛮政策等等），指挥笨拙，使得日本军阀虽处进攻战与外线作战的有利地位，却使其主动权日益减弱下去。	某些作战失去时机和有包围无歼灭等等，可以说是他的第三个弱点。这样，兵力不足（包括小国、寡民、资源不足和他是封建的帝国主义等等），异国作战（包括战争的帝国主义性和野蛮性等等），指挥笨拙，使得日本军阀虽然处在进攻战和外线作战的有利地位，却使其主动权日益减弱下去。

（续表）

1938年《解放》版	1952年《毛选》版
但大势所趋，	但是大势所趋，
无限止的吞灭全中国是不可能的。	无限止地吞灭全中国是不可能的。
中国方面，第一期战争颇处于被动，第二期因有了经验，改取了新的运动战，即战役与战斗的进攻战、速决战与外线作战的方针，加上普遍发展游击战的方针，中国的主动地位正在日益建立起来。	中国方面，开始时战争颇处于被动，现在因有了经验，正在改取新的运动战的方针，即战役和战斗的进攻战、速决战和外线作战的方针，加上普遍发展游击战的方针，所以主动地位正在日益建立起来。
游击战争的主动权问题，是更加严重的问题，	游击战争的主动权问题，是更加严重的问题。
缺乏经验的状态（那些新成立的游击队）与不统一的状态等等。但游击战争是能够建立其主动权的，主要的条件就是抓住上述敌人的三个弱点。欺它兵力不足（从整个战争看来），就给了游击队以广大的活动地区；欺它是异民族，且执行极端的野蛮政策，就给了游击队以千百万人民的拥护；欺它指挥笨拙，就把游击队的指挥客观上显得聪明了许多。	缺乏经验的状态（这是说那些新成立的游击队）和不统一的状态等等。但是游击战争是能够建立其主动权的，主要的条件就是抓住上述敌人的三个弱点。欺他兵力不足（从整个战争看来），游击队就可以放手争取广大的活动地区；欺他是异民族，且执行极端的野蛮政策，游击队就可以放手争取千百万人民的拥护；欺他指挥笨拙，游击队就可以放手发挥自己的聪明。
但游击队尤其要注意捉住它。游击队自己的弱点，可以从斗争中逐渐减少。	但游击队尤其应当注意捉住。游击队自己的弱点，可以在斗争中逐渐减少。
例如正因为游击队弱小，才利于在敌人后方神出鬼没的活动，敌人无奈它何，这样大的自由是庞大的正规军所不能得到的。	例如正是因为自己弱小，才利于在敌人后方神出鬼没地活动，敌人无奈他何，这样大的自由是庞大的正规军所不能得到的。
游击队的主动权，在敌人举行数路围攻的场合是难于掌握与容易丧失的，在这种场合，如果估计与处置得不正确，	游击队的主动权，在敌人举行数路围攻的场合，是难于掌握和容易丧失的。在这种场合，如果估计和处置得不正确，
不合客观情况的悲观的估计，与随之而来的消极的处置，无疑将丧失主动权，把自己抛入被动地位。但同样，不合客观情况的过于乐观的估计，与随之而来的冒险（不需要的那种冒险）的处置，	不合客观情况的悲观的估计和随之而来的消极的处置，无疑地将丧失主动权，把自己抛入被动地位。但是同样，不合客观情况的过于乐观的估计和随之而来的冒险（不需要的那种冒险）的处置，
只是聪明的领导者从虚心研究与正确估计客观情况，正确处置军事政治行动所产生的东西。因此，是要意识地去争取的东西，不是现成的东西。	只是聪明的领导者从虚心研究和正确地估计客观情况，正确地处置军事政治行动所产生的东西。因此，是要有意识地去争取的东西，不是现成的东西。
已经因估计与处置错误，或因不可抗的压力，	已经因为估计和处置错误，或者因为不可抗的压力，

(续表)

1938年《解放》版	1952年《毛选》版
如何脱出法须依情况而定。许多情况下『走』是必须的。游击队的会走正是其特点，走是脱离被动恢复主动的主要方法。但不限于这一方法。往往正当敌人十分起劲自己十分困难的时候，正是敌人开始不利，自己开始有利的时候。往往有这种情形，有利的情况与主动的恢复，产生于『再坚持一下』的努力之中。	如何脱出法，须依情况而定。在许多情况下，『走』是必须的。游击队的会走，正是其特点。走是脱离被动恢复主动的主要的方法。但是不限于这一方法。往往在敌人十分起劲自己十分困难的时候，正是敌人开始不利，自己开始有利的时候。往往有这种情形，有利的情况和主动的恢复，产生于『再坚持一下』的努力之中。
灵活性就是具体表现主动性的东西，灵活的使用兵力，	灵活性就是具体地表现主动性的东西。灵活地使用兵力，
兵力的使用必须按照任务及敌情、地形、居民等条件作灵活的变动，主要的方法是分散使用、集中使用与转移兵力。	兵力的使用必须按照任务和敌情、地形、居民等条件作灵活的变动，主要的方法是分散使用、集中使用和转移兵力。
当散开时，要看清水的深浅，流的速度，及那里有无障碍，如同游击队分散使用时，须注意不要因情况不明，行动错误而受损失。为了收得拢，就要握住网的绳头，如同使用部队要保持通信联络并保持相当主力在自己手中一样。打鱼要时常变换地点，游击队也要时常变换位置。分散、集中及变换，是游击战争灵活使用兵力的三个方法。 一般说来，	当渔人把网散开时，要看清水的深浅、流的速度和那里有无障碍，游击队分散使用时，也须注意不要因情况不明、行动错误而受损失。渔人为了收得拢，就要握住网的绳头，使用部队也要保持通讯联络，并保持相当主力在自己手中。打鱼要时常变换地点，游击队也要时常变换位置。分散、集中和变换，是游击战争灵活使用兵力的三个方法。 一般地说来，
但不论何种情况，当分散行动时须注意：（一）保持较大一部于适当的机动地区，不要绝对的平均分散，一则便于应付可能的事变，一则使分散执行的任务有一个重心。（二）给各分散部队以明确的任务，行动的地区，行动的时期，集合的地点及联络的方法等。	但不论何种情况，当分散行动时都须注意：（一）保持较大一部分兵力于适当的机动地区，不要绝对地平均分散，一则便于应付可能的事变，一则使分散执行的任务有一个重心；（二）给各分散部队以明确的任务、行动的地区、行动的时期、集合的地点、联络的方法等。
集中兵力使用于某一重要方面，	集中主力使用于某一重要方面，
按照情况，灵活的分散兵力或集中兵力，是游击战争主要的方法，但还须懂得灵活的转移（变换）兵力。当敌人感到游击队对它有了大的危害时，	按照情况灵活地分散兵力或集中兵力，是游击战争的主要的方法，但是还须懂得灵活地转移（变换）兵力。当敌人感到游击队对他有了大的危害时，
就在当地打仗，如果不能打时，就应不失时机，迅速的转移到另一方向去。	就在当地打仗；如果不能打时，就应不失时机，迅速地转移到另一方向去。

（续表）

1938年《解放》版	1952年《毛选》版
迅速的移动其位置。	迅速地移动其位置。
去欺骗引诱与迷惑敌人，	去欺骗、引诱和迷惑敌人，
分散、集中与转移的灵活性，都是游击战争具体表现主动性的东西；	分散、集中和转移的灵活性，都是游击战争具体地表现主动性的东西；
但领导的聪明不在懂得灵活使用兵力的重要，而在按照具体情况善于及时的实行分散集中与转移兵力。这种善观风色与善择时机的聪明是不易的，惟有虚心研究，勤于考查与思索的人们可以获得。	但领导者的聪明不在懂得灵活使用兵力的重要，而在按照具体情况善于及时地实行分散、集中和转移兵力。这种善观风色和善择时机的聪明是不容易的，惟有虚心研究，勤于考察和思索的人们可以获得。
为使灵活不变为妄动，慎重的考虑情况是必要的。	为使灵活不变为妄动，慎重地考虑情况是必要的。
军事政治教育的实施，	军事和政治教育的实施，
都要包括在领导者们的过细考虑，切实执行，与检查执行程度的工作之中。	都要包括在领导者们的过细考虑、切实执行和检查执行程度的工作之中。
如果企图在游击战争中实行高度严密的计划工作，是错误的；	如果企图在游击战争中实行高度的严密的计划工作，那是错误的；
采取尽可能严密的计划，	采取尽可能的严密的计划，
总括上面所说的各点，	上面所说的各点，
内线作战中的外线作战，	内线作战中的外线作战。
这里虽说了许多的东西，但一切都环绕于战役与战斗的进攻。主动地位只有在进攻胜利之后，才能最后的取得。	这里虽说了许多的东西，但一切都环绕于战役和战斗的进攻。主动地位只有在进攻胜利之后，才能最后地取得。
灵活的使用兵力，环绕于为着进攻战这个中心；计划性的必要，主要的也是为了进攻的胜利。	灵活地使用兵力，环绕于为着进攻战这个中心；计划性的必要，主要地也是为了进攻的胜利。
也是保存自己的主要手段。	也是保存自己的主要手段，
这个原则，正规战争与游击战争是基本上同一的，只在表现形式上有程度的不同。但游击战争注意这点不同是重要的与必要的。	这个原则，正规战争和游击战争是基本上同一的，只在表现形式上有程度的不同。但在游击战争中注意这个不同是重要的和必要的。

(续表)

1938年《解放》版	1952年《毛选》版
所以使游击战争的作战方法区别于正规战争的作战方法，	所以使游击战争的作战方法区别于正规战争的作战方法；
六 第二个问题——与正规战争相配合	第五章 和正规战争相配合
游击战争战略问题的第二个问题，是与正规战争相配合的问题。这是依据游击战争具体行动的性质，说明它在作战上与正规战争的关系。认识这种关系，对于有效地战胜敌人，是有重要意义的。游击战争与正规战争的配合有三种：战略的、战役的与战斗的。	游击战争战略问题的第二个问题，是和正规战争相配合的问题。这是依据游击战争具体行动的性质，说明它在作战上和正规战争的关系。认识这种关系，对于有效地战胜敌人，是有重要意义的。游击战争和正规战争的配合有三种：战略的、战役的和战斗的。
整个游击战争，在敌人后方所起的削弱敌人，钳制敌人，妨碍敌人运输的作用，与给予全国正规军及全国人民精神上的鼓励等等，	整个游击战争，在敌人后方所起的削弱敌人、钳制敌人、妨碍敌人运输的作用，和给予全国正规军和全国人民精神上的鼓励等等，
在抗战未起以前当然不发生配合问题，	在全国抗战未起以前当然不发生配合问题，
至其给予整个敌军敌国以精神上的不良影响，给予整个我军与人民以精神上的良好影响，	至其给予整个敌军敌国以精神上的不利影响，给予整个我军和人民以精神上的良好影响，
更为容易看到。	更加容易看到。
他们不但在现时敌人举行战略进攻时配合正规军起了战略防御的作用；	它们不但在现时敌人举行战略进攻时配合正规军起了战略防御的作用；
是不容忽视的，游击队与正规军的领导者们，都应明确的认识其作用。	是不容忽视的。游击队和正规军的领导者们，都应明确地认识其作用。
雁门关南北的游击战争破坏同蒲铁路，平型关汽车路，杨方口汽车路，	雁门关南北的游击战争破坏同蒲铁路、平型关汽车路、杨方口汽车路，
普遍山西各地的游击战争（主要由于正规军执行的），	普遍存在于山西各地的游击战争（主要是由正规军进行的），
在这个任务上，一切存于敌后的游击根据地的指导者们，或临时被派出的游击兵团的领袖们，必须在各个战区司令官的统一指挥之下，好好配置自己的力量，	在这个任务上，一切处于敌后的游击根据地的领导者们，或临时被派出的游击兵团的领导者们，必须好好地配置自己的力量，
向着敌人最感危害之点和弱点上积极行动起来，达到削弱敌人，钳制敌人，	向着敌人最感危害之点和薄弱之点积极地行动起来，达到削弱敌人、钳制敌人、

(续表)

1938年《解放》版	1952年《毛选》版
这一点是一切游击战争的指导者应该深切注意的。为达此目的，无线电通讯之普遍设置于一切较大的游击部队与游击兵团，实有完全的必要。	这一点是一切游击战争的领导者应该深切地注意的。为达此目的，无线电通讯之普遍地设置于一切较大的游击部队和游击兵团，实有完全的必要。
是一切内线战场附近的游击队之任务，	是一切内线战场附近的游击队的任务，
游击队应该依正规军首长之指示，担负其所指定之任务，	游击队应该依正规军首长的指示，担负其所指定的任务，
游击队也应自动的做这些事。坐视不理，不游不击，或游而不击的态度，无论何时都是要不得的。	游击队也应自动地做这些事。坐视不理，不游不击，或游而不击的态度，是要不得的。
七 第三个问题——建立根据地	第六章 建立根据地
这个问题的必要与重要性，是随着战争的长期性与残酷性而来的。	这个问题的必要性和重要性，是随着战争的长期性和残酷性而来的。
敌人的前线将深入与纵断我国的中部，	敌人的前线将深入和纵断我国的中部，
在这样广大被敌占领地区发动普遍的游击战争，将敌人的后方也变成它的前线，	我们要在这样广大的被敌占领地区发动普遍的游击战争，将敌人的后方也变成他们的前线，
这样长期性加上残酷性，	这样，长期性加上残酷性，
游击战争的根据地，是什么呢？它是游击战争赖以执行自己的战略任务，达到保存与发展自己，消灭与驱逐敌人的战略基地。没有这种战略基地，一切战略任务与战争目的就失掉了执行的依托。	游击战争的根据地是什么呢？它是游击战争赖以执行自己的战略任务，达到保存和发展自己、消灭和驱逐敌人之目的的战略基地。没有这种战略基地，一切战略任务的执行和战争目的的实现就失掉了依托。
然而，游击战争不是没有根据地能够长期地生存与发展的，这种根据地也就是游击战争的后方。	然而，没有根据地，游击战争是不能够长期地生存和发展的，这种根据地也就是游击战争的后方。
历史上存在过许多流寇主义的农民战争，但都不能成功，在交通与技术进步的今日而企图用流寇主义获得胜利，更是毫无根据的幻想。然而流寇主义是在破产农民中存在的，他们的意识反映到游击战争的领导者们，就成了不要或不重视根据地的思想，因此从游击战争领导者们的头脑中驱除流寇主义，是确定建立根据地的方针的前提。要或不要根据地，重视或不重视根据地的问题，换句话说：根据地思想与流寇主义思想的斗争的问题，是任何游击战争中发生着的。抗日游击战争在某种程度上也将不能例外。	历史上存在过许多流寇主义的农民战争，都没有成功。在交通和技术进步的今日而企图用流寇主义获得胜利，更是毫无根据的幻想。然而流寇主义在今天的破产农民中还是存在的，他们的意识反映到游击战争的领导者们的头脑中，就成了不要或不重视根据地的思想。因此，从游击战争的领导者们的头脑中驱除流寇主义，是确定建立根据地的方针的前提。要或不要根据地、重视或不重视根据地的问题，换句话说，根据地思想和流寇主义思想的斗争的问题，是任何游击战争中都会发生的，抗日游击战争在某种程度上也不能是例外。

（续表）

1938年《解放》版	1952年《毛选》版
提出并实行了建立根据地的方针，	提出并实行建立根据地的方针，
在说明了『根据地的必要与重要性』之后下面的问题是实行建立根据地时必须认识与解决的。这些问题是：几种根据地，游击区与根据地，建立根据地的条件，根据地之巩固与发展，敌我之间的几种包围。	在说明了根据地的必要和重要性之后，下面的问题是实行建立根据地时必须认识和解决的。这些问题是：几种根据地，游击区和根据地，建立根据地的条件，根据地的巩固和发展，敌我之间的几种包围。
一，几种根据地 抗日游击战争的根据地大体不外三种：山地、平地与河湖港汊地。 山地建立根据地之有利是人人明白的，已经建立或正在建立或准备建立之长白山、五台山、太行山、泰山、燕山、茅山等根据地都是。	第一节　几种根据地 抗日游击战争的根据地大体不外三种：山地、平地和河湖港汊地。 山地建立根据地之有利是人人明白的，已经建立或正在建立或准备建立的长白山〔一〕、五台山〔二〕、太行山〔三〕、泰山〔四〕、燕山〔五〕、茅山〔六〕等根据地都是。
一切处于敌后的山岳地带，必须全部发展游击战争，并建立起根据地来。	我们必须到一切处于敌后的山岳地带去发展游击战争，并建立起根据地来。
河北平原与山东北部及西北部平原，	河北平原、山东的北部和西北部平原，
这一点现在谁也不能证明；但建立临时的根据地与小部队的或季候的根据地，	这一点现在还没有证明；但是建立临时的根据地和小部队的或季候性的根据地，
又执行着前无古人的野蛮政策；另一方面，中国有广大的土地，又有众多的抗日人民；都提供了平原能够发展游击战争，并建立临时根据地的客观条件；如能加上指挥适当一条，则小部队的非固定的长期根据地之建立，当然应该说是可能的。大抵当敌人结束了它的战略进攻，转到了保守占领地的阶段时，对于一切击战争根据地的残酷进攻的到来，	又执行着前无古人的野蛮政策，另一方面，中国有广大的土地，又有众多的抗日人民，这些都提供了平原能够发展游击战争并建立临时根据地的客观条件；如再加上指挥适当一条，则小部队的非固定的长期根据地之建立，当然应该说是可能的〔七〕。大抵当敌人结束了他的战略进攻，转到了保守占领地的阶段时，对于一切游击战争根据地的残酷进攻的到来，
那时在平原地带活动的大的游击兵团将不能在原地长期支持作战，而须按照情况，逐渐转移到山地里去，例如从河北平原向五台山及太行山转移，从山东平原向泰山及胶东半岛转移。但保持许多小的游击部队，	那时，在平原地带活动的大的游击兵团将不能在原地长期支持作战，而须按照情况，逐渐地转移到山地里去，例如从河北平原向五台山和太行山转移，从山东平原向泰山和胶东半岛转移。但是保持许多小的游击部队，
至于利用夏季的青纱帐与冬季的河川结冰之季候的游击战争，那是断然可能的。在现时敌人无力顾及及将来顾及也难周到的条件下，	至于利用夏季的青纱帐和冬季的河川结冰之季候性的游击战争，那是断然可能的。在现时敌人无力顾及和将来顾及也难周到的条件下，

（续表）

1938年《解放》版	1952年《毛选》版
至少坚持季候游击战争，	至少坚持季候性的游击战争，
历史上『海盗』与『水寇』曾演过无数的活剧，红军时代的洪湖游击战争支持了数年之久，都是河湖港汊能够发展游击战争并建立根据地的证据。不过现在各个抗日党派及抗日人民，至今尚少注意这一方面，主观条件还不具备，然而无疑地是应该注意与应该进行的。江北的洪泽湖地带，江南的太湖地带，与沿江沿海一切敌人占领的港汊地带，都应该好好地组织游击战争，	历史上所谓『海盗』和『水寇』，曾演过无数的武剧，红军时代的洪湖游击战争支持了数年之久，都是河湖港汊地带能够发展游击战争并建立根据地的证据。不过，各个抗日党派和抗日人民，至今尚少注意这一方面。虽然主观条件还不具备，然而无疑地是应该注意和应该进行的。江北的洪泽湖地带、江南的太湖地带和沿江沿海一切敌人占领区域的港汊地带，
作为发展全国游击战争之一个方面。	作为发展全国游击战争的一个方面。
二，游击区与根据地	第二节 游击区和根据地
游击区与根据地是有区别的。在四围已被敌占但中间未被敌占或虽占而已经恢复之地区，例如五台山地区之某些县，太行山地区及泰山地区也有这种情形，	游击区和根据地是有区别的。在四围已被敌占但中间未被敌占或虽占而已经恢复的地区，例如五台山地区（即晋察冀边区）的某些县，太行山地区和泰山地区也有这种情形，
例如五台山地区（即晋察冀边区）的东部北部——即冀西察南的某些部分及保定以东沧州以西的许多地方，	例如五台山地区的东部北部——即冀西察南的某些部分和保定以东沧州以西的许多地方，
增加到原有根据地上面去，叫做发展了根据地。	将这些根据地，增加到原有的根据地里面去，就叫做发展了根据地。
当地起义的民众武装及从五台山派去的游击支队，	当地起义的民众武装和从五台山派去的游击支队，
他们在开始时，	它们在开始活动时，
要待消灭敌人发动民众的工作进步之后，	要待消灭敌人和发动民众的工作开展了之后，
依消灭敌人与发动民众的程度如何而定其是否从游击区过渡到了根据地的阶段。有许多地区，将是长期处于游击区状态的。	依消灭敌人和发动民众的程度如何而定其是否已从游击区过渡到了根据地的阶段。有许多地区，将是长期地处于游击区状态的。
但无法达到建立抗日政权之目的，例如敌人占领的铁路线及大城市的附近地区及某些平原地区。	但无法达到建立抗日政权的目的；例如敌人占领的铁路线、大城市的附近地区和某些平原地区。

(续表)

1938年《解放》版	1952年《毛选》版
至于敌人有强大力量控制着的大城市、火车站与某些平原地带，游击战争只能接近其附近，	至于敌人有强大力量控制着的大城市、火车站和某些平原地带，游击战争只能接近其附近，
所以在整个敌占地区，经过游击战争与敌人双方斗争的结果，变为三种情况的地方：第一种是被游击战争与中国政权掌握着的抗日根据地；第二种是被日本帝国主义与伪政权掌握着的被占领地；第三种是双方争夺的中间地带，即所谓游击区。游击战争指导者的责任在于极力扩大第一第三两种地区，而极力缩小第二种地区，这是游击战争的战略任务。	所以，在整个敌占地区，经过游击战争和敌我双方斗争的结果，可以变为三种情况的地方：第一种是被我方游击部队和我方政权掌握着的抗日根据地；第二种是被日本帝国主义和伪政权掌握着的被占领地；第三种是双方争夺的中间地带，即所谓游击区。游击战争领导者的责任，在于极力扩大第一、第三两种地区，而极力缩小第二种地区。这就是游击战争的战略任务。
三，建立根据地的条件	第三节 建立根据地的条件
并使用这部个部队去战胜敌人，	并使用这个部队去战胜敌人，
从事游击战争的领导者们必须用全副精力去建立一枝以至多枝的游击部队，并使之从斗争中逐渐发展为游击兵团，以至发展成为正规部队与正规兵团。	从事游击战争的领导者们必须用全副精力去建立一支以至多支的游击部队，并使之从斗争中逐渐地发展为游击兵团，以至发展成为正规部队和正规兵团。
没有这个东西或有了而无力量，	没有这个东西，或有了而无力量，
与建立根据地不能分离的第二个条件，	和建立根据地不能分离的第二个条件，
就是游击战争控制的地方，如果有敌人进攻的话（无论如何也应该说敌人是要进攻的），不战胜敌人，自己控制的地方就要变成敌人控制的地方，也无从建立根据地。	就是游击战争控制的地方，如果不粉碎敌人的进攻，不战胜敌人，自己控制的地方就要变成敌人控制的地方，也无从建立根据地。
从这种斗争中，去武装人民，组织自卫军与游击队。从这种斗争中去组织民众团体，工人的，农民的，青年的，妇女的，儿童的，商人的，自由职业者的，依据民众的政治觉悟与斗争情绪提高的程度，将其组织在一切必要的抗日团体之内，并逐渐发展之。民众如没有组织性，是不能表现其抗日力量的。从这种斗争中去肃清公开的或隐藏的汉奸势力，要做到这一步也只有依靠民众的力量。尤其重要的是从这种斗争中去发动民众，巩固或建立当地的抗日政权。原来有中国政权未被敌人破坏的，则在广大民众拥护的基础之上去巩固它；原来的中国政权已被敌人破坏了的，则在广大民众努力的基础之上去恢复它。这个政权是实行抗日民族统一战线政策的，它应该团结一切力量，向唯一的敌人日本帝国主义作斗争。	要从这种斗争中去武装人民，即组织自卫军和游击队。要从这种斗争中去组织民众团体；无论是工人、农民、青年、妇女、儿童、商人、自由职业者，都要依据他们的政治觉悟和斗争情绪提高的程度，将其组织在各种必要的抗日团体之内，并逐渐地发展这些团体。民众如没有组织，是不能表现其抗日力量的。要从这种斗争中去肃清公开的或隐藏的汉奸势力；要做到这一步也只有依靠民众的力量。尤其重要的是从这种斗争中去发动民众建立或巩固当地的抗日政权。原来有中国政权未被敌人破坏的，则在广大民众拥护的基础之上去改造它和巩固它；原来的中国政权已被敌人破坏了的，则在广大民众努力的基础之上去恢复它。这个政权是实行抗日民族统一战线政策的，它应该团结一切人民的力量，向唯一的敌人日本帝国主义及其走狗汉奸反动派作斗争。

(续表)

1938年《解放》版	1952年《毛选》版
只在建立了抗日的武装部队，战胜了敌人，发动了民众，这三个基本的条件逐渐具备之后，才能真正的建立起来。 此外还须指出的是地理与经济的条件。	只有在建立了抗日的武装部队、战胜了敌人、发动了民众这三个基本的条件逐渐地具备之后，才能真正地建立起来。 此外，还须指出的是地理和经济的条件。
是地区的广大。处在四面或三面被包围的中间，	即地区的广大。处在四面或三面被敌包围的中间，
即广大地区。有了广大地区这个条件，就在平原也是能够发展及支持游击战争的，河湖港汊更不待说。这个条件已在中国领土广大与敌人兵力不足的矛盾现象之下，一般地提供于中国的游击战争了。故在游击战争的可能性说来，它是一个重要的甚至是第一个条件，	即广大地区。有了广大地区这个条件，就是在平原也是能够发展和支持游击战争的，河湖港汊更不待说。这个条件已因中国领土广大和敌人兵力不足，一般地提供于中国的游击战争了。从游击战争的可能性说来，它是一个重要的甚至是第一个重要的条件；
游击战争的可能性就很小甚至没有。但在中国，这个条件已自然具备，它不是什么待争取的条件与待解决的问题，它是自然具备只待人去利用的东西。 经济条件的性质，从其自然性一方面看来，也与地理条件相同。	游击战争的可能性就很小，甚至没有。但在中国，这个条件已不是什么待争取的条件和待解决的问题，而是自然具备只待人去利用的东西。 经济条件的性质，从其自然性一方面看来，也和地理条件相同。
一切敌人能到之处，当然早就有了中国人，也早就有了吃饭的经济基础。	而一切敌人能到之处，当然早就有了中国人，也早就有了吃饭的经济基础，
即合理负担与保护商业，当地政权及游击队决不能破坏这种原则，否则将影响于根据地的建立与游击战争的支持。	即合理负担和保护商业，当地政权和游击队决不能破坏这种原则，否则将影响于根据地的建立和游击战争的支持。
保护商业应表现于游击队的严格的纪律上面，	保护商业应表现于游击队的严格的纪律上面；
但是必须执行的确定的政策。	但这是必须执行的确定的政策。
四，根据地的巩固与发展	第四节 根据地的巩固和发展
为了把侵入中国的敌人，围困在少数的据点，即大城市与交通干线之内，	为了把侵入中国的敌人围困在少数的据点，即大城市和交通干线之内，
迫近一切敌人的据点威胁其生存，	迫近一切敌人的据点，威胁其生存，
这里，要反对游击战争的保守主义，不论是由于贪图安逸而发生的，或由于对敌人力量过分估计而发生的，均将给与抗日战争以损失，	这里，要反对游击战争中的保守主义。保守主义不论是由于贪图安逸而发生的，或由于对敌人力量的过高估计而发生的，均将给予抗日战争以损失，

（续表）

1938年《解放》版	1952年《毛选》版
另一方面，不可忘记根据地的巩固，主要的工作是发动与组织民众，游击部队及地方武装的训练也包括在内。这种巩固，是支持长期战争的必需，	另一方面，不可忘记根据地的巩固，而其主要的工作是发动和组织民众，以及游击部队和地方武装的训练。这种巩固，是支持长期战争所必需，
且有危及根据地本身之虑。正确的方针是『巩固地向前发展』，这是『进可以攻退可以守』的好办法。	且有危及根据地本身之虞。正确的方针是巩固地向前发展，这是进可以攻退可以守的好办法。
这就是推广游击区，扩大游击队的工作。	这就是推广游击区、扩大游击队的工作。
这就是组织民众，训练部队的工作。	这就是组织民众、训练部队的工作。
因为二者的性质不同，军事部署与工作执行随之而不同，必须依情况分时候有所侧重，	因为二者的性质不同，军事部署和工作执行随之而不同，必须依情况分时期有所侧重，
五，敌我之间的几种包围	第五节 敌我之间的几种包围
从整个抗日战争看来，由于敌之战略进攻与外线作战，我处战略防御与内线作战地位，无疑我是在敌之战略包围中，	从整个抗日战争看来，由于敌之战略进攻和外线作战，我处战略防御和内线作战地位，无疑我是处在敌之战略包围中。
对于从外线分数路向我前进之敌采取战役与战斗的进攻及外线作战的方针，就把各个分进之敌的每一个处于我之包围中，	对于从外线分数路向我前进之敌采取战役和战斗的进攻和外线作战的方针，就使各个分进之敌的每一个处于我之包围中。
每一孤立的根据地都处于敌之四面包围或三面包围中，	每一孤立的根据地都处于敌之四面或三面包围中，
并将各个游击战争根据地与正规军的战线联系起来看，	并将各个游击战争根据地和正规军的战线联系起来看，
四面包围了太原城，在河北山东等省，亦有许多这样的包围，	四面包围了太原城；在河北、山东等省，亦有许多这样的包围。
大体好似下围棋一样，敌对于我我对于敌之战役与战斗的作战好似吃子，敌之据点与我之游击根据地则好似做眼。	大体上好似下围棋〔八〕一样，敌对于我我对于敌之战役和战斗的作战好似吃子，敌之据点和我之游击根据地则好似做眼。
一方面在各地的游击战争指导者，均须把在敌后发展游击战争与在一切可能地方建立根据地的任务，	又一方面在各地的游击战争领导者，均须把在敌后发展游击战争和在一切可能地方建立根据地的任务，
可以实行围剿法西斯日本。	可以围剿法西斯日本。

(续表)

1938年《解放》版	1952年《毛选》版
世界在变动着，日本人民正在准备着伟大的斗争呢？	○
八　第四个问题——游击战争的战略防御与战略进攻	第七章　游击战争的战略防御和战略进攻
是游击战争的战略防御与战略进攻的问题，这是第一个问题里所述的进攻战方针在抗日游击战争处于防御姿势与处于进攻姿势中如何具体应用的问题。	是游击战争的战略防御和战略进攻的问题。这是第一个问题里所述的进攻战方针在抗日游击战争处于防御姿势和处于进攻姿势中如何具体地应用的问题。
在全国的战略防御与战略进攻（正确点说，战略反攻）中间，每一游击战争的根据地上面及其周围，也有其小规模的战略防御与战略进攻，前者是敌取攻势我取守势时候的战略形势与战略方针，后者是敌取守势我取攻势时候的战略形势与战略方针。	在全国的战略防御和战略进攻（正确地说，战略反攻）中间，每一游击战争的根据地上面及其周围，也有其小规模的战略防御和战略进攻，前者是敌取攻势我取守势时的战略形势和战略方针，后者是敌取守势我取攻势时的战略形势和战略方针。
一，游击战争的战略防御 在游击战争已经起来并有相当的发展之后，特别在敌停止了对我全国的战略进攻采取保守其占领地的方针的时候，对于游击战争根据地的进攻是必然的。	第一节　游击战争的战略防御 在游击战争已经起来并有相当的发展之后，特别是在敌人停止了对我全国的战略进攻、采取保守其占领地的方针的时候，敌人向游击战争根据地的进攻是必然的。
一旦遇敌严重进攻的形势，必至惊惶失措，被敌击破。	一旦遇到敌人严重地进攻的形势，必至惊惶失措，被敌击破。
敌以消灭游击战争及其根据地之目的，常会采取围攻的办法，例如五台山地区就已有了四五次的所谓『讨伐』，每次配置三路、四路至于六、七路的兵力，同时有计划的前进。	敌人为达到消灭游击战争及其根据地之目的，常会采取围攻的办法；例如五台山地区就已有了四五次的所谓『讨伐』，每次配置三路、四路以至六、七路的兵力，同时有计划地前进。
威胁敌人的战略基地及交通要道越大，	威胁敌人的战略基地和交通要道越大，
所以凡属敌人进攻游击战争越厉害之处，就证明了那里的游击战争越有成绩，	所以，凡属敌人进攻游击战争越厉害之处，就证明那里的游击战争越有成绩，
这时敌是进攻与外线作战，我是防御与内线作战。	这时，敌是进攻和外线作战，我是防御和内线作战。
而以主要兵力对付敌之一路采取战役与战斗的袭击战法（主要的是埋伏战），	而以主要兵力对付敌之一路，采取战役和战斗的袭击战法（主要的是埋伏战），
敌人虽强，经过多次的袭击也就削弱下来，	敌人虽强，经过多次的袭击，也就削弱下来，

（续表）

1938年《解放》版	1952年《毛选》版
当敌还没有停止进攻或实行退却之时，总是占据根据地内之县城或市镇，	当敌人还没有停止进攻或实行退却之时，总是占据根据地内的县城或市镇，
断绝其粮食来源与交通连络，	断绝其粮食来源和交通联络，
这样各个击破敌之围攻。	这样各个地击破敌之围攻。
使用次要力量（例如县与区的游击队，以至从主力中分出一部分）于外线，	使用次要力量（例如县和区的游击队，以至从主力中分出一部分）于外线，
可以引致久踞之敌撤退出去打我主力，这就是『围魏救赵』的办法。	引致久踞之敌撤退出去打我主力；这就是『围魏救赵』〔九〕的办法。
在反围攻的作战中，地方人民的抗日自卫军及一切民众组织，	在反围攻的作战中，地方人民的抗日自卫军和一切民众组织，
在反对敌人的工作中，地方戒严与坚壁清野两事是重要的，	在反对敌人的工作中，地方戒严和可能程度的坚壁清野两事是重要的。
○	这里所说的清野，是指粮食成熟时早日收割的意思。
敌人退却时往往将所踞城市中的房屋及所经道路上的村庄放火烧毁，	敌人退却时往往将所踞城市中的房屋和所经道路上的村庄放火烧毁，
害了它自己，	害了他们自己。
不是在几经围攻之后，业已证明在那里无法打破严重的围攻时，游击战争的领导者不应企图放弃根据地而跑到别的根据地去。	不是在几经反围攻之后业已证明在那里无法打破严重的围攻时，游击战争的领导者不应企图放弃那个根据地而跑到别的根据地去。
总是能够打破围攻与坚持根据地的。	总是能够打破围攻和坚持根据地的。
由于中国地区广大敌人兵力不足的矛盾情况，敌人是一般不能采取用中国内战时的堡垒主义的。但我们应该估计到在某些特别威胁敌人要害的游击根据地中，	由于中国地区广大、敌人兵力不足的矛盾情况，敌人是一般地不能采取中国内战时国民党的堡垒主义的。但是我们应该估计到在某些特别威胁敌人要害的游击根据地中，
但敌我民族矛盾无法解决，敌之指挥弱点无可避免，我之胜利就建立在深入的民众工作与灵活的作战方法之上。	但是敌我民族矛盾无法解决，敌之指挥弱点无可避免。我之胜利，就建立在深入的民众工作和灵活的作战方法之上。
二，游击战争的战略进攻	第二节 游击战争的战略进攻
这种时候，我之作战方针，不在攻击不可必胜的、固守着防御阵地的敌人；而在有计划的在一定地区内消灭与驱逐为游击队力能胜任的小敌与汉奸武装，扩大占领地区，	这种时候，我之作战方针，不在于攻击不可必胜的、固守着防御阵地的敌人；而在于有计划地在一定地区内消灭和驱逐为游击队力能胜任的小敌和汉奸武装，扩大我之占领地区，

（续表）

1938年《解放》版	1952年《毛选》版
就可进一步扩大新的占领地区，攻击那些敌力薄弱的城市与交通线，依其情况而长久的或暂时的占领之。	就可以进一步扩大我之新占领地区，攻击那些敌力薄弱的城市和交通线，依其情况而长久地或暂时地占领之。
有效地发展自己军事的与民众的力量，有效地缩小敌人的力量，并准备敌人再度向我进攻时又能有计划地与有力地打破之。部队的休息与训练是必要的，敌取守势时是我最好休息训练的时机。不是一事不做专门关起门来休息训练，即在扩大占领地，消灭小敌，发动民众的工作之中，争取时间达到休息训练的目的。解决给养被服等困难问题，也往往在此时。	有效地发展自己的军事的和民众的力量，有效地缩小敌人的力量，并准备敌人再度向我进攻时又能有计划地和有力地打破之。部队的休息和训练是必要的，敌取守势时是我最好的休息和训练的时机。不是一事不做专门关起门来休息和训练，而是在扩大占领地，消灭小敌，发动民众的工作中，争取时间达到休息和训练的目的。解决给养被服等困难问题，也往往在这个时候。
这时整个的游击根据地、游击区与游击部队，	这时，整个的游击根据地、游击区和游击部队，
则一方面发展着恐慌情绪，生长着分化作用；一方面又增加着对于游击队与根据地的仇恨，正在加紧准备对付游击战争。	则一方面发展着恐慌情绪和分化作用，一方面又增加着对于游击队和根据地的仇恨，加紧地准备对付游击战争。
忘记了团结内部，巩固根据地与巩固部队的工作。	忘记了团结内部、巩固根据地和巩固部队的工作。
九 第五个问题——向运动战发展	第八章 向运动战发展
其必要与可能，也是由于战争的长期性与残酷性而来的。如果中国能迅速战胜日寇，并迅速收复失地，	其必要和可能，也是由于战争的长期性和残酷性而来的。如果中国能迅速地战胜日寇，并迅速地收复失地，
那末游击战向运动战发展的必要就不存在。	那末，游击战向运动战发展的必要就不存在。
战争既是长期的与残酷的，就能够使游击队受到必要的锻炼，逐渐变成正规的部队，	战争既是长期的和残酷的，就能够使游击队受到必要的锻炼，逐渐地变成正规的部队，
游击战争的领导者们必须明确地认识这种必要性与可能性，才能坚持向运动战发展的方针，并有计划的执行之。	游击战争的领导者们必须明确地认识这种必要性和可能性，才能坚持向运动战发展的方针，并有计划地执行之。
是由正规军派出强大的支队去发展的，那里的作战虽一般是游击战，但开始即包含了运动战的成分，随着战争的持久，这种成分将逐渐增加。	是由正规军派出强大的支队去发展的。那里的作战虽然一般是游击战，但开始即包含了运动战的成份。随着战争的持久，这种成份将逐渐地增加。

（续表）

1938年《解放》版	1952年《毛选》版
须具备数量扩大与质量提高两个条件。	须具备数量扩大和质量提高两个条件。
可采取集中小部队的办法，后者则依靠战争中的锻炼与提高武器的质量。 集中小部队，一方面须防止妨碍集中的地方主义，另一方面也须防止不顾地方的单纯军事主义。 地方主义是存在于地方游击队与地方政府中间的，	可采取集中小部队的办法；后者则依靠战争中的锻炼和提高武器的质量。 集中小部队，一方面，须防止只顾地方利益因而妨碍集中的地方主义；另一方面，也须防止不顾地方利益的单纯军事主义。 地方主义是存在于地方游击队和地方政府中间的，
采取逐渐与部分集中的办法，使地方能够继续发展游击战争；采取首先协同行动然后实行合编及不破坏其建制不撤换其干部的办法，使小集团能够融洽于大集团。 单纯军事主义与地方主义相反，乃主力部队里头的人们只图扩充自己不顾扶助人民的一种错误观点。	采取逐渐地和部分地集中的办法，使地方保有余力能够继续地发展游击战争；采取首先协同行动然后实行合编以及不破坏其建制不撤换其干部的办法，使小集团能够融合于大集团。 单纯军事主义和地方主义相反，乃是主力部队里头的人们只图扩充自己不顾扶助地方武装的一种错误观点。
而是在广泛发展的游击战之中逐渐形成一个能够执行运动战的主力，环绕这个主力的仍应有广大的游击部队与游击战争。这种广大的游击部队与游击战争，	而是在广泛发展的游击战之中逐渐地形成一个能够执行运动战的主力，环绕这个主力的仍然应有广大的游击部队和游击战争。这种广大的游击部队，
所以主力部队的领导者们之间，如果犯了不顾地方民众与地方政府的单纯军事主义的错误，必须加以克服，使主力的扩大与地方武装的繁殖各得着适宜的位置。	所以，主力部队的领导者如果犯了不顾地方民众和地方政府的利益的单纯军事主义的错误，就必须加以克服，使主力的扩大和地方武装的繁殖，各得着适宜的位置。
逐渐仿照正规军的规模，	逐渐地仿照正规军的规模，
政治上须使指挥员战斗员认识从游击队到正规军提高一步的必要性，	政治上须使指挥员、战斗员们认识从游击队到正规军提高一步的必要性，
组织上须逐渐建立为一个正规兵团所必需的军事政治的工作机关，军事政治的工作人员，军事政治的工作方法，以及供给卫生等的经常制度。装备方面，须提高武器的质量与种类，增加必要的通讯器材。技术战术方面，从游击部队的技术与战术提高到为一个正规兵团所必需的技术与战术。	组织上须逐渐地具备为一个正规兵团所必需的军事和政治的工作机关，军事和政治的工作人员，军事和政治的工作方法以及供给卫生等的经常制度。装备方面，须提高武器的质量和种类，增加必要的通讯器材。技术和战术方面，从游击部队的技术和战术提高到作为一个正规兵团所必需的技术和战术。
然而必须向这个方向去，	然而必须向这个方向发展。

（续表）

1938年《解放》版	1952年《毛选》版
因此一切正规军均有扶助游击队进步的责任。	因此，一切正规军均有扶助游击队向着正规部队发展的责任。
十 第六个问题——指挥关系	第九章 指挥关系
游击战争的指挥方法，由于游击部队是低级的武装组织与分散行动的特性，	游击战争的指挥方法，由于游击部队是低级的武装组织和分散行动的特性，
必然束缚游击战争的高度活泼性，而使游击战争毫无生气。所以高度的集中指挥与游击战争的高度活泼性是正相反对的东西，	必然地要束缚游击战争的高度活泼性，而使游击战争毫无生气。高度的集中指挥和游击战争的高度活泼性是正相反对的东西；
然而游击战争，不是不要任何的集中指挥能够顺利地发展的。	然而游击战争不是不要任何的集中指挥就能够顺利地发展的。
这里就需要对于正规战争与游击战争配合行动的指挥，这就是国家参谋部与战区司令官关于战略作战的统一指挥。	这里就需要对于正规战争和游击战争配合行动的指挥，这就是国家参谋部和战区司令官关于战略作战的统一指挥。
与许多作为辅助力量的大小游击部队，	和许多作为辅助力量的大小游击部队，
那里的敌人也往往成为一个局面统一地对付游击战争，	那里的敌人也往往成为一个局面，统一地对付游击战争。
应该是战略的集中指挥与战役战斗的分散指挥。	应该是战略的集中指挥和战役战斗的分散指挥。
各个战区里面游击战争与正规战争的配合行动，与每个游击区或根据地里面对于全区抗日武装的统一指导。在这些上面的不协调，不统一，不集中，是有害的，应该尽可能地求得其协调，统一与集中。	各个战区里面游击战争和正规战争的配合行动以及每个游击区或根据地里面对于全区抗日武装的统一指导。在这些上面的不协调、不统一、不集中，是有害的，应该尽可能地求得其协调、统一和集中。
下级必须报告于上级，	下级必须报告上级，
同样是有害的，	同样是有害的。
是离得很远的上级机关无从知道的，这就是战役战斗的分散指挥原则。	是离得很远的上级机关无从知道的。这就是战役和战斗的分散指挥原则。
就是：『战略统一下的独立自主的游击战争。』	就是：战略统一下的独立自主的游击战争。
武装部队依其性质分别隶属之。	武装部队依其性质分别地隶属之。
下级有独立自主（或曰独断专行）之权。	下级有独立自主之权。

(续表)

1938年《解放》版	1952年《毛选》版
这种具体行动的独立自主权限就越应加大，越应使之多带地方性，多切合地方情况的要求，方能培养下级与地方人员的独立工作能力，	这种具体行动就越应加大其独立自主的权限，越应使之多带地方性，多切合地方情况的要求，以便培养下级和地方人员的独立工作能力，
便又适用一般集中具体分散的原则，因为具体情况无从明瞭。	便又适用一般集中、具体分散的原则，因为具体的情况无从明瞭。
这是任何上下级关系特别军事关系所不许可的。	这是在任何上下级关系上特别在军事关系上所不许可的。
这也是任何上下级关系特别游击战争不许可的。只有上述的原则，才是正确解决问题的方针。	这也是在任何上下级关系上特别是在游击战争的指挥关系上所不许可的。只有上述的原则，才是正确地解决这个问题的方针。

参考文献

一、史料

（一）中文版本

1. 《抗日游击战争的战略问题》，《解放》1938年5月30日第40期。
2. 《抗日游击战争的战略问题》，《新华日报》1938年6月21日。
3. 《抗日游击战争的战略问题》，《群众》1938年第2卷第3期。
4. 《抗日游击战争的战略问题》（上），《华美》1938年7月23日第1卷第14期。
5. 《抗日游击战争的战略问题》（下），《华美》1938年7月30日第1卷第15期。
6. 《抗日游击战争的战略问题》（新群丛书之十一），汉口新华日报馆1938年6月25日初版。
7. 《抗日游击战争的战略问题》，汉口新华日报馆1938年6月29日再版。
8. 《抗日游击战争的战略问题》，解放社1938年6月版。
9. 《抗日游击战争的战略问题》，东北书店1938年6月版。
10. 《抗日游击战争的一般问题》，解放社1938年7月初版。
11. 《抗日游击战争的战略问题》，太行山文化教育社1938年9月版。
12. 《抗日游击战争的一般问题》（第七章），上海美商远东画报社1938年11月版。
13. 《抗战知识》1938年第1卷第2期。
14. 《抗日游击战争的战略问题》，《河南省第十区行政周刊》1938年第13—15期。
15. 《抗日游击战争的战略问题》，新华日报馆1938年9月版。
16. 《抗日游击战争的一般问题》，上海建社1938年11月版。
17. 《抗日游击战争的一般问题》，抗战学社1938年12月版。

18.《抗日游击战争的一般问题》，解放社1939年2月再版。

19.《抗日游击战争的一般问题》，新华日报馆1939年3月版。

20.《抗日游击战争的一般问题》，中国文化社1939年4月版。

21.《抗日民族统一战线指南》，延安解放社1939年4月版。

22.《毛泽东救国言论选集》，新华日报馆1939年5月版。

23.《抗日游击战争的一般问题》，延安解放社1939年版。

24.《毛泽东言论选集》，新华书店晋察冀分店1942年3月版。

25.《毛泽东选集》卷三，晋察冀日报社1944年5月版。

26.《论持久战》（与《抗日游击战争的战略问题》合印），解放社1944年6月版。

27.《毛泽东选集》卷三，晋察冀日报社1945年3月再版。

28.《党的政策选集》，解放社1945年5月1日订正再版。

29.《党的政策选集》，中央党校教务处1945年2月28日印。

30.《毛泽东选集》第一卷，苏中出版社1945年7月版。

31.《党的政策选集》，晋察冀日报社1946年3月20日翻印。

32.《毛泽东选集》卷三，大连大众书店1946年4月版、1946年6月再版。

33.《党的政策选集》，光明出版社1946年4月翻印。

34.《毛泽东选集》第一卷，胶东新华书店1946年7月版。

35.《毛泽东选集》卷三，大连大众书店1946年8月重印。

36.《论持久战》（与《抗日游击战争的战略问题》合印），东北书店1946年11月版。

37.《党的政策选集》，冀南书店1946年版。

38.《毛泽东选集》卷四，中共晋察冀中央局1947年3月编印。

39.《抗日游击战争的战略问题 中国革命战争的战略问题 红四军第九次代表大会决议案》（合印本），1947年4月翻印（出版社不详）。

40.抗日战争研究会编：《抗日游击战争的战术问题》，东北书店1947年6月初版。

41.《论持久战》（与《抗日游击战争的战略问题》合印），东北书店（东安）1947年6月再版。

42.《抗日游击战争的一般问题》，东北书店1947年10月版。

43．《论革命战争》，东北民主联军总政治部1947年编印。

44．《毛泽东选集·游击战争的战略问题》，新民主出版社1947年版。

45．《论革命战争 论党的建设》，东北民主联军总政治部1947年编印。

46．《毛泽东选集·游击战争的战略问题》，香港新民主出版社1948年1月版。

47．《抗日游击战争的战略问题》，滇桂黔边区纵队政治部宣传部1948年10月印。

48．《毛泽东选集》卷四，东北书店1948年版。

49．《毛泽东选集》（上册），中共晋冀鲁豫中央局1948年编印。

50．《游击战争的战略问题》，香港新民主出版社1949年7月再版。

51．《抗日游击战争的战略问题》，人民出版社1952年3月版。

52．《毛泽东选集》第二卷，人民出版社1952年3月版。

53．《革命领袖关于反右倾保守和发挥革命主动性的言论摘录》（节选），中共中国人民大学委员会整风办公室1958年编印。

54．《中国革命战争的战略问题》，全国民兵代表会议1960年印。

55．《毛泽东军事文选》，中国人民解放军总参谋部出版局1961年版。

56．《毛泽东选集》（一卷本），人民出版社1964年版。

57．《抗日游击战争的战略问题》，《红旗》1965年第9期。

58．《毛泽东军事文选》（线装本），中国人民解放军总参谋部出版局1965年版。

59．《毛泽东选集》第二卷（线装本），人民出版社1965年版。

60．《抗日游击战争的战略问题》，人民出版社1966年3月版。

61．中国人民解放军总参谋部：《毛主席的六篇军事著作》，中国人民解放军战士出版社1966年版。

62．《毛泽东著作选读》，中国人民解放军总政治部1966年编印。

63．《毛泽东选集》第二卷（横排本），人民出版社1966年版。

64．《抗日游击战争的战略问题》，人民出版社1967年2月版。

65．《毛泽东选集》（袖珍一卷本），人民出版社1967年版。

66．《毛泽东选集》（袖珍一卷本），人民出版社1968年版。

67．《毛泽东选集》（袖珍一卷本），中国人民解放军战士出版社1968

年版。

68．《毛主席的六篇军事著作》，中国人民解放军战士出版社1969年版。

69．《毛泽东选集》（一卷本），人民出版社1969年版。

70．《毛泽东选集》（大字本）第二卷，人民出版社1969年版。

71．《抗日游击战争的战略问题》（横排本），人民出版社1975年12月版。

72．中国人民解放军军事科学院：《毛主席关于人民军队人民战争及其战略战术论述的摘录》，中国人民解放军战士出版社1977年版。

73．《毛泽东著作选读》（战士读本），中国人民解放军战士出版社1978年版。

74．《毛泽东集》第6卷，日本苍苍社1983年5月第2版。

75．《毛泽东选集》第二卷，人民出版社1991年版。

76．《中共中央文件选集》第十一册，中共中央党校出版社1991年版。

77．《毛泽东军事文集》第二卷，军事科学出版社、中央文献出版社1993年版。

78．罗正楷主编：《中国人民解放军大典》，光明日报出版社1997年版。

79．李智道主编：《中国人民解放军传统教育与现代素质教育》（第1册），中国人民解放军国防大学出版社2001年版。

80．《毛泽东选集手抄本》第二卷，西苑出版社2001年版。

81．《毛泽东选集》第二卷，人民出版社2007年版。

82．《毛泽东选集》第二卷，线装书局2011年版。

83．中共中央文献研究室、中央档案馆：《建党以来重要文献选编》第十五册，中央文献出版社2011年版。

84．《毛泽东全集》第12卷，润东出版社2013年版。

85．《红色档案——延安时期文献档案汇编》编委会：《红色档案——延安时期文献档案汇编：解放》第2卷（第21期至第40期），陕西人民出版社2013年版。

86．常连霆等主编：《山东党史资料文库》第14卷，山东人民出版社2015年版。

87．徐辰编著：《宪制道路与中国命运：中国近代宪法文献选编》（1840—1949）下，中央编译出版社2017年版。

（二）少数民族文版本

1. 《抗日游击战争的战略问题》（维吾尔文版），新疆人民出版社1952年版。

2. 《抗日游击战争的战略问题》（维吾尔文版），民族出版社1966年版。

3. 《抗日游击战争的战略问题》（蒙古文版），民族出版社1966年版。

4. 《抗日游击战争的战略问题》（哈萨克文版），民族出版社1966年版。

5. 《抗日游击战争的战略问题》（朝鲜文版），民族出版社1966年版。

6. 《抗日游击战争的战略问题》（托忒蒙古文版），新疆人民出版社1976年版。

7. 《抗日游击战争的战略问题》（朝鲜文版），民族出版社1977年版。

8. 《抗日游击战争的战略问题》（蒙古文版），民族出版社1977年版。

（三）外文版本

1. 《抗日游击战争的战略问题》（日文版），日本军参谋本部北支军司令部1938年版。

2. 《抗日游击战争的战略问题》（英文版），印度孟买人民出版社1948年版。

3. 《抗日游击战争的战略问题》（越南文版），1949年版（出版社不详）。

4. 《抗日游击战争的战略问题》（英文版），外文出版社1954年版。

5. 《毛泽东：革命战争》（法文版），法国联合出版社1955年版。

6. 《抗日游击战争的战略问题》（英文版）（袖珍本），外文出版社1963年版。

7. 《抗日游击战争的战略问题》（法文版），外文出版社1967年版。

8. 《抗日游击战争的战略问题》（阿拉伯语版）（袖珍本），外文出版社1969版。

9. 《论持久战 抗日游击战争的战略问题》（西班牙文版），阿根廷·布宜诺斯艾利斯出版，1972年版。

10．《抗日游击战争的战略问题》（阿拉伯文版），叙利亚大马士革出版社1956年、1967年版。

11．《抗日游击战争的战略问题》（法文版），外文出版社1960年版。

12．《抗日游击战争的战略问题》（英文版），外文出版社1960年版。

13．《抗日游击战争的战略问题》（西班牙文版），外文出版社1960年版。

14．《抗日游击战争的战略问题》（印尼文版），外文出版社1960年版。

15．《抗日游击战争的战略问题》（西班牙文版），外文出版社1961年版。

16．《抗日游击战争的战略问题》（印尼文版），外文出版社1962年版。

17．《抗日游击战争的战略问题》（英文版），外文出版社1963年版。

18．《抗日游击战争的战略问题》（法文版）（袖珍本），外文出版社1964年版。

19．《抗日游击战争的战略问题》（西班牙文版），古巴政治出版社1964年版。

20．《抗日游击战争的战略问题》（英文版），外文出版社1965年版。

21．《抗日游击战争的战略问题》（英文版），外文出版社1966年版。

22．[德]塞巴斯蒂安·哈夫纳：《毛泽东的游击战争理论或第三世界战略》（德文版），德国罗沃尔特纸皮书出版社1966年版。

23．《抗日游击战争的战略问题》（波斯文版）（袖珍本），外文出版社1966年版。

24．《抗日游击战争的战略问题》（泰文版），外文出版社1966年版。

25．《抗日游击战争的战略问题》（葡萄牙文版）（袖珍本），外文出版社1966年版。

26．《抗日游击战争的战略问题》（希腊文版），雅典历史书籍出版社1966年版。

27．《抗日游击战争的战略问题》（西班牙文版），外文出版社1967年版。

28．《抗日游击战争的战略问题》（缅甸文版），外文出版社1968年版。

29．《抗日游击战争的战略问题》（波斯文版），外文出版社1968年版。

30．《抗日游击战争的战略问题》（印尼文版）（袖珍本），外文出版社1968年版。

31．《抗日游击战争的战略问题》（俄文版）（袖珍本），外文出版社1968年版。

32．《抗日游击战争的战略问题》（世界语版）（袖珍本），外文出版社1968年版。

33．《抗日游击战争的战略问题》（日文版），外文出版社1968年版。

34．《抗日游击战争的战略问题》（德文版），外文出版社1968年版。

35．《抗日游击战争的战略问题》（越南文版），外文出版社1968年版。

36．《抗日游击战争的战略问题》（越南文版）（袖珍本），外文出版社1968年版。

37．《抗日游击战争的战略问题》（豪萨文版），外文出版社1969年版。

38．《抗日游击战争的战略问题》（泰文版）（袖珍本），外文出版社1969年版。

39．《抗日游击战争的战略问题》（阿拉伯文版），外文出版社1969年版。

40．《抗日游击战争的战略问题》（乌尔都文版），外文出版社1969年版。

41．小野川秀美：《孙文·毛泽东》（《世界的名著》第64卷），日本中央公论社1969年初版。

42．《抗日游击战争的战略问题》（印地文版），外文出版社1970年版。

43．《抗日游击战争的战略问题》（蒙古文版），外文出版社1970年版。

44．《抗日游击战争的战略问题》（意大利文版），外文出版社1971

年版。

45．《抗日游击战争的战略问题》（斯瓦希里文版），外文出版社1973年版。

46．《抗日游击战争的战略问题》（波斯文版），外文出版社1976年版。

47．［英］哈特（Hart，B.L.）等选编：《剑与笔——世界最伟大的军事名著文摘》，军事科学院外国军事研究部根据美国托马斯·Y.克伦威尔公司1976年版译，军事科学出版社1990年版。

48．《抗日游击战争的战略问题》（阿拉伯文版），伊拉克人民出版社（出版年份不详）。

49．《抗日游击战争的战略问题》（孟加拉文版），印度私营民族图书有限公司（出版年份不详）。

（四）盲文版本

《抗日游击战争的战略问题》（盲文版），北京盲文印刷厂1975年版。

二、著作

（一）中文文献

1．《毛泽东选集介绍》，中共广东省委宣传部学习室1964年编印。

2．《科学的预见 革命的真理——学习毛主席著作的体会》，镇江地区教材编写组1972年编印。

3．《学习毛主席的军事思想》，陕西人民出版社1973年编辑出版。

4．《科学的预见 革命的真理——学习毛主席著作的体会》（三），上海人民出版社1974年编辑出版。

5．《学习〈抗日游击战争的战略问题〉的参考资料》，中国人民解放军军事科学院战争理论研究部1975年编印。

6．中国人民解放军6408部队理论组：《毛主席著作中举出的中国古代战例浅析》，安徽人民出版社1975年版。

7．詹立波：《毛主席著作中若干战例简介》，人民出版社1977年版。

8．《〈毛泽东选集〉学习参考资料》，河南人民出版社1978年版。

9．中共湖北省委党校哲学研究室等：《时代精神的精华——学习毛泽东同志八篇著作的哲学思想》，湖北人民出版社1982年版。

10．中共中央党校出版社编辑部：《学习毛泽东哲学思想》，中共中央党校出版社1982年版。

11．韩树英等：《学习毛泽东哲学思想——介绍毛泽东同志的八篇著作》，北京出版社1982年版。

12．解放军报编辑部：《毛泽东同志四十三篇著作简介》，长征出版社1982年版。

13．中国人民解放军信阳陆军学校等：《军事辩证法的光辉范例——读毛泽东四篇军事著作》，河南人民出版社1982年版。

14．黄育才等：《毛泽东同志八篇著作哲学思想简介》，江苏人民出版社1982年版。

15．张文儒等：《毛泽东几篇著作的哲学思想》，河北人民出版社1982年版。

16．中共云南省委宣传部：《毛泽东同志八篇著作哲学问题解答》，云南人民出版社1982年版。

17．重庆市哲学学会：《学习哲学 做好工作——毛泽东八篇著作辅导材料》，重庆出版社1982年版。

18．《毛泽东同志八篇著作注释与简介》，中共湖南省衡阳市委党校教研室1982年编印。

19．四川省社会科学院哲学研究所毛泽东哲学思想研究室：《毛泽东八篇著作成语典故人物简注简介》，重庆出版社1982年版。

20．中国人民解放军政治学院哲学教研室：《毛主席八篇著作哲学思想辅导》，辽宁人民出版社1982年版。

21．《毛泽东四篇军事著作历史背景主要内容及词语注释》，湘潭大学党委宣传部、马列主义教研室1982年编印。

22．林伯野：《学习毛泽东军事著作中的哲学思想》，天津人民出版社1982年版。

23．徐昶晓等：《哲学指导实践的典范——毛泽东八篇著作学习辅导》，黑龙江人民出版社1982年版。

24．华焱：《学习毛泽东哲学思想讲话》，吉林人民出版社1982年版。

25．郭涤等编著：《毛泽东同志八篇著作哲学思想介绍》，陕西人民出版社1982年版。

26．宋一秀等：《毛泽东哲学思想与中国革命》，黑龙江人民出版社1982年版。

27．《教学研究》，中共辽宁省委党校理论研究室1982年编印。

28．中共太原市委宣传部理论研究室：《毛泽东哲学思想二十讲》，山西人民出版社1983年版。

29．胡沉：《毛泽东八篇著作哲学问题解答》，宁夏人民出版社1983年版。

30．刘延勃主编：《哲学辞典》，吉林人民出版社1983年版。

31．吴玉黎主编：《学习毛泽东同志八篇著作的哲学思想》，山东人民出版社1983年版。

32．重庆市哲学学会等：《学习哲学 做好工作》，重庆出版社1983年版。

33．马洪等主编：《朱德选集》，人民出版社1983年版。

34．夏征农主编：《社会主义辞典》，吉林人民出版社1985年版。

35．齐平等主编：《抗日战争时期毛泽东哲学思想研究》，四川省社会科学院出版社1985年版。

36．唐理：《学习毛泽东军事著作中的哲学思想》（论文集），浙江人民出版社1985年版。

37．郭加复等主编：《抗日战争大事集》，上海社联1985年版。

38．赵永茂等：《毛泽东哲学思想概论》，吉林人民出版社1986年版。

39．《军事哲学研究》编写组：《军事哲学研究》，陕西师范大学出版社1986年版。

40．刘炳文编：《人民武装辞典》，学术期刊出版社1988年版。

41．中国大百科全书出版社编辑部：《中国大百科全书 军事》1，中国大百科全书出版社1989年版。

42．蒋锡金主编：《文史哲学习辞典》，吉林文史出版社1990年版。

43．潘宝卿主编：《毛泽东邓小平著作哲学思想学习辅导》，中国国际广播出版社1990年版。

44．逄先知等：《毛泽东选集一至四卷第二版编辑纪实》，中央文献出版社1991年版。

45．中共中央文献研究室编：《〈毛泽东选集〉一至四卷注释校订本》，中央文献出版社1991年版。

46．朱贵玉等主编：《毛泽东著作研究文集》，中国经济出版社1991年版。

47．袁竞主编：《毛泽东著作大辞典》，中国国际广播出版社1991年版。

48．熊国保主编：《学习毛泽东与毛泽东思想》，军事谊文出版社1991年版。

49．乔明甫等编：《中国共产党建设大辞典》，四川人民出版社1991年版。

50．张永谦等主编：《中华爱国主义大辞典》，中国广播电视出版社1992年版。

51．王进等主编：《毛泽东大辞典》，广西人民出版社等1992年版。

52．丁一等主编：《干部学哲学辞典》，高等教育出版社1992年版。

53．何平主编：《毛泽东大辞典》，中国国际广播出版社1992年版。

54．迟福林等主编：《邓小平著作学习大辞典》，山西经济出版社1992年版。

55．赵忠文主编：《中国历史学大辞典》，延边大学出版社1992年版。

56．袁宝华等主编：《中国改革大辞典》，海南出版社1992年版。

57．邵华泽主编：《中国国情总览》，山西教育出版社1993年版。

58．张宏儒等主编：《二十世纪中国大事全书》，北京出版社1993年版。

59．李文林等编：《毛泽东研究著作提要》，香港中国和世界出版公司1993年版。

60．郭化若主编：《中国人民解放军军史大辞典》，吉林人民出版社1993年版。

61．张惠芝等主编：《毛泽东生平著作研究目录大全》，河北教育出版社1993年版。

62．廖盖隆等主编：《毛泽东百科全书》，光明日报出版社1993年版，

2003年修订版。

63．邓光荣、王文荣主编：《毛泽东军事思想辞典》，国防大学出版社1993年版。

64．巢峰主编：《毛泽东思想大辞典》，上海辞书出版社1993年版。

65．樊昊：《毛泽东和他的军事教育顾问》，人民出版社1993年版。

66．萧少秋主编：《延安时期毛泽东著述提要》，陕西人民教育出版社1993年版。

67．邢贲思主编：《〈邓小平文选〉大辞典》，中共中央党校出版社1994年版。

68．韩荣璋等：《新版〈毛泽东选集〉学习辅导》，改革出版社1994年版。

69．翟泰丰主编：《党的基本路线知识全书》，辽宁人民出版社1994年版。

70．施金炎主编：《毛泽东著作版本述录与考订》，海南国际新闻出版中心1995年版。

71．军事科学院军事历史研究部：《第二次世界大战史》第一卷，军事科学出版社1995年版。

72．黄楠森等主编：《马克思主义哲学史》（修订版）第六卷，北京出版社1996年版。

73．《中国人民解放军通鉴》编辑委员会：《中国人民解放军通鉴（1927—1996）》，甘肃人民出版社1997年版。

74．章伯锋、庄建平主编：《抗日战争》第二卷《军事》上，四川大学出版社1997年版。

75．张静如主编：《毛泽东研究全书》卷二，长春出版社1998年版。

76．蒋建农主编：《毛泽东全书》第五卷，河北人民出版社1998年版。

77．蒋建农主编：《毛泽东全书》第六卷，河北人民出版社1998年版。

78．柴宇球：《毛泽东大智谋》下，中国档案出版社1998年版。

79．李松林主编：《中国国民党史大辞典》，安徽人民出版社1998年版。

80．张树德：《国外毛泽东军事思想研究》，军事科学出版社1998年版。

81．王宪志主编：《毛泽东军事思想》，海潮出版社1992年版。

82．邱秀华等主编：《毛泽东思想概论》，辽宁人民出版社1999年版。

83．施善玉等主编：《中国共产党党史知识集成》，长征出版社2001年版。

84．廖盖隆主编：《中国共产党历史大辞典 新民主主义革命时期》增订本，中共中央党校出版社2001年版。

85．曹茂春等主编：《毛泽东思想研析》，群众出版社2001年版。

86．中共中央文献研究室：《毛泽东书信选集》，中央文献出版社2003年版。

87．宋一秀等主编：《马克思主义哲学史》（修订本）（第六卷），北京出版社2005年版。

88．刘益涛：《激流勇进——毛泽东抗战理论与实践》，中共党史出版社2005年版。

89．高鹏编著：《敌后游击战》，中国盲文出版社2005年版。

90．张建映等编著：《中国的马克思主义读本》，清华大学出版社2006年版。

91．廖国良等：《毛泽东军事思想发展史》（修订版），解放军出版社2007年版。

92．军事科学院军事历史研究所：《中国人民解放军八十年大事记》，军事科学出版社2007年版。

93．柏钦水主编：《毛泽东著作版本鉴赏》，山东人民出版社2009年版。

94．李云山主编：《探索与发展 中共昭通市委党校纪念建党90周年暨建校60周年》，光明日报出版社2011年版。

95．李捷主编：《毛泽东著作辞典》，浙江人民出版社2011年版。

96．王紫根编：《毛泽东书典》，湖北人民出版社2011年版。

97．李庆山编著：《军史知识》，星球地图出版社2012年版。

98．逄先知：《毛泽东传》（二），中央文献出版社2013年版。

99．樊昊：《毛泽东和他的军事谋士》，中央文献出版社2013年版。

100．孙宝义等编著：《毛泽东兵法战策》，解放军出版社2013年版。

101．谭一青：《军事家毛泽东》上，中国青年出版社2013年版。

102. 周一平：《日版〈毛泽东集〉〈毛泽东集补卷〉校勘与研究》，中国国际文化出版社2013年版。

103. 张天社：《中国抗战纪略》，西北大学出版社2014年版。

104. 辽宁社会科学院地方党史研究所：《可歌可泣的诗篇——毛泽东与东北抗日联军》，中央文献出版社2014年版。

105. 朱有志主编：《毛泽东时代》上，团结出版社2014年版。

106. 董志新：《毛泽东品〈孙子兵法〉》，万卷出版公司2015年版。

107. 何明春编著：《新时期如何向毛泽东学做领导》，中国财政经济出版社2015年版。

108. 张树军主编：《图文中国共产党抗战纪事》上（1931—1940），河北人民出版社2015年版。

109. 何理：《中国人民抗日战争史》，上海人民出版社2015年版。

110. 李蓉等：《抗日战争十四年全纪录》上，人民日报出版社2015年版。

111. 《"大抗战"知识读本》编写组编：《"大抗战"知识读本》，学习出版社2015年版。

112. 叶成林等：《国共合作在抗日战场》，中共党史出版社2015年版。

113. 中国抗日战争军事史料丛书编审委员会：《东北抗日联军综述》，解放军出版社2015年版。

114. 曲青山主编：《抗日战争回忆录》2，党建读物出版社2015年版。

115. 北京日报理论部：《史海新探》，北京日报出版社2016年版。

116. 中共陕西省委党史研究室：《中共中央在延安十三年史》上，中央文献出版社2016年版。

117. 冯井红主编：《大学军事理论教程》，四川大学出版社2016年版。

118. 杨宪福：《毛泽东领导理论与实践》，山东大学出版社2017年版。

119. 张注洪：《中国抗日战争史论稿》，中共党史出版社2018年版。

120. 马菲菲：《历史学视角下的近代社会变革与发展研究》，中国商务出版社2018年版。

121. 《中国共产党建造革命武装的制度和实践》，中共中央党校出版社2019年版。

122. 陈廷湘：《抗战时期史论选》，四川人民出版社2019年版。

123. 《学习〈毛泽东选集〉第二卷参考材料》，黑龙江大学哲学系编印。

124. 《〈毛泽东选集〉第二卷学习参考资料》，中共中央高级党校编印。

（二）外文文献

1. *Wojna Chin Przeciwko Japonii*, Vydawnictwo "PrasaWojskowa", 1949.

2. 《新民主主義論; 遊擊戰爭の戰略問題》，中国研究所1950年版。

3. *La guerre révolutionnaire*, Union Générale dEditions, 1955.

4. *La guerrarivoluzionaria*, DallOglio, 1964.

5. *La guerramoderna y la lucha contra las guerrillas*, Editorial Herder, 1965.

6. *Theorie des Guerillakrieges, oder, Strategie der Dritten Welt*, Rowohlt Taschenbuch Verlag GmbH, 1966.

7. *Matatizoya Stretiji Katika Vita vya Garila Dhidiya Japani*, Ofisiya Uchapajiwa Lugha za Kigeni, 1976.

8. 《遊擊戰論》，中央公論新社2001年版。

9. 《抗日遊擊戰爭論》，中央公論新社2014年版。

三、论文

（一）报刊论文

1. "大学讲座"：《抗日游击战争的战略问题讨论提纲》，《抗战大学》1938年第1卷第10期。

2. 陈元晖：《读〈抗日游击战争的战略问题〉》，《新建设》1952年第9期。

3. 《〈红旗〉杂志为重刊毛主席著作〈抗日游击战争的战略问题〉发表的编者按语》，《新华月报》1965年第9期。

4. 《〈红旗〉重刊〈抗日游击战争的战略问题〉并发表编者按语——毛泽东同志阐明的关于人民战争的思想对亚非拉民族解放斗争有重大现实意义》，《人民日报》1965年8月20日。

5. 康海：《毛主席伟大的游击战争战略思想必胜——读〈抗日游击战争的战略问题〉笔记》，《大众日报》1965年8月26日。

6. 刘象贤：《对敌三欺——学习〈抗日游击战争的战略问题〉的体会》，《文汇报》1965年9月1日。

7. 中国共产党工程兵委员会写作小组：《运用辩证唯物论，掌握革命主动权——学习〈抗日游击战争的战略问题〉》，《红旗》1971年第9期。

8. 纪博涛：《具有历史意义的战略转变——学习〈抗日游击战争的战略问题〉的一点体会》，《红旗》1973年第8期。

9. 周善立：《既要敢于打，又要善于打——学习〈抗日游击战争的战略问题〉的一点体会》，《广西日报》1974年10月17日。

10. 唐伟等：《再坚持一下》，《文汇报》1974年11月7日。

11. 市第二粮谷加工厂工人理论小组：《战斗的伟力存在于民众之中——学习〈抗日游击战争的战略问题〉》，《沈阳日报》1974年12月14日。

12. 《学习〈抗日游击战争的战略问题〉的参考材料》，《军事学术》1976年第S期。

13. 华民：《毛主席的游击战争思想永放光辉——学习〈抗日游击战争的战略问题〉的体会》，《解放军报》1978年5月17日。

14. 展力：《革命游击战争的光辉指南：学习毛主席的〈抗日游击战争的战略问题〉》，《军事学术》1978年第6期。

15. 吕正操：《回顾冀中平原的抗日游击战争：纪念毛主席著作〈抗日游击战争的战略问题〉发表四十周年》，《军事学术》1978年第8期。

16. 王中兴：《主动、灵活、计划——读〈抗日游击战争的战略问题〉札记》，《光明日报》1981年8月8日。

17. 肖坤石：《具有历史意义的战略转变——学习〈抗日游击战争的战略问题〉的一点体会》，《云南日报》1981年10月16日。

18. 哲学专修班一支部三组学员：《学习〈抗日游击战争的战略问题〉中的哲学思想》，《唯实》（江苏）1982年增刊1期。

19. 江波：《分析特殊矛盾制定战略方针（学习〈抗日游击战争的战略问题〉中的哲学思想）》，《复印报刊资料（毛泽东著作、生平、事业研究）》1982年第4期。

20. 郭寿航：《从毛泽东军事思想著作中学习毛泽东哲学思想——阅读〈抗日游击战争的战略问题〉札记》，《南政校刊》1982年第4期。

21．佟向民：《从对立面的统一中把握对立面（学习〈抗日游击战争的战略问题〉中的哲学思想）》，《学术论坛》1982年第5期。

22．贺礼堂：《〈抗日游击战争的战略问题〉一书中的哲学思想介绍》，《学术动态》（湖北）1982年第5期。

23．李景荣：《依据实际情况转变军事战略》，《解放军报》1982年7月31日。

24．房殿武：《学习〈抗日游击战争的战略问题〉中的哲学思想》（上、下），《奋斗》1982年第5期。

25．张焕文：《学习〈抗日游击战争的战略问题〉中的哲学思想》，《实事求是》1982年第5期。

26．吉林大学哲学系：《学习〈抗日游击战争的战略问题〉（提示）》，《新长征》1982年第6期。

27．郭宝宏：《具体情况具体分析的典范——读〈抗日游击战争的战略问题〉》，《甘肃理论学刊》1982年第6期。

28．王昌远：《研究新情况解决新问题的光辉典范——读〈抗日游击战争的战略问题〉》，《学习与研究》1982年第7期。

29．江波：《学习毛泽东同志八篇哲学著作辅导材料 分析特殊矛盾制定战略方针（学习〈抗日游击战争的战略问题〉中的哲学思想）》，《新湘评论》1982年第7期。

30．郑凤：《高瞻远瞩胜人一筹（学习〈抗日游击战争的战略问题〉中的哲学思想）》，《理论与实际》1982年第9期。

31．李兴才：《学习〈抗日游击战争的战略问题〉中的哲学思想》，《晋中社联》1982年增刊。

32．江凌飞：《独立自主的光辉篇章——学习〈抗日游击战争的战略问题〉的体会》，《思想战线》1983年第1期。

33．《从变化了的实际出发，解决新情况下的新问题：学习〈抗日游击战争的战略问题〉中的哲学思想》，《活页资料》1983年第6期。

34．《学习〈抗日游击战争的战略问题〉中的哲学思想》，《内参资料》（湖大）1983年第10期。

35．何理：《论抗日游击战争及其历史地位》，《近代史研究》1984年第3期。

36．欧阳斌：《〈抗日游击战争的战略问题〉讲解》，《自修大学》（文史哲经专业）1985年第6期。

37．马功成：《抗战初期我党由正规战向游击战的战略转变》，《四川师院学报》（社会科学版）1985年第3期。

38．梁陆臣：《对立统一规律的运用和发展——学习毛泽东四篇军事著作》，《甘肃理论学刊》1987年第4期。

39．中共中央文献研究室注释组：《〈抗日游击战争的战略问题〉注释校订——〈毛泽东选集〉1—4卷注释校订初稿连载（十八）》，《党的文献》1989年第2期。

40．施燮民：《抗日游击战争战略的回顾》，《毛泽东邓小平理论研究》1989年第3期。

41．岳思平：《论抗日战争初期我军的军事战略转变》，《军事历史》1991年第2期。

42．张宏志：《中国共产党是抗日战争的中流砥柱——论抗日游击战争的历史地位》，《人文杂志》1991年第4期。

43．孙世民：《试论〈抗日游击战争的战略问题〉的哲学意蕴》，《东岳论丛》1993年第6期。

44．黄存林：《毛泽东与华北抗日游击战争》，《河北师院学报》1995年第2期。

45．汤瑞兰：《〈抗日游击战争的战略问题〉学习札记》，《哈尔滨师专学报》1995年第3期。

46．梁京娣：《抗日战争时期中共关于游击战争的实践和理论》，《陕西教育学院学报》1995年第4期。

47．任永祥：《中国共产党领导的独立自主的游击战争与抗日战争的胜利》，《辽宁师范大学学报》1995年第4期。

48．王启轩：《毛泽东的游击战略思想》，《濮阳教育学院学报》1995年第4期。

49．华杉：《研究中国抗日游击战争史的第一部专著——〈中国抗日游击战争史〉评价》，《人文杂志》1995年第6期。

50．罗正楷等：《论抗日游击战争的战略意义》，《中国人民抗日战争纪念馆文丛》第五辑1995年8月1日。

51．蔡乐苏：《唯实唯民 胜利之本——毛泽东抗日游击战争思想的内核与意义》，《清华大学学报》1996年第1期。

52．蔡乐苏：《重新理解毛泽东抗日游击战争思想的内核与意义》，《教学与研究》1996年第2期。

53．张大军等：《毛泽东关于抗日游击战争的战略方针述要》，《高校社科信息》1996年第5期。

54．赵林森：《毛泽东卓越的军事指挥才能是从哪里来的？——纪念〈抗日游击战争的战略问题〉等文章发表六十周年》，《党史文汇》1998年第5期。

55．郭秀清：《论毛泽东抗日游击战的军事战略思想》，《福州师专学报》1998年第4期。

56．林英：《抗日战争时期毛泽东战略战术思想的几个问题》，《黔东南民族师专学报》1999年第1期。

57．祖雷：《浅论毛泽东的游击战思想》，《济宁师专学报》1999年第5期。

58．黄诗玉等：《国共两党敌后抗日游击战之比较研究》，《西南民族学院学报》2000年第5期。

59．周志文：《毛泽东抗日游击战争理论与实践略论》，《南京政治学院学报》2005年第S1期。

60．陈瑜：《抗战时期国共两党敌后游击战争之比较研究》，《贵州社会科学》2005年第2期。

61．华建宝：《毛泽东军事哲学思想对抗日战争的重要指导作用》，《邓小平理论研究》2005年第3期。

62．胡淼：《以游击的方式营销旅游淡季》，《旅游时代》2008年第1期。

63．郭代习：《论抗日战争初期的中国共产党与国民党敌后游击战》，《中共党史研究》2008年第3期。

64．王晨：《游击也可以是一种战略》，《销售与市场》2008年第3期。

65．张国星：《毛泽东军事思想在抗美援朝战争时期的新发展》，《军事历史》2008年第5期。

66．王聚英：《简论抗日游击战术的历史地位与作用》，《中华民族的抗争与复兴——第一、二届海峡两岸抗日战争史学术研讨会论文集》（上），2009年8月15日。

67．岳思平：《论敌后抗日游击战争的奇观》，《中华民族的抗争与复兴——第一、二届海峡两岸抗日战争史学术研讨会论文集》（上），2009年8月15日。

68．夏明星：《毛泽东与抗日游击战略方针的最终确立》，《党史纵横》2010年第5期。

69．军事文摘编辑部：《为什么提起游击战争的战略问题》，《军事文摘》2011年第7期。

70．陈广辉等：《抗日持久战背景下游击战争的战略问题》，《福建党史月刊》2011年第12期。

71．张从田：《毛泽东指导抗日游击战争的重要原则及其时代意义》，《军队政工理论研究》2013年第6期。

72．李远：《论抗日游击战争的战略意义》，《青春岁月》2013年第13期。

73．李东朗：《中国共产党抗日游击战研究》，《中国延安干部学院学报》2014年第2期。

74．李树泉：《毛泽东与抗战初期中共军事战略方针的转变》，《军事历史研究》2014年第3期。

75．梁柱：《抗战初期党的军事战略转变的深远意义和伟大作用》，《中国延安干部学院学报》2015年第4期。

76．曹应旺：《毛泽东关于抗日战争战略问题的思考》，《毛泽东研究》2015年第4期。

77．刘子君等：《论游击战争在抗日战争中的地位和作用》，《军队政工理论研究》2015年第4期。

78．李君如：《毛泽东在抗日战争中的科学预见及其方法论》，《党的文献》2015年第5期。

79．刘子君：《略论抗日游击战争的历史作用和意义》，《军事历史》

2015年第5期。

80．吴宏亮：《论人民游击战争是抗日战争最终胜利的重要保证》，《中国高校社会科学》2015年第5期。

81．李洪峰：《毛泽东关于抗日战争的战略思想》，《毛泽东研究》2015年第5期。

82．梁柱：《毛泽东与党在抗战初期的军事战略转变》，《中国高校社会科学》2015年第5期。

83．吴宏亮：《论人民游击战争是抗日战争最终胜利的重要保证》，《中国高校社会科学》2015年第5期。

84．柳茂坤：《论抗日游击战争的战略地位及其历史贡献》，《思想理论教育导刊》2015年第9期。

85．路新和：《敌后抗日游击战争的战略地位和作用与人民战争的伟大威力》，《纪念中国人民抗日战争暨世界反法西斯战争胜利70周年理论研讨会论文集》，2015年。

86．刘志鹏：《陕甘宁边区：中国共产党抗日斗争的领导中枢》，《光明日报》2016年2月24日。

87．翟清华：《统一战线是抗战胜利重要保障》，《中国社会科学报》2016年6月27日。

88．李成刚：《中国共产党领导的敌后战场在抗日战争中的地位作用》，《国防》2016年第7期。

89．张明：《论毛泽东游击战理论的辩证法思想——基于〈抗日游击战争的战略问题〉的文本学解读》，《马克思主义哲学研究》2017年第1期。

90．张从田：《中国共产党关于抗日战争战略指导的几个问题》，《军事历史》2017年第1期。

91．黄道炫、岳谦厚、黄正林：《纵论抗日根据地的开辟及意义》，《军事历史》2017年第3期。

92．潘泽庆：《毛泽东"独立自主的山地游击战"战略方针的逐步形成与完善》，《党史文汇》2017年第3期。

93．闻君宝、田克勤：《抗日战争的发动、坚持与毛泽东在全党核心地位的确立》，《思想理论教育导刊》2017年第6期。

94．张泽坤：《全面抗战路线的确立——洛川会议文献研读》，《党史文汇》2017年第6期。

95．孙睿：《〈论持久战〉版本研究》，《中国国家博物馆馆刊》2017年第9期。

96．张从田：《对中国抗日游击战争的再认识》，《中国社会科学报》2017年9月19日。

97．杨凯：《抗战全面爆发后中共游击战战略方针的确立》，《中国延安干部学院学报》2017年第3期。

98．叶铭：《第一块抗日根据地——晋察冀抗日根据地的创建与发展》，《炎黄春秋》2017年第10期。

99．金冲及：《游击战为主向运动战为主的转变——从上党战役到平汉战役》，《近代史研究》2018年第2期。

100．任晓伟：《〈孙子兵法〉对革命时期毛泽东军事战略思想的影响》，《中国延安干部学院学报》2018年第2期。

101．杨新新：《在"统战"与"敌后游击"间徘徊：中共东江抗日武装的建立及发展（1938—1943）》，《中共党史研究》2018年第2期。

102．都吉庆：《抗日战争中我军战略运筹的胜利》，《中国国防报》2018年8月9日。

103．孙冠楠：《人民军队在抗战中的制胜密码》，《中国国防报》2018年8月16日。

104．李明、谢峰：《抗日战争时期毛泽东军队正规化建设思想探析》，《军事历史》2019年第4期。

105．黎世红：《从山地游击战到平原游击战——抗战初期八路军在华北的战略部署》，《唐山学院学报》2019年第5期。

106．陈铨：《从〈游击战纲要〉看国民党军游击战思想》，《军事史林》2019年第9期。

107．徐世强：《抗战时国共敌后游击战为何一盛一衰》，《团结报》2019年7月4日。

108．周鑫：《1938：理论之光廓迷雾》，《学习时报》2019年10月21日。

109．王宜田：《中国共产党是东北抗日战争的领导力量》，《吉林党校报》2019年11月1日。

110．曹应旺：《毛泽东〈论持久战〉的管理智慧》，《党史博览》2020年第1期。

111．汤春松：《抗战时期军事教育如何走群众路线》，《学习时报》2020年1月20日。

112．秦迪：《浅析中国共产党在抗日民族统一战线中的斗争策略》，《南方论刊》2020年第3期。

113．李明：《毛泽东如何抓住枢纽实施军事战略指导》，《学习时报》2020年5月4日。

（二）博硕论文

1．祝滨滨：《抗战时期国共两党持久战略之比较》，东北师范大学硕士论文2002年。

2．周万里：《毛泽东根据地思想研究》，武汉大学硕士论文2005年。

3．杨波：《国民党敌后战场述论》，吉林大学硕士论文2006年。

4．陈跃：《国民党的抗日游击战评析》，东北师范大学硕士论文2009年。

5．艾跃进：《毛泽东军事思想的历史地位和当代价值》，南开大学博士论文2012年。

6．王智熠：《论毛泽东的军事辩证法思想》，四川师范大学硕士论文2012年。

7．尹艳辉：《抗战时期国共两党军事思想研究》，东北师范大学博士论文2013年。

8．王胜杰：《毛泽东军事思想的哲学透视》，中共中央党校博士论文2015年。

9．高宁：《毛泽东抗日游击战思想研究》，湘潭大学硕士论文2017年。

10．刘伟：《东北朝鲜族在抗日战争中的贡献研究》，烟台大学硕士论文2019年。